Estland entdecken

Skandinavische
Impressionen im nörd-
lichen Baltikum
Aufgezeichnet
von Klaus Schameitat

Trescher
Reihe Reisen

1. Auflage 2003

© Trescher Verlag
Reinhardtstraße 9
10117 Berlin
www.trescherverlag.de
post@trescherverlag.de

ISBN 3-89794-036-1

Trescher-Reihe Reisen
Herausgegeben von Sabine Fach
und Bernd Schwenkros
Reihenentwurf: Robert Schumann
Satz und Bildbearbeitung:
Martina Sailer, Tom Schülke
Lektorat: Sabine Fach
Stadtpläne und Übersichtskarten:
Johann Maria Just
Umschlagkarte: Johann Maria Just
Fotos: Klaus Schameitat; Christian
Nowak, Media Team Berlin: S. 65, 66,
67, 68 u., 162, 163, 164, S. 258 u.,
259, 260 o., 365 u., 367 u.; Baltische
Tourismus Zentrale, Münster: Titelbild,
S. 68 o., 161, 258 o., 365 o., 368;
Claudia Quaukies, Berlin: S. 60, 371;
Peter Hirth, Transit-Archiv: S. 101.

Alle Angaben in diesem Buch wurden
sorgfältig recherchiert und überprüft,
trotzdem kann für die Richtigkeit
keine Gewähr übernommen werden.
Hinweise und Informationen unserer
Leserinnen und Leser nimmt der Verlag gerne entgegen. Bitte schreiben
oder mailen Sie unter obiger Adresse.

Gedruckt auf chlorfrei gebleichtem
Papier

Printed in Germany

Inhalt

Inhalt

Inhalt

Inhalt

Vorwort

Es ist noch nicht lange her, da stieß man im Schulatlas unerwartet auf europäische Länder, die anscheinend keine ›richtigen Staaten‹ waren: Estland, Lettland, Litauen, die Ukraine. Nie sah man ein Auto von dort auf der Autobahn. Keiner konnte einem sagen, mit welchem Geld dort bezahlt wurde. Hatten die Menschen dort überhaupt eine eigene Sprache? Schon die Hauptstädte waren unbekannt oder wurden stets verwechselt. Als Schüler konnte man das Rätsel damals kaum lösen. Man hatte ohnehin nur vage Vorstellungen von den sogenannten Ostblockstaaten und einer scheinbar monolithischen Sowjetunion, die in ihrer Lage hinter einem zweiten ›Eisernen Vorhang‹ weit hinter der DDR verharrte und geheimnisvollbedrohlich blieb. Erst der große Umbruch im Zeichen von Glasnost' und Perestrojka machte deutlich, dass es dort nicht nur ›die Russen‹ gab.

Estland beispielsweise ist noch zu entdecken. Es begegnet uns nur selten auf Fotos oder in Zeitungsberichten. Abenteuerlich ist das Reisen im Baltikum heutzutage nicht. Und in der Vergangenheit war es eher unmöglich als wirklich riskant. Das Unerwartete und Überraschende in Begegnungen, Beobachtungen und Erlebnissen, das den besonderen Reiz jeder Reise ausmacht, findet man auch im gewandelten Alltag der ehemals sozialistischen Staaten. In Estland wird man dabei überwiegend positive Erfahrungen machen. Stagnation und Untätigkeit in der Spätphase der Sowjetunion haben zwar vieles dem Verfall preisgegeben, andererseits aber auch historische Strukturen konserviert, Ortsbilder vor moderner Überprägung und Landschaften vor der Zerstörung bewahrt. Auf dem Lande fühlt man sich nicht selten um Jahrzehnte zurückversetzt. Es gibt immer noch zahlreiche desolate Winkel, die den Besucher skeptisch stimmen. Daran wird sich auch so bald nichts ändern. Dennoch folgt schnell die Erkenntnis, dass Estland in vielen Bereichen durchaus auf der Höhe der Zeit ist.

Durch die europäische Integration rückt der Ostseeraum von der Peripherie wieder ins Zentrum. Das ›Mare Balticum‹ wird zunehmend als ein gemeinsames Binnenmeer empfunden; statt Ost und West voneinander zu trennen, verbindet es nunmehr. Neue Fährverbindungen unterstreichen diese Entwicklung. Ein Aufbruch nach Estland kann eine Annäherung an familiäre Wurzeln sein. Für manche ist es eine willkommene Fortsetzung schon bereister und liebgewonnener skandinavischer Gefilde. Oder eine erste vorsichtige Hinwendung zum Osten, nachdem bürokratische Hürden und mancherlei Willkür über ein halbes Jahrhundert eine fast irrationale Angst vieler Westeuropäer vor den dortigen Zuständen genährt haben. Einem ganz erheblichen Teil unseres Kontinents sind wir dadurch nachhaltig entfremdet worden. Die inzwischen umgestalteten osteuropäischen Länder, die vor unserer Haustür liegen, müssen wohl noch lange mit völlig überholten oder grundsätzlich unzutreffenden Einschätzungen leben. Die verzerrte, undifferenzierte und ganz auf Westeuropa fixierte Wahrnehmung hat auch das Baltikum zur unbedeutenden Randlage, man könnte sagen zum ›Wilden Osten‹ degradiert.

Im Falle Estlands ist festzustellen, dass es sich aus deutscher und nordeuropäischer Sicht um einen sehr vertrauten Kulturraum handelt. Die engen und vielfältigen historischen Beziehungen sind nach der erzwungenen Unterbrechung rasch wiederbelebt worden. Lebensweise, Mentalität, Küche, Kultur, Landschaft, Klima – nichts ist tatsächlich fremd oder gar undurchschaubar; nur die Sprache ist eine Herausforderung. Man wird vielleicht einen Mangel an konkreten Sehenswürdigkeiten vermuten oder klimatische Vorbehalte hegen. Wer Disneyland, Stranddisco oder eine Schönwettergarantie unbedingt braucht, wer eine kulturel-

Estland blickt voller Optimismus in die Zukunft

le Fülle wie in Rom oder Paris sucht, wer Spektakuläres und Superlative in Landschaft, Architektur oder irgendwelchen Events erleben muss, wird sich für Estland nicht erwärmen. Die Reize liegen eher im Kleinen und Überschaubaren, im Verborgenen und Bescheidenen, und das heißt auch in Naturnähe und Ursprünglichkeit. Estland ist ein stilles, friedliches Land. In Muße bewegt man sich durch ein Freilichtmuseum der Jahrhunderte währenden baltisch-deutschen Geschichte und der rigiden sowjetischen Umgestaltung und hat dabei nirgends das Gefühl, moderne Errungenschaften lägen außer Reichweite. Der Blick wird geschärft, weil vieles im Alltag weniger komplex und bunt ist; es gibt weniger Ablenkung. Bei trübem Wetter kann sich da durchaus eine gewisse Melancholie breitmachen. Die

Es gibt viel zu entdecken

Touristenscharen, derer man am Mittelmeer leicht überdrüssig wird, fehlen fast völlig. Man möchte die Esten beneiden um so viel freien Raum und so wenig Gedränge. Nur die wunderschöne Altstadt von Tallinn bildet inzwischen eine deutliche Ausnahme. ›Estland entdecken‹ verlangt vielleicht ein wenig Eigeninitiative und Neugier; eine Expedition ist die Estland-Reise jedoch keinesfalls.

Das vorliegende Buch versteht sich als Reisehandbuch und Landeskunde, insbesondere für Individualreisende. Nicht nur die Hauptsehenswürdigkeiten Estlands, sondern alle Regionen werden unter die Lupe genommen, unabhängig davon, ob sie nach touristischen Maßstäben viel oder wenig ›zu bieten‹ haben. Natürlich muss man nicht alles gesehen haben; aber ein realistisches Bild des neuen EU-Staates erhält nur derjenige, der Highlights und Hinterhöfe gleichermaßen in Augenschein nimmt und Entwicklungen beobachtet. Dazu will dieses Buch – nicht zuletzt durch seine Fotoauswahl – ermuntern. Bunte Hochglanzbroschüren über Tallinn und lückenhafte Routenführer entlang ausgewählter touristischer Punkte sind, zum Teil schon veraltet, ohnehin auf dem Markt.

›Eesti – paremaks muutumise maa‹
(Estland – ein Land, das sich zum Besseren verändert)

Hinweise zur Benutzung

Dieses Buch gliedert sich in drei Hauptteile. Zunächst werden die grundlegenden Fakten, Eigenheiten und Tendenzen Estlands zur Einstiegslektüre empfohlen (›Land und Leute‹). Viele Beobachtungen vor Ort wird man nur mit ein wenig Hintergrundinformation richtig einzuordnen wissen. Je nach persönlicher Interessenlage kann der integrierte Sprachführer (Basisvokabular) als eine Art ›Buch im Buche‹ die alltägliche Kommunikation fördern.

Der zweite Teil umfasst insgesamt 19 regionale Kapitel, in denen Sehens- und Wissenswertes über alle 15 Landkreise und die vier größeren Städte nachzulesen ist. Praktische Informationen (Servicehinweise) für Reisende stehen jeweils am Ende der Kapitel, durch gängige Symbole geordnet. Abgestimmte Landkreis- und Stadtpläne erleichtern die Orientierung, können jedoch detailliertes Kartenmaterial in geeignetem Maßstab nicht ersetzen.

Der dritte Teil des Buches gibt Antwort auf die meisten Fragen, die bei der Planung und Durchführung einer Estland-Reise erfahrungsgemäß auftauchen. Dies geschieht in Form alphabetisch gelisteter Stichworte; im Einzelfall wird man unter einem Synonym des gesuchten Begriffes nachsehen müssen. Insbesondere die Angaben zu Verkehrsmitteln, Unterkünften und Gastronomie sind hier eher als Überblick gedacht; sie werden konkretisiert durch die Servicehinweise bei den jeweiligen Regionalkapiteln. Wo es der Klarheit und Übersichtlichkeit dient, werden Sachverhalte bewusst ein zweites Mal erwähnt.

Der Reiz liegt im Detail

Geographisches Namensgut erscheint fast ausschließlich in der heutigen estnischen Version. Wo der Kontext es gebietet, wird auf frühere deutsche, russische und schwedische Benennungen eingegangen; die Liste ehemaliger Namen am Ende des Buches hilft bei Unklarheiten weiter. Die Wiedergabe russischer Vokabeln erfolgt in der wissenschaftlich korrekten Transliteration aus dem kyrillischen Alphabet; lediglich einzelne bekannte Namen erfordern Kompromisse in Anlehnung an die eingedeutschte Orthographie und Aussprache wie beispielsweise Moskau, Zarin Katharina, Rubel, Sowjet. Ein grundsätzliches Problem stellen estnische Straßennamen dar: Eventuell variierende Schreibweisen im Text resultieren aus dem Wechsel von Kasus-Endungen und der üblichen Weglassung des Wortes ›Straße‹. Beispielsweise meint *Turu* eigentlich *Turu tänav*, nämlich Marktstraße (Genitiv von *turg* – Markt). Zu einer gewissen Vereinheitlichung zwingt ferner die unterschiedliche Bildungsweise und Geläufigkeit deutsch/estnischer Kombinationsnamen; so wird zum Beispiel vom Peipsi-See die Rede sein, da der estnische Name *Peipsi järv* lautet, wobei der Genitiv aus dem deutschen Namen Peipus-See zugrunde liegt. Großer Wert wurde in allen Kapiteln auf die Mitnennung zahlreicher estnischer Bezeichnungen und Vokabeln gelegt. Dies nicht nur zur besseren Orientierung, sondern auch als ein Versuch, der Landessprache etwas von ihrer Fremdartigkeit zu nehmen.

Fast alle Preisangaben im Text sind in Euro umgerechnet worden und verstehen sich als grobe Richtwerte. Trotz sorgfältiger Recherche kann eine Gewähr für einzelne Angaben und Hinweise generell nicht übernommen werden.

Der nordische Sommer beschert lange Abende

Zeichenlegende

 Allgemeine Informationen

 Flugverbindungen

 Straßenverkehrshinweise

 Hotels, Pensionen, Herbergen

 Busverbindungen, Taxiruf

 Campinghinweise

 Bahnverbindungen

 Restaurants, Cafés

 Schiffsverbindungen

 Veranstaltungstipps

Unterwegs erinnert viel an Skandinavien

›Mu isamaa, mu õnn
ja rõõm, kui kaunis oled
sa!‹
(Mein Vaterland, mein
Glück und meine
Freude, wie schön
bist du!)

(Beginn der
Nationalhymne)

Land und Leute

Unbekanntes Terrain jenseits der Ostsee

Wer Estland auf dem Globus oder der Weltkarte ausfindig macht, wird hinsichtlich seiner Lage und der Größenverhältnisse zunächst mit einigen bemerkenswerten Tatsachen konfrontiert: Estland zählt zu den nördlichsten Ländern der Erde und befindet sich etwa auf derselben Höhe (57 bis 59 Grad nördl. Breite) wie Süd-Alaska, Mittelsibirien, Nord-Schottland oder aber Stockholm. Moskau als Inbegriff kühler Gefilde liegt immerhin fast 400 Kilometer weiter südlich. Ferner gehört Estland zu den Zwergen unter den Staaten: kaum anderthalb Mal so groß wie Belgien oder etwa gleichauf mit dem deutschen Bundesland Niedersachsen. Geradezu erdrückend ist der Vergleich mit dem benachbarten Russland, das die 377-fache Größe Estlands hat! In der Rangfolge aller Staaten der Erde belegt Estland hinsichtlich der Landesfläche den 129. Rang von insgesamt 193.

Als nördlichster und kleinster der drei baltischen Staaten erstreckt sich Estland in West-Ost-Richtung über 350 Kilometer und in Nord-Süd-Richtung über 240 Kilometer (Luftlinie). Das bedeutet in den heutigen Grenzen ein Territorium von 45 227 Quadratkilometern. Weitere 2322 Quadratkilometer, die vor dem Zweiten Weltkrieg zum Staatsgebiet gehörten, wurden innerhalb der einstigen Sowjetunion 1945 der Russischen Sowjetrepublik zugeschlagen und auch nach der Wiedererlangung der Unabhängigkeit nicht an Estland zurückgegeben: Es handelt sich dabei um einen Landstrich östlich der Stadt Narva und um den südöstlichen Zipfel mit der Stadt Petseri; beide Gebiete sind auf estnischen Landkarten deutlich als ›im Grunde estnisch‹ markiert, so dass man häufig zwei nahezu parallele Ostgrenzen mit etwa 10 bis 20 Kilometern Zwischenraum eingezeichnet sieht. Die heutige Grenze zum östlichen Nachbarn Russland ist 294 Kilometer lang und führt etwa zur Hälfte durch den Peipus-/Peipsi-See (*Peipsi järv*), die zum südlichen Nachbarn Lettland beträgt 339 Kilometer fast ohne topographische Merkmale. Im Norden und Westen verfügt Estland über insgesamt 1445 Kilometer Seegrenzen in der Ostsee gegenüber Lettland, Schweden, Finnland und Russland. Die Länge der Küstenlinie summiert sich auf stattliche 3800 Kilometer, wenn man alle 1521 Inseln und Inselchen mitrechnet: Saaremaa mit 2671 Quadratkilometern und Hiiumaa mit 989 Quadratkilometern sind die größten unter ihnen; insgesamt nehmen sie ungefähr ein Zehntel des Staatsgebietes ein (siehe Exkurs 8).

Das eiszeitlich geprägte Relief Estlands ist ganz überwiegend flach. 90 Prozent der Gesamtfläche liegen unterhalb von 100 Metern über dem Meeresspiegel, nach Südosten hin leicht ansteigend. Dort stellt der Große Eierberg (Suur Munamägi) nahe beim Dreiländereck mit Lettland und Russland mit gerade einmal 318 Metern bereits die höchste Erhebung des gesamten Baltikums dar. Vor rund 20 000 Jahren, zum Höhepunkt der Vereisung in Nordeuropa, hatte das Gewicht der Eisschicht mit

Die Eiszeit hinterließ ihre Spuren

ihrer Dicke von stellenweise 3000 Metern die Absenkung der Landmassen bewirkt. Beim allmählichen Rückzug des Eises war außerdem der Meeresspiegel angestiegen und eine typische Moränenlandschaft mit leichten Höhenzügen, zahllosen Findlingen, aber auch Abflussrinnen (sogenannten Urstromtälern) und Senken zurückgeblieben. Daraus erklärt sich der heutige Reichtum an Gewässern: Es gibt nicht weniger als 1400 Seen in Estland, von denen der größte, der obengenannte Peipsi-See auf der Grenze zu Russland, mit seiner gewaltigen Ausdehnung von 3555 Quadratkilometern ›unseren‹ Bodensee um fast das Sechsfache übertrifft. Und auch der zweitgrößte, der Wirz-/Võrts-See (*Võrtsjärv*), kommt noch auf die halbe Größe des Bodensees. Nicht zu vergessen die mehr als 400, wenngleich auch relativ kurzen, Flüsse und Bäche. Insgesamt wird etwa ein Zwanzigstel des estnischen Staatsgebietes von Binnengewässern eingenommen. Das bedeutet indes nicht, dass alle übrigen Flächen feste, womöglich nutzbare Untergründe böten: Geologische und klimatische Faktoren haben in weiten Teilen des Landes die Entstehung von Moor- und Sumpfflächen begünstigt, die heute mehr als ein Fünftel der Gesamtfläche einnehmen und in großem Umfang unter Naturschutz gestellt sind. Weitere erwähnenswerte Landschaftselemente sind die bis zu 56 Meter hohe Steilküste (Glint) im Nordosten sowie ausgedehnte Dünen und vorgelagerte Sandbänke an der Westküste.

Das Landschaftsbild Estlands wird neben den Gewässern beherrscht von ausgedehnten Wäldern, die vielerorts von großen, zusammenhängenden Ackerflä-

Einer von rund 1400 Seen

chen unterbrochen werden, die einst durch die Kolchosen (Landwirtschaftliche Genossenschaften) mit riesigen Maschinen bewirtschaftet werden konnten. Vor allem in der Mitte des Landes dominiert dieser Eindruck, während im Südosten, wo das Gelände etwas hügeliger wird, und in der Nähe der Moorgebiete der Waldanteil größer ist. Dort findet man vermehrt kleine Parzellen in Hofnähe, auch in etwas ungünstigeren Lagen. Oft handelt es sich um Wiesenareale zur Heugewinnung; die mächtigen runden Ballen, in weiße oder gar mit Reklame bedruckte Folie verpackt, im sommerlichen Landschaftsbild unterstreichen die Bedeutung dieser Art von Landnutzung. Überall trifft man heute auf die Hinterlassenschaften einer vergangenen Ära: Die weitläufigen Hallen und Baracken liquidierter Agrargenossenschaften samt ihrer verrosteten Maschinenparks und die aufgelassenen, überwucherten Areale der Sowjetarmee verschandeln nachhaltig die ansonsten intakte Landschaft. Es besteht offensichtlich keine große Neigung, solche Betonruinen kostenträchtig zu beseitigen, und der Überfluss an freien Flächen lässt das auch nicht notwendig erscheinen.

Aus der Vogelperspektive betrachtet, zum Beispiel beim Landeanflug auf Tallinn, präsentiert sich Estland weniger waldreich als Finnland, eher vergleichbar mit Südschweden, besonders der Insel Öland. Das bereits südlichere Klima im Baltikum bietet schon bessere Bedingungen für eine Ausdehnung der Landwirtschaft, so dass der heutige Waldanteil von etwa 40 Prozent der Landesfläche nicht dem ursprünglich viel höheren entspricht. Außerdem fällt die dünne Besiedlung ins Auge: Man erkennt überwiegend kleine Weiler und auch Einzelgehöfte in traditioneller Holzbauweise, die verstreut liegen und hier und da durch etwas größere Dörfer ergänzt werden, deren zentrale Funktion sich an phantasielosen Betonklötzen ablesen lässt, in denen Läden oder öffentliche Einrichtungen untergebracht sind, falls sie nicht sogar leerstehen. Hinzu kommt, wie in allen ehemals sozialistischen Staaten, das Phänomen der Dorferweiterungen für Landarbeiterfamilien, hier in Form von primitiv gemauerten meist dreistöckigen Mietskasernen mit Ofenheizung (Holzstapel daneben belegen das!), die sich genauso wenig in das Umfeld einfügen wie ihr Pendant in anderen Ostblockstaaten, den Plattenbauten mit ihren Fernwärmerohren. An einzelnen Stellen in der Landschaft ziehen hingegen imposante Gutshäuser mit Parkanlagen das Interesse auf sich. Und in ziemlich gleichmäßigen Abständen von etwa 20 bis 50 Kilometern findet man Provinzstädtchen mit teilweise recht schönen historischen Bauwerken im Zentrum und daran angrenzenden ausgedehnten Holzhausvierteln mit Nutzgärten. Die Orte sind eingebunden in ein weitmaschiges Netz von Landstraßen, die idyllisch durch Wälder und Fluren führen und auf denen vereinzelte Autos fahren. Noch wesentlich seltener sieht man einen Bummelzug oder einen der nicht enden wollenden Tankwagenzüge auf den wenigen Eisenbahnstrecken des Landes.

Esten und Russen

Bei der Siedlungsweise wurde es schon deutlich, und erst recht bei einer Fahrt über Land bemerkt man die spärliche Besiedlung Estlands: knapp 1,4 Millionen Einwohner – das sind deutlich weniger als eine einzige Großstadt wie Hamburg oder Wien! Und fast ein Drittel davon lebt in der Hauptstadt Tallinn, ein weiteres gutes Drittel verteilt sich punktuell auf die (allesamt wesentlich kleineren) Provinzstädte und Landkreiszentren, von denen etliche nicht einmal annähernd 10 000 Einwohner haben. Lediglich ein knappes Drittel wohnt mithin verstreut im ländlichen Raum. Manche Landstriche sind menschenleer. Ohne Berücksichtigung dieser ungleichen Verteilung im Lande leben im Durchschnitt 30 Einwohner auf einem Quadratkilometer. Im Vergleich zu Deutschland mit seinen 82 Millionen Menschen und damit 230 pro Quadratkilometer ist Estland tatsächlich alles andere als dicht bevölkert, es sind skandinavische Verhältnisse. In Lettland ist es ähnlich, in Litauen liegen die Zahlen schon etwas höher. In den letzten zehn Jahren kam es außerdem zu einem deutlichen Bevölkerungsrückgang (über 8 Prozent!) infolge der sehr niedrigen Geburtenrate und wegen der Emigration von Russen, die es in den ersten Jahren der Unabhängigkeit Estlands vorzogen, in ihr eigentliches Heimatland auszuwandern. Durch gezielte Ansiedlung russischer, weißrussischer und ukrainischer Arbeiter war nämlich in den Jahrzehnten der

Sowjetherrschaft die Industrialisierung Estlands forciert, die Einwohnerzahl erhöht und gleichzeitig die einheimische Bevölkerung gezielt derart überfremdet worden, dass sie am Ende zur Minderheit im eigenen Lande zu werden drohte: Der Anteil der Esten sank zwischen 1945 und 1989 von 95 auf knapp 62 Prozent der Einwohner! Der Anteil der Russen stieg hingegen von knapp 5 auf über 30 Prozent und liegt derzeit bei 28 Prozent plus weitere 4 bis 5 Prozent Weißrussen und Ukrainer. Noch dramatischere Umwälzungen hat es nur in Lettland gegeben, wo die Titularnation am Ende nur noch 52 Prozent (und in der Hauptstadt Rīga noch erheblich weniger) der Einwohnerschaft ausmachte. Doch auch in Estland gibt es nach wie vor Gebiete und Orte, in denen trotz weitestgehender Beseitigung russischsprachiger Beschilderungen fast nur Russen leben: Im nordöstlichen Landkreis Ida-Virumaa sind drei Viertel der Bevölkerung Russen, in den dortigen Städten Narva und Sillamäe findet man unter 100 Einwohnern gar nur vier Esten! Eine weitere Russenhochburg ist die jahrzehntelang abgeschirmte Stadt Paldiski westlich von Tallinn. In der Hauptstadt selbst ist das Verhältnis von Esten zu Russen etwa fünf zu vier. An den Ufern des Peipsi-Sees gibt es auch traditionell russische Ansiedlungen in der Form von Reihendörfern; vor allem in Kallaste und auch in Mustvee bilden Russen seit jeher klar die Mehrheit. Auf der anderen Seite – und auch das ist wieder ein Aspekt höchst ungleicher Verteilung – gibt es fast rein estnische Landstriche, nämlich die beiden großen Inseln Saaremaa und Hiiumaa sowie der Südosten des Landes (Kreise Põlvamaa und Võrumaa), insbesondere die Städte Antsla, Tõrva, Otepää und auch die weiter nördlich

Paide – eine typische Kleinstadt

gelegene Stadt Põltsamaa mit jeweils 98 Prozent estnischer Bevölkerung, Elva und Viljandi mit 95 Prozent.

Außerdem existiert eine kleine alteingesessene Minderheit im Lande, die Setu im äußersten Südosten, deren Eigenheiten und Folklore lokal durchaus gepflegt werden. In Bevölkerungsstatistiken tauchen sie jedoch kaum separat auf. Es handelt sich um einen estnischen Volksstamm von schätzungsweise 20 000 Menschen, der durch mehrfach wechselnde Grenzziehungen mehr oder weniger freiwillig starke Bindungen zum russischen Hinterland entwickelte. So gehören die Setu der orthodoxen Kirche an, sprechen einen mit russischem Vokabular durchsetzten Dialekt des Estnischen und haben eine ziemlich eigenständige Kultur. Auseinandergerissen oder doch wenigstens stark eingeschränkt durch die neu entstandene Staatsgrenze zu Russland, die sie auch von ihrem Zentrum, der einstigen Kreishauptstadt Petseri, abschneidet, leben sie weltabgeschieden im hintersten Winkel des Landes und konnten von der neuen Eigenstaatlichkeit Estlands bislang kaum profitieren. Ihre dürftigen Lebensverhältnisse und die marginale Infrastruktur ihres Siedlungsgebietes (Setumaa) legen trotz klimatischer Vorteile einen Vergleich mit den Samen in Nordskandinavien nahe (siehe Exkurs 6).

Seitdem nicht mehr die Sowjetunion als monolithischer Block wahrgenommen wird, sondern eine Reihe von Nationalstaaten das Bild bestimmen, treten die Unterschiede in den Mentalitäten der einzelnen Völker deutlich zutage. Die Russen mitsamt ihrem politischen und gesellschaftlichen System, ihrer Überheblichkeit oder zumindest Unwissenheit in Bezug auf alles Estnische, ihrer Weigerung, die Landessprache zu erlernen und stattdessen Russisch zu verbreiten, waren natürlich von Anfang an als Besatzer empfunden worden und auf breite Ablehnung bei der einheimischen Bevölkerung gestoßen. Heute, unter demokratischen Verhältnissen und in einem eigenen Staat lebend, wird von den Esten die Anwesenheit von immer noch mehr als 400 000 Russen offen kritisiert, und man kann sagen, dass zumindest im Nordosten des Landes eine deutliche Segregation mit ghettoartigen Wohngebieten herrscht. Während die Esten in ihrer ganzen Art eher zurückhaltende, sachliche, fast etwas eigenbrötlerische und nicht besonders emotionale Menschen sind, dabei aber pragmatisch und innovativ und klar auf die EU und Skandinavien fixiert, sehen sie in den Russen anscheinend das völlige Gegenteil. Deren gestenreicheres, geselligeres, mitunter ausgelassenes Naturell ist vielen Esten suspekt und wird von ihnen offenbar schnell als unseriös empfunden. Und die Tatsache, dass die Russen als zugewanderte Industriearbeiter mehrheitlich in schäbigen Mietskasernen wohnen und stärker von Arbeitslosigkeit betroffen sind, wird als Zeichen für mangelnde Organisation und fehlenden Wirtschaftsgeist angesehen. Man erinnert sich nur zu gut an die Jahrzehnte der russischen Okkupation, in denen Estland zu einer unmündigen Sowjetrepublik degradiert war mit einer drastischen Verschlechterung des Lebensstandards, all-

Das sowjetische Klubhaus in Sompa

gegenwärtigem Verfall, ausufernder Bürokratie, totalitärer Herrschaft und vor allem dem Gefühl eingesperrt und vom kulturell nahestehenden Europa abgeschnitten zu sein. Da mag sich das moderne Russland noch so sehr gewandelt haben (oder auch nicht): Die jüngere Vergangenheit wiegt schwer, und die Unterschiede in Mentalität, Kultur, Sprache und auch Religion, obendrein vielleicht sogar im Demokratieverständnis, beinhalten ein latentes Spannungspotenzial. Und die andauernde Wirtschaftsmisere im großen Nachbarland im Vergleich mit den eigenen Erfolgen mindert auch nicht gerade die tiefe Skepsis der Esten gegenüber allem Russischen.

Interessant ist es im übrigen auch noch, die offensichtlich heiterere Lebensart im benachbarten Lettland zu beobachten. Wirtschaftlich ist es dort zwar etwas langsamer vorwärts gegangen, aber man hat den Eindruck, es gibt deutlich mehr Restaurants oder Gartenlokale, Cafés und andere Vergnügungsstätten, die außerdem viel stärker besucht werden als in Estland. Fast südländisch wirkt manche Szenerie im Sommer. Nicht nur eine grundsätzliche sprachliche Verschiedenheit scheint Esten und Letten trotz gemeinsamer UdSSR-Vergangenheit zu trennen, sondern eben auch ihr Naturell. Nennenswerte Probleme gibt es zwischen den drei baltischen Staaten und ihren Bewohnern zwar nicht, aber weitgehende Gemeinsamkeiten wie bei den drei Benelux-Staaten stellt man bislang auch nicht fest: kein reger Grenzverkehr, keine gegenseitig akzeptierten Währungen, keine wirklich offenen Grenzen – alle scheinen noch überwiegend mit ihrer neu errungenen Eigenstaatlichkeit beschäftigt zu sein. Und da einer des anderen Sprache nicht versteht und heute sowieso zuallererst einmal Englisch lernen würde, wäre man ja vorläufig gar noch gezwungen, miteinander Russisch zu reden!

In Skandinavien und Nordamerika, in Kasachstan, im Kaukasus und am Ural gibt es mehr oder weniger große Gruppen estnischer Einwanderer. In Kanada sollen es seit einer Emigrationswelle vor hundert Jahren etwa 70 000 sein, in Schweden leben seit der Flucht vor der Roten Armee im Jahre 1944 etwa 25 000. Tragisch ist das Schicksal von einigen hundert Zurückgebliebenen an der Schwarzmeerküste. Als Nachfahren estnischer Siedler, die sich ab 1881 in der Stadt Suchumi niedergelassen hatten, sind sie heute Bürger der von Georgien abtrünnigen ›Autonomen Republik Abchasien‹ mit ungeklärtem Status. In den Bürgerkriegswirren gelang manchen 1992 noch die Rücksiedlung nach Estland, was derzeit nicht mehr möglich ist, da keine Einreisevisa erteilt werden.

Die größten Städte Estlands

… sind kleiner als man denkt! Fast alle gängigen Estland-Bücher nennen veraltete Einwohnerzahlen, die bis zu 25 Prozent überhöht sind. Neueste Angaben des Estnischen Statistikamtes (ESA):

Tallinn	399 000 Einwohner
Tartu	102 000 Einwohner
Narva	69 000 Einwohner
Kohtla-Järve (insg.)	48 000 Einwohner
Pärnu	45 000 Einwohner
Viljandi	21 000 Einwohner
Rakvere	17 500 Einwohner
Sillamäe	17 000 Einwohner
Kuressaare	16 500 Einwohner
Maardu	16 500 Einwohner
Võru	16 000 Einwohner
Valga	15 500 Einwohner
Jõhvi	13 500 Einwohner
Haapsalu	13 000 Einwohner
Paide	9 600 Einwohner

Außerdem rechnen viele estnische Statistiken wie selbstverständlich die beiden Städte Petseri (russ.: Pečory; ca. 14 000 Einw.) und Jaanilinn (russ.: Ivangorod; ca. 11 000 Einw.) mit, die in dem strittigen Gebietsstreifen an der Ostgrenze heute auf russischem Territorium liegen.

Die Natur

Estland ist das Land der Störche, mehr noch als Ungarn. Wohin man auch fährt, es dürfte kaum ein Tag vergehen, an dem man nicht einige, oft sogar Dutzende dieser majestätischen Vögel herumstolzieren sieht. Sie haben ihre Nester überall auf Leitungsmasten in Dorfnähe, auf Schornsteinen, ja sogar Kirchtürmen, sie folgen den Landmaschinen auf den Feldern und finden in den ausgedehnten Feuchtgebieten reichlich Frösche als Nahrung. Außer dem Weißstorch (*valge-toone-kurg*) kommt regional sein schwarzer Verwandter vor. Die weitgehend intakte Natur in vielen Landesteilen, zahlreiche Naturschutzgebiete und der insgesamt eher geringe Anteil landwirtschaftlich genutzter Flächen, dazu die geringe Bevölkerungsdichte mit entsprechend wenigen Verkehrswegen lassen Tieren den idealen Lebensraum. Zwar ist keine große Artenvielfalt vorhanden, doch können beispielsweise die Vogelarten im Binnenland und an der Küste einen anderen Eindruck erwecken. Estlands Wälder haben Anteil an der typisch mitteleuropäischen Fauna, außerdem werden sie auch von Bibern und Elchen sowie vereinzelten Bären und Wölfen bewohnt. Die meisten Seen gelten als fischreich mit Arten wie Forelle, Aal, Hecht oder Karpfen. Am Ufer beobachtet man Frösche, Kröten, Kaulquappen oder Lurche recht häufig. In warmen Sommern huschen sogar einzelne Eidechsen über den Weg. Insekten sind in Gegenden mit sparsamem Pestizid-Einsatz, auf Naturwiesen, Moorflächen oder Brachland mit einer Vielzahl von Arten vertreten: Neben mancherlei lästigen oder gar stechenden Exemplaren (Fliegen, Wespen, Schnaken, Mücken) erfreut man sich am See oder bei Spaziergängen an rot oder blau schimmernden Libellen, bunten Schmetterlingen, schwarzen Waldkäfern oder giftgrünen Grashüpfern. Hinzu kommt an vielen Orten noch die Bienenzucht. Im Kleinen bietet die Natur des Baltikums wirklich eine Fülle interessanter und anderswo selten gewordener Lebewesen – man muss nur mit offenen Augen durch Wald und Flur streifen!

Die Wälder bestehen zum größten Teil aus Fichten, Kiefern oder Birken; es gibt sowohl reine Nadelwälder als auch Mischwald. Von den ursprünglich ver-

Überall begegnet man dem Storch

breiteten Laubwäldern aus Eichen, Linden und Ulmen ist durch den menschlichen Einfluss nicht viel übrig geblieben. Je nach Baumart wird der Waldboden von Moosen, Heidekraut, Heidel- und Preiselbeeren bedeckt (im Nadelwald) oder eher von Gräsern. Pilze gibt es in großen Mengen, und der Waldgang mit Eimern und Tüten zum Pilzsammeln ist fast ein Volkssport im ganzen Baltikum. In der Nähe großer Herrenhäuser und an einzelnen Stellen in der freien Landschaft stößt man immer wieder auf markante, meist freistehende Eichen von gewaltiger Größe, die schon als historisch gelten dürfen. Diese Baumart hat in der Mythologie des estnischen Volkes eine ganz besondere Bedeutung, zahllose Örtlichkeiten tragen Namen mit dem Bestandteil *tamm* (Eiche). Gelegentlich werden Ortseinfahrten oder Zufahrten zu Gutshöfen von malerischen Alleen gebildet, und einige Orte besitzen den Charakter von Waldsiedlungen, beispielsweise Elva, Värska, Võsu im Lahemaa-Park oder Kärdla auf der Insel Hiiumaa. Die natürlichen Wälder und Forstgebiete werden ergänzt durch planmäßig angelegte Baumpflanzungen wie Schlossgärten, städtische Parkanlagen und Arboreten in größerer Zahl – außerhalb der Hauptstadt ist das Naturgrün allgegenwärtig. Schöne Farbkontraste dazu bilden an manchen Stellen die großen gelben Rapsfelder, rötliche Heidekrautflächen oder farbenprächtig schimmernde Moospolster. Die blaue Kornblume gilt als ein nationales Symbol Estlands, und Blumen im allgemeinen werden von den Esten sehr geschätzt.

In diesem Zusammenhang sei noch ein ›Blick über den Gartenzaun‹ erlaubt. In einem Land mit ehemaliger Mangelversorgung und einer (auch klimabedingt) geringen Auswahl an Obst und Gemüse gehört ein Nutzgarten neben dem Haus praktisch zur Lebensgrundlage. Selbst die Bewohner der zahllosen Mietskasernen bewirtschaften kleine Gemüsebeete, die zwischen Brennholzhaufen, Garagen und Schuppen angelegt sind. Hier gedeihen, teils durch Folien geschützt, Kartoffeln, Zwiebeln, Knoblauch, Kopfsalat, Gurken, Erbsen, Möhren und einige Kohlsorten. Überall findet man Johannisbeer- und auch Himbeer- und Stachelbeersträucher, außerdem Apfelbäume. Dieser relativ hohe Grad an Selbstversorgung ist sicher ein Grund für das magere Gemüseangebot in den meisten Lebensmittelläden, mit dem man als Tourist konfrontiert wird.

Das Klima

Das Klima ist kontinentaler als in Mitteleuropa: Es gibt deutlich größere Temperaturunterschiede zwischen Tag und Nacht sowie zwischen Sommer und Winter, wobei die küstennahen Gebiete natürlich geringere Schwankungen aufweisen als der Osten und Südosten. Im Sommer beträgt die durchschnittliche Temperatur knapp 17 °C, im Winter minus 5 °C. Die tatsächliche Bandbreite liegt allerdings zwischen etwa minus 25 und plus 25 °C. Der Winter ist lang, und der Frost dauert bis weit in den März hinein. Dabei sind ab Mitte Januar die Küstengewässer einschließlich der Inseln zugefroren. Bei einer Eisschicht von bis zu 80 Zentimetern Dicke fährt man bisweilen per Auto über das erstarrte Meer zu den Inseln. Der Himmel ist dann meist wolkenverhangen, und die nördliche Lage bedingt Tageslicht nur zwischen etwa 9 und 15 Uhr mit entsprechend geringer Sonnenscheindauer. Mit dem Frühlingseinzug (Apfelblüte) ist frühestens Ende Mai zu rechnen. Im Sommer kann es durchaus an einzelnen Tagen über 30 °C werden, meistens herrschen aber Werte von gut 20 °C vor. Die langanhaltende Sonneneinstrahlung, die Mitte Juni mehr als 19 Stunden täglich ausmacht, von vor 3 bis nach 22 Uhr, und die zusätzlichen ausgedehnten Dämmerungsphasen lassen für eine nicht allzu lange Zeit des Jahres die Natur aufblühen. Auch die Menschen bleiben von den kurzen Nächten nicht unberührt: Bei nur drei bis vier Stunden wirklicher Dunkelheit im Hochsommer zieht sich das Leben draußen oft bis nach Mitternacht hin. Die Johannisnacht am 23./24. Juni ist alljährlich ein großes Ereignis. Schon recht bald werden die Tage wieder kürzer, und ab Ende September kommen im Binnenland die ersten Nachtfröste vor.

Die Jahressumme der Niederschläge ist mit etwa 550 bis 750 Millimetern nicht auffällig hoch. Der Winter mit seinen Hochdruck-Wetterlagen ist recht arm an Niederschlägen, jedoch herrscht auf Grund der Kälte ein Viertel des Jahres eine geschlossene Schneedecke vor, die über einen halben Meter Höhe erreicht. Das Frühjahr ist allgemein noch trockener, der Mai der heiterste Monat überhaupt. In der Zeit nach der Sonnenwende, im Juli und August, fallen dann die größten Niederschlagsmengen (wie in Mitteleuropa übrigens auch!), nicht selten als heftige Gewitter, die nur kurze Zeit andauern. Im Herbst schließlich verteilt sich der Regen wieder auf eine höhere Anzahl von Tagen mit jeweils geringerer Menge.

Die Landwirtschaft

Die klimatischen Voraussetzungen für die estnische Landwirtschaft sind nur mäßig günstig. Die Vegetationsperiode ist relativ kurz, die Jahreserträge unterliegen größeren Schwankungen, erhebliche Flächen sind Ödland. Kaum Einschränkungen verursacht das flache Relief, verbunden mit geringer Erosionsgefahr. Historisch betrachtet ernährt eine solche Region nur eine begrenzte Anzahl Menschen. Winzige Weiler und im Südosten auch isolierte Einzelhöfe sind im Siedlungsbild typisch. Spätestens seit der Kollektivierung prägen große Blockfluren die Landschaft. Wie schon angedeutet, zeugen zahlreiche aufgelassene Kolchosen (*kolhoos*) von einem tiefgreifenden Wandel in den landwirtschaftlichen Verhältnissen. Heute produzieren private Höfe etwa zwei Drittel des Getreides und bis zu

Bei der Zwiebelernte am Peipsi-See

90 Prozent der Kartoffeln und diverser Gemüsesorten. Wer hat, setzt einen der alten weißrussischen Traktoren ein; Pferdegespanne haben jedenfalls bereits Seltenheitswert. Solche Farmen bewirtschaften, meist als Familienbetriebe, durchschnittlich gut 20 Hektar, wobei es hier in den einzelnen Landesteilen keine nennenswerten Unterschiede gibt. Insgesamt sind weniger als 10 Prozent der Erwerbstätigen im Agrarbereich tätig. Der Getreide- und Kartoffelanbau hat seinen Schwerpunkt in Mittelestland, von Rakvere über Jõgeva und Tartu bis hinab nach Valga sowie im Raum Viljandi. Dort findet man außerdem große Gemüseflächen, die es aber auch im Südosten und bei Tallinn gibt. Hohe Erntemengen auf relativ kleinen Flächen werden mit Sonderkulturen in Gewächshäusern erzielt, zum Beispiel Gurken im Kreis Tartu, Tomaten in der Umgebung von Tallinn und Zwiebeln in den Siedlungen am Peipsi-See. In anderen Landesteilen überwiegt eher der Wald, oder ausgedehnte Moore stehen einer intensiveren Nutzung entgegen, wenn sie nicht sogar unter Naturschutz gestellt wurden. Der Torfabbau ist infolgedessen zurückgegangen.

Eine lange Tradition hat die Imkerei überall im Baltikum. Aber wird in Estland eigentlich in nennenswertem Umfang Viehwirtschaft betrieben? Eine berechtigte Frage! Bei Fahrten über Land sieht man nur selten größere Tierherden, und wenn, dann fast ausschließlich Rinder. Umso erstaunter ist man, wenn man erfährt, dass die Region schon in Zeiten der Sowjetunion ein sehr bedeutender Fleischlieferant war, und zwar vor allem für Schweinefleisch. Die Agrarstatistik verzeichnet für das Jahr 2000 sogar den stolzen Bestand von 285 000 Schweinen, doch man kann monatelang kreuz und quer durch Estland fahren, ohne ein einziges dieser Tiere zu Gesicht zu bekommen! Die Erklärung liegt in der fast ausschließlichen Stallhaltung. Wenn man dabei noch erfährt, dass lediglich 12 Prozent der Schweine auf privaten Gehöften gehalten werden, wird klar, dass dieser Landwirtschaftszweig im Grunde eine Domäne von Agrarfabriken ist. Die größten Stückzahlen entfallen auf den Kreis Viljandi und die nördlich daran angrenzenden Gebiete. Dort gibt es auch noch eine ähnliche Zahl von Rindern beziehungsweise Milchkühen. Vor der Unabhängigkeit ging mehr als die Hälfte der estnischen Fleisch- und Milchproduktion in den nahegelegenen Großraum Leningrad (heute Sankt Petersburg/ Russland). Mit dem Übergang zu realistischen Marktpreisen waren diese Produkte dort nicht mehr konkurrenzfähig, und der einstige Tierbestand (bei Schweinen fast viermal so hoch wie heute) musste drastisch reduziert werden, zumal auch die EU wegen eigener Überproduktion als neuer Absatzmarkt nicht in Frage kam. Dennoch ist die Viehhaltung nach wie vor sehr bedeutend, es handelt sich sogar um den wichtigsten Teilbereich der estnischen Landwirtschaft. Die bei uns seit langem verschwundene Bauernhof-Idylle darf man auch in Estland nicht erwarten.

Die Wirtschaft

Unter den Teilrepubliken der ehemaligen UdSSR nahmen die baltischen Staaten und insbesondere Estland in wirtschaftlicher Hinsicht Spitzenplätze ein. Ihr Lebensstandard war um einiges höher als in den anderen europäischen Regionen des Riesenreiches, ganz zu schweigen von so zurückgebliebenen Teilrepubliken wie dem Schlusslicht Tadschikistan in Mittelasien. Andererseits war Estland als Bestandteil der Sowjetunion sehr viel stärker von Fehlentwicklungen und Infrastrukturdefiziten der Planwirtschaft sowie Bevormundung durch die Moskauer Zentrale betroffen als die ›souveränen‹ Ostblockstaaten. Jeglicher Außenhandel war gesteuert von den Notwendigkeiten und Möglichkeiten des heterogenen Gesamtstaates UdSSR, und statt einer eigenen Geldpolitik war man mit dem zunehmend schwindsüchtigen Rubel ›bedient‹. Für eine Devisen bringende Entwicklung des Tourismus wäre durchaus ein Potenzial dagewesen, aber militärische Geheimniskrämerei mit riesigen Sperrgebieten gerade im Ostseeraum, an der Grenze zu den ›kapitalistischen Staaten‹, schoben einer weiteren Öffnung einen Riegel vor: Ausländer wurden durch bürokratische Schikanen abgeschreckt und durften in der Regel sowieso höchstens nach Tallinn. So war Estland einerseits innerhalb der Sowjetunion zwar eine sehr begehrte Region, andererseits aber im Vergleich etwa zu Ungarn oder gar dem einstigen Jugoslawien erheblich im Nachteil.

Mit der Wiedererlangung der Unabhängigkeit musste nicht nur der Außenhandel neu geordnet, die Wirtschaft umgebaut und eine stabile Währung geschaffen werden, sondern in ganz besonderem Ausmaß auch eine Entflechtung aus den Strukturen der UdSSR-Planwirtschaft vorgenommen werden. Als kleines Rädchen im großen Getriebe war Estland beispielsweise spezialisiert gewesen auf Elektrotechnik, Lebensmittel und Textilien, gleichzeitig aber im Bereich Rohstoffe und Energie völlig abhängig von anderen Sowjetrepubliken. Diese gegenseitige Abhängigkeit der Teilrepubliken war mit Absicht geschaffen worden, um den Zusammenhalt der Union zu fördern, wobei Rentabilität, Umweltschutz oder spezielle regionale Erfordernisse stets zweitrangig blieben. So war das vor dem Zweiten Weltkrieg recht wohlhabende Estland, das damals sogar einen höheren Lebensstandard als Finnland aufwies, durch russischen Zwang und Bevormundung anschließend fünfzig Jahre lang weitgehend der Stagnation, dem Verfall und vielerlei Fehlentscheidungen ausgesetzt – eine denkbar schlechte Startposition für die Integration in ein hochentwickeltes Europa mit jahrzehntelanger wirtschaftlicher und politischer Kontinuität. Im Grunde handelt es sich dabei um eine gewaltige Anpassungsleistung an vorgegebene EU-Strukturen, die zudem auch noch im Galopp bewältigt werden muss!

Die ersten Jahre als selbständiger Staat waren begleitet von einer rasanten wirtschaftlichen Talfahrt. Zwar hatte die vorherige Planwirtschaft immer nur den Mangel verwaltet und ein völlig verzerrtes Bild der tatsächlichen Bedürfnisse und Kosten zugelassen, aber irgendwie hatten sich die meisten ›Werktätigen‹ ja im Alltag damit arrangiert und ihre Wege gefunden, einen bescheidenen Lebensstandard zu erhalten. Mit dem Umbruch geriet die vorher festgefügte, geradezu zementierte Ordnung gründlich ins Rutschen. Der estnische Inlandsmarkt war, für sich allein genommen, mit anderthalb Millionen Verbrauchern sehr klein. Die riesige Sowjetunion beziehungsweise die aus ihr hervorgegangenen GUS-Staaten fielen plötzlich als Hauptabnehmer vieler estnischer Produkte weg, die im Rahmen der einstigen Arbeitsteilung gezielt für die dortige Versorgung entwickelt und hergestellt wurden. Die damit verbundene Spezialisierung bedeutete natürlich auch eine gewisse

Unbefriedigende Wohnverhältnisse

Einseitigkeit der Wirtschaftsstruktur. Eine schnelle Umorientierung hin zu westlichen Märkten war jedoch auch nicht möglich, da estnische Exportbemühungen zunächst weitgehend an der mangelhaften Qualität der Erzeugnisse scheiterten, während die dringend benötigten Importe unbezahlbar waren. Die Gesamtproduktion der Betriebe sank mangels Absatzmarkt und auf Grund ausbleibender Zulieferungen auf etwa die Hälfte des früheren Umfangs. Selbst Kompensationsgeschäfte, Warentausch ohne Geldverkehr, konnten das Dilemma nicht allzu sehr mildern. So kam es im Winter 1991/92 zu einer ernsten Energiekrise im Lande, zu deren Überwindung ausländische Kredite in Anspruch genommen werden mussten.

Als erster der drei baltischen Staaten entschloss sich Estland zu einer Abkoppelung von der Staatsbank der UdSSR. Der bis dahin noch als Zahlungsmittel verwendete Rubel hatte 1992 eine extreme Inflationsrate von annähernd 1100 Prozent pro Jahr erreicht. Die bereits am 1. Januar 1990 gegründete Estnische Bank (*Eesti Pank*) führte am 20. Juni 1992 die Krone (*kroon*) als eigene Landeswährung wieder ein, deren Wechselkurs im Verhältnis 8:1 fest an die Deutsche Mark gekoppelt wurde. Die vor dem Kriege vorsichtshalber nach Frankreich und Großbritannien ausgelagerten Goldreserven kehrten zurück. Ein Währungsschnitt sowie die rigide Streichung von Subventionen verteuerten insbesondere Dinge des Alltagsbedarfes stark. Trotz anfänglicher Skepsis hat sich diese Entscheidung als richtig erwiesen, und das Land verfügt seither über eine sehr stabile Währung. So war 1993 die Talsohle in der Wirtschaft erreicht, und seither geht es trotz vie-

Manches wirkt noch provisorisch

ler Schwierigkeiten spürbar aufwärts. Im Gegensatz zu Lettland und Litauen wurde die Privatisierung der Staatsbetriebe sehr konsequent angegangen, lediglich in der Landwirtschaft gab es anfängliche Zögerlichkeiten. Eine sehr liberale Wirtschaftsverfassung und steuerliche Anreize haben vor allem finnische und schwedische Firmen zu Investitionen in Estland veranlasst. Dabei reicht die Präsenz der Finnen offenbar so weit, dass sie trotz ihres doch eher zurückhaltenden Wesens bei manchen Esten einen ähnlichen Ruf haben wie Westdeutsche in der ehemaligen DDR.

Erstaunlich viele der heutigen Manager sind erst um die 30 bis 35 Jahre alt und verkörpern damit außer dem Systemwechsel auch gleichzeitig einen Generationenwechsel an den Schaltstellen von Wirtschaft und öffentlicher Verwaltung. Zumindest in den Städten spürt man so etwas wie allgemeine Aufbruchstimmung und die Entschlossenheit, den Anschluss an Westeuropa zu finden. Eine rasante technische Entwicklung hat das ganze Land erfasst. Längst wurde das Kommunikationsnetz auf einen zeitgemäßen Standard gebracht. Einstige Staatsmonopole sind weitgehend verschwunden. Eine ganze Palette neuer oder erweiterter Dienstleistungen belebt den Markt und bietet wieder Arbeitsplätze. Insbesondere in den Tourismussektor setzt man große Hoffnungen, die sich zumindest im Raum Tallinn ja auch zu erfüllen scheinen. Es gibt in jeder Stadt Reisebüros, auch die über Jahrzehnte praktisch völlig verschwundenen Bäcker- oder Metzgerläden und selbständigen Handwerksbetriebe entstehen allmählich wieder. Das produzierende und verarbeitende Gewerbe, das schon seit der forcierten Industrialisierung durch die Sowjets die Landwirtschaft an Bedeutung weit übertrifft, konzentriert sich heute vor allem auf die Bereiche Textil, Schuhe, Lebensmittel (vor allem Fleisch, Fisch, Milchprodukte), Elektrogeräte, Holz und Möbel, Papier, Metallwaren und Maschinen. In Zukunft soll auch die chemische Industrie mit umweltverträglicheren Produktionsweisen wieder eine größere Rolle spielen. Das stolze Signet ›Eesti toode‹ im Sinne von ›Made in Estonia‹ verbreitet sich zumindest auf dem Inlandsmarkt. Bereits im Herbst 1997 versah der ›Spiegel‹ einen längeren Bericht mit der vielsagenden Überschrift ›Estland sollte lächeln‹!

Regional betrachtet ist die Hauptstadt Tallinn als Haupteingangstor des Landes in fast allen Bereichen dominant, gefolgt von den Städten Narva, Tartu und Pärnu sowie einigen traditionellen Standorten insbesondere der Nahrungsmittelindustrie, aber dies spiegelt letztlich nur die Bevölkerungsverteilung Estlands wider.

Im Außenhandel rangieren heute die Kontakte zu Finnland und Schweden weit vorn. Russland spielt im Rohstoff- und Energiebereich noch eine wichtige Rolle, hat aber als Absatzmarkt sehr viel an Bedeutung eingebüßt. Die Wirtschaftsbeziehungen zu Deutschland sind recht gut, aber vom Umfang her sicherlich unterentwickelt. Als größter Posten werden Treibstoffe und Erdgas eingeführt, weiterhin Maschinen, Fahrzeuge und Haushaltsgeräte.

Estland ist heute weder arm noch reich. Die Transformation von der Planwirtschaft zu einer offenen Marktwirtschaft ist weitestgehend vollzogen. Noch bestehende Strukturprobleme müssen ebenfalls mit marktkonformen Mitteln angegangen werden. Bei allem begründeten Optimismus und in Anbetracht der vollen Schaufenster muss man sich als ausländischer Besucher jedoch stets vor Augen halten, dass die Einkommensverhältnisse bislang recht bescheiden sind. Im Durchschnitt 350 Euro monatlich sind sehr wenig, sogar im Vergleich zu Ländern wie Slowenien, Ungarn oder der Tschechei. Aber es ist deutlich mehr, als bislang beispielsweise im benachbarten Lettland verdient wird, von Russland ganz zu schweigen. Die Arbeitslosenrate ist die niedrigste im gesamten Baltikum. Natürlich gibt es auch Menschen, die mit den neuen Verhältnissen schlecht zurecht kommen, die nie gelernt haben, Verantwortung zu tragen und im Wettbewerb zu stehen. In Wohnblocks und auf abgelegenen Dörfern ist Alkoholismus kein Fremdwort. Dass viele Behausungen auf außenstehende Betrachter geradezu asozial wirken, ist nicht immer durch Armut und Unglück erklärbar, sondern häufig einfach auf mangelnde Initiative jetzt unter privater Regie. Dramatisch ist die Situation vieler Rentner, für die der Verkauf selbstgezogener Blumen auf der Straße bei jeder Witterung oder gar das Aufsammeln leerer Pfandflaschen überlebenswichtig ist. Diese Missstände, besser gesagt Entwicklungsrückstände, scheinen vielen Esten ein wenig peinlich zu sein.

Die Umwelt

Alle drei baltischen Staaten sind sehr arm an Bodenschätzen und somit auf entsprechend teure Importe angewiesen, insbesondere von Erdölprodukten wie Benzin, die unter den heutigen Verhältnissen auch gegenüber Russland zu Weltmarktpreisen bezahlt werden müssen. Estland ist insofern noch im Vorteil, da es wenigstens über große Lagerstätten an Phosphorit und Ölschiefer im Nordosten des Landes verfügt. Aus letzterem wird durch Verbrennen Strom erzeugt, ein Verfahren aus der Sowjetzeit, das bei ziemlich geringer Energieausbeute immense Mengen an schwermetallhaltiger Asche und Schwefelverbindungen freisetzt. Im Laufe der Jahrzehnte sind dadurch geradezu albtraumhafte Umweltschäden entstanden. Die durch die riesigen Tagebaue entstandene Mondlandschaft im weiten Umkreis der Bergbaustadt Kohtla-Järve steht in auffälligem Kontrast zu den ansonsten reizvollen Gegenden des Landes. Und die Luftverschmutzung in dem betreffenden Landkreis Ida-Virumaa übertrifft die meisten anderen Landesteile um das 100- bis 300-fache, besonders durch das aggressive Schwefeldioxid. Schon in den letzten Jahren der Zugehörigkeit zur UdSSR konnten Proteste von Umweltschützern nicht mehr gänzlich unterdrückt werden; heute wird das Pro-

Exkurs 1:
›Made in USSR‹

Es gibt sie noch, und lange Jahre
nach der wiedergewonnenen Unabhängigkeit beherrschten sie weiterhin
das Straßenbild in der Provinz.
Gemeint sind all die skurrilen und
anachronistischen Fahrzeugmodelle,
die in verschiedenen Teilen der zer-
fallenen Sowjetunion unverdrossen
produziert und ewig unverändert in
Umlauf gebracht wurden. Bei uns
wirklich bekannt ist wohl nur der
weißen Grinsegesicht schon von
ferne grüßt. Um diesen ›Bestseller‹
aus der Autofabrik Gor'kij zu steuern,
so heißt es jedenfalls, bedürfe es
geradezu übermenschlicher Kräfte.
Dennoch: »Wir fahren wie die Zaren!« – so scherzen die Viehzüchter
in dem Roman ›Abschied von Gül-
sary‹ von Tschingis Aitmatov, als sie
mit eben diesem Gefährt durch ihre
kirgisische Steppenheimat rattern.
Das war der Fortschritt 1966. Egal,
ob Feuerwehr, Militär, Straßenrei-
nigung, ob Kranwagen, Schneepflug

Lada alias Žiguli, ein kantiger Lizenz-
Fiat, der im Ursprungsland Italien
bereits seit fast zwanzig Jahren ausgestorben scheint. Dass er seine nach
wie vor immense Verbreitung in
erster Linie dem einstigen Mangel
an erschwinglichen Alternativen
verdankt, ist hinlänglich bekannt.
Ist man erst einmal im Baltikum angekommen, begegnet einem täglich
dutzendfach der GAZ: Es ist ein hoch-
beiniger mittelgroßer Kolchosenlaster
mit abgerundeter Schnauze, der
üblicherweise in blauem Gewand
daherkommt und mit einem schnee-
oder Gefängnisbus – mit nicht
minder abenteuerlichen Aufbauten
war der GAZ und sein kräftigerer
Zwillingsbruder, der ZIL, überall in
der Sowjetunion im Einsatz. Hohe
Ansprüche an den Fahrkomfort durften die Bewohner abgelegener
Dörfer auch im Jahr 2000 noch nicht
stellen, wenn sie sich in einem der
ukrainischen LAZ-Busse in die Kreisstadt aufmachten. Solche spartani-
schen Beförderungsmittel scheinen
wie geschaffen für sibirische Feldwe-
ge zu Zeiten der Schneeschmelze:
kurze Karosserie, riesige Räder,

hervorgewölbter Heckmotor. Immerhin, man fährt! Nach Jahren der Tortur in der Regel rundherum notdürftig ausgebessert, werden sie nun massenweise verschrottet. Handelt es sich nicht, genau besehen, um einen verblüffend detailgetreu nachkonstruierten Magirus-Bus der 50er Jahre?

Als östlicher Gegenentwurf zum VW-Bus trat offensichtlich der geräumige Latvija-Transporter aus dem lettischen Jelgava an, der trotz seiner lästigen Neigung zum Nicken vie-

riern der Motorisierung begegnet man auf estnischen Straßen gar nicht so selten echten Liebhaberstücken für Oldtimerfans: Sei es der fotogene Volga als eine Art russischer Opel Kapitän, sei es der Zaporožec (ZAZ) als ukrainische Reinkarnation des NSU-Prinz mitsamt Heckmotor, sei es der biedere Moskvič, der offenbar ein Opel Kadett für Sowjetmenschen werden sollte. Stotternde Zweitakter wie Wartburg oder Trabant sind ihnen erspart geblieben. Stattdessen werden die in Osteuropa allgegen-

lerorts als Ambulanzwagen oder mit der Aufschrift ›Dispetšer‹ für Verkehrskombinate unterwegs war. Unverwüstlich müssen auch die klobigen Mannschaftstransporter unbekannter Marke sein, die am Rande aufgelassener Kolchosen heute vor sich hin rosten, weil sie nicht mehr gebraucht werden. Und nicht zu vergessen die in mancher Russensiedlung unerwartet auftauchenden Motorräder mit Beiwagen; statt eines Sozius fährt auch schon mal die soeben besorgte Gasflasche mit. Doch neben derartigen Dinosau-

wärtigen ungarischen Ikarus-Busse nun schon seit Jahrzehnten als qualmende Stinker gefürchtet, vor allem an Steigungen. Aber davon gibt es im flachen Estland ja zum Glück nicht viele!

Ein Autonarr muss man wahrlich nicht sein, um zu registrieren, dass es im baltischen Straßenbild ein paar besondere Akzente gibt. Und diese sind neben Architektur, Natur, Kultur vielleicht auch mal einen kurzen Seitenblick oder einen Schnappschuss wert. Bald werden sie ausgestorben sein.

blem zwar offen eingestanden, aber es fehlt am Geld für die riesigen Investitionen für Filteranlagen und Rekultivierung.

Die Produktion wurde zwar bereits gedrosselt, der ebenfalls hochproblematische Phosphorit-Abbau zur Düngererzeugung sogar völlig eingestellt, aber immerhin hängen über 95 Prozent der inländischen Stromversorgung von solchen Kraftwerken ab. Und der Export der selbst erzeugten Energie nach Lettland und Russland erbringt zusätzliche Devisen. So erhielt um die Jahrtausendwende ein einsteigender US-Konzern, weil er auf absehbare Zeit wenigstens die Arbeitsplätze garantierte, vergleichsweise harmlose Umweltauflagen. Nun ist Amerika mit im Boot, was strategisch gut sein mag, der Natur aber nichts nützt. Gar nicht weit von besagtem Kohtla-Järve entfernt gibt es inmitten einer schon reizvolleren Landschaft übrigens noch eine weitere ›Dreckschleuder‹: Im kleinen Hafenort Kunda pustet die Zementfabrik ›*Eesti Tsement*‹ ohne Unterlass kalkhaltigen Staub in die Ostseeluft und verpasst der gesamten Stadt einen fast surrealen Grauschleier.

Ein zweites Umweltproblem, mit dem der junge Staat zu kämpfen hat, ist die unzureichende Abwasserbehandlung. Auf den ersten Blick mag man das bei der geringen Industriedichte, zumindest außerhalb der Hauptstadt, kaum glauben. Die erwähnte Ölschieferindustrie ist aber verantwortlich für Phenol-Einleitungen in die dortigen Gewässer bis hinein in die Ostsee, wo im Südteil des Finnischen Meerbusens die zulässigen Grenzwerte teils um das 30-fache überschritten werden. Zellulose- und Papierfabriken in Tallinn und Kehra sowie die Phosphatproduktion in Maardu und natürlich das ebenfalls bereits erwähnte Zementwerk bringen unter anderem reichlich Schwebstoffe und Phosphate ein. Doch auch die Landwirtschaft hat etwa in der Hälfte des Landes durch Überdüngung hohe Nitratgehalte im Grundwasser verursacht. In den Militärkomplexen der früheren Sowjetarmee (vor allem Tapa, Paldiski, Pärnu und Tartu) sind tonnenweise Öle und Kraftstoffe im Boden versickert. In der einstigen U-Bootbasis Paldiski, bis 1993 streng geheim und auch den Esten nicht zugänglich, wurden heimlich zwei Kernreaktoren samt Atommülldeponie unterhalten, und auch der chemisch-metallurgische Komplex in Sillamäe

Das Zementwerk in Kunda

hantierte in der Vergangenheit für militärische Zwecke mit größeren Mengen Uran ohne die notwendigen Sicherungsmaßnahmen. Da nimmt es sich vergleichsweise harmlos aus, dass viele Städte und Gemeinden über keinerlei Kläranlagen verfügten und dass der im Vergleich zu den anderen baltischen Staaten bedeutendere Torfabbau zu Heiz- und Düngungszwecken erhebliche Grundwasserabsenkungen mit sich gebracht hat. Das alles mag sich inzwischen mehr oder weniger stark zum Besseren wenden, aber innerhalb kurzer Zeitspannen sind die Sünden der Vergangenheit selbst bei gutem Willen nicht zu tilgen, weder durch Nachrüstungen, die sehr viel Geld kosten, noch durch Stilllegungen, die Arbeitsplätze vernichten und zusätzliche Importe erfordern würden.

Das vorgestellte ›Horrorszenario‹ muss indessen, ohne etwas zu beschönigen, in realistischen Relationen betrachtet werden. Erstens konzentriert sich der allergrößte Teil der Umweltprobleme auf die Nordküstenregion, genauer gesagt auf zwei der insgesamt fünfzehn estnischen Landkreise, nämlich Ida-Virumaa mit den Städten Narva, Sillamäe und Kohtla-Järve im Nordosten und Harjumaa mit den Städten Paldiski, Maardu und Tallinn im Nordwesten. Der mittlere Teil der Nordküste hingegen wird sogar vom größten und ältesten Nationalpark des Landes eingenommen. Zweitens sind Umweltverschmutzungen durch Überdüngung, Autoverkehr oder Gewässerverunreinigung ja leider auch in unseren Gegenden an der Tagesordnung, und wir haben uns aus Bequemlichkeit und wegen falscher Prioritäten damit arrangiert. Drittens sind nicht alle Umweltschäden im Baltikum durch die einstige Sowjetmacht verursacht oder von den Nachfolgestaaten haus-

. . . und in den Pfützen schwimmt Benzin!

gemacht, denn gerade unsere Luftverschmutzung in Westeuropa führt auf Grund der Hauptwindrichtung zu merklichen Waldschäden durch sauren Regen in Osteuropa; und moderne Filteranlagen und effizienterer Energieeinsatz konnten sich auch bei uns nur in kleinen Schritten durchsetzen. Viertens ist allein schon die sehr geringe Bevölkerungsdichte im Baltikum ein wichtiger Faktor für eine nicht übermäßige Strapazierung von Natur und Umwelt durch Abwässer, Bodenversiegelung, Müll, Verkehr und Abgase. Und: Estland ist leise; Oasen der Stille sind bei uns selten geworden. Erst wenn man wieder einmal Natur ohne Lärm (und Abgase) erlebt, wird man dies als ganz eigenen Umweltwert zu schätzen wissen!

Niemand wird nun behaupten, Estland sei ein Paradies, aber man wird schnell feststellen, dass nur ein kleiner Teil der landschaftlichen Eindrücke durch Umweltschäden getrübt wird, auch wenn im Verborgenen zweifellos mancher Missstand existiert, wie in anderen Ländern auch. Man hat vor Ort längst begonnen, die Probleme zu analysieren, offen zu legen und Abhilfe zu schaffen, was, wie überall, seine Zeit braucht und im Kontext mit der übrigen Politik geschehen muss. Die Waldfläche des Landes beispielsweise nimmt durch gezielte Aufforstungen jährlich um fast ein Prozent zu. Die aus Deutschland massenhaft importierten Altautos werden allmählich durch zeitgemäß ausgerüstete Modelle ersetzt. Auf Druck der EU werden ungesicherte Abfalldeponien jetzt geschlossen. Umweltbewusstsein ist im heutigen Estland jedenfalls kein Fremdwort, und es gibt auch entsprechende staatliche Institutionen.

Das Verkehrssystem

Bei der Eisenbahn (*raudtee*) verfügt Estland mit einer Streckenlänge von derzeit 968 Kilometern im Vergleich zu anderen Nachfolgestaaten der Sowjetunion über eine mäßige Erschließung. Von Lettland bis hinunter nach Moldawien ist das Schienennetz jedenfalls durchweg dichter. Als Infrastruktur im mitteleuropäischen Sinne kann man das nicht bezeichnen. Beim Bau wurden allenfalls überregionale Bedürfnisse der einstigen Großmacht erfüllt. Von Tallinn radial ausgehend existieren Gleisverbindungen über Keila nach Paldiski mit Abzweig nach Kloogaranna und nach Haapsalu; über Pärnu bis zur lettischen Grenze in Mõisaküla mit einem Abzweig bis Viljandi; ferner die wichtige Strecke über Narva nach Sankt Petersburg mit Abzweig in Tapa nach Tartu, wo sich die Strecke abermals verzweigt: einerseits nach Valga und weiter nach Rīga, andererseits zur russischen Grenzstation Petseri im Südosten. Diese beiden Streckenäste bilden zusammen mit der einzigen Querverbindung im ganzen Land (Valga – Võru – Petseri) ein Dreieck. Die zahlreichen ergänzenden Schmalspurbahnen wurden allesamt bis 1975 aufgegeben und demontiert (siehe Exkurs 7).

Fast ein Drittel der knapp 150 vorhandenen Bahnstationen (*raudteejaam; vaksal*) liegt ungenutzt an Streckenabschnitten, die nur noch dem Gütertransport dienen. Von den Landkreiszentren sind Haapsalu, Paide und Võru nicht mehr per Zug erreichbar, die Inselorte ohnehin nicht. Es ist zu vermuten, dass bald jeglicher Regionalzugverkehr in dem Dreieck südlich von Tartu zugunsten des flexibleren Buseinsatzes aufgegeben wird. Alle Gleise sind, wie übrigens auch in Finnland, in der russischen Breitspur (1524 mm) verlegt, über 90 Prozent der Strecken sind eingleisig, und nur knapp 13 Prozent sind elektrifiziert (im Raum Tallinn). Der noch überwiegend schlechte Zustand der Schienen, unzureichend gesicherte Bahnübergänge und ein überalterter Fahrzeugbestand lassen keine zeitgemäßen Reisegeschwindigkeiten zu. Außerdem verkehren außerhalb der hauptstädtischen Region Harjumaa nur extrem wenige Züge pro Tag und Strecke.

Die aus der Baltischen Bahn der UdSSR hervorgegangene staatliche Eisenbahngesellschaft EVR (*Eesti Vabariigi Raudtee*) wurde ab 1997 untergliedert und weitgehend privatisiert: Die ›*Eesti Raudtee*‹ (ER) unterhält das Gleisnetz und lässt Güterzüge fahren. Die ›*Elektriraudtee*‹ betreibt den Vorortverkehr im Raum Tallinn mit den typisch sowjetischen Ėlektrička-Triebzügen aus dem Rīgaer RVR-Werk, die ebenso geräumig wie unkomfortabel sind. In frischem weiß-blauem Anstrich wirken sie jetzt äußerlich gefälliger als die wahrscheinlich weit über tausend baugleichen Exemplare, die mit ihrer armeegrünen Originallackierung nach wie vor das Bild des Regionalverkehrs von Rīga bis nach Sibirien bestimmen. Die ›*Edelaraudtee*‹ (wörtlich: Südwestbahn) ist zuständig für Personenverkehr auf allen anderen Inlandsstrecken und setzt ebenfalls alte, schwere Triebwagen-Einheiten ein, allerdings mit qualmenden Dieselaggregaten. Der ›*EVR Ekspress*‹ bedient die drei internationalen Strecken mit modernerem und komfortablerem Rollmaterial (auch Schlaf- und Speisewagen).

Im Ausbau befindet sich derzeit die Strecke von Tallinn über Narva nach Sankt Petersburg, um dem neuerdings wieder zunehmenden Güterverkehr Rechnung zu tragen. Der relativ neue Hafen Muuga östlich von Tallinn ist mit seinem Gleisanschluss sehr wichtig für Transitfrachten der GUS-Staaten. Aus den USA (!) wurden insgesamt 74 gebrauchte Dieselloks importiert, um die als ›Taigatrommeln‹ geschmähten sowjetischen Modelle ab 2003 ausrangieren zu können. Außerhalb des Gütertransportnetzes der ER verkehren noch Hunderte von Waggons auf den betriebseigenen Gleisanlagen der Ölschieferindustrie.

Ansonsten gibt es eine Schieneninfrastruktur nur noch bei der Tallinner Straßenbahn. ›*Tallinna Trammi- ja Trollibussikoondis*‹ (TTTK) verfügt momentan über ein 42 Kilometer langes System aus fünf Straßenbahnlinien. Nach wie vor rumpeln die betagten tschechischen Tatra-Bahnen durch die Hauptstadt, in denen man jetzt sogar per SMS ein Ticket erwerben kann. Als weiteres installationsgebundenes Verkehrsmittel kommt der für Osteuropa so typische Obusbetrieb hinzu, der mit 68 Kilometern Fahrleitung im Stadtgebiet acht Linien umfasst. Allmählich werden hier die fast 100 Škoda-Obusse durch neue ungarische und polnische Niederflurfahrzeuge ersetzt.

Der gesamte weitere öffentliche Verkehr wird mit Omnibussen durchgeführt. Beim ›*Tallinna Autobussikoondis*‹ (*TAK*) sind überwiegend skandinavische Gebrauchtfahrzeuge im Einsatz. Dasselbe gilt für die Kommunalbetriebe der anderen größeren Städte. Die in der ganzen sozialistischen Welt – von Kuba bis Fernost – verbreiteten Ikarus-Busse haben hier inzwischen das Ende ihrer Einsatzdauer erreicht. Man ist innovationsfreudig: Tallinn spielte 1999 europaweit den Vorreiter bei einer möglichen Wiedereinführung von Busanhängern zur Fahrgastbeförderung; diese waren ab etwa 1960 überall verboten, außer in der Schweiz. Ein solches Tallinner Gespann ist sogar im Stadtverkehr von Oberhausen ausführlich erprobt worden! Das Herstellerwerk in Tartu montiert auch Scania-Busse in Lizenz für den Inlandsbedarf. Je weiter man in die Provinz kommt, desto betagter werden die Verkehrsmittel; das gilt zumindest für Verbindungen in die Dörfer. Im Fernverkehr dominieren einige Großunternehmen, beispielsweise ›*Taisto*‹ oder ›*SEBE*‹, und Regionalgesellschaften mit teilweise anachronistischen Namen wie etwa ›*Võru Autobaas*‹. Da längst nicht jeder zentrale Ort einen Bahnanschluss besitzt, gibt es überall Busterminals (*autobussijaam*). Wo beides vorhanden ist, dann leider oft in allzu großer Entfernung voneinander.

Die etwa 16 500 Kilometer öffentlicher Straßen sind in relativ ordentlichem Zustand, allerdings ist nur etwa die Hälfte asphaltiert. Autobahnen sind lediglich ansatzweise im Raum Tallinn vorhanden. Als Hauptachsen sind die Via Baltica

Die Eisenbahn verliert an Bedeutung

Tallinn setzt weiterhin auf Obusverkehr

(Tallinn – Rīga) und die Via Hansa (Tallinn – Narva) anzusehen, daneben die Strecke nach Tartu. Das sowjetische Klassifizierungssystem wurde abgeschafft: Statt M-, A- und P-Straßen gibt es heute die Nummern 1 bis 6 für Hauptrouten quer durch das Land, 7 bis 10 für weitere überregionale Verbindungen, 11 für die Umfahrung von Tallinn und alle folgenden für Regional- und Lokalstrecken. Weitere Angaben, speziell für Autotouristen, sind im hinteren Teil des Buches zu finden.

Erheblich zugenommen hat der Individualverkehr. Seit 1991 hat sich die Zahl der Autos in Estland verdoppelt und liegt jetzt bei knapp 500 000. Darunter sind unzählige Gebrauchtwagen aus Deutschland. In Tallinn besitzt inzwischen fast jeder zweite Einwohner ein Kraftfahrzeug. Das sind praktisch westeuropäische Verhältnisse, von denen man in Lettland und Litauen noch ein Stück entfernt ist. Im Gegenzug verschwanden Zehntausende von Motorrädern, die auf dem Lande einst als erschwinglichstes Beförderungsmittel galten, von den Straßen: Anstatt einst 105 000 sind nur noch knapp 7000 registriert.

Die Binnenschifffahrt spielt bei der Größe der heutigen Lastkähne naturgemäß keine nennenswerte Rolle. Die meisten Wasserläufe sind überhaupt nicht schiffbar. Abgesehen von den Fischkuttern auf dem Peipsi-See, die insbesondere von Mustvee und Kallaste auslaufen, gibt es einen begrenzten Personenverkehr auf dem Unterlauf des Emajõgi und über den anschließenden Pihkva-See in Richtung Süden. Auf dem Võrts-See scheint sich ein gewisser Freizeitbetrieb zu etablieren. Die aus Finnland bekannte Holzflößerei ist unüblich. Ein bescheidener Torftransport ist nach wie vor zu beobachten. Von sehr großer Bedeutung ist jedoch die Meeresschifffahrt von und zu den Ostseehäfen (Tallinn, Pärnu, Kuressaare, Paldiski u. a.), nicht zuletzt auch durch die gestiegene Frequenz der Autofähren. Im Küstenbereich gibt es inzwischen ein erhebliches Verkehrsbedürfnis zu den beiden großen Inseln Saaremaa und Hiiumaa; von Deutschland und Finnland aus ist der Seeweg immer noch attraktiv im Vergleich zur Landverbindung, von Schweden sogar unumgänglich. Um aus der Insellage herauszukommen und besseren Anschluss an Mitteleuropa zu finden, werden in Finnland schon Pläne geschmiedet für den Bau eines Tunnels von Helsinki unter dem Ostseearm hindurch nach Tallinn. Finanzierung und Geologie sind angeblich nicht das Problem! Wenn gleichzeitig in den Ausbau der weiterführenden Via Baltica, der Schienenwege und der Grenzübergänge investiert würde, könnte man in nicht allzu ferner Zukunft beispielsweise per Zug in fünf Stunden von Berlin nach Tallinn reisen.

Große Ladekräne kennzeichnen zwar den Tallinner Hafen und je nach Blickrichtung sogar Teile der Stadtsilhouette, eine Ölpipeline in estnischem Boden gibt es jedoch nicht. In Güterzügen kommt das russische Öl zu den Tanks im Hafen Muuga. Bei der Seeverladung des ›schwarzen Goldes‹ sind im Baltikum die beiden Terminals von Ventspils (Lettland) und Klaipėda (Litauen) führend. Nicht auszudenken, wenn sich auf der Ostsee, einem der meistbefahrenen Seewege der Welt, einmal ein Tankerunfall ereignete.

Der Flugverkehr konzentriert sich völlig auf Tallinn, wo im Jahr 2000 ein modernes Abfertigungsgebäude eröffnet wurde. Schon seit 1991 hat Estland eine nationale Luftverkehrsgesellschaft, die ›Estonian Air‹. Zwar ist die Liste der Direktverbindungen von Tallinn nicht sehr umfangreich (überwiegend nord-, mittel- und osteuropäische Großstädte), jedoch bieten die sehr häufigen Kurzflüge nach Helsinki gute Anschlüsse zu vielen anderen Zielen. Im Inlandsverkehr werden nur einige Inseln, zum Teil via Pärnu, angeflogen.

Der Tourismus

Japaner sind auf dem historischen Marktplatz von Tallinn inzwischen gar keine Seltenheit mehr. Welchen Stellenwert mag ein Abstecher dorthin für diese Touristengruppe haben? Dass sie kommen, spricht auf jeden Fall für Estland als Reiseziel. In der malerischen, ummauerten Altstadt mit ihren zahlreichen Türmen flanieren bei schönem Wetter von Jahr zu Jahr mehr ausländische Besucher. Sehr viele von ihnen unternehmen einen Tagesausflug mit dem Tragflügelboot von der finnischen Hauptstadt Helsinki, die nur 80 Kilometer respektive 90 Minuten Fahrzeit entfernt liegt. Da die Altstadt von Tallinn praktisch direkt an den Passagierhafen angrenzt, ist das eine wirklich reizvolle Möglichkeit. Weitere Besucher kommen im Rahmen eines verlängerten Wochenendtrips per Flugzeug plus Hotel-reservierung. Tallinn ist eigentlich schon seit Jahren kein exotisches oder entlegenes Reiseziel mehr, sondern vielmehr auf dem besten Wege, sich gleichrangig in die Handvoll attraktiver Metropolen rund um die Ostsee einzureihen. Wer nur Tallinn besucht, bekommt aber ein recht verzerrtes Bild vom Tourismus in Estland. Abgesehen von den wenigen Nahzielen bei Tallinn, die inzwischen als Busexkursion angeboten werden (beispielsweise Palmse im Lahemaa-Nationalpark), und den Städten Tartu und Pärnu, eventuell noch Otepää als Wintersportort, ist fast der gesamte Rest bislang touristisches Brachland. Höchstens ein paar Individualtouristen sieht man über Land. Unter den relativ wenigen Autos mit ausländischen Kennzeichen bilden die Finnen zweifellos die größte Gruppe, dazu einige Letten und Litauer sowie ganz wenige Russen, die ein Visum benötigen und denen Estland schlicht zu teuer ist. Im Jahr 2000 konnte man die Autos mit deutscher Nummer, die man während eines einmonatigen Aufenthaltes außerhalb von Tallinn zu Gesicht bekam, bequem an den Fingern abzählen. Ganz allmählich werden es nun mehr. Kehrt man auf dem Lande in einem der neueren Hotels oder Motels ein, so fragt man trotzdem sich immer wieder, für wen, für welche Besucherscharen man eigentlich die Tisch- und Bettenkapazitäten bereithalten mag, wenn selbst im Hochsommer nur so wenige Gäste da sind.

Die meist rührigen Fremdenverkehrsbüros, die es in fast jedem größeren Ort gibt, halten viel Informationsmaterial bereit, meist in professioneller Aufmachung. Vor Ort existiert also durchaus eine touristische Infrastruktur, man wartet geradezu auf interessierte Besucher. Englische, russische, finnische, auch deut-

Der ›Andrang‹ am Badesee bei bestem Sommerwetter

sche Sprachkenntnisse sind vorhanden. Doch scheint es noch an der Akzeptanz des Reisezieles und teilweise wohl auch noch an den Unterkünften zu hapern. Ehemals triste Herbergen und muffige Hotels, die an staatlich organisierte und zugeteilte Urlaubsaufenthalte erinnern, werden seit Jahren grundlegend renoviert. Man kann auf eine touristische Tradition zurückschauen, auch wenn diese über ein halbes Jahrhundert unterbrochen wurde. Doch immerhin war die Küste des Baltikums neben der Halbinsel Krym (heute Ukraine) in der Sowjetunion ein Reisegebiet für Privilegierte. Und bereits zur Zarenzeit waren estnische Seebäder wie Kuressaare, Haapsalu, Pärnu oder Toila sehr beliebt. Längerfristig erhofft sich Estland nun einen Anteil von bis zu 20 Prozent am nordeuropäischen Tourismus.

Drei kleine Unbekannte – Die baltischen Staaten im Vergleich

	Estland	Lettland	Litauen
Lage im Baltikum	Nord	Mitte	Süd
Größe (qkm)	45 227	64 589	65 300
Einwohner	1,4 Mio	2,4 Mio	3,7 Mio
Bev.dichte (Einw./qkm)	30	37	57
Staatsvolk in % d. Bev.	64	56	80
Russen in % d. Bev.	28	33	9
BIP pro Kopf (Euro)	9800	7700	8700
höchste Erhebung (m)	318	312	294
Küstenlinie insg. (km)	3790	497	99
Inseln	ca. 1500	keine	Nehrung
Hauptstadt, Tsd. Einw.	Tallinn, 399	Rīga, 753	Vilnius, 600
Währung	Kroon (EEK)	Lats (LVL)	Litas (LTL)
Autokennzeichen	EST	LV	LT
Internetkürzel	ee	lv	lt
Religionsmehrheit	evang.	evang.	kath.
Sprachzugehörigkeit	finnougr.	baltisch	baltisch

Der lange Weg zum eigenen Staat

- Ab 9000 v. Chr.: Einzelne Spuren zeigen, dass das Gebiet des heutigen Estland eines der ältesten Siedlungsgebiete in Nordeuropa darstellt.
- Ab 5000 v. Chr.: Finnougrische Volksstämme gelangen vom nördlichen Asien ins Baltikum. Sie gelten als die Vorfahren der Esten.

- Bis 500 n. Chr.: Der Handel mit Bernstein hat sich über viele Jahrhunderte entwickelt und erreicht einen Höhepunkt: Handelswege unter Ausnutzung von Flussläufen und Alpenpässen reichen bis ans Mittelmeer und nach Ägypten. Von Osten und Südosten her werden die baltischen Völker von Slawen bedrängt und dadurch gezwungen, sich endgültig im Ostseeraum festzusetzen. Die Esten siedeln als Dorfgemeinschaften, Städte wie Tallinn oder Tartu gehen auf damalige Dorfbefestigungen zurück.
- Ab 800: Ein Teil der Esten hat inzwischen durch Seeräuberei die Dänen und Schweden auf den Plan gerufen, die erste Unterwerfungsversuche machen.
- 1030: Die Burg von Tartu wird durch Jaroslav, den Fürsten der Kiever Rus', eingenommen und durch einen Neubau am heutigen Domberg ersetzt. In der Folgezeit werden die Russen jedoch von Südwesten her wieder zurückgedrängt.
- Ab 1180: Segelschiffe der Hanse tauchen vor den Küsten des Baltikums auf und dringen auch in die Unterläufe der Flüsse vor, um Handelsniederlassungen zu gründen. Nachfolgende Priester fühlen sich zur gewaltsamen Missionierung der heidnischen Balten berufen, ab 1208 werden von Rīga ausgehend auch Kreuzzüge gegen Estland unternommen, 1217 erobern die Schwertbrüder die Burg von Viljandi mit Unterstützung bereits ›bekehrter‹ Letten und Liven. Die von Bischof Albert zu Hilfe gerufenen Dänen gründen 1219 die Festung Reval (heute Tallinn, bedeutet Dänenstadt) und ziehen sich wenige Jahre später wieder zurück.

Turm der Ordensburg von Paide

- Ab 1227: Ganz Estland ist nun unter der Herrschaft des Deutschen Ordens, der Aufstände grausam niederschlagen lässt. 1230 gründen deutsche Kaufleute die Stadt Reval unterhalb der bestehenden Burg. Durch Intervention des Papstes wird der Norden Estlands an Dänemark abgetreten, während das südliche Gebiet zusammen mit dem heutigen Lettland als Staat Livland dem Ordensmeister untersteht. Litauen kann sich der Christianisierung widersetzen.
- 1346: Nach einem letzten, erfolglosen Aufstand der Esten drei Jahre zuvor, der sog. Georgennacht (*Jüriöö*) verkauft Dänemark seine estnischen Besitztümer an den Ritterorden, der damit die Macht über ganz Estland bekommt.

• 1410: Nach wiederholten Versuchen, auch Litauen zu unterwerfen und damit das Herrschaftsgebiet mit Ostpreußen zu verbinden, erleidet der Orden in der Schlacht bei Tannenberg eine vernichtende Niederlage und muss auf das seit 1251 beherrschte Schemaiten (Niederlitauen) verzichten. Fortan ist die Ordensmacht geschwächt, ein Einfall der Russen fünfzig Jahre später wird jedoch noch erfolgreich abgewehrt. Auf dem Lande werden die Esten mehr und mehr zu Knechten unter deutschen Herren. Etliche Städte (Tallinn, Tartu, Viljandi, Pärnu) schließen sich der Hanse an. In vielen Landesteilen entstehen Vorläufer der heutigen Burgen.

475 Jahre Buchdruck in estnischer Sprache

• 1523: In den Städten Livlands gewinnt die Reformation an Einfluss, zunächst bei der deutschen Oberschicht, bald danach auch bei den einheimischen Bauern. Darin kommt eine klare Abneigung gegenüber dem Orden und der katholischen Kirche zum Ausdruck. Ein 1535 erschienener lutherischer Katechismus ist das erste bedeutende Buch in estnischer Sprache.

• 1558 bis 1583: Livländischer Krieg. Das Heer Ivans des Schrecklichen marschiert in Livland ein, das sich (inklusive seiner Südhälfte Estlands) an Polen anschließt, während Estland (Nordhälfte) unter schwedische Herrschaft gerät und die Insel Saaremaa 1559 durch den Bischof an Dänemark verkauft wird. Ohne Unterstützung kann sich der letzte livländische Ordensmeister nicht halten und löst 1562 den Orden auf. Schwedische Heere drängen die Russen bis 1581 zurück. Der Frieden von Zapol'e besiegelt die entstandene Aufteilung des Territoriums.

• 1629 bis 1710: Schwedische Herrschaft. Die Versuche der Schweden, die Polen zu verdrängen und auch den Süden Estlands zu erobern, führen bis 1629 unter Gustav II. Adolf zum Erfolg, 1645 kommt auch die Insel Saaremaa an Estland zurück. Die Schweden setzen sich für die Schaffung estnischer Schulen ein und gründen 1632 die Universität Tartu als zweite im Baltikum (Vilnius bereits 1579). Sie schränken die Macht der Feudalherren ein, doch zu der von den Esten erhofften Abschaffung der Leibeigenschaft kommt es nicht. Zwischen 1656 und 1661 gibt es kriegerische Auseinandersetzungen mit Russland.

• 1700 bis 1721: Nordische Kriege. Mit Beginn des neuen Jahrhunderts versuchen die Russen erneut, in Estland Fuß zu fassen. In der Schlacht von Poltava 1709 werden die Schweden besiegt, und im folgenden Jahr schon hat Zar Peter der Große das ganze Land in seiner Macht. Die Stadt Tartu wird vollständig zerstört, die Einwohner deportiert. Im Frieden von Nystad (heute Uusikaupunki/Finnland) muss Schweden 1721 Estland und Livland an den Zaren abtreten. Die deutschbaltischen Gutsherren, die rechtzeitig die Seite gewechselt haben, behalten ihre Privilegien und bekommen sogar einige frühere Befugnisse zurück. Bei den Bauern führt die Schulbildung allmählich zu einem Bewusstsein für die ungerechten Besitzverhältnisse in den ›Ostseeprovinzen‹. Es keimen erste nationalistische Gedanken auf.

- 1739: Einführung der Leibeigenschaft für Bauern. Die erste vollständige Bibelübersetzung in estnischer Sprache erscheint.

- 1802: Die Universität Tartu nimmt als deutschsprachige Universität Dorpat den Lehrbetrieb wieder auf und wird zum geistigen Zentrum des nördlichen Baltikums.

- 1816: Die Aufhebung der Leibeigenschaft in Estland und 1820 in Livland bringt gewisse Perspektiven für die Bauern, die bislang bestenfalls emigrieren konnten. Auch die Pacht wird erlaubt und damit die Bewirtschaftung von Land in Eigenregie möglich. Zwischen 1849 und 1856 werden Gesetze erlassen, die den Bauern Landkäufe von Gutsherren gestatten.

- 1857: Friedrich Reinhold Kreutzwald veröffentlicht ›*Kalevipoeg*‹, das estnische Nationalepos. In Pärnu erscheint etwa zur selben Zeit eine estnische Zeitung.

Seit Jahrhunderten das geistige Zentrum des Landes

- 1869: Mit dem ersten gesamtestnischen Sängerfest in Tartu kommt es zu einer weiteren Stärkung des Nationalbewusstseins.

- 1870: Mit der Eröffnung der ersten Eisenbahnlinie setzt auch eine umfangreiche Industrialisierung ein (z. B. Textilindustrie in Narva).

- Ab 1881: Alexander III. versucht nach seiner Thronbesteigung, die nationalistischen Tendenzen zu unterdrücken, indem er die Privilegien des deutschbaltischen Adels beschneidet, in Rechtsprechung und Unterricht Russisch zur Pflichtsprache erklärt und die Bedeutung der orthodoxen Kirche durch Neubauten stärkt. Gleichzeitig beginnt das Industrieproletariat Verbesserungen zu fordern. 1884 verwenden Studenten aus Tartu in Otepää erstmals die blau-schwarz-weiße Fahne, die später zur Nationalflagge wird. Die Zeitung ›*Postimees*‹ aus Tartu wird zum Sprachrohr estnischer Interessen.

- 1905: Die russische Revolution wirft ihre Schatten voraus. Arbeiter demonstrieren in den größeren Städten des Landes, Bauern dringen in Gutshäuser ein, das Militär schlägt gnadenlos zurück. In Tallinn wird gestreikt. Der Zar taktiert und macht einige Zugeständnisse. Vorübergehend können die Nationalbewegungen offener in Erscheinung treten. Schon im Dezember desselben Jahres ist es vorbei mit den Freiheiten. Im Folgejahr kommt es zu drastischen

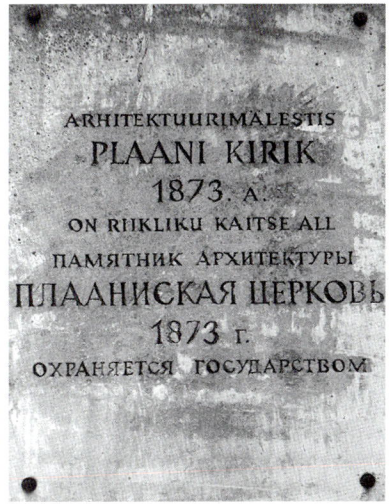

Spurensuche in der Provinz

Strafmaßnahmen. Nun geraten auch die Deutschbalten zwischen die Fronten, sie fühlen sich vom Zaren im Stich gelassen und werden empfänglich für die großdeutsche Propaganda Wilhelms II.

- 1914 bis 1918: Erster Weltkrieg. Der Zar lässt die deutsche Sprache in Estland rigoros unterdrücken. Schon im ersten Kriegsjahr unterliegt die russische Armee den Deutschen. Estland bleibt im Gegensatz zum südlichen Baltikum zunächst unbesetzt. Nach der Oktoberrevolution 1917 gewinnen auch in Estland die Bolschewisten die Oberhand. Nach erfolglosen Friedensverhandlungen fliehen die Sowjets vor einer erneuten deutschen Offensive.

- 1918 bis 1920: Freiheitskrieg (*Vabadussõja*). Die Esten nutzen das kurzzeitige Machtvakuum und rufen am 24. Februar 1918 in Tallinn die Republik Estland aus mit Konstantin Päts als Ministerpräsidenten. Der neue Staat wird jedoch sofort von den heranrückenden Deutschen besetzt. Schon am 3. März treten sie Estland im Frieden von Brest-Litovsk offiziell wieder an Russland ab, bleiben aber de facto im Lande. Päts wird vorübergehend inhaftiert. Nach dem politischen Zusammenbruch des deutschen Kaiserreichs im November erkennt Deutschland die Regierung Estlands an. Am 22. November besetzt die Rote Armee den Ostteil des Landes. Mit Unterstützung einiger Nachbarländer sowie baltendeutscher Freiwilliger gelingt bis zum Februar 1919 die Befreiung des Landes. Im April erklärt die erste frei gewählte Nationalversammlung die Unabhängigkeit. Russland erkennt im Frieden von Tartu am 2. Februar 1920 die

Unabhängigkeit an und verzichtet ›für alle Zeiten‹ auf Gebietsansprüche gegenüber Estland. Am 15. Dezember tritt die estnische Verfassung in Kraft.

• 1920 bis 1940: Erste Republik. Landreformen enteignen die Gutsbesitzer und verhelfen den Bauern zu Landbesitz. 1925 werden Minderheitenrechte definiert. Der Unterricht erfolgt in der Landessprache. Es kommt mit deutschem Kapital zu einer verstärkten Industrialisierung. Obwohl sich die Gesellschaft stabilisiert, wechseln die Regierungen häufig, es gibt einen Umsturzversuch von links im Dezember 1924 und ein Erstarken der nationalsozialistischen Kräfte, besonders unter den Deutschbalten. Im März 1934 erklärt Ministerpräsident Päts den Ausnahmezustand und regiert nach einer Volksabstimmung von 1935 bis 1937 ohne Parlament. 1938 tritt eine neue Verfassung in Kraft, Päts wird erneut gewählt.

• 1939 bis 1945: Zweiter Weltkrieg. In einem geheimen Zusatzprotokoll zum Nichtangriffspakt (Hitler-Stalin-Pakt) werden die baltischen Staaten im Sommer 1939 zur Interessensphäre der Sowjetunion erklärt. 12 000 Deutsche werden aus Estland (›heim ins Reich‹) umgesiedelt. Nach Kriegsbeginn am 1. September 1939 zwingt Russland den baltischen Staaten Beistandspakte auf. Sowjetische Soldaten übernehmen ab 17. Juni 1940 die Kontrolle, das Parlament wird durch Wahlbetrug unterwandert und ›beschließt‹ am 21. Juli 1940 die Annexion Estlands an Russland. Am 14. Juni 1941 werden von der sowjetischen Geheimpolizei über 10 000 Oppositionelle und Staatsbedienstete nach Osten verschleppt. Nach dem Überfall auf die Sowjetunion besetzt Hitler bis Mitte Oktober 1941 das Baltikum. Viele Esten werden von der Roten Armee zwangsverpflichtet. Nach dem vorangegangenen Sowjetterror stößt der Einmarsch der Deutschen durchaus auf Zustimmung. Unverzüglich beginnt die SS vor Ort mit der Vernichtung der Juden. Die schwedische Minderheit wird evakuiert. Am 20. Januar 1944 startet die Sowjetarmee eine Offensive, um die ›Estnische Sowjetrepublik‹ von den Deutschen zu ›befreien‹: die Stadt Narva wird heftig umkämpft und völlig zerstört. Die Deutschen erhalten Unterstützung von Esten, die eine erneute Sowjetherrschaft fürchten. Aber im November 1944 ist ganz Estland wieder unter sowjetischer Kontrolle. Es folgen erneute Liquidationen, Tausende fliehen.

• 1940 bis 1991: Estnische Sowjetrepublik. Als Teil der Sowjetunion (*Nõukogude Liit*) wird die Estnische SSR von einer aus Moskau gesteuerten regionalen Kommunistischen Partei regiert. Stalin siedelt 200 000 russische Arbeiter in Nord-Estland an, um die Industrialisierung voranzutreiben und das Land mit anderen Teilrepubliken zu verflechten. 1945 werden die Gebietsstreifen östlich von Narva und um die Stadt Petseri von der Estnischen SSR abgetrennt und der Russischen SFSR zugeschlagen. Ab 1947 kommt es zur Zwangskollektivierung in der Landwirtschaft mit katastrophalem Produktionsrückgang. 1949 werden erneut etwa 50 000 Menschen deportiert. Unter dem Namen ›Waldbrüder‹ (*Metsavennad*) kämpfen estnische Partisanen noch ein weiteres Jahrzehnt gegen die

Sowjetmacht. Dennoch werden alle Lebensbereiche nach sowjetischem Einheitsmuster umgestaltet. Nach Stalins Tod 1953 folgt unter N. Chruščёv zunächst eine liberalere Phase (Entstalinisierung). Zahlreiche Deportierte dürfen zurückkehren. Bei der Produktivität übertreffen die baltischen Teilrepubliken alle anderen. Unter L. Brežnev (ab 1964) wird die kulturelle und politische Unterdrückung wieder verstärkt. Ein langer Zeitraum der Stagnation beginnt, mit einer weit hinter den anderen Industrieländern zurückbleibenden Planwirtschaft und schwersten Umweltschädigungen. Der Lebensstandard sinkt deutlich. Die Esten bilden durch russische Überfremdung nur noch knapp 62 Prozent der Einwohnerschaft. Nach 1980 fordern Intellektuelle mehr und mehr eine Auseinandersetzung mit der Annexion von 1940 und mit der Sowjetherrschaft (*Nõukogude režiim*) im Lande. M. Gorbačёv leitet ab 1985 die Politik der Perestrojka ein, die den Balten erstmals Gelegenheit gibt, ihren Unmut öffentlich zu äußern. Insbesondere Pläne zur Ausweitung des Ölschiefer- und Phosphoritabbaus im Norden Estlands, verbunden mit der Ansiedlung zusätzlicher russischer Arbeiter, werden 1986 zum Stein des Anstoßes. 1987 wird der Text des Hitler-Stalin-Paktes bekannt. Im April 1988 gründet sich die Volksfront (*Rahvarinne*), beim Sängerfest im selben Jahr werden Forderungen nach weitgehender Souveränität laut (›Singende Revolution‹). Nach erleichterten Wahlen erklärt der neue Rat der Estnischen SSR am 16. November 1988 die Unabhängigkeit des Landes, doch die internationale Anerkennung bleibt zunächst aus. Zum 50. Jahrestag des Hitler-Stalin-Paktes organisieren die Unabhängigkeitsbewegungen der drei baltischen Staaten am 23. August 1989 eine 600 Kilometer lange Menschenkette (›*Balti kett*‹) zwischen ihren Hauptstädten und gewinnen damit internationale Aufmerksamkeit. Heiligabend 1989 erklärt die UdSSR die Zusatzprotokolle des Hitler-Stalin-Paktes und damit die Annexion für nichtig. Das neue Parlament unter Präsident Arnold Rüütel deklariert am 30. März 1990 den Fortbestand der 1918 gegründeten Republik Estland, die am 8. Mai offiziell ausgerufen wird. In einem Referendum stimmen knapp 78 Prozent der Teilnehmer dafür. Der Westen zeigt zunächst wenig Engagement. Es beginnt eine Übergangszeit. Russland versucht, auch das souveräne Baltikum weiterhin an sich zu binden.

• Seit 1991: Unabhängigkeit/Zweite Republik. Erst nach dem Putsch gegen M. Gorbačёv im August 1991, dem Ende der KPdSU, erkennt die Sowjetunion bzw. Russland die Unabhängigkeit der drei baltischen Staaten an. Nun erfolgt auch die Anerkennung seitens anderer Regierungen. Deutschland nimmt am 28. August diplomatische Beziehungen auf. Am 17. September erfolgt die Aufnahme in die UNO, 1993 in den Europarat. Der Abzug des russischen Truppenkontingents wird auf 1994 festgelegt. Eine nationale Tragödie ist der Untergang des Fährschiffes ›Estonia‹ in der Nacht des 28. September 1994 auf dem Weg von Stockholm nach Tallinn: 852 Menschen ertrinken in stürmischer See.

Exkurs 2:
Die Baltendeutschen

Überall in Estland begegnet man
deutschen Namen aus einer vergangenen Epoche: auf Grabsteinen, in
Museen, auf Gutshöfen oder in
Schulen. Wer genauer hinsieht, wird
sich wundern, welche Fülle deutscher
Fremd- und Lehnwörter Eingang in
die strukturell ganz andersartige estnische Sprache gefunden hat. Die
Nachfahren der Ordensritter bildeten
über Jahrhunderte die Oberschicht
im historischen Estland und Livland.
Bei allem Standesdünkel und verbrei-
teter Überheblichkeit kamen aus
ihren Reihen unter dem Eindruck der
Aufklärung zahlreiche Vorreiter und
Förderer sozialer und kultureller Be-
lange, im Dorfschulwesen wie auch
an der Universität Tartu, wo Deutsch
lange Zeit die Unterrichtssprache
war. Einzelne Pfarrer und Gelehrte
bemühten sich um die Kodifizierung
der estnischen Schriftsprache, die bis
dahin als Bauerndialekt verachtet
war. Seit ungefähr 1880 setzte sich
für die Deutschen in den mittlerweile
russisch gewordenen Ostseeprovinzen der Begriff ›Baltendeutsche‹
durch zur Unterscheidung von den
sogenannten ›Reichsdeutschen‹.
Auch ohne Bischöfe und Ordens-
strukturen blieben die Vorrechte des
baltischen Adels weitgehend unangetastet, wurden sogar durch die
wechselnden schwedischen und russischen Herrscher vielfach bestätigt.
Als Feudalherren auf dem Lande, als
zunftangehörige Kaufleute und
Handwerker in den Städten hatten
sie trotz politischer Veränderungen
stets das Sagen. Erst als die Industrialisierung und der Eisenbahnverkehr
die Städte rasch anwachsen ließ,
nahm der prozentuale Anteil der
deutschen Bevölkerung rapide ab.
In Tallinn vervierfachte sich die Einwohnerzahl zwischen 1870 und
1913, der Anteil der Deutschen sank

Auf dem Friedhof von Kose

von einem Drittel auf nur noch ein
Zehntel. Eine massive Russifizierung,
die Wirren des ersten Weltkrieges,
schließlich der Zusammenbruch des
Kaiserreiches und die Proklamation
eines unabhängigen Estlands
schwächten die Position der Baltendeutschen enorm. Auch nach der
Abdankung des Zaren 1917 und
vorübergehender deutscher Beset-

zung wurde nichts aus dem Traum vom Anschluss des Baltikums oder gar vom Großdeutschen Reich. Die meisten verloren ab 1919 durch Enteignungen ihre Ländereien und damit ihre wirtschaftliche Überlegenheit. Die vorerst großzügig zugestandenen Minderheitenrechte sahen sie als pure Selbstverständlichkeit an. Aber kulturelle Autonomie genügte vielen nicht, so dass es zu einer ersten Abder von der historischen Entwicklung frustrierten Baltendeutschen als neue Chance.

In großer Eile folgten an die 80 000 Menschen aus Estland und Lettland dem Aufruf ›heim ins Reich‹, genauer gesagt in den Warthegau (um Posen/Poznań) und nach Westpreußen, von wo sie gegen Ende des Krieges aber erneut weiterziehen mussten. Die Flucht vor der Roten Armee im Win-

In Tartu begegnet man überall der deutschen Vergangenheit

wanderung kam. Etwa 16 500 Deutsche warteten in Estland erst einmal ab und setzten erneut auf Unterstützung, diesmal durch Hitler, ohne zu ahnen, dass inzwischen die Würfel gefallen waren. Am 6. Oktober 1939 wurde im Reichstag die ›Heimholung der nicht haltbaren Splitter des deutschen Volkstums‹ propagiert. Das begriff die überwältigende Mehrheit ter 1944/45 überstanden viele nicht. Im Baltikum zurückgeblieben war nur eine sehr kleine Minderheit, die in der Folgezeit nicht sicher sein konnte vor Verhaftung und Deportation. Heutzutage leben noch etwa 3500 Deutsche in Estland. Rückkehrer ohne revanchistische Absichten wurden von offizieller Seite ausdrücklich willkommen geheißen.

Estland und die Europäische Union

Estland ist seit dem 20. August 1991 wieder ein selbständiger, demokratischer Staat. Der offizielle Name lautet ›*Eesti Vabariik*‹ (Republik Estland), kurz ›*Eesti*‹ (Estland). Von den benachbarten Finnen wird das Land nach einer historischen Bezeichnung ›Viro‹ genannt, die Letten sagen ›Igaunija‹, die Litauer ›Estija‹ und die Russen ›Èstonija‹. Schon der römische Historiker Tacitus erwähnte vor 1900 Jahren das Volk der ›Aestii‹ in Anlehnung an eine germanische Bezeichnung für die friedsamen Stämme im heutigen Baltikum. Die blau-schwarz-weiß horizontal gestreifte Flagge geht auf ein Vorbild der Studentenverbindung ›Vironia‹ in Tartu zurück, bei der sie 1884 zum ersten Mal verwendet wurde. Die Farben sollen den Himmel, den Erdboden und den Menschen mit sauberem Gewissen symbolisieren.

Das estnische Staatswappen

Als Staatswappen fungiert das Stadtwappen von Tallinn, das auf die dänische Gründung im Jahre 1219 zurückgeht und damit historische Kontinuität unterstreichen soll: Es zeigt drei übereinander stehende Leoparden, die aber meist für Löwen gehalten werden. Der Name der Hauptstadt Tallinn leitet sich ebenfalls von ›*Taani linn*‹ (dänische Stadt) her.

Nach der Verfassung von 1992 besteht das estnische Parlament (*Riigikogu*) aus 101 Abgeordneten mit vierjährigem Mandat, aus deren Mitte der Ministerpräsident gewählt wird. Der derzeitige Amtsinhaber ist Siim Kallas (seit Januar 2002), der eine Koalitionsregierung aus Liberaler Reformpartei und Zentrum anführt. An der Spitze des Staates steht der vom Volk für jeweils fünf Jahre gewählte Präsident als zeremonielles Staatsoberhaupt, dessen Stellung stärker als in Deutschland ist. Dieses Amt hatte seit 1992 der Schriftsteller Lennart Meri inne, der übrigens ausgezeichnet Deutsch spricht. Nach zwei Amtszeiten musste er im Oktober 2001 verfassungsgemäß einem Nachfolger weichen: Das ist sein Vorgänger Arnold Rüütel, der nun ebenfalls zum zweiten Mal den Staat repräsentiert. Es gibt eine größere Zahl politischer Parteien, keine ist wirklich dominant. Auch der russische Bevölkerungsteil mit Aufenthaltsberechtigung verfügt über eigene Interessenvertretung; allerdings muss er Einschränkungen bei der Wahlberechtigung hinnehmen. Auf inter-

nationalen Druck wurden einige anfangs besonders rigide Vorschriften fallenge-
lassen.

Estlands Politik ist klar an der Aufnahme in die Europäische Gemeinschaft
orientiert und kann dabei auf die Unterstützung der skandinavischen Länder zählen. Mit der raschen Privatisierung einstiger Staatsbetriebe, dem Abbau von Han-
delshemmnissen und Subventionen sowie Reformen in vielen Bereichen erlangte
Estland im Juli 1997 als erster der baltischen Staaten den Status eines Aufnahme-
kandidaten für die EU. Lettland und Litauen zogen nach, ohne den Entwicklungs-
vorsprung aufzuholen. Die EU-Vollmitgliedschaft aller drei ist inzwischen für
Mai 2004 beschlossen. Es ist eine Rückkehr nach Mitteleuropa. So erübrigt sich
nun auch die heikle Frage, ob in Zukunft vielleicht eine EU-Außengrenze das Bal-

Endlich wieder unabhängig – doch es bleibt noch viel zu tun!

tikum auseinanderreißen könnte, indem sie zwischen Estland und Lettland ver-
liefe, ähnlich wie Slowenien und Kroatien als Bestandteile eines vormaligen
Gesamtstaates nun in solcher Weise auseinander dividiert werden.

Russland versuchte die von Estland angestrebte EU-Mitgliedschaft zu
erschweren, indem es die (angebliche) Diskriminierung seiner Landsleute in Estland kritisierte. Eine Untersuchung zur Minderheitenlage seitens des Europarates
bestätigte die Vorwürfe jedoch nicht. Tatsache ist, dass die Russen in über 40 Jahren Sowjetherrschaft nie eine Notwendigkeit sahen, Estnisch zu erlernen. Heute
haben sie ohne ein Minimum an Sprachkenntnissen keine Chance, die estnische
Staatsbürgerschaft zu erlangen. Beides ist aber Voraussetzung für eine Vielzahl
von Berufen, besonders im Staatsdienst. So gibt es große Probleme bei der

Wiedereingliederung Arbeitsloser, vor allem in den Industriestädten des Nordostens. Heute wird Estnisch natürlich überall in der Schule gelernt, aber Sprachkurse für Erwachsene, die sich auf die Sprachprüfung vorbereiten wollen, sind recht teuer, und der Staat bietet kaum finanzielle Unterstützung an.

In der Bevölkerung gibt es eine knappe Mehrheit für den EU-Beitritt. Erstaunlich mag dabei sein, dass sich die Russen und andere Minderheiten im Lande sogar stärker dafür aussprechen als die Esten selbst. Die mühsam errungene Unabhängigkeit nun gleich wieder durch supranationale Direktiven einengen zu lassen, gefällt vielen Menschen nicht, insbesondere wenn sie sich mit Neuregelungen aus dem dichtbesiedelten Mitteleuropa konfrontiert sehen, die im Baltikum übertrieben erscheinen. Beispielsweise fragt man sich, warum für Mülldeponien hier dieselben Vorschriften gelten sollen wie in deutschen Ballungsgebieten. Man hat seine eigene naturnahe Wirtschaftsweise, und Umweltbewusstsein ist durchaus vorhanden. Ein anderes Beispiel ist die Bärenjagd: Die im übrigen Europa selten gewordenen und deshalb geschützten Raubtiere können in Estlands Osten stellenweise zur Plage für die Viehhalter werden.

Meinungsumfragen haben gezeigt, dass sehr viele Bürger nur unzureichend über die Europäische Gemeinschaft und die Vor- oder Nachteile für ihr Land informiert sind. Die Anbindung an den Westen und damit eine Neubestimmung der Position ihres Landes ist den meisten offensichtlich wichtig. Welche Veränderungen in persönlicher, in beruflicher und wirtschaftlicher Hinsicht zu erwarten sind, darüber haben viele nur sehr unklare Vorstellungen. Bei der ländlichen Bevölkerung gibt es zudem eine gewisse Skepsis und Sorge um die Arbeitsplätze. Wohl nicht ganz zu Unrecht, denn unter den Gesetzen der Marktwirtschaft fragt man sich schon heute, wo die Menschen auf dem Lande eigentlich ihr Geld verdienen. Zu bedenken ist dabei, dass, wie in allen bevölkerungsarmen Ländern, die öffentlichen Einrichtungen einen relativ hohen Prozentsatz der Arbeitsplätze stellen.

Die derzeitigen Beziehungen zu Russland sind verständlicherweise eher von Pragmatismus als von Sympathie gekennzeichnet. Immerhin hat sich die Lage entspannt. Abgesehen von der objektiv unbefriedigenden Lage des Kaliningrader Gebietes scheint Moskau eingesehen zu haben, dass die Zeiten für eine weitere Einflussnahme im Baltikum vorüber sind. Die offizielle Einladung zum NATO-Beitritt der drei ehemaligen sozialistischen Teilrepubliken, über Jahre massiv abgelehnt, ging am 21. November 2001 auf dem Gipfeltreffen von Prag reibungslos über die Bühne. Neben einer Stärkung der regionalen Kooperation im Ostseeraum besteht Interesse an einer Vertiefung der Beziehungen zu Weißrussland und der Ukraine, deren Demokratiedefizite derzeit noch ein großes Hemmnis bilden. Von den USA verspricht man sich Sicherheitsgarantien, von Deutschland Unterstützung und Fürsprache im Rahmen der EU.

Städte und Landkreise

Das sowjetische Verwaltungssystem von 1950 mit seinen 39 willkürlich abgegrenzten Rayons und den Dorfsowjets wurde abgeschafft. Zuvor hatte es elf historische Kreise gegeben, in denen jeweils sogenannte Kirchspiele (*kihelkond*) zentrale Funktionen innehatten. Heute ist Estland eingeteilt in 15 Landkreise (*maakond*) von vergleichbarer Größe und die sechs selbständigen Stadtbezirke (*linn*) Tallinn, Tartu, Narva, Pärnu, Kohtla-Järve und Sillamäe. 47 weitere Orte sind zwar kreiszugehörig, jedoch mit Stadtstatus, auch wenn dort – wie in Kallaste – nur 1300 Einwohner leben. Jeder Landkreis ist an seinen Grenzen durch entsprechende Straßenschilder (blau mit Wappen) deutlich ausgewiesen; die meisten sind nach dem Namen ihres Hauptortes benannt, beispielsweise ›Valgamaa‹ oder ›Valga maakond‹ mit dem Hauptort Valga. Auch die beiden größten Inseln bilden jeweils einen eigenen Landkreis. Etwas irritierend sind diese Bezeichnungen dadurch, dass auch einige Ortsnamen auf -*maa* (eigentlich: Land) enden, zum Beispiel Põltsamaa, Märjamaa oder Tõstamaa. Die Landkreise sind ihrerseits in je vier bis 20 Gemeinden (*vald*) gegliedert, die ebenfalls deutlich ausgeschildert sind, zum Beispiel ›Palupera vald‹. In manchen Fällen ist zu unterscheiden zwischen einer Stadt (*linn*) und einer verwaltungstechnisch separaten Gemeinde (*vald*) desselben Namens, wie etwa im Falle Keila, Türi oder Võru. Die Gemeindegrößen liegen zwischen unter 100 (auf einer kleinen Insel) und etwas über

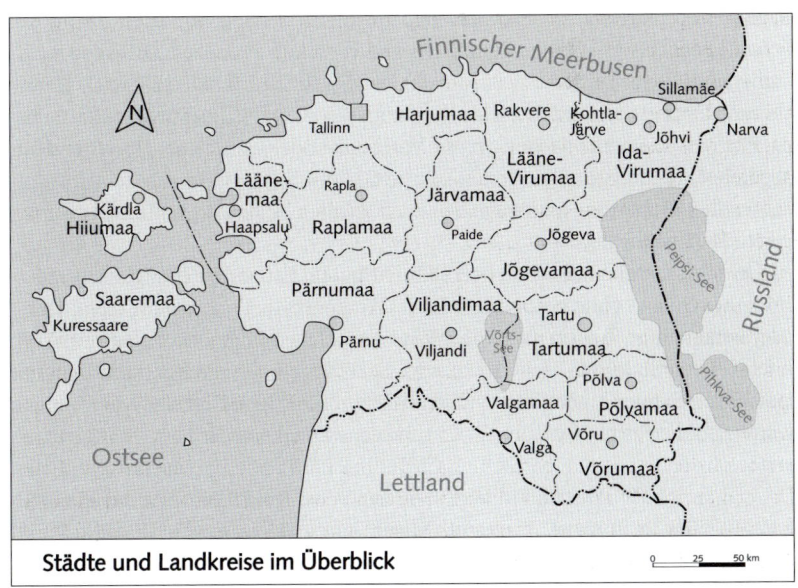

Städte und Landkreise im Überblick

7000 Einwohnern. Als kleinste Einheit in der administrativen Hierarchie tauchen noch das Dorf (*küla*) und der Flecken (*alev*) als räumlich isolierte Teile von Gemeinden auf, in beiden Fällen handelt es sich nur um ein paar Gebäude. Eine große Gemeindereform mit dem Ziel, die derzeit insgesamt 206 Gemeinden in nur noch 107 selbstverwaltete Einheiten umzuwandeln, ist in Planung.

Die 15 Landkreise besitzen eine gewisse Selbständigkeit, und die vorgenannte Einteilung ist auch die Grundlage für alle Statistiken und Regionalkarten, für Telefonvorwahlen und Touristikämter. Überall begegnet man ihr. Deshalb wurde der Hauptteil des vorliegenden Buches (die Orts- und Landschaftsbeschreibungen) in derselben einprägsamen Weise gegliedert, wobei der kreisübergreifende Lahemaa-Nationalpark und der aufgeteilte ehemalige Landkreis Setumaa jeweils als Ganzes betrachtet werden müssen. Zum schnelleren Auffinden der einzelnen Landkreis- und Stadtkapitel soll auch die abgebildete Übersichtskarte dienen.

Kultur und Persönlichkeiten

Ohne sein ausgeprägtes kulturelles Bewusstsein hätte das estnische Volk im Laufe der vielen Jahrhunderte mit wechselnden Fremdherrschaften sicher seine nationale Identität eingebüßt. Die frühen bäuerlichen Bräuche und Riten, an die noch so mancher Opferstein erinnert, sind zwar mit der Ausbreitung des Christentums im 13. Jahrhundert zurückgedrängt worden, doch eine Vielzahl von Mythen und Sagen blieb lebendig, ebenso der enge Bezug zu den Phänomenen der Natur. Damals begann sich der skandinavische und vor allem deutsche Einfluss so nachhaltig auszubreiten, dass er bis heute das Land prägt und dabei letztlich als Bereicherung empfunden wird, auch als Richtungsweiser und Bindeglied zu Westeuropa. Östliche Elemente stießen oft auf Vorbehalte oder wurden als Überfremdung abgelehnt, das übergestülpte sozialistische Gesellschaftssystem musste still erduldet werden. Berührungspunkte gab es zwar zu allen Zeiten, doch blieb es eher bei einem Nebeneinander.

Die Reformation hinterließ überall ihre Spuren, Estland ist evangelisch-lutherisch, heutzutage ohne besonderen Eifer. Wo eine orthodoxe Kirche steht, leben oder lebten meist Russen unter sich. Eine Ausnahme bildet jedoch das Setu-Volk im äußersten Südosten (siehe Exkurs 6). Sehr lange blieb die Beschäftigung mit kulturellen Dingen einer dünnen Oberschicht vorbehalten. Einzelne Meilensteine waren das erste estnische Buch (1525), die erste Druckerei (in Tartu 1631) und die erste vollständige Bibelübersetzung (in Tallinn 1739). Die Epoche des nationalen Erwachens im 19. Jahrhundert bedeutete dann eine Rückbesinnung auf die eigenen Wurzeln in Sprache, Literatur, Musik und anderen Bereichen und wurde getragen vom ganzen Volk.

Es gibt kaum einen größeren See, Hügel, Findling oder freistehenden Baum in Estland, um den sich nicht irgendeine Legende rankt. Die über viele Generationen nur mündlich überlieferten Stoffe der Mythologie und Volksdichtung wurden ab 1857 von dem Arzt Friedrich Reinhold Kreutzwald (1803 – 1882) zusammengetragen und zu dem Volksepos ›Kalevipoeg‹ (bedeutet: Sohn des Kalev) geformt. In Anlehnung an das finnische Vorbild ›Kalevala‹, das bereits 1835 von Elias Lönnrot veröffentlicht worden war, entstand ein Opus aus 20 Gesängen mit insgesamt rund 19 000 Versen. Wer darin nachliest, erfährt die sagenhafte ›Entstehungsgeschichte‹ beispielsweise des Tallinner Dombergs, des Ülemiste-Sees oder der Vooremaa-Höhenzüge. Der geschilderte Kampf des Kalevipoeg, Sohn eines Königs Kalev und seiner Gemahlin Linda, gegen Eindringlinge und Eroberer stellt eine gewollte Parallele zum Schicksal der Nation dar. Obwohl der Held schließlich Schuld auf sich lädt und durch einen bösen Fluch zu Tode kommt, verheißt das Epos seine Wiederkehr und damit auch die Anknüpfung an die Unabhängigkeit der Esten in der Vorzeit. Mit diesem durchaus politischen Buch war der Boden bereitet für das Entstehen einer eigenen estnischen Literatur. In den folgenden Jahrzehnten traten etliche bedeutende Schriftsteller hervor: der Lyriker Juhan Liiv (1864 – 1913), der Romancier und Dramatiker Eduard Vilde (1865 – 1933), der Erzähler Anton Hansen-Tammsaare (1878 – 1940), die Lyrikerin und Übersetzerin Marie Under (1883–1980), der Erzähler Oskar Luts (1887 – 1953), später die Dichterin Betti Alver (1906 – 1989), der Romanautor Karl Ristikivi (1912 – 1977) und der Novellist Juhan Smuul (1921 – 1971). Lennart Meri (geb. 1929), der historische Romane und Reisebeschreibungen verfasste, wurde nach der erneuten Unabhängigkeit des Landes sogar Staatspräsident.

Volkstracht von der Insel Saaremaa

Doch zunächst mussten fünfzig Jahre mit strenger Zensur und dem Risiko der Deportation überstanden werden. Nach dem Zweiten Weltkrieg wurden sämtliche Bereiche der Kultur stark russifiziert, unter Stalin gab es praktisch nur noch die ›offizielle Kunst‹, die dem sozialistischen Realismus verpflichtet war. Eine ständige Gratwanderung zwischen Vereinnahmung und Selbstbehauptung kennzeichnete insbesondere die Arbeit der Schriftsteller. Estnische Literatur entstand

Esten sind ein musikalisches Volk

damals eher im Exil. Immerhin erschien in der DDR manche gute Übersetzung, die dann freilich ohne genauere Differenzierung als sowjetisch deklariert wurde. Mit dem innenpolitischen ›Tauwetter‹ um 1960 wurde eine gewisse Belebung der Literaturszene möglich. Seither gilt Jaan Kross (geb. 1920) als wohl bekanntester Autor des Landes. Sein umfangreiches Werk, das inzwischen in zwanzig Sprachen vorliegt, umfasst unter anderem etliche historische Romane, die die baltendeutsche und zaristische Epoche lebendig werden lassen. Soziale Verhältnisse, typische Charaktere und auch Landschaftsbilder werden darin mit großer Liebe zum Detail geschildert, so dass sie gerade auch dem Touristen von heute als Quelle für ein besseres Verständnis zu empfehlen sind. Als zeitgenössische Autorin ist ferner Viivi Luik (geb. 1946) zu nennen, die mit einer bewusst wertfrei-naiven, kindlichen Betrachtungsweise auf ihre Umgebung eingeht und auf diese Art auch ihre frühen Jahre im Stalinismus beschreibt. Im bildungsbeflissenen Estland, wo schon relativ früh das allgemeine Schulwesen eingeführt wurde und die Analphabetenrate äußerst gering ist, wurde immer viel gelesen, gerade auch zu Zeiten der Sowjetunion. Auch heute nimmt die Buchproduktion hier, gemessen an der geringen Einwohnerzahl, einen europäischen Spitzenplatz ein, ähnlich wie Island.

Mit großer Begeisterung geht man ins Theater, und das trotz der ziemlich kurzen Tradition im Lande. Aus dem 1870 gegründeten Laienschauspielverein von Tartu entstand erst 1906 das berühmte Theater ›Vanemuine‹. Im selben Jahr nahm das ›Estonia‹ in Tallinn seinen Betrieb auf. 1911 folgte das ›Endla‹ in Pärnu, 1920 das Dramatheater ›Ugala‹ in Viljandi. Auch Rakvere verfügt über eine bekannte

Bühne. Allen gemeinsam ist derzeit eine völlig unzureichende Finanzierung und die Hoffnung, sich mit Hilfe von Sponsoren über Wasser halten zu können. Ein weiterer, nicht zu unterschätzender Bestandteil der estnischen Volkskultur ist das Singen, das bis zu den frühen Runengesängen vor über 2500 Jahren zurückreicht. Seit dem ersten ›Sängerfest‹ in Tartu 1869, das unter dem Zeichen der Identitätsfindung stand, trifft sich regelmäßig etwa alle fünf Jahre die ›halbe Nation‹, jedenfalls einige hunderttausend Menschen, um das eigene Liedgut zu pflegen. Ab 1896 kam man in Tallinn zusammen. In der Stalin-Ära ließ das Engagement vorübergehend nach, weil ein massiver Missbrauch der Veranstaltung zu propagandistischen Zwecken erkennbar wurde. Die heutige Sängerbühne, 1960 erbaut, wurde Schauplatz der sogenannten ›Singenden Revolution‹, die 1988 die zuvor kaum denkbare Loslösung von der Sowjetunion einleitete. Hervorgegangen aus den patriotischen Liedern ist übrigens auch die Nationalhymne ›Mu isamaa, mu õnn ja rõõm‹ (Mein Vaterland, mein Glück und meine Freude) deren Melodie der finnischen gleicht. Sie wurde bereits beim ersten Sängerfest als eines von damals nur zwei estnischsprachigen Liedern vorgetragen. Viele Volkslieder stehen in der Tradition der vorchristlichen Gesänge. Erst im 13. Jahrhundert verbreiteten sich auch die typischen Kirchenlieder. Bis ins 20. Jahrhundert bestand in Estland keine Möglichkeit zum Studium der Musik, so dass viele Musiker zur Ausbildung ins Ausland gehen mussten. Internationale Reputation erlangt haben Rudolf Tobias (1873 – 1918), der als Begründer der estnischen Musik gilt, Artur Kapp (1878 – 1952) mit Sonaten im russischen Stil, Mart Saar (1882 – 1963) als Modernist sowie Eduard Tubin (1905 – 1982) und Heino Eller (1887 – 1970). Bei letzterem studierte der zurzeit bekannteste estnische Komponist, Arvo Pärt (geb. 1935), dessen serielle, später zutiefst religiös inspirierte Musik während der Sowjetherrschaft verpönt war. Er siedelte 1980 nach Berlin über. Die CD ›Beatus‹, die er mit dem Estnischen Philharmonischen Kammerchor unter Leitung von Tõnu Kaljuste (geb. 1953) aufnahm, entführt mit ihren strengen, einfachen Klängen in höhere Sphären und dokumentiert überzeugend sein Schaffen. Ein weiterer beachtenswerter Komponist der Gegenwart ist Erkki-Sven Tüür (geb. 1959), der sich der Verbindung von Klassik und Rockmusik verschrieben hat.

Die Musikszene des Landes ist breit gefächert: Jazz- und Popgruppen, Blaskapellen und Chöre von hohem künstlerischen Niveau sind teilweise über die Landesgrenzen hinaus bekannt. Während der Sommermonate gibt es eine beträchtliche Zahl von Auftritten und Festivals unter freiem Himmel. Beliebt sind derzeit irische Melodien und Countryklänge. Ein großes Spektrum bietet in dieser Hinsicht die 1972 gegründete, äußerst populäre Band ›Kukerpillid‹ (z. B. ihre CD ›Sisukord‹). Auch Gruppen wie ›Folkmill‹ oder ›Kukaroos‹ tendieren in dieselbe Richtung, mit Texten teils im südestnischen Dialekt. Doch auch in reinem Estnisch klingen altbekannte Songs wie etwa ›Guantanamera‹, die unvermittelt aus dem Autoradio schallen, ja schon gewöhnungsbedürftig! Als besondere Tipps seien noch die CD ›Parimad‹ der Kultband ›Jäääär‹ genannt und die wunderschönen Akkordeon-Saxophon-Stücke auf der CD ›Sounds of the Nordic Islands‹ von Villu Veski und Tiit Kalluste. Eher leichte Kost steht an auf den Europäischen Schlagerfestivals, wo Estland 2000 den vierten und 2001 sogar den ersten Platz errang. Mit dem gebotenen Stück ›Everybody‹ von T. Padar und D. Benton konnte das kleine Land jedoch einmal die Blicke der ganzen Welt wirkungsvoll auf sich ziehen. Tallinn als Austragungsort 2002 und Rīga gleich 2003 – das Baltikum holt auch in diesem Bereich auf!

Bei der Malerei stellt die Gründung der Zeichenschule an der Universität Tartu im Jahre 1803 einen Anfangspunkt dar. Johann Köler (1826 – 1899) gilt als der erste bedeutende estnische Maler. Er hielt sich zunächst vier Jahre in Italien auf, widmete sich insbesondere Portraits und wurde schließlich Professor an der Sankt Petersburger Kunstakademie. Oskar Hoffmann (1851 – 1911), der das Landleben darstellte, und Ants Laikmaa studierten in Düsseldorf; letzterer wanderte sogar zu Fuß dorthin. Um 1900 eröffnete er dann in Tallinn eine Schule für Bildende Kunst und gründete ein paar Jahre danach den Estnischen Künstlerverband. Trotz seiner Verdienste blieb ihm das Exil nicht erspart: Ab 1907 trieb es ihn über Finnland nach Italien und weiter nach Tunesien. Er hat ein ungewöhnliches Wohnhaus in Taebla bei Haapsalu hinterlassen, in dem man seinem Lebensweg nachspüren kann. Von 1919 bis in die Stalin-Zeit existierte die Hochschule für Bildende Kunst namens ›Pallas‹ in Tartu. Bereits in den 1920/30er Jahren war in der estnischen Malerei eine Hinwendung zur internationalen Avantgarde feststellbar. In der Bildhauerei stößt man schnell auf zwei Namen: August Weizenberg (1837 – 1921) schuf eine Reihe von Skulpturen zum erwähnten Kalevipoeg-Epos, und von Amandus Adamson (1885 – 1924) stammt die Monumentalplastik ›Russalka‹ in Tallinn.

Das architektonische Erbe seit den Zeiten des Ritterordens ist zwar nur vereinzelt spektakulär, aber im Detail sehr interessant und bezeugt vielerlei historische Umstände und Einflüsse. Wehrkirchen, Kastelle, Ordensburgen (als Kombination von Kastell und Kloster) und andere Verteidigungsbauten entstanden bis ins 17. Jahrhundert hinein überall im Lande. Daneben entwickelte sich die sakrale Architektur, bis sie zur Reformationszeit ins Stocken geriet. Es überwiegt der gotische Stil, versehen mit regionalen Besonderheiten. Im Norden der Region wurde Kalkstein als Baumaterial geschätzt, im Süden standen eher Ziegel zur Verfügung. Prächtige Altarbilder (vor allem im Tallinner Dom), verzierte Kanzeln und Reste von Wandmalereien sind in Kirchen erhalten geblieben, während hölzerne Profanbauten im Laufe der Zeit durch die Witterung verfielen oder gar durch Brände und Kriegseinwirkungen zerstört wurden. Als besonders beeindruckendes Bauensemble – auch im gesamteuropäischen Vergleich – ist der ummauerte mittelalterliche Kern von Tallinn anzusehen, die Hauptsehenswürdigkeit Estlands. Narva entstand im 17. Jahrhundert als wohlhabende Barockstadt mit holländischen und schwedischen Stilanleihen. Leider wurde sie 1944 vollständig zerstört, so dass man heute nur noch das wiederaufgebaute Rathaus bewundern kann. Schöne spätbarocke Gebäude sind außerdem der Gutshof Palmse und das Schloss Kadriorg in Tallinn. Wegen des Nordischen Krieges (1700 – 1721) ist die Renaissance nur schwach vertreten. Nach dem Neuaufbau in Stein statt Holz bietet die Altstadt von Tartu eine nahezu einheitlich klassizistische Bebauung. Auch zahlreiche Herrenhäuser in ländlichen Gegenden entstanden im selben Stil, bis ab etwa 1830 der Historismus Freunde fand und verspielte schlossartige Bauwerke (z. B. die Herrenhäuser von Sangaste oder Alatskivi) entstehen ließ. In manchen Fällen wurde die typisch norddeutsche Backsteingotik rezipiert. Der Jugendstil ab Beginn des 20. Jahrhunderts präsentiert sich in mehreren Straßenzügen der lettischen Hauptstadt Rīga in so eindrucksvoller Weise, dass man die vereinzelten estnischen Beispiele (z. B. das Tallinner Schauspielhaus und einige Villen) kaum damit vergleichen kann; ein Ausflug ins Nachbarland lohnt sich. Funktionalistisches Design der 1930er Jahre ist am Strand von Pärnu mit zwei interessanten Beispielen vertreten. Großbauten unterschiedlicher Ausstrahlung hinterließen sowjetische Planer, je nach aktueller politischer Vorgabe: Waren es in den 1950er Jahren aufgereihte mehrstöckige Wohnklötze mit pseudoklassizistischer Fassade, vom Reißbrett aus als gartenstadtähnliche Neusiedlungen umgesetzt (z. B. Sillamäe oder Teile von Kohtla-Järve), so siegte in den 1970/80er Jahren die Gigantomanie in Form der berüchtigten Plattenbau-Hochhäuser (z. B. im Tallinner Stadtteil Lasnamäe). Auch außerhalb der

›Herzlich willkommen‹ im Kulturbunker – eine architektonische Glanzleistung der Sowjetära

Städte wurden sie in kleineren Dimensionen überall hingebaut. Meist blieben sie nach ihrer Fertigstellung in einer trostlosen eingeebneten Umgebung stehen, verwahrlosten schnell oder wurden beim Zerfall der Sowjetunion überhaupt nicht mehr vollendet. Mit der künstlerischen Tradition des Landes haben solche Primitivbauten nichts gemein. Akzente der Postmoderne in Form individuell gestylter Glaspaläste ragen aus dem Grau vergangener Dekaden hervor und symbolisieren augenfällig den politischen und ökonomischen Wandel.

Essen und Trinken

Nördliche Lage und bäuerliche Lebensweise haben die Küche in Estland und seinen Nachbarländern geprägt: rustikal, deftig, kalorienreich, insgesamt ziemlich schlicht. Es dominieren Gerichte, die etwa eine Bandbreite zwischen böhmisch und russisch abdecken und auch mit traditioneller deutscher Küche vergleichbar sind: Schweinebraten, panierte Schnitzel, Kotelett, Kassler, Fisch, dazu meistens Kartoffeln (gekocht oder aus dem Ofen) und gängige Gartengemüse wie Gurken, Erbsen, Möhren, rote Beete, Weißkohl, häufig auch Sauerkraut. Oft wird saure Sahne (*hapukoor*) zur Abrundung verwendet, Cocktailsalate enthalten reichlich Mayonnaise. Gewürze werden recht sparsam eingesetzt: ein wenig Kümmel, etwas Pfeffer. Unter den Küchenkräutern wird Dill bevorzugt, Knoblauch spielt eine gewisse Rolle. Sehr verbreitet sind Pilzgerichte und diverse Suppen, die russische Soljanka wurde nicht vom Speiseplan verbannt! Im Sommer wird gern gegrillt, wobei ziemlich fettreiche Würste und marinierte Fleischstücke (*šašlökk*) verwendet werden. Geräuchertes (Speck, Aale) ist ebenfalls beliebt. Zu jeder Mahlzeit gehört Brot, meist Roggenbrot, kräftig und dunkel, auch mit Kümmel. Schon das Frühstück ist, ähnlich wie in Russland, ziemlich gehaltvoll: Eiergerichte, Würstchen, Räucherfisch und Buchweizengrütze sind keine Seltenheit. Kuchen und selbstgemachtes Obstkompott aus dem Garten sowie eine große Auswahl erstklassiger Milchprodukte runden den Speiseplan ab.

Auch mehr als 15 Jahre nach der nuklearen Katastrophe von Černobyl' können radioaktive Spuren besonders in Waldpilzen nicht ausgeschlossen werden. Vom Thema BSE hört man so gut wie nichts. Allgemein wird die Hygiene im Lebensmittelbereich sehr ernst genommen. Die Verpackung und Beschriftung der Lebensmittel in den Geschäften ist durchweg gut, bei den vielen skandinavischen Herstellern oder Lizenzprodukten sogar vorbildlich.

Die Fähre zur Insel Saaremaa; Skulpturen in Kuressaare auf der Insel Saaremaa
Folklorefest im Freilichtmuseum Rocca al Mare bei Tallinn

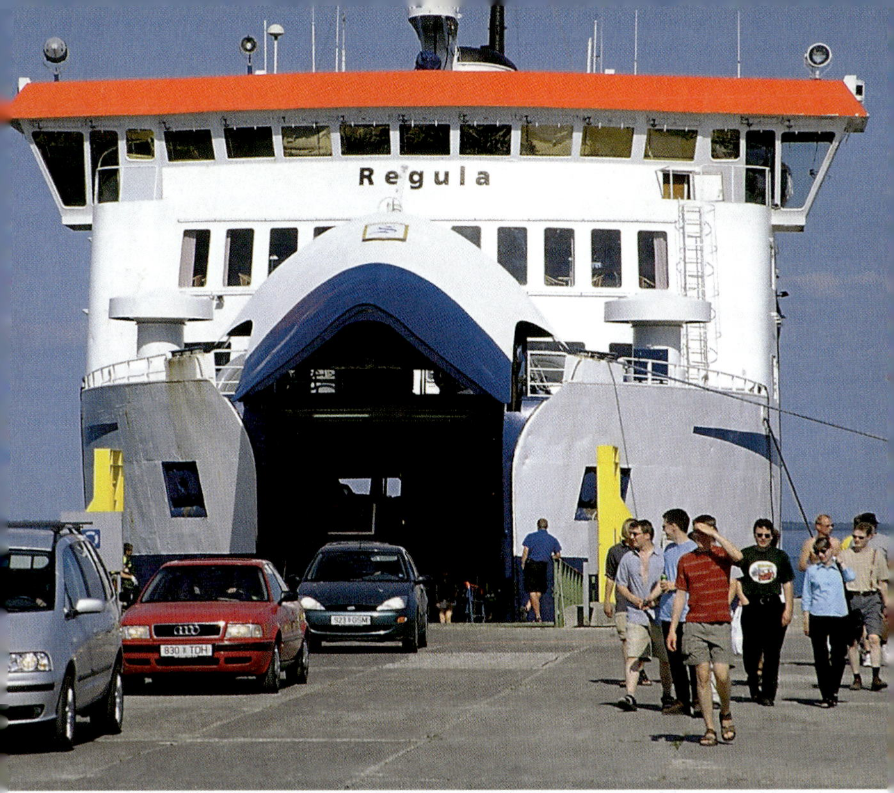
Regula

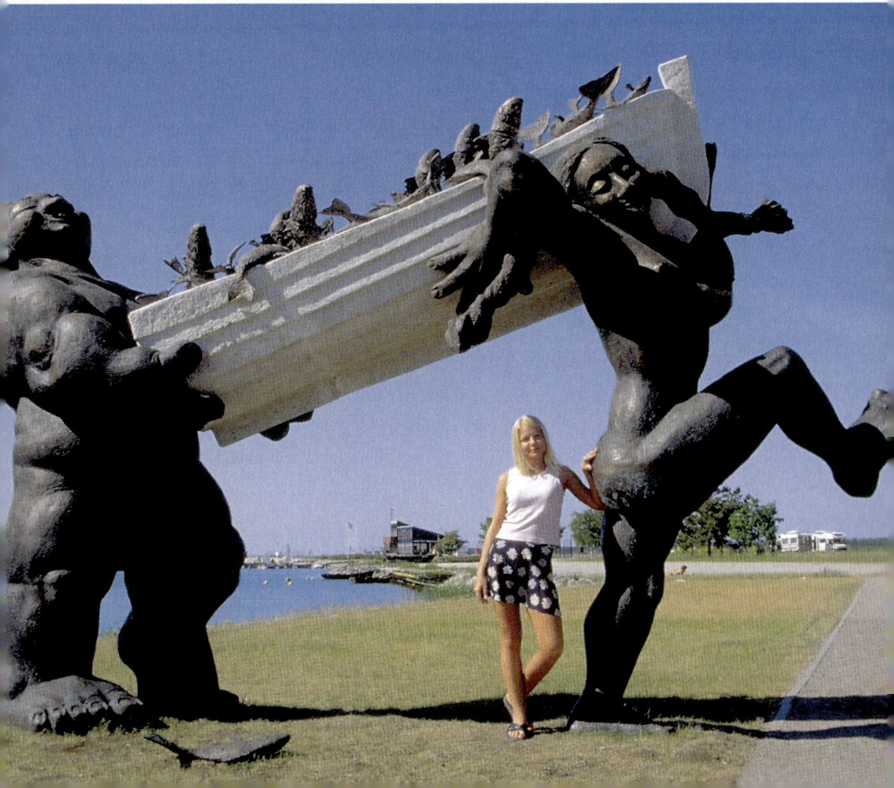

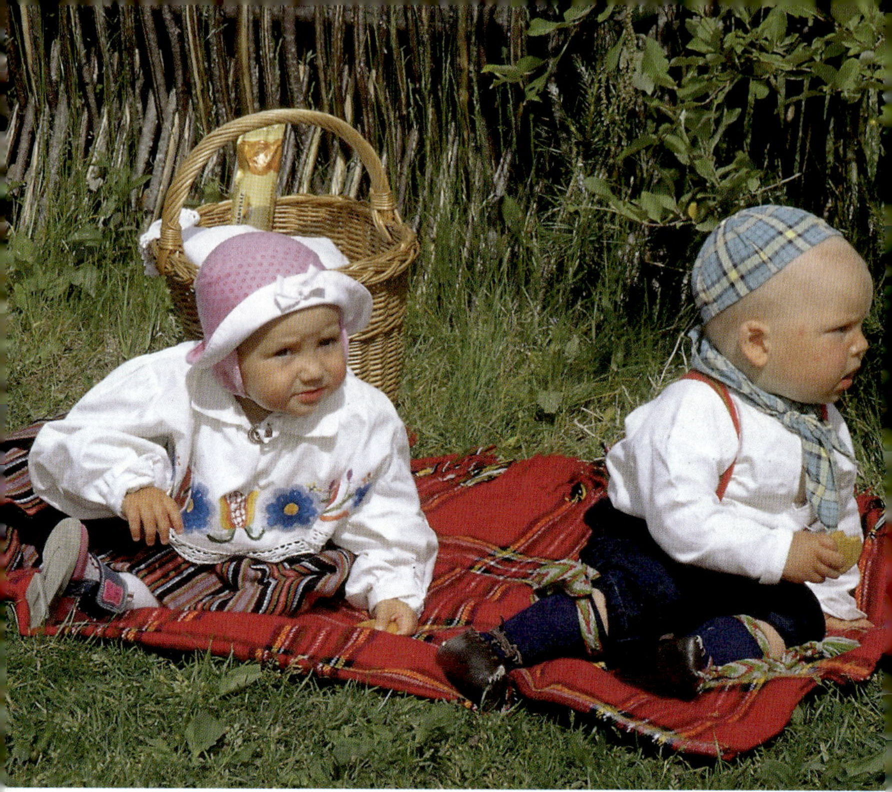
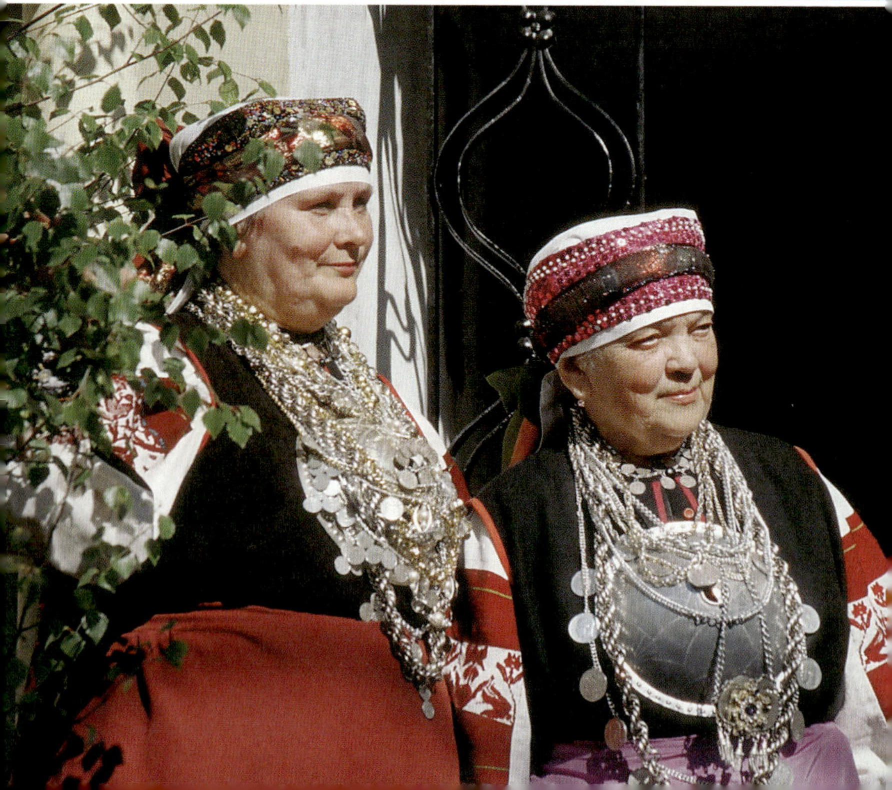

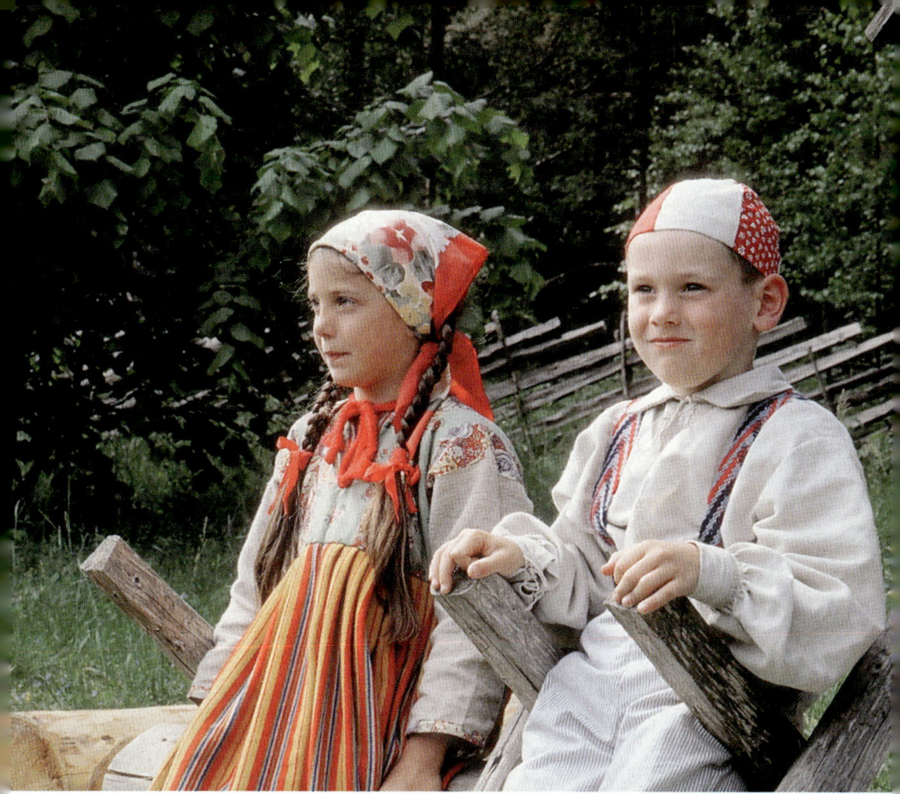

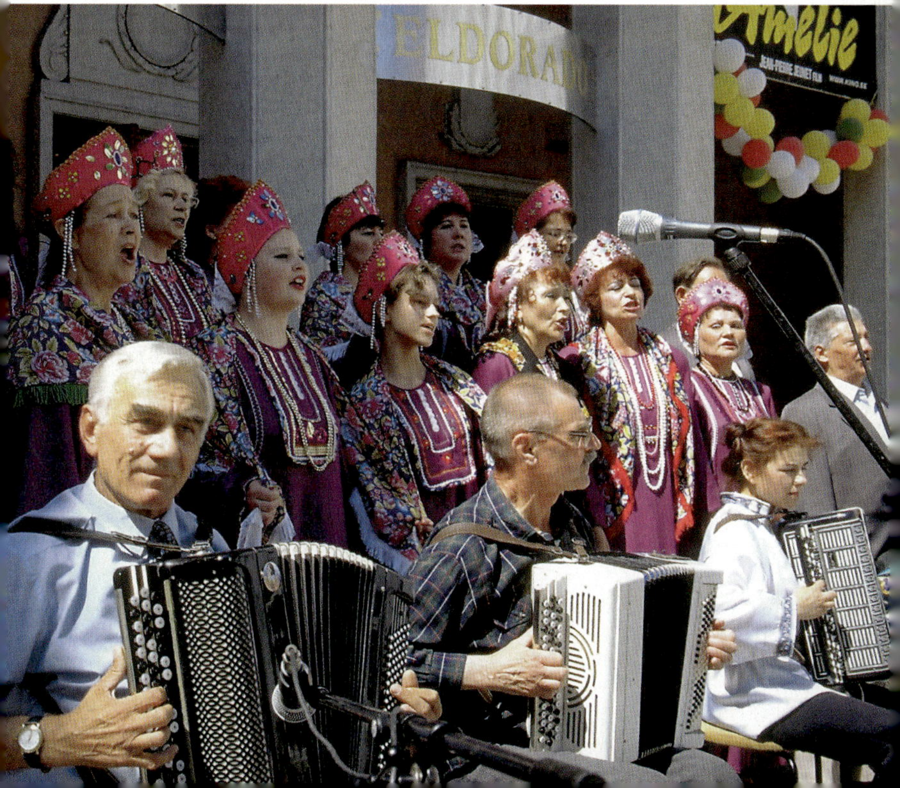
ELDORAD
JEAN-PIERRE JEUNET FILM

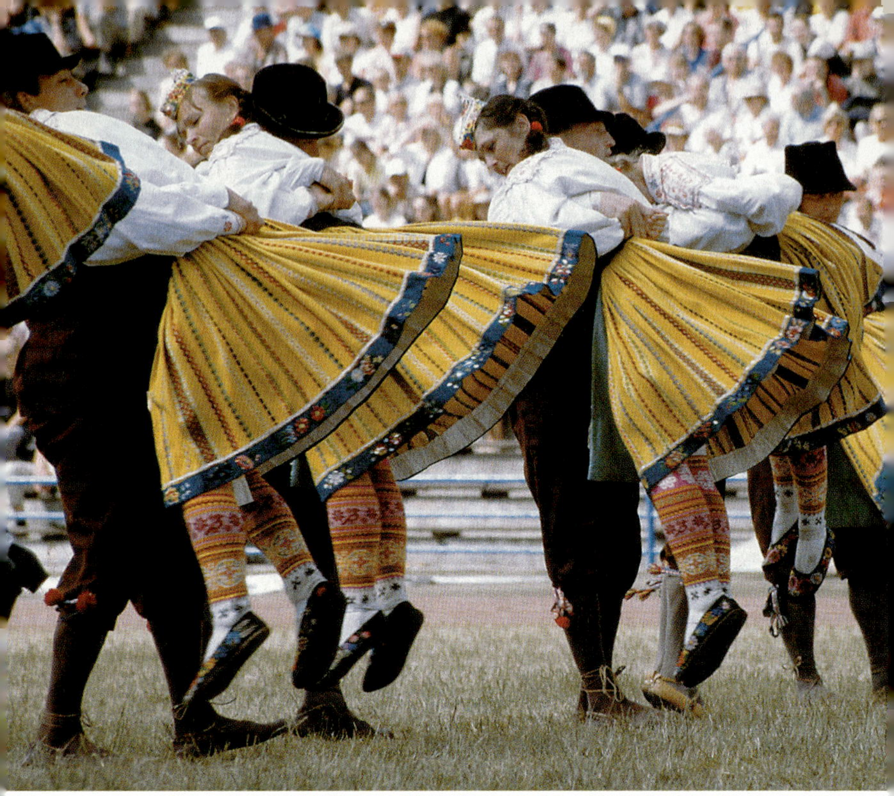

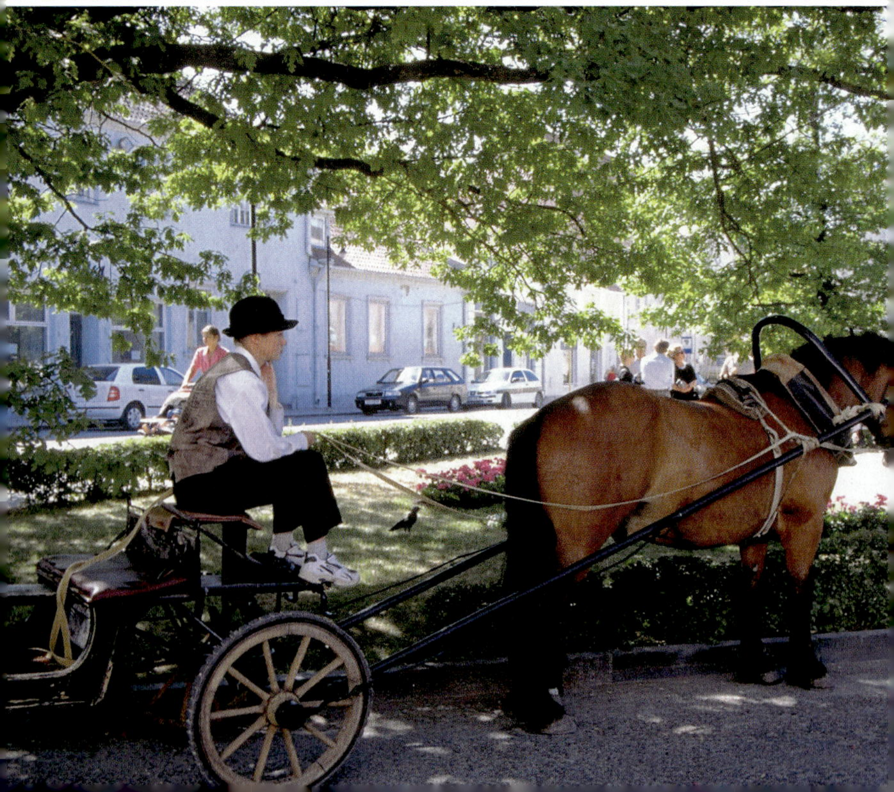

Sehr beliebt ist Eis, und da scheint man sich eher patriotisch zu verhalten. Eine Befragung soll ergeben haben, dass die Produkte der einheimischen Marktführer ›Tallinna Külmhoone‹ und ›Balbiino‹ bei den Esten besser ankommen als die des Konkurrenten ›Valio‹ aus Finnland. Jeder möge für sich entscheiden. Italienische Eisdielen gibt es so gut wie gar nicht.

An den Getränken merkt man gewisse Unterschiede zu Russland. Im Gegensatz zu Tee spielt im ganzen Baltikum der Kaffee dieselbe überragende Rolle wie in Skandinavien; er ist praktisch allgegenwärtig. Meist handelt es sich um schwedische oder finnische Marken (letztere etwas säuerlich im Geschmack). Mindestens ebenso beliebt ist Bier: Pilsener, Export, Stark-,

Kalte Getränke – warme Speisen

Dunkel- oder Hefebier, auch alkoholfreies aus heimischer Produktion. Die Dominanz der estnischen Marke ›Saku‹ ist im Laufe der Jahre durch etliche ausländische oder Lizenzbrauereien geringer geworden: ›Koff‹ und ›Lapin Kulta‹ (beide finnisch), ›Le Coq‹ (belgisch) oder ›Frederik‹ (dänisch) sind auf dem Vormarsch. Neben den üblichen internationalen Erfrischungsgetränken (Cola, Limonaden, Eistee) gibt es viele Sorten Fruchtsirup zum Verdünnen. Doch es gibt auch noch zwei typische Getränke der Region: *keefir* ist ein säuerliches und sehr erfrischendes Milchgetränk; *kali* wird aus vergorenem Brot gewonnen und erinnert von Farbe und Geschmack vielleicht an Cola-light (in Russland ist es unter der Bezeichnung ›kvas‹ äußerst populär). Der Wein- und Sektkonsum ist eher gering; dabei werden eindeutig die süßen Sorten bevorzugt. Die Auswahl ist meist klein, oft sind kaukasische, ukrainische oder andere exotische Etiketten darunter. Wenn man Glück hat, findet man einen trockenen spanischen Rotwein. Unter den einheimischen Spirituosen ist vor allem der Vodka zu erwähnen. Tückisch ist die Ähnlichkeit zweier Vokabeln: *viin* ist Schnaps, während Wein auf Estnisch *vein* heißt!

Im Freilichtmuseum Rocca al Mare bei Tallinn; Russische Musikanten auf einem Fest in Tallinn
Auf dem jährlichen Sing- und Tanzfest in Tallinn; Kutsche auf der Insel Saaremaa

Exkurs 3: Proviant

BalticBurger! Mit einheimischen Produkten einen schmackhaften Imbiss für Tagesausflüge oder ein abendliches Picknick am See kreieren! Man nehme: einen oder mehrere Beutel der flachen estnischen Roggen- oder Vollkornbrötchen, die jeweils zu vier Stück unter lustigen Namen wie ›Looduslaps‹ (Naturkind), ›Rännumees‹ (Wandersmann), ›Kaera-Kai‹ (Hafer-Kai), ›Rukki-Ruut‹ (Roggen-Viereck), ›Porgandi-Pille‹ (mit Möhren) oder ›Tera-Timmu‹ im Handel sind. Die Unterhälfte versieht man mit einer dünnen Schicht Streichkäse, vorzugsweise ›Merevaik‹ (Meerjungfrau). Darauf werden zwei oder drei Scheiben Schinken oder Kassleraufschnitt gelegt, wie man sie in allen Lebensmittelläden abgepackt bekommt. Eine Scheibe Schnittkäse darüber (aus dem Kühlregal empfiehlt sich ›Atleet juust‹ oder ›Eesti juust‹) und zum Schluss noch einen Esslöffel ›Kurgisalat‹: Dabei handelt es sich um einen sehr feingehackten, leicht gelierten, süßlichen Gurkensalat nach skandinavischer Art, den es in Konservengläsern der Marke ›Felix‹ zu kaufen gibt. Dann das Ganze zuklappen und einpacken. Am besten schmeckt die Brotzeit erst einige Zeit später, natürlich irgendwo in der Natur. Keine Sorge: Das Brot weicht nicht so schnell auf. Und: Ein Getränk sollte dabei nicht fehlen!

Imbiss in der zweiten Etage

Sprachführer Estnisch

Estnisch – erst seit dem Zerfall der Sowjetunion wieder stärker wahrgenommen – ist keine indogermanische Sprache. Und da man ihr außerhalb Estlands praktisch nirgendwo begegnet, bedeutet zumindest der erste Aufenthalt im Lande sogar für Sprachinteressierte eine völlige Neuorientierung! Natürlich kann es durchaus reizvoll sein, ein wenig hinter die ›Geheimnisse‹ dieses fremdartigen Idioms zu kommen. Eine Ähnlichkeit besteht weder mit dem Russischen noch mit den sogenannten ›baltischen Sprachen‹ (nur Lettisch und Litauisch), sondern allein mit dem Finnischen (und einigen kleineren Regionalsprachen in Russland). Die grammatische Struktur ist

Frischen Fisch jeden Donnerstag!

zwar auch mit dem Ungarischen verwandt (finno-ugrische Sprachfamilie), erlaubt aber keine Verständigung. Diese Andersartigkeit gegenüber fast allen europäischen Sprachen isoliert die Esten international weitgehend, sofern sie nur ihre Muttersprache beherrschen. Während der erzwungenen Zugehörigkeit zur UdSSR dominierte natürlich das Russische auf vielen Gebieten, wobei die Esten in dem Ruf standen, die miserabelste Aussprache unter allen Staatsbürgern zu haben. Immerhin konnte in den drei baltischen Republiken im Alltag eine gewisse Zweisprachigkeit aufrecht erhalten werden: Noch heute zeugen mancherorts die Straßenschilder davon. Im Gegensatz zu anderen Teilen der Sowjetunion wurden die drei Nationalsprachen im Baltikum zu keiner Zeit mit dem kyrillischen Alphabet geschrieben. In den Zeiten des ›Eisernen Vorhangs‹ profitierten die Esten sogar von ihrer angeblich unbedeutenden Sprache, konnten sie doch als winzige Gruppe unter den vielen Sowjetvölkern die begehrten Informationen von ›draußen‹ erhalten: Dank der sprachlichen Verwandtschaft, vor allem auch im Vokabular, war es ihnen leicht möglich, das finnische Radio- und Fernsehprogramm zu verstehen. Und heute, da Estnisch als Amtssprache voll rehabilitiert ist, besinnt man sich zugleich der Wichtigkeit gängiger Fremdsprachen zur Verständigung über Grenzen hinweg und im Umgang mit Besuchern im eigenen Land. Da so gut wie kein Ausländer die estnische Sprache beherrscht, ist Englisch bei den jüngeren Esten ein fast unverzichtbarer Teil der Ausbildung. Auch Deutsch beginnt erneut eine gewisse Rolle zu spielen. Und dennoch erlebt man immer wieder einmal Situationen, in denen eine fortdauernde Bedeutung des ungeliebten und weitgehend verdrängten Russischen zum Ausdruck kommt: zum Beispiel als meist einzige Verständigungsmöglichkeit zwischen den Esten und ihren lettischen Nachbarn, oder wenn russischstämmige Esten oder ›echte‹ Russen irgendwo als Kundschaft geschätzt werden.

Die Zugehörigkeit des Estnischen zur finno-ugrischen Sprachfamilie erfordert eine große Umstellung, falls man versucht, sich einige Grundzüge der Grammatik anzueignen. So umfasst die Deklination nicht weniger als 14 Kasus (Fälle), die in Form von Suffixen (Wortendungen) eine Reihe von Präpositionen ersetzen und nebenbei sehr kompakte Ausdrucksweisen ermöglichen (Beispiele: *uksest ukseni* von Tür zu Tür; *autoga Tallinnast Hamburgisse* mit dem Auto von Tallinn nach Hamburg). Wie in allen agglutinierenden Sprachen gilt es, jeweils sorgsam Wortstamm und Endungen auseinander zu halten, so dass es für Unerfahrene selbst mit dem Wörterbuch Probleme gibt, sobald man statt Einzelwörtern (z.B. Aufschriften) einmal Vokabeln aus Textzusammenhängen nachschlagen will. Es würde den Rahmen dieses Reiseführers sprengen, auf Details einzugehen. Deshalb nur so viel: Der Plural (Mehrzahl) wird meistens durch angehängtes ›-d‹ gebildet (im Nominativ), wenn nötig mit einem Zwischenvokal, häufig unter Abwandlung des letzten Konsonanten (sogenannter Stufenwechsel; Beispiele: *kivi – kivid* Stein – Steine; *küpsis – küpsised* Keks – Kekse; *raamat – raamatud* Buch – Bücher; *laev – laevad* Schiff – Schiffe; *leib – leivad* Brot – Brote; *pilt – pildid* Bild – Bilder; *naine – naised* Frau – Frauen; *koobas – koopad* Höhle – Höhlen). Nützlich ist ferner die Kenntnis folgender Suffixe: -s oder -l für ›in/auf‹ (*linn – linnas* Stadt – in der Stadt; *rong – rongis* Zug – im Zug; *Saaremaal* auf Saaremaa) sowie -ga und -ta für ›mit‹ und ›ohne‹ *(kaart – kaardiga* Karte – mit der Karte; *raha – rahata* Geld – ohne Geld).

Die Schreibung und Aussprache ermutigen andererseits aber wenigstens zum Gebrauch von isolierten Einzelwörtern: Denn Estnisch wird im Gegensatz zum Russischen ja in lateinischer Schrift geschrieben und weitestgehend auch so ausgesprochen, wie es man es als Deutscher ohnehin lesen würde. Der große Vokalreichtum macht die Aussprache obendrein leicht. Wissen muss man eigentlich nur: Die Betonung liegt stets auf der ersten Silbe, aber bei Fremdwörtern eher wie im Original; Doppelvokale sind lang auszusprechen; die Verbindungen ›ae‹, ›ei‹, ›eu‹ und ›ng‹ werden getrennt ausgesprochen; kurzes ›a‹ klingt sehr dunkel in Richtung ›o‹; das ›h‹ ist deutlich hörbar wie ›ch‹ in ›machen‹; außerdem ›v‹ wie unser ›w‹ und ›r‹ als überdeutlich gerollte Version – stärker noch als im Italienischen. Außer dem typisch estnischen Buchstaben ›õ‹ (Aussprache etwa zwischen ›e‹ und ›ö‹) gibt es in Fremdwörtern vereinzelt ›š‹ (wie ›sch‹) und ›ž‹ (wie der Anfangsbuchstabe in ›Journalist‹), während in original estnischen Wörtern überhaupt keine Zischlaute vorkommen. Einen Artikel (der/die/das; ein/eine) gibt es im Estnischen nicht; ebensowenig ein grammatisches Geschlecht.

Uns Deutschsprachigen wird trotz der großen strukturellen Unterschiede dennoch ein kleiner Zugang zur estnischen Sprache eröffnet, nämlich in Form zahlloser Wörter, die selbst mit der typisch estnischen Orthographie ihren Ursprung nicht verleugnen: *mööbel, reisibüroo, vürts* (Gewürz), *värv* (Farbe), *elektripirn* (Glühbirne), *veiniklaas* (Weinglas), *seep* (Seife), *supp* (Suppe). Bei anderen Wörtern braucht man etwas Phantasie: *keel* (Sprache, vgl. Kehle), *leib* (Brot, vgl. Laib), *pudel* (Flasche, vgl. norddeutsch oder engl. bottle), *hüpe* (Sprung, vgl. hüpfen), *koer* (Hund, vgl. Köter), *hunt* (Wolf), *pilet* (Fahrkarte), *kuld* (Gold), *pilt* (Bild), *tükk* (Stück), *plokk* (Block) oder *väärtpaberibörs* (Wertpapierbörse). Merke: In der Schreibung wurde aus b und f meist p. Aus d häufig t. Aus g am Anfang meist k. In der Aussprache unterscheiden sich diese harten und weichen Varianten kaum; sie tendieren alle eher einheitlich zum Weichen hin. Von Wortanfängen wie sp-, st- oder gr- blieb beim Übergang ins Estnische häufig nur der zweite Buchstabe erhalten.

Zu verkaufen

Im Gegensatz zum sprachlich konservativen Finnland, wo die Orientierung schwerer fällt, hilft in Estland außerdem ein Sammelsurium internationaler Vokabeln weiter: *informatsioon, garaaž, gümnaasium, stsenaarium, süsteem, kviitung, veebruar, vabrik, arhiiv, greipfruut, šokolaad, dušš, plaaž, tsoon, kvoot, imidž, paragrahv, tsitaat, beebi, džäss, režissöör, entsüklopeedia* oder gar *odekolonn* – für mitreisende deutsche Schulkinder wahrlich ein Gruselkabinett abstruser Schreibweisen, im Grunde aber orthographisch konsequent.

Für den sicheren Gebrauch des Wörterbuches sollte man schließlich noch die Reihenfolge der 27 Buchstaben im estnischen Alphabet genau kennen:

a b d e f g h i j k l m n o p r s š (oder sh) z ž (oder zh) t u v õ ä ö ü.

Davon kommen f, š, z, ž nur in Fremdwörtern vor. Auch b, d, g am Wortanfang gibt es nur bei Fremdwörtern. Die Buchstaben c, q, x, y gibt es überhaupt nicht; w nur bei historischen Schreibweisen anstelle von v.

Allgemeine Wendungen

Guten Tag!	*Tere päevast!* (meistens: *Tere!*)
Guten Morgen!	*Tere hommikust!*
Guten Abend!	*Tere õhtust!*
Gute Nacht!	*Head ööd!*
Gute Reise!	*Head reisi!*
(Herzlich) willkommen!	*(Südamlik) tere tulemast!*
Auf Wiedersehen!	*Nägemiseni!* oder *Nägemist!*
Tschüss!	*Head aega!*
Alles Gute!	*Kõike head!*
Guten Appetit!	*Head isu!*
Prost!	*Terviseks!*
Bitte! Danke!	*Palun! Tänan* (oder: *aitäh*)!
Nein, danke!	*Tänan, ei!*
Ja. Nein.	*Jah. Ei.*
Ja, es ist/gibt.	*Jah, on.*
Nein, es ist nicht/gibt nicht.	*Ei, ole.*
Entschuldigung!	*Vabandage!*
Es tut mir leid.	*Mul on kahju.*
Wie heißen Sie?	*Kuidas on Teie nimi?*
Ich heiße…	*Minu nimi on…*
Herr, Frau (Anrede)	*Härra, Proua*

Einfache Fragen

Wer? Was?	*Kes? Mis?*
Welcher (von beiden)?	*Kumb?*
Wie?	*Kuidas?*
Wann?	*Millal?*
Warum?	*Miks?*
Wo ist…? Wo gibt es…?	*Kus on…?*
Wohin?	*Kuhu?*
Wann fährt…ab?	*Millal läheb…?*
Fährt hier…?	*Kas sõidab siin…?*
Welcher Bus fährt nach Tartu?	*Milline buss sõidab Tartusse?*
Was kostet das?	*Mis see maksab?*
Wieviel?	*Kui palju?*
Können Sie wechseln?	*Kas saate vahetada?*

Was bedeutet das?	*Mis see tähendab?*
Gibt es hier…? Haben Sie…?	*Kas on siin…?*
Ist das…?	*Kas see on…?*
Wann öffnet…/schließt…?	*Millal avatakse…/suletakse…?*
Wie spät ist es?	*Mis kell on?*
Sprechen Sie Deutsch/Englisch?	*Te räägite saksa keelt/inglise keelt?*

Rauchen ist hier verboten!

Feststellungen und Aussagen

Bei den folgenden Kurzsätzen ist zu beachten, dass man die enthaltenen Substantive (Hauptwörter) je nach ihrer Funktion im Satz mit verschiedenen Kasus-Endungen (Fällen) verwenden muss. Das wird einem ohne grundlegende Estnisch-Kenntnisse nicht gelingen! Man sollte es aber ruhig im Nominativ (Grundform) versuchen, so wie man das jeweilige Wort in der Wörterliste oder im Wörterbuch findet. Die Sätze hier sollen in erster Linie den Gebrauch der wichtigsten Verben (Tätigkeitswörter) ermöglichen. Die Substantive dahinter sind nur als Beispiele gedacht. Das estnische Wort für ›ich‹ heißt *mina*, Kurzform *ma*. In den vier letztgenannten Sätzen ist der estnische Satzbau anders, so dass ›ich‹ nicht Subjekt ist und deshalb in der Kasus-Form abweicht; dort steht dann jedoch das Substantiv am Satzende in der Grundform!

Ich möchte bezahlen/besichtigen…	*Ma tahan maksta/vaadata…*
Ich kann warten/kommen.	*Ma oskan oodata/tulla.*
Ich muss fahren/gehen.	*Ma pean sõitma/minna.*
Ich wohne im Hotel/in Elva/in Otepää.	*Ma elan hotellis/Elvas/Otepääl.*
Ich fahre nach Tallinn/nach Hiiumaa.	*Ma sõidan Tallinna/Hiiumaale.*

Ich gehe nach Hause/ins Museum.	*Ma lähen koju/muuseumisse.*
Ich komme morgen/aus Helsinki.	*Ma tulen homme/Helsingist.*
Ich komme aus Deutschl./Öst./ Schweiz.	*Ma tulen Saksamaalt/Austriast/ Šveitsist.*
Ich brauche Wasser/eine Quittung.	*Ma vajan vett/kviitungit.*
Ich bin verheiratet/Deutscher.	*Ma olen abielus/sakslane.*
Ich bin Angestellter/Lehrer.	*Ma olen töötaja/õpetaja.*
Ich bin nicht zufrieden/nicht aus Berlin.	*Ma ei ole rahul/Berliinist.*
Ich war nicht in Tallinn/auf Saaremaa.	*Ma ei olnud Tallinnas/Saaremaal.*
Ich habe Schmerzen/Fieber.	*Mul on valu/palavik.*
Ich habe kein Geld/Ticket.	*Mul ei ole raha/pilet.*
Ich habe Pass/Geldbörse verloren.	*Mul on kadunud pass/rahakot.*
Ich interessiere mich für Musik/Sport.	*Mind huvitab muusika/sport.*

Zeitangaben

Die Monatsnamen unterscheiden sich nur in der Schreibweise ein wenig von den deutschen: *jaanuar, veebruar, märts, aprill, mai, juuni, juuli, august, september, oktoober, november, detsember.*

Hochspannung – Lebensgefahr!

Montag, Dienstag	*esmaspäev, teisipäev*
Mittwoch	*kolmapäev* (oder: *kesknädal*)
Donnerstag, Freitag	*neljapäev, reede*
Samstag, Sonntag	*laupäev, pühapäev*
Minute, Stunde, Tag	*minut, tund, päev*
Woche, Monat, Jahr	*nädal, kuu, aasta*
Uhr, Zeit, Datum	*kell, aeg, kuupäev*
gestern, heute, morgen	*eile, täna, homme*
tagsüber, nachts	*päeval, öösel*
früher, später, täglich	*enne, pärast, iga päev*
selten, oft, immer	*harva, sageli, alati*
bald, jetzt, sofort	*varsti, nüüd, kohe*
Es ist fünf Uhr.	*Kell on viis.*
Es ist halb drei.	*Kell on pool kolm.*

Zahlen und Mengen

Die Zahlen werden völlig regelmäßig nach folgendem Schema gebildet:

0	*null*
1	*üks*
2	*kaks*
3	*kolm*
4	*neli*
5	*viis*
6	*kuus*
7	*seitse*
8	*kaheksa*
9	*üheksa*
10	*kümme*
11	*üksteist*
12	*kaksteist*
19	*üheksateist*
20	*kakskümmend*
21	*kakskümmend üks*
22	*kakskümmend kaks*
30	*kolmkümmend*
40	*nelikümmend*
90	*üheksakümmend*
100	*sada*
101	*sada üks*
200	*kakssada*
900	*üheksasada*
1000	*tuhat*
1001	*tuhat üks*
1100	*tuhat ükssada*
2000	*kaks tuhat*
1000000	*üks miljon*

einmal, zweimal	*üks kord, kaks korda*
der erste/zweite/dritte	*esimene/teine/kolmas*
Hälfte, Viertel	*pool, neljandik*
viel, wenig	*palju, veidi*
mehr, weniger	*rohkem, vähem*
etwas, zu viel	*natuke, liiga palju*
Menge, Preis	*kogus, hind*

Kilo, Gramm, Liter	*kilo, gramm, liiter*
und, oder	*ja, või*

Eigenschaften und Zustände

schlecht, gut, besser	*paha, hea, parem*
klein, groß, größer	*väike, suur, suurem*
alt, neu, neuer	*vana, uus, uuem*
heiß, warm, kalt	*kuum, soe, külm*
schön, hässlich	*ilus, inetu*
leer, voll	*tühi, täis*
frei, besetzt	*vaba, kinni*
zu verkaufen	*müügiks*
frisch, verdorben	*värske, riknenud*
billig, teuer	*odav, kallis*
süß, sauer	*magus, hapu*
salzig, scharf, bitter	*soolane, terav, mõru*
interessant, langweilig	*huvitav, tüütu*
trocken, nass	*kuiv, märg*
weiß, schwarz	*valge, must*
gelb, rot, braun	*kollane, punane, pruun*
grau, blau, grün	*hall, sinine, roheline*
estnisch, deutsch, russisch	*eesti, saksa, vene*

Rätselhaftes Angebot

Orientierung und Lage

hier, dort	*siin, seal*
hierher, dorthin	*siia, sinna*
links, rechts	*vasakul, paremal*
geradeaus, weiter, zurück	*otse, edasi, tagasi*
nah, weit	*lähedal, kaugel*
nach Hause, zu Hause	*koju, kodus*
Eingang, Ausgang	*sissepääs, väljapääs*
Parterre, 1. Etage	*1. korrus, 2. korrus (!)*
Grenze, Zone, Gebiet	*piir, tsoon, ala*
Gemeinde, Landkreis	*vald, maakond*
Norden, Süden	*põhja, lõuna*
Westen, Osten	*lääne, ida*
Nordwesten, Nordosten	*loode, kirde*
Südwesten, Südosten	*edela, kagu*
Deutschland, Österreich, Schweiz	*Saksamaa, Austria, Šveits*
Estland, Lettland, Litauen	*Eesti, Läti, Leedu*
Russland, Finnland, Schweden	*Venemaa, Soome, Rootsi*
Baltikum	*Balti riigid*
(ehem.) Sowjetunion	*Nõukogude Liit*
Europäische Union	*Euroopa Liit*
Ostsee	*Läänemeri*

Landschaft und Infrastruktur

Fluss, Bach	*jõgi, oja*
See, Teich	*järv, tiik*
Sumpf, Moor	*soo, raba*
Berg, Tal	*mägi, org*
Wald, Baum	*mets, puu*
Garten, Naturpark	*aed, looduspark*
Insel, Halbinsel	*saar, poolsaar (ps.)*
Ufer, Strand	*kallas, rand*
Bucht, Meerenge	*laht, väin*
Landspitze/Kap	*säär/neem/nina*
Höhle	*koobas (Mz. koopad)*
Straße, Landstraße	*tee/tänav (tn.), maantee (mnt.)*
Allee, Wanderweg	*puiestee (pst.), matkarada*

Kreuzung, Ampel	*risttee, valgusfoor*
Brücke, Treppe	*sild, trepp*
Stadt, Altstadt, Zentrum	*linn, vanalinn, kesklinn*
Dorf, Gehöft	*küla, talu*
Gebäude, Haus	*hoone, maja/kodu*
Wohnung, Büro, Amt	*korter, büroo, amet*
Rathaus, Platz	*raekoda, plats/väljak*
Markt/Marktplatz/Markthalle	*turg*
Museum, Ausstellung	*muuseum, näitus*
Schloss, Burg, Gutshof	*loss, linnus, mõis*
Kirche, Dom, Kapelle	*kirik, toomkirik, kabel*
Stadtmauer, Turm	*linnamüür, torn*
Friedhof, Denkmal	*kalmistu, mälestussammas*
Hotel, Herberge	*hotell, turismibaas*
Restaurant, Café	*restoran, kohvik*
Laden/Geschäft	*pood/äri/kauplus*
Kaufhaus, Einkaufszentrum	*kaubahall, kaubakeskus*
Schule, Gymnasium	*kool, gümnaasium*
Fabrik, Werk, Werkstatt	*vabrik, tehas, töökoda*
Industrie, Industriegebiet	*tööstus, tööstusrajoon*
Theater, Kino	*teater, kino*
Post, Bank	*postkontor/postimaja, pank*
Apotheke	*apteek*
Reisebüro	*reisibüroo*
Touristeninformation	*informatsioon/turismiinfo*
Toilette	*tualett*
Tankstelle	*tankla/bensiinijaam*
Parkplatz	*parkla/parkimisplats*
Flughafen, Hafen	*lennujaam, sadam*
Bahnhof	*raudteejaam (rdtj.)/vaksal*
Haltestelle, Bushof	*peatus, autobussijaam*

Fahrzeuge und Beförderung

Auto, Lastwagen, Taxi	*auto, veoauto, takso*
Fahrrad, Motorrad	*jalgratas, mootorratas*
Bus, Straßenbahn	*(auto)buss, tramm*
Zug, Schnellzug	*rong, kiirrong*
Flugzeug	*lennuk*

Schiff, Boot, Fähre	*laev, paat, praam*
Fahrplan, Verspätung	*sõiduplaan, hilinemine*
Ankunft, Abfahrt	*saabumine, ärasõit*
Linie, Nummer, Richtung	*liin, number, suund*
Fahrt, Flug, Reise	*sõit, lend, reis*
Fahrkarte, Zuschlag	*pilet, lisamaks*
Erwachsener, Kind	*täiskasvanu, laps*
Kasse, Automat	*kassa, (pileti)automaat*
außer Betrieb!	*ei tööta!*
Buchung; reserviert	*broneerimine; reserveeritud*
Hin- und Rückfahrkarte	*edasi-tagasi-pilet*
Bahnsteig, Gleis	*perroon, tee*
Warteraum, Gepäckaufbewahrung	*ootesaal, pakihoid*

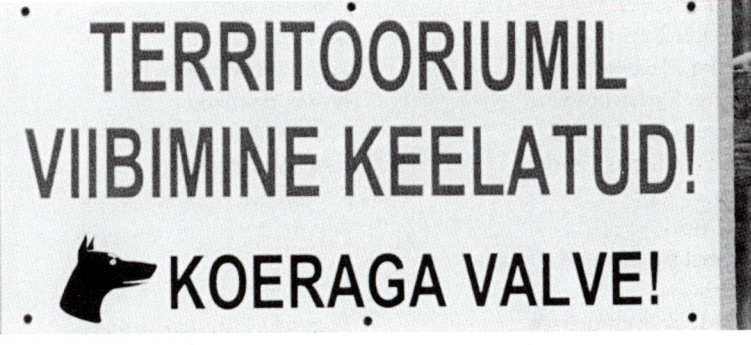

Besser nicht hineingehen

Ausrüstung und Unterkunft

Brille, Sonnenbrille	*prillid, päikeseprillid*
Stadtplan, Landkarte	*linnaplaan, maakaart*
Buch, Reiseführer	*raamat, reisijuht*
Wörterbuch, Sprachführer	*sõnastik, vestmik*
Zeitung, Papier, Stift	*ajaleht, paber, pliiats*
Fotoapparat, Film	*fotoaparaat, film*
Schuh(e), Schuster	*king(id)/jalatsid, kingsepp*
Jacke, Hose, Hemd	*jakk, püksid, särk*
Badehose, Badeanzug	*supelpüksid, supeltrikoo/-kostüüm*
Handtuch, Seife	*käterätik, seep*

Schirm, Regenjacke	*vihmavari, vihmajakk*
Wolle, Baumwolle	*vill, puuvill*
Holz, Bernstein	*puu, merevaik*
Glas, Stein, Metall	*klaas, kivi, metal*
Ball, Spielzeug	*pall, mänguasi*
Lampe, Batterie	*lamp, patarei*
Grillkohle, Flüssiggas	*grillsüsi, veedelgaas*
Herd, Kühlschrank	*pliit, külmkapp*
Heizung, Abfalleimer	*küte, prügikast*
Einzel-/Doppelzimmer	*tuba ühele, tuba kahele*
Küche, Badezimmer	*köök, vannituba*
Stuhl, Tisch, Bett	*tool, laud, voodi*
Decke, Kissen, Laken	*tekki, patja, voodilina*
Radio, Fernseher	*raadio, televiisor*
Schlüssel, Türschloss	*võti, ukselukk*
Zelt, Rucksack	*telk, seljakott*
Tasche, Plastiktüte, Tüte	*kott, kilekott, tuutu*
Schere, Streichhölzer	*käärid, tuletikud*
Messer, Gabel, Löffel	*nuga, kahvel, lusikas*
Tasse, Trinkglas, Teller	*tass, klaas, taldrik*

Nahrungsmittel und Getränke

Frühstück, Mittagessen	*hommikusöök, lõunasöök*
Abendessen, Speisekarte	*õhtusöök, menüü*
Vorspeise, Dessert	*eelroog, magusroog* (Mz. *-road*)
Brot, Roggenbrot, Weißbrot	*leib, rukkileib, sai*
Käse, Butter, Ei	*juust, või, muna*
Marmelade, Honig	*moos, mesi*
Wurst, Schinken, Braten	*vorst, sink, praad*
Schweinefleisch, Rindfleisch	*sealiha, loomaliha*
Hammelfleisch, Hühnerfleisch	*lambaliha, kanaliha*
Schnitzel, Kotelett, Hackfleisch	*šnitsel, karbonaad, hakkliha*
gekocht, gebraten	*keedetud, praetud*
Fisch, Forelle, Lachs	*kala, forell, lõhe*
Gemüse, Obst	*köögivili, puuvili*
Kohl, Sauerkraut	*kapsas, hapukapsas*
Möhre, rote Beete	*porgand, punane peet*
Gurke, Tomate, Paprika	*kurk, tomat, paprika*

Zwiebel, Knoblauch	*sibul, küüslauk*
Erbse, Bohne	*hernes, uba/oad*
Suppe, Sauce	*supp, kaste*
gemischter Salat	*segasalat*
Pilz, Steinpilz, Pfifferling	*seen, kivipuravik, kukeseen*
Apfel, Birne, Quitte	*õun, pirn, ebaküdoonia*
Banane, Apfelsine, Zitrone	*banaan, apelsin, sidrun*
Heidelbeere, Himbeere	*mustikas, vaarikas*
Erdbeere, Walderdbeere	*maasikas, metsmaasikas*
Johannisbeere, Kirsche	*sõstar, kirss*
Aprikose, Pflaume, Pfirsich	*aprikoos, ploom, virsik*
(Hasel-)Nuss, Erdnuss, Walnuss	*pähkel, maapähkel, kreeka pähkel*
Kartoffeln, Pommes frites	*kartulid, friikartulid*
Nudel, Reis, Mehl	*nuudel, riis, jahu*
Kuchen, Keks, Torte	*kook, küpsis, tort*
Salz, Pfeffer, Zucker	*sool, pipar, suhkur*
Essig, Öl, Senf	*äädikas, õli, sinep*
Dill, Kümmel, Petersilie	*till, köömen, petersell*
Milch, Kefir, saure Sahne	*piim, keefir, hapukoor*
Wasser, Mineralwasser	*vesi, mineraalvesi*
Kaffee, schwarz, mit Sahne	*kohvi, must, koorega*
Tee, mit Zitrone	*tee, sidruniga*
Saft, Limonade, Kakao	*mahl, limonaad, kakao*
Bier, alkoholfrei, dunkel	*õlu, alkoholivaba, tume*

| Wein (weiß, rot, trocken, halbtrocken) | *vein (valge, punane, kuiv, poolmagus)* |
| Eis, Schokolade | *jäätis, šokolaad* |

Abstraktes und Amtliches

Rechnung, Quittung	*arve, kviitung*
Steuer, Gebühr/Entgelt	*maks, tasu*
Eintrittsgeld, Mehrwertsteuer	*pääse, käibemaks*
Anmeldung, Buchung	*registreerimine, broneerimine*
Vollmacht, Unterschrift	*volikiri, allkiri*
Reklamation, Bestätigung	*kaebus, kinnitus*
Lärm, Gestank, Dreck	*lärm, hais, saast*
Betrug, Diebstahl, Einbruch	*pettus, vargus, murdvargus*
Unfall, Reparatur	*õnnetus, remont*
Service/Dienst, Verleih	*teenindus, laenutus*
Vorsicht! Lebensgefahr!	*ettevaatust! eluohtlik!*
verboten	*keelatud*
international	*rahvusvaheline*

Weitere, spezielle Vokabeln sind im Zusammenhang mit einzelnen Stichworten in den anderen Kapiteln des Buches zu finden.

Wer sich sprachlich noch besser präparieren möchte, wird bei den deutschsprachigen Verlagen bisher schlecht bedient: Ein handliches Reisewörterbuch ›Estnisch‹ ist im Buchhandel nicht zu finden, ebensowenig ein Kurz-Lehrbuch, allenfalls der brauchbare kleine Sprachführer aus der ›Kauderwelsch‹-Reihe (Band 55, von Irja Grönholm) und ein ganz dünner ›Polyglott‹-Band. Ein Taschenwörterbuch Estnisch-Deutsch (*eesti-saksa*) des Tallinner Verlages ›Ilo-Print‹ in billiger Aufmachung gibt es aber in vielen estnischen Buchhandlungen und sollte eigentlich immer zur Hand sein. Vom selben Verlag existiert auch ein Sprachführer, der jedoch nicht sehr übersichtlich ist und eine Reihe von Druckfehlern aufweist. In Estland bemüht man sich verstärkt um Fremdsprachen, und so es könnte durchaus bald ein verbessertes Angebot geben.

Die Hauptstadt Tallinn

Die kleine Metropole im Norden

▶ selbständiger Stadtbezirk
im Landkreis Harjumaa in
Nordwest-Estland
▶ Hauptstadt
▶ Autokennzeichen:
erster Buchstabe A oder B
▶ Fläche 158 qkm

▶ 8 Stadtbezirke
▶ zum Stadtgebiet zählt auch die
Insel Aegna
▶ etwa 399 000 Einwohner
▶ mit Abstand größte Stadt Estlands;
fast ein Drittel aller Esten lebt hier

Im hohen Norden des Baltikums liegt die estnische Hauptstadt Tallinn, nur 80 Kilometer über das Meer von Helsinki entfernt. Nach Sankt Petersburg sind es 315 Kilometer, nach Moskau 860, nach Stockholm und Rīga jeweils 280 und nach Berlin 1030 auf dem Luftweg. Als bedeutende Hafenstadt und Ausgangspunkt aller Bahnlinien und Fernstraßen ist Tallinn Estlands Tor zur Welt und das wirtschaftliche, administrative und auch touristische Zentrum des kleinen Landes. Über die Hälfte des Inlandsproduktes wird hier erwirtschaftet. Die skandinavischen Märkte liegen vor der Tür. Die Russland-Erfahrung bekommt als interessanter Standortfaktor Gewicht. Ein selbst im europäischen Vergleich herausragender Einsatz moderner Telekommunikationsmittel stellt den Kontakt zur ganzen Welt her. Mobiltelefon, Internet, drahtlose Hotspots, Busticket per SMS – die technologisch aufgeschlossenen Esten in der Hauptstadt waren bei allen Neuerungen als erste dabei. Obschon sich vieles davon anschließend schnell im ganzen Land verbreitet, ist Tallinn ein ›Sonderfall‹. Keine andere estnische Stadt ist so kosmopolitisch, so geschäftig, so reich an kulturellem Leben und an Sehenswürdigkeiten. Die Erfolge in der kurzen Zeitspanne seit der Unabhängigkeit zeigen sich hier besonders deutlich.

Tallinn ist Estlands einzige Großstadt. Und es ist die kleinste ›Metropole‹ im Ostseeraum. Seit 1990 hat sie 80 000 Einwohner verloren – überwiegend zurückgewanderte Russen – und zählt heute nicht mehr ganz 400 000, das entspricht dem Stand von etwa 1976. Die lettische Hauptstadt Rīga, eine Art Oberzentrum des gesamten Baltikums, ist beispielsweise doppelt so groß. Alle anderen estnischen Städte, so historisch und regional bedeutend sie auch sein mögen, entsprechen eher deutschen Kreisstädten. Einem Vergleich zum pulsierenden und weltoffenen Tallinn können höchstens Tartu als traditioneller Sitz der Universität sowie Pärnu ansatzweise standhalten. Als Mitteleuropäer muss man schmunzeln, wenn man in einer Broschüre über die Geschichte der estnischen Städte über den Satz stolpert: ›Die Stadt fesselt, kann aber auch verderben.‹ Im Gegensatz etwa zu Hamburg oder Berlin wirkt Tallinn wirklich unverdächtig. Aber ganz so friedlich wie im

Rest des Landes sind die Verhältnisse doch nicht: Die Statistik besagt unter anderem, dass etwas mehr als die Hälfte aller Straftaten in der Hauptstadt verübt werden, und das bei einer weit unterdurchschnittlichen Aufklärungsquote. Auch in der Provinz fast unbekannte Phänomene wie hohe Verkehrsdichte, Parkplatzmangel, Menschenmassen (darunter viele Touristen), Lärm und Abgase trüben neben einem erhöhten Preisniveau ein wenig das Bild.

Ausländische Besucher sehen von Tallinn meistens nicht viel mehr als die historische und in Nordeuropa einzigartige Altstadt. Sie steht seit 1997 als Weltkulturerbe (Objekt 822) auf der Liste der UNESCO, genauso wie die Zentren der beiden anderen baltischen Hauptstädte Rīga und Vilnius. Das Besondere hier in Tallinn ist der große Anteil mittelalterlicher Gebäude, vielerlei Baustile und die gefällige Hügellage. Wer über das Meer anreist, erkennt schon aus der Ferne die interessante Silhouette mit spitzen Kirchtürmen, gedrungeneren Wachttürmen, dem Domberg, einigen Hochhäusern, Schiffen und Hafenkränen. Auch beim Landeanflug ist das abgegrenzte Areal der Altstadt leicht auszumachen. Viel stärker fallen dabei jedoch die ausgedehnten neueren Stadtteile ins Auge, die man als Autofahrer hautnah erlebt, wenn man zum historischen Kern Tallinns gelangen will. In den grauen, phantasielosen Trabantensiedlungen rund um das Zentrum leben immerhin etwa 60 Prozent der Bewohner. Diese Stadtviertel haben wenig gemein mit der heiteren, skandinavisch-hanseatisch geprägten Kernstadt. Aus der Luft wird man auch die günstige Lage an einer flachen Halbinsel mit natürlichem

Interessante Fassaden am Rathausplatz

Hafen bemerken und, beim Blick von der anderen Seite, den als Trinkwasserspeicher dienenden Ülemiste-See, der übrigens bis vor das Flughafengebäude reicht.

Die Russen machen trotz der verstärkten Abwanderung immer noch fast 40 Prozent und die Esten selbst nur etwa die Hälfte der Tallinner Bevölkerung aus. Damit gehört die Hauptstadt zu den besonders überfremdeten Regionen im Lande. In der quirligen Altstadt, die ja die meisten Touristen nur kennenlernen, fällt das am allerwenigsten auf. Sie vermittelt kein repräsentatives Bild. Man müsste schon gezielt in die Vororte hinausfahren, am besten in östlicher Richtung nach Lasnamäe, um das ›andere Tallinn‹ einmal zur Kenntnis zu nehmen. Die heruntergekommenen Mietskasernen und Plattenbau-Hochhäuser gelten als Hochburgen der Russen, von denen viele mehr schlecht als recht in die estnische Gesellschaft integriert sind. Und das flache Land, die Provinz mit ihren stillen Dörfern und Kleinstädten, ist wieder eine andere Welt. Estland ist facettenreich. Tallinn ist viel, aber längst nicht alles!

Tallinn: Stadtgeschichte

Die Ereignisse in und um Tallinn waren zu allen Zeiten eng verknüpft mit denen des ganzen Landes. Bereits in vorgeschichtlicher Zeit muss der günstige Hafenplatz an der Ostsee interessant gewesen sein. Die Weltkarte des arabischen Geographen al-Idrisi von 1154 ist ein erster Beleg für die Existenz einer Befestigungsanlage im Bereich der jetzigen Altstadt. Auf dem markanten Kalksteinfelsen nahe der Küste (heute Domberg) stand damals eine Burg namens Lyndanise, von den Russen auch Kolyvan genannt. Sie war Sitz des altestnischen Rävala-Landes. Daher stammt der immer noch gebräuchliche deutsche Name Reval für Tallinn.

Der heutige Name geht auf die Burg zurück, die der Dänenkönig Woldemar II. als Eroberer 1219 errichten ließ: *Taani linn*, verkürzt zu Tallinn, bedeutet Dänenstadt. Zwar konnte der Schwertbrüderorden für kurze Zeit (1227 – 1238) die Oberhand gewinnen, letztlich aber blieben die Dänen bis 1346. Während dieser Zeit wurde unterhalb der Burg eine Stadt gegründet (1230) und mit der Stadtmauer begonnen (ab 1265). Etwa hundert Jahre später hatte sich ein überdauerndes Wegenetz mit Siedlungskern im Bereich des heutigen Rathausplatzes herausgebildet. Die Kaufleute im Magistrat hatten bereits 1248 vom König das Lübecker Stadtrecht erwirkt und sich ungefähr 1280 der Hanse angeschlossen. Auch der Klerus hatte sich etabliert und mit dem Bau der bedeutenderen Kirchen begonnen. Dänemark aber war wegen innenpolitischer Querelen und aus Geldnot zunehmend überfordert mit der Kontrolle über die entfernte Provinz und entschloss sich, seine estnischen Besitzungen an den Deutschen Orden zu verkaufen. Die Stadt erlebte im 15. Jahrhundert eine Blütezeit, in der einflussreiche Ämter und profitable Handwerke in deutscher Hand waren, während die Esten allmählich durch eine hohe Steuer aus der Stadt gedrängt wurden. Handelsbeziehungen von Nordrussland bis zur Iberischen Halbinsel brachten großen Reichtum. Viele der heute noch vorhandenen Architekturdenkmäler entstanden in dieser Zeit, so das Rathaus um 1404 oder das Brigittenkloster (Pirita) 1436. Dem Großbrand von 1433 folgte erneut eine intensive Bauperiode. Die Einwohnerzahl wuchs auf etwa 7000 an. Ab etwa 1530 breitete sich ganz allmählich reformatorisches Gedankengut aus, und die Abneigung gegen den Orden wuchs.

Mit dem Untergang des Ordensstaates geriet Tallinn 1561 unter schwedische Herrschaft. Anhaltende Auseinandersetzungen mit Russland, darunter zwei erfolglose Belagerungen (1570/71 und 1577), führten zu einem wirtschaftlichen Niedergang. Es entstanden kaum noch bedeutende Neubauten. 1602/03 wütete die Pest. 1684 zerstörte ein Großbrand fast alle Gebäude auf dem Domberg mit Ausnahme der Domkirche selbst. Unter den Schweden waren soziale und kulturelle Fortschritte zu verzeichnen. Während des Nordischen Krieges (1700 – 1721) fiel Tallinn 1710 an das Zarenreich und wurde ab 1714 zu einem wichtigen Seehafen ausgebaut. Die auf etwa 2000 Einwohner zurückgegangene Bevölkerungszahl wuchs bis etwa 1780 wieder auf 10 000 an. Das Lübecker Stadtrecht und Deutsch als Verwaltungssprache blieben bis 1783 weitgehend unangetastet. 1857 wurde der Status als Festungsstadt aufgehoben. Mit der Eröffnung der Eisenbahnstrecke

Abendstimmung auf dem Rathausplatz

nach Sankt Petersburg (1870) belebte sich der Handel merklich, etliche Fabriken entstanden; schon 1877 ging eine innerstädtische Pferdebahn in Betrieb.

Den Ersten Weltkrieg überstand die Stadt unbeschadet. Als Hauptstadt der ersten estnischen Republik hatte Tallinn schon über 150 000 Einwohner. Der Zweite Weltkrieg brachte starke Zerstörungen, insbesondere durch das sowjetische Bombardement vom 9. März 1944. Die Altstadt blieb glücklicherweise fast ver-

Tallinn (Überblick)

schont. Beim Wiederaufbau unter sozialistischen Vorzeichen wurde Tallinn in vier Bezirke gegliedert: Mere, Lenin, Oktoober und Kalinin, entsprechend den Lagen Ost, Süd, West und Nord. Um eine verstärkte Industrialisierung zu ermöglichen, siedelte die Moskauer Zentralregierung Zehntausende von Arbeitern aus anderen Teilen der Sowjetunion an, was zu einer durchaus gewollten Beschneidung estnischer Interessen führte. Der Zuzug hielt bis zum Jahr 1990 an. Neue Stadtteile in Plattenbauweise wurden aus dem Boden gestampft: Mustamäe, Õismäe, Lasnamäe. Als Austragungsort der Regatta im Rahmen der Moskauer Olympiade 1980 erhielt der Stadtteil Pirita einen modernen Yachthafen, Fernsehturm und Hotel; am städtischen Passagierhafen entstand die sogenannte Linnahall als Veranstaltungsgebäude. Erste Anstrengungen zum Erhalt der Altstadt gehörten ebenfalls dazu.

Tallinn blieb bis zur erneuten Unabhängigkeit einer der attraktivsten Wohnorte der Sowjetunion: Ein relativ gutes Warenangebot, höherer Lebensstandard und die Nähe zum Westen zählten damals viel im Vergleich mit den Städten im Inneren des Flächenstaates. Die estnische Unabhängigkeitsbewegung begann 1988 mit einer Volksversammlung auf der Tallinner Sängerbühne. Als Hauptstadt der zweiten Republik Estland knüpft Tallinn heute an seine große historische Bedeutung an.

Tallinn: Stadtteile im Überblick

Das Stadtgebiet misst von West nach Ost 25 Kilometer und besteht seit 1993 aus insgesamt acht Bezirken:

- *Kesklinn* (Innenstadt): Der zentrale Teil der Stadt umfasst die gesamte ummauerte Altstadt (*Vanalinn*) mit dem Domberg (*Toompea*) sowie den benachbarten Passagierhafen (*Reisisadam*), den weiter östlich gelegenen Schlosspark von Kadriorg und den neueren Citybereich. Im Süden folgt eine Industriezone und schließlich der Ülemiste-See. Es gibt in diesem Distrikt weniger Bewohner als Arbeitsplätze, außerdem eine Konzentration von kulturellen und regierungsamtlichen Institutionen. Die Fabriken werden zunehmend verdrängt. Obwohl manche Straßenzüge sicher nicht als Innenstadtlage empfunden werden, ist hier das ›teuerste Pflaster‹ in ganz Estland.
- *Kristiine*: Südwestlich der Altstadt, jenseits der Haupteisenbahntrasse, erstreckt sich dieser weitgehend rechtwinklig angelegte Stadtbezirk mit niedrigen Mietshäusern der 1920/30er Jahre neben bescheidenen Einfamilienhäusern der 1950er Jahre. Wegen der Citynähe hat die Wertschätzung der Gegend in letzter Zeit zugenommen. Große Industrieareale gibt es im Westteil.
- *Põhja-Tallinn* (Nord-Tallinn): Der nördlichste Bezirk beginnt mit dem Hauptbahnhof (*Balti jaam* genannt) direkt an der Rückseite des Dombergs und zieht sich auf die janusköpfige Halbinsel Paljassaare. Das Gebiet ist architektonisch,

historisch und sozial sehr uneinheitlich: Das Kalamaja-Viertel gleich hinter dem Bahnhof besteht aus interessanten alten Holzhäusern, Kopli weiter draußen am Fischereihafen ist als berüchtigte Barackensiedlung bekannt, und Pelgulinn an der Westseite entstand erst in den 1950er Jahren in der Nähe eines beliebten Badestrandes. Große Gleisanlagen, Industrieflächen und fast alle älteren Tallinner Docks und Hafenterminals liegen hier.

- *Haabersti*: Außer der ringförmig konzipierten Plattenbausiedlung Väike-Õismäe zeigt der westlichste Stadtbezirk eine eher aufgelockerte Bebauung. Der gerade noch zum Stadtgebiet zählende Harku-See, der Tierpark (*Loomaaed*), das Freilichtmuseum Rocca al Mare und der Strand von Kakumäe bilden einen wichtigen städtischen Erholungsraum mit Möglichkeiten zum weiteren Ausbau. Industriebetriebe sind kaum vorhanden.

- *Mustamäe*: Der kleinste Stadtbezirk liegt ungefähr fünf Kilometer südwestlich der Altstadt zwischen den Straßen nach Paldiski und nach Pärnu. Er tangiert an keiner Stelle die Stadtgrenze. Das eindeutig am Reißbrett entworfene Straßennetz war in den 1960/70er Jahren die Grundlage für den massenhaften Bau von Wohnblocks aus Betonfertigteilen. Über 60 000 Menschen leben hier auf acht Quadratkilometern. Den Westteil bildet ein Gürtel großer Fabriken und Gewerbeflächen entlang der Kadaka tee; auch der basarartige Flohmarkt findet hier statt.

- *Nõmme*: Der südlichste Stadtbezirk wurde erst 1940 eingemeindet. Er liegt auf einer leichten Anhöhe aus Kalkgestein, die sich über den Ülemiste-See bis in die östlichen Stadtteile fortsetzt. Seit dem Ende des 19. Jahrhunderts entstanden hier in großer Zahl verzierte hölzerne Einfamilienhäuser im Kiefernwald. Besondere Sehenswürdigkeiten besitzt diese Gartenstadt zwar nicht, aber die geringe Bebauungsdichte und einige Parks machen Nõmme zu einer bevorzugten Wohnlage. Ein wenig störend ist der Durchgangsverkehr in Richtung Pärnu geworden.

- *Lasnamäe*: Die östliche Peripherie Tallinns wird völlig beherrscht von Lasnamäe, einer gigantischen Hochhaussiedlung auf freiem Feld zwischen der Narva maantee und der breiten Peterburi tee. Insgesamt leben mehr als 100 000 Menschen im Bezirk, vorwiegend russische Zuwanderer. Nicht alle Planungen der 1980er Jahre wurden noch umgesetzt, es blieben Lücken und unfertige Straßenzüge. Näher zum Stadtzentrum hin liegen die desolaten Mietskasernenviertel Laagna und Pae in unmittelbarer Nähe großer Industriebrachen. Südlich davon befindet sich der Flughafen am Rande eines Moorgebietes.

- *Pirita*: Der nordöstliche Bezirk an der Mündung des Pirita-Flusses gehört zu den besten Wohnlagen. Strände, Wald, Yachthafen und Sportanlagen sorgen für einen hohen Freizeitwert. Es gibt keine Industrie und kaum größere Straßen; die Halbinsel Viimsi gleich jenseits der Stadtgrenze ist ähnlich strukturiert. Wie in Haabersti sind noch gute Reserveflächen für den Eigenheimbau vorhanden. Die Klosterruine Pirita und der Fernsehturm sind besondere Wahrzeichen.

Tallinn: Altstadt (Unterstadt)

Als touristischer Ausgangspunkt der Altstadt empfiehlt sich das Hotelhochhaus ›Viru‹ am gleichnamigen Platz (Viru väljak) östlich der Altstadt. Es ist ganz offiziell der Mittelpunkt von Tallinn. Hier parken oft die Reisebusse, hier verzweigen sich die Straßenbahnlinien, und vom Passagierhafen sind es auch nur ein paar Schritte hierher. Vom Kreisverkehr führt die Viru tänav (in der landesüblichen Kurzform nur Viru) vorbei an Blumenständen geradewegs zum Viru-Tor, das als Haupteingang der weitgehend verkehrsberuhigten Altstadt gilt. Ihr Areal ist nicht klein, doch innerhalb einiger Stunden bequem zu begehen. Beim Blick nach rechts, die Müürivahe entlang, sieht man bereits ein beeindruckendes Stück der Stadtmauer: Von einst 2,35 Kilometern Gesamtlänge sind, mit Unterbrechungen, noch 1,85 Kilometer sowie 28 von 66 Türmen erhalten. Tallinn verfügte über eines der bedeutendsten Befestigungssysteme Nordeuropas. Beim Blick geradeaus nimmt man an schönen Tagen landesweit ungewohnte Menschenmassen wahr, Esten sind dabei deutlich in der Minderzahl. Die vom Viru-Tor geradewegs zum Rathausplatz verlaufende Viru hat sich zur international geprägten Hauptachse der Altstadt entwickelt: Dicht an dicht drängen sich Straßencafés, Boutiquen und vornehmere Souvenirgeschäfte. Ihre Dynamik übertrifft die meisten Straßenzüge, wo andererseits mehr Ruhe und Beschaulichkeit verblieben sind. Insgesamt betrachtet ist das deprimierende Grau der sowjetischen Jahrzehnte jedoch verschwunden, gegen die sozialistische Patina wurde mit frischen Farben angegangen, viele Gebäude sind wiederbelebt. Schon bald nach der Unabhängigkeit setzten überall Renovierungsarbeiten ein, begünstigt durch eine rasche Klärung der Eigentumsverhältnisse.

Über den eher unscheinbaren Vana turg (Alten Markt) geht es von der Südostecke her auf den Raekoja plats (Rathausplatz); beim Blick zurück sind interessante Giebel zu sehen. Im weiten Halbkreis von repräsentativen Stadthäusern umgeben, ragt das historische Rathaus ein Stück in den bunten, belebten Platz hinein. Hier ist der Mittelpunkt der Unterstadt (*All linn*). Ein schlanker Turm mit Renaissance-Helm und eine Arkadenreihe prägen die Front des im übrigen schnörkellosen Rathauses. Es wurde 1404 vollendet und repräsentiert als einziges im Baltikum stilreine Spätgotik. Sehenswert ist vor allem der Bürgersaal im Obergeschoss, dessen farbliche Gestaltung einen Kontrast zur Außenfassade bildet: Schlanke bemalte Pfeiler stützen ein Gewölbe und verleihen dem Raum eine feierliche und zugleich heitere Stimmung. Gemälde und Schnitzereien finden sich an den Friesen des angrenzenden Ratssaales. Seit 1530 thront auf dem Rathausturm die Figur des Stadtwächters ›Alter Thomas‹ (*Vana Toomas*), der als Wahrzeichen von Tallinn gilt. An der Rathausrückseite ist in den Räumlichkeiten des ehemaligen Kerkers ein Fotomuseum als Teil des Stadtmuseums eingerichtet. Die

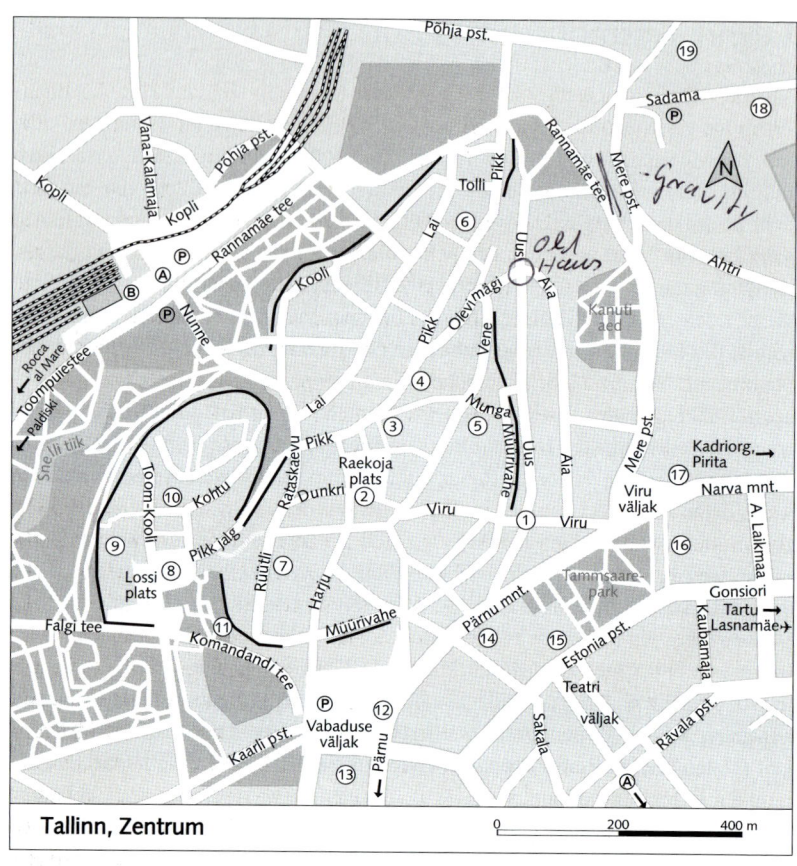

Tallinn, Zentrum

0   200   400 m

Legende

1 Viru-Tor
2 Rathaus
3 Heiliggeistkirche
4 Gildehäuser
5 Dominikanerkloster
6 Olaikirche
7 Nikolaikirche
8 Aleksander-Nevskij-Kathedrale
9 Schloss (Parlament)
10 Dom
11 Turm ›Kiek in de Kök‹
12 Johanniskirche

13 Stadtverwaltung
14 Estnisches Dramentheater
15 Estonia-Theater
16 Hotelhochhaus ›Viru‹
17 Hauptpost
18 Passagierhafen
19 Linnahall
A Autobushöfe
B Hauptbahnhof
P Parkplätze

Außengastronomie in der Hauptsaison droht den architektonischen Gesamteindruck des Rathausplatzes zu beeinträchtigen und zur bloßen Konsumkulisse zu degradieren. Unter den durch Sonnenschirme verstellten Gebäuden ist in jedem Falle noch die alte Ratsapotheke (*Raeapteek*) erwähnenswert: Sie duckt sich mit ihrer grauen asymmetrischen Front an der Nordostecke und besteht, genau besehen, aus unterschiedlichen Teilen unter einem gemeinsamen Dach. Bereits seit 1422 wird hier mit Heilmitteln gehandelt, davon über Jahrhunderte im Familienbesitz. An der linken Ecke der Apotheke führt ein schmaler Durchgang, der sogenannte Saiakang (Weißbrotgang) zum dahinterliegenden Suurgildi plats (Platz der Großen Gilde) mit der Heiliggeistkirche. Wer nicht auf dem üblichen Touristenpfad über die Stiege geradewegs den Domberg anvisiert, gelangt von hier aus in die stilleren Wohnstraßen der nördlichen Unterstadt.

Die Heiliggeistkirche (*Pühavaimu kirik*) vom Anfang des 13. Jahrhunderts ist in ihrer Gestalt ziemlich unverändert geblieben. Sie gehörte zum Armenhospital und fungierte daneben als Ratskapelle. Der Turm ähnelt dem Rathausturm und beherbergt Estlands älteste Glocke von 1433. An der Nordfassade ist eine bemalte Holzuhr zu sehen. Der Flügelaltar des Lübecker Meisters Bernd Notke von 1483 verdient Beachtung. Neben der Kirche kann man im traditionsreichen ›Café Maiasmokk‹, einst Sitz der ältesten Schokoladenfabrik, einkehren. Am Platz steht auch das Haus der Großen Gilde (*Suurgildi hoone*) aus der Zeit der Hanse. Es wurde 1407 bis 1410 für die mächtigen Kaufleute und Reeder erbaut, die damals eine Reihe wirtschaftlicher Monopole innehatten. Am Portal sind bronzene Löwenköpfe als Türklopfer angebracht. Heute befindet sich hier das Museum für Estnische Geschichte (*Eesti Ajaloomuuseum*; von Do bis Di von 11 bis 18 Uhr; Tel. 641 16 32) mit über 200 000 Ausstellungsstücken insbesondere zur Archäologie. Nur ein paar Schritte weiter auf der Pikk, die schon im Mittelalter geradewegs zum Hafen führte, folgen die anderen Gildehäuser: Hausnummer 20 war schon seit 1326 Sitz der Kanutgilde, einer Vereinigung sogenannter feinerer Handwerke wie Goldschmiede, Hutmacher und auch Bäcker. Die jetzige Fassade stammt von 1864 und erinnert in ihrem Tudorstil ein wenig an England. In Nummer 24 trafen sich die Zünfte mit weniger Prestige, deren Mitglieder meist estnischer Abstammung waren. Als Olaigilde waren sie seit 1341 organisiert und besaßen das Gebäude seit seiner Fertigstellung 1424. Der Saal besitzt ein schönes Sterngewölbe. Nach der Auflösung der Gilde im 17. Jahrhundert und einem Brand diente die Hausruine zur Erweiterung des benachbarten Schwarzhäupterhauses. Hier fällt sofort das äußerst aufwändig gestaltete Portal ins Auge: Die dunkelgrüne Doppeltür trägt rote Streifen und goldene Blüten; darüber im Wappen einen Mohrenkopf. Der heilige Mauritius war der Schutzpatron dieser 1399 gegründeten Gilde lediger Kaufleute, die als eine Art Club noch bis 1940 existierte und sogar Häuser in Narva, Tartu und Rīga (letzteres 1999 prachtvoll wiederhergestellt) unterhielt.

Imposante Türme der Stadtmauer

Auf der Rückseite der drei Gildehäuser – man müsste bis zur spitzwinkligen Einmündung zurückgehen – kann man noch im Rahmen eines kleinen Umwegs das Stadtmuseum und das Dominikanerkloster besuchen. Durch die abschüssige Pühavaimu (Heiliggeiststraße) gelangt man nämlich zur Vene (Russenstraße): Genau auf der Ecke steht ein vornehmes Patrizierhaus mit spätgotischem Portal, in dem das Stadtmuseum (*Tallinna Linnamuuseum*; von Mi bis Mo von 10.30 bis 17.30 Uhr; Tel. 644 65 53) eingerichtet wurde. Schräg gegenüber, wo die Munga abzweigt, kann man die dreischiffige katholische Kirche von 1845 sehen. Der Hof zwischen den Häusern Vene 16 und 20 gibt den Blick frei auf die neoklassizistische Fassade mit der geradezu plakativen lateinischen Inschrift ›Hic vere est domus Dei et porta coeli‹ (Wahrlich, hier befindet sich das Haus Gottes und das Himmelstor). Die Kirche steht auf dem Gelände des dominikanischen Katharinenklosters, das von 1246 bis zur Zerstörung 1531, nach der Reformation, tätig war. Noch heute vermitteln die Ruinen eine gewisse Vorstellung von den gewaltigen Gebäuden; Grabplatten und Teile von Kreuzgängen und spätgotischen Portalen sind erhalten geblieben. Jetzt ist man fast wieder an der Stadtmauer angekommen; die eingangs erwähnte Müürivahe zieht sich vom Viru-Tor in beide Richtungen als Innenweg an der Mauer

Tallinn ist weltoffen

entlang. Es gibt einige Durchgänge zur Uus (Neustraße), der äußeren Altstadtbegrenzung.

Entweder auf der Vene oder von den Gildehäusern auf der Pikk geht man nordwärts weiter und erreicht über einen Anstieg linkerhand die imposante Olaikirche (*Oleviste kirik*) im Nordzipfel der Unterstadt. Zwischen den Parallelstraßen Pikk und Lai, umgeben von eng aneinander stehenden Wohnhäusern, ragt der spitze Turm an der Westfassade auf, der von der Meeresseite her sogar die Stadtsilhouette mitbestimmt. Ursprünglich war er einmal 159 Meter hoch, einer der höchsten Europas, doch nach einem Feuer 1625 wurde er auf knappe 124 Meter reduziert wiederhergestellt. Die Kirche gehört zu den wichtigsten mittelalterlichen Bauwerken Tallinns. 1267 wurde sie zum ersten Mal erwähnt, beim Umbau im 15. Jahrhundert erhielt die nunmehr dreischiffige Basilika das mit 31 Metern höchste Mittelschiff im gesamten Baltikum. Der spätgotische Chorraum hat ein Sterngewölbe. Im Sommer 1820 schlug der Blitz ein, und das Bauwerk brannte aus. Massive Finanzhilfe des Zaren Nikolaj I., eines Bewunderers der deutschen Gotik, erlaubte den Wiederaufbau ab 1828. Auf den Tag genau 20 Jahre nach dem Unglück fand die Einweihungsfeier statt. Längst hatte der Grünspan das Kupferdach zurückerobert, als um das Jahr 2000 herum erneut Restaurierungsarbeiten an der detailreichen und ein wenig filigran wirkenden Kirche anliefen.

An der Rückseite der Olaikirche führt die Pikk noch etwa 150 Meter weit bis zum nördlichen Ausgang der Altstadt. Die sogenannte Große Strandpforte (*Suur Rannavärav*) besteht aus einem schlanken Turm und einem auffallend wuchtigen Geschützturm mit insgesamt 155 Schießscharten, der zum 1529 fertiggestellten Vortor gehörte. Wegen seiner 5 Meter dicken Mauern und seines Durchmessers von 24 Metern trägt er den volkstümlichen Namen ›Dicke Margarete‹ (*Paks Margareeta*). Von der oberen Terrasse kann man sowohl zum Hafen als auch über die Altstadt schauen. Das Meeresmuseum (*Meremuuseum*; Mi bis So 10 bis 18 Uhr; Tel. 641 14 13) im Turm beschäftigt sich mit Seefahrt, Fischerei und Meeresbiologie. Einige Stufen führen hinauf auf eine Bastion entlang der Rannamäe tee, die an der Außenseite geradewegs zum Bahnhof führt und für Fußgänger wenig Raum lässt. Am besten geht man auf der Pikk ein kleines Stück zurück und biegt rechts in die Tolli ein. In dieser kurzen, stillen Straße scheint nun wirklich die Zeit stehengeblieben zu sein. Die drei Gebäude gleich vorn an der Ecke sind unter dem

Häuserzeile in der Pikk

Namen ›Drei Schwestern‹ bekannt: Mit Lastenaufzügen und Luken unter den Dächern und sind sie sofort als typische Kaufmannshäuser oder Handelskontore einzustufen. Das sehr umfangreiche Tallinner Stadtarchiv befindet sich auch hier. Parallel zur Pikk führt nun die Lai von der Portalseite der Olaikirche zurück. Im Bereich der Hausnummern 31 bis 19 hat die Straße eine platzartige Erweiterung mit großen Linden: Im Haus Nummer 29, das der berühmte Maler Bernt Notke im 15. Jahrhundert bewohnte, befindet sich heute das Naturkundemuseum (*Loodusmuuseum*; Mi bis So 10 bis 17 Uhr; Tel. 64 11 7 38). Nummer 23 ist das Gebäude des Stadttheaters. Nummer 17 beherbergt im Hof das Kunstgewerbemuseum (*Tarbekunstimuuseum*; Mi bis So 11 bis 18 Uhr; Tel. 64 11 9 27). Und gegenüber in Nummer 30 gibt es auch gleich noch ein Gesundheitsmuseum (*Tervishoiumuuseum*; Di bis Sa 11 bis 18 Uhr; Tel. 64 11 7 30).

Besonders beeindruckend ist in diesem Bereich die Stadtmauer: Entweder man verlässt schon beim Haus Nummer 31 über die Suurtüki kurz die Altstadt und begibt sich in die Grünanlagen des Tornide väljak (Platz der Türme), oder man besteigt den Nonnenturm (*Nunnatorn*) an der Suur-Kloostri, der den Zugang zu den Wehrgängen ermöglicht. Fünf von insgesamt mindestens neun Türmen in Reihe lassen sich hier bequem auf einen Blick erfassen – ein schönes Fotomotiv, das vom nahen Turm der Olaikirche noch zusätzlich profitiert. Unterhalb verläuft der stille Straßenzug Laboratooriumi/Kooli/Gümnaasiumi an der Mauer-Innenseite.

Das schulhofartige Areal unterhalb des Wehrganges bzw. entlang der Suur-Kloostri wird von den Gebäuden des ehemaligen Michaelsklosters (*Mihkli klooster*) begrenzt, das von 1249 bis 1629 existierte. Nach mancherlei Umbauten sind heute nur noch einige Gewölbesäle in der ursprünglichen Form erhalten. 1631 ließ der Schwedenkönig Gustav Adolf in dem Zisterzienserinnenkloster ein Gymnasium eröffnen, zwei Jahre später gab es nebenan die erste Tallinner Druckerei. Die angeschlossene Klosterkirche blieb nach der Übergabe von 1716 der Hauptsitz der russisch-orthodoxen Gemeinde bis zur Fertigstellung der Kathedrale auf dem Domberg (s. u.). Der Turmhelm wurde 1776 aufgesetzt, Kuppel und Fassadengestaltung stammen aus den Jahren 1828 bis 1830. Sehr sehenswert ist der barocke Ikonostas von 1720.

Am südlichen Ende der Lai, bereits wieder in der Umgebung einiger Läden, stößt man auf das Gebäude des 1952 gegründeten Puppentheaters (*Eesti Nukuteater*). An der Ecke blickt man über den sogenannten Ziegengarten (*Kitseaed*) zum Burgberg hinauf. Nach rechts führt die Nunne tänav aus der Altstadt durch die davorliegende Grünanlage geradewegs zum Bahnhof; hier könnte man auf halbem Wege über die Patkul-Stiege den Berg erklimmen. Ungleich beliebter scheint der Aufgang durch das Stadttor zu sein, das unweit des Puppentheaters, gegenüber dem Beginn der bereits mehrfach erwähnten Pikk steht. Wenn man zunächst noch in der Unterstadt bleiben möchte, kann man vornean in der Pikk halbrechts durch die Voorimehe zum Rathausplatz zurückfinden. Oder man geht geradeaus die Rataskaevu entlang bis zum Brunnen an der Ecke der Dunkri, die ebenfalls zum Rathaus hinabführt und mit ihren zahlreichen Straßenrestaurants die Fortsetzung der zu Anfang beschriebenen Hauptstraße Viru darstellt.

Geht man auch hier noch geradeaus weiter, so erreicht man an der nächsten Ecke neben einer Grünanlage die letzte bedeutende Sehenswürdigkeit der Unterstadt: die Nikolai-Kirche (*Niguliste kirik*) an der Rüütli, die man tunlichst nicht mit der orthodoxen Kirche des heiligen Nikolaj des Wundertätigen (*Nikolai kirik*) in der Vene 24 verwechseln sollte. Als eines der größten Bauwerke überragt sie von ihrem leicht erhöhten Platz den Südteil der Altstadt. Etwa 200 deutsche Kaufleute aus Gotland hatten sie 1230 gegründet. Sie war so konstruiert, dass im Verteidigungsfall im geräumigen Dachstuhl Waren in Sicherheit gebracht werden konnten. Zwischen 1405 und 1420 erfolgte der Ausbau zur dreischiffigen Basilika. Die Matthäus- oder auch Antoniuskapelle an der Südseite wurde 1486 bis 1493 angefügt. Der barocke Turmhelm entstammt dem Jahr 1695. Die prunkvolle Innenausstattung hatte schon manch unruhige Zeiten unbeschadet überstanden, als sie schließlich dem heftigen sowjetischen Bombenangriff im März 1944 zum Opfer fiel. Ein eingezäuntes Ruinenfeld an der Harju, am Hang unterhalb der Kirche, erinnert heute an das Ereignis. Das vollständig zerstörte Gotteshaus wurde wieder aufgebaut, dient jedoch als Konzertsaal und Filiale des Estnischen Kunstmuseums (*Niguliste muuseum*; Mi bis So 10 bis 17 Uhr; Tel. 644 99 11). Ausgestellt ist eine Kollektion mittelalterlicher Kunstwerke mit Altären des 15. und 16. Jahrhunderts. Berühmt ist das Fragment ›Totentanz‹ des Lübecker Meisters Bernt Notke aus der zweiten Hälfte des 15. Jahrhunderts, das die Gleichheit aller Menschen vor dem Tode darstellt. Ein weiteres Prunkstück ist der 1481 vollendete Hauptaltar des ebenfalls aus Lübeck stammenden Hermen Rode. Er ist geöffnet deutlich über sechs Meter breit und soll nahezu alle damaligen Altäre in den Schatten gestellt haben. Ferner ist der aufklappbare Antoniusaltar sehenswert, der um 1490 im Auftrag der Schwarzhäupter-Bruderschaft im flämischen Brugge angefertigt worden sein soll. Die 30 Spenderportraits auf einem Flügel dieses Triptychons hat höchstwahrscheinlich der große Maler Michael Sittow (1469 – 1525) angefertigt, der in Tallinn geboren wurde und ab 1506 wieder hier arbeitete. Trotz oder vielleicht eher wegen längerer Aufenthalte als Hofmaler in Spanien, England, Österreich, Dänemark und den Niederlanden blieb er in Estland ziemlich unbekannt.

Sowohl die Rüütli als auch die parallel verlaufende Harju führen nahe der Kirche in Südrichtung aus der Altstadt hinaus auf den zentralen Vabaduse väljak (Freiheitsplatz). In Gegenrichtung ist man schnell wieder am Rathausplatz, und über die Müürivahe folgt man einem Rest der Stadtmauer zurück zum Viru-Tor.

Tallinn: Altstadt (Domberg)

Der Hauptweg in die Oberstadt führt durch das bereits erwähnte Stadttor am Beginn der Pikk. Es mag erstaunen, dass zwischen den beiden Teilen der Altstadt eine derart massive Barriere notwendig erschien, wie man sie eher nach außen hin erwarten würde. Nur tiefsitzendes Misstrauen und Abneigung der Handwerker und Kaufleute gegenüber der adligen oder klerikalen Oberschicht kann als Erklärung dienen. Wer nicht bereits von hier aus, auf dem Pikk jalg (dem Langen Fußweg) in die Oberstadt gegangen ist, kann dies nach der Besichtigung der Nikolai-Kirche noch auf dem Lühike jalg (dem Kurzen Fußweg) tun. Diese gewundene Stiege schräg gegenüber dem Kirchenportal führt vom Haus des Henkers (Rataskaevu 24) durch ein mächtiges Tor direkt zum oberen Teil des Pikk jalg.

Der etwa 50 Meter hohe ovale Domberg (*Toompea*) nimmt den Südwesten des Altstadtbereiches ein. Als Machtzentrum beherrschte er die Stadt seit jeher, nicht nur optisch. › Von oben herab‹ schauten Adlige, Ritter und Bischöfe als wechselnde Herren auf die gewöhnlichen Menschen der Unterstadt. Auf dem Kalksteinplateau existiert ein Netz kleiner Gassen, die von den steil abfallenden Abhängen auf die im Mittelpunkt stehende Domkirche zulaufen.

Zunächst fällt jedoch die stattliche Aleksander-Nevskij-Kathedrale mit ihren fünf Zwiebeltürmen ins Auge. Zum Aussehen des grün-gelb-rosafarbenen Bauwerks kann man geteilter Meinung sein. Leicht empfindet man sie als gewaltigen

Die Aleksander-Nevskij-Kathedrale

Fremdkörper in der mittelalterlichen Umgebung. Und so war es bei ihrer Errichtung (1894–1900) wohl auch beabsichtigt: Mit dem Standort oberhalb der Stadt, neben dem Schloss und unweit der Domkirche sollte der Machtanspruch des Zaren symbolisiert werden. Eigens zu diesem Zweck waren zuvor die im Wege stehenden Adelshäuser abgerissen worden. Der Sankt Petersburger Baumeister Michail Preobraženskij schuf eine Kathedrale nach Moskauer Vorbildern des 17. Jahrhunderts. Die Mosaiken über dem Haupteingang, die überaus üppige Innenausstattung mit weiteren Mosaiken und Ikonen und die mit einem Gewicht von 15 Tonnen größte Glocke Estlands unterstreichen den hohen kulturgeschichtlichen Wert. Die gegenüberliegende Westseite des Lossi plats (Schlossplatz) nimmt die ehemalige Residenz des Gouverneurs von Estland ein. Hier hatten einst Festungsmauern gestanden. Ab 1767 entstand unter Leitung des Jenaer Architekten Johann Schulz ein Schloss mit spätbarocker Fassade, das heute wieder Sitz des estnischen Parlaments ist. Auf dem 45 Meter hohen Turm ›Pikk Hermann‹ (Langer Hermann) weht die blau-schwarz-weiß gestreifte Staatsflagge.

In der nach rechts abgehenden kurzen Gasse Toom-Kooli befand sich im Haus Nummer 9 die Mariengilde, später weltliche Gilde der Domhandwerker. Das Originalgebäude von 1508 wurde 1684 durch einen Brand völlig zerstört. Seit 1843 steht ein klassizistisch gestaltetes an derselben Stelle. Die Domschule, nach der die Gasse benannt ist, war unter Nummer vier zu finden. Seit dem Beginn des 14. Jahrhunderts wurden hier alle adligen Söhne unterwiesen. Ab 1691 fand der Unterricht in einem neuerbauten Steinhaus statt. Bis zum Einmarsch der Russen 1940 firmierte die Schule als Gymnasium. An einzelnen Stellen hat man vom angrenzenden Bischofsgarten (*Piiskopi aed*), etwa im Bereich der Hausnummern 13 bis 21, schöne Ausblicke auf die westlichen Stadtteile. Zwei günstigere Plätze folgen noch.

Die Domkirche (*Toomkirik*) ist das bedeutendste Bauwerk auf dem Hügel. Als eines der ältesten Gotteshäuser Estlands trägt sie spätgotische Züge und hebt sich dadurch von der eher barock bis klassizistisch geprägten Umgebung ab. Ein bereits 1233, kurz nach der dänischen Landnahme, erwähnter hölzerner Vorgängerbau hatte offenbar keinen langen Bestand. Etwa ein halbes Jahrhundert später wurde schon an einer dreischiffigen Hallenkirche mit quadratischem Chor und polygonaler Apsis gearbeitet. Das Langhaus wurde am Anfang des 15. Jahrhunderts fertiggestellt. Die Südfassade ist durch spätere Anbauten völlig verdeckt. Nach dem Brand auf dem Domberg im Jahre 1684 brauchte man nur zwei Jahre für den Wiederaufbau. 1779 kam schließlich noch der Turm an der Westseite hinzu. Beim Betreten der Kirche mag zuerst ein Gefühl der Enge aufkommen, der Innenraum wirkt relativ düster. Außer dem Altar und der Kanzel vom Ende des 17. Jahrhunderts verdienen die Adelswappen und steinernen Grabmäler Beachtung. Berühmte Familiennamen aus verschiedenen Regionen und Epochen des

Landes begegnen dem Betrachter: von Krusenstern, von Tiesenhausen, von Fersen, von Uexküll, de la Gardie, von zur Mühlen.

Über den Kiriku plats (Kirchplatz) blickt man auf das Gebäude der Estländischen Ritterschaft (*Eestimaa Rüütelkonna maja*) aus den 1840er Jahren, dessen horizontal gegliederte Fassade an italienische Vorbilder denken lässt. Seit 1993 ist das Estnische Kunstmuseum (*Eesti Kunstimuuseum*; von Mi bis So von 11 bis 18 Uhr; Tel. 644 93 40) darin zu finden. Es wurde bereits 1919 gegründet, war lange Zeit im Schloss Kadriorg untergebracht und verfügt über die größte Sammlung des Landes. An der rechten Außenseite vorbei kommt man auf der von vornehmen Häusern gesäumten Kohtu bald zu einer kleinen Terrasse, von der man einen herrlichen Panoramablick auf die Unterstadt bis hin zum Hafen genießt. Zur Orientierung: Genau unterhalb geht das Ende des Pikk jalg in die Hauptstraße Pikk über. Ein weiterer Aussichtsplatz ist von hier aus durch die schmale Rahukohtu erreichbar, wo eine Toreinfahrt den Durchgang zur Patkul-Treppe freigibt. Vom oberen Absatz ergibt sich eine großartige Aussicht nach Norden, die etwa den Halbkreis von der Olaikirche über die westliche Stadtmauer mit ihren zahlreichen Türmen bis zum Bahnhof jenseits des Domparks abdeckt.

Da der Abstieg hinunter zur ›Altstadt-Rückseite‹, einmal abgesehen vom beeindruckenden Blick hinauf, nicht sonderlich attraktiv ist, wird man eher den Weg zurück in Richtung Schloss wählen. Um den gesamten Altstadtbereich zu verlassen, bietet sich der Weg durch den Kommandeursgarten (*Komandandi aed*) an. Dabei lernt man noch drei bedeutende Türme kennen, die hinter der orthodoxen Kathedrale stehen: der Marstallturm, der viereckige Jungfrauen- oder Mägdeturm (*Neitsitorn*) mit schönem Café und als hinterster der erst 1475 hinzugefügte Kanonenturm ›Kiek in de Kök‹. Sein niederdeutscher Name ist ein Hinweis auf den guten Ausblick, den man von oben in die Küchen der Unterstadt hatte. Der Turm hat einen Durchmesser von über 17 Metern und sehr dicke Mauern. Ursprünglich besaß er fünf Etagen. Von der späteren Aufstockung bemerkt man nichts, weil fast zeitgleich das Gelände erhöht wurde, so dass die beiden unteren Stockwerke fortan unter der Erde lagen. Ein Museum im Inneren zeigt die Entwicklung der Tallinner Festungsbauten (von Di bis Fr von 10.30 bis 17.30 Uhr; Tel. 644 66 86). Jenseits der drei Türme, am Abhang zur Unterstadt, befindet sich der sogenannte Garten des dänischen Königs (*Taani Kuninga aed*). Hier sieht man noch einmal sehr deutlich die massive Abschottung der beiden mittelalterlichen Stadtteile: Zusätzlich zum bestehenden Höhenunterschied zieht sich seit dem 14./15. Jahrhundert eine mit Schießscharten ausgestattete Mauer vom Jungfrauenturm über den Turm am Lühike jalg bis hinab zum Tor des Pikk jalg. Nach Süden hin ist der Domberg offener, und man betritt unterhalb einer Grünanlage mit den Resten zweier Bastionen den bereits erwähnten Vabaduse väljak (Freiheitsplatz).

Tallinn: Neustadt

Die Stadtmauer wird fast ringsherum von Parks gesäumt und legt sich noch heute wie ein Gürtel um das bebaute Areal, was neben Schutz immer auch Einengung bedeutete. Nur am Ostabschnitt ist sie übersprungen worden, als sich die Altstadt ausdehnte. Die außen an der Mauer vorbeilaufende Uus (bezeichnenderweise Neustraße) zwischen dem eingangs erwähnten Viru-Tor und der hafennahen Nordbastion wird jedoch noch als Teil der historischen Bebauung empfunden. An der Südostecke der Altstadt hingegen ist die Mauer heute kaum noch sichtbar, zwischen den beiden angrenzenden Hauptplätzen Viru väljak und Vabaduse väljak gerät man fast nahtlos in deutlich jüngere Viertel. Der Beginn der insgesamt sehr langen Pärnu maantee (Pärnuer Landstraße) markiert an dieser Stelle gewissermaßen den Übergang zur sogenannten *Südalinn* (wörtlich: Herzstadt) – eine Benennung, die neben *Kesklinn* (für den kompletten Bezirk Innenstadt) und *Vanalinn* (Altstadt) ein wenig Verwirrung stiftet.

Vom Vabaduse väljak (Freiheitsplatz), den man am Ende des beschriebenen Altstadt-Rundgangs erreicht hat, lassen sich in einem Bogen noch einige Sehenswürdigkeiten aus neuerer Zeit erschließen, ehe man zum Ausgangspunkt Viru väljak zurückkehrt. Der Vabaduse väljak wird beherrscht von der gelb leuchtenden Westfassade der 1867 vollendeten Johanniskirche (*Jaani kirik*) und besteht heute zu einem großen Teil aus bewachten Parkplätzen, die von Geschäftsleuten und

Der Viru väljak ist der Mittelpunkt von Tallinn

Touristen gleichermaßen gern benutzt werden. Da man in die Altstadt selbst nur mit Sondergenehmigung einfahren darf, ist dieser südliche Zugang für Autoreisende eine Alternative zum etwas unübersichtlichen Viru väljak an der Ostseite. Im übrigen tangieren alle Arten von städtischen Verkehrsmitteln den Platz: Bus-, Trolleybus- und Strassenbahnlinien.

Die Nordseite des Platzes, links von der Johanniskirche, wird durch eine Zeile von Bürohäusern begrenzt, in der auch das Tallinner Kunsthaus (*Tallinna Kunstihoone*; von Mi bis Mo von 12 bis 18 Uhr; Tel. 644 28 18) zu finden ist. An der Rückseite des Komplexes, in der Müürivahe 12 bei einem Reststück der Stadtmauer, ist der Eingang zum Thea-

Touristenkutsche vor dem Viru-Tor

ter- und Musikmuseum (*Teatri- ja Muusikamuuseum*; von Mi bis So von 10 bis 17.30 Uhr; Tel. 646 40 47). Über der Südseite des Vabaduse väljak erheben sich die Gebäudefassaden des vornehmen ›Palace‹-Hotels, des Russischen Dramentheaters und der Stadtverwaltung. Am oberen Ende der hier beginnenden Kaarli puiestee (Karlsallee) und damit ein wenig abseits der geplanten Laufrichtung steht noch die wuchtige Karlskirche (*Kaarli kirik*) mit pseudoromanischer zweitürmiger Westfassade. Sie wurde zeitgleich mit der Johanniskirche gebaut und 1870 eingeweiht; schräg gegenüber ist die erst 1993 eröffnete Nationalbibliothek (*Rahvusraamatukogu*) zu sehen.

Von der Straßenecke mit dem futuristisch anmutenden Glaspalast führt die Pärnu maantee direkt zum Viru väljak zurück, die Estonia puiestee zunächst nach Osten und nach einem baldigen Linksknick parallel zur Pärnu maantee in dieselbe Richtung. Zwischen beiden stehen die Gebäude des Estnischen Dramentheaters und des Estonia-Theaters; in letzterem befindet sich heute die Nationaloper (*Rahvusooper*). Mit dem Bau wurde etwa gleichzeitig 1910 begonnen. Am unmittelbar dahinterliegenden Tammsaare-Park hat man wieder das Hotelhochhaus ›Viru‹ vor sich. Die ausgedehnte Besichtigungstour endet hier.

Direkt am Viru väljak, an der Ecke der schmalen Seitenstraße Vana Viru, kann man noch in das originelle Feuerwehrmuseum (*Tuletõrjemuuseum*; von Di bis Sa von 12 bis 18 Uhr; Tel. 644 42 51) gehen. Kaum lohnen dürfte sich indes der Spaziergang auf der breiten Mere puiestee (Meeresallee) zu dem stufigen Betonmonstrum namens Linnahall (Stadthalle) – es sei denn, man möchte im Stadtbereich einmal auf das Meer hinausblicken. Der Passagierhafen mit ständigen Verbindungen hinüber nach Helsinki liegt gleich rechts daneben.

Was in der Neustadt ein wenig fehlt, sind die anderswo längst selbstverständlichen Fußgängerzonen und Flaniermeilen. Shopping war in sowjetischen Städten ja nicht vorgesehen. Stattdessen herrschen dunkelgraue Häuserzeilen der 1950/60er Jahre vor, in denen man zwar allerlei Geschäfte und auch Kaufhäuser findet, aber unter Umständen urbanes Flair vermisst. Manche Seitenstraße wirkt wie ausgestorben oder verströmt Hinterhofatmosphäre. Vereinzelt mischen sich jetzt glitzernde Fassaden unter nichtssagende Zweckbauten. Außerhalb der Altstadt muss sich noch manches ändern, um das sowjetische Erbe abzustreifen. Vorerst hat man als Tourist den Eindruck, dass sich die Verhältnisse seit den 1980er Jahren fast umgekehrt haben: Die zunehmend vernachlässigte, wenngleich niemals bedeutungslos gewordene Viru in der Altstadt ist zu neuem Leben erwacht und hat sich mit ihren zeitgemäßen Läden und Restaurants zum beliebtesten Straßenzug entwickelt. Zumindest auf die relativ wohlhabenden ausländischen Besucher trifft dies zu.

Tallinn: Kadriorg

Die Sehenswürdigkeiten im Osten der Stadt kann man schlecht zu Fuß erreichen. Etwas mehr als zwei Kilometer sind es vom zentralen Viru väljak zum Schloss Kadriorg bzw. Katharinental (*Kadrioru loss*). Eine kurze Fahrt mit der Straßenbahnlinie 1 oder 3 entlang der Narva maantee bis zur Endstation Kadriorg bietet sich an. Hinter einem aufgelockerten Wohnviertel erstreckt sich in Meeresnähe ein weitläufiger, etwas verwilderter Park mit altem Baumbestand und Teichanlage. Von der strengen Symmetrie nach französischem Vorbild ist nicht mehr viel zu sehen. 1718 gab Zar Peter I. den Auftrag, hier zu Ehren seiner Gemahlin Katharina eine Sommerresidenz zu errichten. Bis 1736 dauerten die Bauarbeiten nach Plänen des italienischen Architekten Niccolò Michetti, über den Tod des Auftraggebers (1725) hinaus. Das hübsch am Hang gelegene nordische Barockschloss brannte 1850 teilweise aus und war nach der Restaurierung in den 1930er Jahren Sitz des estnischen Staatspräsidenten. Heute ist es ein beliebtes Ausflugsziel und fester Programmpunkt einer Stadttour. Jahrelang diente das Bauwerk dem Estnischen Kunstmuseum als Domizil; zurzeit beherbergt es unter anderem das Museum für Ausländische Kunst (*Väliskunstimuuseum*; von Di bis So von 10 bis 17 Uhr; Tel. 606 64 00). Im Inneren ist insbesondere der sogenannte Weiße Saal über dem Foyer sehenswert: Neben reicher Stuckornamentik beeindruckt das von einem unbekannten Künstler stammende Deckengemälde mit Szenen aus ›Metamorphosen‹ des Ovid.

Am Stadtrand gelangt man schnell ins Grüne

In der seitwärts gelegenen Koidula 12a kann man noch ein Museum zur Erinnerung an den großen estnischen Literaten Anton Hansen-Tammsaare (1878–1940) besuchen, dessen Portrait auf dem 25-Kronen-Geldschein abgebildet ist (von Mi bis Mo von 11 bis 18 Uhr; Tel. 60132 32). An der Rückseite des Schlossareals verläuft eine Geländestufe; sowohl die Narva maantee vor als auch die mehrspurige Laagri tee hinter dem Park führen auf die Kalksteinanhöhe Lasnamägi. Es sind wahrhaft proletarische Behausungen, die hier, gleich oberhalb der Residenz, einen Stadtbezirk der schlimmsten Sorte bilden: Lasnamäe.

Tallinn: Pirita

Anstatt der Narva maantee bergauf zu folgen und sich damit wieder vom Meer zu entfernen, empfiehlt es sich, an der großen Verzweigung vor dem Kadriorg-Park abzubiegen. Hier am Russalka-Monument, das an den Untergang des gleichnamigen Kriegsschiffes 1893 erinnert, beginnt nämlich die als Küstenboulevard ausgebaute Pirita tee. Ungefähr drei Kilometer sind es bis zur Straßenbrücke über die Mündung des Pirita-Flusses. Man kann einfach einen vorüberfahrenden Bus der Linien 1, 8, 34, 38 oder 99 nehmen. Unterwegs passiert man die Einfahrt zur berühmten Sängerbühne (*Lauluväljak*), die sich als riesige paraboloide Konstruktion harmonisch in die Hanglage fügt. Seit 1869 versammeln sich etwa im Fünfjahresrhythmus Zehntausende Sänger und bis zu einer halben Million Zuschauer zum traditionellen Sängerfest. Auch die estnische Unabhängigkeitsbewegung nahm ihren Anfang 1988 auf dem Gelände; seither wird sie als die ›Singende Revolution‹ bezeichnet.

Ein Stück weiter erhebt sich ein terrassiertes Betongebilde über den Finnischen Meerbusen. Das Monument für den Sieg der Sowjets über die Faschisten wird einstweilen stehenbleiben, weil die Demontage sehr kostspielig wäre. An der Stelle des ehemaligen Sommergutes Maarjamäe ist jetzt ein Museum zur Geschichte Estlands im 20. Jahrhundert zu sehen (*Maarjamäe loss*; von Mi bis So von 11 bis 18 Uhr; Tel. 601 45 99).

Der Stadtbezirk Pirita selbst war Austragungsort der Segelregatta im Rahmen der Olympiade von Moskau 1980. Die westlichen Staaten boykottierten damals die Veranstaltung, und so blieb das Olympiazentrum (*Olümpiakeskus*) ziemlich unbekannt. Der Yachthafen mit dem klotzigen Servicegebäude ist in die Jahre gekommen und wird heute sicher nicht mehr als modern empfunden. Doch Pirita hat mehr Idylle zu bieten: Von den Parkplätzen an der linken Seite der nach Norden weiterführenden Merivälja tee gehen etliche Waldwege zum nahen Sandstrand. Die Wasserqualität ist zwar nicht besonders gut, aber man wird durch den Blick auf die Tallinner Bucht mit vielen Schiffen entschädigt. Nach gut zwei Kilometern kommt die Straße schließlich wieder ans Meer, bevor sie jenseits der Tallinner Stadtgrenze auf die Halbinsel Viimsi (siehe Harjumaa) hinausführt.

Die Hauptsehenswürdigkeit von Pirita ist zweifellos die Klosterruine. Kurz hinter der Flussbrücke beim Segelzentrum ragt sie aus einem romantischen Garten heraus. Von dem 1436 fertiggestellten Komplex existieren nur noch die Außenmauern der Klosterkirche mit dem beeindruckenden Westgiebel. Die Anlage wurde bei der Belagerung der Stadt im Livländischen Krieg 1577 zerstört. Weitere Ausgrabungen haben inzwischen noch einige Fundamentreste zu Tage gefördert. Der Name soll auf die schwedische Gründerin Birgitta Gudmarsson zurückgehen. Das Gelände ist im Sommer für Konzerte und Theateraufführungen sehr beliebt. Auf der Kloostrimetsa tee kann man schließlich noch den 314 Meter hohen Fernsehturm (*Teletorn*) ansteuern; er steht drei Kilometer östlich des Klosters direkt neben dem Botanischen Garten (*Botaanikaaed*) und bietet an klaren Tagen

Souvenir der Roten Armee

Esten essen eifrig Eis

eine Aussicht bis nach Finnland. Noch im August 1991 wollten russische Truppen ihn unter ihre Kontrolle bringen, was aber am Widerstand der Crew scheiterte. Die Umgebung des Turms besteht überwiegend aus Waldflächen sowie zwei Friedhöfen.

Tallinn: Insel Aegna

Vom Bootshafen Pirita kann man zu einem schönen Schiffsausflug auf die Insel Aegna starten, die dicht vor der Nordspitze der Halbinsel Viimsi liegt und noch zum Tallinner Stadtbezirk Pirita gehört. Nach etwa 45 Minuten kommt man auf dem ehemaligen Seeräuberstützpunkt an. Die Sowjetarmee vertrieb die ansässigen Fischer und unterhielt hier 50 Jahre lang eine streng abgeschirmte Militärbasis. Erst seit der Unabhängigkeit kann die Insel wieder betreten werden. Heute ist sie ein beliebtes Sommerziel der Städter, insbesondere an den Wochenenden. Der Tourismus nimmt weiter zu; Gastronomie ist vorhanden. Im Gegensatz etwa zur Ausflugsinsel Suomenlinna vor Helsinki bietet Aegna kaum Sehenswürdigkeiten. Außer Betonruinen und spärlichen Siedlungsresten gibt es nur Natur: Wiesen, Schilf und relativ viel Wald; im Norden auch einen Strand. Nur ein paar Menschen wohnen inzwischen wieder hier.

Die größere Nachbarinsel Naissaar wird ebenfalls von Pirita angesteuert, jedoch in erster Linie als organisierte Führung. Nach Abzug der Sowjets wurde hier nämlich ein Naturpark ausgewiesen. Neben einer alten Holzkirche ist noch eine über 20 Kilometer lange Schmalspurbahn übrig geblieben. Naissaar gehört administrativ zum Landkreis Harjumaa.

Tallinn: Rocca al Mare

Hinter dem durch und durch italienischen Namen (›Felsen am Meer‹) verbirgt sich eines der schönsten Naherholungsgebiete von Tallinn. An einer hochgelegenen Uferpartie der Kopli-Bucht (*Kopli laht*) im äußersten Westzipfel des Stadtgebietes wurde zwischen 1957 und 1964 das Estnische Freilichtmuseum ›Rocca al Mare‹ ins Leben gerufen. Ein italophiler Geschäftsmann hatte hier in der Nähe eines großen ufernahen Findlings – daher der Name – sein Sommerhaus gehabt. Aus vielen Landesteilen wurden Bauernhäuser, Fischerhütten, Windmühlen, Ziehbrunnen und andere, zumeist hölzerne Bauten und Gerätschaften abtransportiert und hier auf einem 84 Hektar großen Waldgelände gruppenweise wiederaufgestellt. Es sind nicht weniger als 90 Objekte, die je nach ihrer Herkunft in den vier Hauptabteilungen Nord-, Süd-, West- und Insel-Estland stehen. Eine typische Dorfschänke ist in Betrieb.

Blick von Rocca al Mare auf die Kopli-Bucht

Man verlässt die City auf der Endla bzw. Paldiski maantee (auch Buslinie 21, 21B ab Bahnhof). Sowohl vor als auch hinter dem großen Kreisverkehr bei der Rundsiedlung Õismäe geht es jeweils rechts ab zum Freilichtmuseum (*Vabaõhumuuseum*; von Mai bis Oktober täglich von 10 bis 18 Uhr; Tel. 654 91 17). Parkplätze befinden sich direkt vor dem Eingangstor. Es ist kein Ausflug für eine halbe Stunde; um alles zu sehen, muss man schon geraume Zeit durch das Waldareal spazieren. Schöne Picknickplätze gibt es reichlich, von der Küste kann man über die Bucht hinüber auf die Werften des Stadtteils Kopli schauen. Im Vordergrund bevölkern Möwen große Findlinge, die seit Ewigkeiten unverrückbar im Wasser liegen.

Besondere Beachtung verdient unter anderem die hölzerne Kapelle von Sutlepa, die man links beim Ende des Hauptweges erreicht. Sie wurde 1699 auf dem Festland gegenüber der heute zur Halbinsel gewordenen Insel Noarootsi (siehe Läänemaa) erbaut. Ihr Schilfdach und der kleine hölzerne Turm unterscheiden sie von vielen anderen Dorfkirchen, die in der Regel neueren Datums sind. Ganz am Westrand des Geländes findet man Gehöfte aus Gegenden, die auch heute noch einen exotischen Touch im modern gewordenen Estland haben: Fischer- und Bauernhäuser von den Küsten des Peipsi-Sees und aus der Setumaa (Jõgevamaa, Tartumaa, Põlvamaa). Sie können dem Hauptstadtbesucher einen Anreiz zu Touren in andere Landesteile geben. Neben etlichen weiteren originalgetreu rekonstruierten Hofstellen, teils von landlosen ehemaligen Leibeigenen, teils von wohlhabenden Großbauern, trifft man auf mehrere regionaltypische Bockwindmühlen. Sie bestehen aus hölzernen Aufbauten über Steinfundamenten und sind heute noch auf der Insel Saaremaa zu finden. Manche der gezeigten Agrargeräte werden den Besuchern im Alltagsbetrieb vorgeführt. Auch gelegentliche Folkloreveranstaltungen gehören zum Programm dieses größten estnischen Freilichtmuseums.

Folgt man der Vabaõhumuuseumi tee vom Museumseingang etwa drei Kilometer nach Westen, so erreicht man den beliebten Strand von Kakumäe kurz vor der gleichnamigen Landzunge. Die genannte Buslinie 21/21B fährt ebenfalls dahin weiter. Auch östlich des Museums gibt es stadtnahe Badestrände: Stroomi und Pelguranna. Es muss allerdings einschränkend gesagt werden, dass sich bei ungewöhnlich hohen Temperaturen auch schon einmal Algen ausbreiten. So berichtete die ›Baltic Times‹ Mitte Juli 2002 von allergischen Reaktionen bei Schwimmern; der Strand von Kakumäe wurde zwar nicht gesperrt, aber die rote Fahne als Warnzeichen aufgestellt. Wer mobil ist, kann an der Küste entlang in Richtung Klooga (siehe Harjumaa) fahren, wo ideale Strandbedingungen herrschen. Sogar per Vorortzug gelangt man dorthin, es gibt dort extra einen Abzweig zum Strand Kloogaranna.

Wenn man mit Kindern reist, zeigt sich Tallinn hier im Westen überhaupt von seiner besten Seite: Neben den bereits geschilderten naturnahen Angeboten ist noch der städtische Tierpark (*Tallinna Loomaaed*; täglich von 9 bis 17 Uhr;

Tel. 694 33 00) zu nennen, der gleich neben dem o.g. Kreisverkehr von Õismäe liegt und zusammen mit dem gegenüber eröffneten Freizeitpark sowie den Bademöglichkeiten am nahen Harku-See (*Harku järv*) die Palette der Möglichkeiten erweitert.

 Telefonvorwahl: 0 (nur Inland).
PLZ-Bereich: 10-19000 ff.
Internet: www.tallinn.ee.
Tourismusbüro: Raekoja plats 10, 10146 Tallinn, Tel. 645 77 77; außerdem Sadama 25, 15051 Tallinn, Tel. 631 83 21, am Passagierhafen.
Hauptpost: Narva mnt. 1, 19090 Tallinn.
Polizei: Mündi 2 und Lubja 4.

 Deutlich erhöhte, jedoch erträgliche Verkehrsdichte. Beschilderung könnte besser sein. Im Citybereich werktags Parkschein nötig, an Kiosken erhältlich: ca. 0,80 – 1,50 Euro pro Std. je nach Zone; bewachte Parkplätze (*valvega*) deutlich teurer. Einfahrt in die Altstadt streng reglementiert.

 Hauptbahnhof ist der sogenannte Baltische Bahnhof (*Balti jaam*) an der Rückseite des Domberges, der Anfangs- und Endpunkt sämtlicher Bahnlinien. Elektrische Vorortzüge (separater Fahrkartenschalter) fahren 28 x tägl. nach Keila, von dort 10 x weiter bis Paldiski und 4 x nach Kloogaranna sowie 9 x bis Riisipere, 28 x tägl. bis Saue, 8 x tägl. bis Aegviidu. Inlandszüge 1 x tägl. nach Narva, 2 x nach Tartu mit Anschluss Elva und Valga,

7 – 8 x nach Rapla, davon 4 – 5 x weiter nach Türi und 2 – 3 x noch weiter nach Viljandi, 2 x nach Pärnu. Außerdem internationale Züge: 1 x tägl. Moskau, alle 2 Tage St. Petersburg, 2 x pro Woche Minsk über Tartu – Rīga – Vilnius.

 Stadtverkehr ca. 6 – 24 h mit grün-weißen Omnibussen, (TAK, Tel. 650 95 00) sowie blauweißen Obussen und Straßenbahnen, (TTTK, Tel. 626 91 00); keine U-Bahn! Alle fünf Straßenbahnlinien kreuzen sich am Viru väljak und führen in die Cityrandgebiete (Linie 1 Kadriorg – Kopli, 2 Ülemiste – Kopli, 3 Kadriorg – Tondi, 4 Ülemiste – Tondi, 5 Vana Lõuna – Kopli). Die acht Obuslinien (1 – 7 und 9) verkehren im Südwesten des Stadtgebietes mit Schwerpunkt Bahnhof, Kaubamaja, Kopli, Mustamäe und Väike Õismäe. Einheitstickets an Kiosken oder mit 50 Prozent Aufschlag beim Fahrer. Unverzüglich Entwerter im Fahrzeug benutzen! Für die etwas teureren Minibusse auf manchen Strecken zahlt man stets beim Fahrer. Überlandbusse diverser Gesellschaften (Harjumaa Liinid, Taisto, SEBE u. a.) starten vom zentralen Bushof am Ostrand des Zentrums (Lastekodu 46, seitlich der

Tartu mnt.;
Tel. 601 03 87): Verbindungen
ca. 6 – 23h mehrmals täglich bis
stündlich zu allen Kreishauptorten
und anderen wichtigen Zielen, auch
Direktbusse auf die Inseln Saaremaa
und Hiiumaa und in die russischen
Städte Sankt Petersburg, Pskov und
Pečory. Lediglich Nahverkehrsbusse
in die engere Umgebung von
Tallinn (also Harjumaa) fahren
ab Bahnhof.
Taxi Tel. 605 97 00, 612 00 00,
644 24 42, 631 27 00 u. a.

 Ab *Reisisadam* in Altstadtnähe verkehren etwa alle 1 – 2
Stunden Tragflügelboote nach
Helsinki: Fahrtdauer ca. 60 – 90 Min.
Die Autofähre verkehrt 2 – 3 x tägl.
und braucht für dieselbe Strecke
knapp 4 Stunden. Es bestehen auch
regelmäßige Fährverbindungen mit
Stockholm und Rostock (siehe ›Anreise‹ im hinteren Teil des Buches).
Vom Yachthafen Pirita gelangt man
zwischen Mitte Mai und Mitte September zur Ausflugsinsel Aegna
(www.hot.ee/monicacruise).

 Flughafen etwa 4 km
südöstlich der City
(www.tallinn-airport.ee;
Tel. 605 85 41, 605 88 88);
Taxifahrt ca. 8 Euro oder Buslinie 2.
Direktflüge nach Hamburg, Frankfurt, Amsterdam, Wien, Kopenhagen, Stockholm, Helsinki,
London, Rīga, Vilnius, Warschau,
Moskau, Kiev. Häufige Kurzflüge
nach Helsinki (Dauer 20 Min.) sind
eine Alternative zur Schiffspassage.

Nur wenige Inlandsflüge:
Saaremaa, Hiiumaa, evtl. Pärnu.

 Längst existiert ein breites
Angebot an Übernachtungsmöglichkeiten. Oft ist Vorausbuchung anzuraten. Günstige Pauschalangebote oder Wochenendreisen spezieller Reiseveranstalter
sollte man in Erwägung ziehen.
Unter 50 Euro/DZ wird man vor Ort
kaum ein Hotelzimmer bekommen.
Im ›Schlössle‹ in der Altstadt (Pühavaimu 13 – 15, Tel. 699 77 00),
im ›Palace‹ (Vabaduse väljak 3,
Tel. 640 73 00) oder im ›Sankt
Petersbourg‹ (Rataskaevu 7,
Tel. 628 65 00) beginnen die Preise
erst bei 200 Euro!
Günstige Touristenhotels bis
70 Euro/DZ sind u.a. ›Stroomi‹
(Randla 11, Tel. 630 42 00), ›RevalExpress‹ (Sadama 1, Tel. 667 87 00)
oder ›Rotermanni Viiking‹ (Mere
pst. 6a, Tel. 660 19 34) sowie in
gehobener Preislage ›Mihkli‹
(Endla 23, Tel. 666 48 00) oder
›Central‹ (Narva 7c, Tel. 633 99 66).
Wer nicht unbedingt in Altstadtnähe nächtigen muss, kann auf
preiswertere Hotels in Vororten
zurückgreifen: ›Ecoland‹ (Pirita,
Randvere tee 115, Tel. 605 19 99),
›Dzingel‹ (Männiku tee 89,
Tel. 610 52 01) oder ›Tähetorni‹
(Nõmme, Tähetorni 16,
Tel. 677 91 00).
Bed&Breakfast in Privathäusern ist
ab etwa 35 Euro/DZ zu haben,
möblierte Apartments ab etwa
50 Euro. Buchung möglich u. a.

bei ›Rasastra‹ (Mere pst. 4,
Tel. 661 62 91) oder im Tourismus-
büro fragen.
Akzeptable Billigunterkunft findet
man u.a. in den Herbergen
›Mahtra‹ (Lasnamäe, Mahtra 44,
Tel. 621 88 28) oder ›Vana Tom‹
in der Altstadt (Väike-Karja 1,
Tel. 631 32 52). Hilfreich ist der
Kontakt zur Agentur ›Baltic Holiday
Homes‹ (Narva mnt. 16 – 25,
Tel. 646 14 57).

 Camping ›Kalev‹ am Fern-
sehturm, Pirita (Kloostrimetsa tee 56, Tel. 623 91 91) oder
›Peoleo‹ am südwestlichen Stadtrand (Pärnu mnt. 555,
Tel. 650 39 65).

 Die historische Altstadt ist
heute voller Restaurants und
Cafés aller Art; besonders groß ist
die Auswahl entlang der Viru und
um den Rathausplatz. Bei zumeist
internationalem Publikum werden
hier überdurchschnittliche Preise
verlangt; Speisekarten sind mehr-
sprachig. Neben stilvollen Häusern
mit beachtenswertem Interieur und
guter Küche gibt es die üblichen
Abfütterungslokale für eilige oder
anspruchslose Touristen. Gleich
hinter dem Viru-Tor herrscht stets
Andrang bei ›McDonald's‹.
Die folgenden Restaurants sind
schon eher einen Blick wert: ›Must
Lammas‹ (Sauna 2, kaukasische
Küche, teuer); ›Troika‹ (Raekoja
plats 15, russische Küche);
›Balthasar‹ (Raekoja plats 11, auf
Knoblauch ausgerichtet); ›Vanaema

juures‹ (Rataskaevu 10, wörtlich:
bei Großmuttern, estnische Gerichte); ›Kuldse Notsu Kõrts‹ (Dunkri 8)
und gleich daneben der ›Eesli Tall‹
sowie das Traditionshaus ›Maiasmokk‹ (Pikk 16, vornehm und
teuer). Sicher wird man sich bei
einem Rundgang eher spontan entscheiden als eine bestimmte Adresse aufzusuchen. Geöffnet ist
vielfach bis gegen Mitternacht.

Großes kulturelles Angebot.
Traditionelles Sängerfest alle
fünf Jahre (2004). Im Sommer
›Tage der Altstadt‹ (5. bis 8. Juni
2003), jährliches Bierfest ›Õllesummer‹ und Musikfestival ›Jazzkaar‹,
im Winter Filmfestival ›PÖFF‹.
Unbedingt vor Ort erkundigen!
Mit der ›Tallinn-Card‹ kann man alle
städtischen Verkehrsmittel kostenlos benutzen und hat freien Eintritt
in alle Museen, außerdem Rabatte
in Theatern und vielen Restaurants.
Erhältlich im Tourismusbüro, am
Flughafen und in Hotels. Mit Stadtplan; gestaffelt für 6, 24, 48 oder
72 Stunden zu Preisen von ca. 4
bis 22 Euro; für Kinder ca. 2 bis
10 Euro.

Harjumaa

Die Umgebung von Tallinn

- ▶ Landkreis in Nordwest-Estland
- ▶ Kreisverwaltung in Tallinn
- ▶ Autokennzeichen:
  erster Buchstabe M
- ▶ Fläche 4147 qkm, zweitgrößter
  Landkreis; der Osten des Kreises ist
  Bestandteil des Lahemaa-National-
  park.

- ▶ etwa 123 000 Einwohner, mit
  Stadt Tallinn 522 000; der bevölkerungsreichste und am dichtesten
  besiedelte Landkreis
- ▶ 19 Gemeinden, 7 Städte einschl.
  Tallinn

Außerhalb von Tallinn wird es sehr schnell ländlich. Je nachdem, auf welcher der sechs radialen Ausfallstraßen man der Hauptstadt den Rücken kehrt, findet man sich bald inmitten von Ackerflächen oder auch im Wald wieder. Außer der hässlichen Industriestadt Maardu gibt es keine direkt an das Stadtgebiet angrenzenden Verdichtungsräume. Und dennoch stellt der umgebende Landkreis Harjumaa sowie überhaupt der ganze Norden die bevölkerungsreichste Region Estlands dar. Wegen der beachtlichen West-Ost-Ausdehnung von etwa 125 Kilometern vereint Harjumaa mehrere charakteristische Landschaften und vermittelt schon einen ungefähren Eindruck von den Verhältnissen in anderen Regionen. Im äußersten Westen um Harju-Risti und Paldiski herrscht das für die gesamte Westküste typische siedlungsarme Tiefland vor, das sich mit einigen Steilkanten und Sandstränden in den Finnischen Meerbusen (*Soome laht*) hineinzieht und hier die besonders buchtenreiche Nordküste bildet.

Bedingt durch die zahlreichen Halbinseln verfügt der Landkreis über eine 300 Kilometer lange Küstenlinie mit 74 vorgelagerten Inseln, von denen Suur-Pakri, Väike-Pakri, Naissaar, Aegna und Prangli erwähnenswert sind. Einige Flüsse bilden kurz vor ihrer Einmündung in die Ostsee markante Wasserfälle. Es gibt ungefähr ein Dutzend größere Seen, und bei Harju-Risti im Westen sowie Aegviidu im Osten stehen ausgedehnte Moorgebiete unter Schutz. Zwischen den zahlreichen Oberflächengewässern sind lokale Karsterscheinungen feststellbar, die insbesondere bei Kostivere oder Tuhala als Höhlen in Erscheinung treten. Was im Umland von Tallinn völlig fehlt, sind auffällige Erhebungen: Nirgends wird eine Höhe von deutlich über 100 Metern ü.M. erreicht. Als besonderer landschaftlicher Höhepunkt darf der Lahemaa-Nationalpark (*Lahemaa rahvuspark*) angesehen werden, der im östlichen Küstenabschnitt von Harjumaa beginnt und weit in den Nachbarkreis Lääne-Virumaa hineinreicht. Unzählige Städtetouristen aus Tallinn gewinnen erst durch einen der organisierten Ausflüge hierher ein etwas differenzierteres Estland-Bild.

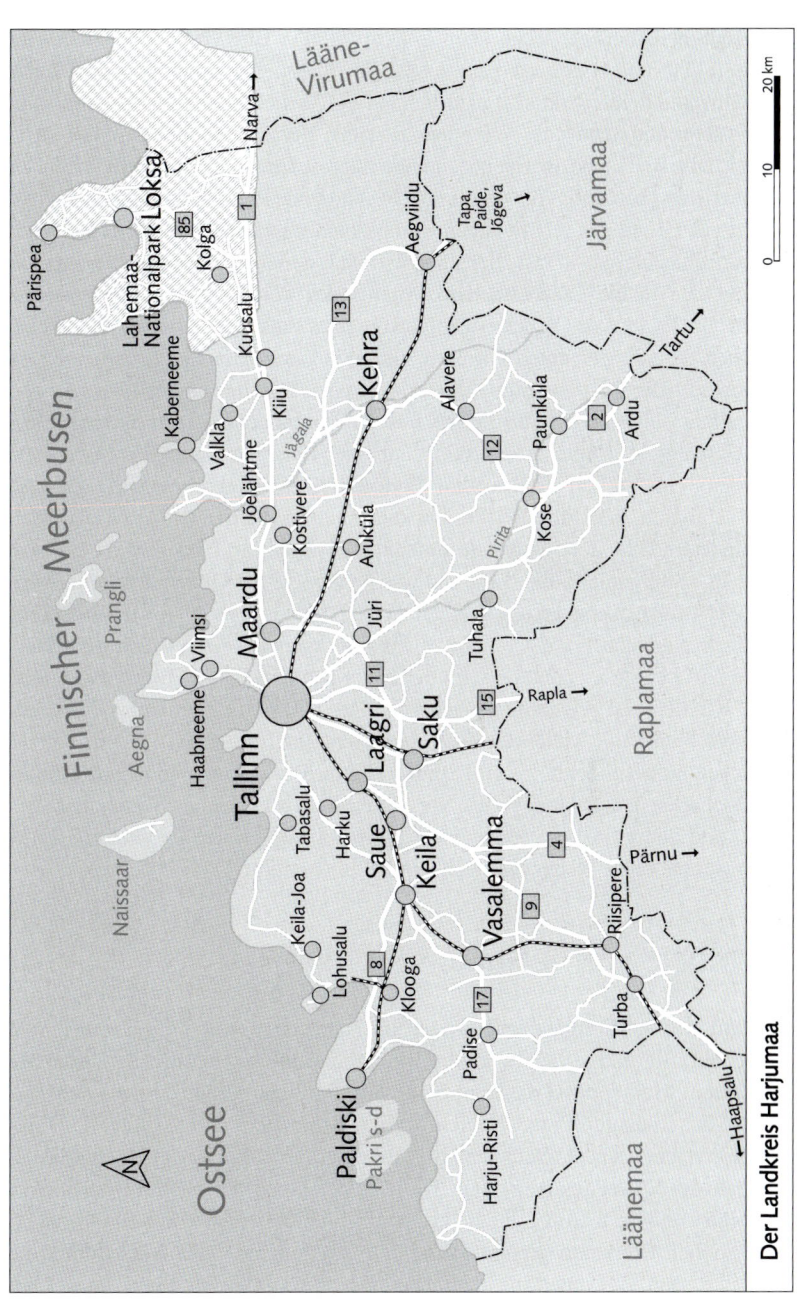

Der Landkreis Harjumaa

Zusammengerechnet leben über 35 Prozent aller Einwohner des Landes im Raum Tallinn und Harjumaa. Eine solche Bevölkerungskonzentration und damit Konsumentendichte wirkt sich natürlich auf die Verteilung der Produktions- und Handelseinrichtungen aus. Vor allem Betriebe der Lebensmittelbranche (u. a. Fleisch und Bier) sind in Hauptstadtnähe angesiedelt. Maardu an der östlichen Peripherie war berüchtigt für seine umweltzerstörende Phosphorit-Industrie. Nicht zuletzt auf Grund des relativ hohen Autobestandes ist die regionale Luftqualität spürbar schlechter als in fast allen anderen Landesteilen. Das Einkommensniveau und der allgemeine Lebensstandard liegen indes weit über dem Landesdurchschnitt. Gut ist auch das Verkehrsnetz, sowohl Straße als auch Schiene, wenngleich die Querverbindungen unterentwickelt sind. Wie kaum anders zu erwarten, unterscheidet sich die Bevölkerungsstruktur des Kreises Harjumaa nicht allzu sehr von der Tallinns und anderer Industrieorte: Fast 40 Prozent der Einwohner sind Russen oder Ukrainer; im Hafenort Paldiski ist nur jeder vierte überhaupt Este!

Es gibt eine größere Zahl schöner Badestrände und Naherholungsziele sowie drei Yachthäfen. In kultureller Hinsicht kann natürlich keiner der Landkreise auch nur annähernd mit der Hauptstadt mithalten. Wer Tallinn landeinwärts verlässt, bricht in erster Linie in die Natur auf, die genau wie die Ortschaften unterwegs vergleichsweise unspektakulär erscheinen mag. Man muss sich umstellen und auf die Suche gehen nach kleineren, oft etwas verborgenen Reizen. Auch wenn Harjumaa nur wenige architektonisch oder historisch bedeutende Bauwerke bietet: Seine Kirchen und Friedhöfe zeugen von einer langen und wechselvollen Siedlungsgeschichte, die vielen Gutshöfe und Herrenhäuser (*mõis*) von der baltendeutschen im besonderen. Es gibt Spuren ältester Besiedlung und bizarre Hinterlassenschaften des Sowjetregimes. Vor allem aber wird man die unverbaute Landschaft und den großzügig bemessenen Freiraum ringsumher als willkommenen Kontrast erleben, je weiter man sich von Tallinn entfernt.

Die Küste von Tallinn bis Klooga

Die attraktivsten Sommerausflugsziele im Nahbereich von Tallinn reihen sich perlschnurartig entlang eines idyllischen Sträßchens am westlichen Küstenabschnitt auf. Man verlässt die Hauptstadt vom Freilichtmuseum ›Rocca al Mare‹ aus auf der Rannamõisa tee. Nach etwa fünf Kilometern ist die offizielle Stadtgrenze erreicht; es geht relativ steil bergauf nach Tabasalu, das auf einem Plateau oberhalb der Küstenniederung liegt. Die Steilkante setzt sich nach Westen hin fort und bildet im Nachbarort Rannamõisa bereits die Küstenlinie. Von der bis zu 35 Meter hohen Uferkante (*Rannamõisa pank*) hat man eine gute Aussicht auf die Insel Naissaar. Tief unten in Strandnähe liegen gewaltige Findlinge. Man kann ziemlich weit am Felsrand entlang spazieren oder über Muraste, wo ein Landgut aus dem 17. Jahrhundert steht, zur Landspitze von Suurupi fahren. Hier sind zwei ungleiche Leuchttürme zu entdecken: Der steinerne steht seit 1760, der hölzerne wurde 99 Jahre später gebaut. Viele vornehme, teils protzige Wochenendhäuser sind hier in den letzten Jahren entstanden. Das nahe Hochufer zeigt Unterspülungen größeren Ausmaßes.

Der eingeschlagene Weg führt in einiger Entfernung von der Ostsee weiter nach Vääna-Jõesuu mit beliebtem Badestrand und weiteren Sommerhäusern, bevor er bei Türisalu einen weiteren schönen Steilküstenabschnitt (*Türisalu pank*) mit über 30 Meter hohen Klippen erreicht. Das Felsplateau ist hier ausnahmsweise unbewaldet und von der Straße sehr gut zugänglich; vom Parkplatz bietet sich ein grandioser Blick auf das Meer. Dann wendet sich die Straße erneut landeinwärts, und man ist in Keila-Joa, was soviel wie Keila-Wasserfall heißt (von estn. *juga*); auch der ehemalige deutsche Ortsname war Fall. Im überwiegend flachen Estland ist ein nur knapp sechs Meter hoher, aber immerhin über 60 Meter breiter Wasserfall durchaus etwas Besonderes. Er bot sich nicht nur für den Siedlungsnamen an, sondern auch gleich noch für einen prächtigen Landschaftspark, der unter geschickter Ausnutzung der Geländeeigenheiten entstand. Inmitten von Nadelwald, Dünen, Tälern, Grotten, direkt neben dem Wasserfall, steht das Herrenhaus von 1830, das einmal zu den schönsten unter den zahlreichen von Harjumaa gehörte. Das ganze bis zum Meer hinab reichende Anwesen gehörte bis 1856 der Adelsfamilie Benckendorff, danach bis zur Enteignung den Volkonskis. Die später einquartierte Sowjetarmee brachte es schließlich fertig, die Gebäude völlig

Kloogaranna, der Strand bei Klooga

herunterzuwirtschaften, ehe sie 1993/94 abzog. Etliche unansehnliche Wohnblocks der Armeeangehörigen tragen noch heute zu einem wenig einladenden Ortsbild bei. Der Gutshof wird inzwischen restauriert. Ein weiteres, ebenfalls sehenswertes Herrenhaus findet man in Vääna, sieben Kilometer östlich.

Folgt man von Keila-Joa aus weiter der Küstenstraße, so kann man kurz hinter den Ruinen von Meremõisa nochmals den Blick über das Meer genießen: Links schiebt sich nun die Landspitze von Lohusalu vor, an deren Nordende sich ein moderner Yachthafen mit Café befindet. Der beliebte Badeort Laulasmaa orientiert sich bereits zur benachbarten Lahepera-Bucht (*Lahepera laht*) hin. Auch hier wurden seit dem 18. Jahrhundert immer mehr Sommerhäuser im Kiefernwald errichtet. Vom windgeschützten Sandstrand geht der Blick auf die nächste Landzunge, die Pakri-Halbinsel mit der Stadt Paldiski auf ihrer Rückseite.

Sozusagen vor den Toren von Paldiski liegt der beliebte Ausflugsort Klooga am gleichnamigen See, etwas südlich der Straße von Keila (Nr. 8, vormals Nr. 19). Knapp zwei Kilometer nördlich des Ortes erstreckt sich der Strand von Kloogaranna mit bewaldeten Dünenketten entlang der Ostsee. Das Wasser ist sehr seicht, der Andrang hält sich in Grenzen. Der Treppoja (Treppenbach) ganz in der Nähe bildet bei ausreichender Wassermenge eine hübsche Kaskade aus zwölf Stufen. Klooga ist auch gut auf direktem Wege von Tallinn erreichbar: Mit insgesamt drei Bahnstationen an der Strecke nach Paldiski ist die Gegend schon lange zum bevorzugten Freizeitziel der Hauptstadtbewohner geworden.

Keila

Nicht zu verwechseln mit Keila-Joa ist die Stadt Keila, die etwa zwölf Kilometer landeinwärts am selben namengebenden Keila-Fluss liegt. Hier verzweigt sich nicht nur die Tallinner Eisenbahnstrecke. Auch einige Regionalstraßen werden an der Brücke gebündelt, die am östlichen Stadtrand eine grüne Flussinsel überquert. Ganz in der Nähe steht die am Ende des 13. Jahrhunderts begonnene Mihkli-Kirche, die an Tallinner Vorbilder erinnert. Sie war der Ersatz für ein hölzernes Gotteshaus, das 1219 von den dänischen Eroberern als erste Wehrkirche in Estland erbaut worden war. Spätestens seit 1241 ist eine Siedlung urkundlich erwähnt. Nachdem diese in die Hände des Deutschen Ritterordens gefallen war, entstand eine Burg und eine Wassermühle. Durch einen polnischen Überfall im Jahre 1567 wäre Keila beinahe ausgelöscht worden. Der mit dem Bau der Eisenbahn nach Paldiski (1870) einsetzende Aufschwung wirkt sich bis heute aus: Zwar ist der in Bahnhofsnähe angelegte Abzweig nach Haapsalu (um 1906) seit langem ab Riisipere stillgelegt, aber man kann täglich beobachten, dass zahlreiche Einwohner mit der ›Ėlektrička‹ nach Tallinn zur Arbeit pendeln.

Keila hat heute etwas mehr als 9500 Einwohner plus 3800 in der dazugehörigen Gemeinde und zählt damit schon zu den bedeutenderen Orten Estlands. Große Wohnblocks am Stadtrand lassen auf eine gezielte Ansiedlung von Arbeitskräften schließen. Der Stadtstatus besteht seit 1938; damals wurden zum zwanzigsten Jahrestag der ersten Republik etliche Orte derart aufgewertet. Im ehemaligen Gutshof auf der Linnuse tänav ist das kleine Museum des Kreises Harjumaa untergebracht (Tel. 274 61 36). Sehenswert sind außerdem die Gutshöfe von Ohtu (erbaut 1769) und Vasalemma (erbaut 1893 aus Marmor der Umgebung) nahe der Straße Nr. 17 nach Padise. Etwas weiter entfernt und von Keila eher umständlich zu erreichen ist Riisipere (Luftlinie 23 Kilometer südlich an der Bahnstrecke): Der um 1820 angelegte Gutshof verfügt über ein im Empire-Stil gehaltenes Herrenhaus, dessen Hauptfassade durch einen Portikus mit sechs Säulen sowie reiche Stuckornamente beeindruckt.

Paldiski

Ein Schattendasein von rund 50 Jahren Dauer hatte die Hafenstadt Paldiski gefristet, als sie 1994 endlich wieder frei zugänglich war. Gleich nach dem Zweiten Weltkrieg war die gesamte Pakri-Halbinsel einschließlich der beiden vorgelagerten Inseln von der Roten Armee zum Sperrgebiet erklärt worden. Isoliert vom estnischen Hinterland und bestens abgeschirmt auf der Meeresseite, diente Paldiski

Paldiski trägt an einem schweren Erbe

den Russen seither als Flottenstützpunkt. Nach der Umsiedlung der einheimischen Bevölkerung blieb den Esten jeglicher Zutritt verwehrt; selbst die lokalen
Behörden waren über die Vorgänge auf der Militärbasis nicht informiert. Die
Geheimniskrämerei um die russische Exklave auf estnischem Boden gab stets
Anlass zu allerlei Spekulationen. Ähnlich wie im Fall Sillamäe (siehe Ida-Virumaa) brachte die reichlich verspätete Wiedereingliederung ins zivile Estland
zunächst einmal ein böses Erwachen: Es stellte sich heraus, dass die Sowjets hier
vom Beginn der 1970er Jahre bis 1989 heimlich zwei Atomreaktoren zu Ver-
suchszwecken betrieben hatten. Nun erbte die estnische Regierung die Probleme
mit dem radioaktivem Müll. Die beiden Pakri-Inseln waren darüberhinaus als
Bombenabwurfflächen missbraucht worden. Fürs erste umgab man die Reaktoren
mit einem Betonsarkophag.

Schon die Schiffe der Hanse waren in der Bucht bei den Pakri-Inseln vor
Anker gegangen, um mit dem nahen Kloster Padise einen Warenaustausch zu
betreiben. Nach dem Nordischen Krieg besichtigte Zar Peter der Große die Halbinsel und plante hier, etwa 50 km westlich von Tallinn, den Bau eines neuen
Kriegshafens. Von 1718 bis 1725 entstand ein Teil der Seefestung, dann wurden
die Arbeiten wegen Geldmangels ausgesetzt. Einige Zeit diente die von einer
Mauer umgebene Burg als Verbannungsort. Fast drei Jahrzehnte später, unter dem
Eindruck der schwierigen Beziehungen zu Schweden, wurden einige tausend Soldaten zum Weiterbau abkommandiert. Zu ihrer Unterstützung wurde auch eine
große Zahl von Strafgefangenen herangeschafft, die hier unter unmenschlichen
Bedingungen schuften mussten; in Anspielung auf die berüchtigten Straflager war
damals die Rede von einem ›zweiten Sibirien‹. Erst 1768 war die Gesamtanlage
fertig. Ihr russischer Name Baltijskij Port (Baltischer Hafen) lebt in der estnischen
Version Paldiski fort. Die dazugehörige Siedlung erhielt 1783 Stadtrecht und war
ab 1796 Kreisstadt. Fast alle amtierenden Zaren waren einmal zu Besuch in Paldiski, dessen Bedeutung jedoch trotz des nahezu eisfreien Hafens und seiner guten
Eisenbahnverbindung recht gering blieb. Um 1900 gab es nur wenig mehr als tausend Einwohner, die vom Fischfang und einem allmählich aufkommenden Bade-
und Kurbetrieb lebten. Aber auch schöne Strände und eine idyllische Landschaft
auf der Halbinsel konnten keine nachhaltige Entwicklung garantieren. Der Ort
verfiel damals in Bedeutungslosigkeit.

Die letzten der einst bis zu 15 000 russischen Soldaten sind im September 1995
abgezogen. Nach der verbliebenen Wohnbevölkerung zu urteilen, ist Paldiski
immer noch eine russische Stadt. Etwa 4000 Menschen warten hier auf bessere
Tage. Die estnische Regierung bemüht sich derweil um eine Korrektur der
Umweltsituation und des Stadtbildes. Große Hoffnungen setzt man auf eine zivile Nutzung des Hafens. Etliche der inzwischen verfallenen Baracken und Wohnblocks wurden 1996 durch Sprengung beseitigt. Gespenstisch ragt immer noch

eine riesige Betonruine am Ortsanfang in den Himmel, so dass jeder Besucher voreingenommen ist. Im heutigen Ortsbild dominieren phantasielose Betonklötze, die in ihrer Schäbigkeit kaum zu überbieten sind und nach wie vor den Eindruck eines Kasernengeländes erwecken. Esten versichern, dass sie beim ersten Besuch von Paldiski nach der Öffnung regelrecht geschockt gewesen seien. Erst 1994 nahm wieder eine estnische Schule mit zunächst 24 Schülern den Unterricht auf. Seit 1999 ist Paldiski offiziell eine Stadt im Landkreis Harjumaa.

Die Nikolai-Kirche von 1841 wurde von den Russen mit einem neun Meter langen Anbau verschandelt, um fortan als Kino zu fungieren. Ebenso seltsam war die anschließende Nutzung als Warenhaus in der 1970er Jahren. Die orthodoxe Georgi-Kirche von 1787, erneuert 1899, begann zu verfallen. Beide werden inzwischen restauriert. Vom Südhafen gibt es jetzt eine regelmäßige Autofähre nach Kapellskär an der schwedischen Küste. An der Spitze der Pakri-Halbinsel steht ein Leuchtturm. Lange vor der sowjetischen Besetzung lebte der bekannte Bildhauer Amandus Adamson (1855 – 1929) in Paldiski.

Padise

Ältestes Baudenkmal im gesamten Kreis Harjumaa ist das Kloster Padise. Es liegt an der Nebenstrecke (Straße Nr. 17) von Tallinn nach Haapsalu im Hinterland der Paldiski-Bucht. Zisterziensermönche aus Dünamünde (heute Daugavgrīva in

Lettland) hatten hier um die Mitte des 13. Jahrhunderts zunächst eine einsame Kapelle errichtet. Im kurz zuvor unterworfenen Estland sollte der christliche Glaube verbreitet werden. Zwischen 1317 und 1343 entstand eine mächtige Klosteranlage, deren Grundbesitz durch Schenkungen des dänischen Königs immer mehr zunahm. Etwa zweihundert Jahre später geriet der Zisterzienserorden mehr und mehr unter den Einfluss des Livländischen Ritterordens. Im Livländischen Krieg (1558 – 1583) wurden die Gebäude zur Festung umfunktioniert, um als Bollwerk gegen die Reformation zu dienen. Nach wechselnden schwedischen und russischen Eroberungen verblieb Padise, inzwischen als Ruine, ab 1580 beim Schwedenkönig Gustav Adolf II. Er verschenkte das Anwesen 1622 an den Rīgaer Grafen und Bürgermeister Thomas von Ramm, dessen Nachfahren erst 1919 im Zuge der Landreform enteignet wurden. Während der langen Zeit im Familienbesitz wurden einige größere Umbauten vorgenommen, die neue stilistische Akzente setzten. Ein Großbrand im Jahre 1766 gab Anlass zum Neubau eines Herrenhauses aus den Steinen des verfallenden Klosterkomplexes; ein Teil der ehemaligen Gebäude blieb als dekorative Ruinen erhalten, um eine romantische Stimmung zu erzeugen. Seit 1937 sind immer wieder Anstrengungen unternommen worden, den weiteren Verfall zu stoppen. Padise ist heute die am besten erhaltene römisch-katholische Klosteranlage im Baltikum.

Die imposante Ruine wird allseits vom Kloostri-Bach umflossen und ist eingebettet in verwilderte Parkanlagen. Eine hohe Ringmauer mit Eingangsturm und Zugbrücke, wie man sie von niederrheinischen Wasserburgen kennt, war 1448 als letzte große Verstärkungsmaßnahme fertiggestellt worden. Beim Rundgang über das Gelände lohnt es sich, auf architektonische Details zu achten: die Hypokaust-Öfen, eine Art Fußbodenheizung, zwischen innerem und äußerem Tor, der gewölbte Kreuzgang, die Krypta mit ihrer achteckigen Stützsäule. Noch aus der Anfangszeit stammen die Fischteiche, die von den Mönchen angelegt worden waren, weil der Genuss von Fleisch gegen die Ordensregeln verstieß. Für die Bewirtschaftung der riesigen Ländereien in der Umgebung bediente man sich der Arbeitskraft der ansässigen Bauern; sie mussten darüberhinaus noch Abgaben leisten.

Weiter westlich im fast menschenleeren Küstentiefland steht die zum einstigen Klosterbesitz gehörende Kirche von Harju-Risti (*rist* bedeutet Kreuz). Sie stammt aus dem 14./15. Jahrhundert, verfügt über einen merkwürdig flachen Turm und soll ursprünglich mit Brettern statt mit Ziegeln eingedeckt gewesen sein. Ungefähr sieben Kilometer hinter der Ortschaft geht die schmale Straße unvermittelt in eine Schotterpiste über, auf der man nach weiteren 16 Kilometern immer in Küstennähe, aber niemals direkt am Meer, die Ortschaft Nõva erreicht, die ihrerseits nochmals rund 15 Kilometer von jeglicher Asphaltstraße entfernt ist (siehe Läänemaa).

Von Padise nach Madise, oder aber zwischen Padise und Paldiski: Kaum weniger abgelegen, etwa neun Kilometer nördlich der Klosteranlage steht oberhalb eines Kalksteinkliffs nahe der Meeresbucht das turmlose Kirchlein von Madise (auch Harju-Madise genannt), das in seiner jetzigen Form seit 1764 existiert und auch eine Funktion als Meereszeichen hatte. Bemerkenswert ist die Außentreppe. Ein Gedenkstein erinnert an Bengt Gottfried Forselius (1660–1688), der 1684 in Tartu das erste Lehrerseminar gründete und die estnische Orthographie reformierte, indem er sie gegen klerikale Widerstände an die tatsächliche Aussprache anlehnte. Die Alphabetisierung trieb er auch durch die Gründung der Dorfschulen von Madise und Risti voran. Auf einer Rückreise von Schweden ertrank der junge Mann, als das Schiff in einem schweren Herbststurm des Jahres 1688 kenterte und unterging.

Saue, Saku

Die Via Baltica von Tallinn über Pärnu nach Rīga (Fernstraße Nr. 4) ist vor der Tallinner Stadtgrenze zwischen Laagri und Äasmäe auf 15 Kilometern Länge als Autobahn ausgebaut. Nach sechs Kilometern wird die Regionalstraße Nr. 11 überquert, die von Keila nach Maardu verläuft und dabei eine Art äußeren Halbkreis um die Hauptstadt bildet. Zwischen der Autobahnbrücke und der Bahnlinie westlich davon liegt die Kleinstadt Saue (5000 Einwohner) inmitten ertragreicher Ackerflächen. Durch einen Eichenwald und eine schöne Allee fährt man auf das Hauptgebäude des 1774 erbauten Gutshofes zu. Das zweistöckige, reich verzierte Herrenhaus im frühklassizistischen Stil diente der Unternehmerfamilie von Fersen überwiegend als Jagdschloss, was auch durch etliche der Ornamente hervorgehoben wird. Die Pferdeställe und die Kutschenremise sind ringförmig angelegt. Im dazugehörigen englischen Park stößt man auf Skulpturen und einen kleinen Tempel.

Etwa sieben Kilometer weiter östlich an einer anderen Bahnstrecke liegt Saku, einst Musterdorf einer neuen, sozialistischen Siedlungsstruktur. Doch Bier machte die Ortschaft landesweit berühmt. Kaum ist man in Estland angekommen, begegnet einem auf Schritt und Tritt die blaue ›Saku‹-Reklame. Die hiesige Brauerei, die mit ihren diversen Biersorten wohl immer noch eine marktbeherrschende Stellung innehat, nahm schon 1876 den Betrieb auf. Ihr Gründer war als Kunst- und Kulturliebhaber bekannt und residierte im 1825 bis 1830 angelegten Gutshofensemble des Ortes, das durch seine vollendet klassizistische Bauweise auffällt. In einem der Gebäude ist eine Ausstellung über die geologischen Verhältnisse von Harjumaa zu besichtigen, was schon im Hinblick auf die Karstphänomene in der Region Kose interessant sein kann.

Kose, Tuhala

Ebenfalls autobahnartig angelegt ist der Anfangsabschnitt der Fernstraße nach Tartu (Nr. 2), die vom Tallinner Flughafen Ülemiste über etwa 25 Kilometer schnurgerade ins südöstliche Hinterland führt. Bei Jüri geht es auf einer Brücke über die Straße Nr. 11 aus Richtung Saue und Saku. Solche nicht niveaugleichen Straßenkreuzungen sind in Estland ziemlich selten und angesichts der geringen Verkehrsdichte eigentlich zu aufwändig. Rechts und links der Straße wechseln Wald und Feld einander ab; zweimal kreuzt unterwegs der stark mäandrierende Pirita-Fluss, dessen Mündung in dem gleichnamigen bereits erwähnten Stadtteil von Tallinn liegt. Beim Verlassen der schon etwas höhergelegenen Umgebung von Kose (37 Kilometer ab Tallinn) hat sich das Flussbett infolge des stärkeren Gefälles eingetieft.

Die Ortschaft hat ihren Ursprung in einem 1240 eingerichteten Kirchspiel und gehörte zweimal zu den Schauplätzen größerer Bauernaufstände: in der Georgennacht (*Jüriöö*) 1343 und im sogenannten Krieg von Mahtra 1858 (siehe Raplamaa), in dem das damals neu gegründete Gut Kose-Uuemõisa heftig attackiert wurde. Die hübsche weiße Ortskirche steht zusammen mit einer finster wirkenden Kapelle innerhalb einer weitläufigen Ummauerung. Eine gepflegte Grünanlage etwas unterhalb an einer Biegung des Pirita-Flusses trägt zum stimmungsvollen Gesamtbild bei. Die Kirche stammt aus dem 14./15. Jahrhundert und erhielt 1873

Ein Extrembeispiel: Wohnblock in Kose

einen erhöhten Turm mit Spitze. Beachtenswert sind die beiderseits des Portals ins Mauerwerk integrierten Radkreuze aus Stein. Auf dem Friedhof findet man viele Grabstellen mit deutschen Namen, die zusammen mit Inschriften und Jahreszahlen ihre eigene Geschichte erzählen. Hier wurde auch Otto von Kotzebue, Sohn des Schriftstellers August von Kotzebue, beerdigt; er stieß bei seiner Weltumsegelung zusammen mit Johann von Krusenstern vor 200 Jahren auf einige unbekannte Südseeinseln.

Als größte Karstregion Estlands wird der abgelegene Landstrich westlich von Kose, insbesondere jenseits der Fernstraße Nr. 2, bezeichnet. Bis weit in den Nachbarkreis (Raplamaa) reicht der wasserlösliche Kalksteinuntergrund, in dem fast alle Oberflächengewässer abschnittsweise in Klüften und Hohlräumen versickern und irgendwo wieder hervortreten. Das beinahe einzige sichtbare Gewässer ist der Tuhala-Bach, der sich durch die Streusiedlungen Oru und Tuhala schlängelt und dabei selbst eine Strecke von ungefähr 1500 Metern unterirdisch verläuft. Außer den geheimnisvoll anmutenden Flussschwinden (es sind mehr als 80!) und trockengefallenen Bachbetten lockt besonders der sogenannte Hexenbrunnen (*Nõiakaev*) von Kata, der ein paar Schritte neben einem beschilderten Parkplatz liegt. Es handelt sich um einen in Holz eingefassten Ziehbrunnen neben einer kleinen Doline. Jährlich zur Schneeschmelze läuft er durch den Druck des nachströmenden Sickerwassers tagelang über und flutet so die ganze Gegend. Über 100 Liter pro Sekunde sollen es sein. Außer einem Lageplan findet man hier auch noch eine Skulpturensammlung des Bildhauers Ülo Õun.

Auch an anderen Stellen im Übergang zum Tiefland sprudeln Karstquellen, darunter die Blauen Quellen (*Siniallikad*) östlich der Straßenbrücke über den Pirita-Fluss. Durch Lösungsvorgänge im Gestein entstehen immer wieder einmal neue Einsturztrichter in der Landschaft, die hier als Loch (*auk*) bezeichnet werden. Hinter der 1777 erbauten, sehr einsam stehenden Kirche von Tuhala findet man mindestens vier davon. Die Virulase-Höhle reicht sogar 54 Meter tief in den Untergrund. Wer Europas klassisches Karstgebiet, das westliche Slowenien, bereits kennt, wird hier bei Tuhala zwar die märchenhaften Tropfsteingebilde vermissen, aber eine Wanderung durch das hydrogeologische Schutzgebiet ist sicher dennoch interessant.

Bevor die Fernstraße Nr. 2 Harjumaa in Richtung Paide verlässt, kommt man südöstlich von Kose in ein eiszeitlich geprägtes Hügelland. Zwischen Paunküla und Ardu macht die Straße einen Bogen um den Paunküla-Stausee (*Paunküla veehoidla*), in dem das Wasser des Pirita-Flusses gespeichert wird, um die Versorgung Tallinns sicherzustellen. Mehrere Kuppen ragen heute als Inselchen aus dem See hervor. Es bestehen Bade- und Wandermöglichkeiten. Am Ostufer verläuft eine teilweise geteerte Nebenstraße (am besten von Ardu aus befahren): Von hier bieten sich schöne Rundblicke.

Aegviidu

Es gibt noch eine Alternativstrecke zwischen Tallinn und Paide, die etwas mehr Beachtung verdient hätte. Sie bietet sich an, wenn man nicht direkt von der Hauptstadt nach Tartu durchstarten will. Anstatt Kose (an der Fernstraße Nr. 2) zu tangieren, kann man weiter östlich die wenig befahrene Straße Nr. 13 wählen, die hinter Jöelähtme von der Narva-Route (Fernstraße Nr. 1) abbiegt, ein Stück weit den Flüssen Jägala und Soodla folgt und schließlich in die Nr. 5 von Tapa nach Paide einmündet. Der Umweg macht etwa 30 Kilometer aus.

Im estnischen Straßennetz scheint diese Querverbindung keine große Rolle zu spielen, obwohl es sich um die einzige Asphaltstraße weit und breit handelt. Sie wird häufiger unter dem offenbar historischen Namen ›Piibe maantee‹ erwähnt. Rechts und links erstrecken sich riesige, fast siedlungsfreie Moore und Ödland, das von der Sowjetarmee lange Zeit als militärisches Übungsgelände missbraucht wurde. Beim Abzweig nach Kehra ist die Fahrbahn so breit, dass problemlos Flugzeuge darauf landen könnten. Kehra ist eine uninteressante Provinzstadt mit 3200 Einwohnern neben einem großen Zellulosewerk; der aufgestaute Mustjõgi bietet beim südlichen Vorort Lehtmetsa einen Badeplatz.

Hinter dem Abzweig gibt es auf knapp 40 Kilometern außer Wirtschaftswegen keine Abbiegemöglichkeiten mehr. Bei Raudoja, was wörtlich Eisenbach heißt und auf die typische schwarze Verfärbung des Moorwassers schließen lässt, passiert man die einzige erhaltene Landschänke auf der ganzen Strecke. Zur Postkutschenzeit gab es zwischen Jägala und Käravete mehrere dieser Stationen, da es sich früher um die Hauptverbindung von Tallinn nach Tartu handelte. Der Soodla-Fluss auf der linken Straßenseite durchfließt bei Raudoja einen Stausee (*Soodla veehoidla*); südöstlich schließt sich sein Quellgebiet, das Nördliche Kõrvemaa-Landschaftsschutzgebiet (*Põhja Kõrvemaa maastikukaitseala*), an. Die Mustersiedlung Pillapalu, die in den 1930er Jahren im Zusammenhang mit Moorkultivierungsmaßnahmen angelegt wurde, liegt einsam inmitten der unpassierbaren Weiten. Vor einem eiszeitlichen Moränenzug, der mit seinen knapp 100 Metern ü.M. bereits zu den höchsten Erhebungen von ganz Harjumaa zählt, weicht die Straße stark in Westrichtung aus und kreuzt den am Hangfuß verlaufenden Mustjõgi (Schwarzfluss; auch dies ein gängiger Name in estnischen Moorgebieten). Ein neuer Landschaftstyp kündigt sich an, der bis in den Raum Tartu vorherrschen wird.

Hier, am äußersten Rand des Landkreises Harjumaa, stößt man unerwartet auf einen traditionsreichen Erholungsort. Diesen Titel trägt das Städtchen Aegviidu offiziell seit 1926. Zu seinen rund 950 Einwohnern gesellt sich zu jeder Jahreszeit noch eine größere Zahl von Ausflüglern, was auch die Sommerhäuser in der Umgebung beweisen. Ein interessantes Gebäude ist der Bahnhof mit seinen reichen Holzverzierungen, der mit der Eröffnung der Bahnstrecke von Tallinn nach Sankt Petersburg 1870 eingeweiht wurde; er ist ein typisches Beispiel solcher Stationen überall im Zarenreich. Auch der alte Wasserturm gleich daneben mit Ziegel- und Stuckornamenten ist einen Blick wert. Einen Eisenbahnhalt weiter, etwa drei Kilometer hinter Aegviidu, befindet sich die eigentliche Attraktion der reizvollen Gegend: Das Seengebiet Nelijärve (Vier Seen) lädt zu Wanderungen und im Winter zum Skilanglauf ein; die insgesamt sogar sieben (!) Seen locken mit ihren zahlreichen Badeplätzen in schöner Natur. Ein Touristenbüro steht für Auskünfte zur Verfügung. Der Nachbarort Jäneda liegt bereits in Järvamaa.

Maardu, Viimsi

Die Tristesse der Trabantenstädte und Industriebrachen im Ostteil Tallinns lässt sich noch steigern. Egal, ob man auf der schnurgeraden, mehrspurigen Peterburi tee (als Fernstraße Nr. 1) oder auf der gewundenen Narva maantee (alte Landstraße nach Narva) aus dem historischen Stadtgebiet hinausfährt: Hinter den Wohnsilos von Lasnamäe und Mustakivi folgt gleich jenseits der Stadtgrenze die Bergbau- und Chemiestadt Maardu, die erst 1939 neben einer Phosphoritverarbeitungsanlage gegründet und ganz im Sinne einer sozialistischen Planstadt weitergebaut wurde, bis sie 1980 sogar eigenen Stadtstatus erhielt. Die heute 16 500 Einwohner von Maardu leben fast alle in den typischen monotonen Plattenbauten, umgeben von einer ökologischen Wüste, die der Phosphoritabbau hinterlassen hat. Zerstörte Vegetation, Schwefelgestank aus der Chemiefabrik und marode Werksanlagen haben sich hier zu einer schwer erträglichen Mixtur zusammengeballt. Schon in den 1980er Jahren wollten die Menschen am Ort, insbesondere die gebürtigen Esten, eine derartige Wohnumwelt nicht länger hinnehmen und lehnten sich massiv gegen weitere Ausbauabsichten der Moskauer Planwirtschaftler auf, was auch als Auftakt zur Unabhängigkeitsbewegung angesehen wird.

Das einzige bemerkenswerte, wenngleich auch nicht besonders schöne Gebäude im Zentrum von Maardu ist die moderne orthodoxe Kirche, die wie auf einem Präsentierteller zwischen den Wohnblocks steht. Südlich der heutigen Stadt, jenseits der Fernstraße, führt eine Nebenstraße vom Maardu-See zum historischen Ausgangspunkt: Das Herrenhaus Maardu, bereits 1397 erwähnt und zeitweise im Besitz der Zarin Katharina, wurde in seiner heutigen Form 1660 begonnen und im 19. Jahrhundert erweitert; es verfügt über zwei repräsentative Außentreppen und einen Wintergarten. Nach der Renovierung erstrahlt es nun in frischen Farben. Sehenswert ist in jedem Falle die Kapelle im Nachbardorf Saha (*Saha kabel*), die im 15. Jahrhundert in ähnlichem Stil entstand wie das Pirita-Kloster (siehe Tallinn). Der gedrungene Natursteinbau weist einen kleinen runden Eckturm auf. An derselben Stelle hatte dereinst eine Holzkirche gestanden, die zu den ersten christlichen Befestigungen auf estnischem Boden gehört hatte und bereits 1223 einem Brand zum Opfer gefallen war.

Als nördliche Fortsetzung von Maardu wurde die Ortschaft Muuga zur Hafenstadt (*Muuga sadam*) ausgebaut. Noch unter dem Sowjetregime entstand ein bedeutender Frachtumschlagplatz, der von den Güterzügen der Narva-Strecke bedient wird. Etwas versteckt im Hafengelände liegt ein riesiger erratischer Block (Findling) von sieben Metern Höhe und 58 Metern Umfang, den die letzte Eiszeit zurückgelassen hat. Jenseits von Bahn und Hafen schiebt sich die Viimsi-Halbinsel (*Viimsi poolsaar*) weit in den Finnischen Meerbusen vor. Besonders an der Westseite ist sie dicht besiedelt und schließt sich unmittelbar an den Tallinner Stadtteil Pirita an. Es existiert ein Freilichtmuseum (von Di bis Fr von 10 bis 17 Uhr, Sa, So 11 bis 18 Uhr). Der Nordspitze von Viimsi vorgelagert ist die waldreiche Insel Aegna; vom Hafen Pirita bestehen Schiffsverbindungen (siehe Tallinn).

Da die Weiterreise in Richtung Osten zwangsläufig wieder über Maardu führt, kann man noch den kleinen Umweg über Kallavere machen: Nicht weit vom Meer erblickt man ein schönes, sehr altes Dorf mit gepflegten Häusern, deren Gärten von Steinmäuerchen umgeben sind. Nur leider liegt das alles in beklemmender Nähe zu den Scheußlichkeiten von Maardu.

Herrlicher Strandabschnitt bei Kaberneeme

Jõelähtme, Kuusalu

Seit über 2000 Jahren ist kontinuierliche Besiedlung in Verbindung mit Ackerbau im Gebiet östlich der Hauptstadt Tallinn nachweisbar. Im Jahre 1979 wurde deshalb beim Dorf Rebala ein agrarhistorisches Schutzgebiet (*Rebala kaitseala*) mit kleinem Museum eingerichtet. Damit konnte auch ein Zeichen gegen die drohende Ausweitung des lokalen Phosphoritabbaus gesetzt werden. Rebala, das schon der historischen Region Rävala und ihrer Hauptstadt Reval (heute Tallinn) zum Namen verhalf, wäre damals ohne das Engagement von Bürgern und Wissenschaftlern wahrscheinlich weggebaggert worden.

Bevor man den Lahemaa-Nationalpark erreicht, liegen noch mehrere kleinere Sehenswürdigkeiten am Wege. Bei der alten Siedlung Jõelähtme, unweit der Flussbrücke, stieß man 1982 auf 36 bronzezeitliche Steinkistengräber; mit ihrem Alter von über 2700 Jahren gelten sie als die ältesten Siedlungsfunde Nordeuropas. Die örtliche Kirche aus dem 14. Jahrhundert weist einen nahezu quadratischen Grundriss auf und hatte auch eine gewisse Schutzfunktion, was ihre extrem dicken Mauern beweisen. Bereits kurz nach der dänischen Landnahme (nach 1220) hatte hier eine Holzkirche gestanden. Auf der gegenüberliegenden Seite der Fernstraße gerät man ins Karstgebiet von Kostivere (*Kostivere karstiala*), wo der Jõelähtme-Bach auf einem Abschnitt von ungefähr 2500 Metern im Untergrund verschwindet, um nahe einer Kapelle aus etlichen Karstquellen wieder ans Tageslicht zu treten. Hinter dem 1770 errichteten Herrenhaus markieren mehrere langgezogene Dolinen und Höhlen den Weg des Wassers unter der Oberfläche. Im Frühjahr entstehen regelmäßig kleine Tümpel, weil die Schlucklöcher die Wassermassen nicht schnell genug aufnehmen können. Der Jägala-Fluss, der als Vorfluter die Karstgewässer schließlich aufnimmt, stürzt etwa sechs Kilometer weiter nördlich von der Glintterrasse hinab zum Meer: Der über sieben Meter hohe und sehr breite Jägala-Wasserfall (*Jägala-joa*) beeindruckt besonders in strengen Wintern, wenn sich die gefrorenen Kaskaden in bizarrer Schönheit präsentieren.

Vorbei an der großen Sanddüne Kalevi-Liiva, wo ein Gedenkstein an ein 1942 bis 1944 vorhandenes Konzentrationslager erinnert, geht es in die Küstenebene. Nach ungefähr sieben Kilometern ist die Landspitze mit dem kleinen Hafen Kaberneeme erreicht. Von der Terrasse des neuen Hafenhotels kann man den Blick über das Meer und auf mehrere kleine Inseln schweifen lassen. Ständig bewohnt ist nur die größte unter ihnen, Prangli, wo auf drei Dörfer verteilt knapp 150 Fischer und Bauern ein bescheidenes Auskommen haben. In Kaberneeme (ca. 100 Einwohner) gibt es ein paar Freizeitangebote wie Wassersport, Angeln oder Strandball, oder man hält nach Seehunden Ausschau. Wenn man sich auf der Rückfahrt nach etwa einem Kilometer an der Gabelung in Richtung Valkla hält, sieht man bald mehrere Zufahrten in den Kiefernwald: Man kann bequem im Schatten parken und die

Der Mönchsturm von Kiiu

wenigen Schritte hinunter zu einem phantastischen Sandstrand gehen. Sicher kann man hier auch im Wohnmobil übernachten, schwimmen und sogar am Strand entlang in Kaberneeme einkaufen gehen.

Der nächste Ort, Valkla, ist für seine landestypische und im Originalzustand erhaltene Postkutschenstation beziehungsweise Schänke bekannt. Wie auch in Viitna (siehe Lääne-Virumaa) wird das Vorderdach von einer Reihe weißer Säulen gestützt.

Wieder auf der Fernstraße, lohnt sich ein kurzes Abbiegen nach Kiiu: Der sogenannte Mönchsturm (*Mungatorn*) oder Vasallenturm ist der kleinste Festungsbau Estlands. Um 1510 (nach anderen Quellen zwischen 1517 und 1566) entstand der vierstöckige Rundbau, ähnlich einer Windmühle, mit Spitzdach und umlaufendem hölzernen Wehrgang im Bereich der zweiten Etage. Das Erdgeschoss ist mit Schießscharten ausgestattet, während die erste Etage für Wohnzwecke gedacht war. Lange Zeit war der Turm im Besitz des örtlichen Gutseigners von Tiesenhausen, nach den Renovierungsarbeiten von 1990 eröffnete ein originelles Café (Tel. 277 44 34) in dem historischen Gemäuer. Als letztes erwähnenswertes Kleinod vor dem Beginn des Lahemaa-Nationalparks sei noch die Kirche von Kuusalu genannt, die um 1300 begonnen wurde, ihren Turm 1760 erhielt und 1890 ausgebaut wurde. Die Ortschaft ist sehr alt und fand bereits 1212 erste Erwähnung. Heute besteht sie überwiegend aus grauen Wohnklötzen inmitten von verwildertem Grün.

Lahemaa-Nationalpark (Westteil)

Der auf zwei Landkreise aufgeteilte Lahemaa-Nationalpark (*Lahemaa rahvuspark*) umfasst eine der schönsten Regionen Estlands und lohnt auch einen mehrtägigen Aufenthalt. Der größere Gebietsteil mit dem Besucherzentrum befindet sich außerhalb von Harjumaa. Deshalb werden allgemeine Informationen über das Territorium im Kapitel des Nachbarkreises (Lääne-Virumaa) geboten und hier nur die interessantesten Punkte des Westteils vorgestellt.

Auf einer Tagestour von Tallinn fährt man am besten zuerst auf der Fernstraße Nr. 1 bis nach Viitna (knapp 70 Kilometer) und wählt dann einen Rundweg durch den Nationalpark über Palmse zurück nach Westen. Wenn man eilig weiter in Richtung Narva will, lohnt es sich, den Großteil seiner knappen Zeit für den Lahemaa-Park aufzuwenden und wenigstens die Touristenroute von Kolga über Võsu nach Palmse zu nehmen anstatt auf der teils autobahnähnlichen Fernstraße durchzufahren. Der Umweg beträgt etwa 25 Kilometer.

Bereits in Kuusalu kann man nach Norden abbiegen und auf einer kleinen Asphaltstraße bis in die Nähe der Klippen von Tsitre gelangen. Dabei markiert der Loo-Bach auf halber Strecke den Anfang des Lahemaa-Gebietes. Beim archaischen Dorf Muuksi gab es schon vor tausend Jahren eine Estenburg zur Abwehr dänischer und schwedischer Angriffe. Weitgehend überwuchert sind die Ruinen auf dem Burgberg (*Linnamägi*), der sich auf einem Glintfelsen 47 Meter über das Meer erhebt. Von dem kleinen Parkplatz rechts an der Straße sollte man unbedingt einmal den kurzen Weg hinaufgehen: Zwischen den Bäumen eröffnet sich nämlich eine phantastische Aussicht! An eine sehr viel weiter zurückreichende Besiedlung erinnern die über 80 Steinkistengräber, die als Hundikangrud (Wolfssteinhaufen) bezeichnet werden; sie wurden auf die Zeit um 500 v. Chr. oder wenig später datiert. Der fast kreisrunde Kahala-See im Hinterland soll früher eine Meeresbucht gewesen sein. Über Muuksi hinaus kann man noch etwa 15 Kilometer weit an der Westküste der Halbinsel Juminda entlang fahren; zur eigentlichen Landspitze muss man jedoch wandern. Leider erweist sich die hier geschilderte Nationalpark-Zufahrt damit als Sackgasse. Immerhin gibt es eine akzeptable Verbindungspiste, die drei Kilometer hinter Muuksi abzweigt und direkt nach Kolga (s.u.) führt, das ziemlich am Anfang des eigentlichen Rundweges liegt. Wer alle wesentlichen Punkte des Nationalparks besuchen will, zweigt elf Kilometer östlich von Kuusalu von der Fernstraße Nr. 1 in Richtung Kolga und Loksa ab.

Viru-Hochmoor (*Viru raba*): Bereits nach 800 Metern von der Hauptstraße lohnt es sich, am Straßenrand zu parken und auf der rechten Seite in den Waldweg zu gehen, der zum südwestlichen Rand des Viru-Moores führt. Ein großartiges Landschaftserlebnis bietet eine Wanderung über den hier beginnenden 3,5 Kilometer langen Bretterpfad, vorbei an schwarzen Moorseen, bunten Moosen und Gräserteppichen. Verkrüppelte, zwergwüchsige Kiefern ragen gespenstisch aus dem feuchten Untergrund und deuten auf einen Mangel an Nährstoffen hin. Seltene Sumpfpflanzen wie der rötliche insektenfressende Sonnentau oder die intensiv rot leuchtenden Moosbeeren (im Herbst) runden das Bild ab. Die Torfschicht soll heute sechs Meter dick sein und immer noch ein bis zwei Zentimeter jährlich anwachsen. Nur im Nordosten hat vor etwa hundert Jahren vorübergehend Torfstich stattgefunden. Heute ist die 150 Hektar große Gesamtfläche geschützt und wird wissenschaftlich beobachtet. Unterwegs kann man von einem Aussichtsturm

Unterwegs im Viru-Hochmoor

einen wunderbaren Rundblick über die exotische Umgebung genießen. Nur selten wird man anderen Menschen begegnen. Am Nordende des Moorweges (nördlicher Zugang) stößt man im Wald auf einen Dünenkamm, dahinter folgt eine unbefestigte Piste, die nach links wieder auf die ursprüngliche Straße nach Kolga zurückführt. Man kann auch den Waldweg wählen, der mehr oder weniger gut erkennbar parallel zum Westrand des Moores verläuft.

Kolga wartet mit einem der prächtigsten Herrenhäuser Estlands auf. Auch wenn Palmse im Ostteil des Lahemaa-Parks das bei weitem bekannteste Gebäude dieser Art ist, empfiehlt sich zusätzlich ein Besuch von Kolga. Von etwa 1230 bis 1519 war ein wohlhabendes Kloster auf Gotland Eigentümer des Gebietes mitsamt der Siedlung. Im Livländischen Krieg wurde es arg in Mitleidenschaft gezogen. Schließlich entstand eine der größten Ländereien des Baltikums mit einem imposanten Herrenhaus, das 1642 fertig wurde, 1765 bis 1768 noch einmal umgebaut und 1820 mit einem klassizistischen Antlitz in Form eines sechssäuligen Giebelportikus versehen wurde. Ebenfalls stilvolle Nebengebäude und ein ausgedehnter Park aus dem 18. Jahrhundert rundeten das Anwesen der schwedischen Adelsfamilie Stenbock ab. Etwa 1993 begann die Renovierung, die immer noch nicht beendet ist. Heute gibt es hier auch ein Hotel und ein gutes Restaurant.

Loksa liegt 14 Kilometer weiter nördlich am Beginn der Halbinsel Pärispea. Es ist die größte Siedlung in Lahemaa, seit 1993 offiziell als Stadt eingestuft. Strenggenommen ist das engere Stadtgebiet jedoch aus dem Nationalpark ausgeklammert, während die dazugehörige gleichnamige Gemeinde wiederum als einzige vollständig im Nationalparkgebiet liegt. Viele der 3500 Stadt-Einwohner arbeiten auf der Werft unweit der Mündung des Valgejõgi, darunter ein hoher Prozentsatz Ukrainer und Russen. Im Sommer ist ein gewisser Badebetrieb ist zu beobachten. Auch wenn Ortsbild und Atmosphäre kaum zu einem längeren Aufenthalt einladen, könnte man je nach Route hier in Loksa zum ersten Mal seit Tallinn wieder das Meer sehen. Hinter den letzten Häusern geht es noch zwölf bis 15 Kilometer weit auf die Halbinsel hinaus, davon sogar acht Kilometer auf Asphaltstraßen: Die Landspitze Purekkari (*Purekkari neem*) am äußersten Ende muss man allerdings zu Fuß erobern; man tut es in der Gewissheit, damit den nördlichsten Punkt des estnischen Festlandes zu betreten. Von hier stammen im übrigen die Pflastersteine, über die man sicher zuvor in Tallinns Altstadt spaziert ist. Man kann auch bei der Kirche in Loksa nach Westen abbiegen und folgt so der Hara-Bucht über Hara bis zur Anlegestelle Virve (zwölf Kilometer). Mit der kleinen Insel, die gleich daneben liegt und ebenfalls Hara heißt, hatte es zu Sowjetzeiten eine besondere Bewandtnis, denn sie diente als Stützpunkt für U-Boote und war deshalb abgeschirmt und auf Karten vorsichtshalber gar nicht eingezeichnet.

Vihasoo, fünf Kilometer südöstlich von Loksa, interessiert nur wegen der Straßenkreuzung: Entweder man bleibt zunächst nahe der Küste Richtung Võsu, oder man wählt die kürzere Variante über Palmse nach Viitna. In beiden Fällen verlässt man jetzt Harjumaa und gelangt in den benachbarten Landkreis Lääne-Virumaa.

Das Herrenhaus von Kolga

Valgejõe liegt zwar nicht am üblichen Lahemaa-Parcours, sondern an der Fernstraße Nr. 1, in der Mitte zwischen den beiden Hauptzufahrten des Nationalparks. Der von hier aus erreichbare Wasserfall von Nõmmeveski mit Rundwanderweg sowie das kleine Museum in Pikakose sind eventuell einen Abstecher wert.

 Telefonvorwahl: 0.
PLZ-Bereich: 74-76000 ff.
Internet: www.harju.ee.
Tourismusbüro: Rebala, 74202 Jõelähtme, Tel. 603 30 97; siehe auch Stadt Tallinn.
Post: siehe Stadt Tallinn.
Polizei: u.a. Tule 22 in Saue.

 Siehe Stadt Tallinn. Sternförmig von Tallinn ausgehendes Fernstraßennetz; Umfahrung der City auf Ringstraße (Nr. 11) etwa 8 km außerhalb. Erhöhtes Verkehrsaufkommen. Von Tallinn nach Keila 23 km, Paldiski 49 km, Kose 42 km, Loksa 66 km.

 Überdurchschnittlich gute Erschließung durch Tallinner Vorortzüge mit 33 Bahnstationen im Landkreis. Verzweigungen bei Keila und Klooga. Endstation Kloogaranna nahe Badestrand. Streckenast Richtung Haapsalu wird nur bis Riisipere befahren. Siehe Stadt Tallinn.

 Die Regionalgesellschaft Harjumaa Liinid betreibt regen Busverkehr im Kreisgebiet. Ausgangspunkt vieler Linien ist der Tallinner Bahnhof.

 Von Paldiski-Süd kann man zum schwedischen Hafen Kapellskär gelangen. Die Fähre verkehrt fast täglich und benötigt 10 bis 11 Stunden.

 Entspannung verspricht das moderne kleine Hafenhotel in Kaberneeme, Tel. 609 81 48; Restaurant, Sauna, direkt am Steg, wo auch zwei Schoner angemietet werden können. Am Stadtrand von Tallinn liegt das renovierungsbedürftige Motel ›Peoleo‹, Laagri, Pärnu mnt. 555, Tel. 650 39 65. Preiswert ist es im Feriencenter in Aegviidu, Nelijärve 4, 180 Betten; pro Pers. ca. 9 Euro. In Klooga gibt es eine Jugendherberge.

 Ganzjähriger Campingplatz am o.g. Motel ›Peoleo‹. Weiterer Platz ›Leevike‹, Tel. 255 65 25, ca. 10 km weiter Richtung Pärnu. Weitere bei Jõelähtme, Vääna-Jõesuu, Ranna mõisa, Aegviidu, am Paunküla-Stausee und auf der Insel Aegna.

 Außerhalb von Tallinn ist das Angebot schon recht provinziell. Hervorzuheben sind das große Wintergarten-Restaurant ›Talveaed‹ in Pringi auf der Halbinsel Viimsi und im benachbarten Haabneeme das ›Paat‹, dessen Architektur einem umgestülpten Boot ähnelt; ferner die Gastronomie im Gutshof Kolga, der Turm von Kiiu und die eher caféartigen Lokale mit Außenterrasse bei den Yachthäfen Lohusalu und Kaberneeme.

Lääne-Virumaa

Vom Nationalpark ins Umweltdesaster

▶ Landkreis in Nord-Estland
▶ Kreishauptstadt Rakvere
▶ Autokennzeichen:
  erster Buchstabe R
▶ Fläche 3451 qkm
▶ grenzt im Norden an den
  Finnischen Meerbusen

▶ der Nordwesten des Kreises ist
  Bestandteil des Lahemaa-Nationalparks
▶ etwa 75 000 Einwohner,
  davon 17 500 in Rakvere
▶ 14 Gemeinden, 5 Städte

Der Landkreis Lääne-Virumaa

0   10   20 km

Aus dem historischen Kreis Virumaa (Wierland) sind zwei selbständige Hälften hervorgegangen. Lääne-Virumaa (West-Wierland) um den Hauptort Rakvere stellt in mancherlei Hinsicht eine Übergangsregion dar. Vom Finnischen Meerbusen mit seiner eiszeitlich geformten, steinigen Küste erfolgt ein allmählicher Anstieg über etwa 75 Kilometer hinweg bis zum südlichsten Ausläufer des Pandivere-Höhenzuges, wo beim Emumägi mit 166 Metern ü.M. der höchste Punkt inmitten einer bereits wieder flacher werdenden Umgebung erreicht wird. Zahlreiche Quellen treten aus dem stark verkarsteten Hügelland hervor und führen den umliegenden Moorgebieten ununterbrochen große Wassermengen zu. Ein gutes Beispiel stellt der Põltsamaa-Fluss dar, der bei Väike-Maarja entspringt, das bedeutende Endla-Moor auf der Grenze zu den Nachbarkreisen Jõgevamaa und Järvamaa durchzieht, später das noch größere Alam-Pedja-Moor begrenzt und schließlich in den Oberlauf des Emajõgi mündet. Auch in nördliche Richtung entwässert der Pandivere-Höhenzug, der somit als Wasserscheide fungiert: Loobu, Selja, Kunda und etliche weitere Flüsschen folgen dem natürlichen Gefälle zur Ostsee hin. Man überquert sie alle auf der Strecke von Tallinn nach Narva. Mehrere größere Buchten und ein paar winzige Inselchen bilden den Nordrand des Landkreises und zugleich des estnischen Territoriums.

Auch von West nach Ost gibt es einen merklichen Wandel: Wer von Tallinn kommt, gerät schon im Nachbarkreis Harjumaa in den landschaftlich und kulturell einzigartigen Lahemaa-Nationalpark, dessen Hauptteil hier in Lääne-Virumaa liegt. Sein touristischer Reiz besteht nicht zuletzt in den großen, fast unberührten Wäldern sowie herrlichen Küstenabschnitten. Keine 30 Kilometer weiter östlich, nach zügiger Fahrt durch Felder und Wiesen, bekommt man bereits aus der Entfernung eine Vorahnung von dem hässlichen Industrie- und Tagebaugebiet, das den äußersten Nordosten Estlands so verschandelt: Die Zementfabrik von Kunda hüllt ihre Umgebung gnadenlos in weißen Staub ein und belastet die Luft in beträchtlichem Ausmaß. Je weiter man von hier aus nach Osten kommt, desto schlimmer wird die Umweltzerstörung. Nach Süden hin, in der Moränenlandschaft, hat intensiver Ackerbau die ursprünglichen Eichenwälder dezimiert, und im Südosten gerät man in ausgedehnte Moorgebiete, in denen der Braunbär zu Hause ist. Nicht zuletzt kündigt sich bei einer Fahrt durch Lääne-Virumaa auch eine Änderung der Mentalität an: Während ganz im Westen, im Bereich des Lahemaa-Nationalparks, fast nur Esten leben, zeigt sich auf dem weiteren Weg in Richtung Narva immer deutlicher der hohe Anteil von Russen in der Bevölkerung Nordost-Estlands. An Industriestandorten wie Kunda oder auch Tapa sind fast 40 Prozent der Einwohner angesiedelte Russen, während der ländliche Raum als Rückzugsgebiet der Esten gelten kann.

Lääne-Virumaa blickt auf eine wechselvolle Geschichte zurück. Am wichtigen Handelsweg von Reval (heute Tallinn) nach Novgorod gelegen, als Berührungspunkt verschiedener Völker und Einflusssphären wurde die Region immer wieder von kriegerischen Auseinandersetzungen heimgesucht. Die ursprünglich wichtigsten Wirtschaftsbereiche Landwirtschaft, Holzeinschlag und Fischerei, später auch Textilmanufakturen, wurden ab 1870 durch Industrieanlagen ergänzt. Im selben Jahr wurde mit der Eröffnung der Eisenbahnstrecke von Sankt Petersburg nach Tallinn das Rückgrat des regionalen und überregionalen Verkehrsnetzes geschaffen. 1876 kam noch der Abzweig von Tapa nach Tartu hinzu. Seither hat es keine Erweiterungen mehr gegeben. Die Straßen des Landkreises sind gut ausgebaut, weitgehend asphaltiert und lediglich im siedlungsarmen Südosten etwas rar.

Lahemaa-Nationalpark (Allgemeines)

Der erste Nationalpark auf dem riesigen Territorium der Sowjetunion wurde 1971 im mittleren Bereich der estnischen Nordküste eingerichtet. In einem 440 Quadratkilometer großen Areal etwa 50 Kilometer östlich von Tallinn, zwischen der Fernstraße Nr. 1 und dem Finnischen Meerbusen gelegen, sollte die typische nordestnische Landschaft im Urzustand bewahrt werden. Gleichzeitig war die Ostseeküste als Außengrenze der Sowjetunion eine verbotene Zone, zu der fast nur die alteingesessenen Bewohner und die Armee Zutritt hatten. Im Laufe der Zeit erfolgten einige Flächenerweiterungen im Binnenland, so dass heute 725 Quadratkilometer, davon ein Drittel auf See, unter Schutz stehen. Einige Zonen sind Totalreservate und dürfen überhaupt nicht betreten werden.

Der Lahemaa-Nationalpark (*Lahemaa rahvuspark*) verdankt seinen Namen dem stark gegliederten Küstenabschnitt mit den vier großen Halbinseln Juminda, Pärispea, Käsmu und Vergi mit den dazwischenliegenden Buchten Kolga, Hara, Eru und Käsmu. Der Name Lahemaa bedeutet wörtlich Buchtenland. Das bewaldete Küstentiefland geht nach Süden in das landwirtschaftlich nutzbare Lavamaa-Kalksteinplateau über, was sich stellenweise auch in einer Geländestufe (Glint) andeutet. Daran schließt sich das wiederum waldreiche Kõrvemaa-Gebiet mit Hügeln bis zu 115 Metern ü.M. und größeren Moorflächen an. Insgesamt bestehen zwei Drittel des Nationalparks aus Wald, es gibt vierzehn Seen und acht Wasserläufe mit vier kleinen Wasserfällen. Acht bedeutende Gutsschlösser mit großartigen Gartenanlagen sind über das Gebiet verteilt. Hin und wieder trifft man auf alte schilfgedeckte Bauernkaten oder Fischerhäuschen. Gewaltige Findlinge sind überall wie zufällig in die Flur gestreut. Wo die Humusschicht nur dünn den Kalkuntergrund bedeckt, haben sich steppenartige Bereiche (Alvare) mit schütterem Heidekrautbewuchs entwickelt. Wer sich im Sommer in den herrlichen Wäldern umsieht, entdeckt Heidel- oder Preiselbeeren gleich kiloweise. Aspekte der Landschaft, Kultur, Geschichte, Archäologie, Tier- und Pflanzenwelt lohnen gleichermaßen einen ausgiebigen, auch mehrtägigen Besuch des Lahemaa-Parks, der zu Recht als eine Perle des Landes gilt.

Viele der vorhandenen Gehöfte gehören heute wohlhabenden Städtern. Für die Bewohner von Tallinn ist Lahemaa fast ein Naherholungsgebiet, und für Besucher der Hauptstadt finden sich gute Angebote, die Städtetour per Busexkursion hierher auszudehnen. Es gibt eine bevorzugte Touristenroute durch den Park, die von Kolga über Palmse bis Viitna in einem Halbkreis einige Sehenswürdigkeiten erschließt; aber das ist eher etwas für Eilige. Empfehlenswerter ist es, zuerst ganz gezielt das Herrenhaus von Palmse zu besuchen, wo in einem Seitengebäude neuerdings die Nationalparkverwaltung ihren Sitz hat. Das dazugehörige Besucherzentrum bietet eine Fülle von Informationen, hält Karten und Wandervorschläge bereit, bietet Führungen an, vermittelt Fahrräder und Unterkünfte (Mai bis Aug. tägl. 9 bis 19 Uhr, Sept. tägl. 9 bis 17 Uhr, Okt. bis April Mo bis Sa 9 bis 14 Uhr; Tel. 032/955 55 oder 556 63; Anschrift: Lahemaa Visitors' Center, Palmse, EE-45202 Viitna).

Auf der Hauptstraße Tallinn–Narva (Nr. 1) passiert man hinter Kuusalu auf knapp 30 Kilometern das vergrößerte Nationalparkgebiet. Dabei überschreitet man nach etwa der Hälfte dieses Streckenabschnitts die Landkreisgrenze: Der kleinere Westteil von Lahemaa um Kuusalu und Loksa gehört zum Kreis Harjumaa (siehe dort); der größere Ostteil um Viitna und Võsu sowie die Parkverwaltung befinden sich hier in Lääne-Virumaa, ebenso die beiden seit 1997 separat ausgewiesenen Schutzgebiete von Ohepalu und Viitna, die einen Zipfel bis nahe an die Stadt Tapa bilden.

Der Lahemaa-Nationalpark (Ostteil)

Viitna liegt etwa 70 Kilometer östlich von Tallinn an der Fernstraße nach Narva und besteht nur aus ein paar Häusern. Das wichtigste und interessanteste Gebäude der Ortschaft ist die alte Schänke an der Durchgangsstraße: Mit ihren weißen Säulen und der urigen Schankstube vermittelt sie immer noch den Eindruck einer Postkutschenstation. Ziemlich genau um 1800 wurde sie in dem damals bedeutenden Marktflecken an der Ost-West-Handelsroute erbaut. Damals gab es getrennte Räumlichkeiten für die Bauern und die vornehmeren Herren, außerdem Pferdeställe. Heute ist das traditionsreiche Gebäude zugleich Rasthof und Touristenlokal; in einem der Räume ist das Dorfpostamt untergebracht. Viitna scheint vom Durchgangsverkehr zu leben, denn unter den wenigen Häusern gibt es noch ein Motel und einen Kaufladen; ständig halten Autos an oder fahren weiter. Genau gegenüber der alten Schänke zeigt ein Schild das Viitna-Landschaftsschutzgebiet (*Viitna maastikukaitseala*) an, das für seine drei Waldseen in herrlicher Sandhügellandschaft bekannt ist. Man muss in die abzweigende Straße nach Kadrina nur ein kurzes Stück hineinfahren, um den schönsten Badesee zu erreichen: Der Pikk-järv, auch Suurjärv genannt, liegt rechts von der Straße bei einem improvisierten Parkstreifen. Es gibt einen richtigen Sandstrand und eine Liegewiese mitten im Wald. Insgesamt vier Inseln und ein stellenweise erhöhtes Ufer machen den Bade-platz äußerst reizvoll. Ein weiterer Badesee, der Kõverjärv, liegt an der parallel verlaufenden Straße Nr. 24 nach Tapa am Rande des Ohepalu-Naturschutzgebie-tes (*Ohepalu looduskaitseala*), das ebenfalls mit dem Lahemaa-Park verbunden ist. In Viitna zweigt auch eine der beiden Hauptzufahrten ins Innere des National-parks ab: Auf dem Weg nach Palmse überquert man hier nach etwa einem Kilo-meter die unvollendete Nordumgehung, die Viitna irgendwann vom Durchgangs-verkehr befreien könnte.

Palmse mit seinem prächtigen Gutsschloss ist das Aushängeschild von Lahe-maa. Das Herrenhaus der Gouverneursfamilie von der Pahlen wurde bereits 1698 in Steinbauweise errichtet und zeigt seit 1785 sein heutiges Gesicht. Bereits ein Jahr nach der Eröffnung des Nationalparks hatte man begonnen, die komplette Anlage sorgfältig zu restaurieren. Das Ensemble mit seinen zahlreichen Neben-gebäuden und einem 18 Hektar großen Landschaftspark befindet sich in Staats-besitz und ist öffentlich zugänglich. Im ehemaligen Stalltrakt links vor dem Hauptgebäude hat die Nationalparkverwaltung ihren Sitz. Bei einem Rundgang um den malerischen Teich an der Rückseite des Herrenhauses kommt man an einer Rotunde und dem hölzernen Badehaus vorbei. Bemerkenswert ist auch das riesige Treibhaus und das Backsteingebäude der einstigen Schnapsbrennerei, in dem sich heute ein Restaurant und eine Kellerbar befinden. Von hier aus führen Alleen tief in den Park, der zu den größten von Estland zählt.

Ilumäe liegt sechs Kilometer weiter nordwestlich an derselben Straße. Es ist der Standort einer Kapelle, die 1729 zunächst aus Holz, 1843 schließlich aus Stein errichtet wurde. Besonders schön sind ihre Fenster mit Wappenmotiven. Der Friedhof ist die letzte Ruhestätte etlicher Mitglieder der Familie von der Pahlen, fast alle berühmte Staatsmänner oder Wissenschaftler.

Sagadi steuert man am besten von Palmse aus an: zunächst sechs Kilometer nach Osten bis zur Ortschaft, dann weitere zwei Kilometer zum Herrenhaus (*Sagadi mõis*), das ebenfalls an einem See liegt. Ein Torhaus mit Glockenturm steht vor dem Hauptgebäude, das 1750 errichtet wurde. Mit der altrosafarbenen Fassade kontrastiert ein weißer Holzzaun. Auf der Rückseite führt eine Terrasse zum geometrisch angelegten Garten. Bis 1919 gehörte das Anwesen der Familie von Fock, danach diente das Haupthaus lange als Grundschule, bis dann 1977 mit der Restaurierung begonnen wurde. In einem Nebengebäude befindet sich das Forstmuseum (*Metsamuuseum*; von Mai bis September täglich von 11 bis 18 Uhr; Tel. 032/588 88).

Vihula, noch einmal fünf Kilometer weiter östlich, am äußersten Rand des Nationalparks, besitzt eine Gutshofanlage ganz anderer Art. Hier wurde eine Geländestufe am Übergang zur Küstenebene geschickt genutzt, um einen Komplex von 25 Gebäuden auf eine Anhöhe bei einem künstlichen Stausee des Mustoja-Flusses zu setzen. Eine Kalksteinmauer umgibt das Gelände; das Haupthaus ist von 1770. Die Anlage mitsamt einer Mühle wirkt etwas rustikaler als Palmse und Sagadi, ist auch noch nicht vollständig restauriert. Herrlich ist der Blick über den See zu einem runden Pavillon am Rande des Areals. Bei der Holzbrücke, die in den teilweise verwilderten Park führt, findet man einen jener kleinen Dorfläden, an dem die Jahrzehnte offenbar spurlos vorübergegangen sind. Ein düsteres Kellerlokal mit Hof wartet neben der Mühle auf Gäste.

Altja könnte das nächste Ziel sein. Durch dichten Wald geht es zur Küste. Unterwegs stößt man auf den Oandu-Wildnispfad, der an 19 Beobachtungspunkten entlang durch das Reich der Biber führt. Altja existiert bereits seit mindestens 550 Jahren. Die Kleinsiedlung lässt sich gleichermaßen als typisches Küstendorf, Fischerdorf oder Straßendorf einordnen. Die wenigen Bewohner (1930 über 100, heute nur noch 20) lebten nicht nur vom Fischfang, sie betrieben daneben Landwirtschaft und Handel und transportierten mit ihren Booten Brennholz, Ziegel und Zement nach Tallinn und sogar hinüber nach Finnland. Das 200-jährige, reetgedeckte Uustalu-Gehöft mit Ziehbrunnen und einem Netzhaus ist als Freilichtmuseum hergerichtet. Außerdem gibt es ein restauriertes Wirtshaus und eine geologische Präsentation zum Thema Findlinge.

Gutshof Vihula mit Seerosenteich

Der Leuchtturm am Hafen von Vergi

Vergi ist eine Ansammlung von Holzhäusern und unschönen Wohnblocks, die sich auf einer Landspitze am Rande des Kiefernwaldes ausbreiten. Ein verlassenes Militärgelände macht den Ort nicht attraktiver. Aber es lohnt sich, bis zum Hafen vorzudringen, wo ein modernes Gebäude mit Laden und zweistöckigem Restaurant eine schöne Aussichtsterrasse bietet. Man blickt hinunter auf zahlreiche Yachten überwiegend finnischer Herkunft, am Rande dümpelt ein Schiff der estnischen Küstenwache, ein zur Hälfte eingegrabenes Fischerboot dient als Spielplatz. Auf der Rückseite des Gebäudes steht ein Leuchtturm. Vergi war schon im 17. Jahrhundert ein wichtiger Hafen; nach Jahrzehnten als Grenzposten der Sowjetarmee hat man sich 1997 dem internationalen Yachttourismus geöffnet.

Võsu erreicht man nach kurzer Fahrt um die Vergi-Halbinsel, die zum militärischen Sperrgebiet gehörte. In Lobi gibt es ein Folkloremuseum. Võsu ist erst 1856 entstanden und verdankt seine weitere Entwicklung zum beliebten Erholungsort und Seebad dem um 1870 einsetzenden Interesse der Aristokratie, die aus den beiden russischen Metropolen anreiste, um an verschiedenen Stellen der estnischen Nordküste die Sommerwochen zu verleben. Der Strand von Võsu ist zweifellos einer der schönsten: Eine windgeschützte flache Bucht mit relativ warmem Wasser, feinkörniger Sand und ein niedriger Dünengürtel am Föhrenwald entlang machen den aufgelockerten, schattigen Ort aus Holzvillen und einigen Betonklötzen angenehm. Vor dem Zweiten Weltkrieg soll es hier rund 500 Gästezimmer gegeben haben, heute herrscht der für Estland so typische beschauliche Sommerbetrieb. Den gesamten Rest des Jahres ist in Võsu, das sich mit nur 730 Einwohnern zeitweise sogar Stadt nennen durfte, absolut nichts los.

Käsmu ist praktisch ein Teilort von Võsu, obwohl es fünf Kilometer entfernt auf der nächsten Halbinsel liegt, die ansonsten unbewohnt ist. Eine Stichstraße führt in den relativ einheitlich gebauten Ort aus Holzvillen, der als Kapitänsstädtchen bekannt ist. Ab etwa 1870 wurden hier nämlich große Segelschiffe gebaut, und von 1884 bis 1931 existierte eine Seefahrtsschule. Der örtliche Hafen ist weitgehend eisfrei und besaß für das zaristische Russland einige Bedeutung. Heute ist der Reedereiplatz fast vergessen, nur ein Schifffahrtsmuseum (*Meremuuseum*, Tel. 032/381 36) in den Baracken der einstigen Küstenwache hält die Erinnerung aufrecht. Es gibt einen romantischen Spazierweg, der beim Friedhof in der Ortsmitte beginnt und zunächst am Strand entlang führt, ab dem Parkplatz am Ortsende geht es durch den Wald bis hin zur nördlich gelegenen Landspitze. Hier liegen Hunderte von Findlingen aller Größen am Wasser, die in der letzten Eiszeit aus Skandinavien herangeschoben wurden. Gelegentlich kann man fast trockenen Fußes zur Kuradisaar (Teufelsinsel) hinübergelangen. Wer nicht auf demselben Weg in den Ort zurückgehen will, kann der Markierung landeinwärts folgen: Die Weg über mannshohe, moosbewachsene Findlinge, die geradezu ein Steinmeer bilden, ist ebenso beeindruckend wie anstrengend.

Wieder zurück auf der Straße von Võsu, hält man sich in Westrichtung und verlässt dabei nach sechs Kilometern den Landkreis Lääne-Virumaa. Bei Vihasoo trifft man auf die Direktroute von Palmse. Außer der Fernstraße Nr. 1 verbinden nur diese beiden küstennahen Straßen den Ostteil des Nationalparks mit dem Westteil.

Ein Patrouillenschiff der estnischen Küstenwache

Exkurs 4: Herrenhäuser

Unerwartet entpuppt sich Estland als ein Land der vornehmen Residenzen, wenn auch aus vergangenen Tagen. Allerorten weisen heute Schilder den Weg zu einem Herrenhaus (*mõis*) oder gar Schloss (*loss*). Erstere Bezeichnung, die uns im benachbarten Lettland als ›muiža‹ weiterhin begegnet, lässt einen Bezug zum französischen ›maison‹ vermuten. Selbst kühnste Schätzungen werden übertroffen, wenn man erfährt, dass es einst 1300 solcher repräsentativen Gutshöfe in dem kleinen Land gegeben hat. Eine Bestandsaufnahme des Jahres 1920 kommt auf 1140 Herrenhäuser. Freilich sind die meisten heute nach Jahrzehnten der absichtlichen Vernachlässigung in einem beklagenswerten Zustand. Fast die Hälfte ist sogar zu mehr oder minder imposanten Ruinen verfallen. Nur ab und zu verirrt sich ein Tourist dorthin. Nicht viel besser steht es um Hunderte von Gebäuden, die im Sozialismus zu Kolchosen, Erholungsheimen oder Schulen umfunktioniert und dann heruntergewirtschaftet wurden.

Ohne Rücksicht auf architektonische Finessen und kostbares Baumaterial wurden Landmaschinen in einstigen Salons untergestellt oder Säle durch billige Zwischenwände verschandelt. In der ersten Republik gab es zunächst einmal andere Prioritäten, in der Sowjetzeit kam ideologische Borniertheit hinzu. Heute besinnt sich der unabhängige estnische Staat jedoch auf das große kulturelle Erbe.

Restauriertes Herrenhaus: Sagadi im Lahemaa-Park

Immerhin kann man nun etwa 100 Herrenhäuser als gut unterhalten oder komplett renoviert bezeichnen. Sie dienen als Hotels, Museen oder Verwaltungsbauten, einige sind in privater Hand. Ausgesprochene Vorzeigeobjekte sind Palmse oder Sagadi im Lahemaa-Nationalpark. Nicht nur die Vielfalt architektonischer Elemente oder die Möblierung, sondern auch die Einbettung in herrliche Landschaftsparks mit Teichen und Brücken machen sie sehenswert. Entstanden ist der größte Teil der Gutshöfe etwa zwischen 1770 und 1900, teilweise als Neugründung der zahlreichen im Nordischen Krieg zerstörten Vorgänger. Die Bauweise wandelte sich während dieser Zeitspanne vom Barockstil über den Klassizismus bis zu den Spätbauten mit neogotischen, vermischten, gelegentlich auch etwas kitschigen Elementen. Zweigeschossig und langgestreckt stehen die meisten der Hauptgebäude da, nicht selten flankiert von ebenfalls interessanten Nebengebäuden. Als im Jahre 1919 der baltendeutsche Großgrundbesitz entschädigungslos enteignet wurde, war es mit der Herrlichkeit vorbei. Abrupt endete die lange feudale Epoche, in der die Adelsfamilien trotz wechselnder Landesherren immer auf der Gewinnerseite gestanden hatten. Im Bemühen um mehr soziale Gerechtigkeit auf dem Lande wurde der schleichende Verfall der Bauwerke, Parks und Ländereien allzu lange hingenommen. In vielen Fällen ist es jetzt zu spät für eine zeitgemäße, nämlich touristisch orientierte Inwertsetzung.

Arbeiten am Herrenhaus von Räpina (Põlvamaa)

Rakvere

Ohne die mächtige Burgruine auf dem Wallberg (*Vallimägi*) wäre Rakvere, der Hauptort des Kreises Lääne-Virumaa, kaum einen Besuch wert, zumindest nicht mit den gängigen touristischen Erwartungen. Unweit des alten Handelsweges nach Novgorod und der heutigen Straße von Tallinn nach Narva kommt man hier in eine schmucklose, stellenweise sogar schäbige Industrie- und Verwaltungsstadt mit auffälligen Freiflächen im Zentrum. Die Gebäude entstammen sehr verschiedenen Zeitabschnitten: Es gibt Holzhäuser, Ziegelhäuser, graue Zweckbauten, ein hochmodernes Postamt und jede Menge fünfstöckige Mietskasernen aus der Sowjetzeit, in denen etwa die Hälfte der 17 000 Einwohner hausen. Rakvere ist ein bedeutendes Zentrum der Holzverarbeitung und der Lebensmittelindustrie; die größte Fleischfabrik des Landes hat ihren Sitz hier. Bei aller Tristesse der Innenstadt gibt es aber auch ein professionelles Stadttheater.

Rakvere wurde 1252 erstmals erwähnt. Durch die Verleihung der Stadtrechte bereits im Jahre 1302 handelt es sich um eine der ältesten Städte Estlands. Das Schicksal von Rakvere war stets eng mit der Burg verbunden, die um 1225 von den Dänen errichtet und nach 1350 zur Ordensburg ausgebaut wurde. Nach knapp 400 Jahren wechselnder Eroberungen durch Deutsche, Schweden, Polen und Russen lag die Festung, die einmal als mächtigste im Norden Estlands gegolten hatte, ab 1605 in Ruinen. In der Folgezeit wurde sie als Steinbruch weiter abgetragen, so dass von der Ummauerung kaum etwas übriggeblieben ist. Dennoch ist die dreitürmige Silhouette der gewaltigen Anlage sehr beeindruckend. Am Beginn der Tallinna tänav, gegenüber einer Parkanlage, in der das Theater steht, führt ein Fußweg hinauf auf den Vallimägi. Durch das mächtige Eingangstor betritt man die Burg (Mai bis Sept. Di bis So 10 bis 17 Uhr; Tel. 25504): Gleich hinter dem Kassenhaus links kommt man zum Burgverlies. Der Innenhof wird im Sommer für Aufführungen und Konzerte genutzt. Während der Ausblick auf das Stadtzentrum durch Bäume verstellt ist, kann man in Westrichtung über kleine Vorstadthäuser ziemlich weit blicken. An der Ostseite des Hügels steht auch noch eine Windmühle aus dem 19. Jahrhundert.

Im Stadtzentrum befinden sich zwei Museen: Im ehemaligen Gerichtsgebäude an der Tallinna tänav schräg gegenüber dem Burgaufgang ist das städtische Museum untergebracht, das sich der Natur und Geschichte des Landkreises widmet (Di bis Sa 11 bis 17 Uhr; Tel. 25 500). Genau gegenüber dem Eingang beginnt die Pikk (Lange Straße), die einstige Hauptgeschäftsstraße, deren große Holzhäuser durchaus interessant, aber ziemlich verwahrlost sind. Von weitem sichtbar ist hier der Turm der Trinitatiskirche, die 1427 begonnen und nach Kriegszerstörungen in der zweiten Hälfte des 17. Jahrhunderts als Hallenkirche wieder aufgebaut wurde. Einige Schritte weiter, in der Pikk 50, stößt man auf das Bürgerhaus-

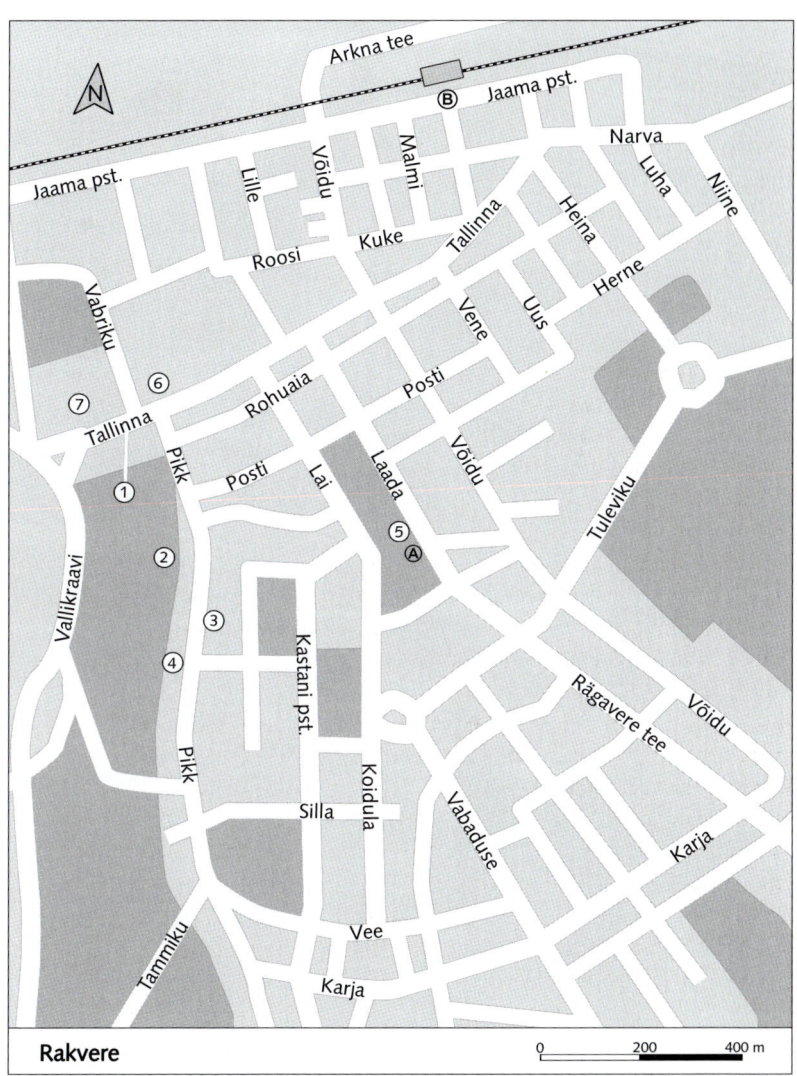

Rakvere

0   200   400 m

Legende

1 Ordensburg
2 Windmühle
3 Kirche
4 Bürgerhaus-Museum
5 Markthalle

6 Stadtmuseum
7 Theater
A Autobushof
B Bahnhof

Große Holzhäuser in Rakvere

Museum (*Linnakodaniku majamuuseum*; Di bis Sa 11 bis 17 Uhr; Tel. 442 48), das die Wohn- und Lebensverhältnisse der Stadtbürger vor hundert Jahren dokumentiert (Mi bis Sa 11 bis 17 Uhr; Tel. 44248). Am Ende der Straße geht es rechts in einen großen Eichenhain. Zur Neustadt, die sich seit dem Bau der Eisenbahnstrecke im Jahre 1870 in Richtung Bahnhof verlagert hat, gelangt man durch eine der Gassen bei der Kirche. Zwischen den Parallelstraßen Lai und Laada erstreckt sich der überdimensionierte Marktplatz (Turuplats) mit Verkaufshalle, Geschäften, Gastronomie und Busstation.

Der deutsche Name Wesenberg für Rakvere leitet sich her von Tarvanpea; so hatte eine vorzeitliche hölzerne Estenfestung auf dem Stadthügel geheißen. Das Wort *tarvas* bedeutet Wisent oder Auerochse und ist mit viel Phantasie in der Namensbildung zu erkennen. Ein Blick auf das Wappen bestätigt den Sachverhalt.

Auch im engeren Umkreis von Rakvere gibt es wenig Interessantes. Man kann von der Straße Nr. 5, die als Südumgehung der Stadt ausgebaut ist, in Richtung Vinni und Mõdriku nach Osten abbiegen: Die Gutshöfe von Rägavere, Mõdriku und Vinni sind sicher nicht die schönsten unter den zahlreichen im Landkreis. Die Anlage von Vinni war überdies Jahrzehnte lang in eine Kolchose integriert. Aber man muss schon froh sein, dass nicht die ganze Gegend bis Viru-Kabala einem gigantischen Tagebauprojekt zum Opfer gefallen ist. Moskauer Planbürokraten hatten 1987 die Ausbeutung der hiesigen Phosphoritlagerstätten mit Hilfe russischer Fremdarbeiter bereits beschlossen. Das hätte die Entstehung einer ähnlichen Mondlandschaft zur Folge gehabt wie weiter östlich beim Ölschieferabbau von Kohtla-Järve (Ida-Virumaa). Und die ebenfalls vorgesehene Weiterverarbeitung zu Düngemitteln an Ort und Stelle hätte die ohnehin belastete Luft drastisch verschlechtert. Nach massiven Protesten der Bevölkerung ließ die Zentralregierung den Plan fallen, und ein zusätzliches ökologisches Notstandsgebiet im Nordosten Estlands konnte verhindert werden.

Kunda

Ein grässlicher Ort! Daran ändert auch die Nähe der Ostsee nichts. Man könnte fast den Eindruck gewinnen, Kunda bestehe nur aus den Werksanlagen von ›Eesti Tsement‹. Egal, ob man sich auf der Durchgangsstraße Nr. 20 aus westlicher oder östlicher Richtung nähert, die staubspeienden Schornsteine sind nicht zu übersehen. Die Straße führt in geknicktem Verlauf direkt um die Werksmauern und das gesichtslose Verwaltungsgebäude herum. Neben der Brücke über den Kunda-Fluss blickt man in die Ruine des historischen Fabrikgebäudes hinein, wo im Jahre 1870 mit Flaschenöfen die Zementproduktion aus Flussmergel begonnen hatte. Bereits 1805 war der örtliche Hafen auf Befehl des Zaren ausgebaut worden. Die im Grunde idyllisch gelegene Ortschaft an einer beliebten Badeküste wandelte sich in der Folgezeit zu einem staubgrauen, tristen Arbeiterdorf. Spätestens mit dem Bau der sozialistischen Plansiedlung gegenüber dem Werkstor, etwas oberhalb der Meeresbucht, hat sich die Bevölkerung vervielfacht. Da es nur vereinzelte Zweckbauten, aber kein richtiges Stadtzentrum gibt, wirkt Kunda ausgesprochen leblos und öde. Von den 4400 Einwohnern – eigentlich viel für estnische Verhältnisse – lässt sich kaum jemand auf dem Bürgersteig blicken. So empfindet man den gesamten Ort als still und schmutzig. Böse Zungen behaupten in Anbetracht des allgegenwärtigen Zementstaubs sogar, man müsse nur einen Eimer Wasser gegen die Wände schleudern, und schon sei ein Haus verputzt! Kaum auszudenken, was da ein Regenguss in der örtlichen Kanalisation anrichten mag…

Ein kleines Museum in der Jaama 11, unweit des Werkstores, gibt Einblick in die Geschichte von Kunda und seiner Fabrik (Do bis Fr 12 bis 17 Uhr, Sa 10 bis 15 Uhr; Tel. 21594). Von der nächsten Ecke aus führt die Tammiku an der Kirche vorbei hinab zum Hafen, der knapp drei Kilometer außerhalb liegt. Er wurde nach den Zerstörungen des Zweiten Weltkrieges erst 1994 neu eröffnet und wird von Holzlastern in großer Zahl frequentiert.

Haljala, 20 Kilometer südwestlich gelegen, ist aus Richtung Tallinn der erste größere Ort außerhalb des Lahemaa-Nationalparks. Die Wehrkirche mit ihrem spätgotischen Turm, der ein wenig an Tallinner Vorbilder erinnert, ist von der vorüberführenden Fernstraße aus gut zu sehen. In unmittelbarer Nähe befindet sich die große Brauerei ›Wiru‹, deren Bierspezialitäten klangvolle lokale Namen tragen wie Palmse oder Toolse.

Viru-Nigula, zwölf Kilometer südöstlich, erreicht man von Kunda aus auf der schnurgeraden Straße Nr. 20, die an einem modernen Holzwerk vorbeiführt. Die ruhige und recht typische Ortschaft mit ihren hohen Bäumen hebt sich wohltuend vom tristen Nachbarort ab. Zum Ortsbild trägt die steinerne dreischiffige Kirche aus dem 14./15. Jahrhundert wesentlich bei. Sie ist umgeben von einem stimmungsvollen Friedhof mit einigen Ringkreuzen. Die gegenüberliegende Allee endet am ehemaligen Pastorat, das seit 1986 als Heimatmuseum dient (Di, Do, Fr 10 bis 16 Uhr; Tel. 945 44). Hier wirkte Otto Wilhelm Masing zu Anfang des 19. Jahrhunderts; er beschäftigte sich intensiv mit der estnischen Sprache und dem Dialekt der Nordküste und führte im Bemühen um eine lautgetreue Schreibweise den Buchstaben õ ein. Viru-Nigula liegt ganz nah an der Fernstraße Nr. 1 nach Narva, und fünf Kilometer weiter östlich verlässt man Lääne-Virumaa. Man kann an der Kirche auch in Richtung Küste abbiegen: Die asphaltierte Strecke bis zu dem kleinen Hafen Mahu (elf Kilometer; unterwegs bei einer großen Doline nach links abbiegen) mag zu einem Abstecher reizen; viel zu sehen gibt es am Ziel indes nicht. Empfehlenswerter ist der Strand von Kalvi kurz vor Aseri in etwa gleicher Entfernung (siehe Ida-Virumaa).

Toolse

So malerisch am Meer liegt wohl keine andere Burg Estlands. Die beeindruckende Ruine von Toolse erhebt sich auf einer Landzunge fünf Kilometer westlich von
Kunda. Als eine der letzten Ordensburgen war sie 1471 zum Schutz vor Seeräu-
bern erbaut worden. An dem verschilften und mit Findlingen übersäten Küsten-
streifen befand sich damals ein wichtiger Hafen. Er versandte im 19. Jahrhundert
immer mehr, und heute ist davon nichts mehr zu erkennen. Die Burganlage wurde
im Laufe der Zeit mehrfach erweitert. Drei Türme, einer davon mit einem markanten Spalt in seiner gesamten Höhe, flankieren die wuchtigen Außenseiten. Es
macht Spaß, in dem geheimnisvollen Gemäuer herumzuklettern, und man
bekommt Gelegenheit, von einer leicht erhöhten Position auf die Ostsee und einen
Teil der Küste zu schauen. Besonders bei der schräg einfallenden Morgen- oder
Abendsonne ist Toolse ein recht fotogener Platz.

Karepa, Rutja und Vainupea heißen die Dörfer, die westlich von Toolse an der
Küste liegen. Die Straße führt durch stille, verschlafene Orte in bewaldeter Lage.
Dass sich hier im 19. Jahrhundert ein beliebtes Erholungsgebiet der vermögenden
Kaufleute, der Adligen und sogar der Moskauer und Petersburger Intelligencija
befand, ist nur noch schwer vorstellbar. Die natürlichen Voraussetzungen für
einen angenehmen Aufenthalt sind freilich nach wie vor gegeben, wenngleich
Bedenken wegen der Wasserqualität angebracht sind. In Karepa gibt es einen

Blick auf das Meer bei Toolse

schönen Sandstrand mit Dünen nahe der Selja-Mündung, und bei Rutja kann man die Aussicht auf das Meer genießen. Direkt am Wasser liegt der Friedhof von Vainupea. Um das gleichnamige Naturreservat, das den Strand westlich der Siedlung einschließt, macht die Küstenstraße einen Bogen. Hier beginnt der Lahemaa-Nationalpark.

Kadrina, Neeruti

Vielleicht denkt die estnische Hausfrau zuerst an Seife oder Waschmittel, wenn der Ortsname Kadrina erwähnt wird, denn die ›Flora Kadrina AS‹ im Vorort Undla ist mit nur 80 Mitarbeitern Estlands größter Hersteller von Haushaltschemikalien. Der Ort hat 2600 Einwohner und liegt auf halbem Wege zwischen Rakvere und Tapa zwischen der Fernstraße Nr. 5 und der parallel verlaufenden Eisenbahn. Die gotische Kirche Sankt Katharina beherbergt wertvolle Freskenteile aus dem 15. bis 18. Jahrhundert, die unter Denkmalschutz stehen. Die hiesigen Pastoren Heinrich Stahl, Reiner Brockmann, Arnold Friedrich Johann Knüpffer und Joachim Gottlieb Schwabe haben sich um die estnische Sprache, Literatur und Mythologie sehr verdient gemacht, indem sie mündliche Überlieferungen sammelten, eine Grammatik und ein Lehrbuch verfassten. 1994 wurde deshalb in der Nähe des Schulgebäudes ein bemerkenswertes Monument für die estnische Sprache aufgestellt. Auch der Verfasser des estnischen Nationalepos um den sagenhaften Helden Kalevipoeg, Friedrich Reinhold Kreutzwald (1803 – 1882), wurde in der Gemeinde Kadrina geboren: Bei seinem Geburtshaus in Udriku, sieben Kilometer westlich in Richtung Tapa, schuf man bereits 1912 auf Initiative des umtriebigen Schulrektors einen Kreutzwald-Park mit Gedenkstein, der aber in den Jahren der Sowjetherrschaft gezielt vernachlässigt wurde.

Neeruti liegt vier Kilometer südlich in Richtung Assamalla und ist ein beliebtes Ausflugsziel am Nordrand des Pandivere-Höhenzuges. Mehrere schmale Rücken und Täler in paralleler Ausrichtung, dazwischen vier Seen und zehn kleinere Tümpel machen den Reiz des Landschaftsschutzgebietes aus, das schon 1957 eingerichtet wurde. Das Relief als Werk der Eiszeit erklärt die Volksdichtung mit der Feldarbeit des Nationalhelden Kalevipoeg, der auch für zahlreiche andere Geländephänomene verantwortlich gemacht wird. Der Gutshof von Neeruti, der schon 1406 existiert haben soll, gehörte zunächst der Familie Buxhövden, im 16./17. Jahrhundert der Familie Nieroth, von der die Siedlung ihren Namen hat. Heute befinden sich Park und Gebäude in schlechtem Zustand. Am Ort gibt es eine *puhkebaas* (wörtlich: Erholungsstützpunkt) mit Angeboten zum Angeln, Schwimmen, Wandern sowie Camping, Unterkunft und Verpflegung (Tel. 396 55).

Tapa

Militärgelände und Eisenbahnanlagen könnte man als Wahrzeichen von Tapa nennen. Das klingt nicht gerade einladend, und in der Tat hat die mittelgroße Stadt hart an der Grenze zum Kreis Järvamaa darüberhinaus nicht viel zu bieten. Von den meisten Reiseführern wird sie einfach ignoriert. Auf einer Fahrt von Paide in Richtung Rakvere (Straße Nr. 5) lernt man sie zwangsläufig kennen; an dem kleinen Umweg über den Bahnhofsvorplatz sollte man es dabei nicht fehlen lassen. Tapa bietet gewissermaßen ein Kontrastprogramm zu all den ›sehenswerten‹ Landstädtchen.

Der Gutshof Tapa (am westlichen Stadtrand) gab der Siedlung einst den Namen. Noch in den 1880er Jahren muss es sich um ein vielgeschmähtes, schmutziges Provinznest gehandelt haben. Einen ersten Entwicklungsimpuls erhielt die Ortschaft 1870 mit der Eröffnung der Eisenbahnstrecke von Sankt Petersburg über Narva nach Tallinn. Sechs Jahre später wurde am Stadtrand die Abzweigung für einen weiteren Streckenast angelegt, um Tartu und den Süden zu erschließen. Nahe bei dem Gleisdreieck entstand ein hölzernes Bahnhofsgebäude, das 1910 durch einen langgestreckten Ziegelsteinbau ersetzt wurde. Die zentrale Lage im Schienennetz zwischen Tallinn, Narva und Tartu begünstigte den weiteren Ausbau der Bahnanlagen: 1916 wurde ein Dampflok-Reparaturwerk in Betrieb genommen, 1980 erweiterte man den Güterbahnhof erheblich, und seit 1988 hat Tapa die

Nach dem Regen

größte Eisenbahnwerkstatt Estlands. Obwohl hier sämtliche Dieselloks gewartet werden, ist zurzeit der Fortbestand nicht gesichert. Aber nicht nur der Verkehrssektor entwickelte sich prächtig; schon 1911 war Tapa zudem für seine sechs (!) Wurstfabriken berühmt. Die Stadt ist bis heute architektonisch uninteressant geblieben. Nach dem Zweiten Weltkrieg erhielt sie zunehmend das Gesicht eines Garnisonsstandortes. Zuerst hatten die Sowjets 1939 ein lange geplantes Flugfeld am südlichen Stadtrand realisiert, allerdings zu rein militärischen Zwecken, das im Laufe der Zeit eine Fläche von neun Quadratkilometern in Anspruch nahm. Dann wurde eine Panzereinheit, später noch eine Baubrigade hierher verlegt. Von 1963 bis 1993 befand sich in den Kasernen eines der größten Trainingslager der Sowjetarmee mit bis zu 3000 Soldaten. Eine Stadt von 10 400 Einwohnern (1989) wird durch eine solche Militärkonzentration überdeutlich geprägt. Nach dem Abzug der russischen Soldaten pendelt sich die Einwohnerzahl heute bei gut 8000 ein, davon immer noch 40 Prozent Russen und Ukrainer. Die ausgeschlachteten Armeegebäude, insbesondere an der Straße nach Paide, bieten einen gespenstischen Anblick, soweit sie nicht von der estnischen Landesverteidigung weitergenutzt und instandgehalten werden. Bei einem Rundgang fühlt man sich durch viele Eigenheiten des Stadtbildes in eine Provinzstadt irgendwo in Russland versetzt.

An der Straße zur Nachbarstadt Tamsalu, jenseits der Eisenbahnstrecke nach Tartu, liegt die Ortschaft Moe: In einer Brennerei des 18. Jahrhunderts wurde 1971 ein interessantes Schnapsmuseum eingerichtet, das man auf Voranmeldung (Tel. 032/25700) besichtigen kann. An derselben Straße passiert man auch die Werksanlagen des landesweit bekannten Spirituosenherstellers ›Liviko‹.

Porkuni

Der Valgejõgi (Weißer Fluss), der den nordöstlichen Stadtrand von Tapa tangiert und bei Loksa in die Ostsee mündet, hat seinen Ursprung im See von Porkuni. Man kann flussaufwärts auf einer Nebenstraße dem ungewöhnlich eingetieften Tal folgen, indem man über Moe nach Saksi und von dort am gegenüberliegenden Ufer bis Porkuni fährt. Hier im Zentrum des Pandivere-Höhenzuges, der seit 1988 Wasserschutzgebiet ist, erwartet den Besucher eine liebliche Landschaft mit Hügeln und Inselchen, die im See schwimmen. Ein Bootsverleih ist vorhanden. Das Schloss von 1479 liegt zwar in Ruinen, doch der gewaltige Hauptturm wurde restauriert und beherbergt ein sehenswertes Kalkstein-Museum (*Paemuuseum*; im Sommer Mi bis So 12 bis 17 Uhr; Tel. 93825): Die Vielfalt und Pracht des Marmors ist wirklich beeindruckend. Auch Teile des alten Gutshauses von 1874 sind aus dem Material erbaut, das im nahegelegenen Steinbruch gewonnen wurde.

Tamsalu (3100 Einwohner) nennt sich zwar seit 1996 offiziell Stadt; auf einer Estland-Reise kann man jedoch getrost daran vorbeifahren. Günstiger ist es, die Richtung Väike-Maarja einzuschlagen, um noch einige der kleineren Sehenswürdigkeiten des Landkreises aufzusuchen.

Väike-Maarja

Knapp zehn Kilometer südlich von Porkuni bzw. 28 Kilometer südlich von Rakvere (Straße Nr. 22) liegt die Ortschaft Väike-Maarja. Von Interesse ist hier eigentlich nur die Kirche von 1370 mit ihren unglaublich massiven Mauern, die stellenweise 2,40 Meter dick sind. Außerdem gibt es im ehemaligen Schulgebäude in der Pikk seit 1988 ein kleines Folklore-Museum (Di bis Sa 10 bis 17 Uhr; Tel. 616 25).

Ein kleines Stück südwestlich des Ortes, in Vao, steht an einer Schotterstraße ein mächtiger vierstöckiger Turm, erbaut um 1375 aus dem Kalkstein der Region. Das Bauwerk diente gleichermaßen Wohn- und Verteidigungszwecken und besitzt im gesamten Baltikum nur ein einziges Pendant, nämlich den Turm von Kiiu (Harjumaa). Nach der Restaurierung 1986 wurde er in ein lokales Museum umgewandelt (*Vao tornlinnus*; im Sommer Do bis So 11 bis 18 Uhr). Es widmet sich auch der Geschichte des benachbarten Gutshofes Vao. Noch einmal zwei Kilometer weiter, vor dem Bahnübergang links ab, kommt man zum Gutshof Kiltsi. Er gehörte im ersten Viertel des 19. Jahrhunderts dem Forscher Adam Johann von Krusenstern, der im Dienste des Zaren die erste russische Weltumsegelung geleitet hatte und Jahre später hier in der kalten nordeuropäischen Provinz seinen ›Atlas der Südsee‹ anfertigte. Das Herrenhaus dient heute als Schule; in einem der Türme erinnert ein kleines Museum an den Wissenschaftler (Mo bis Fr 10 bis 16 Uhr; Tel. 534 11). Bei Liiviküla etwa in der Mitte zwischen Väike-Maarja und Rakke, liegen die sieben Seen von Äntu, die für ihr kristallklares Wasser bekannt sind. Ein Naturwanderweg von knapp sechs Kilometern Länge beginnt in der Nähe des Parkplatzes.

 Telefonvorwahl: 032.
PLZ-Bereich: 44-46000 ff.
Internet: www.l-virumv.ee;
www.virumaa.ee.
Tourismusbüro: Laada 14,
44310 Rakvere, Tel. 427 34;
außerdem Kasemäe 10,

44107 Kunda, Tel. 221 70 und
Palmse mõis, 45202 Viitna,
Tel. 341 96, im Lahemaa-Park.
Hauptpost: Tallinna 12,
44301 Rakvere.
Polizei: Koidula 10 in Rakvere.

Rakvere 98 km östlich von Tallinn (Straße Nr. 1, dann 23). Parken im Zentrum problemlos; günstig an der Pikk, Lai oder seitlich der Laada. Um Rakvere herum dichtes Geflecht asphaltierter Nebenstraßen. Nach Tapa 35 km, Kunda 25 km.

 Strecke Tallinn – Narva; in Tapa Abzweig nach Tartu. 9 Bahnstationen im Landkreis. Zur Küste nur Güterbahnen. In Rakvere hält nur 1 Zugpaar tägl. Tallinn – Narva. Am Bahnhof Tapa, Tel. 704 06, zusätzlich 2 Zugpaare tägl. Tallinn – Tartu sowie 1 Zugpaar tägl. Tallinn – Narva – Moskau, 3 – 4 x pro Woche Sankt Petersburg; 2 x pro Woche Tartu – Rīga – Vilnius – Minsk.

 Moderner Bushof in Rakvere (Tel. 239 00): BussiReisid OÜ bietet gute Verbindungen in alle Landesteile; Büro: Laada 18a. Taxi in Rakvere Tel. 272 22.

 Stilvoll und in schöner Umgebung übernachtet man in den Gutshöfen Palmse (Tel. 236 26, DZ ab 65 Euro, Fahrradverleih) und Sagadi (Tel. 588 88; DZ ab 60 Euro). Ebenfalls im Lahemaa-Park liegen das Gästehaus ›Sinikorall‹ (Võsu, Metsa 3, Tel. 384 55) und das moderne kleine Hafenhotel am Yachthafen Vergi (Tel. 525 55). In Rakvere ist das Hotel ›Wesenbergh‹ (Tel. 234 80, DZ ca. 42 Euro) zu empfehlen, evtl. noch die Theaterherberge in der Kreutzwaldi 2a.

 Lagerplatz des ›Eesti Karavan-Klubs‹ in Lepispea am Westrand von Võsu, Mai bis Okt. (Tel. 446 65, Stromanschluss). Ansonsten ist Zelten im Lahemaa-Park nur auf den ca. 12 markierten Plätzen gestattet. An der Fernstraße Nr. 1 östlich von Viitna liegt der Zeltplatz ›Kadaka Baar‹ (ganzjährig; Tel. 928 46).

 In Rakvere gibt es den altenglischen Pub ›Old Victoria‹ (Tallinna 27). In der Umgebung der Hauptpost findet man Café und Esslokal. Originell und empfehlenswert sind der ›Viitna Kõrts‹ am Lahemaa-Nationalpark (siehe Text) sowie Restaurant und Bierkeller des Gutshofes Palmse. Am Yachthafen Vergi bietet sich vom Balkon des Hafencafés ein hübscher Blick.

 Sommerliches Theaterfestival ›Baltoscandal‹ in Rakvere

Ida-Virumaa

Eine schwierige Region

▶ Landkreis in Nordost-Estland
▶ Kreisverwaltung in Jõhvi
▶ die Städte Narva, Kohtla-Järve und Sillamäe sind kreisunabhängig
▶ Autokennzeichen: erster Buchstabe I
▶ Fläche 3280 qkm, ohne Stadt Narva; grenzt im Osten an Russland (Leningradskaja oblast'), im Norden an die Ostsee (Finnischer Meerbusen) und im Süden an den Peipsi-See
▶ etwa 120 000 Einwohner, ohne Stadt Narva; relativ hohe Bevölkerungsdichte
▶ 15 Gemeinden, 8 Städte, einschl. Narva, Kohtla-Järve und Sillamäe

Der Landkreis Ida-Virumaa

Qualmende Schlote, riesige Abraumhalden, lange Schneisen im Wald, zwischendrin Orte aus schäbigen Mietskasernen und funktionslos gewordenen Werkshallen, ringsherum freies Feld. Das ist für die meisten der ernüchternde erste Eindruck vom Nordosten Estlands. Wer geradewegs auf der ›Rennbahn‹ Nr. 1 von Tallinn nach Narva fährt und vielleicht auch schon andere Landesteile kennt, kommt nicht umhin festzustellen, dass Estland auch hässliche Seiten hat. Ein schneller Vergleich mit dem Ruhrgebiet ist zwar unangebracht; dazu ist Ida-Virumaa viel zu ländlich, und die ›Industriestädte‹ hier haben – typisch für Estland – eine geradezu lächerliche Größe. Aber man merkt recht deutlich, dass man sich nicht auf touristischem Territorium bewegt. Die Atmosphäre ist selbst an schönen Sommertagen ein wenig beklemmend. Trotz der Nähe zur Ostsee findet man kaum eine Stelle oder einen Ortsnamen, der zum Abstecher ans Meer reizen würde. Für manchen wird sich spätestens am Stadtrand von Jõhvi die Frage stellen, ob es sich wohl lohnen wird, noch weitere 50 Kilometer bis zum Endpunkt Narva ›durchzuhalten‹ oder lieber gleich nach Süden zum Peipsi-See abzubiegen und solch unwirtlichen Gegenden den Rücken zu kehren. Die Antwort wäre: Die Grenzstadt Narva ist ein interessantes Ziel, die besagten 50 Kilometer davor sind jedoch eher noch trister als die westlicheren Streckenabschnitte!

Die dargestellte Szenerie ist allerdings nur ein Teil des Gesamtbildes. Ida-Virumaa ist abwechslungsreich, wenn auch längst nicht in durchweg positivem Sinne. Die touristische Infrastruktur ist tatsächlich unzureichend. Immerhin dürfte der Peipsi-See im Süden des Landkreises mit seinen Stränden und einigen Freizeiteinrichtungen realistische Erwartungen erfüllen. Auf dem Weg dorthin gibt es dichte, dunkle Wälder, malerische Seen, im Osten riesige unzugängliche Sümpfe und ein einsames orthodoxes Kloster. Wer nach Norden auf mäßigen Straßen bis an die Küste vordringt, findet über viele Kilometer ausgedehnte Kreidekliffs. Ein sehr hässliches Landschaftselement ist hingegen der großflächige Ölschiefer-Tagebau südlich der Durchgangsstraße Nr. 1, der sich besonders zwischen Kiviõli und Kohtla-Järve und von Sillamäe bis zur russischen Grenze erstreckt. Hinzu kommt an vielen Stellen Torfabbau zu Heiz- und Düngezwecken. Die so entstandenen Mondlandschaften mit ihren Erschließungsstraßen und Industriegleisen rauben den Gemeinden Toila, Vaivara und Maidla einen Riesenanteil ihres Areals. Die kleine Bergbaugemeinde Viivikonna bei Sillamäe, buchstäblich am Rande des Nichts gelegen, wurde 1993 liquidiert und der Stadt Kohtla-Järve zugeschlagen. Bei Vaivara an der Bahnlinie nach Narva ist buchstäblich die Welt zu Ende.

Beim Blick auf die Karte merkt man schon, dass das Straßennetz von Ida-Virumaa nicht sehr dicht ist und in große Teile der Region überhaupt kein Weg führt. In Wirklichkeit ist die Situation sogar noch problematischer, denn so manche eingezeichnete Straße ist eine reine Werksstraße der Estnischen Ölschiefer-Gesellschaft und mithin für den Privatverkehr gesperrt; so ist es zum Beispiel nicht möglich, auf direktem Wege von Kohtla-Nõmme nach Püssi und Kiviõli zu fahren. In diesem Abschnitt ist die Fernverkehrsstraße Nr. 1 (Tallinn – Narva) sogar die einzige befahrbare West-Ost-Verbindung zwischen der Ostseeküste und dem knapp 50 Kilometer südlicher gelegenen Ort Tudulinna fast schon am Peipsi-See. Ein echtes Nadelöhr, das den enormen Flächenanteil der beiden Landschaftsphänomene Moor und Tagebau zeigt.

Ida-Virumaa ist das Sorgenkind des estnischen Staates schlechthin. Hier treffen gleich mehrere gewichtige Probleme räumlich aufeinander. Das Hauptproblem ist sicher die ökologische Situation. Was stellenweise in der Landschaft schon übel aussieht, ist wissenschaftlich betrachtet noch wesentlich dramatischer: Diese Industrie- und Bergbauregion ist eines der schlimmsten ökologischen Notstandsgebiete von ganz Europa! Bis zu 20 Millionen Tonnen Ölschiefer wurden hier jährlich abgetragen und in den Kraftwerken bei Narva verfeuert. Inzwischen ist es weniger als die Hälfte. Problem Nummer zwei ist die Bevölkerungszusammensetzung. Nicht einmal 20 Prozent der Einwohner von Ida-Virumaa sind wirklich Esten. Im Zuge der sowjetischen Industrialisierungspolitik war die Region geradezu überschwemmt worden von russischen Arbeitskräften, die, in schnell hochgezogenen Mietskasernen einquartiert, für eine Umkehrung der Mehrheitsverhältnisse in der Bevölkerung sorgten und mancherorts (wie in Sillamäe) ein völliges Eigenleben führten. So wie einst die deutsche Oberschicht in den Städten die Mehrheit bildete, sind es hier jetzt die Russen in den Industriestädten. Die estnische Bevölkerung vor Ort konnte diese Entwicklung nicht aufhalten und hat sich auf das Land zurückgezogen. Noch heute herrscht in den meisten städtischen Bezirken eine ganz ›unestnische‹ Atmosphäre, auch wenn die kyrillischen Aufschriften weitgehend verschwunden sind und die 50 Jahre gemeinsamer Sowjetzeit sowieso überall eine Vereinheitlichung bewirkt haben. Mentalitätsunterschiede treten recht deutlich zutage, und eine ganz erhebliche Zahl der Einwohner beherrscht die estnische Sprache nicht. Die Kriminalitätsrate liegt über dem Landesdurchschnitt. Dass es bisher keine ernsthafteren Sezessionsbestrebungen gegeben hat, liegt sicher an der im Vergleich zu Russland sehr viel besseren wirtschaftlichen Entwicklung hier auf estnischer Seite. Auch wenn in Ida-Virumaa aus estnischer und westeuropäischer Sicht vieles im Argen liegen mag: jenseits der Grenze in Russland sind die Verhältnisse bei weitem deprimierender, und das wissen die Russen in Estland nur zu gut.

Ida-Virumaa, mit deutschem Namen Ost-Wierland, ist auch ein kompliziertes administratives Gebilde. Abgesehen von der kreisunabhängigen Stadt Narva gab es hier zu Zeiten der Sowjetunion noch zwei ›sozialistische Städte‹ mit Sonderstatus: die ›Russenstadt‹ Sillamäe und die völlig künstliche Agglomeration Kohtla-Järve, unter deren Namen zehn räumlich getrennte Kleinstädte und Gemeinden zusammengefasst waren. Obwohl sogar landwirtschaftliche Flächen dazwischen lagen, wurde das ganze Mosaik mit seinen 440 Quadratkilometern und fast 90 000 Einwohnern doch als eine Einheit angesehen, die einzig und allein durch die alles beherrschende Ölschieferindustrie und eine gemeinsame Infrastruktur definiert war. Mit der Verwaltungsreform von 1993 sind teilweise die Verhältnisse der Zeit vor 1946 wiederhergestellt worden: die vormaligen Städte Kiviõli, Püssi, Kohtla-Nõmme und Jõhvi gibt es offiziell wieder. Jõhvi ist darüberhinaus der Verwaltungssitz von Ida-Virumaa. Die Reststadt Kohtla-Järve im engeren Sinne besteht heute aus noch sechs relativ unabhängigen Teilbereichen auf 42 Quadratkilometern Fläche. Ihre Einwohnerzahl von derzeit 51 000 ist seit dem Unabhängigkeitsjahr 1991 stark rückläufig – eine Tendenz, die für die gesamte Region kennzeichnend ist.

Auch wenn dies alles nicht sonderlich verlockend klingt, sollte man sich von einer Rundfahrt durch Nordost-Estland nicht abhalten lassen. Schließlich handelt es sich, ebenso wie bei den idyllischen Gegenden, um Realitäten, die man nicht einfach ausblenden darf. Schon gar nicht, wenn man sich ein umfassenderes Bild des heutigen Staates machen möchte. Und vielleicht bietet auch der Kontrast der Landesteile eine interessante Erfahrung. Oder, wie es eine in Estland erhältliche Urlaubsbroschüre romantisierend ausdrückt: ›Man findet tiefes Herzeleid und fesselnde Schönheit – düstere Kunstlandschaften stehen neben der schönen Natur, die teilweise von der menschlichen Tätigkeit unberührt geblieben ist.‹

Jõhvi

Der heutige Verwaltungshauptort des Landkreises Ida-Virumaa erhielt bereits 1938 Stadtrecht. Von 1946 bis zur Reform 1993 war Jõhvi Teil der Agglomeration Kohtla-Järve. Die heute selbständige Stadt hat 13 500 Einwohner plus weitere 1800 in der dazugehörigen Gemeinde. Es handelt sich um den ältesten Teil des einstigen Städteverbandes. Bereits 1241 wurde der Ort urkundlich erwähnt im ›Liber Census Daniae‹. Seit dem Ende des 13. Jahrhunderts existierte hier eine Kirche, und die Funktion als Gemeindezentrum und Marktort ist belegt.

Jõhvi liegt verkehrsgünstig und zentral im Landkreis. Die Fernstraße Nr. 1 tangiert den Ortskern im Norden. Die davon abzweigende Rakvere tänav führt aus Richtung Tallinn geradewegs ins Zentrum und bildet mit mehreren Fahrspuren samt Mittelstreifen auch die Hauptgeschäftsstraße. Nahe an ihrem Endpunkt, bei der ebenfalls recht auffälligen Brücke über die wichtige Eisenbahnstrecke, mündet hinter einem Häuserblock links die Narva maantee ein, die von Osten her ins Zentrum führt. Im Umkreis dieses Verkehrsknotens, dem Keskväljak (Hauptplatz), liegen auch die wenigen Sehenswürdigkeiten der Stadt: die orthodoxe Kirche und gegenüber, etwa 200 Meter hinter dem Haus der Kreisverwaltung, die

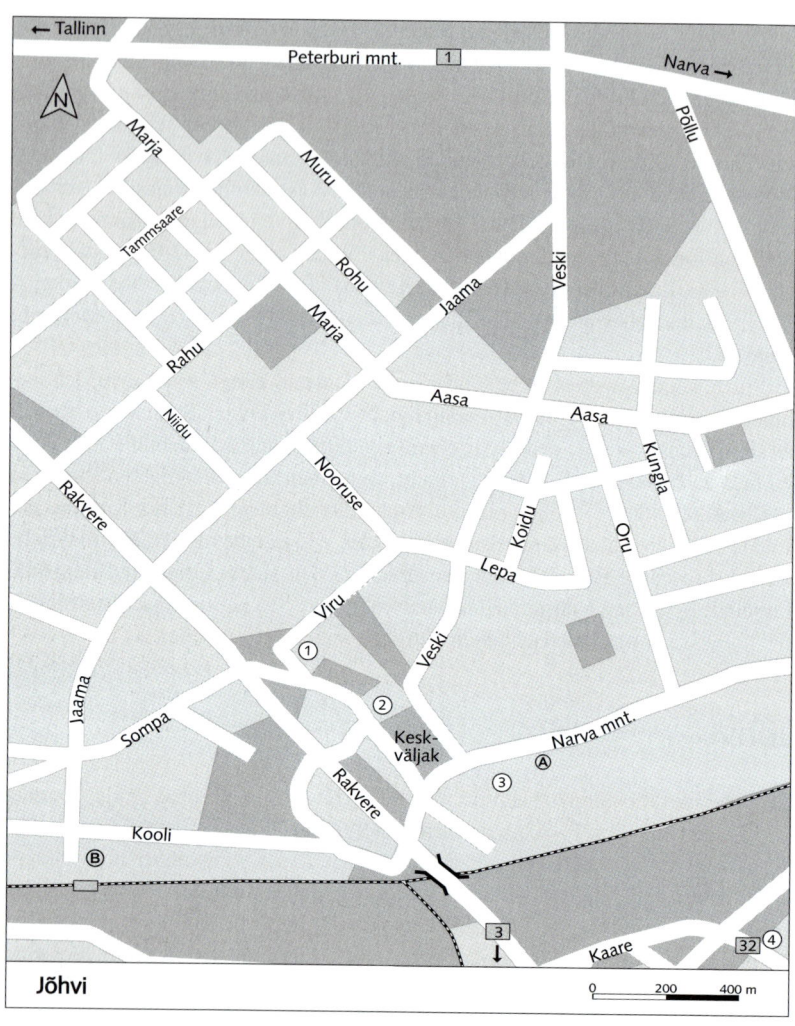

Jõhvi

0   200   400 m

Legende

1 Kirche
2 Kreisverwaltung
3 orthodoxe Kirche

4 zum Gutshof
A Autobushof
B Bahnhof

Der Tallinner Hafen; Blick über die Altstadt von Tallinn
Schloß Kadriorg bei Tallinn; Moderne Fassaden in Tallinn

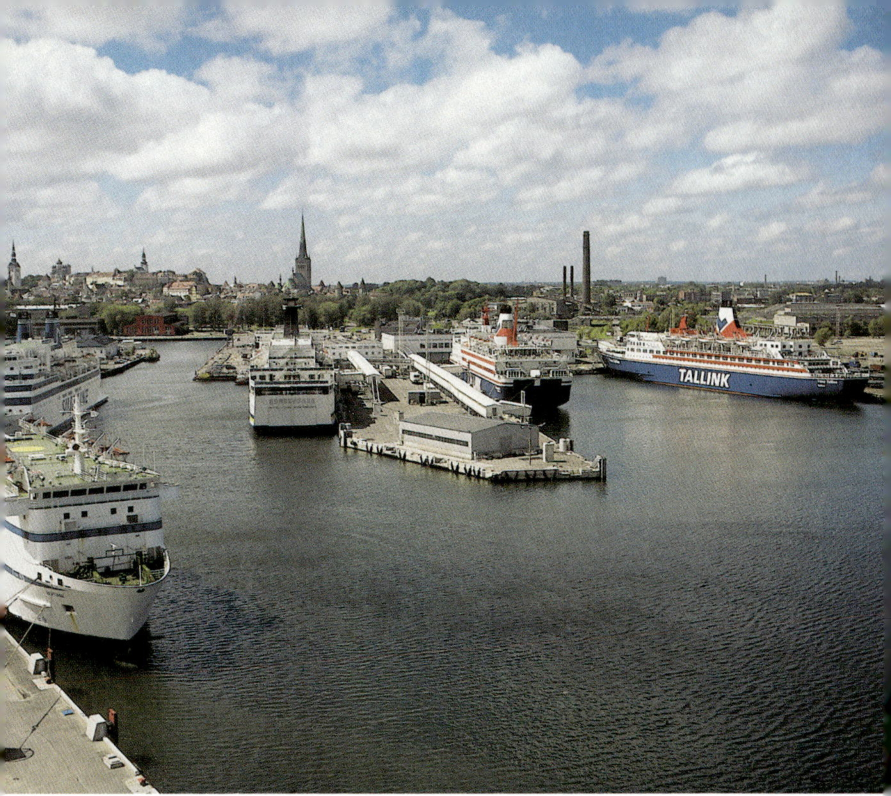
TALLINK

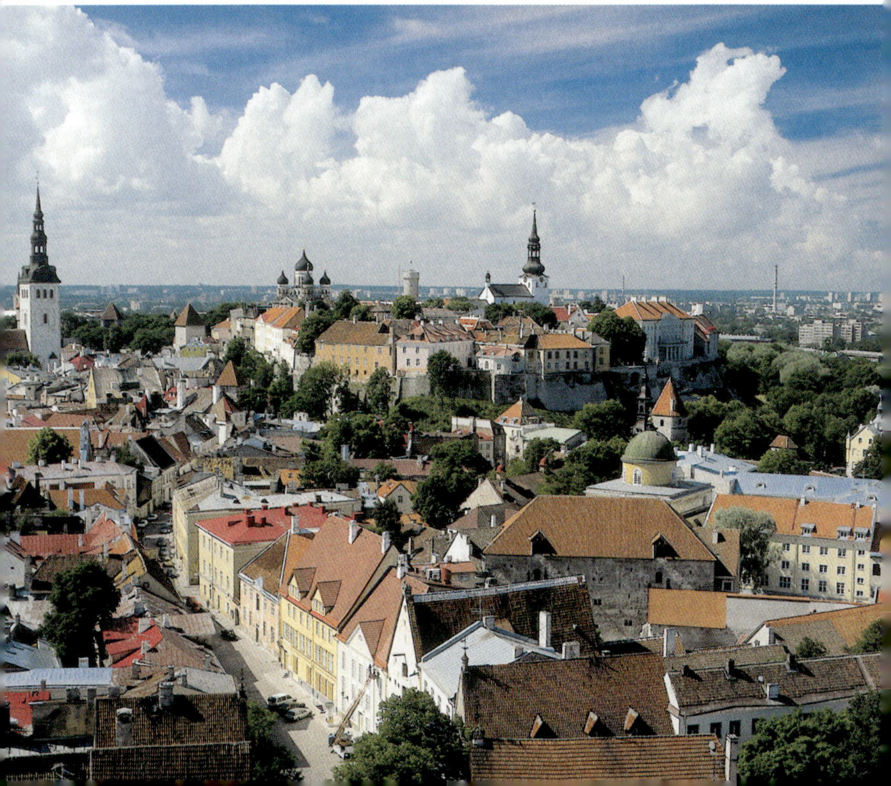

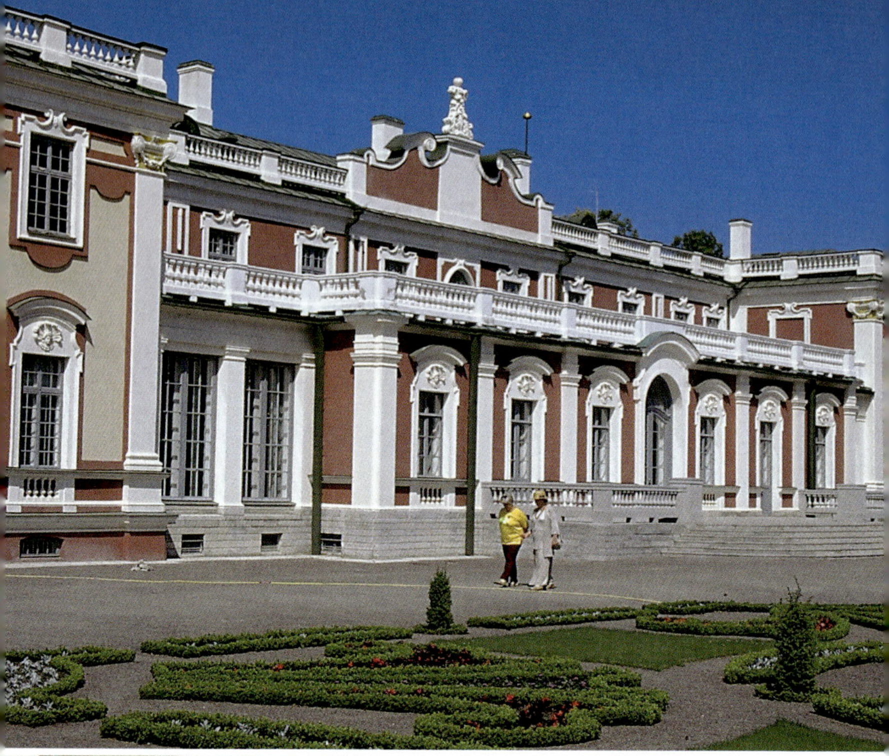

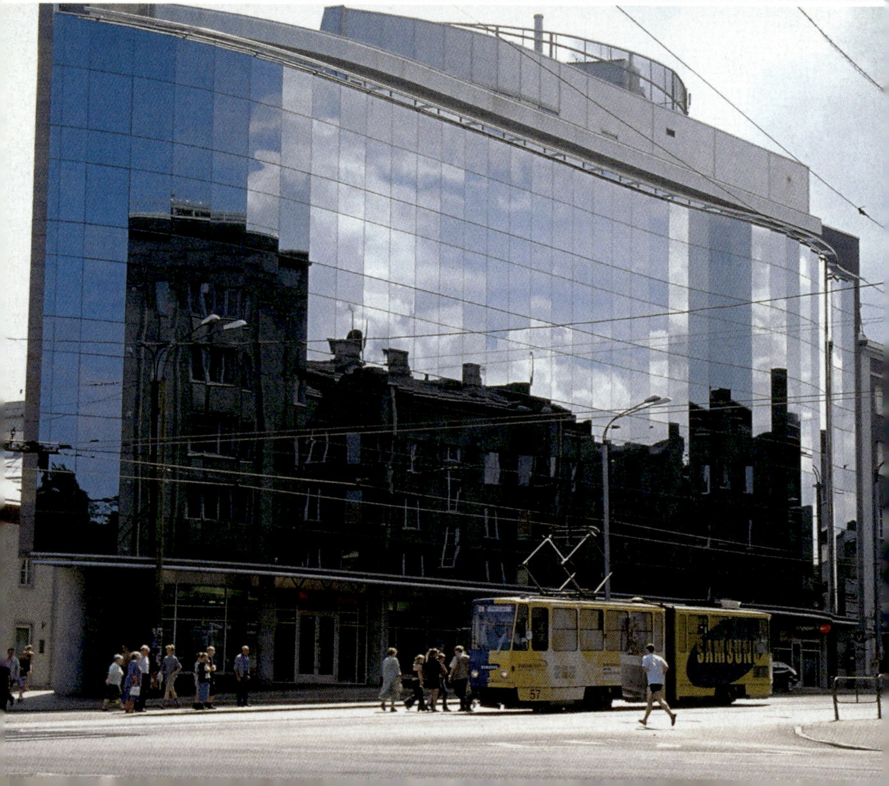
SAMSUNG
57

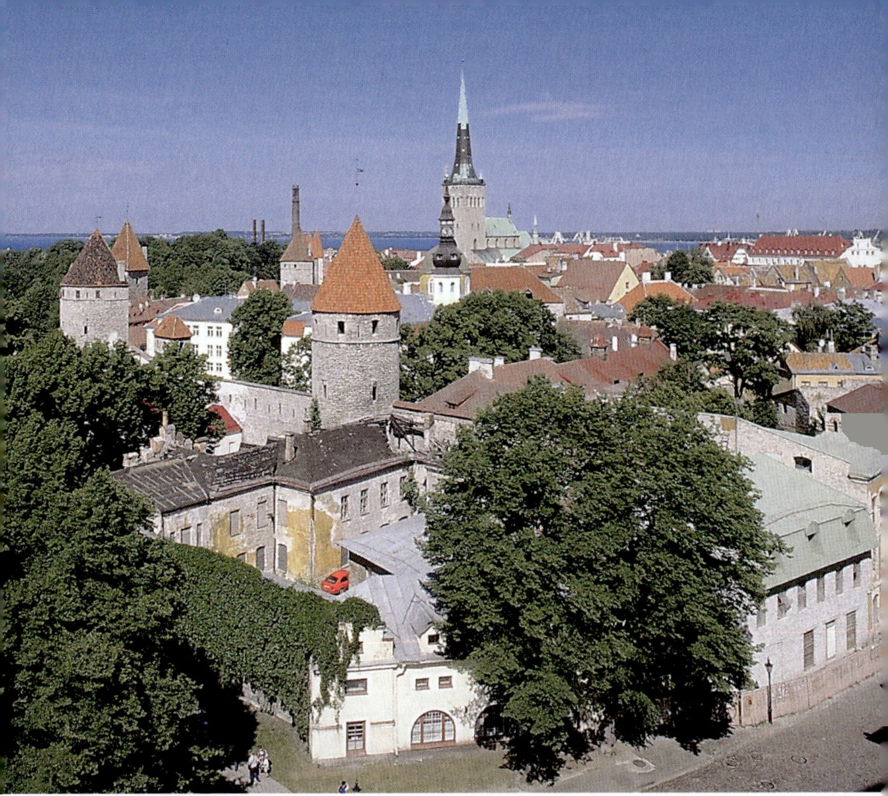

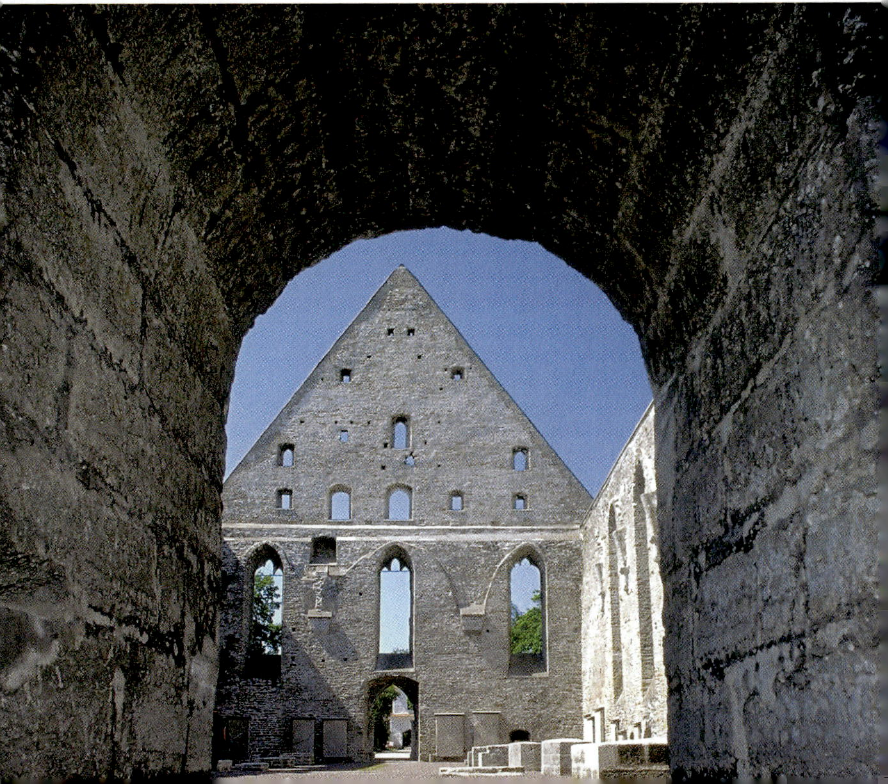

Wehrkirche aus dem 14. Jahrhundert und Reste des Festungsgrabens. Jenseits der Bahnanlagen verzweigt sich die Straße: Nach rechts und gleich wieder rechts, erneut über Bahngleise, dann bald links geht es auf der Nord-Süd-Achse des Landkreises (Straße Nr. 3) zum Peipsi-See (knapp 50 Kilometer) und weiter nach Tartu. Hinter derselben Überführung nach links kommt man auf der Straße Nr. 32, vorbei am Gutshof von Jõhvi, zum Kurtna-Seengebiet und zum Kloster von Kuremäe (s. u.).

Kohtla-Järve, Kiviõli, Püssi

Der Flickenteppich aus größeren und kleineren Einzelorten unter dem Sammelnamen Kohtla-Järve zieht sich im Halbkreis südlich um die Kreishauptstadt Jõhvi herum. Wer sich durch das negative Image der Industrie- und Bergbaustädte nicht von vornherein abschrecken lässt, dem bietet Kohtla-Järve auf den 42 Quadratkilometern seines heutigen ›Stadtgebietes‹ eine bizarre Mischung aus düsteren Wohnblocks, Abraumhalden, riesigen aufgeständerten Rohrleitungen, Förderbändern, Fabrikanlagen, Betonruinen, Industriegleisen, Schrebergärten und älteren Dorfhäusern. Alles grau in grau, mit einer Ruß- und Staubschicht bedeckt, in überwiegend grauenhaftem Zustand. An vielen Stellen dieser Stadt weiß man nicht, ob man sich gerade auf einem Zechengelände oder auf öffentlicher Straße befindet.

Vor allem bei schlechtem Wetter herrscht hier eine gespenstische Atmosphäre. Die 48 000 Einwohner der Gesamtstadt sind der mit Abstand schlechtesten Luft Estlands ausgesetzt, vor allem die Kraftwerksasche stellt eine große Belastung dar. Die inzwischen erfolgte Drosselung der Ölschieferverbrennung hat zwar zu einer leichten Besserung geführt, aber gleichzeitig gingen viele Arbeitsplätze verloren, und die Städte der Region haben einen erheblichen Bevölkerungsschwund hinnehmen müssen. Für die rund 80 Prozent Russen unter den hiesigen Einwohnern gibt es bei fehlenden Sprachkenntnissen in Estland kaum irgendeine Perspektive.

Wer das Wechselbad von Eindrücken aus der Region ein wenig aufarbeiten oder sich mit Hintergrundinformationen versorgen will, dem sei das Ölschiefer-Museum (*Põlevkivimuuseum*; Mo bis Fr 9 bis 17 Uhr; Tel. 247 01) im Stadtteil Järve empfohlen, wo 1916 auch der Tagebau seinen Anfang nahm. Damals brachten Pferdefuhrwerke das manuell abgebaute Gestein zur Bahnstation von Kohtla, von wo es per Zug nach Petrograd (heute: Sankt Petersburg) transportiert wurde.

Blick auf Teile der Stadtmauer von Tallinn; Die Klosterruine von Pirita bei Tallinn
Das spätgotische Rathaus von Tallinn

Nach der Zusammenlegung der ersten Gruben von Järve und Kukruse und der Gründung eines Staatsunternehmens begann in den 1920er Jahren die Öl-, Bitumen- und Petroleumherstellung in Kohtla. Das Spektrum der möglichen Produkte ist außerordentlich groß, und die Verbrennung des Ölschiefers zur Energieerzeugung ist nur ein Teilbereich der heutigen Nutzung. Das Mammutunternehmen ›Eesti Põlevkivi‹ mit fast 10 000 Arbeitsplätzen ist Eigner sämtlicher Minen und Steinbrüche, während ›RAS Kiviter‹ mit etwa 3000 Beschäftigten Chemikalien produziert. Das Ölschiefer-Kraftwerk von Kohtla-Järve war das erste seiner Art. Es deckt den Löwenanteil des estnischen Strombedarfs und exportiert sogar nach Lettland und in die Regionen Sankt Petersburg und Pskov (Russland). Natürlich ist auch der Transportsektor ein wichtiger Arbeitgeber, wie man an den Güterbahnhöfen von Kohtla und Jõhvi sehen kann, die mit jeweils elf parallelen Gleisen die nötigen Kapazitäten für die Massengutbeförderung haben.

Kohtla-Nõmme (1400 Einwohner) bietet Anschauungsmaterial in Fülle mit seinem neuen Bergwerksmuseum (›Kaevanduspark‹; Jaama 1, von Mo bis Fr von 10 bis 17 Uhr, von Sa bis So von 11 bis 15 Uhr; Tel. 240 17).

Ahtme, etwa drei Kilometer südlich von Jõhvi, ist eine typische Bergarbeitersiedlung. Die etwa 22 000 Einwohner – also wesentlich mehr als in der Kreisstadt Jõhvi! – leben ziemlich dicht gedrängt in zwei unterschiedlichen Wohngebieten: ein von stalinistischer Architektur geprägtes, das vom Ende der 1940er Jahre stammt und zusammen mit der Zeche errichtet wurde, und eines aus den 1970/

Wohnhäuser unmittelbar neben Aschehalden

Der neuere Ortsteil von Ahtme

80er Jahren ohne besondere ›Verzierungen‹. Die Bahnlinie und eine mehrspurige Straße liegen dazwischen.

Oru (sieben Kilometer östlich von Jõhvi; 2600 Einwohner) ist ein Zentrum des Torfabbaus, der sich weit nach Süden hin zwischen dem Kurtna-Seengebiet (s.u.) und der eingemeindeten Bergwerkssiedlung Viivikonna (1200 Einwohner) in die Landschaft frisst. Ein ansässiges Unternehmen mit fast 500 Arbeitskräften produziert Torfbriketts und Düngetorf.

Kukruse (drei Kilometer nordwestlich von Jõhvi; 2000 Einwohner): Bereits vor 1880 wurde hier der ›brennbare Stein‹ (Ölschiefer) entdeckt und in Kleinmengen genutzt. Man kann die Ruinen des Gutshofes der Adelsfamilie von Toll sehen, der in seinen Anfängen auf das Jahr 1453 zurückgeht. Ein Gedenkstein im nahegelegenen Kapellenwald (*Kabelimets*) erinnert an einen berühmten Vetreter der Familie, den Polarforscher Eduard von Toll, der 1902 bei einer Expedition im Nördlichen Eismeer sein Leben verlor.

Kiviõli (8300 Einwohner) – schon der Name der Stadt macht skeptisch! Sie heißt wörtlich einfach nur ›Steinöl‹, und diese phantasielose Bezeichnung unterstreicht die industrielle Verarbeitung des Ölschiefers an Ort und Stelle mehr als deutlich. Zum Stadtgebiet gehört übrigens auch der höchste künstliche Berg des gesamten Baltikums; es ist ein 115 Meter hoher Aschenhügel mit einer Aussichtsplattform. Ringsum blickt man auf ein apokalyptisches Szenario aus diversen anderen Halden, Transporteinrichtungen und ruinierter Natur.

Püssi (drei Kilometer östlich von Kiviõli; 2100 Einwohner): Auch der niedlich klingende Name dieses Ortes kann kaum die allgegenwärtige Trostlosigkeit kompensieren. Die seit 1993 selbständige Stadt ist ein alter Marktflecken. Mit gerade einmal 2,1 Quadratkilometern Fläche ist Püssi ausgesprochen winzig und hat auch keine interessanten Stellen. Der Purtse-Bach am westlichen Stadtrand ist durch Phenole derart vergiftet, dass er als das schmutzigste Fließgewässer Estlands (auch ein Superlativ!) eingestuft wurde. Im Abschnitt bei Püssi gibt es allerdings Karstphänomene, und der Bachlauf zeigt sich nur als Trockental.

Lüganuse (Gemeinde 1400 Einwohner) liegt am nördlichen Stadtrand von Püssi: Hier umfließt der Purtse-Bach in einem reizvollen Tal die Dorfkirche aus dem 15. Jahrhundert. Der Kirchturm ist im oberen Teil rund und erinnert ein wenig an Festungsbauten. Auf dem Friedhof daneben sind einige Radkreuze zu sehen. Kurz vor der Mündung in die Ostsee passiert der Bach noch das gleichnamige Gutshaus Purtse aus dem 16. Jahrhundert, das ebenfalls Festungscharakter hat. Mit seinen dicken weißen Mauern und dem roten Ziegeldach springt es auch dem Durchreisenden auf der nahen Straße von Tallinn nach Narva ins Auge.

Die Ortschaft Sonda (drei Kilometer westlich von Kiviõli; 1200 Einwohner) ist auf Holzverarbeitung ausgerichtet. Den Materialtransport besorgte einst sogar eine kleine Eisenbahn, die von 1916 bis 1972 auf 63 Kilometern Länge zwischen Sonda und Mustvee am Peipsi-See durch das waldreiche Hinterland verkehrte. Ein Stück westlich von Sonda, auf der Grenze zum Nachbarkreis Lääne-Virumaa, bietet der tiefe See von Uljaste einen richtigen Badestrand; über die Wasserqualität lassen sich leider keine Angaben machen.

Aseri

Die Ortschaft liegt im äußersten Nordwesten des Landkreises Ida-Virumaa. Sie ist von lichtem Wald umgeben, macht aber keinen sonderlich einladenden Eindruck. An langen Zeilen von teilweise verlassenen Mietskasernen vorbei gelangt man zu einem kleinen Platz; ein Stück weiter ist das Meer. Der Ort ist seit langem ein Zentrum der Baustoffindustrie: bis 1928 war es die Zementproduktion, die heute in Kunda im benachbarten Kreis Lääne-Virumaa konzentriert ist; später dominierte die Herstellung von Ziegeln, Entwässerungsröhren und einfacheren Keramikerzeugnissen. Durch eine Investition aus Schweden konnte in den 1990er Jahren wenigstens ein Drittel der Arbeitsplätze im Ort gesichert werden, nachdem der russische Absatzmarkt weggefallen war. Heute hat die Gemeinde Aseri noch etwa 2500 Einwohner.

Fünf Kilometer westlich von Aseri zweigt ein Weg zum Gutshaus von Kalvi ab. Der dunkle Bau aus Naturstein mit Ecktürmchen wurde 1913 fertiggestellt und diente während des sowjetischen Regimes als Sanatorium für Werktätige, die von den Arbeits- und Lebensbedingungen im nahegelegenen Kohtla-Järve gezeichnet waren. Kürzlich wurde der Bau gründlich saniert und erweitert. Einige hundert Meter hinter dem Gebäude erreicht der Waldweg einen schönen Strand mit Erfrischungskiosk. Große Findlinge im seichten Wasser und ein großes Waldareal bereichern die Szenerie.

Die Küste von Aa bis Voka

Zu den touristisch interessanten Stellen von Ida-Virumaa zählt der Küstenabschnitt nördlich der Industrieregion. Zwar ist das Meerwasser hier stark verschmutzt, aber es gibt einige landschaftliche Schönheiten. Die Durchgangsstraße Nr. 1 entfernt sich bei Jõhvi relativ weit vom Meer, so dass man am besten schon bei Aa (etwa acht Kilometer westlich von Kohtla-Järve) auf einer Asphaltstraße zur Küste hin abbiegt. Hinter dem Gutshof von Aa erreicht man einen ausgedehnten Sandstrand. Fährt man von hier aus nun parallel zur Küste nach Osten, so kommt man zur Steilküste von Saka – Ontika – Toila. Die Straße ist in diesem Abschnitt nicht asphaltiert und führt mit einigen Abknickungen durch Wiesen oberhalb der bewaldeten Klippen entlang, so dass man zunächst nicht viel sehen kann. Beim Dorf Saka kann man wieder an das Meer heran. Interessantere Stellen findet man, wenn man noch am Gutshof von Ontika (hier Herberge und Erfrischungen) vorbei fährt. Bald liegt auf der linken Seite ein kleiner Parkplatz, von dem eine Treppe hinab zum Meer führt. Etwa einen Kilometer weiter folgt ein größerer Parkplatz mit Kiosk. Hier kann man auf einer Treppenkonstruktion zur Besichtigung des Wasserfalls von Valaste hinabsteigen. Was sich im Sommer meist als spärliches Plätschern darbietet, ist bei entsprechender Wasserführung im Frühjahr und Herbst durchaus eine beachtliche Naturerscheinung: über 20 Meter hoch und damit der höchste Wasserfall in Estland. Auch einige weitere Bäche aus der Region stürzen hier die Klippen hinunter. Bei Ontika erreicht die Steilküste (der ›Baltische Glint‹) mit knapp 56 Metern die höchste Stelle. Die Geländestufe erstreckt sich hier durchgehend auf einer Länge von 20 Kilometern.

An einem Abzweig knapp drei Kilometer weiter kann man rechts nach Jõhvi fahren oder nun auf Asphalt geradeaus an der Kante des Steilhangs entlang bis zum Kurort Toila (etwa sieben Kilometer), der schon seit über hundert Jahren als Bade- und Ausflugsziel beliebt ist. Eine Unterbrechung der Kliffküste ermöglicht den Zugang zu einem feinen Sandstrand. In Toila gibt es eine große Fischfabrik, die aus der ehemaligen Fischereikooperative ›Oktoober‹ hervorgegangen ist und sogar bis nach Schweden und Kanada liefert. Am östlichen Ortsrand mündet der Pühajõgi (wörtlich: Heiliger Fluss) in die Ostsee. Ein wenig oberhalb hatte sich der Sankt Petersburger Großkaufmann Grigorij Eliseev, an den heute noch das gleichnamige Delikatessengeschäft mit dem berühmten Jugendstil-Interieur (Sankt Petersburg, Nevskij prospekt 56) erinnert, zwischen 1897 und 1899 das Schloss Toila-Oru bauen lassen. Ein terrassierter Park von beachtlicher Größe integrierte den Flusslauf. Leider existieren von dem Gebäude, das ab 1935 als Sommerresidenz des estnischen Staatspräsidenten diente, seit dem Zweiten Weltkrieg nur noch Ruinen; lediglich der Park mit seinen über 270, teils exotischen Baumarten lohnt eventuell noch einen Besuch. Im Nachbarort Voka schließlich gibt es noch eine weitere Gutshofruine mit Park und tief eingeschnittenem Bachlauf. Sowohl von Toila als auch von Voka aus gelangt man auf festen Straßen zur Hauptstraße zurück.

Sillamäe

Einige äußerst desolate Industrieareale und eine Ansammlung mehrstöckiger Wohnkästen in sowjetischer Einfachbauweise ergeben den ersten Eindruck von Sillamäe (heute 17 000 Einwohner), wenn man auf der Straße Nr. 1 von Tallinn nach Narva unterwegs ist. Eigentlich ist es eine völlig nichtssagende Stadt, die in manchen Büchern nicht einmal Erwähnung findet, weil sie keinerlei Sehenswürdigkeiten besitzt. Sie gehört jedoch neben Paldiski im Kreis Harjumaa zu den geheimnisvollsten des Landes.

An einem reizvollen Küstenabschnitt war nach dem Zweiten Weltkrieg an der Stelle eines ehemaligen Kurortes eine Industriestadt sowjetischer Prägung aus dem Boden gestampft worden, die einzig und allein dazu bestimmt war, dem militärisch-industriellen Komplex der UdSSR zu dienen. Sämtliche 22 000 Einwohner waren damals aus Russland hierher umgesiedelt worden und führten ein undurchsichtiges Eigenleben mit eigenen Behörden. Wie auch in anderen derartigen ›Kolonien‹ hatten die lokalen Stellen keinerlei Einflussmöglichkeiten, noch nicht einmal das Recht zu erfahren, was überhaupt in der Stadt vorging. Nachdem die Sowjetunion zerfallen war und Städte wie Sillamäe von Russland völlig sich selbst überlassen blieben, kam allmählich die ganze Wahrheit über die einstigen Machenschaften ans Tageslicht: eine geheime Uranfabrik hatte viele hundert Tonnen radioaktiver Abfälle angehäuft, vollkommen ungeschützt und in unmittelbarer Nähe zur Ostseeküste!

Nach wie vor ist Sillamäe eine fast rein russische Stadt, die sich unter den veränderten Bedingungen sehr schwertut, eine neue wirtschaftliche Basis zu finden. Nach Jahrzehnten der Isolation und Versorgung von außen muss sie sich in den

An der Busstation von Sillamäe

estnischen (und europäischen) Markt integrieren. Ihre Bewohnerschaft muss sich damit zurechtfinden, nicht mehr eine gehätschelte ›Garnison in einem fremden Land‹ zu sein. Nicht zuletzt sind immense Umweltprobleme, verstärkt noch durch den benachbarten Ölschieferabbau, zu bewältigen. Mit diesem Erbe, für das Russland als Rechtsnachfolger jede Verantwortung ablehnt, wird die junge estnische Republik noch viele Jahre beschäftigt sein. Erste Planungen sehen nun den Bau eines Hafens vor sowie die Umwandlung der ehemals militärischen Institute in eine Hochschule; außerdem bietet die Lage unmittelbar an der wichtigen Fernstraße Tallinn – Narva – Sankt Petersburg gute Voraussetzungen für den Bau von Serviceeinrichtungen für den Autoverkehr.

Wer von der Durchgangsstraße in die Stadt abbiegt, trifft auf weitgehend gleichförmige Straßenzüge, die von den typisch stalinistischen Mietskasernen mit pseudoklassizistischen Attributen dominiert werden. Über einige breite Treppen führt diese Bebauung bis hinunter ans Meer. Zwischen den Häuserblocks stehen überall große Bäume, die dem Ort viel Grün und eine gewisse Ruhe verleihen und die ganze Misere verdecken. Obwohl man auf den ersten Blick eher wenige Läden sieht, ist doch allerhand los auf den Straßen. Russische Aufschriften gibt es noch, aber angesichts der ethnischen Verhältnisse sind es doch auffallend wenige. Man spürt nach wie vor, dass Silamäe eine sonderbare Stadt ist.

Narva-Jõesuu

Man verlässt Narva vom innerstädtischen Kreisverkehr aus in nördlicher Richtung. Nach einem knappen Kilometer macht die Hauptverkehrsstraße einen Rechts-Links-Knick und verläuft dann stadtauswärts im Abstand von 100 bis 200 Metern immer parallel zum Grenzfluss Narva. Auf estnischer Seite stehen etliche ältere Häuser am Ufer. Auf der gegenüber liegenden russischen Seite hört jegliche Bebauung auf, und man sieht nichts als Wald. An einer Stelle, bei einem Denkmal, blickt man hinüber auf ein paar abgetakelte Schiffe, die am anderen Ufer dümpeln. Nach etwa zwölf Kilometern erreicht man das ›Seebad‹ Narva-Jõesuu (3600 Einwohner). Man könnte glauben, es handele sich um einen isolierten Ortsteil der Stadt Narva, aber der Name bezieht sich auf den gleichnamigen Fluss und bedeutet einfach nur ›Narva-Flussmündung‹.

Die exponierte Stelle am Finnischen Meerbusen (*Soome laht*) war schon in der Steinzeit besiedelt. Zar Peter der Große wusste ebenfalls die strategisch günstige Lage zu schätzen, auch wenn die erschreckende Armut der ansässigen Fischerfamilien ihn zu der Bezeichnung ›Hungerburg‹ veranlasste, was für lange Zeit gewissermaßen zu einem zweiten Ortsnamen wurde. Aus einer Art Vorhafen von Narva entwickelte sich ein international bedeutender Standort und um 1800 herum eine Kleinstadt, die 1873 den Titel ›Kurort‹ erhielt und in den folgenden drei Jahrzehnten mit entsprechenden Einrichtungen weiter ausgebaut wurde. Der über sieben Kilometer lange fast schneeweiße Sandstrand mit Dünen und begleitendem Kiefernwald lockte viel Prominenz aus Sankt Petersburg und sogar Moskau hierher, unter anderem die berühmten Komponisten P. Čajkovskij und S. Prokof'ev. Auch während der Zugehörigkeit zur Sowjetunion gab es hier zahlreiche Erholungsheime, Sanatorien und Ferienlager von bescheidenem Standard, die vom Staat unterhalten wurden und immer gut belegt waren, sicher auch mangels anderer Angebote. So kam es zu einem Nebeneinander von prächtigen Holzvillen mit geschnitzten Verzierungen aus ersterer Epoche und hässlichen Betonzweckbauten aus letzterer. Die Stadt hat eine schachbrettartige Anlage: von der Durchgangsstraße führen etliche Straßen geradewegs durch den Kiefernwald an den Strand.

Durch die heutige Staatsgrenze gleich nebenan ist Narva-Jõesuu in eine extreme Abseitslage geraten. Nach der Streichung staatlicher Subventionen sind die meisten Kureinrichtungen nicht mehr ausgelastet: Für Esten, sofern sie sich Urlaubs- oder Kuraufenthalte überhaupt leisten können, sind Auslandsziele attraktiver geworden; für die frühere Kundschaft aus dem nahen Großraum Sankt Petersburg gilt dasselbe, außerdem würden Russen heute ein Visum für Estland benötigen. Und Finnen fahren auf der Suche nach preiswerten Kurmöglichkeiten lieber nach Pärnu am anderen Ende Estlands, das eindeutig mehr zu bieten hat. So ist Narva-Jõesuu ein typisches Beispiel vergangener Pracht: Nach erheblichen Kriegszerstörungen zeugen noch einige Holzvillen (vor allem in der Aia tänav), ein Pavillon, Teile des Kursaals von 1882 und eine kleine orthodoxe Kirche vom schönen Leben an der ›Riviera des Baltischen Meeres‹. Zwar gibt es in den Sommermonaten ein gewisses Strandleben, aber das Wasser ist alles andere als sauber, weil der Narva-Fluss just hier allerlei Industrieabwässer ins Meer entlässt. Auch die im einstigen ›Kurort‹ angesiedelte Industrie (vor allem Fischverarbeitung) schafft Probleme.

Wenn man das rege Treiben im lettischen Bade- und Kurort Jūrmala (Nahziel von Rīga) zum Vergleich heranzieht, muss man annehmen, dass Narva-Jõesuu seine beste Zeit endgültig hinter sich hat.

Für den Rückweg kann man die Straße über Meriküla (übersetzt: Meerdorf) entlang der Ostseeküste wählen. Man sieht unterwegs zwar fast nichts vom Meer, spart jedoch gegenüber dem Rückweg via Narva wenigstens etliche Kilometer.

Das Kurtna-Seengebiet

Kaum hat man das schmutzige Industrierevier von Jõhvi oder Ahtme in Richtung Südosten verlassen (Straße Nr. 32), präsentiert sich die vorher so abweisende Region von ihrer schönsten Seite. Zwischen Kurtna und dem unscheinbaren Gemeindezentrum Illuka liegt nach Osten hin das rund 30 Quadratkilometer große eiszeitliche Seengebiet von Kurtna (*Kurtna järvistu*) zwischen Hügeln, auf denen sich Heidekraut und Wacholder ausbreitet. Nicht weniger als vierzig malerische Seen machen den Reiz des hiesigen Wandergebietes aus, das durch ein Geflecht kleiner Straßen erschlossen ist, im Osten jedoch abrupt durch die Torfabbauflächen von Oru sowie den Tagebau von Viivikonna begrenzt wird. Mittendrin gibt es einen Hügel, den 71 Meter hohen Kuradimägi (Teufelsberg), der eine schöne Aussicht über die unwegsame Moorlandschaft entlang der russischen Grenze und auf die Kuppeln des Kuremäe-Klosters bietet. Am besten nimmt man die Zufahrtsstraße über Vasavere, die gegenüber der Einmündung von Ahtme ausgeschildert ist; allerdings ist der große See am Ende des Asphaltbelages leider zu einem hässlichen Baggerloch verunstaltet worden. Unterwegs, in einer Rechtskurve, kommt man an einer touristischen Übersichtstafel vorbei. Zwischen Kurtna und Illuka liegt ein Campingplatz. In Illuka findet man das wohl attraktivste Schulgebäude von ganz Estland: Ein Gutshaus von 1888 wurde Mitte der 1990er Jahre grundlegend restauriert und dient heute samt historischem Interieur dem Unterricht. Die hier beschriebene Strecke verläuft parallel zur Hauptstraße Nr. 3 und empfiehlt sich als Alternative, da sie praktisch direkt zum Kloster von Kuremäe führt.

Das Kloster Kuremäe

Inmitten der waldreichen Gegend am Rand der großen Moore, die einen breiten Grenzsaum gegenüber Russland bilden, liegt beim Dorf Kuremäe das sehenswerte Kloster Pühtitsa. Man erreicht es, indem man von Jõhvi oder vom Peipsi-See aus jeweils auf einer einsamen Asphaltstraße in die Gemeinde Illuka fährt.

Das Nonnenkloster liegt auf einer Anhöhe an der Stelle eines heiligen Haines mit Quelle, der in der estnischen Volksdichtung eine große Rolle spielte. Es wurde 1892 als Russifizierungszentrum gegründet und gehörte in der Sowjetunion zu den wenigen Klöstern, die ohne Unterbrechung tätig sein konnten, auch wenn die Verwahrlosung der Gebäude um 1960 fast eine Schließung erzwungen hätte. Heute ist

es das einzige bewohnte Kloster Estlands. Wenn man den mit einer wehrhaften Mauer umgebenen Komplex durch das Haupttor betritt, gelangt man zwischen Rosenbeeten hindurch vor die Uspenskij-Kathedrale mit ihren fünf Zwiebeltürmen mit gewaltigen Kuppeln, erbaut 1907 bis 1910. Sie bildet den Mittelpunkt des Klostergeländes. Im Inneren kann man einen prunkvollen Ikonostas bestaunen.

Dezente Kleidung einschließlich Bedeckung der Arme wird erwartet! Daneben gehören noch fünf weitere Kirchen und umfangreiche Wirtschaftsgebäude zu dem Ensemble, in dem zur Zeit mehr als hundert Nonnen weitgehend autark leben. Für den Winter werden große Brennholzstapel turmförmig aufgeschichtet. Gemüsegärten, Getreideäcker und Bienenstöcke werden in

Eingang zum Kloster von Kuremäe

Eigenregie bewirtschaftet. Ein kleines Museum zeigt selbst verfertigte Stickereien, und in einem Kiosk kann man Ansichtskarten und religiöse Souvenirs kaufen. Dabei wird man schnell bemerken, dass die Nonnen ganz überwiegend Russisch sprechen. Die Klosteranlage in ihrer Abgeschiedenheit ist gerade im Winter sehr beeindruckend, wenn man sich über die verschneiten Abhänge der dunklen Ummauerung nähert.

Am besten fährt man vom Kloster zurück bis zu der Abzweigung bei Illuka. Wer die Einsamkeit sucht, kann auf der einzigen Asphaltstraße (Nr. 32) noch etwa

20 Kilometer weiter in südöstliche Richtung fahren. Man kommt so durch nahezu unbesiedelte Wald- und Moorlandschaften bis nahe an den Austritt des Narva-Flusses aus dem Peipsi-See. Links etwas abseits der Straße dehnt sich der Puhatu-Sumpf auf schätzungsweise 150 Quadratkilometern aus, das größte von vielen derartigen Gebieten in Estland. Es ist nicht möglich, in den noch nahezu unberührten Urwäldern weit zu wandern. Die wenigen Wege enden recht bald, und es besteht Gefahr zu versinken.

Die Moorlandschaft Alutaguse

Das nördliche Hinterland des Peipsi-Sees bildet ein breiter Streifen von Moorwäldern, die unter dem Namen Alutaguse zusammengefasst sind. Von Avinurme im Westen bis in die Gegend des Klosters Kuremäe, etwa 50 Kilometer weiter östlich, gibt es kaum Ortschaften und nur wenige, sehr einsame Straßen.

Den Mittelpunkt von Alutaguse bildet der Ort Iisaku mit seinen 1000 Einwohner, den auch die Nord-Süd-Hauptstraße (Nr. 3) tangiert. Iisaku liegt auf den letzten Ausläufern eines Höhenzuges, der beim Kuradimägi (Teufelsberg) im Kurtna-Seengebiet beginnt und über Illuka bis hierher führt. Die Hügellage war Voraussetzung für die Gründung von Siedlungen in dem Feuchtgebiet: Iisaku reicht bis auf 94 Meter ü. M. und Tudulinna als einzige nennenswerte weitere Siedlung 70 Meter ü. M., also hinreichend trocken. Auf der Karte findet man bezeichnenderweise etliche Einzelhöfe, deren Namen auf -saare (Insel) enden. Nach Nordwesten geht der Blick auf das Muraka-Hochmoor, das Lebensraum für eine Population von ungefähr hundert Bären bietet, außerdem für seltene Vogelarten.

Die Bevölkerung im Raum Iisaku und Illuka stammt zum großen Teil von Russen ab, die nach dem Nordischen Krieg (1700–1721) eingewandert waren und sich in den Urwäldern niederließen. Das zeigt sich noch heute in der Sprache und im Brauchtum. In Iisaku gibt es ein sehenswertes Heimatmuseum. Ein wunderschönes Waldgebiet zieht sich vom Kirchhügel in Richtung Norden. In Tudulinna liegt die Kirche ein wenig abseits, an einem Hang oberhalb der Siedlung. Das Ortsbild von Avinurme profitiert vom Flusslauf des Avijõgi; über die 1931 errichtete Flussbrücke am westlichen Ortsrand verkehrte bis 1972 die Schmalspurbahn von Sonda (s.o.) nach Mustvee, an die noch ein Museumszug erinnert. Sie diente insbesondere dem Holztransport. Das Heimatmuseum (*Koduloomuuseum*; Do von 10 bis 17 Uhr; Tel. 974 31) dokumentiert lokale Zimmermannstraditionen.

Am südlichen Ortsrand von Avinurme mündet die Straße Nr. 35 schließlich in die Regionalstraße Nr. 21 (von Rakvere nach Mustvee) ein.

Der Peipsi-See (Nordufer)

In einiger Entfernung von den industriellen Problemzonen des Landkreises Ida-Virumaa bietet das Nordufer des größten estnischen Sees eine Reihe von Ausflugszielen und Naherholungsgebieten, die zum Teil auf betriebliche Einrichtungen aus der Sowjetunion zurückgehen. Die Strecke von Mustvee (bereits im benachbarten Kreis Jõgevamaa) bis zum äußersten Ende bei Vasknarva an der russischen Grenze beträgt gut 50 Kilometer. Davon entfällt knapp die Hälfte auf die Durchgangsstraße Nr. 3 (Jõhvi–Tartu), die das Seeufer im Nordwesten tangiert. Meist bleibt der See für die Vorüberfahrenden hinter Bäumen verborgen. Am Straßenrand wird vielerorts Fisch verkauft, außerdem Zwiebeln und Gurken aus eigenem Garten.

In Kauksi, wo die Nord-Süd-Achse des Landkreises auf den See trifft, gibt es eine sogenannte ›turismibaas‹: Etwas abseits der Straße in einem lichten Kiefernwald findet man gegen geringe Gebühr reichlich Parkplätze, von denen man in wenigen Schritten zu den Dünen gelangt. Ein langer Sandstrand erweckt den Eindruck, man sei am Meer, zumal man wegen der riesigen Größe des Sees das gegenüber liegende russische Ufer nicht erkennen kann. Das Wasser hier ist extrem flach. Nur an wenigen Stellen ist der Zugang zum Peipsi-See so günstig.

Der Peipsi-Strand bei Kauksi

Sonst trifft man meist auf undurchdringliche Schilfgürtel, oder die Uferzone macht keinen sehr einladenden Eindruck. Hier am Strand von Kauksi gibt es auch ein – noch sehr an sozialistische Ferienheime erinnerndes – Strandlokal mit Terrasse und einen Campingplatz im Kiefernwald.

Etwa drei Kilometer westlich von Kauksi mündet das Flüsschen Rannapungerja in den See; auch hier findet man einen schönen Sandstrand sowie gute Möglichkeiten zum Segeln. Nochmals acht Kilometer weiter folgt das etwas größere Fischerdorf Lohusuu an der Mündung des Avijõgi. Bezeichnend ist der Name des Wohnviertels unmittelbar am Wasser: Veneküla – das heißt nichts anderes als ›Russendorf‹ und spiegelt die Bevölkerungsverhältnisse am Ufer des Peipsi-Sees sehr gut wider. Nicht wenige der Dörfer werden von estnischen und russischen Fischerfamilien bewohnt. Friedhöfe der verschiedenen Religionen bestätigen das.

Wer sich etwas abseits der Durchgangsstraßen umsehen will und Staubstraßen nicht scheut, kann auch bei Kauksi abzweigen und dem Seeufer nach Osten folgen (Straße Nr. 111). Gleich hinter dem Nachbardorf Kuru beginnt das Gebiet der Gemeinde Alajõe, die alle Siedlungen an den noch folgenden 26 Kilometern Seeufer umfasst. Noch nicht einmal 450 Menschen leben hier insgesamt und bilden damit die kleinste Gemeinde Estlands, abgesehen von drei winzigen Inselgemeinden. Man fährt an zahllosen Freizeitunterkünften vorüber, ein schmaler Streifen Kiefernwald verhindert den direkten Ausblick auf den See. Der Hauptort Alajõe kündigt sich mit einer orthodoxen Backsteinkirche an und besitzt einen Badestrand. Die Brücke im Dorf ist nicht für Autos gebaut, so dass man weiter in Richtung Vasknarva einen Bogen (zunächst Richtung Iisaku) fahren muss. Nach einem kurzen Stück endet schließlich der Asphalt. Nach rund zwölf Kilometern trifft man auf einmal auf den letzten Zipfel der Straße Nr. 32, die vom Kloster Kuremäe herkommt. Man kann hier noch drei Kilometer weit dem Ufer folgen: In Vasknarva, wo der Narva-Fluss aus dem Peipsi-See abfließt, um dann in seiner ganzen Länge die Grenze zu Russland zu markieren, leben heute noch etwa 50 bis 60 Menschen, fast alles Russen. Mitten in dem bescheidenen Dorf stehen die Ruinen einer Ordensburg von 1427, deren Vorgängerbau von 1349 bereits zur Sicherung des Hafen- und Grenzdorfes in derart exponierter Lage errichtet worden war. Immerhin war es damals eine Station auf dem wichtigen Handelsweg nach Novgorod. Trotz der Abseitslage verirren sich heute an Sommertagen ziemlich viele Ausflügler an den Dorfstrand. Es gibt sogar eine Schiffsverbindung zur Stadt Narva. Wer an der erwähnten Straßeneinmündung vor Vasknarva direkt nach Norden fährt, entfernt sich vom Seeufer und muss sich bei der Siedlung Jaama, wo im Sumpf ein alter Flussarm mäandriert, entscheiden, ob er nun der Straße Nr. 32 (ein Stück weiter dann asphaltiert) zum Kloster Kuremäe folgt oder aber noch über 15 Kilometer dem Lauf des Grenzflusses Narva folgt, um schließlich bei Gorodenka kehrt zu machen. Hier endet die Straße nämlich unvermittelt im Nichts.

Telefonvorwahl: 033, nur Sillamäe 039.
PLZ-Bereich: 40-43000 ff., Kohtla-Järve 30-31000 ff., Narva-Jõesuu 29000 ff.
Internet: www.ivmv.ee; www.virumaa.ee.
Tourismusbüro: Rakvere 13a, 41502 Jõhvi, Tel. 705 68; siehe auch Stadt Narva.
Hauptpost: Sompa 1a, 41501 Jõhvi.
Polizei: Rahu 27 in Jõhvi.

 Jõhvi 165 km östlich von Tallinn (Straße Nr. 1, teils autobahnartig). Parken in Jõhvi ratsam im Bereich des Keskväljak bzw. nördlich der Eisenbahnbrücke. Ein Teil der Straßen südlich von Sillamäe sowie die Direktverbindung zwischen Kohtla-Nõmme und Kiviõli sind allein dem Tagebau-Werksverkehr vorbehalten! Östlich von Jõhvi keine Alternative zur Straße Nr. 1. Die Agglomeration Kohtla-Järve ist ebenso gesichtslos wie unübersichtlich; schlechte Beschilderung. Von Jõhvi nach Kauksi 46 km, Sillamäe 25 km, Narva 50 km, Sankt Petersburg 185 km. Siehe auch Stadt Narva.

 1 Zugpaar tägl. auf der Strecke Tallinn–Narva, ansonsten nur Industriebahnen. 10 Bahnstationen im Landkreis. Nur in Jõhvi halten 3–4 Zugpaare pro Woche Tallinn–Sankt Petersburg und 1 Zugpaar tägl. Tallinn–Moskau.

 Kommunale Buslinien im Raum Jõhvi und Kohtla-Järve. Vom Bushof Jõhvi (Tel. 524 33) gute Verbindungen in alle Landesteile.
Taxi in Jõhvi und Kohtla-Järve Tel. 700 00.

 Die wenigen Unterkünfte entsprechen kaum den gängigen Erwartungen. Außerhalb von Narva kommen am ehesten das Hotel ›Toila Spa‹ (Toila, Ranna 12, Tel. 252 33, DZ ab 60 Euro, Fahrradverleih) und das Hotel ›Narva-Jõesuu‹ (DZ ca. 57 Euro) in Frage.

 Bei den Badestränden von Narva-Jõesuu (Koidu 6, Tel. 37 002) und Kauksi (Tel. 938 35); weitere am Peipsi-Nordufer.

 In Edise bei Jõhvi lohnt sich der Besuch des rustikalen ›Valgehobu trahter‹ (Gasthof Weißes Pferd) in einem vormaligen Gutshofstall. In Toila kommen evtl. das Restaurant ›Mio Mare‹ (Ranna 12) oder das ›Fregatt‹ (Pikk 18) in Betracht. Man wird im Industrierevier keine gastronomischen Höhepunkte erwarten.

Die Stadt Narva

Die Grenzstadt im Osten

▶ selbständiger Stadtbezirk im Landkreis Ida-Virumaa in Nordost-Estland
▶ Autokennzeichen: erster Buchstabe N

▶ Fläche 84 qkm; die Stadt bildet den östlichsten Punkt des estnischen Territoriums
▶ etwa 69 000 Einwohner
▶ drittgrößte Stadt Estlands

Der 5-Kronen-Geldschein mit der rückseitigen Abbildung des einzigartigen estnisch-russischen Festungspaares beiderseits des Grenzflusses reizt zu einer Fahrt nach Narva. Die letzten Kilometer auf der Landstraße ziehen sich endlos durch ein nichtssagendes Flachland; kaum glaubt man, dass überhaupt noch ein bedeutenderer Ort auftaucht. Wer etwa die Landstraße von Bautzen nach Görlitz nimmt, erlebt eine ähnliche Situation: Unvermittelt gerät man jenseits von Feldern und Freiflächen noch einmal in städtisches Leben, bevor der Schlagbaum scheinbar willkürlich Wirtschaftsräume, ja Welten trennt. In beiden Fällen schmerzt diese Tatsache umso mehr, weil es, zumindest historisch gesehen, noch einen Stadtteil jenseits des Grenzflusses gibt. Und meistens endet hier auch die Fahrt: Von Narva aus geht es in der Regel nur zurück.

Narva ist Estlands östlichster Punkt, eine Art Vorposten in einer unwirtlichen, von Tagebau, Abraumhalden und Sümpfen gekennzeichneten Umgebung, erreichbar einzig und allein über die Durchgangsstraße Nr. 1. Die Lage auf der Landbrücke zwischen Finnischem Meerbusen und Peipsi-See mit relativer Nähe zu Sankt Petersburg (nur 140 Kilometer; hingegen 210 nach Tallinn!) sowie eine Reihe historischer Umstände erklären den traditionell hohen Anteil von Russen unter den Einwohnern. Schon in den 1930er Jahren waren es 30 Prozent, und nach der völligen Zerstörung im Zweiten Weltkrieg mit Wiederaufbau unter sowjetischer Herrschaft wurden immer mehr russische Arbeiter mit ihren Familien angesiedelt. Heute ist Narva eine Stadt mit sehr homogener Bevölkerung: Nur sind es nicht Esten, sondern fast 95 Prozent Russen (und Ukrainer)! Obwohl ganz überwiegend Russisch gesprochen wird, ist die Amtssprache auch hier jetzt Estnisch. Kyrillische Aufschriften gibt es zwar noch im Stadtbild, aber nur vereinzelt. Wer einen estnischen Pass beantragt, muss Sprachkenntnisse in mäßigem Umfang nachweisen. Selbst das können nur die wenigsten Russen, weil es in der Vergangenheit keinen Anreiz zum Erlernen der Landessprache gab. Im heute souveränen Estland weiterhin auf Polizisten zu treffen, die nur auf Russisch kommunizieren können, ist für die Esten ein unerträglicher Zustand. Die geopolitische Unsicherheit beim Zerfall der UdSSR und eine dreimal höhere Arbeitslosigkeit als im estnischen Kernland haben die Einwohnerzahl gegenüber dem Höchststand von

83 000 im Jahre 1992 rapide absinken lassen auf neuerdings unter 69 000. Aber das Rad der Geschichte wird sich nicht zurückdrehen: Eine Stadt mit mehrheitlich estnischer Bevölkerung wird Narva sicher nicht mehr werden.

Trotz seiner Lage am Grenzfluss Narva und der Ostsee-Nähe besitzt die Stadt schon lange keinen Hafen mehr. 1955 wurde der Fluss oberhalb eines malerischen Wasserfalls am südlichen Stadtrand durch einen 206 Meter langen Damm aufgestaut; seither dient der über 200 Quadratkilometer bedeckende Narva-Stausee (*Narva veehoidla*) als Reservoir und zur lokalen Energieerzeugung. Ungleich größere Kapazitäten haben die beiden Ölschiefer-Kraftwerke ›Balti Elektrijaam‹ an der südlichen Peripherie und ›Eesti Elektrijaam‹ etwas außerhalb am Eingang des Stausees. Beide gelten als Umweltverschmutzer allerschlimmster Sorte, ihnen verdankt die ganze Region ihre bedenkliche Luftqualität, aber auch Arbeitsplätze und einheimische Energie. Zusammen mit der traditionell bedeutenden Textilherstellung stellt die Stromerzeugung den weitaus wichtigsten Wirtschaftsbereich Narvas dar. Obwohl auch Möbel, Messgeräte, Baustoffe und Lebensmittel produziert werden, ist der zweitgrößte Industriestandort des Landes zu einseitig strukturiert und bedarf der weiteren Diversifizierung. Für die Zukunft hofft man auf Investoren, die die spezifische Lage der Stadt als Eingangstor zu einer vergrößerten EU und den Zugang zum russischen Markt erkennen. Narva strebt eine neue Rolle als Logistikzentrum und Drehscheibe des West-Ost-Handels an. Das heute stark von Industriebauten und -brachen durchsetzte Areal der Stadt soll entflochten und der wahrscheinlich zunehmende Durchgangsverkehr nach Russland über eine neue Brücke um das Zentrum herumgeführt werden. Als Touristenziel könnte Narva noch zulegen, doch müssen unbedingt Mängel in der Infrastruktur beseitigt werden.

In 45 Kilometern endet Estland

Narva: Stadtgeschichte

Nur vorübergehend, während der 50-jährigen Zwangsintegration in die UdSSR, war die historische Grenzlage zwischen West und Ost für Narva irrelevant. Über die Jahrhunderte lag es immer im Schnittpunkt der politischen Auseinandersetzungen, und so war Narva auch immer Festungsstadt, stand mehrfach unter dem Zwang, sich gänzlich neu zu orientieren und den überregionalen Gegebenheiten anzupassen. Ab 1171 versuchten zunächst die Dänen hier Fuß zu fassen, was 1276 in einer verstärkten Burganlage gipfelte. Durch Verkauf gelangte Narva 1346 in den Machtbereich des Deutschen Ritterordens, der bald darauf eine turmbesetzte Stadtmauer errichten ließ. Die Rivalität mit der russischen Festung am Ostufer, die 1492 unter Zar Ivan III. erbaut worden war (deshalb der Name Ivangorod), führte unter anderem zum Bau eines mächtigen Turmes, der das Aussehen der Burganlage bis heute bestimmt. Nach einem kurzen russischen Intermezzo von 1558 bis 1581 gelangte Narva in schwedische Hand. Um gegen die damals neuartigen Feuerwaffen besser gerüstet zu sein, legte man im 17. Jahrhundert großartige Bastionen nach italienischen und deutschen, später auch französischen Vorbildern (Vauban) an, die in der Folgezeit teilweise umgestaltet wurden. Im wesentlichen hatten sich Burg und Stadt konsolidiert. Durch Großbrände (1610, 1649, 1659) wurden allerdings immer wieder viele der überwiegend hölzernen Gebäude vernichtet. Schließlich waren nur noch Steinbauten erlaubt, und vor allem die Schweden entwickelten beachtliche städtebauliche und architektonische Ambitionen, wobei auch deutsche und holländische Baumeister zum Zuge kamen. Es entstand eine feierlich wirkende Altstadt im sogenannten Narva-Barock mit Ziegeldächern, gemeißelten Steinportalen und Metallgittern. Pläne zum Ausbau Narvas zu einer zweiten schwedischen Residenzstadt wurden jedoch fallen gelassen. Noch einmal behielt der Schwedenkönig die Oberhand, als er während des Nordischen Krieges 1700 die Russen trotz ihrer Übermacht schlug. Doch bereits 1704 gelang dem Zaren die Einnahme der Stadt, was dann im Frieden von Nystad 1721 bestätigt wurde. Bis in die Mitte des 19. Jahrhunderts änderte sich nur noch wenig im Stadtbild. Die nachfolgende Industrialisierung setzte neue Akzente außerhalb der Altstadt: Am Südrand von Narva entstand 1857 die berühmte Kreenholm-Textilmanufaktur und 1870 der Bahnhof an der wichtigen Strecke von Tallinn nach Sankt Petersburg; auch die beiden großen Kirchen wurden damals in diesem Erweiterungsgebiet errichtet.

Auch im 20. Jahrhundert gab es mehrere Zäsuren in der Stadtgeschichte. Die erste unabhängige estnische Republik bekam im Frieden von Tartu 1920 einen etwa fünf bis zehn Kilometer breiten Gebietsstreifen am Ostufer des natürlichen Grenzflusses Narva zugesprochen einschließlich der Zwillingsstadt Ivangorod (in estnischer Übersetzung Jaanilinn genannt). Damit konnte sich Russland schwer

Der Volga-Fahrer weiß, auf welche Seite der Grenze er gehört

abfinden, denn gleich nach dem Zweiten Weltkrieg, als Estland in die UdSSR eingegliedert wurde, entzog die Zentralregierung der neu geschaffenen Estnischen Unionsrepublik diesen Gebietsstreifen wieder. Merkwürdigerweise war Narva mit Ivangorod dann aber während der Sowjetzeit faktisch doch eine Gesamtstadt, auf beiden Seiten von angesiedelten Russen bewohnt. Die 98-prozentige Zerstörung durch russische Bomben und deutsche Rückzugsgefechte im Frühjahr 1944 hatte die Stadt zuvor entvölkert. Beim Wiederaufbau erhielt Narva das heutige, wenig attraktive sozialistische Stadtbild mit grauen Wohn- und Ladenzeilen, einem scheußlichen Rathausklotz und einer an den Bedürfnissen der Industrie ausgerichteten Infrastruktur. Immerhin war die Wohnraumversorgung hier für sowjetische Verhältnisse überdurchschnittlich gut.

Narva: Stadtbesichtigung

Vom alten Narva mit seinen zahlreichen Türmen ist erwartungsgemäß wenig zu spüren. Die Neustadt im Westen besteht aus phantasielosen Häuserfluchten, und wie in jeder russischen Stadt auch stehen an den Straßenecken manchmal die gelben Verkaufswagen für das Getränk Kvas. Über dem großen zentralen Kreisverkehr am Ende der Tallinna maantee (Fernstraße Nr. 1) erhebt sich das moderne

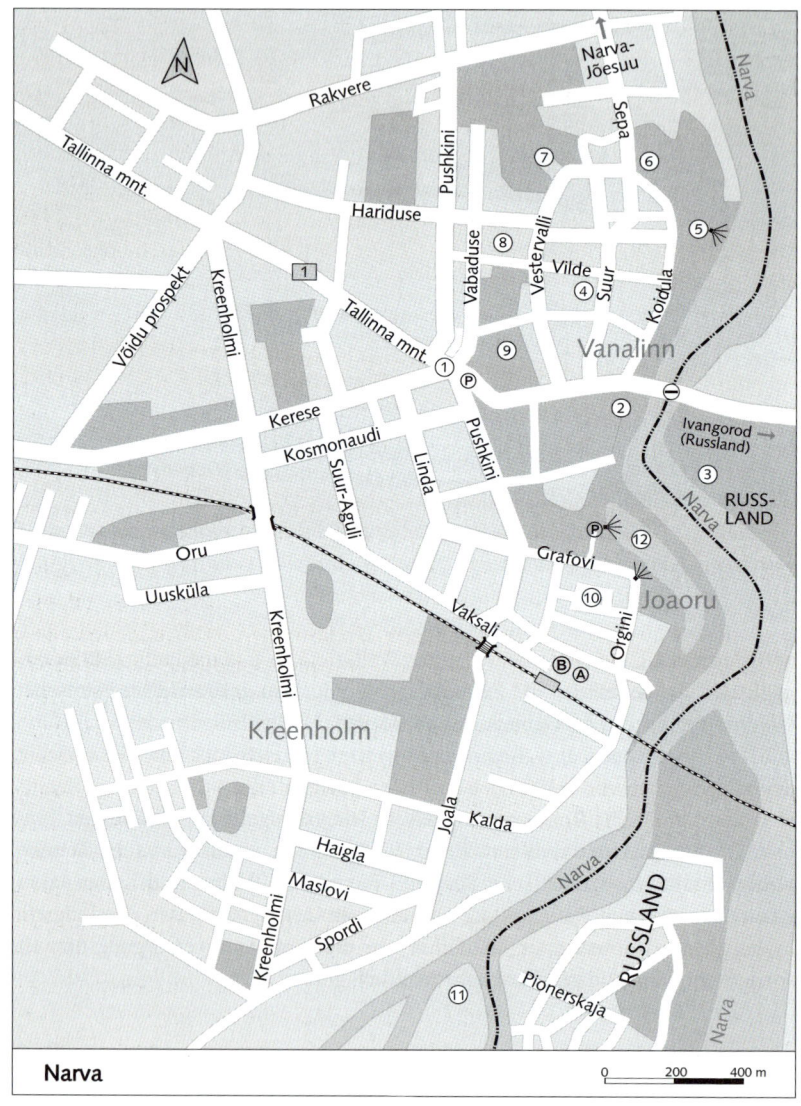

Narva

0   200   400 m

Legende

1 Peetri väljak
2 Hermannsfeste
3 Burg Ivangorod
4 Rathaus

5 Victoria-Bastei
6 Honor-Bastei
7 Gloria-Bastei
8 Fama-Bastei

Rathaus, ein Geschenk der Sowjets, das man besser abgelehnt hätte. Das Betonmonstrum ist kein Gewinn für das Stadtbild und könnte eher als Denkmal für den Niedergang der Baukunst und des guten Geschmacks im Sozialismus interpretiert werden, um so mehr, wenn man es mit dem historischen Rathaus der Stadt vergleicht. Jenseits des Kreisverkehrs schließt sich gleich der dreieckige Peetri väljak (Petersplatz) an, der von Grünstreifen gesäumt ist und reichlich Parkflächen bietet. Wahrscheinlich bemerkt man nicht auf Anhieb, dass man hier unmittelbar vor der Grenzzollstation steht. Von der Platzfläche führt eine durch hohe Zäune abgetrennte Straße wie eine innerörtliche Schneise hinab zur Narva-Brücke, auf der sich ein insgesamt bescheidener Grenzverkehr abspielt. Autos mit russischem Kennzeichen sind in Narva fast ebenso rar wie andernorts in Estland.

An der südöstlichen Ecke des Platzes, mithin oberhalb von Fluss und Brücke, thront die mächtige Hermannsfeste (*Hermanni linnus*), in die man durch einen Park gelangt. Den hinteren Teil des weiten, ummauerten Areals beherrscht der rund 50 Meter hohe Turm, der Lange Hermann (*Pikk Hermann*). Auf der Terrasse vor dem seitlichen Turmeingang hat man plötzlich die Zwillingsburg von Ivangorod auf der russischen Seite vor sich. Zum Greifen nah erscheinen die graubraunen Außenmauern dort drüben. Im Tal unten trennt der gar nicht so breite, aber schnell fließende Narva-Fluss die beiden Staaten. Den weitaus besten Blick genießt man aus luftiger Höhe vom hölzernen Wehrgang an der Außenseite des Turmes (siehe Exkurs 5). Die zahlreichen Stockwerke des Gebäudes beherbergen umfangreiche Sammlungen zur Stadtgeschichte, insbesondere der Raum mit den historischen Fotos vermittelt einen lebendigen Eindruck vom einstigen, völlig anderen und viel schöneren Narva (Mi bis So 10 bis 18 Uhr; Tel. 332 01). Wie fast die gesamte Stadt war auch die gotische Ordensburg hier im Zweiten Weltkrieg schwer beschädigt worden; seit 1955 wurde das Ensemble Stück für Stück wieder aufgebaut. In der Vorburg lädt ein schönes Café zur Einkehr ein. In einer Ecke des Burghofes hat man die Lenin-Statue abgestellt; es ist wahrscheinlich die letzte überhaupt noch öffentlich platzierte im Baltikum. Lenins Augen sind nach Russland hinüber gerichtet – vielsagende Symbolik in einer fast rein russischen Exklave?

Um den Festungshügel herum geht es hinunter zum Fluss, an dessen Knickstelle, gerade noch auf estnischem Gebiet, eine hübsche Flussinsel mit kleinem Sandstrand lockt. An schönen Tagen herrscht hier reges Badeleben im Angesicht der finster und abweisend wirkenden russischen Burganlage, an deren Hangfuß

9 Triumph-Bastei	A Autobushof
10 Alexanderkirche	B Bahnhof
11 Kreenholm-Manufaktur	P Parkplätze
12 Badestrand	

höchstens vereinzelte Angler stehen. Als besonders malerisches Panorama präsentiert sich das Festungspaar samt Flussinsel und Grenzbrücke von der verwilderten Grünanlage am Knick der Grafovi tänav oberhalb; ein langgezogener Weg führt hinauf. Noch eine Straßenecke weiter beginnt dann das Bahnhofs- und Industrieviertel.

Längst nicht alle der sieben spätmittelalterlichen Bastionen sind so gut erkennbar wie die Bastei Spes (lat.: Hoffnung), die den Burgberg uferseitig begrenzt, oder die Bastei Fortuna (lat.: Glück) an der Südwestecke zum Park hin. Die ganze Altstadt war von solchen Bastionen mit lateinischen Namen umgeben. Man erreicht sie, indem man sich am o. g. Peetri väljak auf die andere Seite der Zollschneise begibt. Zunächst empfängt den Besucher eine wenig anheimelnde Mietskasernenansammlung zwischen hohen Bäumen. Wieder in Flussnähe angelangt, hat man jedoch einen interessanten Ausblick von den Basteien Iustitia, Pax und Victoria (lat.: Gerechtigkeit; Frieden; Sieg), die eine Art Steilufer mit verwahrloster Promenade bilden. Auf der letztgenannten wurde vor etwa 150 Jahren der Pimeaed (Dunkelgarten) angelegt.

Im Mittelpunkt der einstigen Altstadt steht das wiederaufgebaute nordischbarocke Rathaus, zweites Wahrzeichen von Narva. Weil ein gediegenes Umfeld fehlt, wirkt es zurzeit immer noch seltsam deplatziert. Das Original wurde 1671 unter Leitung des Lübecker Baumeisters Georg Teuffel fertiggestellt. Seine intensiv gelbe Hauptfassade wirkt ein wenig südländisch. Der heutige Bau ist eine äußerliche Rekonstruktion aus den Jahren 1960 bis 1964, die lange Zeit als Pionierdomizil diente. Es besteht die Absicht, das altehrwürdige Gebäude wieder zur

Blick auf die russische Zollstation von Ivangorod

Repräsentation der Stadtverwaltung zu nutzen. Nur noch zwei weitere historische Häuser aus dem 17. Jahrhundert sind wiedererstanden: die ehemalige Deutsche Schule (Koidula 3a) und das Bürgerhaus (Koidula 6), beide nahe beim Peetri väljak. Im Nordwesten des Altstadtareals, im Bereich der Bastei Gloria (lat.: Ruhm), findet man die ›Narva Art Gallery‹ mit der sehenswerten Kunstsammlung der Kaufmannsfamilie Lavrecov und temporären Ausstellungen (Vestervalli 21; von Mi bis So von 10 bis 18 Uhr).

Vom bereits erwähnten Kreisverkehr geht es auf der Pushkini in die Südstadt Joaoru. Mit zahlreichen Läden, Bankfilialen und ein wenig Gastronomie gewinnt die Straße allmählich den Charakter einer Allee. Vor einem großen Geschäftskomplex auf der linken Seite quert die verwahrloste Grafovi, die zum Panoramablick auf den Fluss sowie den beiden Kirchen der Stadt führt. An einem Seitenweg hinter dem Einkaufszentrum steht die evangelische Alexanderkirche (*Aleksandri kirik*) von 1884. In ihrem achteckigen Innenraum stand eine Orgel aus Ludwigsburg. Im Zweiten Weltkrieg wurde der Turm zerstört und das Bauwerk fortan für profane Zwecke genutzt. Über die rechte Hälfte der Grafovi erreicht man die orthodoxe Auferstehungskirche (russ.: Voskresen'skij sobor) im byzantinischen Stil, ein dunkelroter Granitbau mit grünen Kuppeln von 1898, der als einziges Gebäude nördlich der hiesigen Eisenbahnstrecke unbeschadet den Krieg überstanden hat. Der benachbarte Bahnhof wirkt angesichts des derzeitigen Verkehrsaufkommens überdimensioniert. Eine Fußgängerbrücke ermöglicht den Blick über die ausgedehnten Gleisanlagen der ehemals bedeutenden Bahnstation. Im Hintergrund, nur etwa 200 Meter am Hauptgebäude vorbei, erahnt man schon den Brückenübergang nach Russland. Auf dem Vorplatz erinnert seit 1992 ein Monument an die Opfer des stalinistischen Terrors: In Viehwaggons musste die erste Gruppe von Deportierten von hier aus 1941 den langen Weg nach Sibirien antreten.

Unansehnliche Fabrikanlagen beherrschen die Szenerie südlich der Bahnstrecke. Aber es gibt auch eine architektonische Perle darunter. Man muss nur jenseits der Brücke weiter geradeaus gehen (der frühere Lenini prospekt heißt inzwischen Joala tänav) bis zur Flussinsel auf der linken Seite. Die Textilmanufaktur Kreenholm ist ein exzellentes Beispiel für die Industriearchitektur des 19. Jahrhunderts. Zu einer ›Stadt in der Stadt‹ entwickelte sich das Werk mit seinen umfangreichen Wohn- und Sozialeinrichtungen seit 1857, nachdem bereits 1819 eine erste Fabrik am heute russischen Ostufer mit der Produktion begonnen hatte. Architekten aus Sankt Petersburg bedienten sich englischer Bautraditionen und versuchten mit soziologischen Ansätzen einen ›Industrieort der Zukunft‹ zu verwirklichen. Es entstand ein einheitliches Ensemble, das in Nordeuropa seinesgleichen sucht. Der Narva-Wasserfall als billige Energiequelle und eine fortschrittliche Technologie ließen Kreenholm zu einem der größten und besten europäischen Baumwollhersteller werden, gekrönt mit dem Grand Prix der Pariser Weltausstellung von 1900.

Exkurs 5: Ivangorod

Der größte Staat der Erde beginnt gleich nebenan. Da macht es nachdenklich, wenn man den Blick vom Turm der Narvaer Hermannsfeste nach Osten schweifen lässt. Ganz unbehelligt von Sperrgebieten, Fotographierverbot und anderen Behinderungen kann man plötzlich nach Russland hineinblicken. Tief unten neben der Festung die Grenzbrücke, über der Zollbaracke steht in großen Buchstaben ›РОССИЯ‹ für Russland, man schaut den Grenzbeamten geradezu von oben herab in die Karten. Und dennoch: Was endet hier nicht alles! Die lateinische Schrift, das visafreie Reisen, die Grüne Karte, der Westen, demnächst die EU und die NATO… Am Narva-Ufer drüben sieht man eine regellose Ansammlung ärmlicher Vorstadthäuschen und einige abgewrackte Kähne. Eine breite Straße, die auf einen hässlichen Betonklotz zuläuft. Auf estnischer Seite ragen Mietskasernen aus der Nachkriegszeit zwischen hohen Bäumen hervor. Auf den ersten Blick ist hier kein Wohlstandsgefälle zu erkennen. Über Jahrhunderte gab es meist eine gemeinsame Infrastruktur, der Fluss war leicht zu überwinden. Ab 1944, beim Wiederaufbau nach sowjetischen Vorstellungen, entstand erst recht eine Stadt wie aus einem Guss mit Ivangorod (estn.: Jaanilinn) als ruhigerer Vorstadt im Osten. Heute beäugen sich die beiden Festungen argwöhnisch, auf den Türmen bekunden die beiden Staaten per Flagge ihre Souveränität. Beiderseitige Visumpflicht hat den einst regen Verkehr über die Brücke arg vermindert, und selbst Verwandtenbesuche auf der anderen Seite sind umständlich geworden. Mit einem Referendum wollten etliche Narvaer Russen 1991 die Wiedervereinigung mit Russland oder wenigstens einen Autonomiestatus erreichen. Es war Ausdruck eines Identitätsproblems. Die Sache verlief im Sande; längst haben sich die nun zu Estland gehörigen Russen arrangiert, und nicht wenige sind insgeheim sogar froh. In Narva hat sich seither einiges getan, die Stadt ist vergleichsweise wohlhabend und sauber; es gibt sogar bescheidene Sozialleistungen ungeachtet der Nationalität. Der Westen steht nun offen, aber der Weg nach Osten ist verbaut. Klare Verlierer sind hingegen die 11 000 ›Landsleute‹ auf russischer Seite: Ivangorod ist eine triste, amputierte Provinzstadt in der Leningradskaja oblast' (wie das Gebiet immer noch heißt), ohne Zentrum, fast ohne Arbeitsplätze, perspektivlos an der Peripherie des Riesenstaates gelegen. Noch aus Sowjetzeiten existiert die gemeinsame Wasserversorgung. Nachdem die russische Seite 1998 Schulden in Höhe von 5 Millionen Kronen angehäuft hatte, drehte das heute estnische Wasserwerk vorübergehend den Hahn zu. Von Moskau scheinbar vergessen, musste man sich tagelang mit geschmolzenem

Das Festungspaar Narva und Ivangorod auf dem Geldschein

Schnee behelfen. Für etwa 500 Einwohner schien eine gesicherte Wasserzufuhr Vorrang vor dem Nationalgefühl zu haben, und so richteten sie eine Petition an die Zentralregierung mit dem Ziel, nun (umgekehrt wie 1991) den Anschluss ans prosperierende Estland zu erreichen. Sie wurden nicht erhört. Auch die estnische Regierung schürt keinerlei Sezessionsabsichten, obwohl sie durchaus auf den Tartuer Vertrag von 1920 pocht, der Ivangorod samt Hinterland für estnisch erklärt. Der Gebietszuwachs brächte keine Vorteile und wäre finanziell schwer zu verkraften, hinzu käme das Problem der Integration weiterer 17 000 Russen. Im Laufe der Jahre haben die Bindungen zwischen den beiden Stadthälften stark nachgelassen, zumal es sich bei den Einwohnern hier wie dort ganz überwiegend um Zugezogene handelt, denen Lokalpatriotismus kaum in den Sinn kommt. Vorerst unterstreicht die Abbildung auf dem erwähnten 5-Kronen-Schein Estlands Anspruch auf Ivangorod weiter. Es dürfte weltweit der einzige Geldschein sein, der de facto ausländisches Territorium zeigt!

Telefonvorwahl: 035.
PLZ-Bereich: 20-21000 ff.
Internet: www.narva.ee.
Tourismusbüro: Pushkini 13,
20309 Narva, Tel. 601 84.
Hauptpost: Mõisa 10,
21001 Narva.
Polizei: Vabaduse 5.

 210 km östlich von Tallinn
(nur Straße Nr. 1). Parken
unproblematisch. Grenzübergang
nach Russland mitten in der Stadt,
Visum nötig!

 Grenzbahnhof nach Russ-
land (am Ende der Pushkini
links): 3 x tägl. Tallinn, 1 x tägl.
Moskau, 3 – 4 x pro Woche Sankt
Petersburg. Richtung Tartu in Tapa
umsteigen.

 Mehrere kommunale Bus-
linien; Überlandbusse
starten vom Bahnhofsplatz: häufige
Verbindungen in Richtung Tallinn,
außerdem in andere Kreishauptorte
und nach Sankt Petersburg.
Taxi Tel. 220 47 und 600 60.

 Hotel ›Vanalinn‹ (Koidula 6,
Tel. 732 53; DZ ca. 63 Euro)
oder Pension ›Elektra‹ (Kerese 11,
Tel. 666 51).

 Noch 1989 soll es in der
Stadt keine zehn Lokale ge-
geben haben. Befriedigend ist die
Situation auch heute nicht. Außer
der Schänke im Innenhof der Burg
bieten sich evtl. das Restaurant
›Vana Toomas‹ (Joala 3) oder die
Pizzeria auf der Tallinna mnt. 41 an.
Ein ›McDonald's‹ liegt an der west-
lichen Stadteinfahrt.

Jõgevamaa

Drumlins, Rinnenseen und Sümpfe

▶ Landkreis in Ost-Estland
▶ Kreishauptstadt Jõgeva
▶ Autokennzeichen:
  erster Buchstabe J
▶ Fläche 2604 qkm

▶ grenzt im Osten an den
  Peipsi-See
▶ etwa 41 000 Einwohner,
  davon 6600 in Jõgeva
▶ 10 Gemeinden, 3 Städte

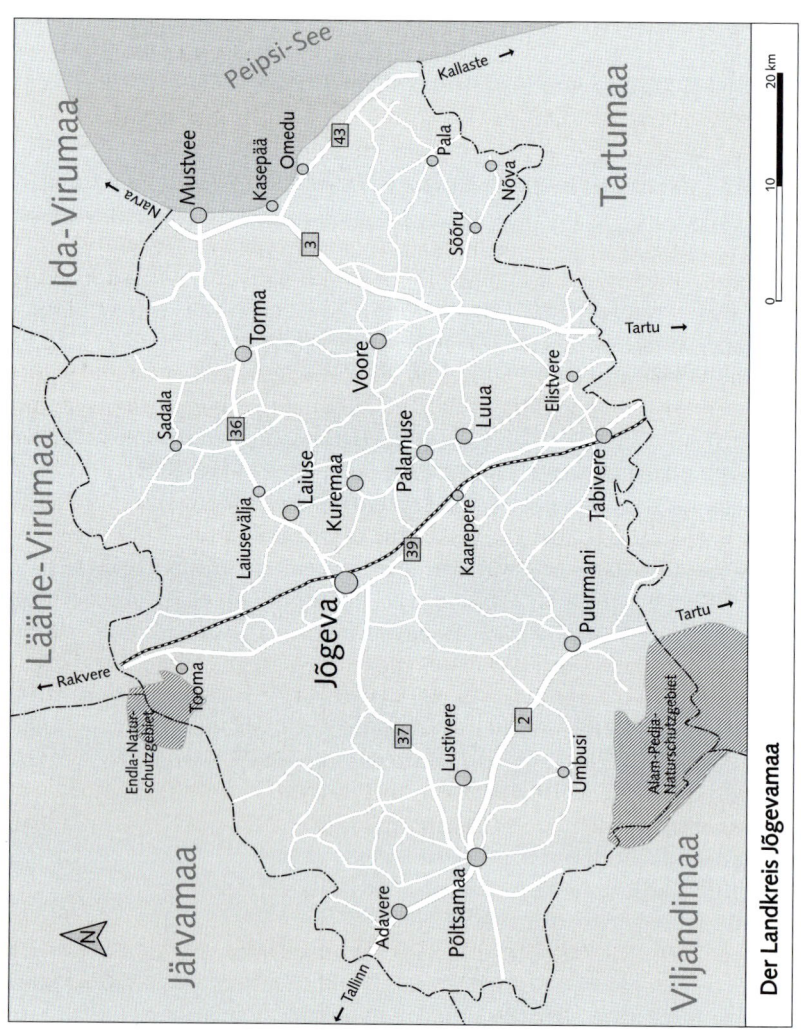

Der Landkreis Jõgevamaa

Moore und Moränen – das sind auf den ersten Blick die charakteristischen Landschaftselemente dieses bislang wenig beachteten Landkreises, der sich etwa vom Mittelpunkt des estnischen Festlandes bis zum Peipsi järv (-See) erstreckt. Bei genauerer Betrachtung zeigt sich eine recht vielfältige Szenerie aus Wäldern und fruchtbarem Ackerland im Westen und in der Mitte, Feuchtgebieten im Norden, Hügelland mit Seen im Süden und in der Mitte sowie Tiefland mit Fischerorten und Hafen im Osten. Der namengebende Hauptort Jõgeva liegt ziemlich zentral im Landkreis, jedoch etwas abseits der beiden Hauptverkehrsstraßen Nr. 2 Tallinn–Tartu und Nr. 3 Jõhvi–Tartu. Dafür geht die wichtige Eisenbahnlinie Tallinn–Tartu mitten durch die Stadt. Jõgevamaa ist kein historischer Landkreis, sondern entstand in seinen heutigen Grenzen erst 1962 durch die Zusammenlegung von Teilen der Nachbarkreise Tartumaa und Viljandimaa. Wirtschaftlich bedeutsam ist die Lebensmittel- und die Holzindustrie, ferner die Fischereiwirtschaft am Peipsi-See. Die Art der Betriebe verursacht keine nennenswerte Luftverschmutzung, und so gehört Jõgevamaa mit zu den ›saubersten‹ Regionen des Landes. Hinzu kommen noch die großen Moorschutzgebiete Endla, Alam-Pedja und Vooremaa.

Wer in diesem Gebiet unterwegs ist, erlebt eine der merkwürdigsten und vielleicht auch schönsten Landschaften Estlands: Es sind die oben schon erwähnten Moränen, genauer gesagt handelt es sich um sogenannte Drumlins. Diese langgezogenen und auf dem Kartenbild ellipsenförmig aussehenden Hügel sind in den Randgebieten der einstigen Inlandsvereisung durch die Zusammenschiebung von Lockermaterial aus früheren Vereisungen entstanden. Die gälische Bezeichnung Drumlin stammt aus Schottland, einem der Hauptverbreitungsgebiete dieser Erscheinung in Europa. Typisch ist die von der Stoßrichtung des Eises vorgegebene Nord-Süd-Ausdehnung und die wechselständige Position der Erhebungen. In den Zwischenräumen haben organische Ablagerungen bei dem vorherrschenden Klima meist Moore entstehen lassen. Im Süden von Jõgevamaa kam es jedoch zur Bildung einer größeren Zahl attraktiver Seen. Die Straßen, vor allem diejenigen in West-Ost-Richtung verlaufen zwangsläufig quer über diese Hügelketten hinweg und bescheren damit dem Autofahrer eine mehrfache Berg- und Talfahrt, verbunden mit etlichen schönen Aussichtspunkten, von denen man die Seenlandschaft überblicken kann. Der höchste von insgesamt über 100 Drumlins, der Berg Laiuse (144 Meter ü. M.), liegt jedoch weiter nördlich im Landkreis.

Jõgeva

Diese Kreishauptstadt gehört sicherlich nicht zu den interessanten Orten im Lande. Erstmals im Jahre 1599 als Siedlung erwähnt und im Zweiten Weltkrieg zu zwei Dritteln zerstört, fehlt es ihr an historischer Substanz. Eine gewisse Entwicklung setzte überhaupt erst ab 1876 mit dem Bau der Eisenbahnlinie ein, die den (reichlich späten) Bau einer Postkutschenstation sowie eines Gasthofes nach sich zog. Seit 1920 hat im ehemaligen Gutshof nördlich des heutigen Zentrums ein bedeutendes Pflanzenzuchtinstitut seinen Sitz. Das Stadtrecht bekam Jõgeva im Jahre 1938 verliehen.

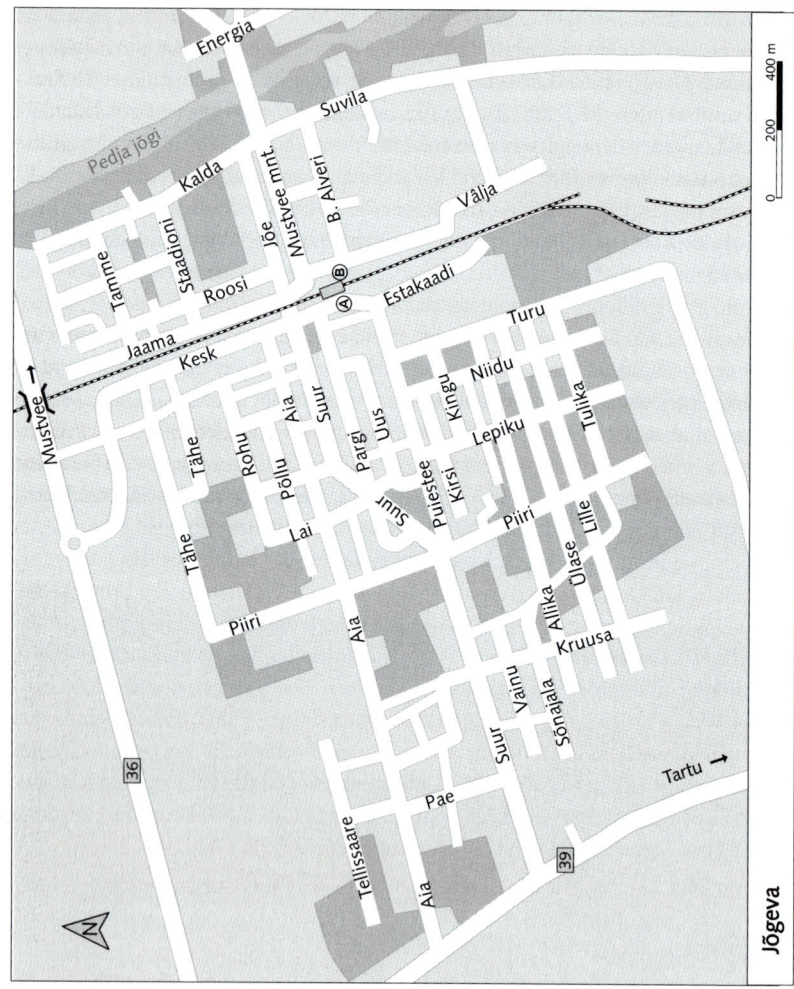

Legende

A Autobusstation

B Bahnhof

Wenn man auf der Straße Nr. 36 von Osten kommt und von der etwas überdimensioniert wirkenden Straßenbrücke über die schnurgerade Eisenbahnstrecke nach links auf Jõgeva schaut, überschätzt man leicht Größe und Bedeutung der Stadt. Mit ihren knapp 6600 Einwohnern plus weiteren 5700 in der gleichnamigen Gemeinde ist sie kaum mehr als ein zum Verwaltungssitz aufgewertetes Provinznest. Der Wiederaufbau nach dem Krieg erfolgte in sowjetischer Manier in Form zahlreicher Wohnblockzeilen und unter Verzicht auf eine Kirche. Ein System von parallelen Wohnstraßen mit dazwischen liegenden Grünflächen prägt die Stadt. In der Mitte führt die Suur (Große Straße), einst Landstraße nach Tartu und Ausgangslinie der städtischen Entwicklung, vom westlichen Rand in geknicktem Verlauf zum kleinen Stadtpark. Von hier blickt man über die Gleise hinweg auf den modernen Bahnhof, der für estnische Verhältnisse gut frequentiert wird. Dahinter befand sich die Pferdepoststation, umgeben von einer älteren Siedlung. Das gesamte städtische Leben erschöpft sich in den wenigen Angeboten entlang der Suur.

Auch die nähere Umgebung von Jõgeva ist arm an Sehenswürdigkeiten. Lediglich der Höhenzug (Drumlin) von Laiuse elf Kilometer östlich, über den die Straße Nr. 36 nach Mustvee quer hinwegführt, ist erwähnenswert. Er bietet stellenweise eine schöne Aussicht. Am Osthang steht eine dreischiffige Wehrkirche mit einem um 1770 angebauten Turm. Etwas weiter westlich liegt der altertümliche Weiler Vilina. Die Ruine der viereckig angelegten livländischen Ordensburg von Laiuse (*Laiuse lossivaremed*) sucht man hier vergeblich: Sie steht auf freiem Feld vier Kilometer weiter östlich (Laiusevälja) an der Straße nach Mustvee. Das

Die Burgruine von Laiuse in Laiusevälja

Bauwerk vom Ende des 14. Jahrhunderts diente während des Nordischen Krieges (1700–1721) dem Schwedenkönig Karl XII. als Winterquartier. Ein Besuch des schön angelegten Badestrandes von Kuremaa am gleichnamigen See südlich von Laiuse rundet den Ausflug ab. Von hier aus führt eine idyllische Nebenstraße nach Palamuse im Vooremaa-Seengebiet.

Das Vooremaa-Seengebiet

Östlich der Straße Nr. 39 von Jõgeva nach Tartu erstreckt sich im Gebiet der beiden Gemeinden Tabivere und Palamuse das sehr reizvolle Vooremaa-Naturschutzgebiet (*Vooremaa maastikukaitseala*) mit seinen bereits erwähnten Drumlin-Hügelketten und dazwischen eingebetteten Seen. Die fünf größten davon liegen im südlichen Bereich und sind entsprechend den Talungen in etwa parallel gestaffelt. Auch die Bäche und die Fahrwege folgen demselben Muster von Nordwesten nach Südosten. Der größte dieser Seen, der Saadjärv, befindet sich teilweise, der benachbarte Soitsjärv vollständig im angrenzenden Landkreis Tartumaa. Wegen seiner sandigen und kiesigen Ufer und seines sehr klaren Wassers ist besonders der Saadjärv als Badesee beliebt. Die besten Möglichkeiten bietet das östliche Ufer. Auch zum Segeln fährt man gern hierher; die Universität Tartu veranstaltet sogar sommers eine Regatta. Vom Aussichtsturm beim See von Raigastvere hat man einen herrlichen Rundblick. In Elistvere, das im Mittelpunkt der fünf größeren Seen liegt und nur über Staubstraßen erreichbar ist, wurde neben den Resten eines Gutshofes ein kleiner Tierpark (*loomapark*) eingerichtet, der sich durch seine Einfachheit von vielen unserer perfekt gestalteten Anlagen unterscheidet: In einem Gehege lebten hier längere Zeit auch ein junger Braunbär und ein Schäferhund einträchtig zusammen. Im Kaufladen um die Ecke findet man alles für ein Picknick im Park.

Palamuse (700 Einwohner) liegt im nördlichen Teil des Vooremaa-Gebietes und bildet dessen touristisches Zentrum. Vom Dorfkern führen fünf Asphaltstraßen in alle Richtungen. Es ist eine der ältesten Siedlungen Estlands; sie wurde 1234 nach der damals neu erbauten Kirche des heiligen Bartholomäus benannt. Die dreischiffige Kirche erhielt um 1880 ihren Turm und besitzt seit 1929 ihr jetziges Aussehen. Durch ein steinernes Tor betritt man den Friedhof mit seinen mittelalterlichen Steinkreuzen. Das 1874 erbaute Schulhaus des einstigen Kirchspiels dient seit 1987 als Museum (*Kihelkonnakooli muuseum*; Mitte Mai bis Okt. tägl. 10 bis 18 Uhr; Tel. 33114). Mit seinem über hundert Jahre alten Original-Inventar und vielen kleinen Exponaten versetzt es die Besucher in die Zeit zurück, in der der estnische Schriftsteller Oskar Luts (1887–1953) hier in Palamuse seinen beliebten Lausbubenroman ›Kevade‹ (Frühling) spielen lässt. Im einzigen

Im Museum von Palamuse

Klassenraum steht auch eine Orgel aus dem 17. Jahrhundert, und an der Wand hängt natürlich ein Zarenportrait. Schlafraum und Speiseschrank dienten den Schülern, die wegen längerer Wege über die Woche am Ort bleiben mussten. Einige weitere historische Gebäude laden zum Spaziergang durch Palamuse ein. Am besten fragt man bei der gut sortierten Touristeninformation nach einem Lageplan.

Im näheren Umkreis ist noch die orthodoxe Kirche von Kaarepere und die barocke Gutshofanlage von Luua mit ihrem Landschaftspark bzw. Arboretum interessant.

Põltsamaa

An der Hauptstraße Nr. 2 von Tallinn nach Tartu passiert man die Kleinstadt Põltsamaa, die seit 1926 Stadtrecht besitzt und ganz im Westen des Landkreises Jõgevamaa liegt. Mit knapp 5000 Einwohnern und noch einmal derselben Zahl in der dazugehörigen Gemeinde, einer günstigen Lage im estnischen Straßennetz und einer gesunden Wirtschaftsstruktur ist Põltsamaa wahrscheinlich nicht weniger ›bedeutend‹ als der Hauptort Jõgeva. Die interessantere Stadt ist es allemal! Als Residenz von Herzog Magnus (1540–1583), dem Bruder des dänischen Königs, wurde der einstige Marktflecken 1570 sogar Hauptstadt des livländischen Vasallenkönigreichs, das allerdings schon 1578 von Zar Ivan IV. dem Schrecklichen wieder liquidiert wurde. Vor rund 250 Jahren war der Ort weithin bekannt als Sitz mehrerer bedeutender Manufakturen: Der umtriebige Gutsherr und Bürgermeister Woldemar von Lauw (1712–1786) ließ hier Porzellan, Glas und Spiegel herstellen und betrieb eine Kupferwerkstätte; außerdem gab es eine Stärkefabrik. 1766 gründete der zugereiste Arzt Peter Wilde eine der ersten Druckereien im Baltikum, um pharmazeutische und medizinische Werke zu verlegen. Auch die erste Landapotheke Estlands, die noch heute am Ort existiert, geht auf seine Initiative zurück. Und die erste estnischsprachige Zeitschrift erschien ebenfalls 1766 in Põltsamaa. Als weitere wichtige Persönlichkeit muss der Pfarrer und Linguist August Wilhelm Hupel (1737–1819) genannt werden. Er stammte aus Jena und wirkte hier bis zu seinem Tode als Heimatforscher, Literat, Sprachwissenschaftler und Sammler von Volksliedern. Er verfasste ein dreibändiges landes- und volkskundliches Werk über Livland und Estland und ein umfangreiches Wörterbuch der beiden estnischen Hauptdialekte (der ›Dörptsche‹ von Tartu und der ›Revalsche‹ von Tallinn entsprechend den früheren deutschen Städtenamen Dorpat und Reval). Die Gründung eines estnischsprachigen Gymnasiums in Põltsamaa bereits vor 150 Jahren wurde von der damaligen Obrigkeit vereitelt, jedoch konnte ab 1888 in der russischen Schule am Ort immerhin bereits das Unterrichtsfach Estnisch eingeführt werden. So gesehen wurde das Städtchen zu einem Zentrum des estnischen Nationalbewusstseins, der Kultur und der Ökonomie gleichermaßen.

Leider fielen im Jahre 1941 beinahe drei Viertel der Bausubstanz den Kriegsereignissen zum Opfer. Das Schloss als Hauptsehenswürdigkeit ist ab 1970 gründlich renoviert worden. Auf den Grundmauern der einstigen Ordensburg von 1272 hatte der schon erwähnte Woldemar von Lauw ab 1770 ein dreistöckiges Stadtschloss im Rokoko-Stil errichten lassen, das zu den schönsten im Baltikum gehörte. Innen mit Kunstmarmor in verschiedenen Tönungen und mit Stuckarbeiten reich verziert, diente es dem wirtschaftlich sehr erfolgreichen Fabrikanten als respektables Domizil, um einen fürstlichen Lebensstil zu pflegen. An seinem Lebensende soll er dann bankrott gewesen sein, und das Anwesen wurde versteigert. Interessant ist auch die Kirche innerhalb der von Wassergräben, Bach und Parks umgebenen Anlage: Sie wurde geschickt in die Überreste des mittelalterlichen Vorgängerbaus integriert und 1952 eingeweiht. Teile ihrer Einrichtung stammen aus der zerstörten Domkirche von Tartu.

Man reibt sich zwar die Augen, wenn man Schilder sieht, die Põltsamaa als ›Weinhauptstadt‹ (*Veinipealinn*) von Estland preisen. Doch es wird tatsächlich Wein hergestellt; dabei handelt es sich allerdings um Fruchtweine aus verschiedenen Beerensorten! Sie sind überall im Handel. Im Schlosshof findet sogar jährlich im Sommer ein ›Weinfest‹ mit Handwerksdarbietungen, Trödelverkauf und ein wenig mittelalterlicher Atmosphäre statt; außerdem existiert ein Schlossrestaurant. Auch für seine Lebensmittelindustrie ist Põltsamaa landesweit bekannt: die Firma ›Felix‹ produziert hier ihre Marmeladen, Sauerkonserven und Säfte.

Wenn man auf der Straße Nr. 2 weiter in Richtung Tartu fährt, kann man nach 20 Kilometern noch einen Stopp in Puurmani (Gemeinde 2200 Einwohner) einlegen, wo ebenfalls eine Ordensburg stand, von der aber nicht mehr viel zu sehen ist. Lohnend ist hingegen das Gutsschloss des Grafen Gotthard von Manteuffel, erbaut in den 1870er Jahren. Auffallend ist der etwa 25 Meter hohe achteckige Turm; auch die gut erhaltenen Innenräume und der dazugehörige Park sind beeindruckend.

Im Südwesten der Gemeinde beginnt das 260 Quadratkilometer umfassende Naturschutzgebiet Alam-Pedja (*Alam-Pedja looduskaitseala*), das aus menschenleeren Hochmooren besteht. Wege gibt es dort nicht. Auf einer Strecke von rund 50 Kilometern hinter Põltsamaa existiert keine durchgehende Straße in südwestlicher Richtung (nach Viljandi und zum Võrts-See). Man kann jedoch eine Kanuwanderung auf dem stark mäandrierenden Pedja-Fluss unternehmen.

Am Nordrand dieser Landschaft gibt es ein einzelnes unscheinbares Dorf namens Umbusi, mit dem gleich zwei Kuriositäten in Verbindung gebracht werden: Erstens wurde hier vor etwa 120 Jahren der spätere Buddhist Karl Tennison geboren, der nach längeren Aufenthalten in Sibirien und Tibet bis zum Zweiten Weltkrieg im Baltikum wirkte und schließlich eine Mönchsgemeinde in Burma leitete. Dort starb er 1962. Aufgrund des Umstandes, dass sein toter Körper angeblich auch nach Wochen nicht zu verwesen begann, wurde er als wohl bisher einziger Este heilig gesprochen. Zweitens existierte hier in den 1940er Jahren die ›Republik Umbusi‹, wo sich ein Trupp sogenannter ›Waldbrüder‹ mit Waffen und unter Ausnutzung der gut versteckten Lage des Dorfes ziemlich lange der neu errichteten Sowjetmacht entziehen konnnte.

Etwa sechs Kilometer nördlich von Põltsamaa steht direkt an der Straße Nr. 2 nach Tallinn die Windmühle von Adavere, die an holländische Vorbilder erinnert. Sie beherbergt ein rustikales Restaurant auf mehreren Stockwerken und eignet sich gut als Raststation unterwegs.

Das Endla-Moorschutzgebiet

Etwa 20 Kilometer nördlich von Jõgeva erstreckt sich das großartige Endla-Naturschutzgebiet (*Endla looduskaitseala*) weit über die Landkreisgrenzen hinweg nach Järvamaa und Lääne-Virumaa hinein. Mehr als 8000 Hektar Torfmoore wurden hier 1985 als Naturreservat ausgewiesen, nachdem bereits 1910 ein Forschungszentrum gegründet worden war. Zahlreiche Bäche durchziehen das Terrain, darunter der Põltsamaa-Fluss, auf den man auch bei der Besichtigung der gleichnamigen Stadt stößt. Ein großer Teil des Wassers im hiesigen Quellgebiet stammt aus Versickerungen im verkarsteten Pandivere-Höhenzug, der ungefähr 25 Kilometer weiter nördlich liegt. Außer dem namengebenden Endla järv (-See) mit seinen Inselchen gibt es noch etliche kleinere Seen und Teiche, beispielsweise den Sinijärv, dessen Name ›Blauer See‹ ebenso die charakteristischen Landschaftsfarben zum Ausdruck bringt wie der Mustjõgi, ein von Eisenoxiden aus dem Moor verfärbter ›Schwarzer Fluss‹.

Am besten zugänglich ist das Endla-Reservat vom Dorf Tooma aus, das am Ostrand neben der Straße Nr. 39 nach Järva-Jaani liegt. Man kann auf schmalen Bretterstegen weit in das Moor hineingehen und bekommt einen guten Eindruck von dieser sonderbaren amphibischen Landschaft, in der viele Sumpf- und Wasservögel leben. Es wird allerdings darauf hingewiesen, dass man solche Besuche anmelden muss: Es gibt eine Informationsstelle in Tooma; die Verwaltung befindet sich in Kurista bei Jõgeva (Tel. 63733). Auch Führungen sind möglich.

Mustvee und der Peipsi-See

Kilometerlang reihen sich am Ufer des Peipsi-Sees die Dörfer aneinander und bilden ein Siedlungsband aus freistehenden Fischerhäusern, die in ihrem Aussehen an Russland denken lassen. Aus den einst nur saisonal genutzten Hüttenansammlungen der Fischer im 16. Jahrhundert entstanden in der Folgezeit feste Dörfer, weil immer mehr russische Glaubensflüchtlinge, sogenannte Altgläubige (russ.: Raskol'niki), aus dem Gebiet Novgorod jenseits des Sees hier am Westufer Zuflucht suchten. Sie betrieben außer dem Fischfang auch Gemüseanbau: Zwiebeln, Karotten und Gurken spielen seit alters her die Hauptrolle im Hausgarten und werden auch am Straßenrand zum Verkauf angeboten. Der Anbau scheint sich zu rentieren, denn es entstehen immer mehr Gewächshäuser.

Wenn man genau hinsieht, stellt man fest, dass viele Häuser einander ähneln: Typisch ist ein separates Eingangstor an einer Ecke der zur Straße hin gelegenen Giebelseite; dahinter befindet sich in der Regel eine Art Arbeitsraum oder Lager. An der Uferseite der Dorfstraße führen schmale Wege zwischen den Hausgärten direkt ans Wasser. Nicht selten sieht man schon im Sommer große Haufen Brennholz neben den Häusern liegen, die rechtzeitig vor dem Winter eingelagert oder gestapelt werden müssen. Denn dann weht hier oftmals ein eisiger Wind, der auch immer wieder Eisschollen auf dem See umhertreibt. In etlichen Dörfern bilden die Russen nach wie vor die Bevölkerungsmehrheit, die ihre traditionelle Lebensweise weitgehend beibehalten hat. Als quasi Alteingesessene mit relativ sicherem Lebensunterhalt haben sie im heutigen estnischen Staat einen besseren Status als die während der Sowjetzeit angesiedelten russischen Industriearbeiter in der Nordostregion.

Der Tourismus ist noch nicht bis hierher vorgedrungen. Man macht sich vor Ort zwar einige Hoffnungen in dieser Richtung, die aber zum gegenwärtigen Zeitpunkt übertrieben optimistisch erscheinen. Bei einer Fahrt oder einem Spaziergang entlang der Dorfstraßen glaubt man sich in eine andere Welt versetzt: Nicht das künftige Randgebiet der Europäischen Gemeinschaft scheint dies hier zu sein, sondern schon eher eine Dorfidylle irgendwo hinter dem Ural!

Mustvee ist die größte Stadt auf der estnischen Seite des riesigen Peipsi-Sees. Das staatliche Statistikamt verzeichnet für den 1. Januar 2000 genau 2000 Einwohner und den seltenen Fall eines Männerüberschusses in der Bevölkerung, nämlich 1001 Männer gegenüber 999 Frauen! Esten und Russen halten sich dabei die Waage, und offensichtlich hat sich eine solche Mischkultur entwickelt, dass Einheimische sich nicht als Esten und nicht als Russen, sondern als ›Leute aus Mustvee‹ bezeichnen. Eine dazugehörige Gemeinde hat die Stadt, die schon 1938 Stadtrecht bekam, nicht. Das Stadtgebiet wird im wesentlichen durch den Verlauf der Straße Nr. 3 (Jõhvi – Tartu) begrenzt, die hier als Umgehungsstraße durch das Hinterland ausgebaut ist. Die Siedlung besteht aus der Uferstraße, die von der Fernstraße abzweigt und in der Art eines Reihendorfes bis zur Einmündung der Straße Nr. 36 aus Jõgeva führt. Hier ist der ›Mittelpunkt‹ von Mustvee mit Supermarkt, dem neuerdings etwas hergerichteten Hafen mit angrenzendem Badestrand und gleich vier Kirchen: eine orthodoxe von 1864, eine baptistische von 1872, eine lutherische von 1880 und eine orthodoxe der Altgläubigen von 1927. Im heutigen, nicht sehr religiösen Estland ist das eine seltsame Konzentration. Am Hafen mündet der Mustvee-Bach, der wie etliche andere in den Moorgebieten entspringt und das Wasser des Sees stellenweise dunkel färbt. Daher auch der Name: Mustvee bedeutet ›Schwarzwasser‹. Mit besonderen Sehenswürdigkeiten kann der Ort nicht

Orthodoxer Friedhof in Mustvee

aufwarten; nach erheblichen Zerstörungen im Zweiten Weltkrieg wurde im Laufe der 1950er Jahre die gewohnte relativ dichte Bebauung wiederhergestellt. In die Region am Peipsi-See kommt man vor allem wegen der spezifischen Atmosphäre.

Während im Norden der Stadt Sandstrände locken, setzt sich nach Süden hin das Siedlungsband fort: Es folgen die Orte Raja (bis 1998 Gemeindesitz), Kükita, Tiheda, Kasepää (ab 1998 wieder Gemeindesitz; insgesamt 1500 Einwohner) und Omedu an der Mündung des gleichnamigen Baches. Zusammen bilden sie mit sieben Kilometern das längste Straßendorf (*tänavküla*) Estlands. Wegen der engen Ortsstraße herrscht Einbahnregelung von Süd nach Nord; in Gegenrichtung muß man hinter der landeinwärts gerichteten Häuserzeile fahren. Außer in Kasepää selbst bilden überall Russen die Bevölkerungsmehrheit. In Raja wohnen sogar berühmte Ikonenmaler. Nach wie vor gibt es Wanderarbeiter, die einen Teil des Jahres außerhalb, auch in Russland, ihr Geld verdienen. Im Winter betreiben sie dann Eisfischerei auf dem zugefrorenen See; desgleichen auch in der südlichen Nachbargemeinde Pala, die nur sehr kleine Ufersiedlungen hat (Ranna, Kodavere). Wer nicht weiter dem Seeufer folgen und nach Kallaste fahren will, kann hier noch einmal in Richtung der Straße Nr. 2 nach Tartu abzweigen (über den Ort Pala) und passiert dabei das hübsche Waldgebiet von Sõõru.

 Telefonvorwahl: 077.
PLZ-Bereich: 48-49000 ff.
Internet: www.jogevavv.ee.
Tourismusbüro: 49202 Palamuse,
Tel. 685 20 und Lossi 1,
48103 Põltsamaa, Tel. 513 90.
Hauptpost: Aia 8, 48301 Jõgeva.
Polizei: Pargi 1 in Jõgeva.

 Jõgeva 155 km südöstlich
von Tallinn (Straße Nr. 2,
dann 37). Nach Põltsamaa 27 km,
Mustvee 37 km.

 Strecke Tallinn – Tapa – Tartu
mit 2 Zugpaaren täglich.
8 Bahnstationen im Landkreis.

 Busstation am Bahnhof
Jõgeva, Tel. 234 44.
Taxi Tel. 776 20, 735 11.

 Preiswerte Unterkunft im
Motel ›Äksi‹ (Tabivere vald,
Tel. 649 98; Bootsverleih), auf dem Touristenhof ›Mokko talu‹ in Änk-küla (Palamuse vald, Tel. 637 10) oder im modernen Gästehaus ›Heleni‹ in Põltsamaa (Pajusi mnt. 12, Tel. 627 20).

 Einfache Zeltplätze in
Omedu, Lohusuu und bei
Tooma im Endla-Landschaftsschutz-gebiet (Tel. 631 33).

 Rustikales mehrstöckiges
Restaurant in der Wind-mühle von Adavere bei Põltsamaa (tägl. 9 bis 21h). Im Ausflugsort Palamuse leider nur ein Imbiss (neben Tourismusbüro).

 Im Sommer ›Weinfest‹ mit
Handwerksmarkt im Schloss-hof von Põltsamaa; außerdem Konzerte.

Die Stadt Tartu

Die Universitätsstadt im Süden

▶ selbständiger Stadtbezirk im Landkreis Tartumaa in Südost-Estland
▶ Autokennzeichen:
erster Buchstabe T

▶ Fläche 39 qkm
▶ etwa 101 000 Einwohner
▶ zweitgrößte Stadt Estlands

Tartu besitzt, was Tallinn im Grunde seit jeher gefehlt hat: die Universität! Damit ist die zweitgrößte Stadt Estlands eindeutig auch die zweitwichtigste. Mit dem Logo ›Emajõe Ateena‹ (Athen am Emajõgi/-Fluss) nebst einigen griechischen Säulen unterstreicht man hier sehr selbstbewußt den Anspruch, das geistige Zentrum des Landes zu sein. Akademische Traditionen und klassizistische Architektur – eine Art Oxford des Baltikums. Angesichts der Tatsache, dass die Stadt nur äußerst knapp die 100 000-Einwohner-Marke übersteigt, mag einem das wie eine grandiose Selbstüberschätzung vorkommen. In einer vergleichbaren Größenordnung liegen beispielsweise Trier, Jena, Kaiserslautern oder Erlangen. Dennoch: Tartu verkörpert die Seele der Nation!

Die älteste Stadt Estlands, bereits seit 1632 Sitz der Universität, liegt zwar gut zwei Autostunden von Tallinn entfernt im ländlichen Südosten, aber günstig im Schnittpunkt wichtiger historischer Handelsstraßen, etwa nach Sankt Petersburg, Rīga oder Pskov. Der schiffbare Emajõgi durchzieht das Stadtgebiet auf einer Länge von zehn Kilometern und macht Tartu mit seinen Uferwegen und dem Flusshafen zur seltenen Ausnahme im estnischen Binnenland, weit entfernt von den Meeresküsten. Eine im wesentlichen aufgelockerte Bebauung mit vielen Grünflächen und Plätzen hat eine gewisse Ausdehnung und längere innerstädtische Wege zur Folge. Auch durch einige breitere Verkehrsachsen mit regem Busverkehr wirkt Tartu ein wenig großstädtisch und hat einzelne derartige Akzente: ein markantes Hochhaus am Flussufer, moderne Ladenpassagen, eine Markthalle, mehrere erkennbar unterschiedliche Stadtteile und ausgedehnte Industriegebiete. Neben der Herstellung von Lebensmitteln, Bier, Möbeln, Kunststoffen und Baumaterial werden hier Elektrogeräte und Computer montiert; das Unternehmen ›Baltscan AS‹ fertigt seit einigen Jahren Scania-Busse made in Estonia. Wie in allen größeren Städten des Landes war die Industrialisierung in der Sowjetzeit mit einem massiven Zuzug russischer Arbeitskräfte verbunden, die heute noch fast ein Fünftel der Einwohnerschaft ausmachen.

Auf kulturellem Gebiet hatte Tartu schon immer viel zu bieten: Das älteste professionelle Theater des Landes nahm hier seinen Betrieb auf, heute gibt es etwa ein Dutzend größerer und kleinerer Bühnen. Konzerte von Klassik bis Rock finden regelmäßig statt. Eine Reihe von Museen kann besucht werden. Man findet eine bemerkenswerte Konzentration attraktiver Lokale und Kneipen in der hübschen Innenstadt, die von einem zunehmend internationalen studentischen Geist geprägt ist. Die mittelalterliche Bausubstanz ist zwar fast völlig untergegangen; dafür kommen die nach den Großbränden des 18. Jahrhunderts entstandenen klassizistischen Steingebäude heute umso mehr zur Geltung: Größtenteils renoviert und mit frischen pastellfarbenen Fassadenanstrichen versehen tragen sie entscheidend zur heiteren, jugendlichen Atmosphäre bei. Straßenzüge und ganze Viertel aus älteren Holzhäusern stehen in einem interessanten Kontrast dazu. Partnerschaften existieren mit den Universitätsstädten Uppsala in Schweden und Tampere in Finnland.

Symbolträchtiger Brunnen vor dem Rathaus

Auch wenn Tartu in einigen Bereichen, vor allem am Stadtrand, immer noch recht provinziell wirkt – im abgelegenen Südosten des Landes ist man froh, diese Kulturstadt in der Nähe zu haben. Sie stellt ein ernst zu nehmendes Gegengewicht zum ›fernen‹ Wirtschafts- und Verwaltungszentrum Tallinn dar.

Tartu: Stadtgeschichte

An der Ostseite des Domhügels soll schon vor dem 7. Jahrhundert eine altestnische Festung namens Tarbatu gestanden haben. Im Jahre 1030 überrannte der Kiever Fürst Jaroslav der Weise den Platz und ließ eine neue Burg errichten, die Jur'ev (Jurjev) genannt wurde. Diese Ereignisse sind Gegenstand der ersten schriftlichen Quelle. Von 1061 bis zur Eroberung durch den Schwertbrüderorden 1224 konnten sich die Esten noch einmal behaupten. Ab 1234 war Tartu befestigter Bischofssitz; eine zwei Kilometer lange Stadtmauer mit 18 oder gar 27 Türmen und fünf Toren sollte die Stadt nach einem russischen Überfall im Jahre 1262 fortan schützen. Um diese Zeit existierte bereits eine deutsche Kaufmannssiedlung, die sich Dorpat nannte, nach 1280 der Hanse anschloss und durch den Russlandhandel großen Wohlstand erlangte. Die Einwohnerzahl lag bei etwa 6000, als der Livländische Krieg (1558 – 1583) ausbrach. Die bischöfliche Macht, die bereits seit 1525 durch die Reformation in die Defensive geraten war, nahm beim Einmarsch der zaristischen Armee ein jähes Ende. Ab 1582 gehörte die Stadt zum polnischen Einflussgebiet, bis sich nach vorübergehenden Erfolgen die Schweden 1625 endgültig durchsetzen konnten. Eine erneute Blütezeit begann, die 1632 in der Gründung der Universität durch den Schwedenkönig Gustav Adolf II. (deshalb ›Academia Gustaviana‹) gipfelte. Im Zuge kriegerischer Auseinandersetzungen geriet Tartu einige Jahre (1656–1661) unter russische Kontrolle. Als sich schließlich der Nordische Krieg (1700–1721) abzuzeichnen begann, verlegte man den Universitätsbetrieb 1699 eilends nach Pärnu und arbeitete dort noch bis 1710 weiter. Bereits 1704 eroberte Zar Peter der Große persönlich mit seinen Truppen die Stadt und ließ sie einige Zeit später dem Erdboden gleich machen; die alte Stadtmauer wurde gesprengt. Bei Kriegsende 1721 sollen nur noch 21 Personen hier gelebt haben!

Großbrände in den Jahren 1708, 1755, 1763 und 1775 vernichteten nahezu die gesamte mittelalterliche Bausubstanz. Beim Neuaufbau wurde auf Stein- statt Holzarchitektur Wert gelegt. Die Gebäude des ausgehenden 18. Jahrhunderts verleihen der Innenstadt bis heute das typisch spätbarock-klassizistische Aussehen. Auf Erlass des Zaren wurde die Universität 1802 neu eröffnet und entwickelte sich rasch zu einer Hochburg deutscher Wissenschaft und Lehre. Da auch Esten von den relativ liberalen Zugangsbedingungen profitierten, nahm Tartu im

Das Hauptgebäude der Universität Tartu

19. Jahrhundert eine Vorreiterrolle im erwachenden Nationalbewusstsein ein. Das erste estnische Sängerfest 1869 fand bezeichnenderweise gerade hier statt, und ein Jahr später kam das erste Nationaltheater (›Vanemuine‹) hinzu, nochmals zwei Jahre später wurde hier der estnische Schriftstellerverband gegründet. 1876 wurde die wichtige Eisenbahnstrecke nach Sankt Petersburg und Tallinn eingeweiht, 1889 die Südfortsetzung über Valga nach Rīga und Pskov. Zwischen 1800 und 1900 verzehnfachte sich die Einwohnerzahl auf 40 000. Politische Unruhen im Vorfeld der Oktoberrevolution wirkten sich auch im Baltikum aus. Am Ende des Ersten Weltkrieges, nach russischen und deutschen Besetzungsversuchen, kam es schließlich zum Friedensvertrag von Tartu (2. Februar 1920), in dem Russland die bereits 1918 proklamierte Unabhängigkeit Estlands anerkannte und ›für alle Zeiten‹ auf territoriale Ansprüche verzichten wollte. Bekanntlich waren diese Zusicherungen nichts wert, denn im Zweiten Weltkrieg standen sich erneut Russen und Deutsche auf estnischem Boden gegenüber. Tartu erlitt schwere Kriegsschäden. Nach der sowjetischen Machtübernahme 1944 und massenhaften Deportationen, vor allem von Mitgliedern der estnischen Intelligencija, wuchs die Stadt schließlich bis 1990 auf ein Maximum von 114 000 Einwohnern an. Als größter sowjetischer Luftwaffenstützpunkt im Baltikum blieb die Stadt fast fünf Jahrzehnte abgeschirmt; der spätere Tschetschenenführer Dudaev war übrigens lange Zeit zuständiger Kommandant. Eine größere Zahl der angesiedelten Russen ist inzwischen zurückgewandert, die verbliebenen leben vor allem in der östlichen Vorstadt. Nach Jahrzehnten der gezielten kulturellen Verödung erlebt Tartu nun eine erneute Blüte mit besonderer Wertschätzung der eigenen Vergangenheit.

Tartu: Überblick

Aus der Sicht des Autofahrers oder Busbenutzers ist der zentrale Punkt im heutigen Tartu nicht der historische Rathausplatz, sondern die große Straßenkreuzung an der innerstädtischen Flussbrücke (Võidu sild). Hier am Fuße des eigentümlich geformten gläsernen Hochhauses, das 1999 fertiggestellt wurde und im Volksmund ›der Flachmann‹ heißt, kreuzt die Nord-Süd-Achse (Vabaduse puiestee bzw. Turu) die West-Ost-Durchgangsstraße (Riia bzw. Narva maantee). Omnibushof, Schiffsanleger, Markthalle und die größten Kaufhäuser liegen hier dicht beieinander. Etwa 300 Meter nördlich beginnt an einer Grünanlage die restaurierte Altstadt, die vom Domhügel ostwärts bis zur Vabaduse puiestee (Freiheitsallee) am Emajõgi-Ufer reicht. Hinter dem Domhügel, also nach Westen, erstreckt sich ein schattiges Viertel mit alten Holzhäusern unterschiedlicher Qualität bis zum Bahnhof. Eine weiträumige Umgehungsstraße (Ringtee) mit mehreren großen Kreisverkehren führt um die Westgrenze des Stadtgebietes herum und hält zumin-

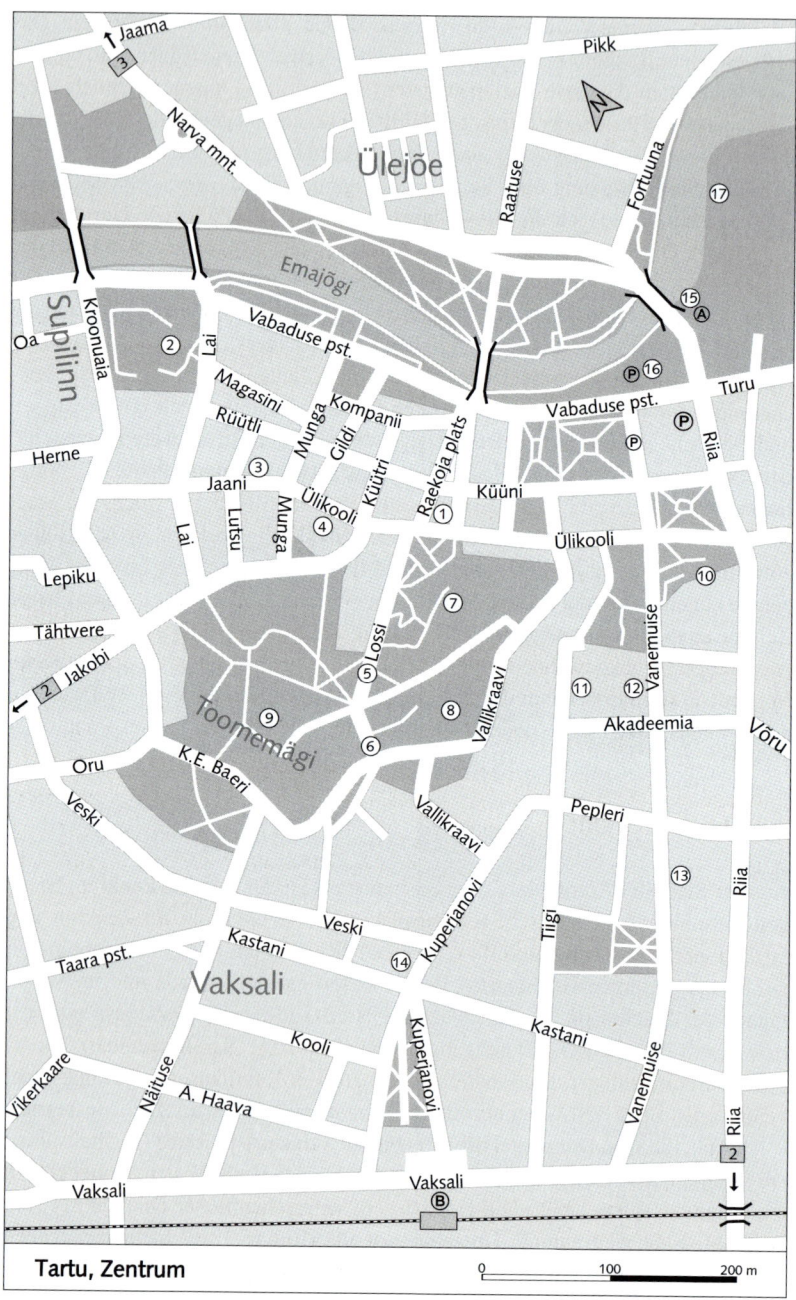

Tartu, Zentrum

0   100   200 m

dest den Fernverkehr auf der Strecke Tallinn – Võru (Fernstraße Nr. 2) aus der City heraus. Im Ostteil, jenseits des Flusses, ist die Verkehrsführung etwas unübersichtlicher; allerdings ist auch nur die Richtung Narva von größerer Bedeutung. Zwei Fußgängerbrücken im Bereich der Altstadt sowie drei Straßenbrücken ermöglichen die Überquerung des Emajõgi.

Der überwiegende Teil der Stadt besteht aus mehr oder weniger dicht stehenden Einzelgebäuden, im Westteil zumeist Einfamilienhäuser, jenseits des Flusses verstärkt Wohnblocks. Fast alle Stadtteile lassen eine planmäßige Anlage erkennen, eine Ausnahme bildet lediglich der Domhügel auf Grund seiner topographischen Besonderheit. An der südlichen Stadteinfahrt erstreckt sich das große und immer noch erweiterungsfähige Industrie- und Gewerbegebiet Ropka (*Ropka tööstusrajoon*).

Tartu: Altstadt

Am Ostrand des Domhügels liegt der langgezogene, zum Fluss hin unverbaute und leicht abschüssige historische Rathausplatz (*Raekoja plats*). Seine Lage inmitten einer Fußgängerzone erlaubt es den Besuchern, kreuz und quer über das Kopfsteinpflaster zu spazieren. Während der Platz im Gegensatz zu den umliegenden schattigen Altstadtstraßen offen und hell ist, liegt die Fassade des berühmten Rathauses (*Raekoda*) leider ab Mittag vollständig im Schatten. 1786 wurde das Gebäude nach Plänen des Rostocker Baumeisters Johann H. B. Walther äußerlich fertiggestellt. Es gilt zu Recht als eines der schönsten Beispiele frühklassizistischer Architektur in Estland. Das symmetrische, dreistöckige Bauwerk mit hohem Walmdach, Ziergiebel und mittigem Uhrturm hebt sich allein schon durch seinen frischen rosa-roten Anstrich von den Häuserzeilen an den Längssei-

Legende

1 Rathaus	11 Universitätsbibliothek
2 Botanischer Garten	12 ehemaliges KGB-Haus
3 Johanniskirche	13 Literaturmuseum
4 Universität	14 Nationalmuseum
5 Engelsbrücke	15 Hochhaus
6 Teufelsbrücke	16 Markthalle
7 Sternwarte	17 Flusshafen
8 Altes Anatomikum	A Autobushof
9 Domruine	B Bahnhof
10 Vanemuine-Theater	P Parkplätze

ten des Platzes ab. Rechts neben dem grünen Hauptportal, wo sich einst die Stadt-
waage befand, ist eine alte Apotheke zu bewundern. Den Vorplatz beherrscht ein
großer Brunnen mit einem bemerkenswerten Regenschirm-Wasserspiel. An schönen Tagen sitzt man gerne hier und in den umliegenden Straßencafés und genießt
dabei die wiedergewonnene Attraktivität der Altstadt. Das gilt gleichermaßen für
Studenten, Touristen und Alteingesessene. Wenn man sich umschaut, fällt ein
Missverhältnis bei den Hausfassaden an der Nord- und der Südseite des Platzes
ins Auge: Während erstere weitgehend im Original erhalten sind, stammen letztere aus den 1950er Jahren. Nach vollständiger Zerstörung im Zweiten Weltkrieg
wurden sie bestenfalls historisierend wieder aufgebaut; im Grunde sind es sozialistische Zweckbauten. Unter den ursprünglichen Gebäuden ist insbesondere das
Haus Nummer 18 erwähnenswert: Dieses sogenannte Barclay-Haus von 1793
zeigt überdeutlich, dass Alt-Tartu mittels hölzerner Stützpfähle auf den feuchten
Untergrund gebaut wurde. Als der Grundwasserspiegel absank, begann es sich zur
Seite zu neigen – der Vergleich mit dem Schiefen Turm von Pisa ist durchaus
angebracht! Trotzdem steht die Eingangstür senkrecht, da man in späteren Jahren
ein wenig nachgebessert hat. Im Obergeschoss befindet sich übrigens eine Kunst-
galerie (Mi bis So 11 bis 18 Uhr). Rechts nebenan blickt man auf ein großes Bank-
gebäude, das erst 1879 hinzukam. Jenseits der Vabaduse puiestee, die den Platz an
der Ostseite tangiert, blickt man auf eine Fußgängerbrücke über den Emajõgi.
Hier hatte seit 1784 die berühmte ›Steinbrücke‹ (*Kivisild*) gestanden, ein Unikat
unter den üblichen Holzkonstruktionen jener Zeit. Dieses Wahrzeichen von Tartu
wurde 1941 von der Roten Armee gesprengt. Das heutige Beton-Provisorium für
Fußgänger soll 2005 durch einen originalgetreuen Nachbau ersetzt werden, für
den seit Jahren Geld gesammelt wird.

Während die Fußgängerzone Küüni (Scheunenstraße) von der breiten Riia
(Rīgaer Straße) bis zum Rathausplatz überwiegend von Grünanlagen gesäumt
wird, führt die nördliche Fortsetzung in ein schachbrettartig angelegtes Wohn- und
Geschäftsviertel. An der Hauptachse Rüütli (Ritterstraße) sind in den letzten Jahren etliche hübsche Läden entstanden: Cafés und Kneipen, Handarbeits- und Stoff-
geschäft, Antiquariat, Musikladen, ein vornehmes Hotel und unter Hausnummer
15 das Postmuseum und das Sportmuseum (beide Mi bis So 11 bis 18 Uhr;
Tel. 30 07 75 und 30 07 50). In den Seitenstraßen Küütri, Gildi und Munga wird
noch kräftig restauriert. Die Rüütli endet nach ungefähr 350 Metern an der Lai
(Breite Straße), die sich trotz ihres Namens als eng gebaute Einbahnstraße erweist.
Sie markiert mit ihren heruntergekommenen Häuserzeilen derzeit den Rand der
aufpolierten Altstadt. Einige Schritte in Richtung Fluss ist hinter einer Steinmauer
eine gewaltige schräggestellte Glasfassade zu sehen: Es ist das Palmenhaus
des Botanischen Gartens (*Botaanikaaed;* Mai bis Okt. tägl. 10 bis 17 Uhr;
Tel. 37 62 18), der 1806 gegründet wurde und zu den Einrichtungen der Univer-

sität gehört. Auf dem abwechslungsreichen Hügelgelände mit Teich werden manchmal auch Konzerte veranstaltet.

Gleich neben dem Botanischen Garten überquert von der Einmündung der Lai in die Vabaduse puiestee eine zweite Fußgängerbrücke den Emajõgi. An der rechten Straßenecke sieht man noch einen bescheidenen Rest der Stadtmauer. Man kann nun ›außen herum‹ durch die Uferparks, an etlichen Schriftstellerdenkmälern vorbei, zum Rathausplatz zurückschlendern oder aber in der Magasini noch einen Blick auf die orthodoxe Uspenskij-Kirche von 1781 werfen. Interessanter ist sicher ein Gang durch die Jaani (Johannesstraße), die ein Stück oberhalb von der Lai abzweigt und parallel zur o.g. Rüütli ins Zentrum zurückführt. In der Jaani 16 ist seit 1993 das ›Hausmuseum des Tartuer Stadtbürgers im 19. Jahrhundert‹ (*XIX saj. Linnakodaniku majamuuseum*; Mi bis So 11 bis 18 Uhr; Tel. 44 19 34) zu finden. Zwei Häuser davor, Nummer 20, steht das älteste erhaltene Steingebäude der Stadt. Es heißt, dass Zar Peter I. während des Nordischen Krieges in dem eher als Lager gedachten Bau genächtigt haben soll. Zwischen den teilweise interessanten Fassaden ragt an der linken Straßenseite die backsteinerne Johanneskirche (*Jaani kirik*) hervor: In den diversen Kriegen immer wieder stark beschädigt, stand sie seit 1944 als Ruine da und wurde erst kürzlich sorgfältig restauriert. Nun ist die dreischiffige Basilika aus dem 14. Jahrhundert wieder ein Schmuckstück im Stadtbild. Einmalig in Europa sind wohl die 15 großen Terracotta-Figuren, die in Nischen über dem Portal angeordnet sind und das Jüngste Gericht symbolisieren sollen. Auch am Fries des Langhauses und am Turm sind Figuren angebracht, insgesamt rund 200, dazu noch Tier- und Pflanzenornamente.

Ab der Querstraße Munga setzt sich die Jaani unter dem Namen Ülikooli (Universitätsstraße; wörtlich: Hochschulstraße) fort. Man betritt nun gewissermaßen den ›Campus‹ von Tartu.

Tartu: Universität

Dorpat als Erscheinungsort eines Fachbuches wird auf Anhieb den wenigsten etwas sagen. Dass man beim Stöbern in alten Schriften gar nicht so selten darauf stößt, unterstreicht jedoch die einstige Bedeutung der Tartuer Universität im deutschen Sprachraum. Damals hieß die Stadt Dorpat. Die traditionsreiche Lehr- und Forschungsanstalt, die 1632 durch Umwandlung eines kurz zuvor gegründeten Gymnasiums entstand und neben Wilna (Vilnius) und Königsberg (Kaliningrad) zu den drei ältesten der Region gehört, ist bis zum heutigen Tage das Aushängeschild der Stadt. Dabei überstand die akademische Tradition stürmische Zeiten: Von 1699 bis 1802 musste der Vorlesungsbetrieb in Tartu praktisch für ein ganzes Jahrhundert ruhen infolge von kriegsbedingter Auslagerung und der politischen

Umstände. Die Universitätsklinik existiert seit 1804, das Hauptgebäude wurde 1809 eingeweiht und die Sternwarte 1810. Trotz der offiziellen Zugehörigkeit zum Russischen Reich wurde bis 1890 in deutscher Sprache gelehrt! Zar Alexander I. (im Amt 1801 – 1825) wollte auf diese Weise die schon von Peter dem Großen (im Amt 1682 – 1725) begonnene Europäisierung vorantreiben. Die ebenfalls überwiegend deutsche Studentenschaft hatte damals berühmte Professoren. Mit der ersten Unabhängigkeit wurden ab 1919 die Vorlesungen auf Estnisch gehalten. Die heutige Zweite Republik hat bereits umfangreiche Investitionen getätigt: 1992 entstand ein Wissenschaftspark und 1999 das sogenannte Biomedicum. Schwerpunkte der Universität sind Gentechnik, Laseroptik, Informations- und Umwelttechnologie neben den philologischen Fächern, unter denen die Finnougrischen Studien hervorzuheben sind. Seit 1951 gibt es auch eine Landwirtschaftliche Universität.

Sechs mächtige weiße Säulen kennzeichnen den Eingangsbereich des klassizistischen Hauptgebäudes unter der Adresse Ülikooli 18. Niemand ahnt, dass der Bauuntergrund zunächst mit rund 5000 Holzpfählen befestigt werden musste, ehe vor 200 Jahren die Mauern hochgezogen werden konnten. Die schmale Straße wird hier durch einen kleinen Vorplatz und einige Eingangsstufen aufgelockert. Große Lettern künden über alle Sprachgrenzen hinweg auf Lateinisch von der ehrwürdigen ›Universitas Tartuensis‹. Wer ins Innere des Gebäudes tritt, wird enttäuscht sein: Düster und schmucklos sind die Korridore und Treppen, denn wegen des Krieges gegen Napoleon fehlte am Ende das Geld für den Innenausbau. Wenn sich die Gelegenheit bietet, sollte man trotzdem einmal die Aula aufsuchen, die über zwei Stockwerke reicht und eine von 28 ionischen Säulen getragene Empore besitzt. Im Südflügel ist das Museum für klassische Altertumskunde (Mo bis Fr 11 bis 17 Uhr; Tel. 37 53 84) eingerichtet. Es wurde 1803 von dem aus Danzig stammenden Professor Karl Simon Morgenstern initiiert und zeigt unter anderem pompejanische Wandmalereien und Gipsabgüsse antiker Skulpturen. Leider kehrte ein Teil der Exponate, die während des Ersten Weltkrieges ins russische Voronež ausgelagert worden waren, nie zurück.

Zur ›Tartu Ülikool‹ (abgekürzt TÜ), wie die Universität offiziell heißt, gehören zahlreiche weitere Einrichtungen in verschiedenen Gebäuden. Das Hauptgebäude wird links von dem sogenannten von Bockschen Haus flankiert (Ülikooli 16). Es stammt von 1780; von der Wiedereröffnung der Universität 1802 bis zur Fertigstellung des Neubaus 1809 fanden hier die ersten Vorlesungen statt. An der rechten Ecke (Ülikooli 20) fällt ein Haus auf, dessen Architektur fast ein wenig osmanisch wirkt: Es ist die Mensa und Cafeteria. Die gegenüberliegende Häuserzeile Ülikooli 13 bis 19 besteht aus einstigen Wohnhäusern der Professoren und Studenten. Auf der Rückseite des Hauptgebäudes steht die Universitätskirche, die heute eine Bibliothek beherbergt. Gleich dahinter beginnt der Domhügel.

Tartu: Domhügel

Der beste und geradeste Aufgang zum Domhügel (*Toomemägi*) erfolgt von der Rathausrückseite zwischen den Häusern Ülikooli 16 und 14. Neben einer Parkanlage steigt hier die Lossi (Schlossstraße) allmählich bergan und unterquert nach knapp 200 Metern die Engelsbrücke (*Inglisild*), über die ein Spazierweg die beiden Hälften des Domhügels verbindet. Die hübsche Holzkonstruktion aus dem Jahre 1838 wirkt wie ein Eingangstor. Sie trägt eine Widmung an den ersten Rektor der wiedereröffneten Universität, Georg Friedrich Parrot, sowie die lateinischen Worte ›Otium reficit vires‹ (Muße stärkt die Kräfte). Und in der Tat: Der Domhügel ist so etwas wie eine Oase mitten in der Stadt. Als die strategischen Erwägungen in den Hintergrund traten, wurde unter Federführung der Universität gezielt aufgeforstet, um den Menschen die Erhabenheit der Natur nahezubringen. Außer dem alten Schießpulverkeller (*Püssirohukelder*) im Berghang links unterhalb der Engelsbrücke ist von der Festungsfunktion kaum mehr etwas zu bemerken. Die bis zu 30 Meter vorgetriebenen Tonnengewölbe wurden nach der Räumung 1809 im übrigen noch umgewidmet und dienten nacheinander als Lager, Brauereikeller, physikalische Versuchsstation und seit 1983 als Restaurant.

Das Pendant zur erwähnten Engelsbrücke ist die Teufelsbrücke (*Kuradisild*) zwischen den beiden großen Gebäuden, die halblinks auf dem Plateau liegen. Sie wurde erst 1913 erbaut zur Erinnerung an das 300-jährige Thronjubiläum der Zarendynastie Romanov; ein Relief zeigt Alexander I. als bedeutenden Vertreter.

Die Engelsbrücke am Domhügel

Links um das Gebäude herum erreicht man das sogenannte Alte Anatomikum (*Vana Anatoomikum*) auf einer Bastei oberhalb des früheren Burggrabens. Das halbkreisförmig angelegte Bauwerk zeigt im Inneren noch viel von seiner ursprünglichen Einrichtung. Eine Totenmaske, die man hier 1979 in einem der Schränke fand, wird dem großen Königsberger Philosophen Immanuel Kant zugeordnet. Noch weiter nach links führen Spazierwege auf das Observatorium (*Tähetorn*) zu. Es soll im 19. Jahrhundert die am besten ausgestattete Sternwarte von ganz Europa gewesen sein. Untrennbar verbunden damit ist der Name des berühmten Professors Friedrich Georg Wilhelm Struve, der sich unter anderem um die trigonometrische Vermessung Livlands, später des Baltikums und großer Teile Osteuropas verdient gemacht hat. Das Museum kann nur nach Voranmeldung besichtigt werden (Tel. 43 49 32).

Nach einem Gang quer über den Domhügel zur Westseite erreicht man die gewaltige Ruine der Domkirche (*Toomkirik*). Die gotisch-romanische Basilika wurde im 13. Jahrhundert begonnen und verfiel während des Livländischen Krieges. Das Hauptportal mit den beiden massiven Türmen, von denen nur die unteren Hälften erhalten sind, liegt nahe am Berghang. Während vom Mittelteil des Kirchenschiffes fast nur noch einige Bögen stehen, ist der weitgehend intakt gebliebene Chorraum nach 1806 umfunktioniert worden. Unter Leitung des Architekten Johann Wilhelm Krause, auf den die meisten der Universitätsgebäude zurückgehen, entstand damals eine dreigeschossige Bibliothek mit interessanten Stilelementen. Seit 1982 vermittelt in diesen Räumen das Universitätsgeschicht-

Die Vallikraavi am Abend

liche Museum (*TÜ Ajaloomuuseum*; Mi bis So 11 bis 17 Uhr; Tel. 37 56 77) einen umfassenden Einblick in die Entwicklung der Wissenschaft und Lehre am Ort. Draußen erwartet ein kleines Parkcafé unter hohen Bäumen die Besucher des Domhügels, bevor eventuell noch ein Rundgang zu einer Reihe von Denkmälern ansteht, die auf dem Musumägi (Kussberg) an der Nordseite der Domruine zu finden sind. Das bedeutendste ist sicher das schwarze Monument für den Naturforscher Karl Ernst von Baer (1792 – 1876), der auf dem 2-Kronen-Geldschein ein wenig grimmig dreinschaut. Auf der Rückseite derselben Banknote ist übrigens das Universitätshauptgebäude von Tartu abgebildet.

Man kann von hier aus auf steilem Weg wieder zur Lai hinuntergehen. Dabei kommt man am Spielzeugmuseum (*Mänguasjamuuseum*; Mi bis So 11 bis 18 Uhr; Tel. 36 15 50) vorbei. Oder man geht zurück, durch die Teufelsbrücke hindurch und danach links. Beim Völkerdenkmal (*Rahvaste monument*) stößt man auf die abknickende Vallikraavi (Wallgrabenstraße): Als sehr hübscher, restaurierter Straßenzug führt sie hinab zum Anfangsteil der Ülikooli, wo um den Barclay-Platz herum etliche gläserne Büro- und Geschäftshäuser entstanden sind. Als Alternative bietet sich der Weg in Richtung Nationalmuseum an: Dazu muss man am Völkerdenkmal dem Verlauf der Vallikraavi nach rechts folgen.

Tartu: Außenbezirke

Außer der herausgeputzten Innenstadt verfügt Alt-Tartu noch über einen Gürtel von Wohnvierteln in Holzbauweise, die bislang sehr wenig Beachtung finden, obwohl sie eine höchst interessante Ergänzung des Stadtbildes abgeben. In der Hoffnung, dass sie nicht länger vernachlässigt werden, sondern vielmehr eine Attraktivitätssteigerung erfahren, erfolgt hier eine Beschreibung. Sie führt im Uhrzeigersinn von Süden um den Domhügel herum.

Zwischen der Verkehrsachse Riia und dem Domhügel kann man vom Beginn der Fußgängerzone zum Theater ›Vanemuine‹ hinaufgehen, das nach dem altestnischen Sängergott benannt ist. Es ist ein klotziges Gebäude, das seit 1971 das traditionsreiche Ensemble beherbergt. An der nach ihm benannten Straße Vanemuise sind des weiteren noch aufgereiht: das ehemalige sowjetische KGB-Haus (Hausnummer 19), an der Rückseite die große Universitätsbibliothek (*TÜ Raamatukogu*), dann in Nummer 26 das Kunsthaus (*Kunstimaja*; Mi bis Mo 12 bis 18 Uhr; Tel. 42 76 71), in Nummer 42 das Literaturmuseum (*Kirjandusmuuseum*; Mo bis Fr 9 bis 17 Uhr; Tel. 43 00 35) und in Nummer 46 das Zoologie- und das Geologiemuseum der Universität (*TÜ Zooloogia-, Geoloogiamuuseum*; beide Mi bis So 10 bis 16 Uhr; Tel. 37 58 33 bzw. 37 58 39) und schräg gegenüber das Gebäude des ehemaligen Deutschen Theaters (*Saksa teater*).

Die nächste Querstraße ist die Kastani (Kastanienstraße), eine der längsten Straßen der Innenstadt, obwohl es sich um eine Einbahnstraße handelt. Sie ist gesäumt von alten, meist zweigeschossigen Holzhäusern, zwischen denen sich überall bewohnte Hinterhöfe öffnen. Besonders ausgeprägt ist diese Siedlungsweise etwa im Bereich der Hausnummern 5 bis 25. Nicht wenige der angejahrten Fassaden tragen kunstvolle Verzierungen um die Fenster herum. Beim Spaziergang entgegen der Einbahnrichtung quert man die Kuperjanovi, an der sich zwei Abstecher lohnen:

Links am Ende der hier beginnenden Grünanlage steht das große hölzerne Bahnhofsgebäude von Tartu. Es müsste dringend renoviert werden. In seinem schäbigen Dunkelbraun vermag es kaum mehr an die bedeutende Eisenbahnepoche zu erinnern, die der Stadt 1876 den ersehnten Gleisanschluss brachte. Heute geht es auf den überdachten Bahnsteigen eher ruhig zu, was vor allem am Niedergang des estnischen Schienenverkehrs liegt. Die zu einem Platz erweiterte Straße vor dem Bahnhof (*Raudteejaam*) heißt seit eh und je Vaksali nach dem russischen Wort für Bahnhof. Eigentlich trägt das ganze Stadtviertel diesen Namen. Auf der Kuperjanovi geht es wieder zurück bis zur Ecke Kastani: Hier hat man den Komplex des Estnischen Nationalmuseums (*Eesti Rahvamuuseum*; Mi bis So 11 bis 18 Uhr; Tel. 42 13 11) vor sich. Es ist zweifellos eines der besten Museen des Landes. Gezeigt werden in erster Linie Gegenstände und Fotos aus Kultur und Alltagsleben der einzelnen Regionen Estlands und darüberhinaus auch anderer finno-ugrischer Völker. Ackerbau- und Fischfanggeräte gehören ebenso dazu wie eine

Der Bahnhof erinnert noch an die Zarenzeit

Alte Holzhäuser in der ›Suppenstadt‹

umfangreiche Präsentation von Trachten, Schmuck und Mobiliar. Wenigstens zwei Stunden Zeit müsste man sich schon nehmen.

Die Kastani führt weiter nordwärts bis zur Näituse (Messestraße), die vom Bahnübergang herkommt. Der Weg folgt ihr ganz kurz nach rechts, dann gleich links in die Veski (Mühlenstraße), die zwischen dem symmetrisch im Halbrund angelegten Tähtvere-Viertel und dem Westhang des Domhügels verläuft. Von der Straßenecke führt übrigens ein Sträßchen hinauf zur Rückseite der Teufelsbrücke. An der Veski passiert man noch ein interessantes Gebäude: Das Haus Nummer 4 ist dem Leben und Wirken des vielseitigen Naturwissenschaftlers Karl Ernst von Baer gewidmet (Mo bis Fr 9 bis 16 Uhr; Tel. 42 15 14), dessen Standbild bereits auf dem Domhügel zu sehen war. Man hat nun den Hügel fast umrundet. Von Nordwesten her führt die Jakobi (Jakobstraße) relativ steil hinab zum Zentrum; der Verkehr teilt sich: stadteinwärts über die bereits erwähnte Lai, zurück stadt-auswärts über die ebenfalls als Einbahnstraße ausgewiesene Kroonuaia, die von der Rückseite des Botanischen Gartens herkommt und über die gleichnamige Brücke mit dem jenseitigen Flussufer in Verbindung steht.

Zwischen der Jakobi und dem Fluss erstreckt sich ein altes Wohngebiet aus Holzhäusern, das den merkwürdigen Namen Supilinn (die ›Suppenstadt‹) trägt. Und in der Tat ist das halbe Dutzend Straßen seitlich der Kroonuaia teilweise nach Suppengemüsen benannt: Da gibt es die Herne (Erbsenstraße), die Oa (Bohnen-straße) oder die Kartuli (Kartoffelstraße). Allen gemeinsam ist der desolate

Der neue Mittelpunkt von Tartu

Zustand von Fahrbahn und Häusern. Dennoch kann das Umherstreifen durchaus seinen Reiz haben, auch wenn man dabei auf riesige Schlaglöcher und Pfützen achten muss und vielleicht ein Betrunkener über den Weg torkelt. Die verbauten Hinterhöfe mit alten Autos, Holzstapeln, Gemüsebeeten und behängten Wäscheleinen vermitteln noch ein Stück sozialistischer Realität. Unter den heutigen Verhältnissen fragt man sich freilich, ob Armut oder aber pure Lethargie, möglicherweise gepaart mit Alkoholismus, solche Zustände konserviert haben. Malerisch ist die ›Suppenstadt‹ sicher nicht; umso erstaunlicher mutet es an, dass man die Misere auch noch auf Postkarten abgebildet in alle Welt verschicken kann! Wer neben den überwiegend restaurierten Sehenswürdigkeiten ohne lange Wege das ›andere Tartu‹ erleben möchte, sollte die 800 Meter vom Rathausplatz hierher nicht scheuen.

Über eine der innerstädtischen Brücken gelangt man schließlich noch ans andere Ufer des Emajõgi. Ülejõe (wörtlich: Über-Fluss) heißt dieser östliche Teil der Innenstadt bezeichnenderweise. Viele Geschäfte gibt es hier nicht, eher eine wohnungsnahe Versorgung mit Alltäglichem. Auf bisher ungenutzten Flächen sind in den letzten Jahren vereinzelte Selbstbedienungsläden entstanden. Drei bis fünf Straßenzüge weit reichen auch hier noch die typischen alten Holzhäuser, vom Kreisverkehr an der Narva maantee bergauf bis zu den Friedhöfen. Unter der Hausnummer 23 findet man das Stadtmuseum (*Linnamuuseum*; Di bis So 11 bis 18 Uhr; Tel. 46 19 11), das noch über zwei Außenstellen verfügt: Oskar-Luts-Haus

(Riia 38) und Karl-Ristikivi-Haus (Hermanni 18). Die querende Puiestee (Allee) verbindet auf geradem Wege die gigantischen neueren Wohnblocks und Plattenbausiedlungen von Annelinn im Osten mit dem Einfamilienhausviertel Raadi-Kruusamäe, das sich um die ausgedehnten Friedhofsareale – den Namen nach sind es mindestens zehn – bis an die Stadtgrenze erstreckt. Ein seltsames Nebeneinander von partiell genutzten Fabrikanlagen, gepflegten und ungemütlichen Wohnhäusern sowie dem angrenzenden Flugfeld Raadi bestimmt im übrigen das Bild. Unmittelbar an der nördlichen Stadtausfahrt in Richtung Jõgeva liegen die unterirdischen Sandsteingänge von Aruküla (*Aruküla koopad*).

 Telefonvorwahl: 07.
PLZ-Bereich: 50-51000 ff.
Internet: www.tartu.ee.
Tourismusbüro: Raekoja plats 14, 51004 Tartu, Tel. 43 21 41 und 44 21 11.
Hauptpost: Vanemuise 7, 50001 Tartu.
Polizei: Vanemuise 64 und Gildi 12.

 185 km südöstlich von Tallinn (Straße Nr. 2). Parken in der Innenstadt meist problemlos auf Parkplätzen an der Vabaduse pst. (Parkscheinautomaten!) und jederzeit am Bahnhof.

 Bahnhof (Tel. 37 32 20) mit Streckenverzweigung: 3 x tägl. Tallinn, 4 x tägl. Elva, davon 3 x weiter nach Valga und 1x über Rīga nach Minsk; außerdem 1 x tägl. außer Sa über Põlva bis Orava. In Richtung Narva und nach Russland in Tapa umsteigen.

 Über 20 kommunale Buslinien des Connex-Konzerns verkehren ca. 6–24h. Tickets am Kiosk oder mit Aufschlag beim Fahrer. Wichtigster Haltepunkt an der Ecke Riia/Turu. Gleich nebenan

großer Bushof (Tel. 47 72 27) für zahlreiche Regional- und Überlandlinien von Tarbus, Taisto, SEBE und anderen Betreibern: etwa 30 x tägl. nach Tallinn, 1 – 2 x tägl. Sankt Petersburg, Petseri und Rīga.
Taxi Tel. 30 02 00, 36 66 66, 42 00 01 u.a.

 Flusshafen (Tel. 34 00 26) neben dem Bushof: Ausflugsschiffe auf dem Emajõgi und Schnellboote über den Peipsi-See zur Insel Piirissaar, nach Värska und ins russische Pskov (estn.: Pihkva).

 Der Flugplatz 3 km südwestlich der Stadtgrenze fristet zurzeit ein Schattendasein (Tel. 30 92 10). Es sind keine regelmäßigen Verbindungen bekannt.

 Recht teuer sind die vornehmen Stadthotels ›Draakon‹ (Raekoja plats 2 – 4, Tel. 44 20 45) und das ganz neue ›London‹ (Rüütli 9, Tel. 30 55 55), beide mit DZ über 100 Euro. Etwas günstiger ist das renommierte ›Barclay‹ (Ülikooli 8, Tel. 44 71 00) oder das moderne ›Pallas‹ im Einkaufscentrum (Riia 4, Tel. 30 12 00).

Unter den preiswerteren Hotels kann man das ›Rehe‹ am südlichen Stadtrand (Võru 235, Tel. 41 22 34) oder das kleine, familiäre Haus ›Oru Villa‹ (Oru 1, Tel. 42 28 94) hervorheben. Auch das ›Kantri‹ (Riia 195, Tel. 38 30 44, DZ um 60 Euro) und das etwa gleich teure ›Ihaste‹ (Pallase 25 – 27, Tel. 33 10 60) sind gute Adressen.

Außerdem Pensionen wie z. B. ›Vikerkaare‹ (Vikerkaare 40, Tel. 42 11 90) oder ›Domina‹ (Tammsaare 8, Tel. 42 25 75), beide nicht weit vom Bahnhof mit Preisen um 45 Euro/DZ. Herbergen für Jugendliche und Studenten findet man in der Pepleri 14, Kopli 7 und besonders Laulupeo 19.

 Im Umkreis des Rathausplatzes besteht kein Mangel an attraktiven Lokalen. Angenehm im Freien unter großen Linden sitzt man im ›Zum-Zum‹ (Küüni 2), das bei Studenten und Touristen großen Zuspruch findet. Genau gegenüber durch die Toreinfahrt geht es ins ›Kebabhouse Babylon‹, das angeblich erste arabische Restaurant in Estland, mit Beduinenzelt, Wasserpfeife und Bauchtanz (Raekoja plats 3).

Hinter den Glasfassaden am Anfang der Fußgängerzone liegt in einem restaurierten Backsteinbau das ›Wilde‹, eine sehr stilvolle und großzügige Kombination aus irischem Pub, Restaurant mit herrlicher Terrasse und Espressobar; nicht gerade billig, aber sehenswert (Vallikraavi 4).

An der Universität hat man die Wahl zwischen dem ›Café Krambambuli‹ in der historischen Mensa (Ülikooli 20) und dem etwas altmodischen ›Café Werner‹ (Ülikooli 11); um die Ecke das vornehme ›Café Draakon‹ (Raekoja plats 2 – 4). Am Anfang der Ülikooli am Barclay plats befindet sich ein Pub, ein weiterer in der Jakobi 34 am nördlichen Fuße des Domhügels. Die Gastronomie im Schießpulverkeller (vgl. Text) ist ein wenig enttäuschend. Einfache Gerichte in einer schönen Umgebung bietet auch der Pavillon bei der Domruine. ›McDonald's‹ grenzt direkt an den Bushof (Turu 6 a).

Immer noch entstehen neue Lokale im Altstadtbereich, die Nachfrage ist groß. Bis gegen Mitternacht wird man stets eine Möglichkeit zur Einkehr finden, auch wenn werktags wegen der zeitig schließenden Läden nur noch wenig auf den Straßen los ist.

Über die zahlreichen aktuellen Theaterveranstaltungen, Konzerte und Ausstellungen am besten im Tourismusbüro erkundigen!

Tartumaa

Zwischen den großen Seen

► Landkreis in Ost-Estland
► Kreisverwaltung in Tartu
► die Stadt Tartu selbst ist kreisunabhängig
► Autokennzeichen:
  erster Buchstabe T
► Fläche 3071 qkm

► zum Kreisgebiet gehört auch
  die Insel Piirissaar
► etwa 45 000 Einwohner, inkl. Stadt
  Tartu 146 000
► 19 Gemeinden, 3 Städte einschl.
  Tartu

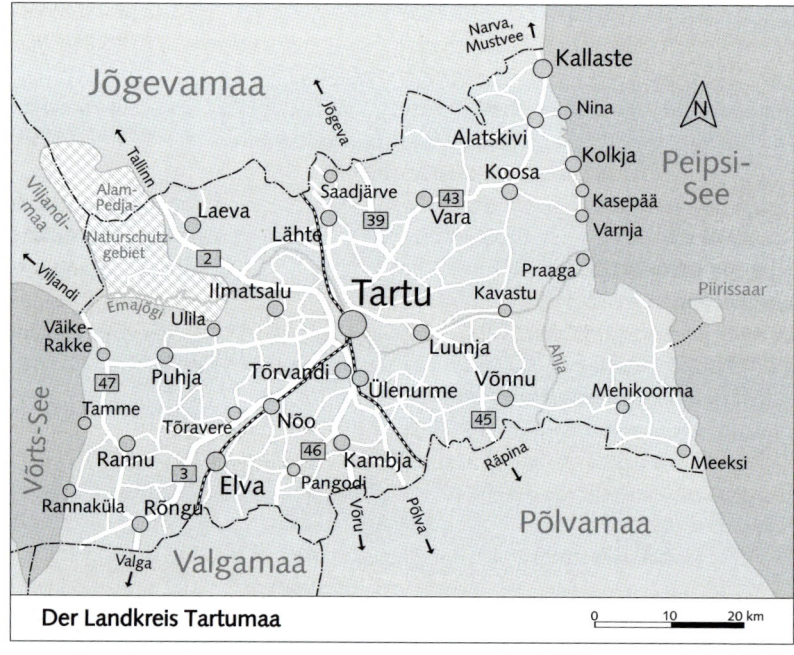

Der Landkreis Tartumaa

Nichts deutet darauf hin, dass man sich in der Nähe einer großen Stadt aufhält.
Estland ist einige Autominuten außerhalb von Tartu genauso ländlich wie fast
überall. Man entdeckt im Umland kaum nennenswerte Verstädterungstendenzen,
nur einige neuere Gewerbeansiedlungen am Stadtrand im Bereich der Umgehungsstraße. Und die beiden einzigen Städte, die es außerdem noch im Landkreis
gibt, verdienen diesen Titel kaum: Elva hat 6400 und Kallaste nur knapp 1300
Einwohner. Siebzig Prozent der Menschen von Tartumaa leben in Tartu selbst.
Dabei ist der Landkreis sogar ziemlich groß, auch wenn er heute nur noch aus dem

mittleren Teil des historischen Gesamtgebietes besteht. Derzeit ist eine weitere Verwaltungsreform in Planung mit dem Ziel, die 19 Gemeinden zu 7 bis maximal 13 zusammenzufassen.

Der Übergang vom landwirtschaftlich geprägten Mittelestland zum waldreicheren Hügelland im Südosten ist eine interessante Region. Rund um die zentral gelegene Universitätsstadt gibt es ein großes Spektrum unterschiedlicher Landschaften (im Uhrzeigersinn): die Südausläufer der seenreichen Vooremaa-Hügelkette, die überwiegend russischen Fischerdörfer am Peipsi-See, das sumpfige und menschenleere Mündungsgebiet des Emajõgi mit der kaum erschlossenen Gemeinde Meeksi südlich davon, das malerische Hügelland um den Pangodi-See, die Wälder bei Elva, das Ostufer des Võrts-Sees und einen Teil des riesigen Moorschutzgebietes Alam-Pedja. Schon die Lage zwischen den beiden großen Seen des Landes ist bemerkenswert. Hinzu kommt die Tatsache, dass der einzige auf ganzer Länge schiffbare Fluss, der Emajõgi, mitten durch den Landkreis und seine Hauptstadt Tartu fließt und dabei ebendiese beiden Seen auch noch verbindet. Sogar eine bewohnte Insel im Peipsi-See gehört zu Tartumaa.

Der Siedlungsschwerpunkt liegt naturgemäß in der Mitte der Region und nach Südwesten hin, weil große Feuchtgebiete im Nordwesten und Osten eine Anlage von Dörfern unmöglich machten. Der Waldanteil ist hingegen unterdurchschnittlich, stellt aber dennoch einen Lebensraum für Elche und Bären dar. Etliche überregionale Straßen gehen sternförmig von Tartu aus, wo es auch drei der wenigen Autobrücken über den Emajõgi gibt. Außer einer Parallelstraße zum Ufer des Võrts-Sees und der Umfahrung von Tartu sind die Querverbindungen im Landkreis von geringer Bedeutung und zu einem erheblichen Teil nicht einmal asphaltiert. Der Eisenbahnverkehr südlich von Tartu wurde inzwischen stark reduziert.

Von Tartu nach Süden

Man verlässt Tartu auf der Durchgangsstraße Nr. 2 (hier als Westumgehung) oder auf der innerörtlichen Võru tänav, die beide parallel zu der dazwischen liegenden Eisenbahntrasse verlaufen. Nach drei Kilometern erreicht man den Bahnübergang von Ülenurme: Auf der rechten Seite liegt der Flugplatz, auf der linken Seite das ›Estnische Landwirtschaftsmuseum‹ (*Eesti Põllumajandusmuuseum*; tägl. 10 bis 16 Uhr; Tel. 41 23 97), das in einem restaurierten Gutshof untergebracht ist und einen Pflug als Symbol zeigt. Abgesehen von der sehr gelungenen Dokumentation des Landlebens und der Präsentation landwirtschaftlicher Geräte gibt es im Freigelände auch noch eine Windmühle und Dutzende altertümlicher Traktoren, Mähdrescher und Drainagebagger zu bestaunen, die, in Reih und Glied aufgestellt, ordentlich restauriert, jeden Technikfan begeistern werden. Selbst außerhalb der

Exponate im Landwirtschaftsmuseum von Ülenurme

Öffnungszeiten kann man beim Blick über den Zaun viele Maschinen gut erkennen.

Wieder auf der Straße Nr. 2 nach Süden, erreicht man den Abzweig nach Põlva über Vana-Kuuste (links; Straße Nr. 61). Die Hauptroute führt nach etwa drei Kilometern durch das Tal des Tatra-Baches und verzweigt sich dann: Man muss sich nun entscheiden, ob man weiter auf der Straße Nr. 2 (links bzw. geradeaus) nach Võru bleiben will oder die Nebenstrecke (Nr. 46; rechts) über Otepää in Richtung Valga bevorzugt. Eine asphaltierte Querverbindung folgt nämlich erst 50 Kilometer weiter südlich wieder zwischen Sangaste und Võru! Beide Alternativen sind reizvoll. Während erstere das Kirchdorf Kambja passiert und schon bald den Kreis Tartumaa verlässt, führt letztere durch ein abwechslungsreiches Hügelland in ein Seengebiet hinein, dessen größter Teil in Valgamaa liegt. Diese Straße ist sicher eine der schönsten in ganz Estland. Nach etwa acht Kilometern erreicht man hier den Pangodi-See: ein Kaufladen, eine Bushaltestelle am Weg nach Kammeri, eine Handvoll Häuser und auf der linken Seite der idyllische See mit etlichen Buchten und einer Halbinsel an der Straße, wo zeitweise gegrillt oder gepicknickt wird. Etwa gegenüber der Abzweigung nach Elva gibt es einen kurzen Fahrweg zu einem einfachen Campingplatz mit Bootsverleih. Der dazugehörige Badeplatz wird von den Einheimischen nach Feierabend gern besucht. Schade nur, dass das Gelände im Laufe der Jahre immer mehr vernachlässigt wurde.

Elva

Bei der Kleinstadt Elva (6400 Einwohner) hat man den Eindruck, sie habe den Wald geradezu durchdrungen. Da wurde kein Kahlschlag für Bauplätze betrieben, sondern man ließ die Bäume stehen und stellte einfach Häuser dazwischen. Das ganze Ortsbild wird bestimmt von großen, schlanken Kiefern, die eine ganz besondere Atmosphäre schaffen. Vor allem der östliche Ortsteil zwischen der Bahnhofsrückseite und dem Elva-Bach hat als ausgedehnte Waldsiedlung einen ungewöhnlichen Reiz, der bei schräg einfallender Nachmittagssonne noch verstärkt wird.

Schon 1886 bekam die wichtige Poststation auf dem Weg von Sankt Petersburg über Tartu nach Rīga einen Eisenbahnanschluss und entwickelte sich vor dem Zweiten Weltkrieg zu einem beliebten Naherholungsgebiet von Tartu. Neben Künstlern, Komponisten und Schriftstellern zog es eine Reihe von Professoren der nahen Universität hierher. Auch heute zählt Elva mit seinen hölzernen Villen, Parkanlagen und dem naturbelassenen Arbi-See mitten im Ort zu den meistbesuchten Ausflugszielen des Landes. Trotzdem sind die üblichen touristischen Begleiterscheinungen kaum zu beobachten. Die Kesk (Hauptstraße) bildet eine Art Einkaufsallee vom historischen Bahnhof in Holzbauweise bis an die alte Durchgangsstraße Tartu–Valga, die inzwischen durch eine großzügige Westumgehung ersetzt ist. Kurz vor der Einmündung liegt das Marktgelände mit festen Ständen. In der Pikk 2, gegenüber dem Bahnhofsvorplatz, kann man das Tartumaa-Museum besichtigen (Tel. 45 61 41). An schönen Sommertagen ist der Verevi-See am Rand des Zentrums rege besucht. Dann tummeln sich auf dem künstlichen Badestrand entlang der Tartu maantee (Tartuer Landstraße) für Estland ungewohnte Menschenmassen, und auch die Parkplatzsuche ist ausnahmsweise einmal erschwert. Die Wasserqualität des Sees war früher gelegentlich kritisiert worden, hat sich aber inzwischen verbessert. Wenn man an der etwas verschobenen Hauptkreuzung am Ende der Kesk in die Käo einbiegt, erreicht man nach anderthalb Kilometern das › Waide Motell ‹ am westlichen Stadtrand, wo man auch einige Fahrräder ausleihen kann: Für einen ausgiebigen Streifzug durch die stillen Straßen und Fußwege des Ortes ist das ein ideales Fortbewegungsmittel. Für die Anreise nach Elva, besonders von Tartu aus, kann man im übrigen ruhig einmal die Eisenbahn nehmen, die einige Male täglich in gemächlichem Tempo den knapp 25 Kilometer langen Streckenabschnitt bedient und während der Fahrt ganz eigene Eindrücke vermittelt. Leider ist der Weg vom Bahnhof Elva bis zur Fahrradausleihe ziemlich weit, so dass man die beiden umweltfreundlichen Verkehrsmittel kaum in Kombination nutzen kann.

In Nõo (1700 Einwohner), acht Kilometer nordöstlich, steht eine Wehrkirche aus der Zeit kurz nach 1300 in weitgehend originalem Zustand. In Tõravere kann

Spätsommer in der Waldstadt Elva

man das Observatorium der Universität Tartu besuchen. An der Außenwand ist eine Himmelskarte zu bewundern, die aus mehr als 20 000 Meeressteinchen zusammengefügt wurde.

Der Võrts-See (Ostufer)

Die beiden Gemeindegebiete von Rõngu und Rannu bilden zusammen den Landstrich am Ostufer des Võrts-Sees. Die Straße Nr. 47 zweigt in Rõngu von der Straße Nr. 3 (Tartu – Elva – Valga) ab und führt nach Norden hin allmählich immer näher an das Seeufer heran. Ab Rannu fährt man durch teilweise feuchtes Tiefland. Der See ist von der Straße aus nicht zu sehen und überhaupt schlecht erreichbar. Erst von der Flussbrücke, die die Grenze zum Kreis Viljandimaa markiert, hat man einen Blick auf das verschilfte Gewässer. Hier ist gewissermaßen die Quelle des Emajõgi, der vorher als Bach namens Väike Emajõgi (Kleiner Emajõgi) bei Otepää entspringt, sodann in einem großen Halbkreis durch Valgamaa fließt und in die Südspitze des Võrts-Sees mündet.

Entlang der erwähnten Straße Nr. 47 gibt es einige wenige Zufahrten zum See. Asphaltiert ist nur der Rundweg nach Rannaküla und Vehendi, wo jeweils ein bescheidener Badebetrieb herrscht. Eine seekundliche Forschungsstation (*Limnoloogiajaam*) mit zwei Motorschiffen arbeitet hier ebenfalls. Bei Tamme, weiter nördlich, existiert sogar ein Stück Steilküste von rund acht Metern Höhe und ein Schiffsanlegeplatz. Im nahezu unbesiedelten Hinterland wird großflächig Torfabbau betrieben. Wenn man in Väike-Rakke die Straße Nr. 48 nach Osten (zurück nach Tartu) nimmt, kann man kurz vor Puhja einen Eindruck davon gewinnen: Rechts und links der Straße, meist hinter einer Reihe dürrer Bäume, erstrecken sich die eintönig braunschwarzen Flächen der Torfzeche (*turbatsehh*). In Ulila jenseits des hübschen Kavilda-Urstromtales spürt man noch deutlicher die Atmosphäre einer richtigen Moorsiedlung. Hinter dem Torfwerk am Ortsrand stößt man auf eine Reihe eigenartiger paralleler Rinnenseen, die als Überbleibsel des Torfstichs nun allmählich mit Schilf zuwachsen. Bis fast hierher reicht das riesige Alam-Pedja-Moorgebiet, das den nordwestlichen Zipfel von Tartumaa ausfüllt und dabei vom stark mäandrierenden Emajõgi durchzogen wird.

Die drei Gemeindezentren Rõngu, Rannu und Puhja bieten auch ein wenig Architektur: In Rõngu (850 Einwohner; Gemeinde insg. 3200 Einwohner) steht auf einem Hügel an der weitläufigen Straßenkreuzung eine große Backsteinkirche aus dem 14. Jahrhundert, die 1901 renoviert wurde. Auffällig ist ihr sehr spitzer, hoher Turm. Es handelt sich um die einzige einschiffige Kirche weit und breit. Schräg gegenüber befindet sich ein rustikales Gasthaus im Restteil eines bemerkenswerten Rundbaus; als ›Krumme Schenke‹ wird das Lokal deswegen bezeichnet. In Rannu (Gemeinde 1900 Einwohner) ist ebenfalls die Dorfkirche das Interessanteste: Sie trägt den Namen des heiligen Martin (*Püha Martini kirik*), entstammt demselben Jahrhundert und hat einen annähernd quadratischen Grundriss. Sie wurde vor ungefähr 15 Jahren gründlich renoviert und ist über die Felder von weitem zu sehen. In Puhja (Gemeinde 2500 Einwohner) schließlich findet man außer vielen Plattenbau-Häusern auch eine dreischiffige weiße Wehrkirche mit Holzturm aus dem 14./15. Jahrhundert. Bei allen diesen Bauwerken handelt es sich nicht um Sehenswürdigkeiten, die einen größeren Umweg lohnen. Aber sie sind immerhin markante Objekte in einer siedlungsarmen Gegend.

Kallaste und der Peipsi-See

Ganz andere Verhältnisse erwarten den Besucher im Osten am Peipsi-See. Wer von Mustvee (Jõgevamaa) dem Seeufer nach Süden gefolgt ist, erreicht nach 25 Kilometern Kallaste. Mit knapp 1300 Einwohnern ist es die zweitgrößte Stadt am Peipsi-See, zugleich aber auch die zweitkleinste von ganz Estland. Um 1720 gründeten orthodoxe Glaubensflüchtlinge (sogenannte Altgläubige) hauptsächlich aus dem Gebiet Novgorod eines ihrer Dörfer in unmittelbarer Nähe eines rötlichen Sandsteinkliffs. Sie gaben der Siedlung den russischen Namen ›Krasnye Gory‹ (Rote Berge). Nacheinander gehörte sie den Gemeinden Kokora, Alatskivi und

Peipsiääre an, bis ihr 1938 das Stadtrecht verliehen wurde. Von 1950 bis zu einer erneuten Reorganisation 1959 wurde Kallaste zum Distriktzentrum über fünf benachbarte Dorfsowjets (u. a. Alatskivi und Peipsiääre) aufgewertet. Der heutige estnische Name nimmt, wie schon der russische zuvor, Bezug auf die Topographie: *kallas* heißt Ufer, auch Uferkante.

Kallaste ist übersichtlich, fast geometrisch angelegt: Es besteht im wesentlichen aus der Hauptstraße, Võidu genannt, am Seeufer entlang sowie zwei Parallelstraßen. Drei Querstraßen stellen die Verbindung zur Landstraße Nr. 43 her, die in 500 Metern Entfernung vom Ortskern verläuft und in Südrichtung endgültig das Seegebiet verlässt. Bunte Fischerhäuschen aus Holz und mit dem üblichen Blechdach säumen die Võidu und lassen nur an vereinzelten Stellen einen Blick oder Durchgang zum dahinter liegenden See zu. Schon im Hochsommer türmen sich riesige Haufen Brennholz am Straßenrand. An manchen Hauswänden sind gesalzene Fische zum Trocknen einfach angenagelt. Die ruhige Atmosphäre eines Fischerdorfes ist nach wie vor zu spüren. In der Ortsmitte gibt es einen kleinen Platz mit Kaufladen und Kiosk bei einer Grünanlage mit Seeblick. Ein Teil der Gebäude wurde nach den Zerstörungen des Zweiten Weltkriegs in klassizistischer Manier wieder aufgebaut; deutsche Truppen hatten Kallaste von 1941 bis 1944 besetzt. Am nördlichen Ortsausgang, wo der Torila-Bach mündet, liegt der kleine, aber wichtige Hafen, der noch bis in die 1990er Jahre Sperrgebiet war. Seit 1975 war eine große Fischereikolchose namens ›*Peipsi Kalur*‹ (Peipsi-Fischer) der Hauptarbeitgeber. Frischer und getrockneter Fisch wurde bis nach Leningrad geliefert. Heutzutage sind es mehrere Privatunternehmen, deren Fangkutter die neue Staatsgrenze mitten durch den See strikt beachten müssen. Der See ist außerordentlich fischreich, und wegen seiner geringen Tiefe von durchschnittlich acht Metern verschwindet die dicke Eisdecke im Frühjahr rasch. Wenn man über das kleine Hafengelände, wo ein paar abgewrackte Kähne dümpeln, hinaus auf die endlose Wasserfläche blickt, hat man das Gefühl, an einer abgelegenen Meeresküste zu stehen.

Nur 15 Prozent der Einwohner von Kallaste sind Esten. Es kann einem durchaus passieren, dass man sich als Tourist zwar ein paar estnische Wörter eingeprägt hat, damit aber im örtlichen Laden dennoch nicht verstanden wird, weil die Verkäuferin nur Russisch spricht. In verschiedenen geographischen Beiträgen wird die konservative Mentalität kritisch vermerkt: In den 1960er Jahren fand hier keine ausreichende Kooperation mit den Sowjetbehörden und damit auch keine industrielle Entwicklung statt, seit der Unabhängigkeit mangelt es an Initiative und Wirtschaftsgeist. Investitionen blieben bislang aus, eine allgemeine Stagnation hat den Ort erfasst. Obwohl sich die Einwohnerzahl entlang des Peipsi-Sees in den letzten drei Jahrzehnten fast halbiert hat, weist das Ufergebiet immer noch eine hohe Bevölkerungsdichte auf im Vergleich zu anderen ländlichen Gebieten Estlands.

Der Fischereihafen von Kallaste

Die schon erwähnten Sandsteinklippen von Kallaste bilden das einzige Stück Steilküste am gesamten See. Auf etwa 700 Metern Länge bilden die Sedimente aus dem Devon eine markante Geländestufe, die bis zu 11 Meter über die Wasserfläche aufragt. Besonders im Morgenlicht, das von Osten her die Felsen bescheint, kommt der rötliche Farbton deutlich zur Geltung. Etliche Höhlen sind durch die Kraft der Wellen entstanden, bei Flut steigt der Wasserspiegel um 1 bis 1,5 Meter an. Im flachen Wasser unterhalb der Klippen liegen zahllose große Steine, die durch das Eis hierher verfrachtet wurden. Im Frühjahr werden Eisschollen angetrieben. Man sagt, es habe schon Anhäufungen von mehr als 20 Metern Höhe gegeben!

Alatskivi

Die einzige bedeutendere Sehenswürdigkeit in der Nähe des Peipsi-Sees ist das Herrenhaus des Barons von Nolcken in Alatskivi. Mit seiner weißen Fassade und mehreren Türmchen sowie 60 Hektar Landschaftspark erinnert es sehr an englische Schlösser. Und in der Tat diente Balmoral Castle (in Schottland) als Vorbild beim Bau in den Jahren 1876 bis 1882. Die Umgebung ist ganz von Landwirtschaft geprägt. Die Zufahrt zum Herrenhaus erfolgt über eine herrliche alte Lindenallee vom heutigen Dorf aus. Hier haben im Laufe der Zeit mehrere Künstler gelebt, unter ihnen der Komponist Eduard Tubin (1905 – 1982) und der berühmte

Das Herrenhaus von Alatskivi

›Sohn des Ortes‹ Juhan Liiv (1864 – 1913). In Rupsi (drei Kilometer südlich) hat man ihnen ein Museum gewidmet. Am nördlichen Ortsrand von Alatskivi liegt in einem Urstromtal an der Straße der Alatskivi-See, der in den Veski-See übergeht; eine kleine Brücke verbindet die Längsseiten. Auf der anderen Straßenseite sieht man den kanalisierten Alatskivi-Bach, der die beiden Seen sowie den Alasoo (-Sumpf) in der Uferzone zwischen der Straße und dem Peipsi-See entwässert.

Nina, Kolkja, Varnja

Zwischen dem Alatskivi-Kanal und dem Mündungsgebiet des Emajõgi liegt noch eine Kette von Fischerdörfern am Peipsi-See, wie man sie auch südlich von Must-vee (Jõgevamaa) findet. Von Alatskivi aus gibt es zwei Zufahrtsstraßen: eine nörd-lichere ohne Asphalt, die in Nina ans Ufer stößt, und eine südlichere mit festem Belag, die nach Kolkja und weiter bis Varnja führt. Es ist eine der exotischsten Gegenden Estlands.

Eingezwängt zwischen dem Ala- und Nina-Sumpfgebiet, liegt auf einem klei-nen Zipfel festen Bodens das nördlichste der Fischerdörfer: Rootsiküla, vom Namen her eigentlich ›Schwedendorf‹, doch wie die anderen heute fast nur von Russen bewohnt. Im etwas größeren Nina nebenan gibt es einen Leuchtturm und einen schönen Badestrand mit Bootshafen. Auf dem Friedhof bei der 1827 erbau-ten Dorfkirche findet man neben orthodoxen auch protestantische Grabkreuze.

Die ansässigen Russen nennen ihr Dorf auch ›Nos Derevnja‹, was ›Nasendorf‹ oder auch ›Spitzendorf‹ (wegen der kleinen Landzunge am Ufer) bedeutet.

Etwa fünf Kilometer weiter südlich, nachdem man an der Einmündung der Asphaltstraße von Alatskivi den Lahepera-Strandsee passiert hat, beginnt die kleine Gemeinde Peipsiääre (wörtlich: Peipsi-Ufer). Es ist im wesentlichen eine Zusammenfassung der drei ineinander übergehenden Straßendörfer Kolkja, Kasepää und Varnja. Insgesamt leben hier knapp 1000 Menschen, von denen nur sechs Prozent ethnische Esten sind. Wie in Kallaste hat sich die Einwohnerzahl seit 1970 halbiert. Orthodoxe Altgläubige waren auch hier die ersten Siedler. Varnja und Kasepää (nicht zu verwechseln mit dem gleichnamigen, aber ausnahmsweise estnisch dominierten Fischerdorf weiter nördlich bei Mustvee) stammen aus dem 18. Jahrhundert, Kolkja ist ein wenig jünger. Erst im 20. Jahrhundert entstand etwas abseits des Seeufers noch die neue Kleinsiedlung Sipelga. Auf einer Länge von fast sieben Kilometern reihen sich die Häuser, von denen viele noch aus der Zarenzeit stammen, entlang zweier Parallelstraßen aneinander. In kleinen Gemüsegärten werden, wie überall in der Region, vorwiegend Zwiebeln gezogen. Im Juli und August ist Erntezeit, auf Schritt und Tritt beobachtet man dann, wie Zwiebeln getrocknet, in Säcke gefüllt, zum Verkauf ausgelegt oder in Autos verladen werden. Etwa 120 Einwohner finden Arbeit im örtlichen Fischereibetrieb ›*Peipsi Kalamees*‹ (Fischer von Peipsi). In Kolkja wurde 1998 ein ›Museum der Altgläubigen‹ mit typischem Wohnraum, Haushalts- und Fischereigerätschaften und Handarbeiten eröffnet. Von Varnja aus kann man auf einer Staubstraße direkt ins Landesinnere zurückfahren; bei Koosa trifft man wieder auf die Regionalstraße Nr. 43, die nach etwa 30 Kilometern durch weitgehend offene Landschaft Tartu erreicht. In Ufernähe führt nun nur noch ein enger Fahrweg zwischen Fischerhäusern am Hafentor vorbei bis zur neuen Grenzwache. Zu Fuß geht es weiter bis nahe an die Emajõgi-Mündung mit dem seltsamen Dorf Praaga (s.u.).

Das Mündungsgebiet des Emajõgi

Östlich der Kulturstadt Tartu ist recht bald das ›Ende der Zivilisation‹ erreicht. Am Wege liegt noch Luunja (Gemeinde 2600 Einwohner) mit großem Gutshof und Parkanlage: Neben einer landwirtschaftlichen Versuchsanstalt spielt die Pferdezucht und der Reitsport eine gewisse Rolle. Die Straße Nr. 45 überquert den Unterlauf des Emajõgi und wird dann in einem großen Bogen nach Süden gezwungen. Rund 50 Kilometer weit verläuft sie nun am Rande eines ausgedehnten Tieflandes, das bis zum Ufer des Peipus-Sees reicht. Östlich dieser Straße liegt nämlich das unwegsame Sumpfgebiet um die Mündung des Emajõgi, dessen Strömung hier stark nachlässt. Der Fluss verzweigt sich und bildet mit anderen Wasserläufen eine

Art Delta, das als 10 bis 20 Kilometer breiter Streifen von Varnja bis hinunter nach Räpina (Põlvamaa) reicht. Auf diesem Abschnitt muss die Durchgangsstraße das Seeufer verlassen. Im nördlichen Teil des Mündungsgebietes gibt es nur eine einzige Siedlung, die zudem ziemlich kurios ist: Praaga ist eine Ansammlung von ›Pfahlbauten‹ am Fluss, von Hochwassern bedroht, ohne Straßenanschluss, nur zu Fuß oder per Boot erreichbar, weit entfernt von den anderen Dörfern der großflächigen Gemeinde Vara. Hier beginnt auch das ›Emajõgi Großsumpfreservat‹ (*Emajõe Suursookaitseala*), das insgesamt 5539 Hektar umfasst.

Von Luunja aus begleiten noch zwei weitgehend asphaltierte Stichstraßen die beiden hügeligen Ufer des Emajõgi nach Osten; in Kavastu sind sie durch eine unregelmäßig verkehrende Pendelfähre (*parv*) über den nur etwa 15 Meter breiten Fluss miteinander verbunden. Das Wegenetz der beiden Gemeinden Võnnu (1200 Einwohner) und Meeksi (900 Einwohner) noch weiter südöstlich ist hingegen derart rudimentär und unterentwickelt, dass sich wohl nur wirkliche ›Entdecker‹ hierher verirren. Außer einem asphaltierten Weg zur wirtschaftlich gutgestellten Ortschaft Võnnu und drei Kilometern fester Straßendecke weitab zwischen Meeksi und Mehikoorma sind die wenigen Wege im Umkreis von 15 bis 20 Kilometern allesamt unbefestigt, manche für Autos unpassierbar. Der selten verkehrende Omnibus benötigt für die 56 Kilometer Strecke von Tartu bis Meeksi zweieinhalb Stunden! Ein kleines Stück hinter Tartu ist man mithin in einem Gebiet, dessen Armseligkeit in krassem Kontrast zu dem städtischen Leben steht. Im Laufe der letzten 30 Jahre hat rund die Hälfte der einstigen Einwohner ihrer

Typische Dorfstraße am Peipsi-See

Heimatgemeinde den Rücken gekehrt, und von den verbliebenen pendeln nicht wenige zur Arbeit nach Tartu.

Der einzige erwähnenswerte Punkt am hiesigen Ufer ist das Fischerdorf Mehikoorma, das die Engstelle ›bewacht‹, wo der Peipsi-See in den daran anschließenden Lämmijärv (-See) übergeht. Hinüber ans russische Ufer sind es keine zwei Kilometer. Als es die Sowjetunion noch gab und der See keine Staatsgrenze darstellte, kamen viele Russen zum Einkaufen herüber, und der Ort fungierte sogar als Zentrum für das dortige Hinterland. Unter den heutigen Bedingungen liegt Mehikoorma völlig im Abseits. Einen Leuchtturm von 1938 und die Holzskulptur einer Meerjungfrau – mehr hat der Ort nicht zu bieten. Aber es führt noch ein scheinbar endloser Fahrweg (22 Kilometer) parallel zum Ufer nach Norden bis zur Siedlung Meerapalu mit Badestrand.

Die Insel Piirissaar

Der fast menschenleeren Uferzone vorgelagert ist die Insel Piirissaar (wörtlich: ›Grenzinsel‹), die nicht minder exotisch ist. Mit acht Quadratkilometern Fläche handelt es sich um die einzige nennenswerte Insel im Peipsi-See. Sie ist heute ein wichtiger estnischer Grenzposten, nachdem sie über Jahrhunderte Zankapfel zwischen Russland am Ostufer und Livland, später Estland am Westufer war. Sogar aufgeteilt hat man sie, wie ein in Längsrichtung durchgestochener Kanal beweist. Eine Erstbesiedlung um 1700 gilt als wahrscheinlich; damals suchten orthodoxe Altgläubige hier Zuflucht, um der Besteuerung ihres Bartes (!) in Russland zu entgehen. Bis in die 1960er Jahre lief das Leben auf der Insel in traditionellen Bahnen mit Fischfang, Tierhaltung und bescheidener Landkultivierung, vor allem Zwiebelanbau. Dann wurde eine Kolchose namens ›Säde‹ (der Funke) eingerichtet, die später einer größeren auf dem Festland zugeordnet wurde. Was immer zu dieser Benennung geführt haben mag: Der Funke sprang offenbar nicht über in die Herzen der jüngeren Leute. Von da an verließen immer mehr von ihnen die Insel, um in Tartu, Tallinn oder Leningrad zu arbeiten. Von 1920 bis zum Tiefstand 1993/94 sank die Einwohnerzahl von fast 700 auf ganze 89, fast alle im Rentenalter. Seither sind einige Ehemalige auf Grund von Arbeitslosigkeit oder in der Hoffnung auf Erteilung einer Fischereierlaubnis zurückgekehrt. Heute leben hier knapp über 100 Menschen, zum allergrößten Teil Russen, die sich auf drei winzige Weiler (Piiri, Tooni, Saare) auf der Ostseite verteilen. Eine vierte Siedlung (Porka), deren Namen einst auch für die ganze Insel verwendet wurde, ist durch Krieg und Fluten vollständig zerstört. Es gibt keine Schule auf Piirissaar, da hier nur ein einziges schulpflichtiges Kind wohnt. Der kleine Hafen befindet sich in der Inselmitte! Man erreicht ihn durch den schiffbaren Südteil des historischen

Grenzkanals. Die kürzeste Schiffsverbindung besteht mit dem zehn Kilometer entfernten Anlegeplatz in Laaksaare, eventuell auch mit Mehikoorma. Seit 1999 verkehrt wieder eine Schiffslinie von Tartu-Innenstadt durch das Mündungsgebiet des Emajõgi bis ins russische Pskov (estn.: Pihkva) 135 Kilometer südöstlich; unterwegs wird auch in Piirisaare angelegt. Von Dezember bis Ende April herrscht gewöhnlich eine hinreichend tragfähige Eisdecke auf dem See, die einen Übergang zum Festland ermöglicht.

 Telefonvorwahl: 07.
PLZ-Bereich: 60-62000 ff.
Internet: www.tartumaa.ee.
Tourismusbüro: siehe Stadt Tartu; außerdem Kesk 32, 61507 Elva, Tel. 30 98 87.
Post: Kirde 2 in Elva.
Polizei: Valga mnt. 1 in Elva.

 Anfahrt siehe Stadt Tartu. Im Ostteil des Landkreises nur wenige Tankstellen (u. a. in Alatskivi). Unregelmäßig verkehrende Flussfähre bei Kavastu, keine Brücke. Von Tartu nach Kallaste 50 km, Elva 28 km.

 20 Bahnstationen im Landkreis. Von Elva 4 x tägl. Tartu, 2 x tägl. Valga. Siehe auch Stadt Tartu.

 Tarbus, SEBE und etliche andere Gesellschaften bieten regelmäßige Verbindungen im ganzen Landkreis (vgl. Stadt Tartu).

 Außer vom Stadthafen Tartu ist die Insel Piirissaar auch von der Anlegestelle Laaksaare (14 km nördlich der Ufersiedlung Mehikoorma) per Fähre erreichbar.

 An der nordwestlichen Stadteinfahrt von Tartu steht das Gästehaus ›Kure talu‹ (Tähtvere vald, Rähni 282, Tel. 49 47 05).
In Elva bietet sich das ruhige, skandinavisch wirkende Motel ›Waide‹ an, das aus Einzelhäusern besteht (Käo, Tel. 30 36 06, Restaurant, Fahrradverleih); außerdem Motel ›Verevi‹ (Raudsepa 2, Tel. 45 70 84, beim gleichnamigen Strandbad).
In Kallaste bietet die Herberge ›Laguun‹ einfache Zimmer an (Liiva 1a, Tel. 45 25 55).

› Kukulinna‹ am Ufer des Saadjärv, ganzjährig (Tel. 41 95 26).

Angenehmes Restaurant im Motel ›Waide‹ in Elva, 12 – 20/22h; in der Ortsmitte an der Kesk zwei modernere Kneipen. Am Pangodi-See entsteht zurzeit ein architektonisch interessantes Ausflugslokal oder Motel oberhalb der Straße.
Am Peipsi-See muss man Lokale fast mit der Lupe suchen; als typisch russisch ist das ›Kala-Sibula Restoran‹ (Fisch-Zwiebel-Restaurant) in Kolkja einzustufen.

Põlvamaa

Naturschönheiten am Ende der Welt

▶ Landkreis in Südost-Estland
▶ Kreishauptstadt Põlva
▶ Autokennzeichen:
  erster Buchstabe O
▶ Fläche 2164 qkm
▶ grenzt im Osten an Russland

(Pskovskaja oblast') und an
den Pihkva-See
▶ etwa 35 000 Einwohner, davon
  7000 in Põlva
▶ 13 Gemeinden, 2 Städte

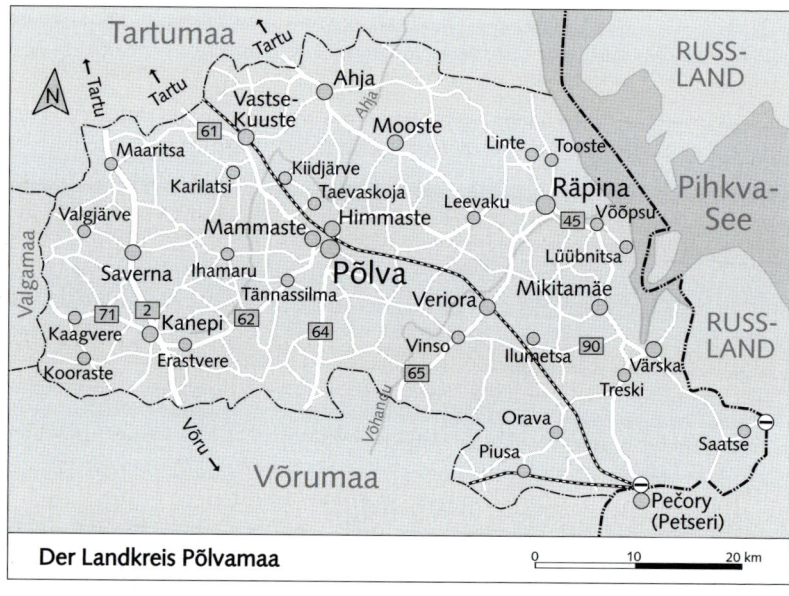

Der Landkreis Põlvamaa

0   10   20 km

Ehe jemand nach Põlvamaa gelangt, hat er sehr wahrscheinlich schon viel von Estland gesehen. Ziemlich weit entfernt von den Häfen, Flughäfen, Hauptstädten und größeren Verkehrswegen des Baltikums findet man ganz im Südosten Estlands einen kleinen, an Baudenkmälern eher armen Landkreis, der mit seiner herrlichen Natur und seinem ländlich-bäuerlichen Milieu eigentlich mehr Beachtung verdient hätte. Stattdessen wird Põlvamaa selbst in umfangreicheren Reisebüchern völlig ignoriert. Durch Zufall kommt man kaum hierher: Einerseits lockt kein historischer Ort oder zumindest ein Zentrum mit ein wenig urbaner Atmosphäre, andererseits erlaubt die immer noch schwer passierbare Grenze zu Russland keine spontane Rundfahrt in der Region. Zu Lande wie zu Wasser ist die Bewegungsfreiheit nach Osten hin durch den befremdlichen Grenzverlauf eingeschränkt, der von estnischer Seite denn auch als vorläufig angesehen wird. Vorläufig dürfte mithin das ganze administrative Gebilde Põlvamaa sein, das einst als neuer Landkreis aus dem Südostteil von Tartumaa und dem Nordteil von Võrumaa geschaffen wurde und dem nun unter dem Vorbehalt einer endgültigen Grenzregelung noch Teile des zerschnittenen Kreises Setumaa (Gemeinden Mikitamäe und Värska) angegliedert wurden. Einen Überblick bietet Exkurs 6.

Der Höhenzug von Otepää geht in östlicher Richtung allmählich in die Niederung am Ufer der beiden großen Seen (Lämmijärv und Pihkva järv) über, die ihrerseits als Fortsetzung des noch wesentlich größeren Peipsi järv weit nach Süden ausgreifen. Sie verleihen der meerfernen Gegend hinter Räpina stellenweise die Offenheit einer Küstenlandschaft mit Fischerdörfern. Jenseits der dichten, dunklen Wälder, die große Teile von Põlvamaa beherrschen und deren Stille und Erhabenheit man unterwegs ausgiebig genießen kann, ist also noch eine gewisse Abwechslung in dem ›sibirischen‹ Landschaftsbild zu erwarten. Die durchaus beachtlichen Natursehenswürdigkeiten liegen zumeist abseits der Hauptstraßen, ein wenig versteckt, aber auf Wanderwegen gut erreichbar: Auf relativ kleinem Raum sind die Flüsse Ahja und Võhandu mit ihren Steilufern, geheimnisvolle Sandsteinhöhlen, Sandflächen, Moorschutzgebiete und etwa 130 Seen, darunter viele wunderschöne Badeseen im Wald, zu entdecken. Dabei atmet man eine außerordentlich saubere Luft, denn die Region ist nahezu industriefrei. Nur einige Molkereien und Holzbetriebe verarbeiten die lokalen Rohstoffe, in der Landwirtschaft spielen Flachs- und Gemüseanbau eine größere Rolle. Bescheiden sind die Einkommensverhältnisse, die nicht einmal drei Viertel des estnischen Durchschnitts erreichen. Alt und Neu treffen hier manchmal recht unvermittelt aufeinander, krasser als sonst irgendwo im Lande. Natürlich sind Mobiltelefon, Computer und Internet längst bis in diese hinterste Ecke Estlands vorgedrungen. Aber manche Szenerie in Põlvamaa wirkt so zeitlos, dass man erst überlegen muss, in welchem Jahrzehnt wir eigentlich leben.

Wie kaum anders zu erwarten, laden etliche malerische Streckenabschnitte im Kreisgebiet zu Spazierfahrten ein, wobei allein schon der Weg das Ziel ist. Extrem verkehrsarme, dabei überraschend gute Landstraßen führen insbesondere von Põlva aus in alle Richtungen. Nicht selten verlaufen jedoch die letzten Anfahrtskilometer zu den Ausflugszielen über Schotterpisten. Von den überregionalen Fernstraßen tangiert nur die Nr. 2 (Tallinn – Tartu – Võru – Luhamaa) den Landkreis ganz im Westen. Ziemlich unbedeutend wäre unter den heutigen Verhältnissen sicher die Eisenbahnstrecke von Tartu über Põlva bis zur russischen Grenze. Doch wer die endlosen Züge mit kyrillisch beschrifteten Benzinwaggons sieht (oder hört!), die in regelmäßigen Abständen auf einsamer Waldstrecke in Richtung Tartu oder Tallinn rattern, begreift schnell, dass diese eingleisige Verbindung wohl eher als eine Lebensader Estlands anzusehen ist.

Põlva

Eingebettet in eine stimmungsvolle Wald- und Wiesenlandschaft spiegelt die winzige Hauptstadt Põlva den Charakter des ganzen Landkreises wider. Als Kirchspiel wurde die Stelle sicher schon im 14. Jahrhundert aufgesucht, doch im Grunde handelt es sich um einen recht jungen Ort, der 1950 wohl mangels einer größeren Stadt zum Sitz einer sowjetischen Rayonsverwaltung aufgewertet wurde. Immerhin kam dadurch eine spürbare Entwicklung in Gang, und so wurde Põlva 1993 mit nunmehr 7000 Einwohnern in die Liste estnischer Städte aufgenommen, ohne über entsprechende Attribute zu verfügen.

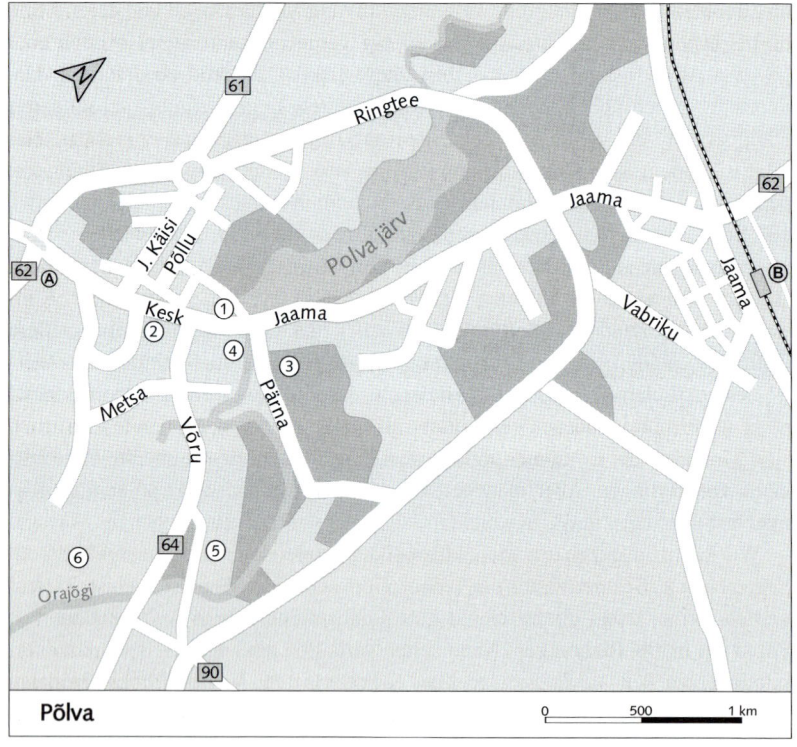

Põlva

0 ___ 500 ___ 1 km

Legende

1 Kirche
2 Kulturhaus
3 Friedhof
4 Marktgelände

5 Motocrossbahn
6 Intsikurmu-Bühne
A Autobushof
B Bahnhof

Die Ortslage wird von einer markanten Geländestufe geprägt. Wer von Westen (Kanepi, Saverna oder Tartu) herankommt, passiert entlang der Kesk (Hauptstraße) zunächst den Busbahnhof (*Bussijaam*) und einige weitere sozialistisch-graue Zweckbauten aus Beton, bevor es unterhalb des gigantischen Kulturzentrums (*Kultuurikeskus*) mit seinen 500 Sitzplätzen zum Orajõgi hinab geht. Der für estnische Verhältnisse ungewöhnlich steile Straßenverlauf ist durch den Westhang des Ora-Urstromtals vorgegeben, das sich hier zu einem künstlichen See mit Sandstrand erweitert. So ergibt sich im Rückblick ein insgesamt hübsches Ortsbild, wobei die Kirche am Ufer mit ihrer knallroten Turmspitze einen besonderen Blickfang darstellt: Erstmals 1452 erwähnt, mehrfach zerstört, 1649 restauriert und seit 1845 in ihrer heutigen Architektur, symbolisiert sie gewissermaßen die Siedlungskontinuität von Põlva und ist zugleich die einzige Sehenswürdigkeit im Ort. Am Rande der Freifläche gegenüber, die regelmäßig für Märkte genutzt wird, erblickt man das rot-weiß gemauerte Eingangsportal zum Friedhof, der auf das 15. Jahrhundert zurückgeht. Im Schatten hoher Bäume kann man hier der Vergangenheit nachspüren. Als Zentrum von Põlva fungiert im übrigen der großflächige Warenhauskomplex unweit der Kirche sowie eine Handvoll Läden im Umkreis. Ähnliche Ortsanlagen kennt man aus Norwegen.

Stadtauswärts in Richtung Räpina quert man nach etwa 1500 Metern die relativ neue und scheinbar völlig unnötige Umgehungsstraße (*Ringtee*), die schon beim Blick auf den Stadtplan überrascht. Es folgt nun als nördliches Anhängsel von Põlva eine Art Bahnhofs- und Gewerbevorstadt, in der die Molkerei ›*AS Põlva Piim*‹ hervorsticht. Des weiteren produzieren eine Brot- und eine Metallwarenfabrik, ein pharmazeutisches Werk und ein Textilhersteller am Ort. Es sind die einzigen nennenswerten Unternehmen im gesamten Kreis Põlvamaa. Am Ende der Võru tänav (Straße Nr. 64), die in der Ortsmitte nach Süden abbiegt, wurde ein Motocross-Gelände (*Krossirada*) eröffnet, das nach der nahen Siedlung Rosma benannt ist. Nicht weit davon entfernt liegt im Wald die Intsikurmu-Gesangsbühne, die schon seit 1855 für folkloristische Veranstaltungen dient.

Eng verbunden mit Põlva ist der Name Jakob Hurt (1839 – 1907). Der Philosophieprofessor und spätere Präsident des Estnischen Schriftstellerverbandes erwarb sich bleibende Verdienste um die Volksdichtung und gilt als Begründer der Volkskunde des Landes. Sein Portrait ist auf dem 10-Kronen-Geldschein zu sehen. Wer will, kann auch das Geburtshaus (*Jakob Hurda sünnikoht*) besichtigen; es steht in Himmaste (2 Kilometer jenseits des Bahnübergangs von Põlva). Wenn man an der dortigen Straßengabelung noch einmal neun Kilometer weiter nach Norden fährt, erreicht man Mooste: Ein sehenswertes Gutshaus am See mit zahlreichen Wirtschaftsgebäuden, das schon als Kulisse für Filmaufnahmen auserkoren wurde, erwartet den Besucher in einer ansonsten recht uninteressanten Gegend.

Kanepi

Herrliche Badeseen in stiller Natur locken überall in der Umgebung von Kanepi. Dabei ist es egal, auf welcher Straße man sich der kleinen Ortschaft nähert, die nicht weit von den Kreisen Võrumaa und Valgamaa liegt und als ein historisches Zentrum der estnischen Nationalkultur angesehen wird. Der einstige Marktflecken, der heute um die 1000 Einwohner zählt, besteht ganz überwiegend aus Holzhäusern und einer ansehnlichen Steinkirche als Mittelpunkt. Bereits im Jahre 1804 nahm hier die erste Gemeindeschule des Landes ihren Betrieb auf, und ab 1811, ein Jahr nach Vollendung des Kirchbaus, waren auch Mädchen zum Unterricht zugelassen. Etwa zur selben Zeit und damit fast ein Jahrzehnt früher als anderswo entließ man die Bauern der Umgebung aus der Leibeigenschaft und stattete sie mit Familiennamen aus. Die 1868 gegründete Musikvereinigung existiert bis heute.

Kanepi liegt unmittelbar neben der Fernstraße von Tartu nach Võru (Nr. 2) und in Sichtweite des Abzweigs nach Põlva (Nr. 62); vom Rastplatz an der Straßenecke gelangt man auf einem befahrbaren Waldweg hinab zum idyllischen Badeplatz am Erastvere järv, wo Grillplatz, Bänke, Steg und ein kleiner Sandabschnitt warten. Die ebenfalls wichtige Straße nach Otepää (Valgamaa) geht am westlichen Ortsende von Kanepi abrupt in eine unangenehm lange Staubpiste über, die jedoch immerhin klassifiziert ist (Nr. 71) und hoffentlich in absehbarer Zeit einen festen Belag erhält. Ein Stück hinter den letzten Häusern führt ein Weg nach rechts am Friedhof vorbei zum Jõksi järv, dessen schöner Badestrand in einem frei zugänglichen Campinggelände mit Festwiese liegt. Landschaftlich besonders herausragend ist das etwa sieben Quadratkilometer umfassende Seengebiet von Kooraste (*Kooraste aheljärvestik*), auf das man in einem Netz kleinerer Waldfahrwege stößt, wenn man sich von Kanepi in Richtung Südwesten orientiert (Beschilderung nach Antsla, dann über Truuta nach Otepää!): Diese zehn kleineren Seen in ihrer abseitigen und besonders stillen Lage gehören vielleicht zu den malerischsten Gebieten Estlands. Einen Badeplatz findet man am größten von ihnen, dem Kooraste Suurjärv. Nicht unerwähnt bleiben darf schließlich der Valgjärv mit neu hergerichtetem Sandstrand, Steg und Schaukeln an der Piste von Saverna nach Otepää, die neun Kilometer nördlich von Kanepi von der Fernstraße Nr. 2 abzweigt und durch liebliches Hügelland führt.

Karilatsi

Ein Ausflug zum Bauernmuseum von Karilatsi (offiziell: *Põlva Talurahvamuuseum*; im Sommer tägl. 9 bis 18 Uhr; Tel. 703 10) gehört bei einem Aufenthalt in der Region einfach dazu. Man findet es knapp 15 Kilometer nordwestlich von

Schulhaus im Freilichtmuseum Karilatsi

Põlva an der alten Landstraße von Tartu nach Võru, die über Ihamaru führt und damit wesentlich weiter östlich verläuft als die heutige Nr. 2. Eine typisch holländische Windmühle ist das Wahrzeichen des Freilichtmuseums. Das alte Schulgebäude mit Lehrerwohnraum und Originaleinrichtung ist so authentisch, dass der Besucher mühelos um mindestens vier Generationen zurückversetzt wird. Bei der Museumsdame im Eingangsbereich bekommt man mit etwas Glück den Schlüssel zum hölzernen Gerichtsgebäude, das ein wenig entfernt jenseits eines Baches steht. Auch das Pastorat und eine Schmiede sind zu besichtigen, ferner eine Kartendarstellung des Kreises Põlvamaa mit Mitteln des Landschaftsbaus. Fast verpassen könnte man beim Rundgang die technischen Schätze des Museums, denn sie befinden sich auf der anderen Straßenseite. Eine abgelegene Halle, vollgestopft mit den verschiedensten Landmaschinen, die auch im technologisch benachteiligten Baltikum nach und nach museumsreif wurden, kann dort in aller Ruhe durchstöbert werden. Es bleibt zu hoffen, dass aus dieser versteckten Sammlung einmal eine informative Ausstellung wird.

Die Straße führt in südlicher Richtung zur Kreuzung von Ihamaru. Unterwegs kann man im Palojärv baden, dessen Wasser besonders sauber und warm ist. Wenn man immer geradeaus weiterfährt, kommt man nach 15 Kilometern nach Varbuse am Oberlauf des Ahja-Flusses. Dessen bis zu 35 Meter eingetieftes Urstromtal Tilleorg wurde zum Landschaftsschutzgebiet (*Tilleoru maastikukaitseala*) erklärt. Der Talgrund ist reich an Quellen. Die Postkutschenstation von Varbuse wurde 1865 als eine der letzten im Lande gebaut und soll als Museum fortbestehen.

Taevaskoja, Kiidjärve

Die Hauptsehenswürdigkeit von Põlvamaa und zugleich eines der größten Natur-
wunder Estlands ist nicht weit von Karilatsi entfernt. Etwa fünf Kilometer nordwestlich von Põlva zweigt von der Straße Nr. 61 ein asphaltiertes Sträßchen zur
Siedlung Taevaskoja (auch Taevaskoda) ab. Nach Überquerung der Eisenbahnstrecke wird man bald zu einem rechts am Waldrand angelegten Parkplatz gewie-
sen. Von hier aus führt ein beschilderter Fußweg ins sogenannte Himmelreich, das
jedenfalls bedeutet der estnische Name. Im Grunde handelt es sich dabei um einen
markanten und äußerst idyllischen Abschnitt des Ahja-Urstromtals mit seinen
Geländeformationen, die in einem langgestreckten Landschaftsschutzgebiet
(*Ahjajõe ürgoru maastikukaitseala*) zusammengefasst sind. Seit jeher ranken sich
unzählige Legenden von Flussfeen, Waldfeen, Wassernixen und Teufeln um diese
Waldstätten und Opferplätze, und noch heute ist die geheimnisvolle, fast feierliche Stimmung in der Natur spürbar.

   Auf dem kurzen Wanderweg erreicht man zuerst die Staumauer von Saesaare,
die 1952 an der Stelle eines natürlichen Wasserfalls errichtet wurde. Das dazugehörige Kraftwerk (*hüdroelektrijaam*) war nicht lange in Betrieb, umso ärgerlicher
ist der Eingriff in die Natur. Dass sich die Zeiten geändert haben, beweist eine
Ausstellung über Naturschutz in demselben Gebäude. Und auf dem künstlichen
Stausee verkehrt nun im Sommer das Ausflugsschiff ›Lonny‹. Folgt man dem

Die ›Große Himmelshalle‹ am Ahja-Fluss

Flussufer nach rechts, so ist man schnell an den geologisch interessantesten Stellen: Das über 150 Jahre alte Wäldchen öffnet sich zu einer Festwiese, an deren Ende rechts die Felsmauer *Väike-Teavaskoja* (Kleine Himmelshalle) sichtbar wird. Es ist ein 13 Meter hoher devonischer Sandsteinaufschluss, in den die *Neitsikoobas* (Mädchenhöhle) hineinführt. Eine Quelle im Inneren spendet klares, erfrischendes Wasser. Über eine Brücke gelangt man nun zu einer tiefer gelegenen Lichtung direkt am Fluss. Von hier aus erfasst man die 24 Meter hohe *Suur-Taevaskoja* (Große Himmelshalle) in ihrer ganzen Schönheit. Unterschiedlich gefärbte Bänder in der Steilwand zeugen von mineralischen Bestandteilen des Sandsteins. Hinzu kommen zahlreiche Schwalbennester. Wenn man Ausdauer mitbringt, kann man vielleicht auch einen der seltenen orange-blauen Königsfischer beobachten. Und über der faszinierenden Szenerie wölbt sich sehr dekorativ der Wald, so dass sich der Schnitt durch den Felsen etwa mit einer angeschnittenen Sahnetorte vergleichen lässt. Ein Stück weiter führen 130 Stufen hinauf zu einem Aussichtsplatz. Der Rückweg oberhalb der Felskante führt noch an der *Emaläte* (Mutterquelle) vorbei. Ein angenehmer Badeplatz befindet sich an dem eingangs erwähnten See, ein Stück hinter der Staumauer.

Man kann auch ausgedehntere Wanderungen auf ordentlichen Wegen unternehmen, es gibt Fahrradstrecken und Langlaufloipen sowie Reit- und Kanumöglichkeiten. Wer sich für speziellere Aktivitäten informieren möchte, sollte am besten zuerst nach Kiidjärve fahren, das von Taevaskoja direkt über eine etwa vier Kilometer lange Piste zu erreichen ist oder ebenfalls von der Straße Nr. 61 über einen weiter nördlich gelegenen Bahnübergang; beide Anfahrten sind ohne festen Straßenbelag. Kiidjärve ist ein winziger Weiler bei einer der alten Wassermühlen am Ahja-Fluss. Ein originelles Café mit Ufergarten, ein kleiner Kaufladen und vor allem das kompetente Naturpark-Informationsbüro (Tel. 98186) sind bei allerlei Unternehmungen in der Umgebung von Nutzen.

Außer Taevaskoja und Kiidjärve sind als kleinere Ziele noch erwähnenswert: Akste mit seiner außergewöhnlichen Ameisenkolonie aus über tausend teilweise mannshohen Ameisenhügeln (nur mit Führung zugänglich!); das Freizeitgebiet von Valgemetsa; das ›Biberland‹ bei Hatiku; das Valgesoo-Landschaftsschutzgebiet (*Valgesoo maastikukaitseala*) mit seinen Sümpfen, Holzstegen und einem 24 Meter hohen Aussichtsturm.

Räpina

Mit dem Bau einer Papiermühle am Ufer des aufgestauten Võhandu-Flusses begann 1734 die Entwicklung des winzigen Kirchdorfes Räpina am Handelsweg von Tartu nach Pskov (deutsch: von Dorpat nach Pleskau). Schon bald war die fast gleichzeitig gegründete Papierfabrik berühmt für ihre hohe Produktqualität, die beim Druck von Geldscheinen und Briefmarken unerlässlich war. Heute profitiert die immer noch relativ junge, übersichtlich angelegte Ortschaft von dem kleinen Stausee, der nur ein paar Schritte von den wichtigsten Gebäuden entfernt liegt. Ein Zentrum wird man allerdings vergeblich suchen. Obwohl sich die Einwohnerzahl in Laufe der letzten hundert Jahre nahezu verzehnfacht hat, beträgt sie doch nur etwa 3200. Dessen ungeachtet erhielt der Marktflecken, der von 1950 bis 1961 sogar einen eigenen Rayon gebildet hatte, 1993 zusammen mit Põlva den Status einer Stadt. Der Name Räpina leitet sich von einer einst stark verbreiteten Bergeschenart (estn.: *räbina*) ab.

Außer dem ausgedehnten Gutshof Sillapää mit seinem schlossartigen Herrenhaus, das 1842 im klassizistischen Stil entstand, und der heruntergekommenen Papiermühle gibt es nicht viel zu sehen. Auf einer Halbinsel, die genau genommen nur ein Knick im Flusslauf ist, erstreckt sich ein hübscher Landschaftspark. Ein Denkmal erinnert an die Aufhebung der Leibeigenschaft, symbolisiert durch einen Knecht, der sich seiner Fesseln entledigt. Einige spärliche Überreste von Wallmauern stammen noch aus dem Nordischen Krieg (1700–1721). Es gibt eine lutherische Kirche von 1785 und außerdem eine orthodoxe von 1883. Die Russen machen nämlich 16 Prozent der örtlichen Bevölkerung aus – erheblich mehr als im Hinterland der großen Seen, wo fast rein estnische Siedlungsgebiete liegen. Die Touristeninformation und ein Heimatmuseum (Di bis Fr 10 bis 17 Uhr, Sa 12 bis 16 Uhr; Tel. 616 61) sind im Gutsschloss untergebracht, das im übrigen als größte Gartenbauschule Estlands fungiert. Eine Abbildung ist unter Exkurs 4 zu finden.

Die Straße Nr. 45 (von Põlva bzw. Tartu kommend) verläuft nach einer Rechtsabbiegung als Võõpsu maantee quer durch den Ort und erreicht sieben Kilometer hinter Räpina das Setumaa-Gebiet (s.u.). In östlicher Richtung gelangt man nach ebenfalls sieben Kilometern an den Badestrand von Peräsoonõts am Lämmijärv. Es ist der mittlere und kleinste in der Kette der drei großen Seen, die zusammen die Ostgrenze Estlands bilden; der estnische wie auch der russische Name (Tëploe ozero) deuten eine hohe Wassertemperatur an. Hinüber zur Halbinsel von Mtež in Russland sind es nur fünf Kilometer, wobei die Grenzlinie ziemlich weit östlich verläuft.

Wer Räpina auf einer der beiden Straßen in Nordrichtung verlässt, sollte sich auf eine Ödnis mit miserabler Infrastruktur einstellen: Die Meeksi tänav und die Vabaduse tänav führen letztlich beide nach Meeksi (Tartumaa) und damit in eine Gegend, wo Asphaltstraßen beinahe Seltenheitswert haben. Unterwegs besteht aber noch die Möglichkeit, das 38 Quadratkilometer große Moorschutzgebiet von Meelva (*Meelva sookaitseala*) anzusteuern, in dem man typische Moosbeeren findet.

Veriora, Orava, Piusa

In eine fast unbekannte Gegend mit nur sehr wenigen Siedlungen und einem marginalen Wegenetz gerät man auch südwestlich von Räpina. Hinter Veriora beginnen die tiefen, kaum erschlossenen Wälder, die die Eisenbahnstrecke über Orava bis zur russischen Grenzstadt Pečory (estn.: Petseri) begleiten. Es gilt einige Natursehenswürdigkeiten zu entdecken, die ausnahmslos westlich des Schienenstranges liegen. Kulturelle Höhepunkte gibt es nicht, beim Anblick der beiden trostlosen Gemeindezentren Veriora und Orava wird man sie umso weniger erwarten.

Mitten im Gemeindegebiet von Veriora (nämlich fünf Kilometer jenseits des Bahnübergangs) trifft man auf die Straßenkreuzung von Vinso, die sich als Orientierungspunkt anbietet: Bei der Fahrt in Richtung Põlva hat man Gelegenheit, das Schutzgebiet des Võhandu-Urstromtals (*Võhandu ürgoru kaitseala*) kennenzulernen: In Soohara stehen Hinweisschilder zum wildesten und interessantesten Flussabschnitt mit Stromschnellen und bis zu 30 Meter tiefen Schluchten. Besonders die farbigen Sandsteinklippen der *Põdramüür* (Elchmauer) und die 17 Meter hohe *Tsirgu müür* sind sehenswert, hinzu kommen die Wassermühlen von Viia, Viira und Pääsna. Zwischen der Mühle von Leevi (an der Straße Nr. 65, die von der Kreuzung geradeaus weiter nach Võru führt) und der Brücke bei Reo erstreckt sich das auch bei Kanufahrern beliebte Wildwasserrevier. Anfänger sollten den Schwierigkeitsgrad nicht unterschätzen.

Südlich der besagten Kreuzung liegt das Meenikunno-Moorschutzgebiet (*Meenikunno sookaitseala*), das als relativ jung gilt und mit seinen vielen Inseln einen bedeutenden Rastplatz für Kraniche darstellt. An der Westseite wird Torf gestochen. Ein 2,4 Kilometer langer Bretterweg führt auch an einem Aussichtspunkt vorbei. Am besten biegt man bei Vändramaa auf die Piste nach Nohipalu ab, die nach etwa vier Kilometern an zwei eigenartigen Seen vorbeikommt: Zuerst der außer-

Der Teufel grüßt in den Wäldern von Ilumetsa

ordentlich klare Valgjärv (Weißer See), der Blicke bis in eine Tiefe von acht Metern zulässt, kurz dahinter der Mustjärv (Schwarzer See), dessen dunkles Moorwasser völlig undurchsichtig ist. Beide Seen gelten als Extreme ihrer Art im Baltikum, wenn nicht sogar in ganz Europa. Zum Fischen und Schwimmen sind beide gut geeignet, doch wird man wohl dem ersteren den Vorzug geben. Zurück in Vändramaa, nähert man sich hier nun erneut der Eisenbahnstrecke: Nach drei Kilometern, unmittelbar vor dem Bahnübergang beim Haltepunkt Ilumetsa, besteht die Möglichkeit eines kurzen Abstechers zu einigen Meteoritenkratern, die 1938 bei geologischen Kartierungen identifiziert wurden. Ihre Rätselhaftigkeit wird durch so unheimliche Namen wie *Põrguhaud* (Höllengrube), *Kuradihaud* (Teufelsgrube) oder *Tondihaud* (Gespenstergrube) noch unterstrichen. Hölzerne Teufelsfiguren säumen den Fußweg.

Nach Orava führt eine einzige Asphaltstraße, die vier Kilometer hinter dem Bahnübergang von Ilumetsa nach Süden abzweigt und nach weiteren sechs Kilometern wieder auf die westliche Seite der Gleise wechselt. Sie ist überhaupt die einzige befestigte Straße im gesamten Gemeindegebiet von Orava, das bis 1992 sehr zutreffend Suuremetsa (Großwald) hieß. Auf ein paar Siedlungskerne verteilt leben hier nur knapp 900 Menschen. Am Gemeindesitz Orava gibt es einen hübschen Badesee mit Steg, allerdings etwas versteckt hinter schäbigen Mietskasernen. Noch in der Ortschaft geht die Straße in eine Schotterpiste über, die sich sodann gabelt: Links und nach drei Kilometern noch einmal rechts gelangt man nach Piusa kurz vor dem Bach gleichen Namens. Unmittelbar vor der Eisenbahnbrücke (hier handelt es sich jetzt um die stillgelegte Strecke nach Võru und Valga!) gibt es einen Waldweg als Zufahrt zur einsamen Bahnstation Piusa, neben der ein großartiges, von Menschenhand geschaffenes Höhlensystem liegt. In einer Informationshütte vor dem Eingang erfährt man Hintergründe zum Quarzsandabbau, der hier von 1922 bis 1966 zum Zweck der Glasproduktion erfolgte. Den devonischen Sandsteinhügel durchzieht ein Labyrith von Gängen, deren Höhe stellenweise sechs Meter erreicht. Im sehr kühlen Inneren hausen Fledermäuse, die hier die größte Überwinterungskolonie in ganz Osteuropa haben. Die bizarre Höhlenwelt steht unter Naturschutz, ist frei zugänglich und scheint sich zu einem Ausflugsziel zu entwickeln. Das sichert wohl auch dem sehr sowjetisch anmutenden Dorfladen nebenan die Existenz.

Der Waldweg findet vier Kilometer jenseits der Eisenbahnbrücke in Obinitsa (Võrumaa) wieder Anschluss an das befestigte Straßennetz. Doch handelt es sich bei den beiden Teilgebieten von ex-Setumaa, die im Süden und Osten an die Gemeinde Orava angrenzen, um ebenfalls recht unterentwickelte und mangelhaft erschlossene Landstriche. Die einzige akzeptable Verbindung nach Värska (und darüber hinaus) führt zurück über die Ortschaft Orava, weil die lokalen Wege nach der Grenzziehung von 1991 auf russischer Seite verblieben sind.

Värska/Setumaa

In Võõpsu beginnt das Setu-Siedlungsgebiet (Setumaa). Ein Schild hinter der Brücke über den Võhandu-Fluss weist sogar in Dialektform (Setomaa) darauf hin. Es ist der nach der Unabhängigkeit bei Estland verbliebene Teil des vormaligen Landkreises um die Stadt Petseri. Nicht nur Touristen, sondern auch die Esten aus anderen Landesteilen empfinden diese archaische Region als exotisch. Bevor man das verschlafene Gebietszentrum Värska erreicht, durchfährt man auf der Straße Nr. 45 erneut große Kiefernwälder, die sich im Osten bis nahe an den Pihkva-See heranschieben. Auf holprigen Wegen kann man zunächst noch einige Ufersiedlungen besuchen: Direkt von Võõpsu aus geht es nach Beresje, einem bereits 1582 erwähnten Dorf russischer Altgläubiger, sowie nach Lüübnitsa, das in Sichtweite der bereits zu Russland gehörigen Insel Kulkina (Kolpino) liegt. Ein Aussichtsturm bei den Weideflächen am südlichen Dorfrand gewährt einen ausgezeichneten Blick hinüber auf das dortige Dorf Medli. Die Grenze kann man nur erahnen. Wie in allen Siedlungen an den Ufern der großen östlichen Seen hat auch hier der Zwiebelanbau Tradition. Ein gutes Stück weiter auf der Hauptstraße, nahe der Bushaltestelle Karisilla, führt ein Weg durch einen Naturpark zu den Fischerdörfern Tonja und Võporsova am Eingang der Värska-Bucht. Die wagenburgähnliche Setu-Bauweise ist hier deutlich erkennbar: Die Häuser wirken zur Straße hin eher abweisend, öffnen sich aber zum Wasser hin um eine Art Innenhof. Typisch sind ferner die Gemüsegärten, in denen wiederum Zwiebeln wachsen, und Trocken-

Der Võhandu-Fluss markiert die Grenze des Setu-Gebietes

fische. Ein Denkmal erinnert in Võporsova an die Sängerin Anna Vabarna (1877–1964), die über hunderttausend Liedverse auswendig gekonnt haben soll, und das als Analphabetin.

Värska selbst liegt tief in der stillen Seitenbucht gleichen Namens (*Värska laht*). Die Brücke am Ortsanfang gewährt einen hübschen Ausblick über das Wasser. Es ist eine bescheidene Ortschaft aus einzelnen Häusern, die kaum aus dem Wald hervortreten. Dass man sich noch in Estland befindet, stellt man am ehesten an den Aufschriften fest: Die kyrillische Schrift wird hier ebenso wenig verwendet wie in anderen Gegenden des Landes. Am nördlichen Ortsende steht die kleine Jüri-Kirche (*Jüri kirik*) von 1904 hinter einem gemauerten Torbogen mit estnischer Inschrift. Auf dem umgebenden Friedhof fallen die vielen orthodoxen Grabkreuze ins Auge. Es lohnt sich kaum, den Weg in die nördliche Umgebung fortzusetzen. Lediglich die kleine Kapelle (*tsässon*) von Väike-Rõsna wäre zu entdecken und noch weiter abseits, an drei Seiten von Russland eingekreist, die von Podmotsa. Eine russische Exklave am estnischen Ufer gibt es auch: Dubki oder Tupka, je nach Landkarte. Unterwegs kann man hier auch schon einmal einem sowjetischen Motorrad mit Beiwagen begegnen, wie es in diesem Teil Estlands immer noch als Transportmittel dient. Beliebt bei den Einwohnern ist der Badestrand des Õrsava järv an der südlichen Ortsausfahrt, dessen Wasser rötlich schimmert. Dafür verantwortlich sind gelöste Mineralien, dank derer Värska übrigens zu einem Mineralwasser-Kurort mit inzwischen zeitgemäßen Therapieeinrichtungen geworden ist. Das Värska-Mineralwasser mit seinen sechs Abstufungen je nach Salzgehalt ist landesweit im Handel und trägt neben dem alljährlichen Setu-Sängerfest zur Bekanntheit des Ortes bei. Kurz hinter dem See wurde auf der linken Straßenseite das sehenswerte Setu-Freilichtmuseum angelegt (*Setu talumuuseum*; tägl. 11 bis 17 Uhr, im Winter nur Mo bis Fr; Tel. 646 78). Wer auch noch das Museum von Saatse aufsuchen will, tut gut daran, sich bereits hier nach der momentanen Öffnungsregelung zu erkundigen!

Saatse/Setumaa

Die Sahara erstreckt sich zwischen Verhulitsa und Lutepää. Leider ist die einzige Wüste des Baltikums (freilich im Miniaturformat) mit ihren bis zu 30 Meter hohen Sanddünen derzeit unerreichbar. Sie blieb nämlich jenseits des neuen russischen Grenzzaunes, während die Holzhäuser der beiden armseligen Weiler gerade noch zu Estland gehören. Aber auch ohne das ungewöhnliche Landschaftsphänomen ist die 13 Kilometer lange Fahrt von Värska nach Saatse spannend.

Die ab Ortsende Värska als Schotterpiste weitergeführte Straße tangiert zunächst ein Orchideenbiotop, das ebenso wie die erwähnte Sandregion (hinter den Bäumen auf der anderen Straßenseite) zum Mustoja-Reservat gehört. Plötzlich taucht links ein einzelner russischer Grenzpfahl an einer Waldschneise auf; die Straße berührt hier einen Knick im Grenzverlauf. Etwa zwei Kilometer weiter, direkt hinter Lutepää, herrscht mitten im Wald absolutes Halteverbot. Entsprechende Schilder, eine erneute rot-grüne Markierung und dazu ein bewaffneter Wachsoldat lassen keinen Zweifel aufkommen: Hier hängt die Weiterfahrt von russischem Wohlwollen ab. Eine 1992 getroffene Regelung erlaubt auf estnischer Seite die zügige Durchquerung eines winzigen russischen Gebietszipfels. Nach etwa 500 Metern ist der Spuk vorbei, und man nähert sich dem Flüsschen Piusa, das schon eine längere Strecke als Setumaa-Grenzfluss hinter sich hat und dessen Unterlauf sich nun durch Wiesenland bis zum Pihkva järv schlängelt. Kurioserweise geht Estland hier aber jenseits der Piusa noch ein kleines Stück weiter. Wie ein Keil ragt diese äußerste Südostecke des Landes nach Russland hinein. An einer staubigen Verzweigung mitten im Nichts hält man sich links und erreicht in Saatse, dem wirklich allerhintersten Dorf Estlands, unerwartet noch einmal eine feste Fahrbahn. Die kleine orthodoxe Kirche des historischen Bezirks Satserinna lohnt einen Blick; sie stammt aus dem Jahre 1801.

Am Ortsende rechts befindet sich das verschlafen wirkende Setu-Museum von Saatse (*Saatse muuseum*; offiziell Mo bis Fr 11 bis 16 Uhr, im Winter nur Di; Tel. 643 59). Es zeigt mehr als 13 000 Gegenstände aus dem Alltag von Setumaa. Offenbar verirren sich äußerst wenige Besucher hierher, so dass auch nur unregelmäßig geöffnet wird. Das Außengelände bietet aber wenigstens ein lauschiges Plätzchen für ein Picknick am unvermeidlichen Endpunkt des Ausfluges. Das Wäldchen hinter dem Gebäude bildet die Grenze zu Russland. Wenn man der Straße vor dem Museum noch einige hundert Meter folgt, trifft man auf eine rote Ampel mitten im Wald; kurz dahinter liegt der winzige, aber gut gesicherte Grenzkontrollposten von Saatse. Eine faszinierende Vorstellung, dass es wohl der letzte ist bis Vladivostok beziehungsweise Japan!

Für den Rückweg gibt es keine Alternative: Man muss mindestens bis Värska zurück. Auch der internationale Grenzübergang ist nur von dort zu erreichen, noch besser von Karisilla aus, wo die betreffende Straße Nr. 63 beginnt. An der 18 Kilometer langen Strecke ist die Kapelle (*tsässon*) von Treski zu sehen, ansonsten geht es durch dichten, fast unbesiedelten Wald und Wiesen, bevor man hinter Matsuri die beiden zusammenkommenden Eisenbahnstrecken nach Tartu und nach Valga quert und dann gleich den Grenzfluss Piusa erreicht.

Von der Zollstation Koidula könnte man, um Formalitäten wegen des Autos zu vermeiden, bequem zu Fuß in die russische Grenzstadt Pečory gehen (etwa zwei Kilometer), um ihren beeindruckenden Klosterkomplex oder überhaupt das kulturelle Zentrum von Setumaa kennenzulernen. Das notwendige Visum ist unbedingt vorab zu besorgen!

Exkurs 6: Setumaa

Ein Grenzzaun teilt das Land der Setu. Er beschert Estlands unterentwickeltem Südosten eine absurde Situation und Probleme ganz besonderer Art. Während der überwiegende Teil des estnischen Staatsgebietes von großen Gewässern eingerahmt wird oder zumindest ethnischhistorisch definiert ist, trifft man eine gute halbe Autostunde hinter Räpina oder Võru auf eine scheinbar willkürliche und höchst umstrittene Grenzziehung. Beim Blick auf estnische Landkarten stellt sich zudem immer wieder die Frage: Wo genau beginnt eigentlich Russland?

Ohne die Zwangsintegration in die UdSSR 1940 hätte Estland heute vermutlich nicht 15, sondern 16 Landkreise. Denn seit dem Tartuer Frieden im Jahre 1920 hatte die eigenständige Region um die Stadt Petseri zu Estland gehört und trug den Namen Petserimaa oder Setumaa. Die hier ansässigen Setu oder Setukesen sind eine archaische finnougrische Volksgruppe, die einst unter russischem Einfluss den orthodoxen Glauben annahm und einen estnischen Dialekt mit starkem russischen Einschlag spricht. Die Stadt Petseri wird bei ihnen Petšorõ geschrieben; auch sieht man häufiger regionale Schreibweisen mit o statt u und õ statt e (beispielsweise bei Ortsnamen). Ihr Siedlungsgebiet erstreckt sich etwa zwischen den Flüssen Võhandu und Mädajõgi im Norden, dem Mittellauf der Piusa im Westen, dem Pihkva järv im Osten und einem eher diffusen Übergangsstreifen jenseits von Irboska im Süden. Auf einem Territorium von 1777 Quadratkilometern leben schätzungsweise 20 000 Menschen, und zwar außer Setu auch viele Russen.

Schon 1945 revidierte die Sowjetregierung die bis dahin gültige Gebietseinteilung. Anstatt das Setu-Gebiet als Einheit zu erhalten, wurde eine nun innersowjetische Verwaltungsgrenze entlang der nördlichsten Dörfer mit russischer Bevölkerungsminderheit gezogen. Solange die Sowjetunion als Staat bestand, blieb das im Grunde folgenlos. Hingegen wirkte sich gerade die ersehnte Unabhängigkeit Estlands für die Setu negativ aus. In einem Referendum sprachen sich im Oktober 1991 zwei Drittel der Einwohner von Petseri für einen Verbleib bei Russland aus. Die Stadt heißt jetzt offiziell Pečory, und die aktuelle Grenze zerschneidet nun den ehemals estnischen Landkreis Setumaa. Aus der administrativen Linie auf dem Papier ist eine verbindliche und inzwischen auch recht gut gesicherte Staatsgrenze geworden, zahlreiche Straßen und Waldwege sind gesperrt oder unterbrochen, der Übertritt an den wenigen Kontrollposten ist umständlich, dem Eisenbahndreieck im Süden Estlands fehlt der dritte Zielbahnhof, und für die Setu auf estnischer Seite liegt Petseri als ihr kulturelles und religiöses Zentrum nun im Ausland! Ein separater Landkreis Setumaa existiert nicht mehr; das bei Estland verbliebene Flächendrittel mit vier der ursprünglich elf Gemeinden war wohl zu klein. Außerdem zerfällt es auch räumlich in zwei Teile, deren Bindeglied wiederum die Stadt Petseri wäre. So wurden die Setumaa-Gemeinden Mikitamäe und Värska an Põlvamaa angegliedert, die Gemeinde Meremäe und die Umgebung von Luhamaa (in der Gemeinde

lingt dies nicht, dann droht sogar die Außengrenze der Europäischen Union mit allen Restriktionen quer durch den Setu-Landkreis zu verlaufen!

Tradition und Folklore spielen bei den Setu eine sehr große Rolle und sind in der heutigen Situation geradezu identitätsstiftend. Ende der 1980er Jahre begann eine kulturelle Rückbesinnung. Neben Sprache und Religion pflegt man Festlichkeiten, Trachten, Tänze und Handarbeiten. Gesungen

Misso) an Võrumaa. Insgesamt dürfte es sich dabei um 4000 Einwohner handeln. In estnischen Publikationen wird die heutige Teilung weitgehend ignoriert, auf Karten das Setumaa-Gebiet als Ganzes dargestellt, und wie selbstverständlich werden auch die Sehenswürdigkeiten jenseits der Grenze (vor allem das Kloster von Petseri) mit erwähnt, als wenn es den Visumzwang und all die bürokratischen Hemmnisse nicht gäbe. Nebenbei bemerkt: Es gibt auch Dörfer auf russischer Seite, die fast nur über estnisches Gebiet erreichbar sind. Estland verlangt die Rückgabe von Süd-Setumaa, wenn auch derzeit mit geringen Erfolgsaussichten. Ge-

wird gern und viel, typisch sind dabei die improvisierten Texte. Setu-Dörfer haben einen festungsartigen, von der Straße abgewandten Charakter. An den Hauswänden sind nicht selten Fische zum Trocknen aufgehängt oder angenagelt. Überall im Siedlungsgebiet entdeckt man die kleinen hölzernen Gebetshäuser mit Ikonen, die hier als *tsässon* oder *tsäsovna* bezeichnet werden. Auch zu Opfersteinen und Heilquellen begibt man sich regelmäßig. Am befremdlichsten ist jedoch die Sitte, Friedhofsbesuche mit einer Mahlzeit am Grab des Verstorbenen zu verbinden und dabei der toten Seele Speisen zu hinterlassen.

Telefonvorwahl: 079.
PLZ-Bereich: 63-64000 ff.
Internet: www.polvamaale.ee.
Tourismusbüro: Kesk 42,
63308 Põlva, Tel. 940 89 und
Kooli 1, 64504 Räpina, Tel. 612 55.
Hauptpost: Kesk 19, 63301 Põlva.
Polizei: Võru 12 in Põlva; Pargi 27
in Räpina.

 Põlva 232 km südöstlich
von Tallinn, 48 km von Tartu
(Straße Nr. 2, dann 61). Parkplatz
vor der Kirche. Nach Räpina 30 km,
Värska 36 km, Saatse 51 km. Rechtzeitig tanken! Grenzübergang
Koidula (Tel. 661 00) nach Russland
am Ende der Straße Nr. 63; Nebenübergang bei Saatse (Tel. 661 90).

 14 Bahnstationen im Land-
kreis. Personenverkehr von
Stilllegung bedroht. Über Põlva nur
Mo bis Sa früh 1 x Tartu, So – Fr
abends 1 x Orava (Endstation).
Keine Züge nach Võru und nach
Russland!

 Bushof Põlva am westlichen
Ortseingang (Kesk 41,
Tel. 951 39): 8 – 10 x tägl. nach
Tallinn, Tartu und Võru, 1 x Narva
sowie Orte im Umland.
Taxi Tel. 942 22.

 Hotel ›Pesa‹ in Põlva,
(DZ 50 Euro) oder ›Relvo
Sport-Motel‹ bei Saverna, Gemein-
de Valgjärve (Tel. 744 13,
DZ 35 Euro); Feriencentrum Taeva-
skoja (pro Pers. ca. 7 Euro).

 Einfache Zeltplätze gibt es in
Kanepi (Tel. 776 90) und in
Värska (ohne Tel.)

 Das Angebot ist sehr dürftig.
Auch an den Ausflugszielen
findet man kaum mehr als einen
Imbiss oder Kiosk, in Kiidjärve
immerhin zwei einfache Touristen-
cafés und am Parkplatz des Erastve-
re-Sees eine gemütliche Blockhütte.
Im Obergeschoss des Einkaufs-
zentrums von Põlva existiert ein
kantinenartiges SB-Restaurant. Bei
schönem Wetter wäre ein Einkauf
in einem Dorfladen und Picknick in
herrlicher Natur vorzuziehen.

Jährlich traditionelle Festlichkeiten in der Setumaa,
oft in Verbindung mit kirchlichen
Feiertagen.

Võrumaa

Wälder und Seen am Großen Eierberg

- ▶ Landkreis in Südost-Estland
- ▶ Kreishauptstadt Võru
- ▶ Autokennzeichen:
  erster Buchstabe V
- ▶ Fläche 2305 qkm
- ▶ gemeinsame Grenzen mit Russland
  und Lettland (Dreiländereck)
- ▶ Võrumaa beinhaltet ferner den
  südlichsten Punkt des estnischen
  Territoriums
- ▶ etwa 43 000 Einwohner, davon
  knapp 16 000 in Võru
- ▶ 12 Gemeinden, 2 Städte

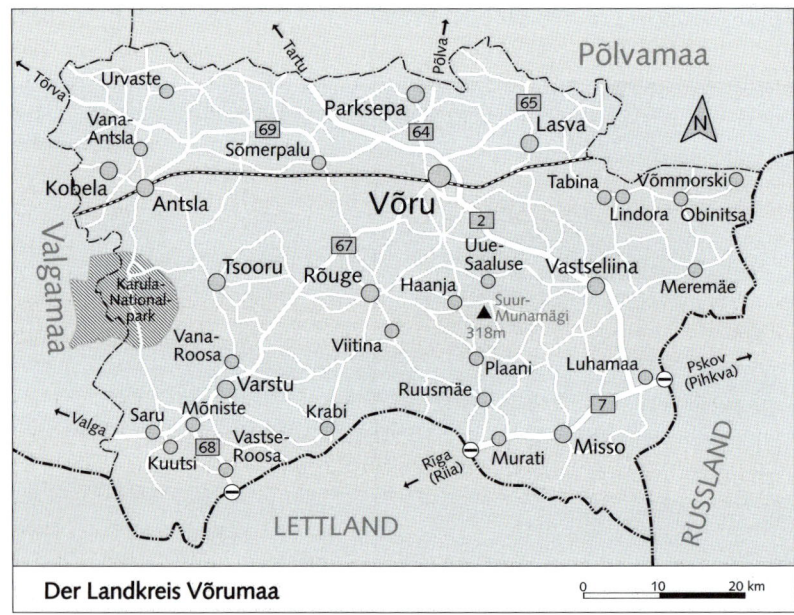

Der Landkreis Võrumaa

Zarin Katharina die Große ließ im Jahre 1783 aus dem Südteil von Tartumaa einen neuen Landkreis bilden: Võrumaa. Im heutigen Estland ist es der hinterste, südlichste Winkel, der am weitesten von der Hauptstadt Tallinn und der Ostseeküste entfernt liegt. Deutlich kürzer sind hier am Dreiländereck mit Lettland und Russland die Wege nach Rīga oder Pskov. Doch der Verkehr über die noch jungen Landesgrenzen hinweg ist unerwartet gering und lässt das Gebiet in einer Randlage verharren.

Võrumaa ist in seiner Abgeschiedenheit und Stille, mit unverbrauchter Natur und abwechslungsreichem Landschaftsbild vielleicht sogar Estlands schönste

Region. Die höchste Erhebung im gesamten Baltikum, der *Suur Munamägi* (Großer Eierberg) mit 318 Metern ü. M., ebenso wie einige der tiefsten Urstromtäler sind südlich von Võru anzutreffen. Es handelt sich zwar nicht um schroffe oder gar atemberaubende Gegensätze, aber das Relief erscheint hier bewegter und deutlicher gegliedert als in anderen Landesteilen. An die 200 Seen von teilweise beachtlicher Tiefe, Flussufer mit Steilhängen und Aufschlüssen aus dem Devon oder auch die sandigen Flächen entlang der russischen Grenze kommen als weitere Facetten hinzu. Ganz im Westen, nach Valgamaa hineinreichend, bildet der Karula-Nationalpark einen Höhepunkt. Vornehme Gutshöfe oder andere Baudenkmäler sind in Võrumaa hingegen nicht so zahlreich wie in manchen nördlicher gelegenen Landkreisen. Holzeinschlag und Landwirtschaft, darunter traditionell der Flachsanbau, bilden die Lebensgrundlage vieler kleiner, oft versteckt liegender Einzelhöfe. Was malerisch erscheinen mag, müsste manchmal besser als zurückgeblieben charakterisiert werden. Nach der Auflösung oder Umstrukturierung der Kolchosen konnte die einstige sowjetübliche Vollbeschäftigung in der tiefsten Provinz nicht mehr aufrecht erhalten werden, und industrielle Arbeitsplätze, seien sie im Lebensmittelsektor oder in der Holzbearbeitung, sind noch rar. So gehört Võrumaa, wie der gesamte Südosten des Landes, zu den wirtschaftlichen Problemgebieten mit weit unterdurchschnittlichen Verdienstmöglichkeiten. Kein Wunder, dass man nun verstärkt auf den Tourismus setzt und mit den lokalen Naturschönheiten Wanderer, Reiter, Radler, Angler, Kanufahrer und vor allem Wintersportler lockt. Allmählich ›verirren‹ sich Ausländer hierher.

Auch mit den Verkehrswegen steht es in Võrumaa nicht zum besten. Eigentlich sind nur die wichtigeren Provinzstraßen asphaltiert. Die Straßenverbindung zwischen Võru und Tartu ist gut, die nach Valga hingegen ziemlich zeitraubend. Die einzige Eisenbahnlinie kommt zwar geradewegs von Valga her, dient jedoch nur noch sporadischem Güterverkehr und endet schließlich blind vor der Staatsgrenze, weil der ursprüngliche Zielbahnhof Petseri nun einen Steinwurf weit auf russischem Territorium liegt. Wegen der Streckenführung in West-Ost-Richtung gibt es im übrigen keine Direktverbindung nach Tartu, erst recht nicht nach Tallinn. Im äußersten Südzipfel von Võrumaa spielt sich fast unbemerkt ein kurioser Transitverkehr ab: Der Verlauf der einst innersowjetischen Fernstraße von Rīga nach Pskov oder Sankt Petersburg zwingt die Lastwagen zwischen Lettland und Russland heute nämlich für ganze 28 Kilometer über estnisches Territorium. Diese kürzeste Fernstraße Estlands (Nr. 7) verbindet mithin nur die beiden internationalen Grenzübergänge Murati und Luhamaa. Der Kontrollposten südlich von Mõniste kann nur von Einheimischen benutzt werden und ist nachts geschlossen.

Etwa 95 Prozent der Einwohner von Võrumaa sind bodenständige Esten. Die wenigen Fabriken ließen einen verstärkten Zuzug russischer Arbeiter kaum zu. Brauchtum und Folklore stehen noch hoch im Kurs. Der regionale Dialekt ist für andere Esten nicht ganz einfach zu verstehen. Sollte man Ortsnamen in leicht angewandelter Form begegnen (z. B. Kitsõ statt Kitse), kann es sich jedoch auch um den Setu-Dialekt handeln. Die Gebiete entlang der russischen Grenze (Gemeinde Meremäe und Luhamaa in der Gemeinde Misso) gehören nämlich zum zerrissenen Siedlungsgebiet der Setu-Volksgruppe, deren kulturelle Aktivitäten sich hier in der Ortschaft Obinitsa konzentrieren. Einen Überblick bietet Exkurs 6.

Võru

Planquadrate liegen dem Straßennetz von Võru zugrunde. Damit stellt die erst 1784 als neues Landkreiszentrum gegründete Kleinstadt (16 000 Einwohner) in Estland eine Ausnahme dar. Der historische Kern besteht im wesentlichen aus der Geschäftsstraße Jüri und der parallel dazu verlaufenden Kreutzwaldi, beide als gegenläufige Einbahnstraßen ausgewiesen. Einige zum Teil nur lückenhaft bebaute Querstraßen ergänzen den Schachbrettgrundriss. Im Südosten ist in neuerer Zeit noch ein monotones Plattenbau-Wohnviertel entstanden, das von unschönen Gewerbearealen begrenzt wird. Der überwiegende Teil der Gebäude ist jedoch in ein- oder zweistöckiger Holzbauweise erstellt und gelb, braun oder dunkelgrün angestrichen. Von Jahr zu Jahr wird Võru bunter. Gleich drei bedeutende Seen liegen im Stadt- bzw. Gemeindegebiet von Võru: Vagula, Tamula und Kubija järv. Die Fernstraße Nr. 2 aus Richtung Tartu ist als östliche Umgehungsstraße ausgebaut.

Wer von Nordwesten her auf der schnurgeraden Antsla maantee in den Ort kommt, erreicht bei der Kreuzung Tartu tänav einen rechteckigen Platz mit hohen Bäumen und einem Geschäftskomplex, der auf den ersten Blick mehr City vortäuscht als tatsächlich vorhanden ist. Hier steht auch die eher ländlich wirkende Katharinenkirche (*Katariina kirik*), die 1793 vollendet wurde. Über dem Portal des Barockbaus entdeckt man ein ungewöhnliches Augenornament. Wenn man sich ein kleines Stück nach links in die Tartu hineinbegibt, sieht man auch die orthodoxe Kirche (*Jüri kirik*) von 1806. Zu Fuß kann man von der erwähnten Kreuzung geradeaus auf der Jüri weitergehen und dabei fast das gesamte städtische Angebot von Võru begutachten. Nachdem die Stadt lange Zeit vor sich hindämmerte, kann man nun jedes Jahr kleine Fortschritte beobachten. Manche Gebäude an der Hauptstraße wurden inzwischen renoviert, Geschäfte attraktiver gestaltet und ein paar gemütliche Lokale eröffnet. Neben und hinter den Innenstadthäusern herrscht allerdings dieselbe beinahe dörfliche Atmosphäre wie ehedem. Und wer gar nach links in eine der Nebenstraßen geht, ist ganz schnell auf dem platten Land. Als Autofahrer muss man wegen der Einbahn-Regelung am

Beginn der Jüri nach rechts abbiegen und wird durch die Tartu zur Kreutzwaldi geleitet, die in geringer Entfernung parallel zum Ufer des Tamula-Sees verläuft. Mit dem städtischen Badestrand am Ende der Tartu ist Võru im Sommer durchaus ein beliebtes Ausflugsziel. Dazu trägt im übrigen auch das jährlich stattfindende internationale Folklore-Festival (*Võru folkloorifestival*) bei, das jeweils im Juli im Stadtpark hinter dem Kulturhaus an der Liiva stattfindet. Konkrete Sehenswürdigkeiten vermisst man in der Stadt, deren Name so eng mit dem Leben eines großen Dichters verbunden ist: Der Arzt Friedrich Reinhold Kreutzwald (1803 – 1882), nach dem im ganzen Land Straßen benannt sind, wurde hier geboren und trat als Autor des 19 000 Verse umfassenden Nationalepos ›Kalevipoeg‹

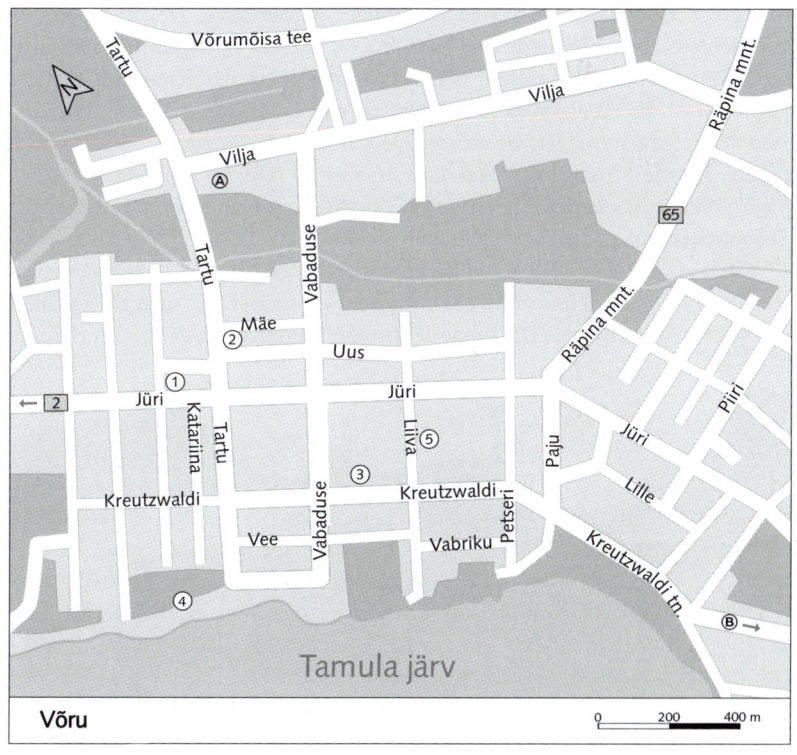

Võru

0   200   400 m

Legende

1 Katharinenkirche
2 orthodoxe Kirche
3 Kreutzwald-Museum
4 Strandpark

5 Kulturhaus
A Autobushof
B zur Bahnhofsvorstadt

hervor; daneben fiel er immer wieder durch gesellschaftskritische Äußerungen und Artikel auf. Ihm gewidmet ist ein Denkmal im Strandpark am Ende der Katariina, einer kleinen Allee, die gegenüber der gleichnamigen Kirche am Ortseingang beginnt. Interessanter ist das Museum in der Kreutzwaldi 31, wo der Besagte zwischen 1833 und 1877 lebte (Mi bis So 11 bis 18 Uhr; Tel. 217 98).

Mit einem Rechtsknick führt die Kreutzwaldi schließlich vom Stadtkern in die Bahnhofsvorstadt. Dabei tangiert sie kurz das Seeufer und zieht sich dann zwischen verwitterten Holzhäusern bis zum Bahnübergang hin, der den südlichen Stadtrand markiert. Unmittelbar vor den Gleisen links geht es zum Bahnhof, einem abbruchreifen, inzwischen zugenagelten Holzpalast in einer von Kleingärten beherrschten Umgebung. Im März 2001 wurde der Personenverkehr mangels Nachfrage eingestellt. Zwar sind hier immer wieder lange Holztransporte zu beobachten, aber man stellt fest, dass trotz des 1889 erfolgten Eisenbahnanschlusses die Industrialisierungswelle fast spurlos an der Kreisstadt vorüber gegangen ist. In Võru gibt es kaum mehr als eine bescheidene Textilfabrik. Jenseits des Schienenstranges, wo weitläufige Kasernen den Waldrand verschandeln, gabelt sich die Straße: links zum *Suur Munamägi* (Großer Eierberg) und nach Vastseliina, rechts in den angrenzenden Erholungsort Kubija am gleichnamigen See mit Strandbad, Bootsverleih und Freilichtbühne.

Wenn auch Võru selbst auf keine besonders lange Geschichte zurückblicken kann, so gibt es doch immerhin ein historisches Gemäuer, das man als Vorläufer der Stadt ansehen könnte: Die Ruine der Bischofsburg Kirumpää, die um 1322 am

Straßenszene im Landstädtchen Võru

Ufer des nördlich vorüberfließenden Võhandu-Flusses errichtet wurde und nach ihrer Zerstörung um 1658 leider als Steinbruch abgetragen wurde, um Baumaterial zu gewinnen. Ganz in der Nähe lag der Gutshof Võrumõisa, nach dem die Stadt benannt wurde. Etwa sechs Kilometer weiter nördlich in Väimela ist ein schöner Gutshof erhalten.

Der Haanja-Naturpark

Eine asphaltierte Nebenstraße (gelegentlich als Nr. 161 bezeichnet) schlängelt sich von Võru nach Süden in ein malerisches Bergland hinein, das sich weit über die nahen Landesgrenzen fortsetzt und im Nordwesten durch das breite Urstromtal zwischen Võru und Hargla vom Otepää- und Karula-Höhenzug getrennt ist. Ärmliche Einzelhöfe am Rande ausgedehnter Wälder unterstreichen die Abgeschiedenheit und den Entwicklungsrückstand hier im Haanja-Hochland *(Haanja kõrgustik)*, der höchstgelegenen und damit auch kühlsten und niederschlagsreichsten Gegend Estlands. Nach ungefähr 15 Kilometern hat man das Dorf Haanja erreicht, das als einzige nennenswerte Siedlung sozusagen das Zentrum des eigenartigen Landstrichs darstellt, der treffenderweise auch Haanjamaa genannt wird. Die Bezeichnung deckt sich weitgehend mit dem heutigen 9160 Hektar umfassenden Naturpark *(Haanja looduspark)*. Das Holzhandwerk und der Orgelbau der Familie Kriisa haben hier Tradition. Im Winter herrschen ausgezeichnete Schneeverhältnisse, nicht selten sind einige eingeschneite Höfe eine Weile von der Außenwelt abgeschnitten.

Oberhalb von Haanja ist der höchste Berg des gesamten Baltikums zu sehen: Der Suur Munamägi überragt mit seinen 318 Metern ü.M. die Umgebung und ist ein beliebtes Ausflugsziel. Ein kleines Stück weiter in Richtung Ruusmäe befindet sich ein rustikales Café (leider geschlossen) am rechten Straßenrand; genau gegenüber führt ein steiler Fußweg bergauf zum 1939 erbauten Aussichtsturm, der noch einmal 29 Meter an zusätzlicher Höhe beschert (Mai bis September täglich von 10 bis 20 Uhr, Oktober nur von Sa bis So von 10 bis 17 Uhr). Vom ›Dach Estlands‹ reicht die Sicht an klaren Tagen bis zur fast 80 Kilometer entfernten russischen Stadt Pskov (estn.: Pihkva). Direkt unterhalb in Südrichtung erkennt man den Tuuljärv, der als höchstgelegener See des Landes genannt wird, und den größeren Vaskna järv mit seinen Inselchen, gut erreichbar von Haanja in Richtung Trolla, am Abzweig Riidmäe gibt es einen netten Badeplatz. Beim Blick nach Nordosten kann man den aufgestauten Kavadi järv bei Uue-Saaluse erkennen, den man auf einem Wanderweg umrunden kann.

Auf der Weiterfahrt durch liebliche Hügellandschaft kommt man an der orthodoxen Kirche von Plaani vorbei, die aus dem Jahre 1873 stammt. Ein gewaltiges

Schöne Aussichten auf dem Kirchturm von Plaani

Storchennest sitzt oben auf einem ihrer Türme. Das Gebäude macht im übrigen keinen besonders guten Eindruck. Nach weiteren fünf Kilometern kommt man in Ruusmäe an: Gleich am Ortsanfang steht auf der rechten Seite der inzwischen restaurierte Gutshof, der mit seinem allseitig geschlossenen Innenhof vor dem Herrenhaus an ein Kastell erinnert. Im ehemaligen Glockenturm ist ein kleines Museum eingerichtet worden. Ansonsten glaubt man in Ruusmäe eher auf einen Kolchosen-Betriebshof als in gewachsenes Dorf geraten zu sein. Hinter dem Ort endet auch unvermittelt der Asphalt, und man muss noch vier Kilometer Staubpiste durch den Wald zurücklegen, bevor man nahe der lettischen Grenze auf die Fernstraße Nr. 7 stößt. Diese führt in Ostrichtung geradewegs nach Russland, und so bleibt für den Rückweg nach Võru nur die recht bald abzweigende Fernstraße Nr. 2 über Vastseliina.

Vastseliina

In romantischer Lage über dem tief eingeschnittenen Tal des Piusa-Flusses thront eine alte Grenzburg gegen Russland. Sie ist gar nicht so einfach zu finden, denn sie liegt ein wenig versteckt abseits der gleichnamigen Ortschaft Vastseliina (gut 20 Kilometer südöstlich von Võru neben der Straße Nr. 2). Am besten nimmt man die mittlerweile asphaltierte Gemeindestraße nach Meremäe, die zwei Kilometer südlich von Vastseliina nach Osten abzweigt: Nach drei Kilometern kommt man dann in das Dorf Vahtseliina (man beachte die abweichende Schreibweise!). Neben der alten Grenzschänke (*Piirikõrts*), die seit rund 200 Jahren bewirtschaftet wird, führt ein kurzer Fußweg direkt zur Burgruine.

Die orthodoxe Kirche von Värska
Der Jägala-Wasserfall bei Jõelähtme; Alter Gutshof auf der Insel Muhu

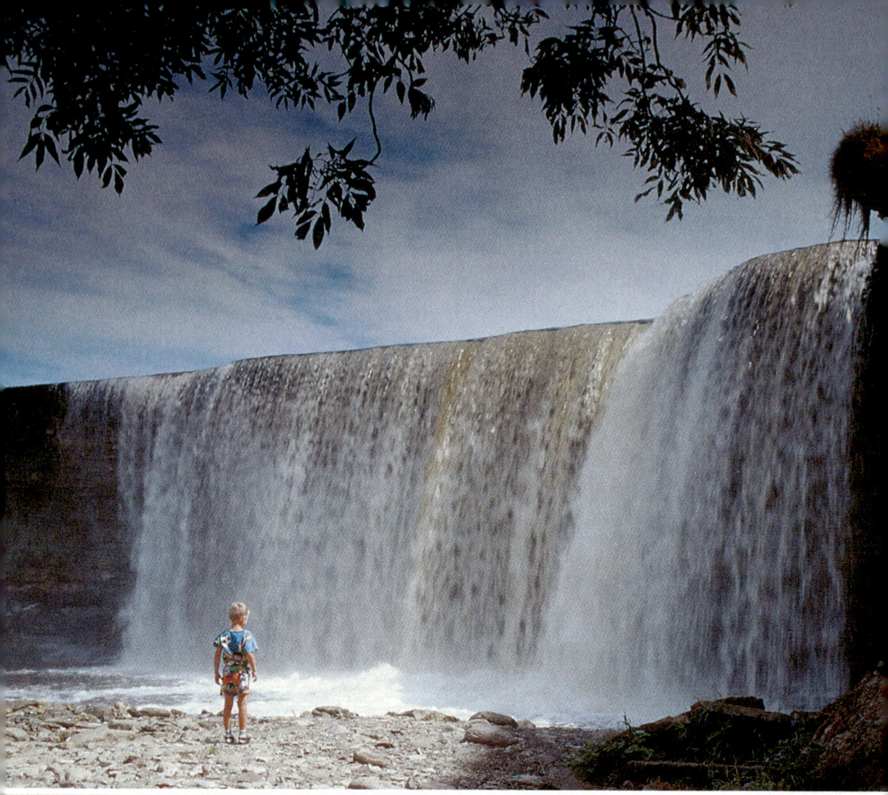
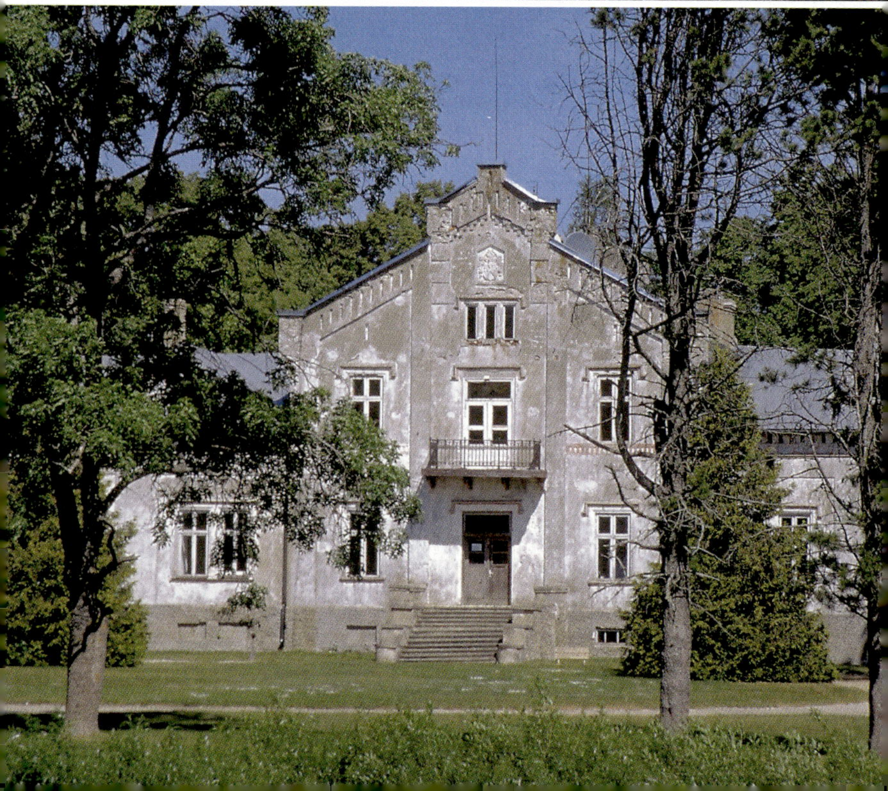

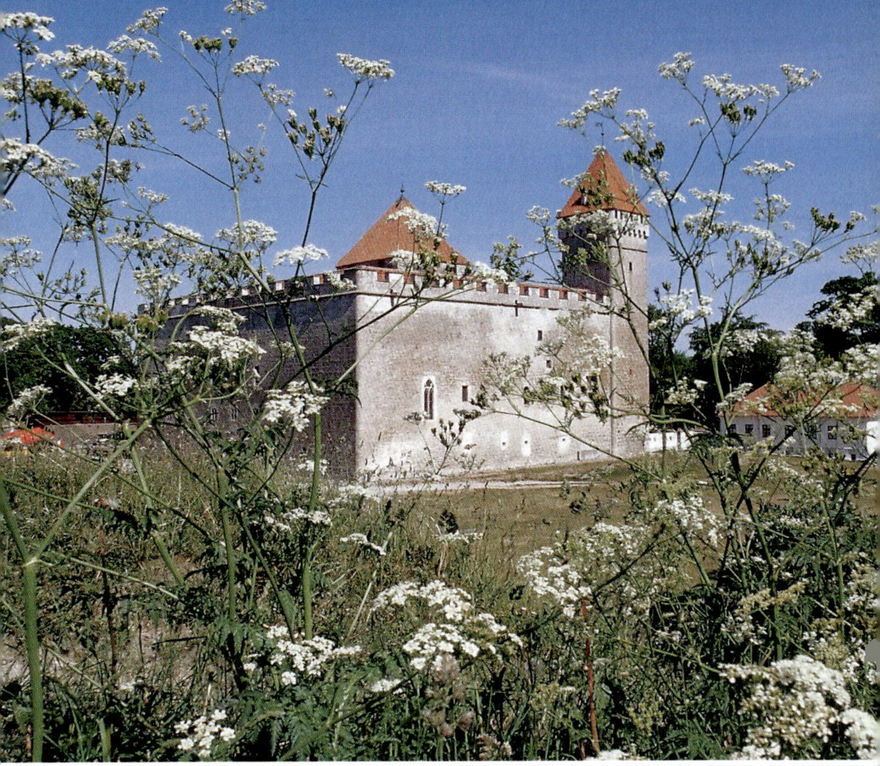

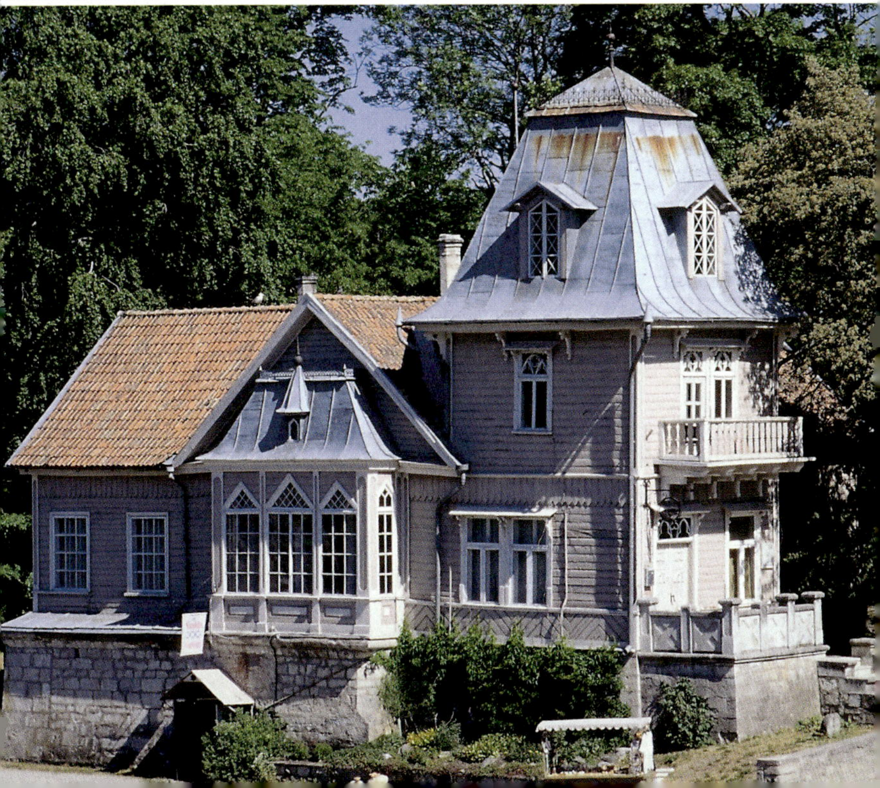

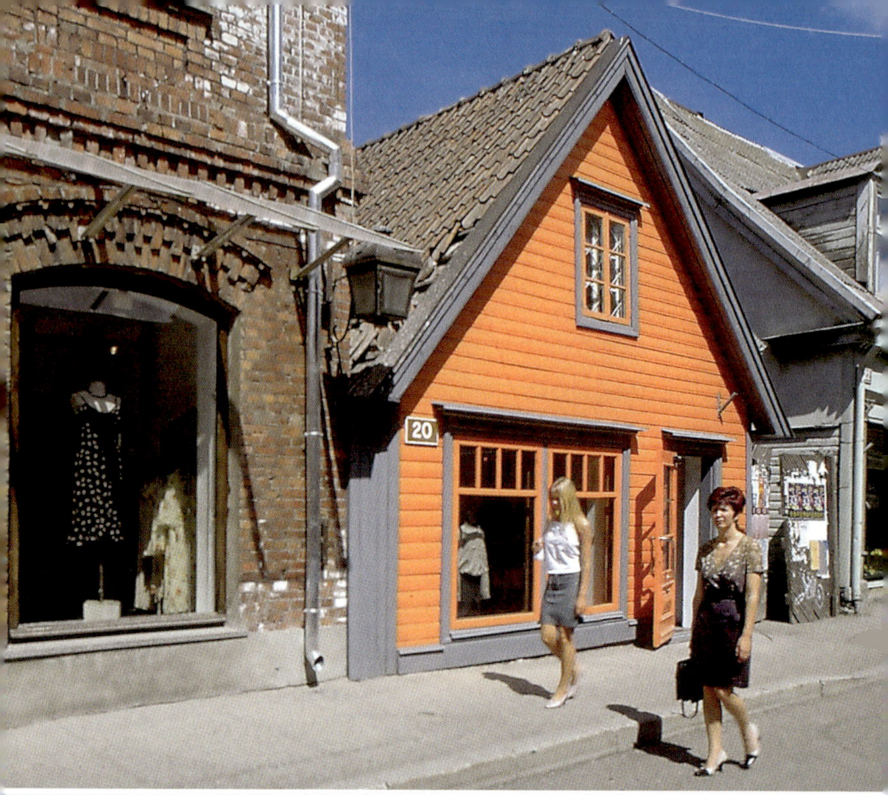
20

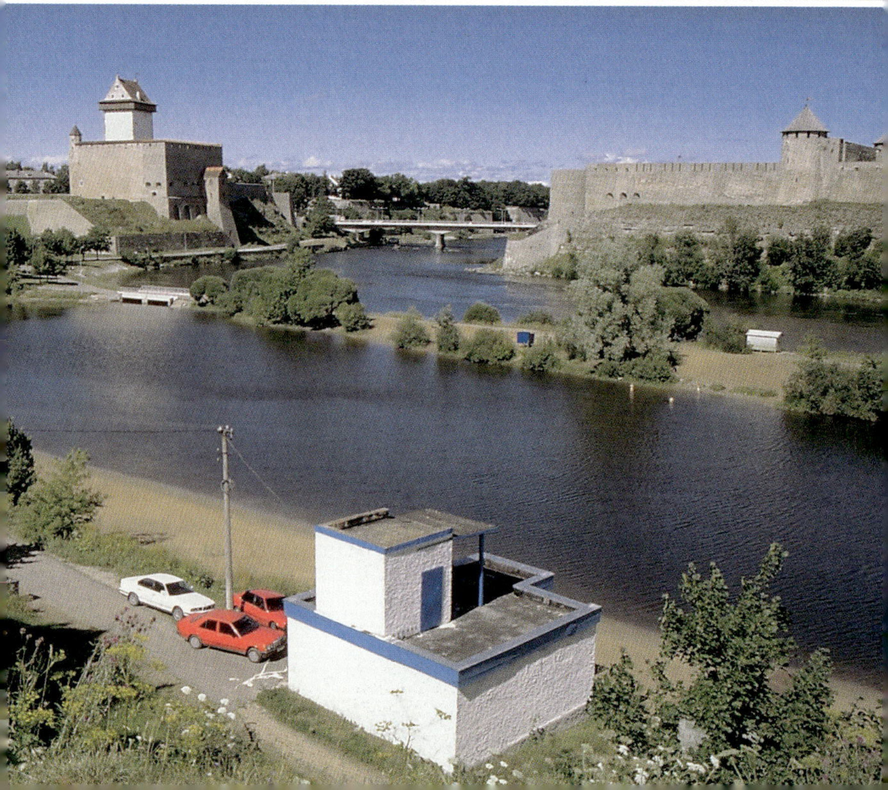

Zwei bemerkenswerte Rundtürme beeindrucken mit ihrer Mischbauweise aus roten Ziegeln und grauem Naturstein. Ihre Verzierungen sind mit denen an der Domkirche von Tartu vergleichbar. Des weiteren sind größere Mauerreste der 1342 begonnenen Anlage erhalten geblieben. Auf drei Seiten von der Piusa und dem hier einmündenden Meeksi-Bach umflossen, auf der vierten Seite durch einen Wassergraben geschützt, galt die Festung von Vastseliina anfangs als eine der stärksten in Livland. Sie sollte ein Gegengewicht zur russischen Burg Izborsk (estn.: Irboska) bilden, die etwa 30 Kilometer weiter östlich stand und heute ebenfalls noch als stattliche Ruine die Landschaft bereichert. Das Aufkommen von Feuerwaffen machte im 15. Jahrhundert Verstärkungen erforderlich, doch konnte die völlige Zerstörung im Nordischen Krieg dadurch nicht abgewendet werden. Danach eroberte sich die Natur einen Teil des Geländes zurück und schuf ein äußerst stimmungsvolles Bild. Die vereinzelten Besucher, die heute hierher kommen, können eine paradiesische Ruhe genießen. Für ein Picknick ist der Platz wie geschaffen.

Man kann aber auch eine kaum weniger attraktive Wanderung antreten: An der Burgruine führt nämlich eine Treppe hinab ins Piusa-Urstromtal (*Piusa ürgorg*), das hier auf einem 15 Kilometer langen Abschnitt unter Naturschutz steht. Ein ausgewiesener Wanderweg geht in Nordrichtung immer an dem gewundenen Flusslauf entlang bis nach Lindora an der Straße Võru – Obinitsa. Unterwegs begegnet man einigen Wassermühlen (*veski*) und einer Vielzahl von Steilhängen (*müür*), die durch die Erosionskraft des Flusses im anstehenden Sandstein entstanden sind. Die mächtigste Vertikale ist die Harma-Mauer mit einer Höhe von 43 Metern. Schon über lange Zeiträume galt die Piusa als Grenzfluss zwischen dem historischen Livland und Russland; heute trennt ihr Mittellauf ab Lindora zunächst die beiden estnischen Landkreise Võrumaa und Põlvamaa, direkt anschließend bildet er die jetzige Staatsgrenze zu Russland. Hier in Võrumaa markiert die Piusa aber auch den Übergang ins Siedlungsgebiet der Setu, das sie später in ihrer Funktion als Grenzfluss durchschneidet. Die komplizierten Verhältnisse sind genauer dargestellt im Exkurs 6.

Auf halber Strecke zwischen Vastseliina und Võru gibt es eine Zufahrt zum Kütiorg, einem weiteren Urstromtal mit Wäldern, Seen, Quellen und Nebentälern. Am Nordausgang des Taleinschnittes stößt man auf den Noodasjärv. Bei Bedarf erhält man in der Herberge in Koloreino (Tel. 291 05) Informationen über Wanderwege, Kanu- und Reitangebote. Ein hübscher Badesee liegt bei Kirikumäe; von Vastseliina führt ein asphaltierter Weg dorthin (fünf Kilometer südwestlich in Richtung Misso bzw. Ruusmäe).

Die Burg von Kuressaare auf Saaremaa; Schönes Landhaus in Kuressaare
In der Rüütli-Straße in Pärnu; Das estnisch-russische Festungspaar von Narva

Obinitsa/Setumaa

Ein ausgesprochen bescheidenes Bild bietet die kleine Ortschaft Obinitsa in der Setu-Gemeinde Meremäe ganz im Osten von Võrumaa. Obwohl sie nicht allzu weit von Vastseliina entfernt ist, kann man sie auf Asphaltstraßen nur von Võru aus über Lasva und den Bahnübergang von Otsa erreichen, gelegentlich als Straße Nr. 130 bezeichnet. Wer sich für die Setu-Kultur interessiert, sollte die Anfahrt nicht scheuen, denn Obinitsa ist neben Värska (Põlvamaa) eines der beiden Regionalzentren des kleinen Mischvolkes.

Bei der unscheinbaren Einmündung im Ort wurde ein touristisches Informationsbüro eingerichtet, das man vielleicht zuerst aufsuchen sollte. Ein typisches Holzhaus in einer Seitenstraße beherbergt das sehenswerte Setu-Hausmuseum (*Obinitsa muuseumitarõ*; von Di bis So von 12 bis 17 Uhr; Tel. 542 41), das neben Heimtextilien und Kleidung auch historische Fotos und Alltagsgegenstände zeigt.

Außerdem steht ganz in der Nähe die einzigartige Schulkirche: Dabei handelt es sich um eine 1904 errichtete Grundschule mit aufgesetztem Glockenturm, die nach Absprache besichtigt werden kann. Ferner gibt es eine Skulptur der Setu-Gesangsmutter (*Seto Lauluema*) in Obinitsa. Der See am östlichen Ortsrand ist nicht besonders einladend.

Alle drei Straßen, die von Obinitsa weiterführen, entpuppen sich als holprige Pisten; sofern sie an die russische Grenze stoßen, sind sie gekappt. In der Umgebung gibt es noch etliche der regionalen Gebetshäuser oder Kapellen (*tsässon*) zu entdecken, so die hölzernen von Meldova, Ulaskova, Tobrova und Uusvalda oder die steinernen von Pelsi und Küllatova. Lohnendstes Ziel sind aber sicher die Sandsteinhöhlen von Piusa am Weg nach Orava (siehe Põlvamaa).

Rõuge

Täler und Seen verleihen der Landschaft bei Rõuge am Westrand des Haanja-Höhenzuges ihr besonderes Gesicht. Insgesamt sieben klare Seen sind hintereinandergereiht und werden vom Rõuge-Bach durchflossen. Nicht nur dessen Taleinschnitt ist beachtlich, sondern auch die maximale Tiefe von 38 Metern, die im Suurjärv gemessen wurde. Es ist der tiefste See Estlands. Vom alten Festungshügel (*linnamägi*) am Ortsrand kann man die Aussicht über die Wasserflächen genießen. Außer der relativ gut erforschten prähistorischen Siedlung ist die Kirche von 1730 erwähnenswert, da sie eine der besten unter den zahlreichen Kriisa-Orgeln beherbergt. Hinter dem Gotteshaus beginnt das Ööbikuorg (Nachtigallental), das jedes Frühjahr von lauten Vogelstimmen erfüllt ist. Das schöne, von dichtem Laubwald beschattete Tal ist ein beliebtes Ausflugsziel. Von ganz anderem

Charakter ist das eher schroffe Tindi-Tal, wo die Kalksteinfelsen deutlich hervortreten. Im stellenweise bis zu acht Meter tiefen Hinni-Canyon kann man bis zum Dorf Nursi wandern.

Mõniste

Zwischen dem Karula-Nationalpark und dem südlichsten Punkt der estnisch-lettischen Grenze liegt die an Flüssen reiche Gemeinde Mõniste. Bereits im Jahre 1386 soll hier ein Gutshof gestanden haben. Die einzige Sehenswürdigkeit stellt das bereits 1948 gegründete Dorfmuseum (*külamuuseum*) im Weiler Kuutsi dar, das typische ländliche Gebäude und Gerätschaften aus dem 19. Jahrhundert zeigt (von Mai bis September von Di bis So von 10 bis 17 Uhr; Tel. 906 42). Das Schulhaus weiter vorn an der Dorfstraße stammt von 1730. Eine asphaltierte Nebenstraße (Nr. 68) führt bis zum Grenzübergang bei Vastse-Roosa, der sich jedoch für Ausländer als unpassierbar erweist.

Wer Staubstraßen nicht scheut, kann sich noch bis zum Paganamaa-Landschaftsschutzgebiet (*Paganamaa maastikukaitseala*) mit seinen vier Seen durchschlagen, das etwa 15 Kilometer östlich unmittelbar an der Grenze liegt. Dieses sogenannte ›Teufelsland‹ mit seinen tiefen Senken, die als überdimensionale Fußabdrücke des Satans gedeutet wurden, ist jedoch bequemer von Rõuge aus über Krabi zu erreichen. In nördlicher Richtung bietet sich natürlich die Durchquerung des Karula-Nationalparks an, auch wenn das 28 Kilometer Schotter- und Waldwege bedeutet, bevor man schließlich in Antsla eintrifft.

Der Karula-Nationalpark

Bären haben dem Karula-Höhenzug südlich von Antsla zwar zu seinem Namen verholfen (*karu* bedeutet Bär), aber heute wird man sie hier vergeblich suchen. Die große Vielfalt anderer Wildtiere, darunter allein 140 Vogelarten, war aber Grund genug, das siedlungsarme und weitgehend intakte Wald- und Moorgebiet bereits 1979 unter Naturschutz zu stellen. Ende 1993 erfolgte die Umwandlung in den Karula-Nationalpark (*Karula rahvuspark*), dessen 103 Quadratkilometer großes Territorium je zur Hälfte in den Landkreisen Võrumaa und Valgamaa liegt. Den Mittelpunkt bildet der fischreiche Ähijärv, an dessen Ostufer ein modernes Informationszentrum (Tel. 283 50) eröffnet wurde. Nur wenige Schritte davon entfernt lockt ein attraktiver Badeplatz. Weitere Gelegenheiten sowie einfache Zeltplätze für Wanderer findet man am gegenüberliegenden Ufer sowie im Nordwesten des Nationalparks.

Ländliche Idylle im Karula-Nationalpark

Fast 70 Prozent der Gesamtfläche besteht aus Wäldern. Dazwischen tauchen vereinzelte kleine Hofstellen auf, insbesondere im Nordteil. Nicht wenige von ihnen sind seit den Zeiten der landwirtschaftlichen Kollektivierung verfallen. Erhalten geblieben ist die im Jahre 1900 eingeweihte orthodoxe Kirche von Kaika. Der Ost-West-Fahrweg (von Tsooru nach Lüllemäe) führt relativ nah daran vorbei. Aus nördlicher Richtung erfolgt die Zufahrt, indem man in Antsla den Bahnübergang quert und dahinter etwa sieben Kilometer strikt geradeaus weiterfährt; wenn man sich schließlich an der Gabelung von Haabsaare halbrechts und an der leicht versetzten Kreuzung hinter dem Wald geradeaus (eigentlich kurz links, dann rechts) hält, kann man das Informationszentrum nicht verfehlen (Nord-Süd-Fahrweg von Antsla nach Saru und Mõniste).

Antsla, Urvaste

Gleich dreimal im Abstand von jeweils drei Kilometern taucht der Ortsname Antsla im Nordwesten von Võrumaa auf: als Gemeindesitz Antsla mit Stadtstatus bereits seit 1938, als historisches Dorf Vana-Antsla (Alt-Antsla) und als unbedeutende Siedlung Uue-Antsla (Neu-Antsla) in der Nachbargemeinde Urvaste. Die Geschichte des Gutshofes von Vana-Antsla lässt sich bis ins Jahr 1405 zurückverfolgen. Ein schöner Landschaftspark mit weit über hundert verschiedenen Baumarten umgibt das heute als Agrarschule genutzte Herrenhaus der Landadelsfamilie von Uexküll. Die eigentliche Stadt Antsla, mit nur 1600 Einwohnern sogar die zweitgrößte in Võrumaa, präsentiert sich zwar ebenfalls recht grün und schattig, jedoch ohne architektonischen Reiz. Die Ladenzeile gegenüber der Grünanlage ist ein sozialistischer Zweckbau. Als ältestes und zugleich erstes Gebäude des Ortes wird das Gasthaus von 1890 genannt. Ein Jahr zuvor war nämlich die Eisenbahnstrecke von Valga über Võru nach Pskov eröffnet worden, was ein Heranrücken oder besser gesagt die Neugründung von Antsla in Gleisnähe zur Folge hatte. Für die heutige Lage im Straßennetz war das eher von Nachteil, denn die Entfernung zur ungleich wichtigeren Regionalstraße von Võru in Richtung Sangaste (Nr. 69) ist nun umso größer. Dafür zerschneidet die Eisenbahnstrecke den Ortskern. Personenzüge fahren hier seit Frühjahr 2001 nicht mehr. Und am südlichen Stadtrand gibt es weit und breit keine einzige Asphaltstraße. Mit einer modernisierungsbedürftigen Trikotagenfabrik am Ort, einer ausgesprochen landwirtschaftlich geprägten Umgebung und ein wenig Torfabbau (im Westen bei Kobela) ist Antsla ein gutes Beispiel einer typisch estnischen Provinzstadt. Mit weniger als zwei Prozent Ausländern (Russen) trifft das hier sogar in ganz besonderem Maße zu.

Estlands einzige Landbasilika steht acht Kilometer nördlich von Antsla, jenseits der Straße Nr. 69, im ehemaligen Kirchspiel Urvaste. Im 15. Jahrhundert erbaut, mehrfach zerstört und zuletzt noch 1899 mit einem Turm versehen, erhebt sich das dreischiffige Bauwerk am Talrand über dem extrem langgezogenen und schmalen Uhtjärv, der eine tiefe eiszeitliche Rinne ausfüllt. Erst wenn man rechts um die Außenmauer des nahegelegenen Friedhofs herumgeht, erblickt man tief unten den See. Wie markant dieses Urstromtal ist, zeigt sich schon an dem zwölfprozentigen Gefälle (!) der Straße. Hinter der Schule von Urvaste, die bereits 1688 gegründet wurde, kann man ein geradezu Ehrfurcht gebietendes Naturdenkmal bestaunen: eine wahrscheinlich mehr als 550 Jahre alte Eiche mit 8 Metern Stammumfang und 20 Metern Höhe! Der mit einer Betonfüllung stabilisierte Hohlstamm soll, wie man liest, eigens mit einem Blitzableiter ausgestattet worden sein. Eine solche Mühe mit einzelnen Bäumen macht man sich wohl nur in Estland, wo insbesondere Eichen seit alter Zeit kultisch verehrt werden.

 Telefonvorwahl: 078.
PLZ-Bereich: 65-66000 ff.
Internet: www.werro.ee.
Tourismusbüro: Tartu mnt. 31,
65608 Võru, Tel. 218 81; außerdem

Ööbikuoru 1, 66201 Rõuge,
Tel. 592 45.
Hauptpost: Jüri 38a, 65601 Võru.
Polizei: Kreutzwaldi 52 in Võru.

Võru 255 km südöstlich von Tallinn, 67 km von Tartu (Straße Nr. 2). Parken im Zentrum überall möglich, z.b. entlang der Jüri oder Kreutzwaldi. Nach Antsla 35 km, Vastseliina 25 km. Moderne Grenzübergangsstellen nach Lettland und Russland im Verlauf der Fernstraße Nr. 7; Grenzposten Vastse-Roosa nur für Einheimische passierbar.

 Personenzugverkehr Valga – Võru – Piusa wurde völlig eingestellt.

 Bushof Võru am Ostrand der Stadt (Vilja 2, Tel. 21018). Die Firma Taisto und die Regionalgesellschaft Võru Autobaas AS (Tel. 21745) betreiben zahlreiche Überlandlinien in Südost-Estland, nach Tallinn und anderen Fernzielen.
Taxi Tel. 20002, 22222.

 Zwei akzeptable Hotels in Võru: direkt am See das ›Tamula‹ (Vee 4, Tel. 30430; DZ 60 Euro) und etwas außerhalb im Kiefernwald in Seenähe das sozialistisch geprägte ›Kubija‹ (Männiku 43a, Tel. 22341; DZ 65 Euro). Außerdem Gästehaus des Karula-Nationalparks im Informationszentrum Ähijärve (Tel. 28350).

 Einfacher Campingplatz in Sänna an der Straße Nr. 67 nach Valga. Man kann auch am Hotel ›Kubija‹ und in Ähijärve nachfragen.

 In Võru kann man entlang der Jüri inzwischen einige neuere Lokale finden, z. B. ›Õlle‹ (Nr. 17) oder ›Bistroo Deimi‹ (Ecke Liiva). Nicht schlecht ist auch das Restaurant im Hotel ›Kubija‹. Einfache Möglichkeit zur Einkehr gibt es darüberhinaus in Rõuge; in Haanja und Vastseliina bestenfalls Getränkeausschank.

 Mehrtägiges internationales Folklorefest jährlich im Juli am Kulturhaus in Võru. Festlichkeiten in Setumaa, z. B. Ostertage in Obinitsa. Alle drei Jahre findet das Leelo-Gesangsfestival der Setu statt.

Valgamaa

Wintersport, Badefreuden und eine geteilte Stadt

▶ Landkreis in Süd-Estland. – Kreishauptstadt Valga
▶ Autokennzeichen:
   erster Buchstabe G
▶ Fläche 2044 qkm
▶ im Süden gemeinsame Grenze mit

Lettland, die mitten durch den
Hauptort Valga verläuft
▶ etwa 38 000 Einwohner, davon
   15 500 in Valga
▶ 11 Gemeinden, 3 Städte

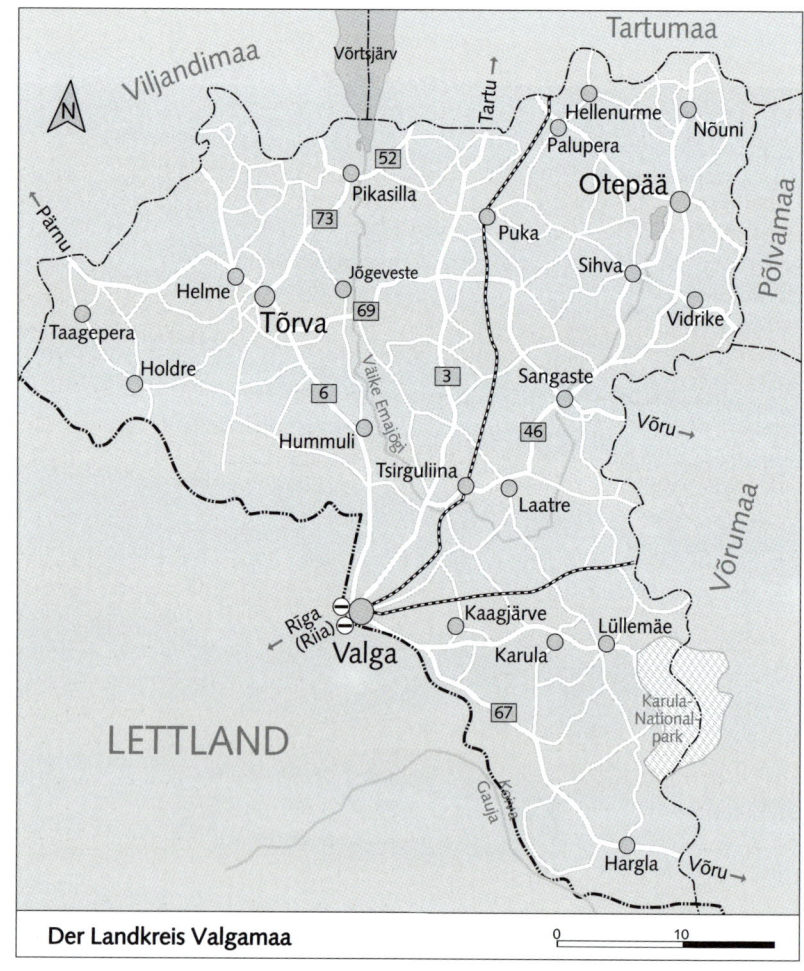

Der Landkreis Valgamaa

›Estnische Schweiz‹ lautet eine gängige Umschreibung für die malerische Region ein Stück südlich von Tartu. Mit einer gewissen Berechtigung: Über 200 Seen, ein hoher Waldanteil und ein abwechslungsreiches Relief machen den Landkreis Valgamaa zweifellos zu einem der schönsten Estlands. Zwischen dem Võrts-See und der lettischen Grenze sind hier drei Landschaften vereint: Im Nordosten bietet das sogenannte Hochland von Otepää (*Otepää kõrgustik*) mit Erhebungen bis 217 Metern ü. M. gleichermaßen exzellente Wintersportbedingungen und sommerliche Badefreuden. Weiter südlich schließt sich in einem Bogen über die Nachbarkreise Põlvamaa und Võrumaa der ebenfalls von Moränenhügeln und Seen gebildete Karula-Höhenzug mit dem gleichnamigen Nationalpark (*Karula rahvuspark*) an; der höchste Punkt liegt hier bei 137 Metern ü. M. Der mittlere und westliche Teil besteht aus Flachland mit Flussniederungen, die insbesondere in der Gegend von Sangaste und Tsiruliina sowie um die Südspitze des Võrts-Sees deutlich ausgeprägt sind. In einem großen Halbkreis durchzieht der Väike Ema-jõgi (der Kleine Emajõgi) als Vorfluter den zentralen Teil von Valgamaa und führt dem größten Binnensee des Landes Wasser zu. An einem seiner zahlreichen leicht eingetieften Nebenbäche liegt auch die Kreishauptstadt Valga, die von der Staatsgrenze durchschnitten wird und deren südliches Drittel zu Lettland gehört, so wie es den örtlichen Bevölkerungsverhältnissen entspricht. Einige wichtige Verkehrswege laufen auf die etwas abseits gelegene Stadt zu: Die Fernstraßen von Tartu (Nr. 3) und Pärnu (Nr. 6) sowie die Eisenbahnen von Tartu und Võru. Alle diese Strecken werden hier gebündelt und führen auf lettischer Seite geradewegs nach Rīga, der Metropole des gesamten Baltikums. Nicht ganz so gut entwickelt sind die innerestnischen Querverbindungen in östlicher Richtung: Võrumaa und Põlvamaa sind von Valga oder Otepää aus nur über Umwege, ansonsten über Staubpisten erreichbar.

In engem Zusammenhang mit der landschaftlichen Schönheit steht die intakte Natur. Bei einer Fahrt über die stillen Landstraßen begegnet man alle paar Minuten einem Storch, auf frisch gemähten Wiesen hinter dem Traktor, auf Schornsteinen und Lichtmasten mitten in den Ortschaften, an Teichen und Tümpeln. Die Wälder sind für ihren Reichtum an Pilzen und Beeren, darüberhinaus auch als Jagdreviere weithin bekannt. Gleich zwei Orte führen den Bären in ihrem Namen: Otepää und Karula. Das fast vollständige Fehlen von Fabrikanlagen bedeutet eine außerordentlich saubere Luft und ziemlich unbedenkliche Gewässer, soweit sich nicht lokale Überdüngung durch Kolchosen negativ ausgewirkt hat. Estlands berühmtester See, der Pühajärv (Heiligensee) bei Otepää, gehört ebenso zu Valgamaa wie der Grenzfluss Koiva im Südosten, der in seinem weiteren Verlauf als Gauja den ältesten Nationalpark von Lettland prägt.

Valgamaa ist nach der Insel Hiiumaa der zweitkleinste Landkreis Estlands und einer der jüngsten dazu. Er wurde erst 1921 durch entsprechende Verkleinerung historischer Kreise geschaffen. Das Gebiet ist über die Jahrhunderte immer ein Grenzland, eine Randlage gewesen, woran auch die fünfzig Jahre Zwangsintegration in die UdSSR letztlich nichts geändert haben. Umso erstaunlicher mutet es an, dass man gerade hier die ›estnischsten‹ Orte überhaupt findet: Otepää, Tõrva und Antsla (nebenan in Võrumaa) mit jeweils 98 Prozent Esten unter den Einwohnern. In den ländlichen Gemeinden mit ihren verstreuten Gehöften sieht es ähnlich aus. Nur Valga selbst als einziger nennenswerter Fabrikstandort senkt den Kreisdurchschnitt erheblich, denn ein Drittel der Bevölkerung sind hier Russen und Ukrainer.

Valga

Eine geteilte Stadt hat immer etwas Geheimnisvolles an sich. Aber keine Mauer wie einst in Berlin, keine Pufferzone wie in Nikosia, kein Grenzfluss wie in Görlitz, kein stabiler Zaun wie in Gorizia, sondern ein unspektakuläres Zäunchen an einem Rinnsal quer durch die Häuserzeilen besiegelt die Trennung von Valga in einen estnischen Teil mit 15 500 Einwohnern und einen lettischen namens Valka mit 7100. Seitdem der innerörtliche Grenzübergang Sepa auch für Drittstaatler geöffnet ist, kann man eigentlich nur noch von einer Grenzmarkierung sprechen. Trennend sind hier eher die zwei völlig verschiedenen Sprachen, gewisse Mentalitätsunterschiede, die Währungen und ein wenig bürokratischer Aufwand, der wohl dem Souveränitätsanspruch der jungen Staaten entspringt. Eine kuriose Situation wäre sicher entstanden, wenn, wie zunächst geplant, nur Estland EU-Mitglied und dies hier eine EU-Außengrenze geworden wäre!

Bereits 1226 wurde die hiesige Grenze zwischen dem Livländischen Orden und dem Tartuer Bistum festgelegt, die seither trotz mancher Streitigkeiten immer wieder bestätigt wurde. Russland, Schweden, Polen und Litauen stießen hier in wechselnden Konstellationen aneinander. Bei der ersten Staatsgründung 1920 kam es fast zu einem bewaffneten Konflikt zwischen Esten und Letten um den Grenzverlauf, der dann von einer internationalen Kommission unter englischer Führung erneut bestätigt wurde. Und auch nach Auflösung der Sowjetunion ist der unscheinbare Konnaoja-Bach wieder Staatsgrenze. Weitere wichtige Daten aus der Geschichte von Valga sind: die erste Erwähnung der Siedlung 1286, die Verleihung des Stadtrechts 1584, der fehlgeschlagene Versuch einer Bombardierung des Bahnhofs mit Hilfe eines deutschen Zeppelins 1917, der erste Unterricht in estnischer Sprache am neueröffneten Gymnasium 1919, Erhebung zur Hauptstadt des neuen Landkreises Valgamaa 1921. Als südlichste Stadt Estlands verfügt Valga heute über Werke der Lebensmittel- und Möbelindustrie.

Mindestens fünfmal wurde Valga im Laufe der Jahrhunderte durch Brände zerstört. Die Stadt ist arm an Sehenswürdigkeiten, besitzt trotz ihrer besonderen

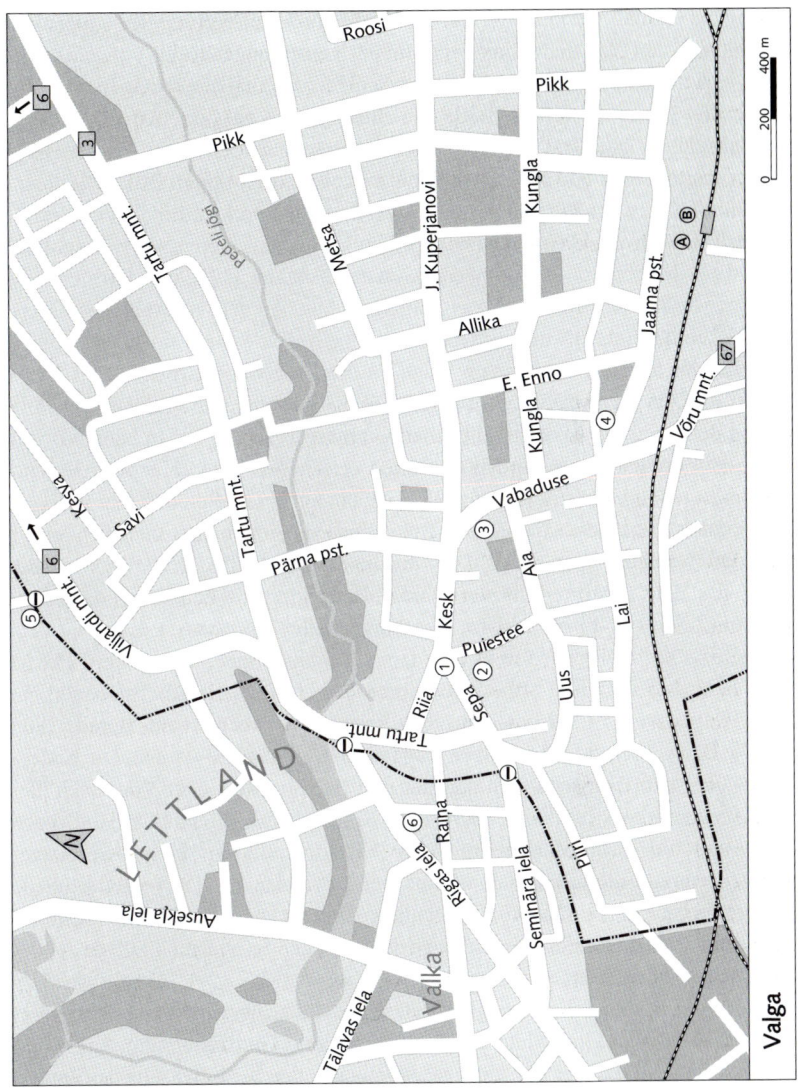

Legende

1 Johanniskirche
2 Rathaus
3 Theater
4 Markt; orthodoxe Kirche
5 Zollhof, Hauptgrenzübergang
6 Kirche (lettische Seite)
A Autobushof
B Bahnhof

Lage nicht einmal eine Festung. Auf der Straße Nr. 3 (innerorts als Tartu maantee) kommt man von Norden her ins Zentrum; nach einer langen Reihe typischer Vorstadt-Holzhäuser zwingt eine Linkskurve zur Überquerung des Pedeli-Baches, der seinerseits genau an dieser Stelle die Staatsgrenze passiert. An der rechten Straßenseite verläuft jetzt der Grenzzaun. Am unscheinbaren Kontrollposten Raja vorbei erreicht man 500 Meter weiter einen kleinen dreieckigen Platz. Hier kann man im Schatten der Johanniskirche (*Jaani kirik*) gut parken. Ein ovaler Grundriss und eine barock-klassizistische Mischarchitektur machen das 1787 begonnene und erst 1816 vollendete Bauwerk zu einer Ausnahme in Estland. Die Orgel im Inneren wurde von Fachleuten aus Leipzig gebaut. An der Nordseite des Kirchplatzes, einige Schritte in die Riia tänav hinein, findet man noch eine kleine Kapelle, das älteste Gebäude von Valga. In der Umgebung zweistöckiger Holzhäuser mit den merkwürdigsten Farben fällt das hübsche rote Rathaus von 1865 auf, in dem auch die Touristeninformation untergebracht ist. Man kann nun auf der relativ breiten, sogar mit Mittelstreifen versehenen Kesk (Hauptstraße) entlangspazieren, um das arg provinzielle Angebot an Geschäften und Gastronomie zu erkunden. Um nicht vollends ins Belanglose zu geraten, hält man sich an der nächsten Ecke am besten rechts: Die Vabaduse tänav (Freiheitstraße) führt an der Ruine des 1948 zerstörten Theaters vorbei. Hausnummer 8 beherbergt das Stadtmuseum (Di bis Fr 11 bis 18 Uhr, Sa 10 bis 15 Uhr; Tel. 688 67). Kurz vor dem Bahnübergang zweigt nach links die Jaama (Bahnhofstraße) ab; auf der Ecke ist der Marktplatz und eine orthodoxe Kirche. Das heutige Bahnhofsgebäude ein Stück weiter wurde 1949 von deutschen Kriegsgefangenen erbaut. Bereits 1889 war die Bahnstrecke von Tartu über Valga nach Rīga eröffnet worden. Die Bedeutung wuchs damals rasch durch den Bau weiterer Strecken: über Võru nach Pleskau (heute Pskov/Russland), 1896 über Rujen (heute Rūjiena/Lettland) nach Pärnu und 1902 nach Marienburg (heute Alūksne/Lettland); die beiden letztgenannten waren Schmalspurbahnen und verschwanden bis 1975 wieder (siehe Exkurs 7). Eine große Dampflok steht als Monument vor dem Bahnhof. Heute ist Valga auch Endstation für ein paar Züge der lettischen Staatsbahn LDZ, da auf der anderen Seite der Grenze kein Bahnhof mehr existiert.

Wer vom Rathaus die entgegengesetzte Richtung (über die Sepa tänav) einschlägt, steht nach 200 Metern am innerörtlichen Grenzübergang. Ein Blick zurück zeigt Estland hier von einer wenig einladenden Seite. Jenseits des Zaunes trägt die Straße den Namen Semināra iela und führt als stille Allee bis zur nahen Umgehungsstraße. Valka wirkt zunächst noch eine Spur dörflicher, und es liegt ziemlich weit von der nächsten lettischen Ortschaft entfernt. Geschäfte und eine Bank zum Geldwechseln findet man im Bereich der spitzwinkligen Kreuzung von Rīgas iela und Raiņa iela. Einzige Sehenswürdigkeit ist die Estnische Kirche, die trotz der ausgetüftelten Grenzziehung leider auf der falschen Seite steht!

Orientierung in Valga

Autofahrer sollten den großen Grenzübergang am nördlichen Stadtrand benutzen. Dazu biegt man aus Richtung Tartu kommend bei der Tankstelle am Stadtrand rechts ab (Schild ›Riia‹); hinter einer Industrieanlage stößt man auf die Straße aus Richtung Pärnu (Nr. 6 bzw. Viljandi maantee). Gleich links erblickt man den modernen Zollhof. Auf lettischer Seite wird man zunächst um das Zentrum von Valka herumgeführt. Dann zieht sich die Straße durch schönes Wald- und Heideland; erst nach über 30 Kilometern erreicht man den nächsten Ort, die dortige Kleinstadt Strenči.

Karula

Vom Bahnübergang in Valga führt die Straße Nr. 67 in einem großen Südbogen bis nach Võru. Auf dem ersten Stück der immerhin 83 Kilometer langen Strecke geht es unmittelbar an der Staatsgrenze entlang, später folgt man den Niederungen der Flüsse Koiva und Mustjõgi. Es ist eine beschauliche, äußerst ruhige Gegend ohne besondere Höhepunkte. Bei Kaagjärve gibt es einen Abzweig: Von hier aus gelangt man auf einer Nebenstraße nach Karula am Westrand des gleichnamigen Höhenzuges, dessen malerischster Teil den Karula-Nationalpark (*Karula rahvu-*

spark) bildet. Das dazugehörige Informationszentrum und die meisten Fahrwege befinden sich im Nachbarkreis Võrumaa. Wer aus Richtung Valga über die Ortschaft Karula kommt, erreicht gleich hinter Lüllemäe das Nationalparkgebiet. Hier geht die Asphaltstraße in eine Schotterpiste über. Von derselben Beschaffenheit sind auch fast alle anderen Verkehrswege in der Umgebung. Gute Bademöglichkeiten findet man unterwegs am Rautina järv (-See) bei Kaagjärve und am extrem langgestreckten Pikkjärv (wörtlich: Langer See) bei Karula. Im übrigen ist die Region bei Wanderern und Skilangläufern sehr beliebt.

Sangaste

Windsor Castle wurde beim Bau des Gutsschlosses Sangaste detailgetreu kopiert. Ungefähr auf halber Strecke zwischen Valga und Otepää liegt am Nordrand einer Ebene das Dorf Sangaste. Eine Straßenkreuzung mit Brücke über den Väike Emajõgi, direkt neben der Dorfkirche von 1742, bedeutet gute Erreichbarkeit aus allen vier Himmelsrichtungen. Die eigentliche Attraktion liegt etwa drei Kilometer südwestlich des Ortskerns an der Landstraße Nr. 72. Das letzte Stück einer einst im Dorf beginnenden Eichenallee führt zum Haupteingang des Herrensitzes. Anstelle eines prächtigen Gutes, das bereits seit 1274 im Besitz des Bischofs von Tartu gewesen war, ließ Graf Friedrich Gustav von Berg hier 1881 ein feudales Anwesen im Tudor-Stil fertigstellen. Der rote, asymmetrische Backsteinbau mit Türmen und zahlreichen Kaminen beeindruckt durch einen riesigen Ballsaal und ein mit dunklem Holz vertäfeltes Speisezimmer. Hier befindet sich heute ein geräumiges Café, dessen düsteres Ambiente und dessen Angebot und Service allerdings wenig zeitgemäß erscheinen. Der Garten mit Teich an der Rückseite des Schlosses setzt sich als dichter Wald fort. Mit der harmonischen Gesamtanlage kontrastieren die primitiven Mietshäuser, die wohl als sozialistischer Gegenentwurf einst neben die Stallungen an die Zufahrtsallee gestellt wurden.

Der Gutsherr von Sangaste, Graf von Berg, war in jüngeren Jahren als Weltreisender und Reisebuchautor in Erscheinung getreten. Dabei hatte er aus verschiedenen Regionen Agrargeräte und Nutzpflanzen mitgebracht. Später widmete er sich mit großem Eifer der landwirtschaftlichen Weiterentwicklung. Der Gutshof Sangaste galt als der fortschrittlichste und produktivste seiner Zeit und wurde 1912 als einer von ganz wenigen mit einer Goldmedaille des Zaren ausgezeichnet. Als es bei der Landreform von 1919/20 zu umfangreichen Enteignungen kam, wurde dem Grafen von Berg wegen seiner Verdienste der Besitz belassen. Das Lebenswerk des Gutsherrn besteht in der Züchtung einer kälteresistenten Roggensorte, die den Namen Sangaste erhielt. Davon wird angeblich jedes Jahr ein wenig am Grab des 1938 Verstorbenen ausgesät.

Etwa sechs Kilometer Luftlinie nördlich von Sangaste kann man vom 211 Meter hohen Harimägi eine herrliche Aussicht genießen. Den Berg nutzte bereits der Tartuer Astronom und Landvermesser Friedrich Georg Wilhelm Struve für seine kartographischen Aufnahmen Livlands in den Jahren 1816 bis 1819.

Otepää

So malerisch und abwechslungsreich wie der Nordteil von Valgamaa sind nur sehr wenige Gegenden Estlands. Im sogenannten Hochland von Otepää (*Otepää kõrgustik*) mit seinen freilich recht bescheidenen Höhen, die die 200-Meter-Grenze kaum übersteigen, erlebt man ein eiszeitlich geprägtes Landschaftsbild aus sanften Moränenhügeln und Kuppen, Urstromtälern mit gewundenen Wasserläufen und insgesamt 65 Seen, von denen die meisten zwar klein, aber sehr fischreich sind. Mehrere größere Flüsse haben hier ihre Quelle, unter ihnen der Väike Emajõgi, der eine Art Nationalsymbol darstellt. Das Mosaik vergleichsweise kleiner Feld- und Wiesenparzellen steht im Kontrast zu den meist ausgedehnten und monotonen Ackerflächen ehemaliger Kolchosen in anderen Landesteilen. Rund die Hälfte der Flächen ist heute bewaldet, ein Ergebnis der intensiven Aufforstungen seit etwa 1920. Diese patchworkartig zusammengesetzte Region ist Heimat zahlreicher Tierarten (u. a. Specht, Eule, Falke, Biber, Luchs, sogar Schwarz-

Im Zentrum von Otepää

storch und vereinzelt Elch). Bereits seit 1979 ist ein Gebiet von 232 Quadratkilometern als Naturpark Otepää (*Otepää looduspark*) unter Schutz gestellt.

Mittendrin liegt die freundliche Kleinstadt Otepää (2400 Einwohner), die in mancher Hinsicht bemerkenswert ist, auch wenn man ihren Charme vielleicht erst auf den zweiten Blick erkennt. Bei aller Beschaulichkeit und Naturnähe ist man

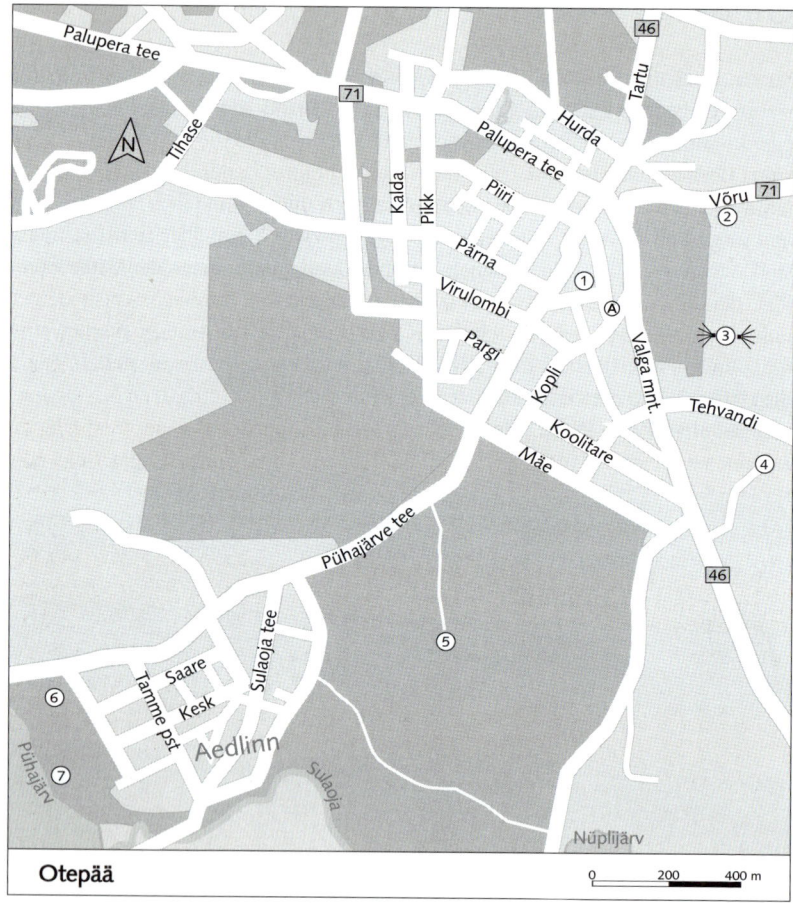

Otepää

0   200   400 m

Legende

1 Lipuväljak; Rathaus
2 Kirche
3 Burgberg
4 Skizentrum, Liftanlagen

5 Apothekerberg
6 Seepark, Bühne
7 Badestrand, Bootsverleih
A Autobushof

hier zu allen Jahreszeiten auf Besucher eingestellt, die zunehmend auch aus dem Ausland kommen. Die touristische Infrastruktur ist jedenfalls nach estnischen Maßstäben weit gediehen und stellt die Kreishauptstadt Valga klar in den Schatten. Im Sommer ist Otepää ein angenehmer Standort für allerlei Ausflüge, selbst die lettische Hauptstadt Rīga kann man auf einer Tagestour besuchen. Die eigentliche Saison, einhergehend mit einer temporären Verdoppelung der Einwohnerzahl, ist jedoch der Winter. Als höchstgelegene Stadt Estlands (152 Meter ü. M.) mit einer jährlichen Schneedecke von fast 120 Tagen bezeichnet sich Otepää nicht nur stolz als ›*Talvepealinn*‹ (Winterhauptstadt), sondern ist darüberhinaus auch noch das Wintersportzentrum des gesamten Baltikums mit mehreren Skilifts und Trainingslager. Freilich darf man bei maximalen Höhen von 217 Metern ü. M. an den Hängen des Kuutsemägi oder des Väike Munamägi (Kleiner Eierberg) keine alpinen Verhältnisse erwarten, man begeistert sich vielmehr besonders für den Langlauf, wie der alljährlich hier stattfindende ›Tartu Ski-Marathon‹ über 63 Kilometer beweist.

Als ›Medveža Golova‹, zu deutsch Bärenkopf, wurde der befestigte Burghügel am heutigen östlichen Ortsrand bereits 1116 in der russischen Chronik von Novgorod erwähnt. Hier hatte sich einst das Zentrum der altestnischen Region Ugandi bzw. Ugala befunden. An derselben, geradezu prädestinierten Stelle legten die Ordensritter um 1224 eine steinerne Festung und eine Kirche an, die letztlich 170 Jahre lang dem Bischof von Tartu gehörte. Ob lateinisch Caput Ursi oder estnisiert zu Otipea, später Otepää, immer war der Bär, der übrigens auch das Stadtwappen ziert, im Siedlungsnamen präsent. Lediglich bei der Entstehung der derzeitigen Stadt sprach man vorübergehend von Nuustaku, weil der örtliche Gutsherr jedes Jahr die Kinder der Umgebung zum Nüssesammeln in seinen Wäldern, dem sogenannten Nusstag, verpflichtete. In der Geschichte und im Nationalbewusstsein Estlands nimmt Otepää einen bedeutenden Platz ein, denn 1884 wurde hier die blau-schwarz-weiße Fahne des Estnischen Studentenvereins geweiht, die in der Universitätsstadt Tartu nicht gezeigt werden konnte; sie dient seit 1922 als Staatsflagge. Etliche berühmte Persönlichkeiten lebten und wirkten zeitweilig in Otepää, darunter die russischen Schriftsteller Andrej Sacharov und Aleksandr Solženicyn sowie der Pastor und Ethnologe Jakob Hurt (1839–1907), der auf dem 10-Kronen-Geldschein abgebildet ist. Und dass sogar der Dalai Lama, buddhistisches Oberhaupt von Tibet, den Ort am 3. Oktober 1991 mit seinem Besuch beehrte, war Anlass genug, ein Monument am Ufer des Pühajärv aufzustellen.

Otepää erhielt 1936 Stadtrecht und ist heute Zentrum der gleichnamigen Gemeinde, die 1999 aus der Stadt Otepää (2400 Einwohner) und der umgebenden Gemeinde Pühajärve (weitere 1900 Einwohner) gebildet wurde. Das Städtchen mit seiner fast rein estnischen Einwohnerschaft besteht aus drei Ansiedlungen:

dem eigentlichen Zentrum an der Kreuzung der Regionalstraßen Nr. 46 (Neben-strecke Tartu – Valga) und Nr. 71 (Rõngu – Kanepi), dem Vorort Aedlinn (wörtlich: Gartenstadt) im Südwesten am See und dem etwas versteckt liegenden Weiler Vana-Otepää (Alt-Otepää) im Norden.

›*Tere tulemast Otepääle!*‹ (Herzlich willkommen in Otepää!) begrüsst ein Schild den Besucher, der von Südwesten herankommt. Hier liegt auch die Haupt-sehenswürdigkeit der Region: Der Pühajärv (Heiligensee) gilt wohl zu Recht als der schönste unter den zahllosen Seen des Landes; mit ihm befassen sich Legen-den und Lieder. Fünf bewaldete Inselchen und etliche stille Buchten machen den besonderen Reiz des rund 290 Hektar großen Gewässers aus, das als Badeplatz und Ausfliegsziel gleichermaßen beliebt ist. Für Estland sonst untypische Men-schenmassen bevölkern an den wenigen wirklich heißen Sommertagen die Ufer-wege und den schönen Badestrand mit Kiosk und Bootsverleih in der Sulaoja-Bucht. In Mittel- oder Südeuropa könnte man im Urlaub allerdings froh sein, wenn der Andrang nicht größer wäre! Auf einer Waldbühne direkt nebenan finden von Zeit zu Zeit Aufführungen statt, unter anderem eine jährliche Beach Party. Wenn man gegenüber die Stufen hinaufsteigt, steht man unerwartet vor einem richtigen Riesenrad, das von Mai bis September zeitweise in Betrieb ist. Am Ufer-park hinter dem Pühajärve-Hotel weist ein Schild auf die sogenannte Kriegseiche (*Sõjatamm*) hin: Der fast 400 Jahre alte Baum mit einem Stammumfang von 6,60 Metern ist Naturdenkmal und gilt als Zeuge eines lokalen Bauernaufstandes von 1841.

Badestrand am Pühajärv

Auf einem Hügel etwa 1,5 Kilometer vom See entfernt liegt der Mittelpunkt von Otepää. Um den dreieckigen Lipuväljak (Fahnenplatz) mit dem Rathaus und einigen Kneipen und einem Café spielt sich das öffentliche Leben ab; an langen Sommerabenden sitzt man hier gemütlich und kann ein wenig die Landjugend beobachten. An der Rathausrückseite schließt sich ein völlig überdimensionierter und verschönerungsbedürftiger Asphaltplatz mit Bushaltestellen, Polizei und Feuerwehr an. Von dessen Südostecke sind es nur ein paar Schritte zum Einkaufszentrum und zur Post, hier wird auch der bescheidene Wochenmarkt abgehalten. Auf einer idyllischen Anhöhe jenseits der vorbeiführenden Landstraße steht die lutherische Kirche, die ihr heutiges Aussehen um 1870 erhielt. Bemerkenswert sind zwei Basreliefs an der Hauptfront, die 1934 zur Erinnerung an die Weihe der estnischen Flagge 50 Jahre zuvor hier in Otepää angebracht wurden. Als Symbol der nationalen Identität waren sie der Sowjetverwaltung ein Dorn im Auge und mussten von 1950 bis 1989 verschwinden. Im nahegelegenen Pfarrhaus wurde 1996 ein kleines Flaggenmuseum (*Eesti Lipumuuseum*) eingerichtet – soviel Interesse widmet man hier der den Symbolen der eigenen Geschichte! Gleich hinter der Kirche ist der historische Burgberg (*Linnamägi*) zu sehen, den ein schöner Spazierweg erschließt. Die spärlichen Mauerreste stammen von der ersten steinernen Burg, die von 1224 bis 1396 hier stand. Die Ortsgeschichte ist im Heimatmuseum dokumentiert, das sich in der 1907 gegründeten, damals bereits estnischsprachigen Oberschule befindet (Koolitare 9; Tel. 551 36). Leider ist eine kuriose, zugleich aber höchst interessante Einrichtung in Otepää schon nach wenigen Jahren wieder verschwunden: Im Keller des einstigen Kulturhauses in der Virulombi 2 existierte bis etwa 2000 das Restaurant ›Punatäht‹ (Roter Stern). Mit seiner Sammlung von Wimpeln, Orden, Instrumenten, Uniformen und estnischen Druckerzeugnissen aus der Sowjetära war es mehr ein kritisch-ironisches Museum als ein Gourmettempel. Als Geschäftsidee mag die Ausstellung nicht getaugt haben; umso mehr bleibt zu hoffen, dass all die zusammengetragenen Zeitzeugnisse bald anderswo wieder zu sehen sind.

Vom Turm auf dem Apteekrimägi südlich des Ortskerns hat man eine herrliche Aussicht auf die ganze Umgebung. Der 180 Meter hohe Hügel verdankt seinen Namen (Apothekerberg) dem örtlichen Apotheker, den man im Jahre 1882 nach seinem Selbstmord mittels Gift hier auffand. Die erwähnten Wintersporteinrichtungen konzentrieren sich am südöstlichen Ortsrand beim Sportplatz; eine Sprungschanze und Liftanlagen gehören dazu. Weitere Abfahrtshügel gibt es etwas weiter südlich in der Umgebung von Sihva. In Vana-Otepää existiert sogar ein bescheidenes Skimuseum (*Suusamuuseum*; Tel. 551 21). Die ganze Gegend ist außerdem ein Badeparadies: Schöne Badeplätze, teils mit Steg und Sandstrand, gibt es im näheren Umkreis am Kääriku järv, Mähajärv und vor allem am Kärnjärv, die alle westlich der Straße von Otepää-Aedlinn nach Sihva liegen.

Außerdem am Kaarma järv bei Vana-Otepää, am Valgjärv nordöstlich von Otepää an der Staubpiste nach Saverna, am Kooraste Suurjärv südöstlich von Otepää an der Staubpiste über Truuta nach Kanepi, am Jõksi järv und am Erastvere järv, beide am Ortsrand von Kanepi (Põlvamaa), sowie natürlich am Pühajärv, wo es ein gebührenfreies Strandbad und Bademöglichkeiten am Ostufer gibt. Bei einem längeren Aufenthalt ist die Besorgung der sehr detaillierten Naturpark-Karte 1:40 000 mit Wanderwegen im Fremdenverkehrsamt im Rathaus von Otepää oder im Naturparkzentrum, Kolga tee 28, zu empfehlen.

Eine großartige Stimmung herrscht beim Leigo-Musikfestival am See

Tõrva

Teer oder Torf? Über den Ursprung des Ortsnamens kursieren widersprüchliche Angaben. Wahrscheinlicher mag angesichts der estnischen Verhältnisse der Bezug zum Torf sein, philologisch betrachtet kommt jedoch eher der Teer (estn.: *tõrv*) in Frage; es soll im 19. Jahrhundert eine Teergewinnung am Ort gegeben haben.

Die Kleinstadt Tõrva (3600 Einwohner) im Westen von Valgamaa zeichnet sich durch eine seenreiche Umgebung aus und wird darüberhinaus vom Flüsschen Õhne durchquert. Erst ab 1875 entstand beim hiesigen Gut Patküla, bei der Einmündung der Straße von Tartu in die Fernstraße Valga – Pärnu (Nr. 6), eine größere Siedlung. Sie erhielt 1927 den Rang einer Stadt. Heute präsentiert sich Tõrva als beschauliches, wenngleich nicht sonderlich interessantes Landstädtchen

Das Gutshaus von Taagepera nahe der lettischen Grenze

mit viel Grün, angenehm für eine kurze Rast oder ein paar Einkäufe. Einige touristisch interessante Stellen findet man außerhalb.

Helme liegt knapp drei Kilometer westlich von Tõrva; die Ruine einer Ordensburg mit ovalem Grundriss auf einem bewaldeten Hügel beeindruckt die Besucher. Am Nordabhang führen zwei Grotten in den hellen Sandstein hinein. Angeblich reichte einer der unterirdischen Gänge bis nach Viljandi! Der Gutshof von Helme, erbaut am Ende des 18. Jahrhunderts, dient heute als Schule. Ebenfalls in der Gemeinde Helme, aber etwas südlich der Fernstraße Nr. 6 findet man in einem parkähnlichen Gelände eine große Kirchenruine und gleich daneben ein Heimatmuseum, das wohl nur sehr wenige Besucher hat und entsprechend unregelmäßig geöffnet ist.

Taagepera ist der estnisierte Name der Gutsbesitzerfamilie von Stackelberg, deren sehenswertes Anwesen in einem Landschaftspark 17 Kilometer westlich von Tõrva liegt. Mit 75 unterschiedlich dekorierten Zimmern, Art-Nouveau-Elementen, einem 40 Meter hohen Turm und einer repräsentativen Holztreppe zeugt das Herrenhaus von Reichtum und erlesenem Geschmack. Es entstand zwischen 1907 und 1912 unter Hugo Ferdinand Bernhard von Stryck; seit 1922 beherbergt es eine Lungenheilstätte.

Als weiterer Gutshof ist noch Holdre zu nennen, 13 Kilometer südwestlich von Tõrva nahe der lettischen Grenze und nur über drittklassige Straßen erreichbar. Jugendstilelemente schmücken das erst 1919 fertiggestellte Hauptgebäude, das später lange Zeit als Pionierlager herhalten musste. Ob sich die Anfahrt lohnt, darf bezweifelt werden.

Alltagszene in Torva

Jõgeveste liegt acht Kilometer südöstlich von Tõrva und ist durch das Mausoleum des Feldmarschalls Barclay de Tolly (1761–1818) ziemlich bekannt. Als Napoleon 1812 vor Moskau auftauchte, hatte Barclay de Tolly, der einer baltendeutschen Adelsfamilie entstammte, als russischer Truppenkommandeur entscheidenden Anteil an der Vertreibung der Franzosen. Als größte Heldentat wird ihm die anschließende Einnahme von Paris im Frühjahr 1814 angerechnet, die auch auf einem Relief an dem Grabmal dargestellt ist. Eine Allee führt zu dem 1823 vollendeten Mausoleum, in dem der Feldherr und seine Gemahlin bestattet sind (von Mi bis So von 9 bis 17 Uhr; Tel. 709 84).

Ein schöner Ausflug in die Natur ist schließlich noch der Besuch des Seengebietes von Koorküla, etwa acht Kilometer südlich von Tõrva und leider nur auf holprigen Wegen zu erreichen.

 Telefonvorwahl: 076.
PLZ-Bereich: 67-68000 ff.
Internet: www.valgamaa.ee.
Tourismusbüro: Kesk 11,
68203 Valga, Tel. 616 99;
Lipuväljak 13, 67405 Otepää,
Tel. 553 64; Veski 7, 68604 Tõrva,
Tel. 617 30.
Hauptpost: Kesk 10, 68201 Valga.
Polizei: Puiestee 4 in Valga; an der
Rathaus-Rückseite in Otepää.

 Valga 255 km südöstlich von
Tallinn, 85 km von Tartu
(Straße Nr. 2, dann 3). Parken
problemlos. Moderner Grenzübergang nach Lettland am westlichen Stadtrand (Tel. 437 50); nach
Rīga 155 km. Nach Otepää 47 km,
Tõrva 28 km.

 14 Bahnstationen im Landkreis. Am Bahnhof Valga
(Tel. 642 07) 3 x tägl. Tartu, 2 x pro
Woche Rīga – Vilnius – Minsk.

 Von den Bushöfen Valga
(am Bahnhof, Tel. 415 13),
Otepää und Tõrva (beide Ortsmitte, etwa 10 x tägl. nach Tartu
und mehrmals Tallinn, Pärnu und
viele Ortschaften der Umgebung.
Taxi in Otepää Mobiltel.
051/644 55.

 Die meisten und besten
Unterkünfte bietet natürlich
der Wintersportort Otepää: Die
drei teuersten Häuser am Platz mit
DZ ab ca. 65 Euro sind das ›Hotell
Bernhard‹ (Kolga tee 22a,
Tel. 696 00, 72 Betten), das ›ScandicHotell Karupesa‹ neben den
Wintersportanlagen (Tehvandi 1a,
Tel. 615 00, 65 Betten) sowie das
ältere, inzwischen renovierte ›Hotell
Pühajärve‹ (Tel. 655 00, 150 Betten,
Wellness-Bereich, Fahrradverleih).
Schön gelegen ist auch das
kleine ›Motell Setanta‹ auf einem
Plateau an der Ostseite des Sees
(Tel. 682 00, DZ ab 40 Euro).
Neben einer größeren Zahl von
Gästehäusern (Liste im Tourismusbüro!) existieren die beiden Herbergen ›Kesklinna hostel‹ in der Orts-

mitte (Lipuväljak 11, Tel. 559 93, pro Pers. ab 8 Euro) und ›Hundisoo‹ am Ortsrand (Kastolatsi tee 3, Tel. 552 38) mit jeweils 25 Betten. In Valga geht man am besten ins moderne und sehr preiswerte Hotel ›Säde‹ in Bahnhofsnähe (Jaama 1, Tel. 416 50).

 Etwas versteckt im Wald liegt der urige Campingplatz ›Annimatsi‹, der an der Straße von Otepää nach Sihva bzw. Arula ausgeschildert ist: Einfache Unterkünfte und Verpflegung werden geboten; beliebt bei Jugendgruppen und Motorradfahrern; 14 Stromanschlüsse, rustikale Sauna am 500 Meter entfernten Kärnjärv, ganzjährig (Tel. 674 24 oder Mobiltel. 051/103 17).

 Das gastronomische Angebot konzentriert sich in Otepää: Um den zentralen Lipuväljak sind mehrere Pubs, ein Café und eine Pizzeria angesiedelt. In den Restaurants der Hotels ›Bernhard‹ (mit Terrasse) und ›Karupesa‹ (im Keller) wird man gut bedient, bezahlt aber relativ hohe Preise. Im Außenbereich des ›Pühajärve‹ im Seepark sitzt man wunderschön, wird aber manchmal vom Personal nicht wahrgenommen. An langen Sommerabenden lädt die hoch über dem See errichtete Holzterrasse des irischen Pubs ›Setanta‹ zu Steaks oder Guinness ein, am Wochenende auch Live-Musik.

In Valga ist die Situation unbefriedigend; am besten geht man zum Essen ins Hotel ›Säde‹.

Das düstere Schlosscafé von Sangaste taugt derzeit höchstens für eine kurze Kaffeepause.

 Ein großartige Verbindung von Musik und Natur erlebt man beim sommerlichen ›Leigo‹-Festival; der Veranstaltungsort, eine Insel im See, liegt versteckt bei Lutike etwa acht Kilometer nördlich von Otepää (in Nõuni nach Osten abbiegen). Otepää selbst ist der Austragungsort des jährlichen ›Tartu-Skimarathons‹; außerdem sommerliche Musiktage.

Viljandimaa

Sakala-Höhen und Wasser im Überfluss

▶ Landkreis in Süd-Estland
▶ Kreishauptstadt Viljandi
▶ Autokennzeichen: erster Buchstabe D
▶ Fläche 3578 qkm, drittgrößter Landkreis

▶ grenzt im Süden an Lettland
▶ etwa 62 000 Einwohner, davon 21 000 in Viljandi
▶ 14 Gemeinden, 6 Städte

Der Landkreis Viljandimaa

0   10   20 km

Die ›Schotten Estlands‹ – falls es solche gibt – leben angeblich im Kreis Viljandimaa. Jedenfalls kursiert so mancher Witz über die hiesigen Bauern; sie werden darin als wohlhabend und strebsam, aber auch geizig und dumm dargestellt. Sie waren die ersten, die im 19. Jahrhundert die finanziellen Mittel aufbringen konnten, um ihre Höfe den deutschen Gutsbesitzern abzukaufen, und damit auch Wegbereiter einer eigenständigen estnischen Nation. Da mag Neid auf die guten landwirtschaftlichen Erträge der Region und die durch Sparsamkeit erworbenen Statussymbole eine Rolle spielen. Offenbar wird auch nicht zur Kenntnis genommen, dass Viljandimaa in der heutigen Statistik Estlands mit weniger als 80 Prozent des Durchschnittseinkommens einen der hinteren Plätze belegt.

Auf jeden Fall gehört die Region zu den schönsten Landschaften Estlands. Der Sakala-Höhenzug (*Sakala kõrgustik*) bildet auf etwa 65 Kilometern das Rückgrat und Kerngebiet des relativ großen Landkreises: Die in Nord-Süd-Richtung verlaufende Hügelkette erreicht am Rutu-Berg im Südteil die für Estland durchaus beachtliche Höhe von 146 Metern ü. M. und setzt sich auch jenseits der Grenze in Lettland fort. Der Moränenrücken hat einen derartigen Stellenwert im Landschaftsbild und darüberhinaus auch im Bewusstsein der Menschen, dass man oft die eigentlich historische Bezeichnung Sakalamaa liest anstelle der heutigen amtlichen Version Viljandimaa. Als eines der Zentren der estnischen Nationalbewegung im 19. Jahrhundert verkörpert die Region in hohem Maße die estnische Identität: Nicht zufällig trug die erste estnischsprachige Zeitung (1878 – 1882) den Namen ›Sakala‹, und im erneut unabhängig gewordenen Estland von heute erinnert die Gestaltung des 500-Kronen-Geldscheins daran.

Die besondere Schönheit der Gegend beruht auf einer großen Zahl von Flüssen und Bächen, die fast alle in eiszeitlichen Urstromtälern verlaufen und dabei vielfach Seen gebildet haben. Der bekannteste ist sicher der malerische Viljandi-See unterhalb des Hügels, auf dem die Kreishauptstadt thront. Der Sakala-Höhenzug stellt eine innerestnische Wasserscheide dar: Der West- und der Ostteil des Landkreises besteht nämlich aus Tiefland. Und so fließen die Bäche vom Osthang der Hügel in den größten Binnensee, den Võrts-See (*Võrtsjärv*), während die Westseite zu den riesigen Moorgebieten auf der Grenze zu Pärnumaa entwässert. Im Soomaa-Nationalpark (*Soomaa rahvuspark*) ist der größte Teil dieser Flächen unter Schutz gestellt. In den Tieflagen findet man auch ausgedehnte Waldgebiete. Der Getreideanbau auf guten Ackerböden lässt Viljandimaa nach wie vor als eine ›Kornkammer Estlands‹ erscheinen.

Viljandimaa ist ein wenig dichter besiedelt als die meisten anderen Landkreise, insbesondere im Vergleich zum benachbarten Hinterland von Pärnu. Dennoch sind die Provinzstädte außer dem zentral gelegenen Verwaltungssitz Viljandi alle sehr klein und teilweise sogar aus zusammengefassten Ortschaften gebildet: Karksi-Nuia (2300 Einwohner), Abja-Paluoja (1600 Einwohner) und Mõisaküla

(1250 Einwohner) liegen nahe an der lettischen Grenze, Võhma (1800 Einwohner) und Suure-Jaani (1400 Einwohner) ganz im Norden. Eine deutliche Ansammlung von Dörfern auf den höheren Lagen bestimmt das Siedlungsbild; darunter hat Mustla in der Nähe des Võrts-Sees schon fast den Charakter einer Kleinstadt nach estnischen Maßstäben. Trotz der nördlicheren Lage erinnert manches Detail an Ungarn. Wie auch in anderen Landesteilen findet man etliche bemerkenswerte Gutshöfe und Herrenhäuser. Alle asphaltierten Durchgangsstraßen des Landkreises kreuzen einander in der historischen Stadt Viljandi, in die man folglich, insbesondere auf einer Nord-Süd-Fahrt, zwangsläufig kommt. Eine Ausnahme macht da nur die Fernstraße Nr. 6 von Valga nach Pärnu, die den Kreis Viljandimaa ganz im Süden entlang der lettischen Grenze durchläuft. Einen offiziellen Grenzübergang nach Lettland gibt es hier weit und breit nicht. Vielleicht wird aber eines Tages der Übergang bei Mõisaküla im Südwesten, der bislang nur von Einheimischen passiert werden darf, für den internationalen Verkehr geöffnet. Immerhin überquert die direkte Bahnstrecke von Tallinn nach Rīga (und weiter nach Mitteleuropa) an dieser Stelle seit jeher die Grenze; derzeit verkehren allerdings nur ein paar Güterzüge pro Woche.

Viljandi

Sollte Viljandi jemals so verschlafen gewesen sein, wie es mehrere Reisebücher übereinstimmend behaupten, dann kann inzwischen kaum noch die Rede davon sein. Mit knapp 22 000 Einwohnern handelt es sich um die sechstgrößte Stadt des Landes: unspektakulär, übersichtlich in der Größe, aber unangefochtener Mittelpunkt für ein agrarisches Umland. Natürlich gibt es hier die üblichen Geschäfte und auch eine belebte Durchgangsstraße, sogar kulturelle Veranstaltungen. Man kann am Stadtrand, in den stillen Seitenstraßen oder auf dem Gelände der Burg stellenweise den Eindruck haben, die Zeit sei stehengeblieben. Das macht den besonderen Reiz der Stadt aus. Hinzu kommt die für Estland ungewöhnliche Hügellage und der schöne See mit Badestrand.

Viljandi ist eine der ältesten Städte Estlands. Schon 1154 wurde von dem arabischen Geographen al-Idrisi erstmals eine Siedlung am Seeufer erwähnt. Damals existierte hier eine altestnische Burg als Herrschaftssitz des Landes Sakala, die von den aus Lettland heranziehenden Rittern des Schwertbrüderordens viele Jahre lang belagert, schließlich 1217 eingenommen und zur Ordensfestung ausgebaut wurde. Bereits 1283 bekam die ›Velyn‹ genannte Siedlung die Stadtrechte verliehen und war als wichtiger Handelsplatz mit Wasserwegen nach Tartu und Pärnu sogar Mitglied der Hanse. Als Folge des Livländischen Krieges geriet die Stadt 1560 unter russische Herrschaft, 1582 unter polnische, ab 1607 unter schwedische. Die pol-

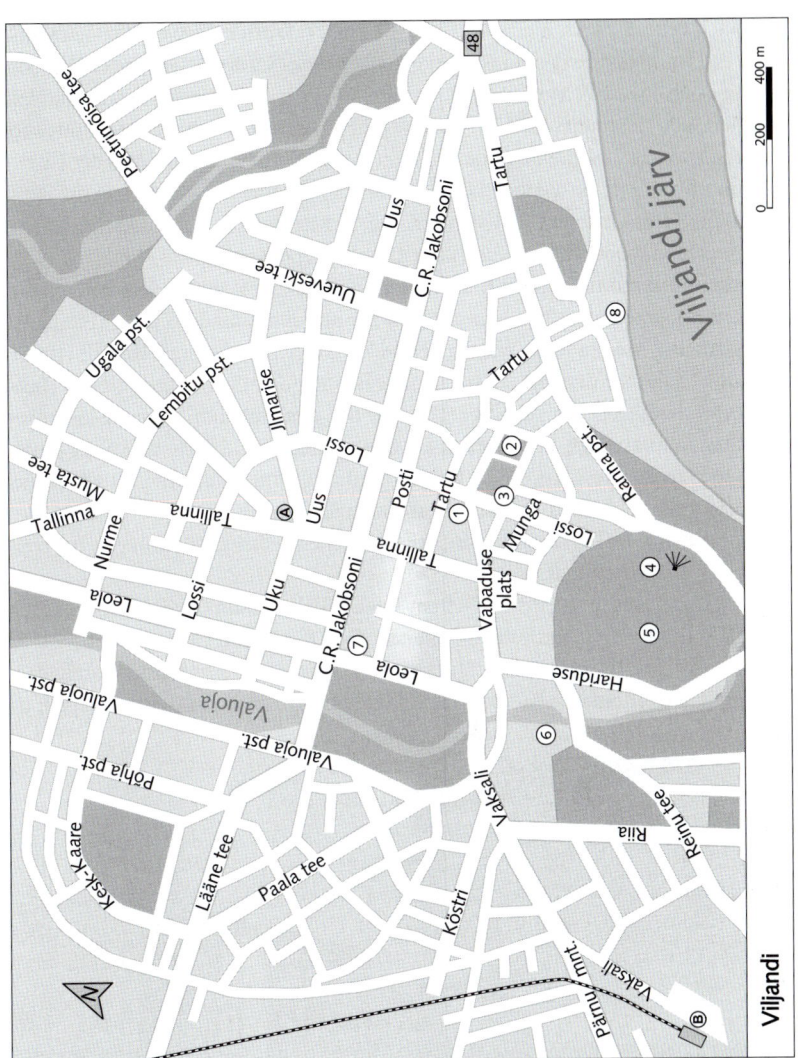

Legende

1 Keskväljak
2 Rathaus
3 Museum
4 Burgruine
5 Hängebrücke

6 Ugala-Theater
7 Markt
8 Badestrand
A Autobushof
B Bahnhof

nisch-schwedischen Auseinandersetzungen des 17. Jahrhunderts führten zur völligen Zerstörung und Bedeutungslosigkeit. Nach dem Nordischen Krieg (1710) sollen nur noch etwa 100 Menschen hier gelebt haben, während man für das Mittelalter über 3000 annimmt. Als 1783 unter Zarin Katharina II. erneut die Stadtrechte verliehen wurden, begann ein nachhaltiger Aufschwung, und als 1896 der Eisenbahnanschluss gefeiert werden konnte, zählte Viljandi bereits wieder an die 8000 Einwohner. Der Ortsname soll sich von *vili* (Getreide) herleiten lassen, in Anlehnung an die vorherrschende Feldfrucht. Der deutsche Name war Fellin.

Das Stadtzentrum liegt im Bereich der Tallinna tänav, die im Norden von der Umgehungsstraße abzweigt und geradewegs auf den Vabaduse plats (Freiheitsplatz) zuläuft, wo sie nach Westen abknickt. Unter dem Namen Vaksali (Bahnhofstraße) führt sie dann über den Valuoja-Bach und am berühmten Ugala-Theater vorbei bergab in die schäbige Vorstadt um den Bahnhof. Wer aus östlicher Richtung kommt, fährt am Ortsrand am besten links in die Tartu tänav, die parallel zum Seeufer verläuft, dann bei der Zufahrt zum Badestrand nach rechts abknickt und auffallend steil als Einbahnstraße zum Keskväljak (Hauptplatz) führt. Hier gibt es Parkmöglichkeiten. Alle Sehenswürdigkeiten liegen im Umkreis von wenigen Minuten.

Um den typisch kleinstädtischen Keskväljak herum findet man allerlei Geschäfte und Erfrischungsmöglichkeiten. Der Rundgang führt von hier aus in südlicher Richtung die Lossi (Schlossstraße) entlang. An der nächsten Straßenecke trifft man auf einen weiteren Platz, den Laidoneri plats, mit Grünanlagen, an

Der Keskväljak ist das Zentrum von Viljandi

dessen Rückseite das Rathaus steht. Das weiße Gebäude, das 1931 seine heutige Form mit Turm erhielt, geht auf das älteste Steingebäude aus der Zeit des Wiederaufbaus nach dem Nordischen Krieg zurück. Hinter dem Rathaus kann man auf einer langen Treppe mit 158 Stufen (Trepimägi) hinunter zum Badestrand gehen, wo es neben einer großen Liegewiese mit Baumbestand auch einige Freizeiteinrichtungen und einen Kiosk gibt. An der Südseite des Laidoner-Platzes steht ein Wasserturm von 1911, und auf der Ecke Lossi/Kauba, vom Platz abgewandt, schließlich das Städtische Museum, das seit über 60 Jahren in einer Apotheke von 1780 untergebracht ist (Mi bis So 10 bis 17 Uhr; Tel. 333 16). Es ist einen Besuch wert, da neben einigen naturkundlichen Exponaten (ausgestopfte Tiere; Feuchtgebiete als Lebensraum) auch die Geschichte der Burg und der Stadt knapp und einprägsam dokumentiert ist. Es gibt ein großes Modell der einstigen Siedlung, Waffen und den Nachbau einer Bauernstube zu sehen. Im Obergeschoss findet man von Zeit zu Zeit Sonderausstellungen.

Wenn man der Lossi weiter folgt, erreicht man den schönsten Teil von Viljandi: Zunächst noch einige stille Gassen mit der Atmosphäre vergangener Tage, dann führt eine Brücke über den Burggraben hinweg auf den Festungshügel, wo in einem Park die spärlichen Ruinen der Ordensburg (*Ordulinnus*) zu sehen sind. Lange Zeit gehörte sie zu den massivsten Bauwerken dieser Art im gesamten Baltikum; die noch vorhandenen Mauerreste können jedoch keinen Gesamteindruck mehr vermitteln. Dennoch lohnt sich der Gang über den Burgberg: Inmitten der ruhigen Parkanlagen führt eine hübsche rot-weiße Hängebrücke (*Rippsild*) über den natürlichen Burggraben. Sie wurde 1931 errichtet und danach mehrfach erneuert. Einige Schritte daneben kann man die prächtige Aussicht über das Urstromtal unterhalb der Stadt mit dem langgezogenen Viljandi-See genießen. Beim Gang zurück ins Zentrum orientiert man sich am besten in nordwestlicher Richtung, also nach links. So passiert man noch die Festivalwiese, auf der im Sommer Folkmusik-Festivals und Kunsthandwerksmärkte stattfinden. Am Vabaduse plats trifft man auf die Hauptstraße Tallinna tänav mit verschiedenen Geschäften. Gleich in den ersten Häusern auf der rechten Seite befindet sich die Touristeninformation und eine kleine Bildergalerie. Zum Keskväljak kann man die altertümlichen Gassen seitlich des Platzes nehmen oder an der nächsten Ecke die Tartu tänav mit Café, Restaurant und etlichen Läden.

Der Võrts-See (Nord- und Westufer)

Aale, Hechte, Zander und Brachsen bilden den Hauptbestand im äußerst fischreichen Võrts-See (*Võrtsjärv*), dessen Nord- und Westufer zu Viljandimaa gehören. Er ist mit einer Fläche von rund 270 Quadratkilometern der größte innerestnische

Der Abfluss des Emajõgi aus dem Võrtsjärv

See. Durch seine geringe Tiefe von knapp 3 Metern im Durchschnitt erwärmt er sich im Sommer schnell bis auf 20 °C und mehr. Damit könnte er in diesen Breiten ein idealer Badesee sein. Leider sind aber die Ufer auf weite Strecken derart verschilft und unzugänglich, sogar unsichtbar, dass man auf einige wenige extra angelegte Badeplätze angewiesen ist. Die günstigste Möglichkeit bietet sich bei Vaibla, einer Freizeitkolonie an der Nordküste: Man biegt von der Durchgangsstraße Nr. 48 auf einen Waldweg ab und erreicht nach einigen hundert Metern einen kleinen, sehr seichten und kinderfreundlichen Sandstrand. Ein weiterer Zugang zum Wasser existiert bei Kivilõppe im Südwesten (bei Mustla): Wo der Asphaltbelag der Stichstraße endet, wendet man sich nach links und fährt den engen Waldweg hinein bis zu einer großen Wiese. Das Wasser des Sees ist sehr sauber; Wasserqualität und Fischbestände unterliegen amtlicher Überwachung.

Wegen Hochwassergefahr, vor allem nach der Schneeschmelze im Frühjahr, sind die Uferzonen kaum besiedelt, weisen aber einen großen Bestand von Wochenendhäusern auf. An der Nordseite schließen sich große Moorlandschaften an den See an und speisen ihn durch zahlreiche Zuflüsse. Einen Gegensatz dazu bildet der Emajõgi, der auch die Grenze zum Kreis Tartumaa markiert: Er fließt aus dem See ab, nach Osten via Tartu in den noch wesentlich größeren Peipsi-See, dessen Osthälfte zu Russland gehört. Über Jahrhunderte war der Võrts-See wichtiger Teil einer Wasserstraße, die sich nach Westen hin über die Flüsse Tänassilma und Pärnu fortsetzt und den Handelsschiffen einen großen Aktionsradius ermöglichte. So konnte vom Ostseehafen Pärnu aus der Warenverkehr über Viljandi und Tartu (alle drei Städte waren der Hanse angeschlossen!) auf dem günstigen Wasserweg organisiert werden, und es bestand auch noch eine Fortsetzung ins Russische Reich hinein. Heute werden die landschaftlich reizvollen Gewässer bei Boots- und Kanu-Touristen immer beliebter.

Der Soomaa-Nationalpark

Wahrscheinlich ist es die nasseste Gegend Estlands: Etwa 15 Kilometer westlich von Viljandi und Suure-Jaani beginnt der Soomaa-Nationalpark (*Soomaa rahvuspark*). Er stellt auf einer Riesenfläche von 370 Quadratkilometern eines der interessantesten Sumpfgebiete des Landes unter Schutz. Das Reservat, das zum größten Teil im Landkreis Viljandimaa liegt, aber auch nach Pärnumaa hineinreicht, wurde erst 1993 ausgewiesen und findet bisher in Reisebüchern wenig Beachtung. Dabei zwingt es wegen seiner Größe und Weglosigkeit zu erheblichen Umwegen im Südwesten Estlands: Auf einer Distanz von fast 50 Kilometern existiert keine Asphaltstraße im Gebiet zwischen Viljandi und Pärnu, schon gar keine Direktverbindung. Lediglich eine einzige Schotterpiste mit Verzweigung erschließt das Moorgebiet ansatzweise. Sein Nordrand wird von der Straße Nr. 57 von Suure-Jaani über Kaansoo nach Vändra tangiert.

Der Soomaa-Nationalpark vereinigt die vier Großmoore Kuresoo, Öördi, Kikepera und Valgeraba, die durch mehrere Nebenflüsse des westlich vorbeifließenden Pärnu-Flusses untereinander in Verbindung stehen. Vor allem im Frühjahr, wenn das Eis aufbricht, gibt es regelmäßig gewaltige Überflutungen, die wochenlang andauern. Man nennt das hier ›die fünfte Jahreszeit‹. Ursachen sind die flache Landschaft ohne Gefälle und der sehr träge Abfluss des Wassers; außerdem kommt es zu Stauungen, da der Halliste-Fluss bei Aesoo in spitzem Winkel und entgegengesetzter Fließrichtung in den Navesti-Fluss mündet. Wasserspiegelanstiege um mehr als fünf Meter sind keine Seltenheit. Beim Jahrhunderthochwasser 1931 waren 210 Quadratkilometer Land überflutet. Wildgänse, Kraniche und andere Zugvögel finden hier ideale Bedingungen vor. Mit 160 Vogelarten, darunter auch Adler und Schwarzstorch, ist es ein international anerkanntes Biotop. Außerdem gibt es Elche, Bären, Wölfe, Luchse und Otter.

Und es gibt trotz mancher Widrigkeiten auch Menschen hier: ungefähr 100 sind es, die in den drei winzigen Weilern Riisa, Tipu und Sandra wohnen. Eine vierte Siedlung, Toonoja, wurde um 1985 aufgegeben. Fast alle jüngeren Bewohner sind in zivilisiertere Gegenden abgewandert. Die verbliebenen führen ein archaisches Leben in einer Grenzlage zwischen Ökumene und Anökumene, etwa so wie in anderen Weltregionen Menschen am Rande von Wüsten, auf Vulkanhängen oder in Permafrostgebieten zu Hause sind. Die Feuchtgebiete hier im

Hinterland von Pärnu zählen sogar zu den ältesten Siedlungsplätzen Estlands, wohl nicht zuletzt weil die zahlreichen Flüsse schon immer eine Art ›Wegenetz‹ bereitstellten. Noch heute dient das aus einem Baumstamm gehauene Boot (*haabja*), das bereits die ältesten finno-ugrischen Bewohner verwendeten, zur Flutzeit als Transportmittel für Heu, Brennholz oder Baumaterial. Die Straßen sind vom Frühling bis weit ins Jahr hinein in der Regel gar nicht benutzbar. Obwohl viele Häuser auf Erhöhungen stehen und Getreidespeicher auf Pfähle gesetzt werden, richtet die Flut alljährlich große Schäden an: Nicht abgestützte oder aufgeständerte Holzbauteile werden von der Stelle bewegt, quellen auf, es kommt zu Schimmelpilzbefall. Der wenige Ackerboden wird leicht fortgeschwemmt, und die Kartoffelpflanzen gehen ein. Es heißt, die Bewohner, denen ja nichts anderes übrig bleibt, ertrügen alles mit großer Gelassenheit. ›Schau an, wir haben Besuch‹ sei ihr gängiger Kommentar, wenn wieder einmal das Wasser steigt und nachts plötzlich ihr Bettgestell in der Stube umspült.

Die für unsere Begriffe unwirtliche Gegend hat aber auch mehrere landesweit bekannte Persönlichkeiten hervorgebracht: der Maler Johann Köler (1826 – 1899) wurde in Ivaski geboren, der Komponist Mart Saar (1882 – 1963) in Hüpassaare – beide Dörfer liegen am Ostrand des Schutzgebietes und haben kleine Museen. In Kõrtsi-Tõramaa mitten im Nationalpark, wo sich die einzige Durchfahrtspiste verzweigt, wurde ein Besucherzentrum eingerichtet (Tel. 571 64): Hier kann man sich auch über Exkursionen und Wanderpfade (z. B. den Biberpfad), Campingmöglichkeiten, Angelscheine oder Reitangebote informieren. Beliebt sind Kanu-Touren; bei der Saarisoo-Farm in Tohera ganz im Norden, die bereits im Kreis Pärnumaa, nahe der Mündung des Navesti- in den Pärnu-Fluss liegt, kann man Boote ausleihen und eine höchst originale Floßsauna benutzen. Auch Bootsbau- und Foto-Workshops werden hier veranstaltet. Das Nationalparkamt hat seinen Sitz in 71020 Viljandi, Vabaduse plats 4 (Tel. 305 95, Fax 305 94, Internetadresse www.soomaa.ee).

Von Viljandi nach Süden

Wer die Straße Nr. 49 von Viljandi nach Karksi-Nuia nahe der lettischen Grenze nimmt, kann unterwegs eine Reihe kleinerer Sehenswürdigkeiten aufsuchen. Bis 1973 führte vom heutigen Kopfbahnhof Viljandi auch eine Kleinbahn über Loodi – Halliste – Abja zur damaligen Hauptstrecke bei Mõisaküla. Die relativ wohlhabende Gegend trägt auch den alten Namen Mulgimaa nach dem ansässigen Volksstamm der Mulken. Kurz hinter der Stadtgrenze von Viljandi beginnt schon der Loodi-Naturpark (*Loodi looduspark*). Nach etwa sechs Kilometern erreicht man hier als erste Station Sinialliku (wörtlich: Blaue Quelle) mit einem schönen

See und Resten einer Bauernburg. Bei der namenspendenden Quelle handelt es sich um eine legendenumwobene Opferstätte, die angeblich einen Münzschatz birgt. Ein kleines Stück weiter abseits der Hauptstraße steht am Rande des Raudna-Urstromtales der Gutshofkomplex Heimtali, in der zweiten Hälfte des 19. Jahrhunderts von der Familie Sievers vollendet. Neben dem neoklassizistischen Herrenhaus besteht die Anlage aus einem ringförmigen Pferdestall und einer sehr idyllisch im Park gelegenen Schnapsbrennerei. Folgt man nun wieder der Hauptstraße, so passiert man nach weiteren fünf Kilometern die Siedlung Loodi, die für ihre malerische Umgebung bekannt ist. In Richtung Paistu zieht sich ein tief eingeschnittenes Tal, das sogenannte Teufelstal, hin.

Bei der nächsten Ortschaft zweigt nach rechts eine schnurgerade Straße zum Gutshof Õisu ab, der in der Nähe des gleichnamigen, ziemlich reizlosen Sees liegt. Das Hauptgebäude entstammt der Wende vom 18. zum 19. Jahrhundert. Offenbar einer Mode der damaligen Zeit folgend, wurden auch hier die Stallungen in Form eines Halbkreises errichtet. Sehr sehenswert ist der Park im englischen Stil. Auf der nun eingeschlagenen Straße nochmals sechs Kilometer weiter, in Kulla, steht die 1989 renovierte Heilige-Anna-Kirche von Halliste: außen rot-weiß und mit auffallend modernem Interieur. Sie geht auf das 15. Jahrhundert zurück.

Auf dem weiteren Weg nach Abja-Paluoja an der Fernstraße Nr. 6 (Valga–Pärnu) durchquert man das Urstromtal des Halliste-Flusses. An seinem Oberlauf ein Stück weiter östlich liegt der Doppelort Karksi-Nuia (2300 Einwohner). Die beiden Stadtteile werden durch ein 300 Meter breites und bis zu 32 Meter tiefes Tal voneinander getrennt. An einigen Stellen erkennt man gut die steilen, erodier-

Halbkreisförmige Nebengebäude des Gutshofes Õisu

Die Petrus-Kirche auf dem Burghügel von Karksi

ten Sandsteinhänge mit Grotten. Der Fluss ist im Ortsbereich zu einem See erweitert, der mit Badeplatz und großer Liegewiese lockt. Auf dem idyllischen Burghügel von Karksi sind Reste einer altestnischen Festungsanlage erhalten, die um 1450 herum zusätzlich durch einen Steinwall abgesichert worden war und dann bis 1620 unter anderem als Ordensburg (*ordulinnus*) fungierte. Zwischen 1773 und 1778 wurde auf alten Fundamenten die Petrus-Kirche (*Peetri kirik)* hinzugebaut, die unmittelbar am Abhang steht. Mit weißen Mauern, grünem Dach und rotem Tor verleiht sie dem eindrucksvollen Gelände einen zusätzlichen Reiz. Manchmal finden hier auf dem Plateau Open-Air-Veranstaltungen statt. Wenn es still ist, kann man ein Picknick machen. Die örtliche Tradition der Bierherstellung, die auch während der gesamten Sowjetperiode fortbestand, wird heute von der ›Karme‹-Brauerei in Karksi weitergeführt: Eine dunkle Sorte trägt sogar – in Erinnerung an die Burg – den Namen ›Karksi-Ordumeister‹.

Von Viljandi nach Norden

Man kann Viljandi auf zwei Regionalstraßen in Richtung Norden verlassen. Entweder auf der Straße Nr. 51 nach Põltsamaa im Kreis Jõgevamaa: Die noch nicht durchgehend asphaltierte Strecke verläuft durch das einsame Tiefland beim Parika-Moorschutzgebiet (*Parika sookaitseala*) und erreicht nach gut 25 Kilometern die kleine Ortschaft Kolga-Jaani, die sich auf einigen eiszeitlichen Hügeln ausgebreitet hat, die nur geringfügig ihr feuchtes Umland überragen. Erst das allgemeine Absinken des Wasserspiegels in der Region machte die Fischer der einstigen Inselgruppe zu Festlandbewohnern. Etliche Erhebungen (*voor*) tragen noch die Bezeichnung Insel (*saar*), wie man beim Blick auf die Gebietskarte feststellen kann, z. B. Järtsaare voor. Seit dem 14. Jahrhundert steht im Ort eine Kirche; hier muss man nach links abbiegen, um sein Ziel zu erreichen.

Die andere Strecke hat zweifellos größere Bedeutung: Die innerörtliche Hauptstraße Tallinna tänav trifft am Stadtrand von Viljandi auf die Umgehungsstraße Nr. 49, die von hier aus nach Paide (Kreis Järvamaa) führt. Nach 16 Kilometern sieht man links die Abzweigung nach Suure-Jaani (1400 Einwohner), das vor etwa 120 Jahren gegründet und trotz seiner geringen Größe bereits 1938 zur Stadt aufgewertet wurde. Neben einer mehrfach zerstörten Wehrkirche, deren Baubeginn ins 14. Jahrhundert zurückreicht, hat der örtliche Friedhof eine gewisse Bedeutung. Suure-Jaani ist nämlich bekannt als letzte Ruhestätte einiger berühmter Esten: Man findet die Gräber des Malers Johann Köler und der Komponisten Mart Saar und Artur Kapp sowie einiger seiner Familienmitglieder, die fast alle der Musik verpflichtet waren. Ihnen ist auch ein kleines Museum gewidmet. Bei der nahen Eisenbahnstrecke liegt der Gutshof Olustvere mit Parkanlage. Die Hauptgebäude weisen

Jugendstilelemente auf. Sie beherbergen heute eine Landwirtschaftsschule und ein Heimatmuseum. Bei der Weiterfahrt verlässt man nun endgültig das Sakala-Hügelland, überquert noch den Navesti-Fluss und passiert auf der anderen Seite der Niederung den Ort Võhma, der auf den ersten Blick nicht sehr einladend aussieht; zwischen tristen Wohnblocks und maroden Fabrikanlagen kann man jedoch eine Reihe hübscher Holzhäuser entdecken, die intensiv gelb gestrichen sind. Unmittelbar am nördlichen Ortsrand beginnt der Landkreis Järvamaa.

 Telefonvorwahl: 043.
PLZ-Bereich: 69-71000 ff.
Internet: www.viljandimaa.ee.
Tourismusbüro: Tallinna 2b,
71011 Viljandi (Tel. 337 55); außerdem Pärnu 8, 69103 Karksi-Nuia,
Tel. 410 21.
Hauptpost: Tallinna 22,
71001 Viljandi.
Polizei: Pargi 1 in Viljandi.

 Viljandi 160 km südlich von
Tallinn (Straße Nr. 2, dann
49). Parken am besten an der Tartu bzw. Parkplatz Ecke Lossi (mit Parkschein) oder in ruhigen Nebenstraßen. Nach Karksi-Nuia 33 km, Suure-Jaani 25 km. Grenzübergang nach Lettland bei Mõisaküla nur für Einheimische.

 Endstation Bahnhof Viljandi
(Tel. 494 25) und drei weitere Stationen im Landkreis: 2 bis 3 Züge täglich nach Tallinn.

 In Viljandi 7 bis 8 kommunale Buslinien; Überlandverkehr ab Bushof (Ilmarise 1, Tel. 336 80, knapp 3 km vom Bahnhof): etwa stündlich nach Tallinn, mehrmals tägl. Pärnu, Tartu und viele Orte der Umgebung.
Taxi in Viljandi Tel. 338 33, 339 00.

 Mitten in Viljandi wurde in einem renovierten Geschäftshaus das ›Grand Hotel‹ eröffnet (Tartu 11, Tel. 558 00; 89 Betten). Ebenfalls zentral liegt der Neubau des Hotels ›Centrum‹ (Tallinna 24, Tel. 511 00, DZ 65 Euro). Etwas preiswerter ist das beliebte Gästehaus ›Oma Kodu‹ (Väike 6, Tel. 557 55; 80 Betten).

 Am Võrts-See liegen zwei spartanische Zeltplätze: Kivilõppe und Vaibla. Ein guter Wohnmobilplatz existiert am Herrenhaus Vana-Võidu 6 km von Viljandi in Richtung Tartu (Mobiltel. 056/56 76 08).

 Sehr preiswert isst man im ›Viljandi Kohvik‹ (Lossi 31). Nur wenige Schritte entfernt an der Ecke wurde das nette Lokal ›Longford‹ (Lossi 24) eröffnet, ein irischer Pub mit begehrten Außenplätzen. Das Restaurant ›Centrum‹ im modernen Kaufhauskomplex (Tallinna 24) ist ebenfalls zu empfehlen. In Suure-Jaani kann man im Café ›Arturi juures‹ (Järve 3) einkehren.

 Folk Music Festival in Viljandi jährlich Ende Juli.

Järvamaa

Mittelestland um Paide

▶ Landkreis in Mittel-Estland
▶ Kreishauptstadt Paide
▶ Autokennzeichen:
  erster Buchstabe P
▶ Fläche 2624 qkm

▶ umgeben von sechs anderen
  Landkreisen
▶ Etwa 43 000 Einwohner,
  davon 9600 in Paide
▶ 14 Gemeinden, 2 Städte

Der Landkreis Järvamaa

0   10   20 km

›*Eestimaa süda*‹ – Herz des Estenlandes! Das verkündet ein Schild an der Fernstraße Nr. 2 unweit von Paide. Im weiten Umkreis sieht man nur Ackerland, unterbrochen von Waldgebieten, und schon gar keine größere Stadt. Eine scheinbar beliebige Stelle im Landesinneren. So kann die Aufschrift wohl nur einen topographischen, aber keinen kulturellen Bezug haben: Paide liegt in der Tat nicht nur ziemlich genau in der Mitte Estlands, sondern auch noch am Schnittpunkt der beiden wichtigen Diagonalstraßen, die die urbanen Zentren des Landes miteinander verbinden: Nr. 2 Tallinn – Tartu und Nr. 5 Narva – Pärnu. Der dazugehörige Kreis Järvamaa ist ein Durchgangsland, auch unter touristischem Aspekt. Konkrete Sehenswürdigkeiten, die als Ziel einer Reise in Frage kämen oder wenigstens die Neugier der Vorüberfahrenden erregen könnten, sind dünn gesät. Im Gegensatz zu fast allen anderen Landkreisen Estlands stößt Järvamaa auch an kein nennenswertes Gewässer, weder Meer noch See. Die ganze Abgrenzung gegenüber immerhin sechs Nachbarkreisen erscheint ziemlich willkürlich; jedenfalls sind nur sehr kurze Abschnitte durch Flussläufe oder markante Punkte im Relief von Natur aus vorgezeichnet.

Mag Järvamaa typisch für Estland und von seiner Lage her sogar dessen Mittelpunkt sein – das Herz des Landes schlägt aber ganz sicher woanders: in Tallinn, Tartu oder Pärnu!

Monoton ist die Umgebung von Paide jedoch nicht. Insbesondere in Südrichtung wird die Landschaft etwas hügeliger, bevor sie in die vermoorten Niederungen zwischen Pärnu und Viljandi (Viljandimaa) übergeht. Der Pärnu-Fluss, der bei Roosna-Alliku mitten in Järvamaa entspringt, durchzieht diese Gebiete, um nach 144 Kilometern bei der gleichnamigen Hafenstadt in die Ostsee zu münden. Als längster Fluss Estlands tangiert er unter anderem die Kreishauptstadt Paide (9600 Einwohner) und den zweitgrößten Ort Türi (7000 Einwohner), die einschließlich ihrer zugehörigen Gemeinden zusammen fast die Hälfte der Einwohner von Järvamaa stellen. Ihr Umland ist agrarisch geprägt; auch weiter nach Nordosten hin herrschen die sehr fruchtbaren Böden vor, die schon vor Jahrhunderten zu einem gewissen Wohlstand geführt haben. Davon zeugt eine Vielzahl von Gutshöfen. Im äußersten Nordwesten findet man die höchste Erhebung, den Valgehobusemägi (wörtlich: Weißpferdberg), der zwar nur eine Höhe von 106 Metern ü. M. hat, aber auf Grund seiner isolierten Lage einen beachtlichen Rundblick ermöglicht. Im Westen dominieren große Moorlandschaften, durchsetzt mit zahlreichen Seen und Teichen; Kõrvemaa und Piiumetsa wurden zu Naturreservaten erklärt. Im Osten schließlich hat Järvamaa noch Anteil am Endla-Moorschutzgebiet (siehe Jõgevamaa), das zu den bekanntesten des Landes gehört.

So konnte nach 1945 eine leichte Verschiebung des Territoriums nach Südwesten erfolgen: Aegviidu, Tapa, Tamsalu und Rakke wurden abgetreten und der Nordteil von Viljandimaa angegliedert.

Paide

Hier wurde der bekannte estnische Komponist Arvo Pärt (1935) geboren. Die kleine Kreishauptstadt lohnt einen Abstecher vom wichtigen Fernstraßenkreuz ganz in der Nähe. Bereits 1265 entstand auf dem Vallimägi (Wallberg) im heutigen Ortszentrum eine Ordenszitadelle, die als Keimzelle für eine Handels- und Gewerbesiedlung fungierte. Bereits 1291 wurde der Marktflecken zur Stadt erklärt, die sich zunächst nur sehr langsam entwickelte. Da die meisten Gebäude aus dem weißem Kalkstein (*paekivi*) des nahegelegenen Steinbruches Mündi errichtet wurden, kam der Name Paede oder Paide auf, was von den Deutschen als Wittenstein und letztlich Weißenstein wiedergegeben wurde. In den nunmehr gut 700 Jahren Stadtgeschichte ging es oft turbulent zu. Als die Burg nach rund 300 Jahren Ordensherrschaft endlich fertiggestellt war, brach der Livländische Krieg aus; mehrmals wurde die Stadt niedergebrannt, die Festung wurde zerstört und verfiel. Paide verlor jegliche Bedeutung und hörte 1636 als Stadt auf zu existieren. Fortan unterstanden die verbliebenen Einwohner dem benachbarten Gut Mäo, bis sie 1783 unter Zarin Katharina II. erneut das Stadtrecht erhielten. Es waren nur wenige hundert Menschen, die den Neuanfang auf der Grundlage von Flachsanbau und Viehhaltung unternahmen. 1895 bis 1897 baute man die Burgmauer mit zwei Toren und Turm wieder auf, doch schon 1941 wurde der Turm von der Roten Armee gesprengt. Seit 1993 ist die Anlage nun wieder weitgehend hergestellt.

Das Rathaus von Paide

Das Straßennetz stammt noch aus dem 17. Jahrhundert. Von der Ringtee (Umgehungsstraße; Nr. 5), die den Ort im Nordwesten tangiert, führen die beiden Hauptstraßen Pärnu und Tallinna geradewegs zum Keskväljak (Hauptplatz) nahe beim Burghügel. Hier liegen die wenigen Sehenswürdigkeiten dicht beisammen. Der Platz selbst ist von etlichen klassizistischen Häusern des 19. Jahrhunderts umgeben und fällt durch seine Größe ein wenig aus dem landesüblichen Rahmen. Auf der Ecke zur Pärnu ist der einstige Handelshof (*Kaubahoov*) erhalten. Das markante Gebäude mit weißgestrichenen Säulen und die zugehörigen Speicheranlagen wurden im 18. Jahrhundert erbaut und dienen seit langer Zeit als Kaufhaus. Gleich daneben steht das Rathaus (*Raekoda*) von 1920, dessen Fassade Jugendstilelemente aufweist. Schräg gegenüber der ›weltlichen Macht‹ hatte die geistliche ihren Sitz; nach fünfzig Jahren Sozialismus ist von deren Bedeutung freilich nicht viel mehr als das Gotteshaus übriggeblieben. Die Heiligkreuz-Kirche (*Püha Risti kirik*) entstand 1786 an der Stelle eines Vorgängerbaus vom Ende des 13. Jahrhunderts. Das ehemalige Gerichtsgebäude (Tallinna 18) aus den 1780er Jahren, heute als Schule genutzt, und schräg gegenüber ein altes Wohn- und Speicherhaus (Tallinna 25) sind weitere Blickfänge, bevor man nun den Park betritt, in dem die restaurierte Ordensburg liegt. Vom Plateau des 30 Meter hohen, achteckigen Turms ›Pikk Hermann‹ (Langer Hermann) hat man einen guten Ausblick; innen sind historische Fotos ausge-

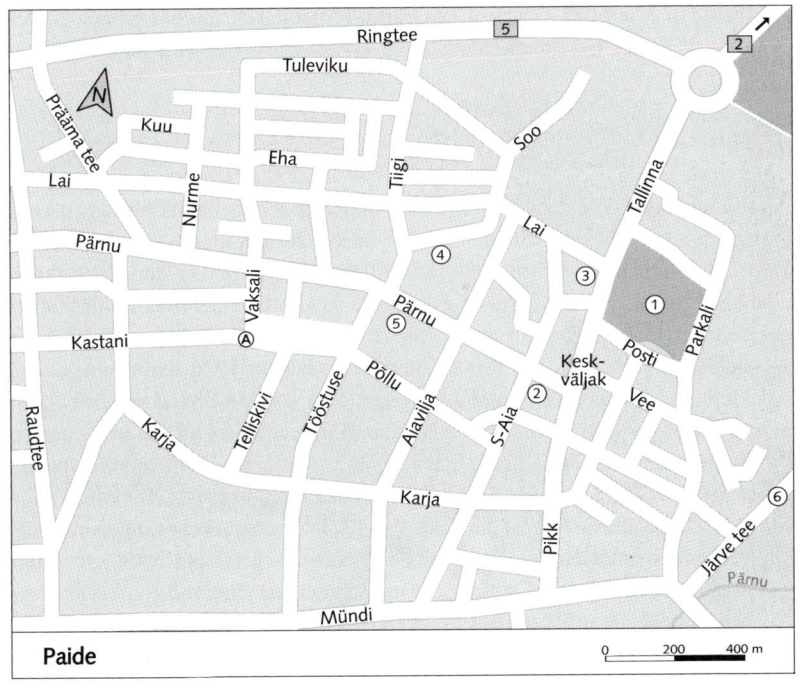

Paide

Legende

1 Burghügel
2 Rathaus
3 ehem. Gerichtsgebäude
4 Heimatmuseum

5 neues Kulturhaus
6 zum Stausee
A Autobushof (ehem. Bahnhof)

stellt (Mi bis So 11 bis 18 Uhr). Außer den Ruinen des Schießpulverturms und des Konventsgebäudes findet man am Burghügel noch die orthodoxe Kirche (*Õigeusu kirik*), ein interessantes Holzbauwerk, das allerdings renoviert werden müsste. Im Westteil des Zentrums sind noch das einstige Deutsche Progymnasium (*Saksa Progümnaasium*), heute Krankenhaus, bei der Ecke Pärnu/Tiigi sowie das schöne Heimatkundemuseum (*Koduloomuuseum*; Mi bis So 11 bis 18 Uhr; Tel. 502 76) schräg gegenüber am Park zu erwähnen. Einen krassen Gegensatz zu den im Stadtbild vorherrschenden Holzhäusern, meist eingeschossig und etwas verwittert, stellt das klotzige Kulturhaus (*Kultuurimaja*) dar. Durch die Tööstuse rechts daneben kommt man zum einstigen Bahnhofsgelände, das zur Busstation umgewandelt wurde. Der Eisenbahnverkehr auf der 61 Kilometer langen Strecke zwischen Türi und Tamsalu via Paide ist 1972 eingestellt worden; die heutige Fernstraße nach Türi folgt erkennbar der ehemaligen Trasse. Am südöstlichen Stadtrand trifft man auf den Oberlauf des Pärnu-Flusses. Hier an der Rückseite des Burghügels wurde 1982 der kleine Stausee (*veehoidla*) von Kriilevälja angelegt.

Türi

An Blumen und Gartenbautradition denkt sicher jeder Este beim Ortsnamen Türi. Das noch ziemlich junge Städtchen liegt knapp 20 Kilometer südwestlich von Paide. Die verbindende Fernstraße Nr. 5 führt zwischen den beiden Orten durch eine abwechslungsreiche Landschaft, die aus rund 60 kleineren Drumlins (späteiszeitlichen Hügeln) besteht und etwas westlich bei Väätsa stellenweise schöne Aussichtspunkte bietet. Türi (7000 Einwohner) bekam 1926 Stadtrecht. Grüne Alleen und eine lockere Bebauung verleihen dem Ort den Charakter einer friedlichen Gartenstadt. Alljährlich findet hier ein Blumenmarkt statt, der im gesamten Baltikum bekannt ist. Und da die Esten ein äußerst inniges Verhältnis zu Blumen haben, gibt es auch gleich noch ein Museum dazu. Im übrigen ist die örtliche Kirche einen Besuch wert; sie ist am Ende des 13. Jahrhunderts entstanden und vereinigt den regionalen Kalksteinbau mit eher südestnischer Ziegelbauweise. Interessant sind die Details des Südportals. Der Bahnhof am Südrand von Türi gilt als Ausgangspunkt der städtischen Entwicklung und ist heutzutage der einzige im südlichen Järvamaa, abgesehen von drei winzigen Haltepunkten an derselben Strecke, die in Viljandi endet. Am Bahnübergang ist eine alte Dampflok ausgestellt. Etwa acht Kilometer dahinter liegt nahe der Hauptstraße der Gutshof Laupa, dessen Herrenhaus von 1914 reich verziert ist. Der Pärnu-Fluss, der an der Rückseite des Gebäudes vorüberfließt, zeigt sich hier stark verschilft. Ein kleines Stück weiter treten Fluss und Straße in die ausgedehnten Moorniederungen der Kreise Pärnumaa und Viljandimaa ein.

Koeru

Weit im Osten von Järvamaa liegt ein wenig abseits der großen Verkehrswege die Ortschaft Koeru. Sie ist von drei unterschiedlichen Landschaften umgeben: nach Westen hin das flache mittelestnische Agrargebiet, im Nordosten der ebenfalls intensiv bewirtschaftete Pandivere-Höhenrücken und im Südosten das quellenreiche und unpassierbare Endla-Moorgebiet. An der Kreuzung im Ort steht ein altes Gasthaus, das zwischen 1825 und 1833 erbaut und ab 1860 auch als typische Postkutschenstation genutzt wurde. An den beiden Hauptseiten führt ein überdachter Gang mit Holzsäulen entlang. Betrat man den Vorraum, so lagen zur rechten Seite der Schankraum und daran anschließend der Pferdestall für die bäuerliche Bevölkerung, nach links die sogenannte Herrenstube und dahinter (um die Ecke herum) Wartesaal, Bedienstetenräume und als Abschluss der Pferdestall für die Vornehmeren. Gleich gegenüber der Schänke sieht man die dreischiffige Hallenkirche aus der Zeit um 1360/70. Am westlichen Ortsrand befindet sich der Gutshof Aruküla, der um 1780 vollendet und 1820 umgebaut wurde; heute ist eine Schule darin untergebracht.

In südöstlicher Richtung führt eine anfangs asphaltierte Straße zum Gutshof Väinjärve beim gleichnamigen See und weiter über Ervita bis zur Gutshofruine von Norra: Unter dem Bauleiter der Tartuer Universität war hier 1792 eines der aufwändigsten Herrenhäuser entstanden. Mit einem ausgefeilten Regulierungssy-

Ausgedient!

stem wurde das Wasser der äußerst ergiebigen Quelle des Oostriku-Flusses durch Gärten und Parkanlagen geleitet. Hinter Norra gibt es kein Weiterkommen mehr. Hier beginnt das Endla-Moorgebiet, das zum größten Teil nicht betreten werden darf. Den besten Zugang hat man von Osten aus (siehe Jõgevamaa).

Von Paide nach Norden

Rechts und links der Fernstraße Nr. 5 kann man zwischen Paide und Tapa einige kleinere Sehenswürdigkeiten aufsuchen. Zunächst gibt es nach 20 Kilometern bei Roosna-Alliku einen weiteren architektonisch interessanten Gutshof, der 1780 unter dem Baron von Stackelberg angelegt wurde und mit Marmor und Stuckreliefs beeindruckt. Eine Abzweigung führt hier zwölf Kilometer nach Osten, wo man in Järva-Jaani eine Wehrkirche anschauen kann. Oder man fährt weiter geradeaus und zweigt nach acht Kilometern links ab, um über Järva-Madise nach Albu zu gelangen. Beide Ortschaften sind eng verbunden mit dem Leben und den Romanfiguren des großen Schriftstellers Anton Hansen-Tammsaare (1878 – 1940), der auch auf dem 25-Kronen-Geldschein abgebildet ist. Als Mitbegründer einer eigenständigen estnischen Literatur, die sich an finnischen Vorbildern orientiert, gilt er als der bedeutendste Literat Estlands. In seinem fünfbändigen Hauptwerk ›Tõde ja Õigus‹ (Wahrheit und Recht) schildert er eindringlich das bäuerliche Leben in seiner Heimat. Im Geburtshaus in Vetepere inmitten der Moorland-

Anton Hansen-Tammsaare auf dem Geldschein

schaft ist ein Museum eingerichtet (Mi bis So 11 bis 18 Uhr; Tel. 590 20). Hier beginnen auch markierte Wanderpfade: Über Holzstege kann man entweder nach Järva-Madise zurückgehen (fünf Kilometer) oder in westlicher Richtung an der Simisalu-Herberge vorbei einen Rundweg im Kõrvemaa-Hochmoor antreten (knapp 15 Kilometer).

Wieder auf der Fernstraße Nr. 5 angekommen, erreicht man nach etwa zwölf Kilometern eine Verzweigung: Entweder man folgt der nach rechts abknickenden Hauptstraße und besichtigt die Kirche von Ambla, die im Mittelalter die Grenze zwischen dem Gebiet des Ritterordens und den dänischen Besitztümern markierte. Oder man nimmt geradeaus die Straße Nr. 13, passiert die Zufahrt zum Gutshof von Käravete und gelangt schließlich nach Jäneda im äußersten Norden von Järvamaa, wo man abermals einen prächtigen Gutshof findet. Das Herrenhaus von 1915 ist schon von der Straße aus sichtbar; es stellt einen Stilmix dar mit Backsteinmauerwerk und Jugendstildetails. Bereits 1353 wurde ein Wirtschaftshof an derselben Stelle erwähnt, und am Ende des 18. Jahrhunderts verfasste Ch. H. J. Schlegel hier seine ›Reisen in mehrere russische Gouvernements‹ mit aufschlussreichen Notizen über die Gegend. Die Gattin des einstigen Gutsbesitzers Hans von Benckendorff, Marija Zakrevskaja, war in früheren Jahren Privatsekretärin des russischen Schriftstellers Maksim Gor'kij gewesen und machte sich einen Namen als Übersetzerin der Werke des Engländers H. G. Wells. Heute fungiert der Hof, der in einem schönen Parkgelände liegt, als eine der bedeutendsten landwirtschaftlichen Schulen Estlands. Im Turm des Gebäudes befindet sich ein lokales Museum und ein astronomisches Observatorium. Sieben Kilometer westlich des Ortes bietet der Valgehobusemägi einen guten Rundblick. Jäneda verfügt durch seine Lage zwischen den beiden Hälften des ausgedehnten Kõrvemaa-Moores zwar nur über eine Straßenanbindung von Nordwest nach Südost, wird jedoch von der wichtigen Eisenbahnstrecke Tallinn – Narva bzw. Tallinn – Tartu bedient. Auf beiden Verkehrswegen verlässt man unmittelbar am nördlichen Ortsrand den Landkreis Järvamaa und kommt direkt in die idyllische Gemeinde Aegviidu (Harjumaa).

 Telefonvorwahl: 038.
PLZ-Bereich: 72-73000 ff.
Internet: www. jarvamv.ee;
www.paide.ee.
Tourismusbüro: Pärnu 6,
72712 Paide, Tel. 504 00.
Hauptpost: Telliskivi 5,
72701 Paide.

Polizei: Tallinna 12 in Paide.

 Paide 93 km südöstlich von Tallinn (Straße Nr. 2, dann kurz 5). Parkplätze um den Keskväljak empfehlenswert. Nach Türi 14 km, Koeru 32 km.

 Kein Bahnhof in Paide; nur Türi (Tel. 785 98) und drei

weitere Haltepunkte im Landkreis: 4 – 5 x tägl. Tallinn, 2 – 3x tägl. Viljandi.

 Bushof Paide am ehemaligen Bahnhof (Ecke Vaksali/Kastani, Tel. 505 97): günstige Verbindungen u.a. in Richtung Tallinn, Pärnu, Tartu, Rakvere. Taxi in Paide Tel. 503 16.

 Bestes Haus am Platze und in der Provinz eher eine Kategorie zu teuer ist das ›Neli Kuningad‹ in Paide (›Vier Könige‹, Pärnu 6, Tel. 508 82). Idyllisch gelegen ist das Motel ›Veski Silla‹ in einer alten Wassermühle bei Türi-Alliku (Tel. 570 50).

 Auf der Durchreise weiß man den ›Sämmi-Grill‹ an der Fernstraßenkreuzung bei Paide (Ortslage Mäo) zu schätzen, der neben einer Anzahl ordentlicher Hauptgerichte auch italienischen Espresso bietet. Es gibt nur wenige solcher Raststätten im Lande. In Paide selbst hat man die Wahl etwa zwischen dem Restaurant ›Kuldkroon‹ (Pärnu 6) dem Pub ›Kaval Ants‹ (Väike Aia 20) oder dem rustikalen Café im Burgturm.

 Blumenmarkt von Türi im Mai.

Raplamaa

Herrenhäuser und Bauernkriege

▶ Landkreis in West-Estland
▶ Kreishauptstadt Rapla
▶ Autokennzeichen:
  erster Buchstabe L
▶ Fläche 2939 qkm;
▶ umgeben von vier anderen
  Landkreisen

▶ etwa 40 000 Einwohner, davon
  6300 in Rapla
▶ trotz der Nähe zum Großraum
  Tallinn sehr dünn besiedelt
▶ 10 Gemeinden, 4 Städte

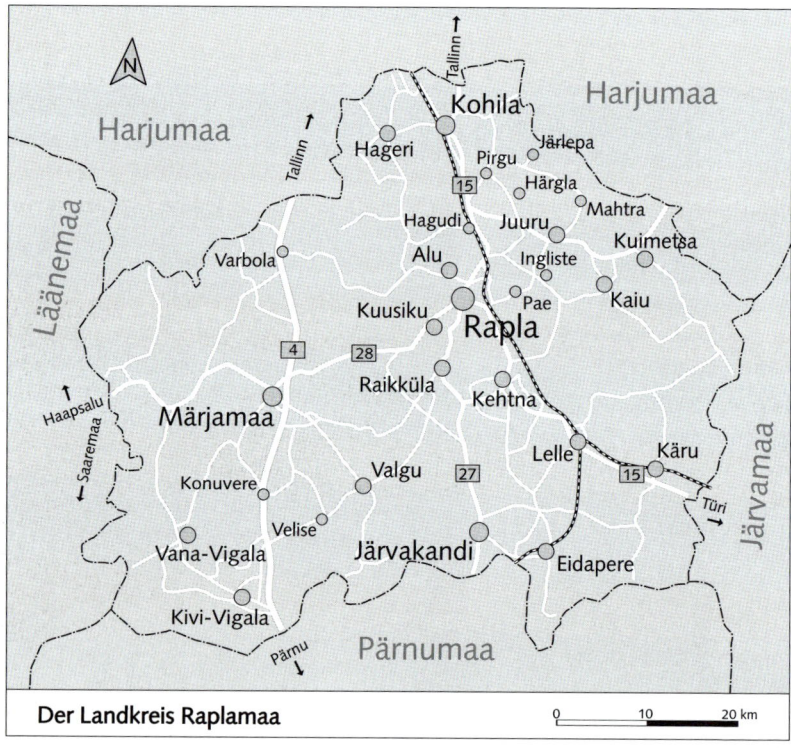

Der Landkreis Raplamaa

Zwei Durchgangsstraßen von Nord nach Süd, eine Bahnlinie, reichlich Moorgebiete, keine wirklich städtische Siedlung weit und breit in einer überwiegend ebe-
nen und siedlungsarmen Landschaft. Eine solche Wahrnehmung hat zur Folge,
dass der Landkreis Raplamaa in vielen Reiseführern überhaupt nicht vorkommt.
Eigentlich eine unbefriedigende Situation, wenn ein so kleines Land wie Estland

›weiße Flecken‹ haben soll. Dabei gibt es auch hier so manches Kleinod, auf das man nur aufmerksam gemacht werden muss: Wohl kaum sonstwo im Land findet man mehr Gutshöfe und Herrenhäuser so dicht beieinander. Wenngleich sie auch in höchst unterschiedlichem Zustand sind, die Liste ist beeindruckend: Hōreda, Ingliste, Purila, Mahtra, Kohila, Lohu, Pirgu, Järlepa, Seli, Maidla, Alu, Hagudi, Raikküla, Kehtna. Daneben gibt es mancherlei Zeugnisse von den Freiheitskriegen vor der Gründung der ersten Republik. Insgesamt 13 Moorgebiete stehen unter Naturschutz. Kornfelder, Wiesen und Waldgebiete wechseln einander ab. Hier und da stehen Windmühlenstümpfe einsam in der Landschaft.

Der heutige Landkreis ist nicht historisch, es handelt sich um ein künstliches Gebilde aus zehn Gemeinden mit Verwaltungssitz in der bescheidenen Ortschaft Rapla. Die Lage im Bereich wichtiger Handelswege und die Nähe zu Tallinn haben schon früh zur Gründung einzelner Siedlungen und Befestigungsanlagen geführt. Zweimal hat es große Bauernaufstände in der Gegend gegeben: 1343 die sogenannte ›Georgennacht‹ und 1858 der ›Krieg von Mahtra‹.

Rapla

Das kleine Landkreiszentrum darf sich seit 1993 offiziell Stadt nennen. Es besteht aus einer spitzwinkligen Straßeneinmündung unweit der Brücke über den Konuvere-Bach sowie an die fünfzig kurzen Sträßchen, die ziemlich regelmäßig angelegt sind und sich bis zu der landestypisch aussehenden Bahnstation am südöstlichen Ende hinziehen. Älteste Chroniken erwähnen die Siedlung schon 1241. Die Kirche nahe der erwähnten Brücke ist das einzige interessante Gebäude im Ort: Sie wurde in der heutigen Form 1901 errichtet, ist relativ groß und besitzt zwei Türme, was in Estland eine Ausnahme darstellt. Im Kirchgarten davor steht ein rekonstruiertes Radkreuz und beim Pfarrhaus gegenüber die Freiheitseiche von 1816, ein Symbol für die Aufhebung der Leibeigenschaft. Wenn die geplante

Die zweitürmige Kirche von Rapla

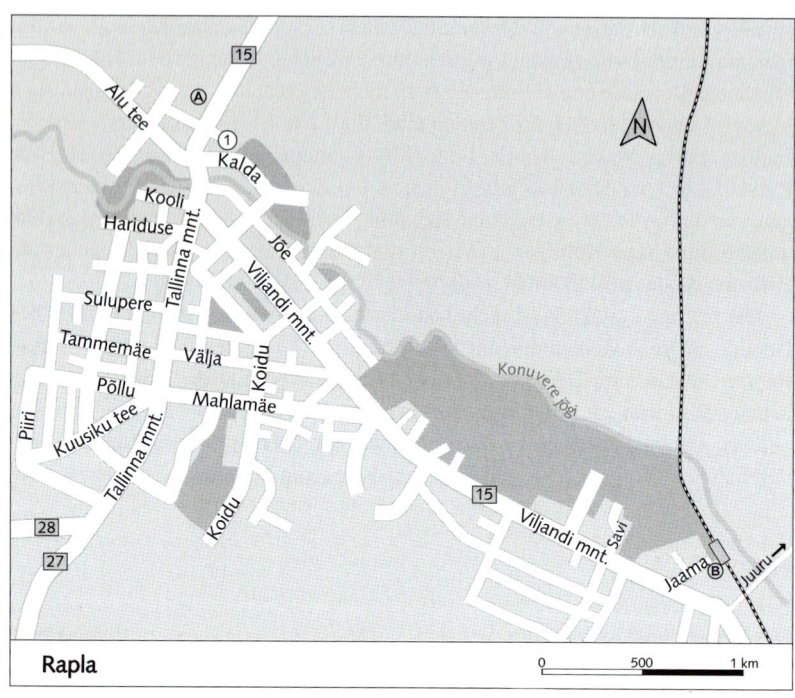

Rapla

0   500   1 km

Legende

1 Kirche   B Bahnhof
A Autobushof

Westumgehung von Rapla Realität wird, kommt man nicht mehr automatisch an
der Kirche vorbei. In den letzten Jahren hat sich das Ortsbild ein wenig zum Besseren verändert, einige gute Einkaufsmöglichkeiten sind entstanden. Einen Hauch
städtischen Lebens darf man hingegen nicht erwarten. Rapla ist sicher einer der
langweiligsten und uninteressantesten Orte im ganzen Land.

Von Rapla nach Nordosten

Einige der oben erwähnten Gutshöfe liegen in der nahen Umgebung. Beim Bahnhof Rapla kann man eine Rundfahrt starten: Auf der abzweigenden Straße nach
Juuru fährt man acht Kilometer nach Osten und erreicht den Hof von Ingliste; er
wurde inzwischen restauriert, besitzt Wandmalereien und hat ein sehr luxuriöses

Inventar. Im Park gibt es auch eine Freilichtbühne. Der klassizistische Gutshof Hõreda gleich nebenan beeindruckt mit korinthischen Säulen und schöner Kuppel.

Eine Staubstraße führt etwa fünf Kilometer weiter nördlich durch das Dorf Juuru mit Kirche und einem kleinen Heimatmuseum zur Erinnerung an die lokalen Bauernaufstände von 1858. Damals spielte das altertümliche Gasthaus Eeru (*Eeru kõrts*) ein kleines Stück weiter östlich in Richtung Kose eine große Rolle als Versammlungsort der Bauern, die es nicht hinnehmen wollten, dass ihnen so kurz nach der Aufhebung der Leibeigenschaft per Gesetz erneute Frondienste aufgebürdet werden sollten. Es kam zu einer bewaffneten Auseinandersetzung beim Gutshof Mahtra (Ruine; etwas außerhalb von Juuru), wo heute ein Gedenkstein steht und die sogenannte Blutwiese an die Bestrafung der Beteiligten erinnert.

Man kann nun die Straße Nr. 14 von Juuru nach Kohila nehmen: Entweder biegt man nach knapp zwei Kilometern links ab, vorbei am Hof Maidla, und erreicht kurz vor der Hauptstraße von Rapla nach Tallinn nahe beim Bahnübergang das schöne historische Wirtshaus von Nõmme (*Nõmme kõrts*), erbaut 1796, mit Ziehbrunnen davor. Oder man fährt von Juuru geradeaus weiter, passiert noch den Gutshof Purila, dessen Anlagen jedoch den Charme einer Kolchose haben, und kommt auf derselben Hauptstraße nach Kohila. Die Gutshöfe Härgla, Seli und Pirgu liegen alle einige Kilometer abseits der Straße. Der Umweg nach Järlepa, das recht weit östlich jenseits des Atla-Baches liegt, lohnt sich kaum.

Kolchosengebäude bei Kuimetsa

In Richtung Tallinn erreicht man Lohu, 18 Kilometer nördlich von Rapla, mit einem der schönsten Herrenhäuser Estlands: In dem barocken Gebäude vom Ende des 18. Jahrhunderts gibt es französische Tapeten mit Szenen aus dem Roman ›Don Quijote‹. In Kohila (4000 Einwohner) schließlich reizt weniger der Gutshof als die Wassermühle von 1875 mit Museum und Caféteria am Keila-Flüsschen.

Von Rapla nach Süden und Osten

Die Straße nach Järvakandi (Nr. 27) verlässt Rapla in südlicher Richtung und erreicht nach acht Kilometern Raikküla: Auch hier existiert ein Gutshof, dessen klassizistischer Hauptbau aus dem Jahr 1820 stammt. Zunächst residierte hier der Finanzminister des Zaren, Graf Georg von Cancrin, der sich auch mit seinen Arbeiten über die Klimagürtel der Erde einen Namen gemacht hat. Sein Schwiegersohn, der Naturforscher Alexander Keyserling, unternahm um die Mitte des 19. Jahrhunderts eine Expedition in den Norden Russlands und bekam u.a. die Ehrendoktorwürde der Universität Berlin. Dort entstand eine Freundschaft mit Otto von Bismarck, dem späteren Reichskanzler, der daraufhin häufig zu Besuch auf dem Gutshof in Raikküla weilte, wo Keyserling überwiegend arbeitete. An derselben Straße fünf Kilometer weiter steht die hübsche Windmühle von Põlma, leider ihrer Flügel beraubt. Hier biegt man links ein und erreicht nach sechs Kilometern den Ort Kehtna (1800 Einwohner), ebenfalls mit einem barockem Gutshof aus dem 18. Jahrhundert, der heute eine landwirtschaftliche Schule beherbergt. Etwa zehn Hektar Parkanlagen, ein Teich und Obstplantagen runden das Ensemble ab.

Außer den zahlreichen Architekturdenkmälern bietet Raplamaa hier auch noch einige Naturerlebnisse. Östlich des Bahnhofs von Lelle, der eine der ganz wenigen Verzweigungen im estnischen Bahnnetz darstellt, führt eine Staubstraße in fünf Kilometern nach Paluküla. Hier genießt man die Aussicht vom Berg Hiiemägi (106 Meter ü. M.): Besonders im Osten geht der Blick über ausgedehnte Hochmoore, die überwiegend als Schutzgebiete ausgewiesen sind. Ein Naturlehrpfad von etwa fünf Kilometern Länge verbindet Paluküla mit dem Loosalu-Moor, in dem ein kleiner See liegt. Interessante Karsterscheinungen gibt es bei Pae und Kuimetsa, ca. sechs bzw. 22 Kilometer östlich von Rapla: Die dortigen Karsthöhlen (*karstiala*) sind auf Lösungsvorgänge des Wassers im kalkhaltigen Untergrund zurückzuführen. Die Besichtigung lässt sich gut mit der Fahrt durch den Nordosten des Landkreises kombinieren; alle Wege aus südlicher Richtung sind nicht asphaltiert.

Weiter nach Osten kommt nur die Straße Nr. 14 nach Kose (Harjumaa) in Frage.

Märjamaa, Varbola

Von 1931 bis 1968 konnte man mit der Eisenbahn von Rapla nach Märjamaa (25 Kilometer südwestlich) und darüberhinaus bis Virtsu zur Saaremaa-Fähre gelangen, insgesamt eine Strecke von 96 Kilometern. Heute erinnern an der parallel verlaufenden Landstraße Nr. 28 höchstens noch die beiden winzigen Bahnstationen von Koikse und Pühatu an den recht kurzlebigen Schienenverkehr. Unterwegs gibt es einen asphaltierten Abzweig bis Tamme, wo die 1870 gegründete Wollfabrik von Kabala noch mit historischen Maschinen arbeitet. Der einstige Marktort Märjamaa (3400 Einwohner) ist bekannt für seine spätgotische Wehrkirche aus dem 14. Jahrhundert, die der Schlosskirche von Haapsalu ähnelt und als schönste Dorfkirche Estlands gilt. Ihr Turm wurde erst rund hundertfünfzig Jahre später nach Vorbildern aus Tallinn angebaut. Auffällig ist die massive Bauweise ohne Stützpfeiler und die abweisend wirkende Nordwand, die völlig fensterlos ist. Einen erstaunlichen Kontrast dazu stellt der reich verzierte Innenraum dar. Nach schweren Kriegszerstörungen 1941 wurde die Kirche 1960 originalgetreu wiederhergestellt. Entlang der Hauptstraße Pärnu maantee findet man alle wesentlichen Geschäfte des Landstädtchens.

In der weitläufigen Gemeinde Märjamaa gibt es noch zwei interessante Stellen: Die Bauernburg von Varbola, 1212 erstmals erwähnt, ist eine der größten im Baltikum. Sie liegt auf einem natürlichen Hügel und ist von einem fast 600 Meter

Auf dem Gelände der Bauernburg Varbola

langen und knapp zehn Meter hohen steinernen Ringwall umgeben. Ausmaße und Wuchtigkeit sind beeindruckend. Es ist ein idyllischer Platz in einem lichten Hain mit Picknickplätzen, nachgebauten Angriffsgeräten und einem hölzernen Turm. Da die Burg niemals gewaltsam erobert wurde, gehört sie zu den am besten erhaltenen Anlagen dieser Art. Um sie zu finden, muss man von Märjamaa auf der Hauptstraße Nr. 4 etwa 15 Kilometer in Richtung Tallinn fahren, dann rechts durch den Ort Varbola und noch vier Kilometer weiter in Richtung Rapla.

Das 1982 gegründete Bauernhofmuseum (*Talumuuseum*; Tel. 977 64) von Sillaotsa bei Velise erinnert an den Flachsanbau auf Lehmböden der Umgebung, man erreicht es von Märjamaa auf derselben Hauptstraße ca. 15 Kilometer in Richtung Pärnu; bei Päärdu links in Richtung Valgu.

 Telefonvorwahl: 048.
PLZ-Bereich: 78-79000 ff.
Internet: www.raplamv.ee.
Tourismusbüro: Tallinna mnt. 14, 79513 Rapla, Tel. 573 49.
Hauptpost: Tallinna mnt. 17, 79501 Rapla.
Polizei: Savi 2 in Rapla.

 Rapla 55 km südlich von Tallinn (Straße Nr. 15). Nach Kohila 23 km, Märjamaa 23 km, Järvakandi 26 km.

 10 Bahnstationen im Landkreis; Verzweigung in Lelle. Von Rapla 8 – 9 x tägl. Tallinn, 4 – 5 x tägl. Türi, 2 – 3 x tägl. Viljandi, 2 x tägl. Pärnu.

 Moderner Bushof am nördlichen Ortsrand von Rapla, 3 km vom Bahnhof: häufige Verbindungen u.a. nach Tallinn, Pärnu und Orte im Umkreis.

 Wegen der Nähe zu Tallinn fällt der Mangel an Unterkünften kaum ins Gewicht. In Keo bei Raikküla bietet die ›Võerahansu-Farm‹ 35 Betten (Tel. 979 65; pro Pers. 13 Euro). Außerdem kann man im ›Nõmme kõrts‹ übernachten.

 Nach Absprache am ›Ohvri Tall trahter‹ (s. u.) möglich.

 Auch Restaurants sind in Raplamaa dünn gesät. Das Kaufhaus ›Norekeskus‹ in Rapla (Viljandi mnt. 74) wirbt mit einer Cafeteria im Obergeschoss; eine weitere befindet sich im modernen Bushof. Der ›Nõmme kõrts‹ mag als Bauwerk interessant sein, aber die Gastronomie überzeugt nicht. An der Ostzufahrt von Märjamaa (Ortslage Orgita) stößt man auf den ›Ohvri Tall trahter‹ in einem ehemaligen Gutsstall: trotz unschöner Umgebung kein schlechtes Lokal und oft bis 5h morgens geöffnet. Unterwegs nach Tallinn schließlich noch das Mühlencafé in Kohila.

Die Stadt Pärnu

Die Kurstadt im Westen

- ▶ Selbständiger Stadtbezirk im Landkreis Pärnumaa in Südwest-Estland
- ▶ Autokennzeichen:
  erster Buchstabe F

- ▶ Fläche 35 qkm
- ▶ etwa 45 000 Einwohner

Als ›Sommerhauptstadt‹ nimmt Pärnu unter den wenigen größeren Städten des Landes einen besonderen Platz ein. Auch andere Beinamen würden passen: Kulturstadt, Hansestadt, Hafenstadt oder eben Kurstadt. Die Stadtverwaltung wirbt sogar mit dem Slogan ›Es gibt nur ein Pärnu auf der Welt‹. Das stimmt zwar, aber so unvergleichlich ist das hübsche Städtchen nun auch wieder nicht.

Die Lage in einer geschützten Ostseebucht mit feinem Sandstrand, zugleich an der Mündung des Pärnu-Flusses und außerdem direkt an der Via Baltica zwischen Tallinn (130 km nördlich) und Rīga (185 km südlich) sind besondere Pluspunkte der Stadt. Schon seit 160 Jahren kommen Kurgäste und Erholungssuchende in die hiesigen Moorbäder und Sanatorien. Der zeitweilig recht mondäne Badebetrieb

Hier residiert die Stadtverwaltung von Pärnu

erfuhr schnell eine Ergänzung durch kulturelle Programme: Sommerliche Festivals, Konzerte, Theateraufführungen und Sportveranstaltungen lockten zu allen Zeiten Urlauber an. Heute nähert sich deren Zahl wieder der Halbmillionenschwelle. Noch sind es überwiegend Esten, daneben aber immer mehr Finnen, Schweden und auch Deutsche. Man flaniert im Altstadtbereich zwischen verzierten Holzvillen, durch Parkanlagen und Lindenalleen bis zum schneeweißen Strand mit seinen historischen Kureinrichtungen. Es ist wohl die bunteste Stadt Estlands, ganz besonders im warmen Abendlicht. Ungewöhnlich viele und gut besuchte Straßencafés und Läden verleihen Pärnu einen mediterranen Hauch.

Es gibt auch eine andere Seite: Der Hafen an der Flussmündung hat schon immer eine große Bedeutung gehabt und in den vergangenen Jahrzehnten leider zu einer drastischen Verschlechterung der Wasserqualität beigetragen. Hier wird insbesondere Torf aus dem einsamen Hinterland verladen, außerdem Schnittholz. Die Pärnuer Industrie engagiert sich in den Bereichen Holzverarbeitung und Textilherstellung, Bierbrauerei, Fischkonservierung und Lebensmittelproduktion. Exportiert wird vor allem nach Großbritannien, Finnland und in die Ukraine. Zahlreiche Arbeitsplätze bietet natürlich der Dienstleistungssektor: Außer Tourismus und Kurbetrieb spielen das örtliche Bildungswesen und etliche Verkehrsunternehmen eine gewisse Rolle. Wie fast alle Städte Estlands hat auch Pärnu seit 1990 eine rückläufige Einwohnerzahl: Von damals 52 500 auf heute etwa 45 000.

Pärnu: Stadtgeschichte

Kürzlich konnte Pärnu sein 750-jähriges Jubiläum feiern. Trotz wesentlich älterer Siedlungsspuren gilt offiziell das Jahr 1251 als Beginn der städtischen Entwicklung. Damals wurde auf dem rechten Ufer der Pärnu-Flussmündung eine Domkirche des Bistums Ösel-Wiek (estn.: *Saare-Lääne*) eingeweiht und damit Alt-Pernau (*Vana-Pärnu*) als Stadt bestätigt. Davon ist nichts erhalten geblieben. Lediglich im Stadtsiegel und in einer unbedeutenden Biermarke lebt der lateinische Name ›Perona‹ fort. Etwa zur selben Zeit errichtete der Livländische Orden, der das linke Ufer innehatte, eine Burg mit Siedlung namens Embecke, später Neu-Pernau genannt. Bereits 1263 musste nach einem Eroberungssturm der Litauer der Bischofssitz aufgegeben werden; er wurde nach Haapsalu (Läänemaa) verlegt. Um 1346 schloss sich der günstige Hafenstandort der Hanse an, und es setzte ein reger Handel mit Getreide und Wachs ein, der mit Unterbrechungen bis ins 17. Jahrhundert florierte. So wütete beispielsweise 1533 eine von mehreren Feuersbrünsten. Während des Livländischen Krieges eroberten die Schweden 1562 die Stadt, was zunächst einen erneuten Niedergang, dann aber ab etwa 1617 einen Aufschwung brachte. Viele Lübecker Kaufmannsfamilien ließen sich hier nieder. Die noch junge Universität Tartu wurde 1699 wegen der politischen Wirren hierher ausquartiert. Das Jahr 1710 steht für eine weitere Zäsur: Die Armee des Zaren rückte ein, die Pest breitete sich in Windeseile aus und entvölkerte fast die gesamte Stadt. Längerfristig zeigten die Russen jedoch durchaus Interesse an dem Hafen, förderten den Warenumschlag und bauten eine Brücke zwischen den beiden Stadtteilen. Vor 200 Jahren hatte sich Pärnu als wichtige Durchgangsstation für die Flussschifferei etabliert: Über den Pärnu-Fluss mit seinem dichten Netz an Zuflüssen konnte man landeinwärts bis Viljandi, Tartu und sogar bis Pskov gelangen.

Mit der Eröffnung des ersten Kurbades 1838 erwachte auch ein beachtliches Kultur- und Geistesleben. Schon in den 1820er Jahren hatte sich der örtliche

Man genießt den Sommer in Pärnu

Pastor Johann Heinrich Rosenplänter intensiv der estnischen Sprache gewidmet und dazu regelmäßige Druckschriften herausgebracht. 1857 erschien in Pärnu eine erste estnischsprachige Zeitung unter dem Namen ›*Perno Postimees*‹ (Pernauer Postbote). Die Tochter des Herausgebers Johann Woldemar Jannsen wurde unter dem angenommenen Namen Lydia Koidula zur wohl bedeutendsten Dichterin Estlands und einer der Hauptpersönlichkeiten der Epoche des nationalen Erwachens. Im Stadtbild gab es nach 1830 einen tiefgreifenden Wandel: Die einengenden mittelalterlichen Befestigungswerke wurden weitgehend abgetragen, um Platz für Erweiterungen und einen ungehinderten Zugang zum Strand zu schaffen. Erst 1896 kam der Eisenbahnanschluss, der fortan für zusätzliche Kurgäste sorgte. 1918 war das Endla-Theater in der Stadt Schauplatz der ersten estnischen Unabhängigkeitserklärung. 1920 wurden Alt- und Neu-Pärnu endlich auch administrativ vereinigt. Die erzwungene und widersprüchliche Umgestaltung zur sozialistischen Kur- und zugleich Industriestadt nahm ab etwa 1940 ihren Lauf und hat so manches zum Nachteil verändert. Umso mehr ist Pärnu nun im nachsowjetischen Baltikum wieder eines der beliebtesten Fremdenverkehrsziele. Im 1996 eröffneten ›Pärnu College‹, einer Dépendance der Universität Tartu, studieren mittlerweile rund 650 Studenten und machen Pärnu nach dem allzu kurzen Intermezzo von 1699 bis 1710 auch noch zu einem Hochschulstandort.

Pärnu: Stadtbesichtigung

Die touristisch interessante Altstadt liegt auf einer Art Halbinsel zwischen dem Strand und dem nahezu parallelen Unterlauf des Pärnu-Flusses (*Pärnu jõgi*). Der schachbrettartig angelegte Kernbereich und halbkreisförmige Straßen auf der Südseite machen die Orientierung leicht. Auf der Tallinna maantee (Tallinner Landstraße) gelangt man über die Brücke am Hafen direkt auf einen großen Platz am Rande der Altstadt. Von Südosten her mündet die breite Riia maantee (Rigaer Landstraße) ein, die bereits kilometerlang an Vorstadthäusern vorbeigeführt hat, bevor sie hier am Rande der Altstadt ebenfalls die Brücke erreicht. Alles lässt sich bequem zu Fuß erkunden. Ohnehin sind mehrere Straßenzüge um die Fußgängerzone Rüütli (Ritterstraße) für den Autoverkehr gesperrt.

An der Stirnseite des langgestreckten Platzes nahe der Brücke steht das berühmte Endla-Theater. Es wurde 1967 eingeweiht als Ersatz für das traditionsreiche Schauspielhaus am anderen Ende der Altstadt. Stärker ins Blickfeld rückt die orthodoxe Katharinakirche (*õigeusu Katariina kirik*) gleich daneben. Der elegante weiße Barockbau mit grünem Dach und fünf Türmen sticht unter den orthodoxen Kirchen Estlands besonders hervor und sollte bei seiner Vollendung 1768 als Vorbild dienen. Der Name geht auf die Auftrag- und Geldgeberin Zarin Katharina II. zurück. An der nächsten Ecke links (Uus) erreicht man sogleich das Rat-

Bemerkenswerte Stadthäuser

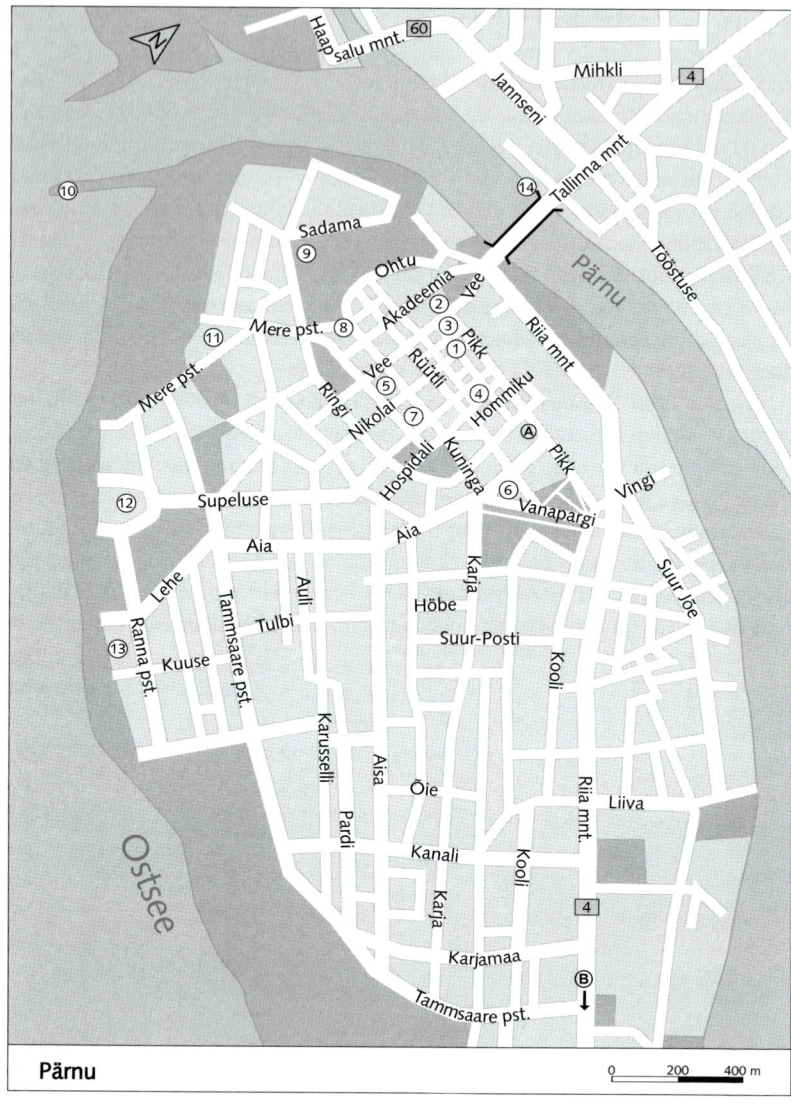

Pärnu

0   200   400 m

Legende

1 Rathaus
2 Theater
3 Katharinakirche
4 Roter Turm
5 ehem. Poststation (Restaurant)
6 Heimatmuseum
7 Elisabethkirche
8 Tallinner Tor

haus (*Raekoda*), das eine interessante Kombination aus einem älteren klassizisti-schen Hauptteil und einem Jugendstil-Anbau von 1911 darstellt. Ursprünglich entstand es am Ende des 18. Jahrhunderts als Domizil des Ratsherrn Harder. An der Rückseite stand früher die deutsche Nikolauskirche (*Nikolai kirik*), die jedoch vom Sowjetregime gesprengt wurde. Parallel zur Uus verläuft die belebte Geschäftsstraße Rüütli, das Herz der Altstadt, wo man zwischen farbenfrohen Fassaden bis zum nächsten größeren Platz flanieren kann. Unterwegs sind die sti-listisch völlig unterschiedlichen Wohnhäuser Rüütli 1a und 21 beachtenswert. In der Seitenstraße Pühavaimu (Heiliggeiststraße) sollte man sich die Häuser Num-mer 6 und 8 ansehen, das eine in gelb mit stuckverziertem Balkon, das andere mit zwei Säulen am Eingang (Steiner-Haus von 1674). Auf der linken Seite an der Ecke Hommiku entdeckt man den etwas verdeckten Roten Turm (*Punane torn*; Mi bis So 12 bis 17 Uhr), ein Relikt der Stadtbefestigung des 14./15. Jahrhunderts. Bis 1892 soll er noch als Kerker genutzt worden sein. Im Gebäude Rüütli 53 ist das Stadtmuseum (Mi bis So 11 bis 17 Uhr; Tel. 33231) untergebracht, das sich im Prinzip der Kultur und Natur des gesamten Kreises Pärnumaa widmet. Ein Denk-mal hier am Ende der Altstadtachse erinnert an das erste Endla-Theater, das 1911 erbaut wurde und von dessen Balkon am 23. Februar 1918 die erste Unabhängig-keitserklärung Estlands verlesen wurde. Heute ragt an der Stelle das ›Hotel Pärnu‹ auf. Nach rechts geht es zum Busbahnhof, an den ein modernes Einkaufszentrum (Port-Artur-Komplex) angrenzt. Zurzeit wird hier gebaggert und gebaut: Bis 2005 soll die City mit etlichen Gebäuden und einem neuen Busbahnhof umgestaltet werden.

Auf der ruhigeren Kuninga (Königstraße) kann man parallel zur Rüütli zurück-gehen: Vom Koidula-Park aus, wo seit 1929 ein Monument zu Ehren der großen Dichterin Lydia Koidula (1843 – 1886) steht, geht es hier zur protestantischen Elisabethkirche (*Eliisabeti kirik*), die nur an der barocken Westfassade aufge-lockert, ansonsten eher streng und abweisend wirkt. Sie wurde um 1747 errichtet und erhielt 1893 einen zusätzlichen Südflügel. An der nächsten Ecke links (Vee) stößt man auf eine historische Postkutschenstation, die mit ihrem Säulengang und Innenhof wie eine ungarische Csárda aussieht und das Gasthaus ›Postipoiss‹ (Postjunge) beherbergt. Wenn man auf der Kuninga geradeaus weitergeht, gelangt man zum wuchtigen Tallinner Tor (*Tallina värav*), dem letzten und wichtigsten von einst vier oder fünf Stadttoren. Es steht am Rande des verbliebenen Wallgra-

9	Wallgraben	13	Hotel ›Estonia‹
10	Mole	14	Hafen
11	Villa Ammende	A	Autobushof
12	Moorbad	B	zum Bahnhof

Die Türme der orthodoxen Kirche

benabschnitts und stammt aus dem 17. Jahrhundert. Ganz in der Nähe sind auch noch Reste der sieben Bastionen erkennbar, die nach Planeten benannt waren.

Jenseits des Stadttores betritt man das Kurviertel. Die Mere puiestee (Meeresallee) endet bei den Parkanlagen am Sandstrand: Rechts erstreckt sich die Mole (*muul*) etwa zwei Kilometer weit ins Wasser hinein und schirmt bereits seit 1869 den Strand von der Flussmündung ab. Schon länger ist das Baden nicht mehr ausdrücklich verboten; offenbar ist das Wasser heutzutage unbedenklich. Beim Spaziergang entlang der Ostsee stößt man auf das Schild ›Naiste plaaž‹ (Frauenstrand), das als Relikt einer prüderen Zeit verstanden werden könnte; oder es handelt sich um ein besonderes Angebot. Im Gegensatz zu anderen Stränden Estlands herrscht ein gewisser Andrang: Es gibt einige Einrichtungen für Spiel und Zeitvertreib, alles gut verteilt und unaufdringlich, vor allem stadtnah. Das Wasser ist sehr seicht und im Sommer um 23–24 °C warm. Einige Gebäude sind bemerkenswert: Zunächst an der Mere puiestee die ›Villa Ammende‹ von 1905; dann das Strandrestaurant von 1939 mit pilzförmigem Aussichtsbalkon und ein Stück weiter das Strandhotel von 1937 (heute Sanatorium ›Estonia‹), beides Werke von Olev Siinmaa und gute Beispiele funktionalistischer Architektur; dazwischen die Moorbadeanstalt mit tempelartigen Vorbauten. Wer nicht noch in den ausgedehnten Strandparks spazieren will, gelangt von hier aus auf der Supeluse geradewegs in die Altstadt zurück, vorbei an schönen hölzernen Villen und dem Casino.

Am anderen Flussufer liegt der Stadtteil Ülejõe (wörtlich: Über-Fluss) mit seinen farbigen Holzhäusern. Gleich hinter der Brücke zweigt von der Tallinna maantee die Jannseni ab: Unter der Hausnummer 37 findet man das Lydia-Koidula-Museum (von Mi bis So von 10 bis 16/17 Uhr; Tel. 333 13) zur Erinnerung an die bereits mehrfach erwähnte Dichterin, die eigentlich Lydia Emilie Florentine Jannsen hieß und uns vom 100-Kronen-Geldschein anblickt.

 Telefonvorwahl: 044.
PLZ-Bereich: 80000 ff.
Internet: www.parnu.ee.
Tourismusbüro: Rüütli 16,
80011 Pärnu, Tel. 730 00.
Hauptpost: Akadeemia 7,
80001 Pärnu.
Polizei: Pikk 18.

 125 km südlich von Tallinn
(Straße Nr. 4). Parken am
besten im Bereich der Riia mnt. und innerstädtischen Flussbrücke (Vee, Akadeemia u. a.); teilweise Parkscheinautomaten! Von Süden her gute Zufahrten an den Strandbereich.

 Bahnhof weit im Süden der
Stadt, Riia mnt. 116,
Tel. 226 67: nur 2 x tägl. Tallinn. Derzeit keine Züge in Südrichtung; Rīga per Zug nur über Tartu!

 Pärnu Bussipark AS
(Tel. 710 80) unterhält eine Reihe von Stadtbuslinien. Überlandbusse ab Bushof, Ecke Pikk/Ringi, Tel. 710 02; Verlegung geplant! Etwa 20x tägl. Tallinn, 10x Tartu und Viljandi, mehrmals Haapsalu und Saaremaa sowie Rīga.
Taxi Tel. 401 90, 312 40, 412 40.

 Flugplatz (Tel. 750 01)
nördlich der Stadtgrenze:
3–5 Flüge tägl. nach Tallinn, Saaremaa, Ruhnu, im Winter auch Kihnu.

Großes Angebot an Hotels und Pensionen aller Kategorien, teils in stattlichen Villen, teils in renovierten Zweckbauten. Vornehme Unterkunft bietet die ›Villa Ammende‹ (Mere pst. 7, Tel. 738 88, DZ ab 100 Euro). In derselben Preislage liegt das ›Scandic-Rannahotel‹ (Ranna pst. 5, Tel. 329 50).

Etwas preiswerter sind das zentrale ›Pärnu‹ (Rüütli 44, Tel. 789 11, DZ ca. 85 Euro), das ›Bristol‹ (Rüütli 45, Tel. 314 50) oder das kleinere ›Viktoria‹ (Kuninga 25, Tel. 43412).

Nur gut halb so teuer sind z.B. ›Motell Reldori‹ (Lao 8, Tel. 784 00) oder ›Mudaravila‹ (Sääse 7, Tel. 255 25). Außerdem gibt es etliche Pensionen, z. B. ›Laine‹ (Laine 6a, Tel. 391 11, DZ ca. 35 Euro) oder ›Kalevi‹ (Ranna pst. 2, Tel. 257 99, DZ um 25 Euro).

Auch eine Nachfrage bei der privaten Zimmervermittlung in der Hommiku 5, Tel. 310 70, kann sich lohnen.

 Camping ›Green‹ 3 km südlich der City (Suur-Jõe 50b, Tel. 387 76).

 Beliebtes Touristenlokal ist das historische Gasthaus ›Postipoiss‹ (Vee 12) mit Innenhof, das auch russische Spezialitäten und Fr/Sa Live-Musik bietet. Einen Steinwurf entfernt liegt das ebenfalls beliebte ›Alex Maja‹ (Kuninga 20) mit Hof. Erwähnenswert sind ferner das kleine ungarische Gasthaus ›Lahke Madjar‹ nebenan mit typischer Musik (Kuninga 18) das ›Tex-Mex Margarita‹ (Akadeemia 5) und die griechische Taverne ›Suur Aleksander‹ (Malmö 15).

Entlang der Fußgängerzone Rüütli trifft man auf eine ganze Reihe von ansprechenden Lokalen. Auch im Strandbereich muss man nicht darben; direkt am Kursaal kann man sogar chinesisch speisen (Mere pst. 22). Die meisten Lokale haben etwa von 11 bis 23 Uhr geöffnet.

 Zahlreiche kulturelle Veranstaltungen im Sommer, z. B. Jazzfestival und Chorfestival; im Tourismusbüro erkundigen!

Pärnumaa

Stilles Hinterland von Pärnu

▶ Landkreis in Südwest-Estland;
▶ Kreisverwaltung in Pärnu
▶ die Stadt Pärnu selbst ist kreisunabhängig
▶ Autokennzeichen: erster Buchstabe F
▶ Fläche 4771 qkm, größter Landkreis Estlands
▶ grenzt im Süden an Lettland

▶ zum Kreisgebiet gehören auch die Inseln Kihnu und Manilaid
▶ Etwa 48 000 Einwohner, inkl. Stadt Pärnu 93 000
▶ es ist der am dünnsten besiedelte aller estnischen Landkreise
▶ 20 Gemeinden, 3 Städte einschl. Pärnu

Der Landkreis Pärnumaa

0   10   20 km

Hufeisenförmig umschließt Estlands größter Landkreis die Bucht von Pärnu (*Pärnu laht*), die die Südwestecke des Staatsgebietes einnimmt. Eine Reihe wichtiger Verkehrswege durchzieht Pärnumaa, darunter die internationale Fernstraße von Tallinn über Rīga in Richtung Mitteleuropa (Straße Nr. 4 bzw. Via Baltica), ebenso die grenzüberschreitende Eisenbahnstrecke. Wer auf diesen Hauptachsen bleibt, erhält jedoch einen recht unvollständigen Eindruck von der Region: Pärnumaa ist trotz seines geschäftigen Zentrums, seiner Lage im Verkehrsnetz und seiner beliebten Strände ein ausgesprochen dünn besiedelter Landesteil. Nirgendwo in Estland leben weniger Menschen auf vergleichbarer Fläche als im Hinterland von Pärnu. Die Gemeinden im Nordwesten und Südosten des Landkreises zählen weniger als sechs Einwohner pro Quadratkilometer! Verlässt man erst einmal die Küste, so erkennt man schnell den Grund für die fehlenden Siedlungen: Ein Viertel der gesamten Fläche besteht nur aus Moorgebieten und Sümpfen, die sich auf Grund des flachen Reliefs und fehlender Wasserabflüsse gebildet haben. Die zahlreichen Nebenflüsse des Pärnu-Flusses haben hier seit Menschengedenken immer wieder riesige Überschwemmungen verursacht und die Anlage von Wegen sowie den Bau von Häusern erschwert. Das ausgedehnte Soomaa-Feuchtgebiet (siehe Viljandimaa) muss man im großen Bogen umfahren, um den benachbarten Kreis Viljandi zu erreichen; von Pärnu aus gibt es keinerlei Straßenverbindung in Richtung Osten. Torfabbaugebiete reißen stellenweise hässliche Wunden ins Landschaftsbild, auch wenn nur ein kleiner Teil der 270 Millionen Tonnen, die man allein in Pärnumaa vermutet, tatsächlich verwertet wird. Nahe der lettischen Grenze überragt die höchste Erhebung des Landkreises mit nur 77 Metern ü. M. das umgebende Tiefland. Pärnumaa ist auch eine Region der Wälder, insbesondere im südlichen Teil. Sie nehmen etwa die Hälfte der Gesamtfläche ein, so dass für die landwirtschaftliche Nutzung nur ein knappes Viertel des Bodens verbleibt.

Die Küstenlinie des Landkreises beträgt 242 Kilometer und ist deutlich weniger gegliedert (Ausgleichsküste) als im nördlich angrenzenden Läänemaa. Sie ist in einem positiven Sinne monoton: Vor allem südlich von Pärnu ziehen sich scheinbar endlose Strände, teils sandig, teils steinig, mit parallel verlaufenden Dünenketten und Kiefernwäldern hin, die sich in Lettland noch einmal in ähnlichem Umfang fortsetzen. Die Inselwelt ist ebenfalls ›übersichtlicher‹ als im Raum Haapsalu: Lediglich Kihnu und Manilaid sind bewohnt und von der Größe her erwähnenswert; weitere 175 Klippen und Eilande ragen aus dem Wasser hervor. Ein relativ mildes Klima in der Bucht von Pärnu ergänzt die landschaftlichen Vorzüge und hat schon früh einen gewissen Badetourismus entstehen lassen. So ist auch im Gegensatz zum Bevölkerungsschwund in anderen Regionen Estlands im Kreis Pärnumaa wenigstens eine Stagnation über die letzten 20 Jahre feststellbar. Ungefähr 83 Prozent der insgesamt 93 000 Einwohner von Pärnu und Pärnumaa sind Esten und 12 Prozent Russen.

Die Küste südlich von Pärnu

Nach Lettland sind es noch 60 Kilometer, wenn man die letzten Häuser der langen Ausfallstraße von Pärnu hinter sich gelassen hat. Wegen der internationalen Bedeutung der Via Baltica würde man ein stärkeres Verkehrsaufkommen erwarten. Stattdessen rollt man bald im gewohnt gemäßigten Tempo auf freier Strecke, meist von dichtem Wald begleitet. Vom nahen Meeresstrand bekommt man kaum etwas zu sehen, wenn man nicht in irgendeinem Fischerdorf einmal die Fernstraße verlässt. Kurz hinter der Abzweigung nach Valga (Straße Nr. 6) liegt Uulu, eine von mehreren Ortschaften, die zusammen die kleine Küstengemeinde Tahkuranna mit insgesamt knapp 2000 Einwohnern bilden. Hier ging man vor hundert Jahren noch auf die Bärenjagd. Am Strand von Uulu stößt man auf steile Sanddünen, ein Stück weiter kann man vom Suurnina-Kap einen schönen Panoramablick genießen. Bei Rannametsa erreichen die Dünen die beträchtliche Höhe von 40 Metern, mehr als an allen anderen Stränden des estnischen Festlandes. Im dahinterliegenden Kiefernwald findet man mehrere naturnahe Campingplätze. Im namengebenden Gemeindeteil Tahkuranna wurde 1874 Konstantin Päts, der Präsident der ersten estnischen Republik, geboren. Seit 1991 erinnert an der Stelle seines Geburtshauses wieder das alte Denkmal an den bedeutenden Staatsmann, der 1956 nach der Deportation in der Nähe von Kaliningrad starb.

Herrliche Sandstrände reichen bis ins Stadtgebiet von Pärnu

Unmittelbar hinter dem 1858 ausgehobenen Timm-Kanal, benannt nach seinem Erbauer Voldemar Timm, kann man für die verbleibende Streckenhälfte bis zur Staatsgrenze die alte Küstenstraße nehmen, die näher am Strand verläuft und einen Einblick in die Fischerdörfer gewährt. Für Radfahrer ist dieser Abschnitt besonders attraktiv. Als größte Ortschaft der südlichen Küste folgt nun Häädemeeste, das wegen seines Mineralwassers bekannt ist. Hier und im Nachbardorf Kabli wurden bis in die 1920er Jahre Segelschiffe gebaut. Als Baumaterial diente Holz aus den dichten Wäldern des Hinterlandes, für dessen Transport man den Timm-Kanal angelegt hatte. Heute wirkt die Schiffersiedlung Kabli mit ihren typischen Häusern vom Ende des 19. Jahrhunderts verschlafen, fast museal. Die sogenannte ›Kapteni Villa‹ (Tel. 984 42) kann besichtigt werden. Die Strände nach Süden hin sind trotz ihrer Beliebtheit alles andere als überlaufen.

Über Treimani kommt man schließlich in den Grenzort Ikla, bei dem es sich strenggenommen nur um das estnische Anhängsel des lettischen Grenzdorfes Ainaži handelt. Seit 1966 wird das sehr salzige Mineralwasser der örtlichen Ravi-muda-Quelle abgefüllt. Um die Zollkontrolle zu passieren, muss man von der alten Küstenstraße zur heutigen modernen Grenzstation an der Hauptstraße hin-überfahren. Die Staatsgrenze ändert indessen nichts am Landschaftsbild, auch auf lettischer Seite setzen sich die schönen und weithin einsamen Sandstrände fort: Sehr gut zugänglich, mit Parkplatz und Erfrischungskiosk versehen ist dort der Badestrand bei Pumpuri, der 20 Kilometer jenseits der Grenze hinter Salacgrīva liegt. Ein vergleichsweise reger Ferienbetrieb herrscht im Badeort Saulkrasti nochmals 45 Kilometer weiter – aber dann ist man schon fast in Rīga, und die Hauptstadt Lettlands lohnt immer einen Tagesausflug vom Süden Estlands aus!

Das Nigula-Naturschutzgebiet

Ziemlich schlecht erreichbar zwischen dem Grenzübergang Ikla und der Kleinstadt Kilingi-Nõmme liegt in Grenznähe das relativ kleine Nigula-Naturschutzgebiet. Es wurde 1957 eingerichtet und besteht im Hauptteil aus einem mächtigen Hochmoor mit Torfschichten bis zu acht Metern Dicke. Flora und Fauna unterliegen der For-schung. Die Zufahrt erfolgt am besten von Häädemeeste aus über Tali (18 Kilo-meter östlich) und hier in Südrichtung bis zum Informationsgebäude an der Ost-seite des Reservates. Nach Voranmeldung (Tel. 924 70 oder 916 64) kann man auf Holzstegen einen knapp sieben Kilometer langen Lehrpfad durch einen Teil des Areals begehen. In Vanajärve gibt es auch ein Gästehaus für bis zu 40 Personen.

Der Rundweg sollte mit mindestens drei Stunden eingeplant werden. Zunächst erreicht man einen Beobachtungsturm am See; hier gabelt sich der Weg (auf dem Hinweg rechts halten!) und geleitet den Besucher an fünf Stationen vorbei, die die unterschiedlichen Landschaftselemente des Schutzgebietes zeigen: See, Moorflä-che, Hohlräume im Untergrund, die fünf Moorinseln und das Gewässerlabyrinth der 370 Tümpel und Teiche verschiedener Färbung. Die ganze Gegend ist ein Vogelparadies, in dem auch Adler und Schwarzstorch gesichtet werden können. Spuren verraten außerdem gelegentliche Streifzüge von Elchen, Bären und Wöl-fen. Je nach Jahreszeit sieht man Wollgras, Heidekraut oder den insektenfressen-den Sonnentau und insbesondere große Mengen der roten Moosbeeren.

Die einheimische Moosbeere (estn.: *jõhvikas*), eine Art Preiselbeere, ist vor allem im Osten Estlands verbreitet. Sie gedeiht am besten an den Rändern der

Hochmoore und auf Übergangsflächen, wo magere Böden bei hohem Grundwasserspiegel vorherrschen. Durch den Torfabbau wird diese Art von Bodendecker vielerorts großflächig vernichtet. Weil eine Aufforstung solcher Flächen kaum erfolgversprechend ist, hat man sich hier bereits seit den 1960er Jahren intensiv mit der Erforschung der Wachstumsbedingungen der Moosbeere beschäftigt und eine experimentelle Sammlung der verschiedenen Sorten angelegt. Versuche mit amerikanischen Anbausorten (cranberries) scheiterten an der zu späten Blütezeit und unzureichenden Ausreifung im nordischen Klima. Inzwischen stehen die optimalen einheimischen Sorten wohl fest. Als wertvollste Beere der Hochmoore bringt es die Moosbeere auf durchschnittliche Ernteerträge von 250 bis 300 Kilogramm pro Hektar, im Mündungsgebiet des Emajõgi (Tartumaa) durchaus auch das Dreifache. Mit ihrem säuerlich-herben Geschmack eignet sie sich gut zur Herstellung von Säften, Marmeladen, Likör und Fruchtwein. Offenbar spricht man hier nicht zu Unrecht von der ›Weintraube des Nordens‹.

Kilingi-Nõmme

Karksi-Nuia, Abja-Paluoja und jetzt Kilingi-Nõmme – wer auf der Straße Nr. 6 von Viljandimaa aus in Richtung Pärnu unterwegs ist, kommt durch diese Kleinstädte mit den merkwürdigen und unhandlichen Doppelnamen, entstanden aus der administrativen Zusammenlegung von Nachbarorten. Im Falle von Kilingi-Nõmme (2500 Einwohner) war es der Gutshof des Besitzers Valentin Schilling, der mit dem nahen Landgasthaus von Nõmme samt Kirche von 1859 den Stadtnamen ergab. 1870 kam im Ort noch eine orthodoxe Kirche hinzu. Im Grunde ist Kilingi-Nõmme, das immerhin schon seit 1938 den Stadttitel trägt, eher eine Waldsiedlung. Es gibt keine Industrie; die Wälder der umgebenden Gemeinde Saarde sind der wahre Reichtum der Gegend. Eine 1819 angelegte Birkenallee führt vom Gutshof geradewegs zur Kirche, und selbst der Marktplatz scheint im Kiefernwald zu liegen. Im Norden der Ortschaft wird eine Umgehungsstraße geplant.

Im benachbarten Tihemetsa stößt man auf ein bemerkenswert langes Gebäude: Es ist das alte Gasthaus von Voltveti aus dem Jahre 1802, das mit seiner Frontlänge von 84 Metern alle ähnlichen Landschänken an den Fernstraßen des Baltikums übertrifft und sicher über eine der ›längsten Theken‹ von ganz Europa verfügte. Auch ein klassizistischer Gutshof mit Park und Arboretum befindet sich am östlichen Ortsrand. In Lodja (fünf Kilometer westlich von Kilingi-Nõmme) ist eine Pferdepoststation aus dem 18. Jahrhundert erhalten geblieben.

Bei Kilingi-Nõmme zweigt die Regionalstraße Nr. 56 ab, die durch relativ einsame Landschaft nach Viljandi führt.

Tori

Dem Pärnu-Fluss stromaufwärts folgt die Straße Nr. 5 von Pärnu über Vändra und weiter bis Paide (Järvamaa) auf ganzer Länge, wenn auch meistens in größerem Abstand. Eine Alternative dazu ist anfangs die Regionalstraße Nr. 59, die am anderen Flussufer entlangführt; man erreicht sie, indem man die Pärnuer Innenstadt zunächst in Südrichtung über die Fernstraße Nr. 4 verlässt und dann über den Bahnübergang in Richtung Sindi fährt.

Die Kleinstadt Sindi (4300 Einwohner) entstand 1832 als Arbeitersiedlung für die Tuchfabrik, die auch heute noch in Betrieb ist und bei ihrer Gründung der größte Betrieb Estlands gewesen sein soll. Beim Dorf Pulli am gegenüberliegenden Flussufer wurden 1967 die ältesten Siedlungsspuren des Landes gefunden und auf die Zeit um 7500 v. Chr. datiert. Nach weiteren zwölf Kilometern erreicht man Tori, 1528 erstmals erwähnt und seit 1856 für seine Pferdezucht berühmt. Bei den sogenannten dunklen Pferden von Tori handelt es sich um große, kräftige Zugtiere, die für den Einsatz der immer schwerer gewordenen Feldgeräte gezüchtet wurden. Reine Reitpferde haben in Tori nie eine besondere Rolle gespielt; stets hat man sich an den Erfordernissen der Landwirtschaft orientiert und sich den Arbeitspferden gewidmet. Das Gestüt arbeitet nach wie vor. Es besteht aus einer Vielzahl von Gebäuden, die man durch ein zinnenbesetztes Backsteintor betritt. Besondere Beachtung verdient das Wirtshaus von 1845, das mit seinen zehn weißen Säulen zu den größten im Baltikum zählt. In der Nähe des örtlichen Friedhofs existierte bis 1974 eine bemerkenswerte Höhle aus der Devonzeit, die als

Weite Flächen werden vom Torfabbau verändert

›Hölle von Tori‹ (*Tori põrgu*) bekannt war. Nach zwei Einstürzen im abgelaufenen Jahrhundert ist heute zwar nicht mehr viel davon zu sehen, doch der Ausblick vom zehn Meter hohen Steilufer über den Pärnu-Fluss lohnt sich weiterhin. Östlich von Tori beginnt bald ein nahezu menschenleeres Gebiet. In den ausgedehnten Sumpfgebieten Kikepera und Kuresoo gibt es so gut wie keine Straßen. Hier auf der Südostseite des Pärnu-Flusses kann man von Tori noch bis Jõesuu (fünf Kilometer) auf Asphalt weiterkommen. Bei der Brücke, die zwischen Jõesuu und Tohera den Nebenfluss Navesti überquert, endet der feste Straßenbelag auf weite Entfernung. Man ist nun nahe am einzigartigen Soomaa-Nationalpark (siehe Viljandimaa) und hat die Wahl: Entweder die Strecke am Ufer des Navesti bzw. Nordrand des Reservats entlang (d.h. über die Brücke, 22 Kilometer über Tohera bis Kaansoo, dort Einmündung in Straße Nr. 57 nach Suure-Jaani und Viljandi) oder den einzigen Fahrweg quer durch das Sumpfgebiet (d.h. Brücke meiden und geradeaus weiter, 14 Kilometer bis Abzweig Tõramaa und von dort weitere 23 Kilometer Piste bis Kõpu bzw. 30 Kilometer bis Vastemõisa, beide im Raum Viljandi).

Tootsi, Vändra

Hinter Tori muss man nicht unbedingt in die Sümpfe. Wenn man in Nordwestrichtung die Brücke über den Pärnu-Fluss hinweg zur nahen Fernstraße Nr. 5 nimmt, bleibt man in der ›Zivilisation‹. Auf dem weiteren Weg nach Vändra kann man allerdings noch einen kurzen Abstecher von sechs Kilometern nach Tootsi (1300 Einwohner) machen. Die Ortschaft liegt man Rande eines weiteren Moorgebietes namens Suursoo (Großes Moor), das sich zwischen Vändra und Pärnu-Jaagupi hinzieht. Hier wird in großem Umfang Torf abgebaut und in der 1939 fertiggestellten Brikettfabrik des Ortes weiterverarbeitet. Bahngleise, die von Tootsi aus in die Torfflächen hinausgelegt wurden, bezeugen die industrielle Nutzung. Gleichzeitig stellen sie die einzige Erschließung des Gebietes dar. Mit dem Auto muss auf man demselben Weg zurückfahren, auf dem man gekommen ist. Dabei mag der Hinweis amüsieren, dass Tootsi bis 1993 den Titel ›Stadt‹ innehatte.

Vändra, ungefähr 15 Kilometer weiter an der Fernstraße, verlor im selben Jahr seinen Stadttitel und wurde zum Gemeindezentrum umfunktioniert. Bei immerhin 3100 Einwohnern hat der Ort schon eher den Charakter eines typischen Landstädtchens zwischen Wäldern und Hochmooren. Und nicht als einziges benutzt es den Bären als Wappentier. Vändra wurde 1515 erstmals erwähnt. Schon vor Jahrzehnten war hier ein Zentrum der Milchwirtschaft und der Holzindustrie. Dass der unscheinbare Ort aber als Heimat ungewöhnlich vieler kulturell bedeutsamer Persönlichkeiten des 19. Jahrhunderts genannt wird, ist erstaunlich. Geboren wurden hier: Johann Woldemar Jannsen (1819 – 1891), der Begründer des estnischen Zeitungswesens, seine Tochter Lydia Koidula (1843 – 1886), eine berühmte Dichterin, der Schriftsteller Ernst Peterson-Särgava (1868 – 1958), Lilli Suburg, eine Frauenrechtlerin und Gründerin der örtlichen Mädchenschule, sowie Anton Jürgenstein (Kulturschaffender). Außerdem zogen in späteren Lebensjahren noch hinzu: Mihkel Lüdig (1880 –1958), Komponist des Liedes ›Morgenröte‹, das bei den traditionellen Sängerfesten stets gesungen wird, und Carl Robert Jakobson (1841 – 1882), ein herausragender Förderer der estnischen Nationalkultur, dessen Gutshof im nahegelegenen Kurgja heute als Museum dient.

Kurgja liegt etwa 13 Kilometer östlich von Vändra etwas abseits der Straße am Pärnu-Fluss. Carl Robert Jakobson, der unter anderem Vorsitzender des estnischen Landwirtschaftsverbandes war, hatte hier ab 1874 einen Gutshof als bäuerlichen Musterbetrieb aufgebaut. Er sollte wegweisend sein für ein freies Bauerntum, unabhängig von den baltendeutschen Gutsbesitzern und der von ihm als rückständig kritisierten Amtskirche. Der Komplex ist heute Museum und beliebtes Ausflugsziel (Mitte Apr. bis Mitte Sept. tägl. 10 bis 16 Uhr; Tel. 581 71). Die Lebens- und Wirtschaftsweise vom Ende des 19. Jahrhunderts wird hier bewusst aufrechterhalten, um sie für die Besucher erlebbar zu machen. Auch traditionelles Essen kann man probieren. Ein etwa dreistündiger Wanderweg führt am Familienfriedhof vorbei und verbindet etliche Punkte, die im Leben Jakobsons eine Rolle gespielt haben.

Bei Suurejõe an der Straße Nr. 57 von Vändra nach Suure-Jaani steht eine alte Wassermühle. Ganz in der Nähe verlief die historische Grenze zwischen Estland (Nord-Estland) und Livland (Süd-Estland mit Nord-Lettland). In dem abgelegenen Landstrich gibt es noch Bären – erinnert sei an das Wappen von Vändra!

Pärnu-Jaagupi

Dem Namen nach könnte es ein Vorort von Pärnu sein, der Lage nach kaum. Die Ortschaft Pärnu-Jaagupi (1550 Einwohner) liegt 25 Kilometer nördlich der Hafenstadt neben der Via Baltica nach Tallinn. Sehenswert ist höchstens die gotische Kirche, die 1534 als eines der letzten katholischen Gotteshäuser Estlands fertiggestellt wurde. Damals hieß die Siedlung noch Korbe. Der Schutzheilige der Kirche, St. Jakobus, gab schließlich dem gesamten Dorf den Namen: St. Jakobi, später estnisiert und unter Bezugnahme auf den Landkreis Pärnu-Jaagupi genannt. Bei Enge (drei Kilometer nordöstlich) gibt es einen großen Eichenwald, wie man ihn in den nördlichen Breiten nur selten findet. Ansonsten ist Pärnu-Jaagupi eingeengt durch die gewaltigen Hochmoore rechts und links der Fernstraße, in denen die Torfabbauflächen von Tootsi und Lavassaare liegen.

Lavassaare

Die Siedlung liegt einsam mitten im Hochmoor. Im Umkreis von zehn Kilometern gibt es kaum irgendwelche Ortschaften oder Wege, nur die weitverzweigten Gleise einer Industriebahn. Den besten ›Kontakt zur Außenwelt‹ bietet da noch die zwölf Kilometer lange Zufahrtsstraße (Nr. 103) von Süden her, die in der Nähe von Audru abzweigt und an der orthodoxen Kirche von Jõõpre vorüberführt. Lavassaare lebt vom Torfabbau. Mit weniger als 600 Einwohnern ist der Ort inmitten seiner unzugänglichen Umgebung eigentlich kaum mehr als eine Arbeiterkolonie neben dem gleichnamigen Aussichtshügel (31 Meter ü. M.) und ein Stück entfernt vom ebenfalls gleichnamigen See. Reihen trister Wohnblocks, eine ganz kurze schattige Allee und am Ortsende eine große Torfverladestation mit Kipprampe für die Waggons, das ist alles. Je nach Jahreszeit wird man dazu heftig von Mücken geplagt. Und doch gibt es hier eine kleine Attraktion, auf die

schon im Umkreis und dann noch einmal vor dem Ortseingang hingewiesen wird: Am westlichen Rand der Gleisanlagen existiert seit 1987 das größte Schmalspurbahnmuseum des Baltikums (*Eesti Muuseumraudtee*; Juni bis Aug. Mi bis So 11 bis 17 Uhr, Sept. Sa bis So 11 bis 17 Uhr; Tel. Tallinn 527 25 84): Über 30 größere Exponate, von der Draisine über den Schienenbus bis zur Dampflokomotive, stehen aufgereiht in einem Gleisdreieck vor einem Lokschuppen und können bestaunt und bestiegen werden. Die Fabrikschilder verraten in vielen Fällen russische Herstellerwerke. Nicht alle Fahrzeuge sind restauriert, die ganze Atmosphäre wirkt eher unaufgeräumt. Ein äußerst schäbiger Wohnblock wirkt deplatziert neben den Bahnanlagen: Im Hochparterre rechts findet man jedoch eine sehr gut bestückte Ausstellung zur estnischen Bahngeschichte. Mit den funktionsfähigen Lokomotiven werden auf einem zwei Kilometer langen Gleisabschnitt der 1975 stillgelegten Torfbahn jeweils samstags Sonderfahrten durchgeführt. Das Gelände ist nicht eingezäunt; es wird jedoch deutlich darauf hingewiesen, dass das Betreten dieses privaten Museums gebührenpflichtig ist. Im übrigen gibt es eine sehr professionelle und detaillierte zweisprachige Internetseite (www.ee/eesti-mr).

Exkurs 7: Historische Schmalspurbahnen

Professor Martens ist unterwegs von Pernau nach Valk. Mit dem Dampfzug, im Juni 1909. Eine typische Reise zu dieser Zeit. Die 125 Kilometer lange Strecke, teilweise über lettisches Gebiet, war erst 1896 eröffnet worden. In den folgenden drei Jahrzehnten entstanden überall in Estland kleine Bahnen als Ergänzung der bereits bestehenden Hauptstrecken. So manchen Ort erweckten sie aus einem Dornröschenschlaf. Auch Paide, Mustvee, Märjamaa, Lihula, Mõniste, Vändra, Ikla waren nun per Zug erreichbar. Ab 1910 verlegte man sogar auf mehreren Inseln Gleise. Teilweise handelte es sich nur um Werksbahnen zum Material- oder Rohstofftransport. Nachdem die Staatsbahn 1926 alle diese Strecken übernommen hatte, wuchs die Netzlänge bis 1939 noch bis auf stattliche 909 Kilometer. Und heute? Einen Schienenstrang von Pärnu nach Valga, wie ihn Jaan Kross als roten Faden für einen seiner historischen Romane benutzt, sucht man heute vergebens in der Landschaft. Östlich von Mõisaküla, wo jetzt die Staatsgrenze verläuft, gibt es keine Gleise mehr. Die Schmalspurbahn (*kitsarööpmeline raudtee*) ist überall in Estland ausgestorben. Es lohnt sich auf alle Fälle, bei Jaan Kross nachzulesen: ›Professor Martens' Abreise‹ ist ein Roman, der mit zahlreichen historischen Streckendetails die Erinnerung wach hält. Vor allem aber reflektiert er die Zeitumstände kurz vor der ersten Unabhängigkeit Estlands und führt die vielfältigen russischen und deutschen Einflüsse vor Augen. Aus militärischen Erwägungen, aber auch wegen der aufkommenden Konkurrenz auf der Straße nahm die Sowjetmacht bereits ab 1959 sukzessive Stilllegungen vor. Die oben erwähnte allererste und längste Strecke blieb bis zuletzt bestehen. Mit Aus-

nahme einiger lokaler Torfbahnen gibt es in Estland seit 1975 nur noch Strecken in russischer Breitspur, die teilweise durch Verbreiterung entstanden sind. Alle Querverbindungen in der Provinz sind weggefallen, und eine vollständige Ausrichtung auf die Hauptstadt ist nun die Folge. Heute sind es mit der Eisenbahn von Pärnu nach Valga nicht mehr 125 Kilometer, sondern fast 450 – über Tallinn, den einzigen Verknüpfungspunkt. Aber man stößt doch noch auf Spuren: In Paide und Kuressaare gibt es nach wie vor eine Bahnhofstraße (Vaksali, Jaama), in Avinurme eine Bahn-

Bei der Museumsbahn von Lavassaare

brücke, bei Rapla und anderswo ein
Stück Trasse, in Valga einen Abzweig
ins Nichts. In Türi, Tapa, Haapsalu
und Valga sind ausgestellte Dampflo-
komotiven zu bestaunen, in Avinurme steht ein kleiner Zug. Man
muss schon ein gutes Stück über die
Grenze nach Lettland fahren, um
dort den Restbetrieb auf der Strecke
Alūksne – Gulbene zu erleben, bei
dem es sich um den Südabschnitt der
1970 eingestellten Strecke ab Valga
handelt. Wirkliche ›Eisenbahnroman-
tik‹ kann man jedoch in gleich zwei
Museen erleben, die sich intensiv der
Dokumentation und Wiederaufarbei-
tung widmen: neben der Torfbahn in
Lavassaare und im stillgelegten Bahnhof von Haapsalu. Letzterer gehörte
übrigens bereits zu einer Breit-
spurstrecke. Mit der Privatisierung
1997 setzte ein neuerlicher Schrump-

fungsprozess ein: In Võru wurde
inzwischen der Bahnhof geschlossen
und der Personenverkehr eingestellt;
auf dem noch vorhandenen Gleis
zwischen Pärnu und Mõisaküla
verkehrt höchstens ein Dutzend
Güterzüge monatlich. In den beiden
Museen und in bedeutenderen Buchhandlungen erhält man ein sehr
umfangreiches Buch über das
estnische Schmalspurbahnwesen mit
Bildunterschriften und Zusammenfassung auf Englisch (Mehis Helme:
›Eesti kitsarööpmelised raudteed
1896 – 1996‹; Tallinn 1996;
300 Seiten mit über 300 Fotos).

Die Küste westlich von Pärnu

Autobahnartig ausgebaut ist der Anfang der Regionalstraße Nr. 60, auf der man Pärnu verlässt, um über Lihula nach Haapsalu oder zum Fährhafen Virtsu (Läänemaa) zu gelangen. Das ist umso erstaunlicher, als gerade diese Strecke durch ein spärlich besiedeltes und wenig erschlossenes Randgebiet führt. Hinter Audru prägen wieder einmal große Moorflächen und Sümpfe die Landschaft, und man hat hier 45 Kilometer ohne besondere Höhepunkte vor sich. Wer Zeit hat und Straßenabschnitte minderer Qualität nicht scheut, sollte den im folgenden beschriebenen Küstenweg von Audru über Tõstamaa und Varbla ins Auge fassen (sicherheitshalber vorher tanken!).

Audru besitzt einen unter Denkmalschutz stehenden Gutshof, der in seinen Anfängen bereits auf das Jahr 1449 zurückgeht und baulich ›wie aus einem Guss‹ wirkt. Schön sind auch die Parkanlagen mit Hängebrücke am Audru-Fluss. Im Restaurant ›*Kuld Lõvi*‹ (Goldener Löwe) ist noch viel von der Atmosphäre einer typischen Postkutschenstation zu spüren. Die örtliche Kirche wurde 1680 eingeweiht und gilt als die erste lutherische im damaligen Livland. Etwa zwei Kilometer südlich von Audru liegt der in der Bucht von Pärnu der beliebte Badestrand von Valgeranna (Weißer Strand). Als einziger an der gesamten Küste des Baltikums ist er exakt gen Süden ausgerichtet und zusätzlich noch durch dahinterliegende Kiefernhaine vor den Nordwinden geschützt. Kein Wunder, dass sich die Parteioberen der Sowjet-Ära gerade hier ein abgeschirmtes Sommerdomizil errichten ließen, das übrigens seit einigen Jahren der Öffentlichkeit zugänglich ist.

Um an der Küste zu bleiben, wählt man hinter Audru nun die Straße nach Tõstamaa und umrundet damit in weitem Bogen das Moorreservat Nätsi-Võlla, das sich östlich des Weilers Tõhela auf knapp 99 Quadratkilometern ausbreitet. Der Weg ist landschaftlich schön, waldreich und sehr einsam. Nach 25 Kilometern passiert man das desolate Herrenhaus von Pootsi. Beim Dorf Kavastu ganz in der Nähe findet man einen kleinen Sandstrand und eine Campingmöglichkeit. Wer auf die Insel Kihnu hinüberfahren will, muss die kurze Stichstraße zur Landspitze von Torila (*Torila ots*) nehmen, um an der Anlegestelle Lao auf das Schiff zu steigen. Im verschlafenen Kirchdorf Tõstamaa, das erst vor etwa 120 Jahren um die 1768 fertiggestellte turmlose Kirche entstanden ist, gibt es ein weißes Gutsgebäude. Landeinwärts am Fahrweg nach Tõhela tauchen zwei größere Seen auf, der Ermistu- und der Tõhela-See, beide sehr fischreich. Am Meer entlang verläuft eine Dünenkette, die sich bis hinter Varbla fortsetzt. Unterwegs lohnt sich eventuell noch der kurze Abstecher nach Matsi, wo man einen weiten Blick auf das offene Meer hat. Die weitere Wegstrecke über Varbla bis zur Grenze des Landkreises Läänemaa (etwa 20 Kilometer) besteht überwiegend aus Schotterstraße.

Die Insel Kihnu

Trachten als Alltagskleidung kann man auf einer Estland-Reise wohl nur noch auf der Insel Kihnu antreffen. Länger als anderswo haben sich hier Bräuche und traditionelle Wirtschaftsformen gehalten. Den Inselbewohnern deshalb mangelndes Interesse an der ›Außenwelt‹ oder an modernen Errungenschaften zu unterstellen, wäre jedoch falsch. Schließlich liegt Kihnu nur 41 Kilometer von Pärnu entfernt, und zum elf Kilometer entfernten Festlandshafen verkehrt regelmäßig ein Schiff, zumindest von Mai bis Dezember. Im Winter ist man unter Umständen auf das Flugzeug ab Pärnu angewiesen, wenn nämlich eine Eisdecke die Schiffspassage unmöglich macht. Bei wirklich strengem Frost wird auch eine Autoroute über die gefrorene Ostsee freigegeben.

Kihnu hat eine Fläche von knapp 17 Quadratkilometern und besteht, wie die 56 umliegenden Inselchen auch, ganz überwiegend aus Kies und Sand. An keiner Stelle wird eine Höhe von neun Metern ü.M. überschritten. Seehunde suchen die Klippen auf, und man hat lange intensiv Jagd auf sie gemacht. Seit 500 Jahren gibt es hier dieselben vier Dörfer (Lemsi, Sääre, Lina, Rootsiküla), eingerahmt von Feldern und Wacholderwiesen, weiter im Inneren auch Kiefernhaine. Im Sommer besteht durchaus Waldbrandgefahr. Bis in die Gegenwart hat sich eine festgelegte Arbeitsverteilung erhalten: Praktisch alle Männer üben Fischerei- und Schiffstätigkeiten aus, während den Frauen Haushalt und Feldarbeit obliegen. Die Seefahrt brachte es zu allen Zeiten mit sich, dass die Inselfrauen bei längerer Abwesenheit der Männer mit sämtlichen Arbeiten vertraut sein mussten. So wird der Begriff ›*Kihnu naine*‹ (Frau von Kihnu) in Estland gern gebraucht, wenn man eine Frau als verheiratet, aber letztlich doch auf sich selbst gestellt charakterisieren will.

Unter dem Namen Kyne wurde Kihnu 1386 erstmals erwähnt, eine Besiedlung lässt sich bis mindestens 1518 zurückverfolgen. Bei wechselnder Zugehörigkeit zu Dänemark, Polen und Russland nahm am Beginn des 16. Jahrhunderts der schwedische Einfluss zu, und um 1530 wurden bereits etwa 300 Bewohner gezählt. Nach einer verheerenden Pestepidemie und den Wirren des Nordischen Krieges geriet Kihnu um 1710 unter eine lange russische Herrschaft, und um 1840 entstand noch Turuküla als fünftes Inseldorf. Damals traten fast alle Inselbewohner auf Anordnung des Zaren und vielleicht auch aus Opportunismus zum orthodoxen Glauben über. Daran hat sich bis heute nichts geändert; trotz der langen Sowjetherrschaft gibt es kaum Atheisten unter den Bewohnern. Russische Vornamen für die Kinder sind jedoch aus der Mode gekommen. Neben Esten vom Festland und den anderen Inseln gibt es auch schwedischstämmige Familien, wie man an dem Dorfnamen Rootsiküla (wörtlich: Schwedendorf) nachvollziehen kann. Mit 1200 Menschen war Kihnu vor hundert Jahren schon mit einem in Estland fast unbekannten Phänomen konfrontiert: Überbevölkerung! Auch nach der Massenflucht am Ende des Zweiten Weltkrieges ist Kihnu mit heute rund 500 Bewohnern immer noch recht dicht besiedelt. Hauptarbeitgeber war lange Zeit die in der Stalin-Ära gegründete Fischereikolchose ›*Nõukogude Partisan*‹ (Sowjetpartisan), die in den 1960er Jahren in den größeren Festlandsbetrieb ›*Pärnu Kalur*‹ (Fischer von Pärnu) integriert wurde. Der damit verbundene soziale Wandel ging mit zunehmendem Alkoholismus einher. Seit der Unabhängigkeit ist Kihnu eine selbständige Gemeinde im Kreis Pärnumaa.

Wer die Insel besucht, wird den 29 Meter hohen Leuchtturm ganz im Süden wahrnehmen. Er wurde 1864 in Einzelteile zerlegt aus England hierher transportiert. Im alten Schulhaus gibt es seit 1974 ein Heimatmuseum. In der neuen Schule, die 1972 eröffnet wurde, werden derzeit knapp 70 Schüler von acht Lehrkräften unterrichtet. Seit 1624 existiert eine zunächst lutherische Kirche auf der Insel, die 1862 in eine orthodoxe umgewidmet wurde. Nicht unerwähnt bleiben darf der berühmteste Insulaner, der autodidaktische Kapitän Enn Uuetoa (1848 – 1913) aus dem Dorf Rootsiküla, der als ›Kihnu Jõnn‹ um die Welt segelte und am Ende mit seinem Schiff ›Rock City‹ in dänischen Gewässern Schiffbruch erlitt. 1992 wurden seine Gebeine überstellt und auf dem Inselfriedhof nahe beim Eingangstor beigesetzt. Das einzige Gasthaus von Kihnu schmückt sich mit dem merkwürdigen Schiffsnamen. Beliebtes Verkehrsmittel der Einheimischen sind Motorräder, viele davon mit Beiwagen. Wie auf allen kleinen Inseln muss man sich beim Rundgang darüber im klaren sein, dass man gewissermaßen in die festgefügte Privatsphäre der Inselbewohner eindringt, in der bisher jeder jeden kannte. Praktisch jeder Quadratzentimeter Boden gehört hier jemandem und trägt zu dessen Existenzsicherung bei. Fremde oder gar Touristengruppen stellen in einer Sozialordnung, die fast keinen öffentlichen Raum kennt, immer ein Problem dar.

Die Insel Manilaid

Ohne elektrisches Licht mussten die etwa 40 Bewohner von Manilaid bis fast zum Ende des 20. Jahrhunderts auskommen. Das nur 800 Meter vom Festland entfernte Inselchen war Jahrhunderte lang bekannt, ehe es 1933 besiedelt wurde: 20 Familien vom benachbarten Kihnu entschlossen sich wegen der dortigen Überbevölkerung zu einem Neuanfang. Zu der Zeit wurde auch der Leuchtturm erbaut. Auch hier sind Trachten und Traditionen noch lebendig. Alles Notwendige muss vom Festland herübergeholt werden. Zwecks Überfahrt erkundigt man sich am besten im Hafen Munalaiu an der Landspitze, wo auch das Schiff nach Kihnu ablegt. Der Name der Inselsiedlung Manija wird auch für die Insel selbst verwendet. Administrativ gehört Manilaid zur Festlandsgemeinde Tõstamaa.

Telefonvorwahl: 044.
PLZ-Bereich: 85-88000 ff.
Internet: www.mv.parnu.ee;
www.parnumaa.ee.
Tourismusbüro: siehe Stadt Pärnu.
Post: siehe Stadt Pärnu.
Polizei: Pärnu mnt. 27 in Kilingi-Nõmme.

 Anfahrt siehe Stadt Pärnu.
Straßennetz sternförmig von
Pärnu ausgehend mit schlechten
Querverbindungen. Grenzübergang
Ikla nach Lettland im Verlauf der
Fernstraße Nr. 4, der Via Baltica
Tallinn–Rīga: nach Rīga 120 km.
Von Pärnu nach Audru 9 km,
Vändra 52 km, Kilingi-Nõmme
44 km.

 12 Bahnstationen im
Landkreis, überwiegend
abseits der Orte. Personenzüge derzeit nur zwischen Tallinn und Pärnu:
2 Zugpaare täglich. Ansonsten nur
Güterzüge und Torfbahnen.

 Mehrere Fernlinien über
die Hauptstraßen des Landkreises mit Ziel Tallinn oder andere
Kreishauptorte; Querverbindungen
und kleinere Orte werden sporadisch bedient.

 Fähre Munalaiu–Kihnu tägl.
von etwa Mai bis Dez. je
nach Vereisung, Tel. 699 24.

 Außerhalb von Pärnu sind
die Unterkünfte rar. In Kabli
bei Häädemeeste findet man das
Hotel ›Lepanina‹ in Strandnähe
(Tel. 650 24, 84 Betten, DZ ca.
50 Euro). In Kõpu bei Tõstamaa
kann man in einem umgebauten
Bauernhof nächtigen: ›Talumotell
Maria‹ (Tel. 745 58, 16 Betten, Reitangebote). Im Kiefernwald von Valgeranna steht die ›Villa Andropoff‹
(Tel. 434 53).

 Im Sommer gibt es Cam-
pingmöglichkeiten beim
Hotel ›Lepanina‹, außerdem in
Uulu, Rannametsa und Valgeranna.

 Als interessantes Speiselokal
mit Innenhof empfiehlt sich
der ›Kuld Lõvi Trahter‹ (Gasthaus
Goldener Löwe) neben der Straße
Nr. 60 am Ortsrand von Audru. Die
Tankstelle von Arumetsa an der
Fernstraße Nr. 4 bei Häädemeeste
verfügt über eine ansprechende
Raststätte. In der Nähe steht an-
sonsten das Restaurant des Hotels
›Lepanina‹ zu Verfügung.

Läänemaa

Sprungbrett zu den Inseln

▶ Landkreis in West-Estland
▶ Kreishauptstadt Haapsalu
▶ Autokennzeichen:
  erster Buchstabe S
▶ Fläche 2394 qkm
▶ zum Kreisgebiet gehören auch die
  Insel Vormsi, eine Reihe kleiner

Inselchen sowie die Halbinsel
Noarootsi
▶ etwa 31 000 Einwohner,
  davon 13 000 in Haapsalu
▶ dünne Besiedlung
▶ 11 Gemeinden, 1 Stadt

Der Landkreis Läänemaa

0   10   20 km

Nirgendwo sonst im Baltikum findet man eine ähnliche Verzahnung von Land und Meer wie an der Küste des estnischen Landkreises Läänemaa. Während in Lettland und Litauen eine Ausgleichsküste ohne Inseln das Bild bestimmt, ist die Nordwestecke Estlands von Buchten, Landzungen und einer Anhäufung von Inseln und Untiefen geprägt, die fast mit den Schären vor Stockholm oder Turku vergleichbar sind. Allein die gewundene Küstenlinie des Festlandes summiert sich hier auf eine Länge von rund 400 Kilometern gegenüber einer reinen Nord-Süd-Erstreckung von lediglich 80 Kilometern. Seit der Eiszeit dauert die allmähliche Hebung des Landstriches, der zuvor vom Meer bedeckt war, immer noch an; man rechnet etwa zwei Millimeter pro Jahr. Dabei fallen im Laufe der Jahrhunderte ständig neue Flächen trocken, sobald sie dauerhaft über dem Meeresspiegel verbleiben: Der Verlauf der Küstenlinie verändert sich im Detail, neue Inseln tauchen auf, vorhandene vergrößern sich oder wachsen durch Verlandung mit dem nahen Festland zusammen, werden auf diese Weise zu Halbinseln. In letzter Konsequenz nimmt auch die Fläche des Landkreises geringfügig zu.

Das erdgeschichtlich also noch sehr junge Tiefland erstreckt sich im ganzen Kreisgebiet etwa 15 bis 20 Kilometer landeinwärts. Es besteht zum größten Teil aus Mooren und Sümpfen und erweist sich mithin als wenig geeignet für Siedlungen. Läänemaa für sich allein genommen hat eine noch geringere Bevölkerungsdichte als das nördlichere und klimatisch benachteiligte Finnland im Landesdurchschnitt. Auf einem Gebiet von der Größe des Saarlandes leben hier gerade einmal knapp 31 000 Menschen, davon über 40 Prozent allein in der alten Bischofsstadt Haapsalu, deren Hafen schon seit über 300 Jahren versandet ist. Über die zwei Hauptstraßen des Landkreises läuft der gesamte, wenngleich relativ geringe Autoverkehr von und zu den vier größten estnischen Inseln, die über die beiden Häfen Rohuküla und Virtsu mit dem Festland verbunden sind. Ein ziemlich weitmaschiges Straßennetz verbindet die Gemeindezentren einigermaßen; wer größere Umwege scheut oder bestimmte Küstenabschnitte aufsuchen möchte, wird gelegentlich Staubstraßen benutzen müssen. Ganz besonders zurückgeblieben ist der nördliche Teil. Die Landschaft kann man wohl als monoton bezeichnen: Es gibt wegen der feuchten Böden wenig Ackerland, stattdessen mehr Wiesen und Weideflächen, daneben Wacholderheiden und Waldgebiete – insgesamt viel unberührte Natur. Ein Fünftel des Territoriums steht unter Naturschutz.

Die Küstenniederung gehört zu den flachsten Gegenden im ohnehin schwach reliefierten Estland, und selbst im östlichsten Teil von Läänemaa werden nur Höhen von maximal 60 Metern ü. M. erreicht. Zum Kreisgebiet zählt auch die mittelgroße Insel Vormsi, die ebenso wie die benachbarte Halbinsel Noarootsi bis 1944, rund 650 Jahre lang, überwiegend von Schweden besiedelt war. Wegen der strategisch relevanten Lage am äußersten Westrand der Sowjetunion war die hiesige Küste in der Folgezeit vom russischen Militär stark bewacht und für Ausländern praktisch unzugänglich. So kommt es, dass noch heute rund zwölf Prozent der Einwohner dieses industriell unbedeutenden Landstriches Russen sind, nicht angesiedelte Arbeiterfamilien, sondern Aufenthaltsberechtigte aus dem Umfeld der einstigen Sowjetarmee. Als nicht bodenständiger Teil der Bevölkerung leben sie schwerpunktmäßig in Haapsalu (13 000 Einwohner), das als einziger Ort mit Stadtrecht im gesamten Kreis auch dessen Verwaltungszentrum ist. Eine Identifikation mit der schwedischen Herrschaft von 1581 bis 1710 ist hier immer noch anzutreffen, während die doppelt so lange Zugehörigkeit zum russischen Machtbereich von 1710 bis 1991, mit einer 20-jährigen Unterbrechung in der ersten Republik, bei den allermeisten Esten in schlechter Erinnerung ist. Auf Landkarten tauchen im einstigen schwedischen Siedlungsgebiet weiterhin zweisprachige Ortsnamen auf, während im ganzen Land kyrillisch Geschriebenes mit großer Gründlichkeit getilgt worden ist. Von einer Belebung des Jahrzehnte lang unterbundenen Tourismus verspricht man sich einiges, zumal die örtlichen Einkommensverhältnisse deutlich hinter dem Landesdurchschnitt zurückgeblieben sind. Das Potenzial dafür ist zumindest im Raum Haapsalu vorhanden.

Haapsalu

Das Venedig Estlands! Allen Ernstes bemühen nicht wenige Esten einen solchen Vergleich, wenn die Rede auf Haapsalu kommt, und verweisen dabei auf die Nähe des Wassers in jedem Winkel der Hafenstadt. Wenn auch kein einziger Bootskanal oder Bachlauf den Ort durchzieht, so kann man zumindest sagen, er sei vom Wasser umspült und über einige längst verlandete und zusammengewachsene Inseln hinweg ›ins Meer hineingebaut‹. Die schmale Landzunge, auf der die Altstadt liegt, schiebt sich nämlich von Süden her weit in die Bucht von Haapsalu (*Haapsalu laht*) vor und ist an ihrer Spitze auch noch von zwei hintereinanderliegenden kleineren Einbuchtungen (*Suur Viik, Väike Viik*) zerteilt. Also hat man hier durchaus das Wasser (fast) vor der Haustür, und einige Sehenswürdigkeiten hat der Ort auch zu bieten; ein Abbild der dicht bebauten und kulturell überragenden Lagunenstadt ist Haapsalu aber absolut nicht!

Bereits im 6. Jahrhundert war die geschützte und vorteilhaft gelegene Stelle an der Ostsee besiedelt. Als heilig geltende Erlenwälder in der Umgebung dürften bei der Namensgebung eine Rolle gespielt haben; das estnische Wort *haab* heißt Erle. Nachdem im Laufe des 13. Jahrhunderts Dänen und Ordensritter die Gegend eingenommen hatten, wurde die hiesige Küstensiedlung, die von Fischfang und sogar Fernhandel lebte, 1263 als neuer Sitz des Bistums Ösel-Wiek (estn.: *Saare-Lääne*) auserkoren, das die Westgebiete einschließlich der Inseln umfasste. Die beiden Repräsentativbauten, nämlich Bischofsburg und Domkirche, stammen aus dieser Zeit. 1279 erhielt der Ort bereits Stadtrecht. Um die Mitte des 14. Jahrhunderts wurde der Bischofssitz jedoch nach Kuressaare auf die Insel Saaremaa verlegt, und nach einer wechselvollen Epoche, mal unter schwedischer, mal unter russischer Herrschaft, brachten die Livländischen Kriege zum Ende des 16. Jahrhunderts sehr große Zerstörungen. Erst 1805 begann mit der Einrichtung eines ersten Seebäderhauses ein erneuter Aufschwung. 1825 gründete der Militärarzt

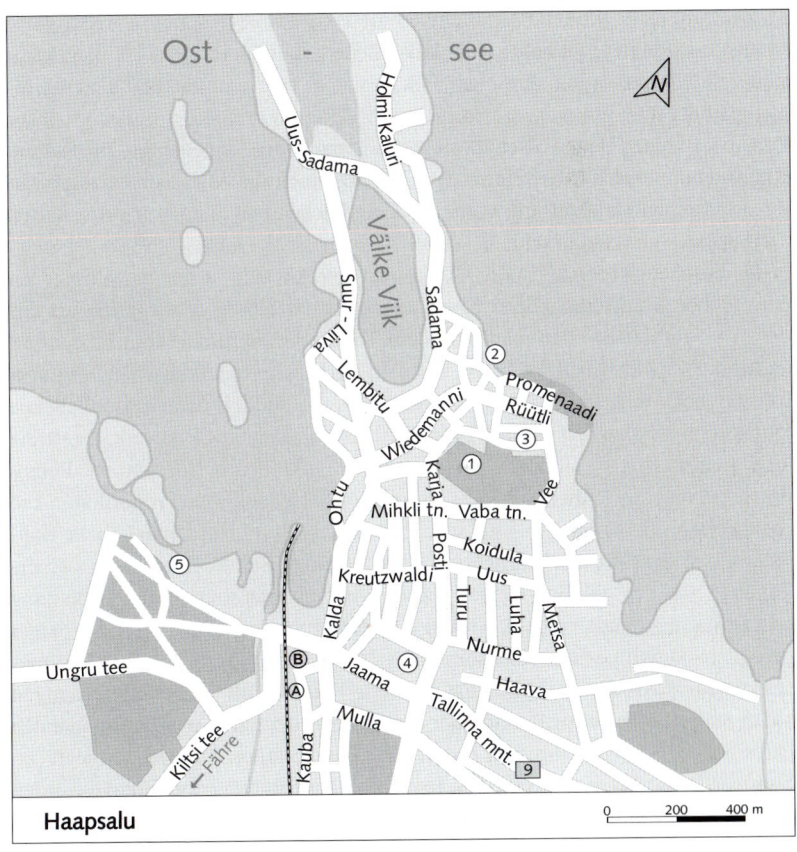

Haapsalu

Legende

1 Bischofsburg
2 Kursaal
3 Altes Rathaus (Museum)
4 Friedhof
5 Paralepa-Strand
A Autobushof
B ehem. Bahnhof (Museum)

Carl Abraham Hunnius (1797 – 1851) ein Moorbad und konnte damit einen anerkannten Kurbetrieb aufbauen. Haapsalu wurde zum Modebad der Sankt Petersburger Aristokratie. Die 1905 eröffnete Eisenbahnverbindung nach Tallinn ermöglichte nun auch der Zarenfamilie eine bequeme Anreise.

Wer von Tallinn her auf der Regionalstraße Nr. 9 (vormals Nr. 16) nach Haapsalu hereinkommt, lernt die heutige Stadt zunächst einmal von ihrer hässlichsten Seite kennen: Die auch von anderen Provinzstädten hinreichend bekannten Sowjethinterlassenschaften beherrschen das Bild; und wer an der Hauptkreuzung im Zentrum nicht endlich nach rechts in die Posti einbiegt, sondern weiter geradeaus (in Richtung Fährhafen Rohuküla) steuert, dem bleibt der Reiz von Haapsalu vollends verborgen. Auf einer Fläche von etwa einem halben Quadratkilometer findet man ein nahezu geschlossenes Altstadtensemble vor, das in seiner Gesamtheit unter Denkmalschutz steht. Es herrscht eine angenehme, fast heitere Kleinstadtatmosphäre. Bei einem Spaziergang durch die Alleen und Gassen mit ihren typischen Holzhäusern, vorbei an Grünflächen und einigen improvisierten Straßencafés merkt man schnell, wie klein Haapsalu doch ist!

Hauptsehenswürdigkeit und Mittelpunkt der Altstadt ist der gewaltige, von einer hohen Mauer umgebene Komplex der Bischofsburg (*Piiskopilinnus*) aus dem 13. Jahrhundert, den man durch ein Tor an der Nordseite vom Lossi plats (Schlossplatz) her betritt. Während von dem eigentlichen quadratischen Festungsbau nur noch eine Ruine übrig ist, sieht man die südlich daran anschließende Domkirche aus der Zeit um 1265 bis 1270 als vollständiges Bauwerk. Es ist die größte einschiffige Kathedrale im gesamten Baltikum und Nordeuropa. Beeindruckend sind die Schlichtheit ihres Inneren, die ausgewogenen Proportionen und das mächtige Gewölbe. Um 1300 wurde das ebenfalls im Norden unübliche Baptisterium an der Südseite hinzugebaut. Um dessen mittleres Fenster rankt sich die Legende von der ›Weißen Dame‹, die inzwischen auch touristische Bedeutung erlangt hat. Es handelt sich dabei um eine Art optische Täuschung (oder besser gesagt: eigenwillige Interpretation) eines Lichtscheins, der im August bei entsprechendem Mondstand durch das gotische Fenster fällt. Unbedingt besteigen sollte man den Turm im Bereich der Stadtmauer, der einen wirklich lohnenden Blick auf die Stadt und ihre von Inseln und Meer gestaltete Umgebung bietet (im Sommer Di bis So 10 bis 18 Uhr). Im großen Innenhof der Burganlage werden regelmäßig Freiluftveranstaltungen wie Konzerte oder Aufführungen des örtlichen Amateurtheaters geboten. Auch für ein Picknick ist es ein guter Platz.

Verlässt man das Gelände der Burg wieder durch das Tor am Lossi plats, so sieht man halbrechts eine Grünanlage. Dort steht das Alte Rathaus (*Vana Raekoda*) von 1775. Am Eingang sind zwei Kanonen aus dem Nordischen Krieg aufgestellt. Im Gebäude befindet sich das Läänemaa-Museum (Mi bis So 10 bis 18 Uhr, im Winter 11–16 Uhr; Tel. 370 65). Auf der Rückseite schließt sich die merkwürdige Johanneskirche (*Jaani kirik*) an, die durch Umwandlung eines Lagerhauses im 16. Jahrhundert entstanden ist. An der Kirche verläuft quer die Vee (Wasserstraße): Nach rechts sind es nur ein paar Schritte zum Grafengarten (*Krahviaed*) an der Burgmauer, nach links kommt man an den städtischen Strand. Unterwegs, an der Ecke Vee/Rüütli steht das einstige Stadtvogthaus, in dem Zar Peter der Große höchstpersönlich eine Juninacht des Jahres 1715 verbracht haben soll. Kurz dahinter blickt man bereits auf das Meer: Zur rechten Seite (nach Osten) zieht sich der sogenannte Afrika-Strand (mit relativ warmem Wasser!) hin, nach links die Grünanlagen der Promenade. Neben einigen steinernen Denkmälern und einer großen Sonnenuhr ist vor allem der gründlich renovierte Kursaal (*Kuursaal*) von 1898 mit aufwändigen Holzverzierungen interessant. Während der Sowjetzeit hatte er in der Funktion als Warenhaus arg gelitten. Folgt man dem Ufer noch ein Stück weiter, so erreicht man die Sadama (Hafenstraße), die auf den letzten Zipfel der Halbinsel von Haapsalu hinausführt. Hinter der Hausnummer 32 verbirgt sich das Rannarootsi- oder Aibolands-Museum, das die Geschichte des einstigen schwedischen Bevölkerungsteils von Läänemaa dokumentiert (Apr. bis Sept. Di bis So 10 bis 18 Uhr, sonst Mi bis So 10 bis 16 Uhr; Tel. 371 65).

Von hier aus wird man zurück ins Zentrum gehen, sei es über den Rootsi turg (Schwedenmarkt), einen kleinen dreieckigen Platz unterhalb der Burgmauer, oder weiter durch stille Wohnstraßen mit Holzhäusern. Unterwegs erinnert die Wiedemanni (Wiedemann-Straße) an den Verfasser des ersten bedeutenden estnisch-

Proletarisches Gefährt am Kursaal von Haapsalu

deutschen Wörterbuches nebst Grammatik, den in Haapsalu geborenen Ferdinand Johann Wiedemann (1805 – 1887). Am Rande der Innenstadt, an der Kreuzung Posti/Tallinna mnt. gibt es noch einen alten, schattigen Friedhof mit einer orthodoxen Kirche, der auch zu Gedanken über die Sozialstruktur zur Zeit der Baltendeutschen anregt.

Im neueren Teil der Stadt sollte man unbedingt noch den Bahnhof aufsuchen, weil er seit 1997 komplett mit Außenanlagen als Eisenbahnmuseum der besonderen Art dient (*Eesti Raudteemuuseum*; Mi bis So 10 bis 18 Uhr; Tel. 345 74). Das romantische und farbenfrohe Holzgebäude neben dem Bahnübergang am westlichen Rand der Bebauung (Fortsetzung der Tallinna mnt.) stammt aus den Jahren 1906/07 und wurde eigens für die Anreise der Zarenfamilie erbaut. Einzigartig ist der 215 Meter lange überdachte Bahnsteig mit seinen eleganten Holzsäulen, den Spötter schon früh mit dem Namen › Kegelbahn des Zaren ‹ bedachten; das Wort Kegel (estn.: *keila*) steht dabei gleichzeitig für den Ortsnamen der nächsten größeren Bahnstation, in deren Richtung die Reise von hier aus nur gehen konnte. Haapsalu ist nämlich Endstation einer Bahnstrecke, die im 99 Kilometer entfernten Tallinn beginnt und sich unterwegs nur noch einmal im besagten Ort Keila verzweigt. Seit 1995 ist der Schienenverkehr nach Haapsalu eingestellt, die Gleise weiter zum Fährhafen Rohuküla (acht Kilometer westlich) wurden sogar demontiert. Eine Wiederaufnahme des Bahnbetriebs ist angeblich beabsichtigt.

Die Bischofsburg im Zentrum von Haapsalu

Das hübsche Bahnhofsgebäude dient als Museum

Als letzte Attraktion von Haapsalu muss noch der schöne Badestrand der Vorstadt Paralepa erwähnt werden: Gleich hinter dem Bahnübergang kann man auf einem Pfad dorthin gelangen oder per Auto etwa 300 Meter weiter nach rechts in den Wald einbiegen und bis zum Parkplatz in der Nähe des Strandhotels fahren. Von hier führt ein Fußweg zu dem großen Sandstrand mit sehr seichtem Wasser und Blick auf die Stadt an der gegenüberliegenden Seite der Bucht; Umkleidekabinen und Kiosk sind vorhanden.

Ridala

Sobald man Haapsalu verlässt, befindet man sich in der umgebenden Gemeinde Ridala, die bereits 1215 erstmals in Urkunden als Gau namens Rotalia erwähnt wird und praktisch der Vorläufer des Kreises Läänemaa ist. Die zentrale Ortschaft liegt acht Kilometer südlich der Bischofsstadt an der Straße Nr. 31 und ist so winzig, dass man sie auf manchen Karten vergeblich sucht. Beachtenswert ist die kleine Wehrkirche vom Ende des 13. Jahrhunderts. Es handelt sich um ein regionaltypisches Bauwerk, dem erst sehr viel später ein kleiner Turm beigefügt wurde. Altar und Kanzel im Barockstil stammen aus der Mitte des 17. Jahrhunderts. An der Innenseite der Ostwand sind Fragmente von Wandmalereien zu erkennen.

Das unvollendete Herrenhaus Ungru

Auf der Fahrt von Haapsalu zum acht Kilometer westlich gelegenen Hafen Rohuküla kommt man an der mächtigen Ruine des Gutshofes Ungru vorbei. Während Dach und Fenster fehlen, sind die Fassaden und Giebel fast vollständig erhalten geblieben. Das erst um 1870 begonnene Bauvorhaben der Familie Ungern-Sternberg (vgl. Insel Hiiumaa) wurde nie zu Ende gebracht. In herbem Kontrast dazu stehen die verlassenen Baracken, Hangars und Rollbahnen des Flugfeldes Kiltsi, das von der Sowjetarmee unmittelbar neben dem barocken Gebäude angelegt wurde und nun allmählich verfällt und überwuchert wird – eine skurrile Sehenswürdigkeit. An der gegenüberliegenden Seite der Straße gibt es eine Zufahrt zur Landspitze Pullapää, am Eingang der Bucht von Haapsalu gelegen und mit Blick zurück auf die Stadt sowie auf die Insel Hobulaid (Pferdeinsel), auf der im Mittelalter tatsächlich die bischöfliche Pferdezucht stationiert war. Der großzügig angelegte Hafen Rohuküla ist Abfahrtsstelle für die Autofähren zu den Inseln Hiiumaa und Vormsi; hier gibt es auch ein Hotel und einen geräumigen Wartesaal mit Laden und Cafeteria.

Das Matsalu-Naturschutzgebiet

Außer bei Haapsalu gibt es in Läänemaa noch eine weitere tief ins Land greifende Bucht, etwas größer und weiter südlich gelegen: die Matsalu-Bucht (*Matsalu laht*). Sie steht einschließlich ihrer rund 50 Inseln und Holmen sowie einem breiten Uferstreifen unter Naturschutz. Bereits um 1870 hatte man hier mit systematischer Vogelbeobachtung begonnen. 1957 wurde das 486 Quadratkilometer große Matsalu-Naturschutzgebiet (*Matsalu looduskaitseala*) ausgewiesen und 1971 ins internationale Gewässerschutzregister eingetragen. Um die Einmündung des Kasari-Flusses hat sich ein im Ostseeraum einzigartiges Nebeneinander von Strandwiesen, Heideflächen und Auenlandschaften entwickelt, das im Frühjahr meist überschwemmt wird, jedoch ganzjährig auf einer langen Straßenbrücke weiter östlich (Straße Nr.10, vormals Nr. 30, beim Ort Kasari) zu überqueren ist. Im extrem flachen Wasser konnten sich über viele Quadratkilometer Schilfgebiete und Röhrichte ausbreiten, was nicht zuletzt auf Eutrophierung zurückzuführen ist. Jahrzehnte lang hat nämlich die Überdüngung der Ackerflächen des Hinterlandes auch zu einem Eintrag von Nährstoffen in die austauscharme Bucht geführt. Stellenweise wächst das Schilf bis zu vier Metern Höhe. Matsalu ist ein Vogelparadies: 200 bis 250 Arten werden hier gezählt; ornithologisch Interessierte können sogar Kormorane und Seeadler beobachten. Alljährlich im Frühling und Herbst ziehen Hunderttausende Zugvögel durch das Gebiet, darunter Zehntausende Schwäne.

Es gibt nur wenige Zugänge zu dem Reservat, und man darf nur ausgewiesene Wege benutzen. Am besten begibt man sich von Lihula in das benachbarte Dorf Penijõe: Hier ist das Verwaltungszentrum des Schutzgebietes (Tel. 784 13) mit Museum, Vogelberingungsstation, Gästehaus und einer Anlegestelle, von der man nach Voranmeldung geführte Bootsfahrten ins Ried unternehmen kann. An wenigen anderen Stellen existieren noch unbefestigte Straßen in Richtung Bucht; bis ans Wasser gelangt man dort nicht überall. An der Nordseite kann man südlich von Ridala eine immerhin 16 Kilometer lange Stichstraße nehmen, die zur Landspitze von Puise führt, wo man einen guten Rundblick genießt. Des weiteren führt noch eine Straße zum klassizistischen Gutshof Haeska, in dem ein Studien- und Dokumentationszentrum eingerichtet wurde; ein Beobachtungsturm und ein Gästehaus für 30 Personen steht ebenfalls zur Verfügung.

Lihula (1700 Einwohner) ist der größte Ort in der Umgebung und zweitgrößte im Kreis Läänemaa überhaupt. Im Mittelalter war seine Bedeutung bei weitem größer als heute, denn unter anderem befand sich der Bischofssitz hier, ehe er 1251 bis 1263 vorübergehend nach Pärnu und anschließend nach Haapsalu verlegt wurde. Durch die ständigen Gefechte der Russen, Schweden und Dänen wurde die Burg später weitgehend zerstört, die Pest wütete schlimm, und Lihula versank in der Bedeutungslosigkeit. Der Status als Stadt im neuen Estland währte auch nur von 1993 bis 1999. Zu sehen gibt es am nördlichen Ortsrand ein schönes weißes Gutshaus von 1824. Etwa neun Kilometer weiter östlich bei Kirbla steht auf einer Geländestufe oberhalb der Kasari-Flussniederung eine winzige Kirche aus dem 16. Jahrhundert sowie einige prähistorische Steinsetzungen.

Ein Ferienhaus an der Küste

Auf dem Weg zum Fährhafen Virtsu bietet sich vielleicht noch ein Zwischenhalt in Karuse an, wo im ehemaligen Bahnhofsgebäude ein kleines Postmuseum auf Besucher wartet; der Schienenstrang nach Virtsu existiert schon lange nicht mehr. Hier und im Nachbarort Hanila gibt es jeweils eine schlichte einschiffige Dorfkirche. Weiter geht es durch typische Wacholderheiden, wie sie sich im Westen Estlands vielerorts auf landwirtschaftlichen Brachen entwickelt haben. Auf einer Halbinsel im äußersten Südwesten von Läänemaa befindet sich schließlich der Fischerei- und Fährhafen Virtsu, der die Verbindung nach Saaremaa, der größten Insel des Landes, herstellt. Bedingt durch den immer noch andauernden Hebungsvorgang in der Küstenregion musste die Anlegestelle schon mehrfach verlegt werden, um ausreichend tiefes Fahrwasser zur Verfügung zu haben. Ruinen einer Burg aus dem 15. Jahrhundert künden von der frühen Bedeutung des Hafenstandortes, allerdings ebenso von einer Funktion als Seeräuberstützpunkt. Der heutige Ort ist erst vor gut hundert Jahren entstanden. Die Landzunge Puhtulaid bei Virtsu und das gegenüberliegende Laelatu-Wiesenland stehen unter Naturschutz. Ausgerechnet hier findet sich das vermutlich älteste Schiller-Denkmal Europas, das 1813 auf Initiative eines Landrates aufgestellt wurde, der damit seinen Strandpark bereichern wollte.

Koluvere

In Risti, ganz im Osten von Läänemaa gelegen, zweigt die Straße Nr. 10 (vormals Nr. 30) in Richtung Lihula und Virtsu ab. Nach elf Kilometern erreicht man hier Koluvere. Am Ufer des Liivi-Flusses steht eine Ordensburg mit Wassergraben aus dem 13. Jahrhundert, die zeitweise dem Bischof von Ösel-Wiek (estn.: *Saare-Lääne*) gehörte. Im Livländischen Krieg verschanzten sich hier die Adligen der Region, um die Niederschlagung des Bauernaufstandes von 1560 zu organisieren. Der mächtige Rundturm stammt aus dieser Zeit. Im 17. Jahrhundert wurde die Burg noch in ein Gutsschloss umgewandelt, das schließlich 1905 von Revolutionären in Brand gesteckt wurde. Nach dem Wiederaufbau präsentiert sich das Gebäude nun in einem guten Zustand.

Aus dem Nachbarort Kullamaa stammt das älteste erhalten gebliebene Schriftstück in estnischer Sprache; es handelt sich um drei Liturgietexte, aufgezeichnet durch den Geistlichen Johannes Lelow (gestorben ca. 1530). Der Pastor Heinrich Göseken verfasste im darauf folgenden Jahrhundert eine sehr umfangreiche Grammatik des Estnischen, sammelte Sprichwörter und übersetzte Teile des Neuen Testaments sowie Kirchenlieder, womit er einen entscheidenden Beitrag zur Entwicklung der estnischen Schriftsprache leistete. Die Kirche aus dem 13. Jahrhundert sowie eine Wassermühle am Liivi-Fluss lohnen einen Stopp in Kullamaa.

Taebla

Der Maler Ants Laikmaa (1866 – 1942) war Mitbegründer der realistischen Malerei in Estland. Seine letzten zehn Lebensjahre verbrachte er im Weiler Kadarpiku bei Taebla, etwa zwölf Kilometer östlich von Haapsalu. Dort hatte er sich ein eigenwilliges Haus mit hohem Reetdach bauen lassen, das trotz mancher verspielter Details den Stil alter estnischer Bauernhäuser nachahmte. Im architektonisch reizvollen Dachgeschoss hatte er sein Atelier. Man kann das als Museum weitergeführte Anwesen besichtigen (Mi bis So 10 bis 18 Uhr, im Winter 11 bis 16 Uhr; Tel. 261 88); es liegt am Ende einer Allee in einem kleinen stimmungsvollen Landschaftspark, der von dem Künstler konzipiert wurde. Hier befindet sich auch sein Grabmal und ein hübsches Sommerhaus. In seinen Bildern griff Laikmaa immer wieder die Landschaft im Westen Estlands auf. Der Wanderstock könnte durchaus als persönliches Erkennungszeichen des Malers angesehen werden, zumal er dereinst aus Geldknappheit zu Fuß von Estland bis nach Düsseldorf zur Kunstakademie gewandert war. Weitere Stationen seines Lebens waren unter anderem Finnland, Tunesien, Sizilien, die Insel Capri und auch Paris.

Die Halbinsel Noarootsi

Schwedische Ortsnamen, die parallel zu den estnischen im Gebrauch sind, erinnern an der Küste nördlich von Haapsalu an ein besonderes Kapitel der Siedlungsgeschichte. Spätestens 1294 hatten sich nämlich Familien aus Schweden auf der ›anderen Seite‹ der Ostsee niedergelassen und im äußersten Nordwesten des estnischen Festlands sowie auf einigen der vorgelagerten Inseln Dörfer gegründet. In den folgenden Jahrhunderten wurde die Ansiedlung sogar von den schwedischen Königen unterstützt. Durch die Kontrolle über möglichst viele Küstenabschnitte gedachten sie die verbreitete Seeräuberei einzudämmen, an der übrigens alle Ostseeanrainer mehr oder weniger beteiligt waren. Rund 650 Jahre bildeten die Skandinavier die Bevölkerungsmehrheit im Gemeindegebiet von Noarootsi, das wörtlich ›Messerschweden‹ heißt. Ziemlich abrupt endete diese Epoche 1944, als fast alle Schweden vor der herannahenden Roten Armee zurück ins Mutterland flohen. Heute ist der Küstenabschnitt ausgesprochen dünn besiedelt und sein östliches Hinterland nahezu menschenleer.

Noarootsi bezeichnet in erster Linie die Halbinsel (*Noarootsi poolsaar*), die gegenüber von Haapsalu ins Meer vorspringt. Erst seit etwa 150 Jahren ist die einstige Insel, die von den Schweden Nuckö genannt wurde, mit dem Festland zusammengewachsen. Quellen aus dem 18. Jahrhundert lassen auf eine damalige Verlandung schließen, weil dort von einem Übergang per Boot oder zu Fuß je nach Windstärke und Jahreszeit die Rede ist. Noch heute findet man in dem Schwemmlandstreifen zwischen den einstigen Ufern einige mit Wasser gefüllte Vertiefungen, die jetzt Binnenseen sind, aber gleichwohl die Bezeichnung Meer (*meri*) tragen. Die einzige Zufahrt zu der etwa 100 Quadratkilometer großen Halbinsel existiert bei Sutlepa und führt in zehn Kilometern zum Hauptort Pürksi (schwed.: Birkas), der höchstens 500 Einwohner zählt und ungefähr in der Mitte der Landzunge liegt. Die anderen Siedlungen sind kaum der Rede wert. Am Wege liegt die Inselkirche, die wahrscheinlich um 1400 erbaut wurde und etliche Schießscharten besitzt. In dieser abgeschiedenen und touristisch unerschlossenen Gegend wurde 1773 Johann-Carl von Ungern-Sternberg geboren, der nach einer Zeichenausbildung in Dresden zahlreiche baltische Städteansichten sowie Darstellungen von Monumenten und Architektur anfertigte; er wurde neben der Kirchenmauer beigesetzt. Das Dorf Einbi (auch: Enby) im Südwesten lebte in der Vergangenheit vom Fisch- und Seehundfang. Im Süden liegt Österby mit einem kleinen Hafen, von dem man in nur drei Kilometern Haapsalu erreichen kann,

Steilküste in Nordestland; Strandleben
Eine Auswahl estnischer Produkte; Bescheidener Angelerfolg

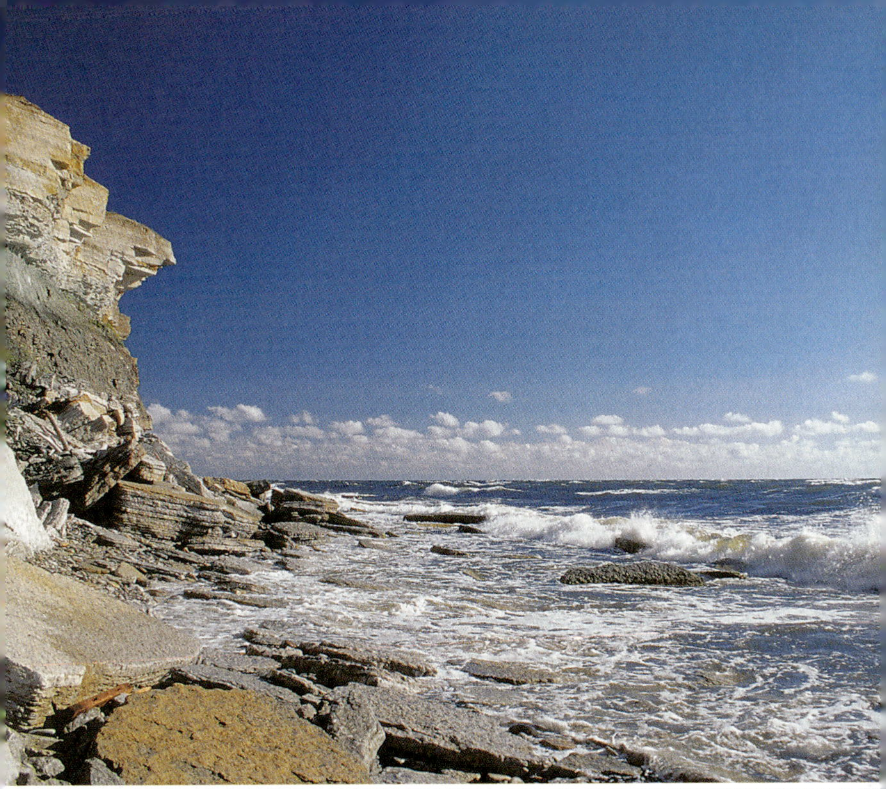

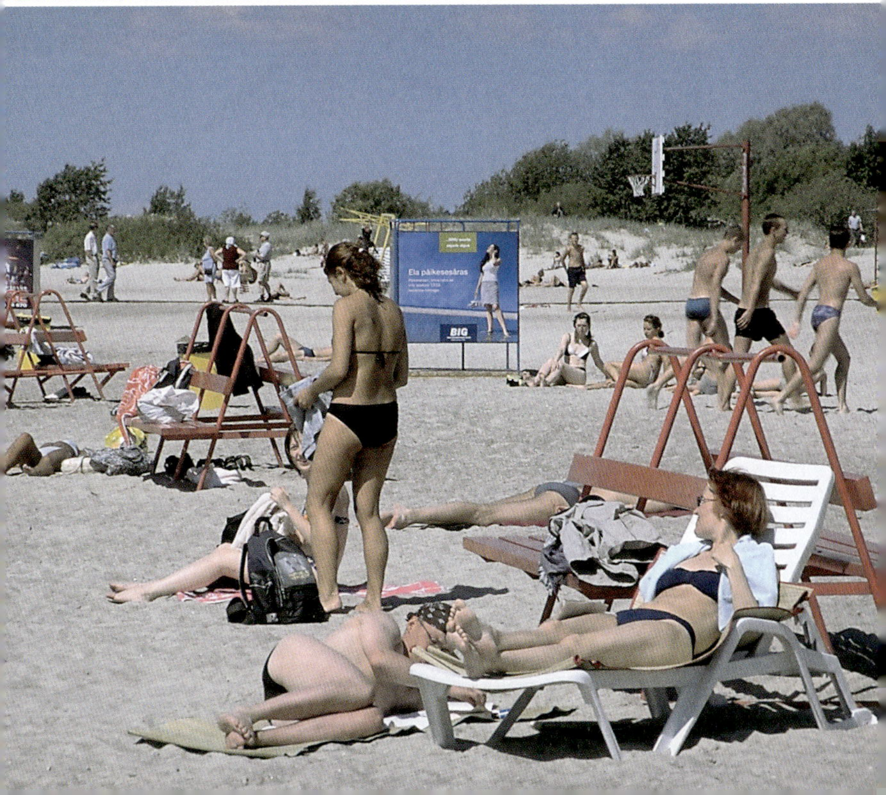
Ela päikesesäras
BIG

METSMAASIKAS
alma
METSMAASIKA
JOGURT
1 kg
Piim
milla
0,05%
1 liter
MEREVAIK
sulatatud juust
Сыр плавленый
FOLTSAMAA
MUSTIKAMOOS
BILBERRY JAM
RÕNGU MAHL
EBAKÜDOONIA
1:10
SAKU

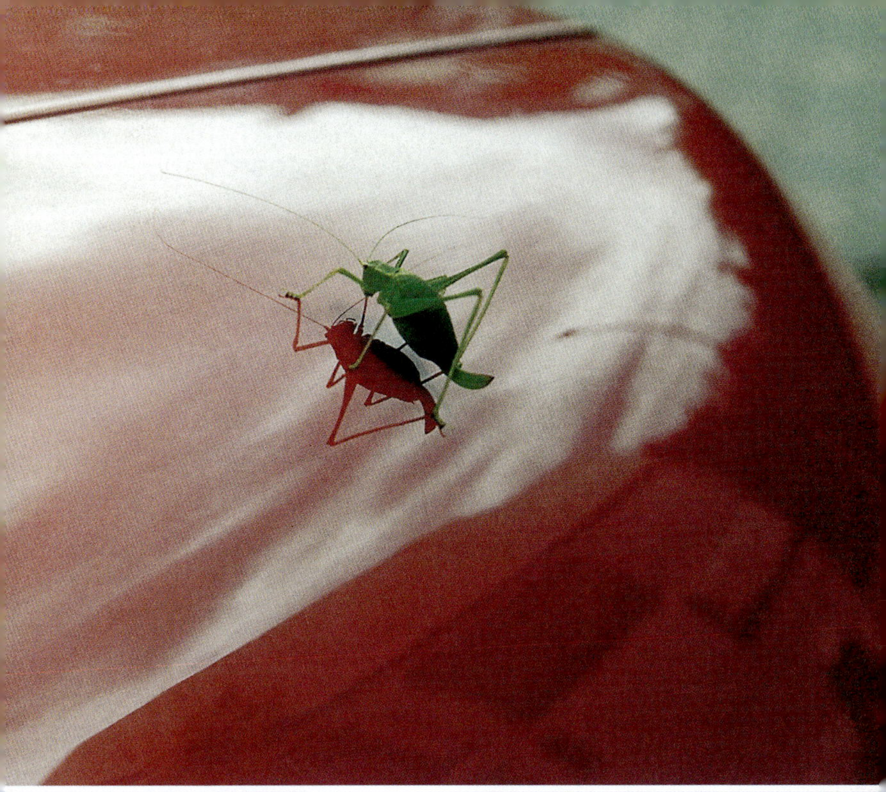

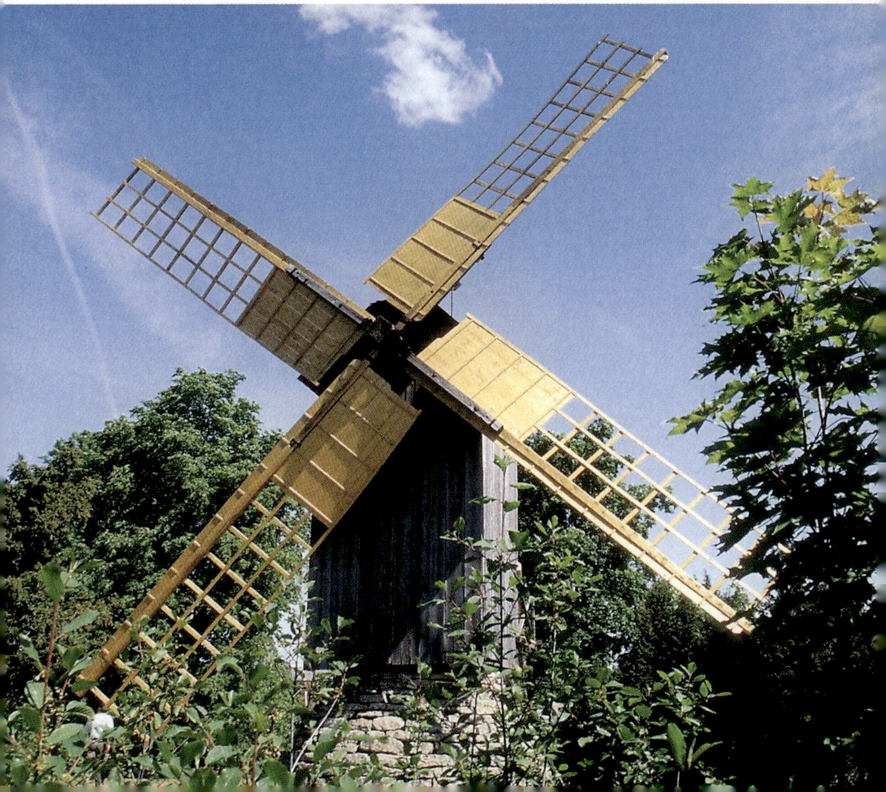

während der Landweg zurück über Sutlepa immerhin 40 Kilometer beträgt. Von Pürksi führt eine Stichstraße nach Saare (schwed.: Lyckholm) auf der Nahtstelle zwischen einstiger Insel und dem Festland: Hier wurde ein Heimatmuseum eröffnet (von Mi bis So von 10 bis 18 Uhr). Sogar der estnische Staatspräsident hat ein Sommerhaus auf Noarootsi, ganz im Westen bei Paslepa, wo man auch das größte zusammenhängende Waldgebiet findet. Das Landschaftsbild wird ansonsten von Wacholderheiden, Schilfbuchten und kleineren Kiefernhainen geprägt. Große Findlinge liegen weit verstreut. Es gibt nur wenig Kulturland, manche Flächen sind verwildert. Die Halbinsel ist vollkommen flach, die maximalen Höhenunterschiede bleiben unter drei Metern.

Auch die Weiler nördlich der Halbinsel, die zwischen Sutlepa und Spithami an der weit und breit einzigen Straße liegen, gehören zum heutigen Gemeindegebiet von Noarootsi, in dem insgesamt nur knapp 900 Menschen leben. Ob sich die 18 Kilometer lange Fahrt bis hinauf zu dem kleinen, etwas entlegenen Hafen Dirhami (schwed.: Dirhamn) lohnt, ist schwer zu sagen. Nur die Hälfte der Strecke verfügt über eine Asphaltdecke, vom Meer ist unterwegs nicht viel zu sehen, und die Hafensiedlung selbst nicht sonderlich interessant. Wenn man Glück hat, kann man zur unbewohnten Insel Osmussaar (schwed.: Odensholm) mit Leuchtturm, einigen Ruinen und viel unberührter Natur übersetzen. Bei Roosta, etwa auf halber Wegstrecke, gibt es einen Sandstrand und auch einen Campingplatz. Ein wenig südlich davon zweigt die einzige Piste ins einsame Hinterland ab, die nach 14 Kilometern bei Nõva wieder das Meer erreicht. Das winzige Zentrum einer Gemeinde von 500 Einwohnern liegt in der Nähe einer Ostseebucht mit herrlichem Badestrand, ist aber im Halbkreis von riesigen Mooren umgeben und in allen drei Landrichtungen nur über jeweils 15 Kilometer Staubstraßen mit dem ›Rest von Estland‹ verbunden.

Die Insel Vormsi

Über das Eis der zugefrorenen Ostsee erreicht man im Winter die Insel Vormsi, die zwischen der Bucht von Haapsalu und der größeren Insel Hiiumaa liegt. Und das durchaus auch per Auto, wenn sich in dem salzarmen Randmeer eine entsprechende Eisdecke gebildet hat! Oder die zwölf Kilometer von Haapsalu aus werden per Ski, Schlitten oder Eissegler bewältigt. Üblicherweise nimmt man die Autofähre, die vom Hafen Rohuküla etwa 45 Minuten bis zum Inselhafen Sviby

Naturerlebnis en miniature; Windmühle auf der Insel Saaremaa
Die Burgruine von Toolse im Landkreis Lääne-Virumaa

unterwegs ist. Schon der Name des Hafenortes verrät, dass auch hier schwedische Siedler zu den ersten Bewohnern gehörten, genau wie gegenüber auf Noarootsi. Ormsö (wörtlich: Schlangeninsel) nannten die Schweden die 93 Quadratkilometer umfassende Insel, die hinter ihren größeren Schwestern Saaremaa, Hiiumaa und Muhu an vierter Stelle rangiert. Die Ankömmlinge gründeten seit dem 14. Jahrhundert insgesamt 18 Siedlungen und betrieben Landwirtschaft in Kombination mit Fischerei. Vor hundert Jahren gab es auf Vormsi noch 3000 Einwohner. Nachdem die Schweden, die 90 Prozent der Bevölkerung gestellt hatten, auch hier 1944 fluchtartig emigrierten, zogen zunächst Esten vom Festland nach. Es bildete sich eine interessante Mischkultur heraus, die Ortsnamen wurden zunehmend estnisiert. Wer sich heute auf der Insel umsieht, ahnt beim Anblick von Ruinen und Geisterdörfern bereits, dass die Neubesiedlung wohl nur zu einer kurzzeitigen Neubelebung geführt hat. Für das Jahr 2000 wurden nur noch 330 Einwohner verzeichnet, womit die Gemeinde Vormsi nun zu den allerkleinsten in Estland gehört. Eine Inselschule gibt es noch, und es scheint, als ob der aufkommende Tourismus gerade noch rechtzeitig eine Stabilisierung bringt. Manche Tallinner haben inzwischen Zweitwohnsitze auf der Insel.

Insgesamt verfügt Vormsi über etwa zehn Kilometer Asphaltstraße: vom Hafen Sviby zum Hauptdorf Hullo etwa in der Inselmitte sowie in die Nähe des verschilften Inselsees Prestviik. Je eine unbefestigte Ringstraße im Westen und im Osten wird ergänzt durch Pfade, die zu den recht gleichmäßig verteilten Siedlungen führen. Für Wanderungen und Radtouren ist das waldreiche Terrain mit seinen Wacholderwiesen und zahllosen Findlingen ideal. Schöne Badeplätze findet man im Südwesten und bei Rumpo im Süden. Hier führt eine schmale Landspitze weit ins Meer hinaus, die zusammen mit einigen umliegenden Holmen seit 1990 ein Biosphärenreservat (*Rumpo biosfäärikaitseala*) bildet. Drei Leuchttürme hat Vormsi: zwei im Osten bei Norrby, einer im Westen bei Saxby (estn.: Saksbi) an einer Kalksteinküste. Etwas südlich davon findet man die Ruinen des Gutshofes Suuremõisa, der 1604 erbaut wurde und nach seinem Besitzer Magnus Brummer lange Zeit Magnushof genannt wurde. Im Hauptort Hullo, der im Frühjahr vom Duft riesiger Fliederbüsche erfüllt ist, steht die Olaikirche von 1632, an deren Portal jedoch offenbar die Jahreszahlen eines Vorgängerbaues abzulesen sind. Einen Glockenturm hat der Kalksteinbau nicht; das ist auch bei anderen Kirchen im Westen Estlands der Fall, sofern nicht in späteren Jahrhunderten ein solcher hinzugebaut wurde.

Exkurs 8:
Estlands Inselwelt

Nicht weniger als 1500 Inseln scharen sich vor den Küsten im Westen und Nordwesten des Landes. Natürlich sind bei dieser Summe auch kleinste Klippen mitgerechnet, die infolge der stetigen Landhebung immer wieder neu aus dem Meer auftauchen. Andererseits sind Saaremaa und Hiiumaa ausgedehnte Territorien von festlandähnlichem Charakter, die sich etwa mit Mallorca oder Mauritius messen lassen, wenn auch nur in der Größe. Bewohnt ist lediglich ein Dutzend, im Gegensatz zum Festland meist in Form von Haufendörfern. Eine regelmäßige Schiffsverbindung ist nicht immer sichergestellt. Im Winter begibt man sich nicht selten einfach über das zugefrorene Meer, sogar per Auto.

(Wehe, man hat dann eine Panne!) Auch in einigen Binnenseen existieren kleine Inseln. Die Vielfalt hat schon in früheren Zeiten fasziniert: 1521 errechnete August Loopman in einem systematischen Werk über die estnischen Inseln deren Gesamtfläche und kam dabei auf 4140 Quadratkilometer. Die Zahl ist recht genau. Nicht immer waren es marginale Lebensbedingungen, die zur Abwanderung auf das Festland zwangen. Während des Kalten Krieges mussten die teilweise weit vorgeschobenen Inseln als militärische Vorposten des Sowjetreiches herhalten und wurden kurzerhand evakuiert. Die ansässigen Schweden flohen in die alte Heimat. Was für die Seeräuber einst bloßer Rückzugsort war, zieht eine neuerdings wieder zunehmende Schar von Touristen an. Die kleinen isolierten Welten machen neugierig.

Leben an der Küste

Alle altbekannten estnischen Inseln tragen zugleich auch schwedische Namen. Denn es waren Siedler von der anderen Seite der Ostsee, die hier im Mittelalter Fuß fassten und unter der Herrschaft des Deutschen Ordens bald Privilegien genossen, die den estnischen Bauern versagt blieben. In der Zarenzeit begann dann der Exodus, der in den 1940er Jahren aus Furcht vor der Zwangskollektivierung drastisch zunahm. Interessant ist übrigens die Palette estnischer Vokabeln zur Bezeichnung einzelner Inseltypen. Dabei wird fein unterschieden zwischen den bewirtschafteten (*saar*) als Oberbegriff oder eher naturbelassenen (*laid*), ob vegetationslos (*kare*) oder mit schütterem Gras bedeckt (*rahu*), ob nur Sandbank (*kuiv*) oder wirklich Land (*maa*). Selbst bei Halbinseln (*poolsaar*) und Landzungen gibt es vielerlei Ausdrücke: *neem, nina, tirp, säär, ots*. Ähnlich differenziert drückt man sich übrigens bei den Feuchtgebieten des Binnenlandes aus.

Saaremaa	2668 qkm	39 000 Einw.	eig. Landkreis	Fähre + Damm, Flug
Hiiumaa	1023 qkm	11 500 Einw.	eig. Landkreis	Fähre
Muhu	198 qkm	2100 Einw.	zu Saaremaa	Fähre
Vormsi	93 qkm	330 Einw.	zu Läänemaa	Fähre
Kassari	19,3 qkm	290 Einw.	zu Hiiumaa	2 Fahrdämme
Naissaar	18,6 qkm	5 Einw.	zu Harjumaa	Schiff
Kihnu	16,4 qkm	520 Einw.	zu Pärnumaa	Schiff, Flug
Väike-Pakri	12,9 qkm	unbew.	zu Harjumaa	unregelm. Verbind.
Suur-Pakri	11,6 qkm	unbew.	zu Harjumaa	unregelm. Verbind.
Ruhnu	11,4 qkm	60 Einw.	zu Saaremaa	Schiff, Flug
Vilsandi	8,9 qkm	20 Einw.	zu Saaremaa	Schiff, ggf. Jeep
Abruka	8,7 qkm	40 Einw.	zu Saaremaa	Schiff
Piirissaar	7,7 qkm	100 Einw.	zu Tartumaa	Schiff
Prangli	6,0 qkm	150 Einw.	zu Harjumaa	Schiff
Osmussaar	4,7 qkm	unbew.	zu Läänemaa	unregelm. Verbind.
Aegna	2,9 qkm	10 Einw.	zu Tallinn-Pirita	Schiff
Manilaid	1,9 qkm	40 Einw.	zu Pärnumaa	Schiff

Schnaps von der Insel Saaremaa

i Telefonvorwahl: 047.
PLZ-Bereich: 90-91000 ff.
Internet: www.lmv.ee;
www.haapsalu.ee.
Tourismusbüro: Posti 37,
90502 Haapsalu, Tel. 332 48.
Hauptpost: Nurme 2,
90501 Haapsalu.
Polizei: Lossi plats 4 in Haapsalu.

Haapsalu 99 km südwestlich
von Tallinn (Straße Nr. 4,
dann 9; alternativ Nr. 8, dann 17).
Parkplätze am Anfang der Posti
und auf dem Lossi plats empfehlenswert. Fährhafen Rohuküla (für
Hiiumaa und Vormsi) 8 km jenseits
des Bahnhofs; zum Fährhafen Virtsu (für Saaremaa) 75 km nach Süden um die Matsalu-Bucht herum.

Keine Personenbeförderung!
Züge im Bahnhof Haapsalu
nur museal. Nächste Zugverbindung außerhalb des Landkreises
ab Riisipere, 54 km nordöstlich.

Läänemaa Liinid OÜ
(Tel. 347 59) bedient ab
Bahnhof Haapsalu einige Stadtlinien
sowie mit anderen Gesellschaften
Fernstrecken: mind. stündlich
Tallinn, 10 x tägl. Kuressaare,

5 x tägl. Kärdla sowie Pärnu.
Taxi Tel. 333 30.

 Vom Fährhafen Virtsu
(Tel. 750 20) nach Saaremaa
6 – 24h etwa alle 1 – 2 Std.; vom
Fährhafen Rohuküla nach Hiiumaa
4–6x tägl. und nach Vormsi 1 – 2 x
tägl. (Tel. 336 66). In der Hauptsaison rechtzeitig dasein oder vor-
buchen!

 In Haapsalu hat man eine
gewisse Auswahl von Ho-
tels: u.a. ›Promenaadi‹ (Sadama 22,
Tel. 372 54, DZ ab 78 Euro), ›City
Hotel‹ (DZ 70 Euro) oder ›Päeva
Villa‹ (DZ 53 Euro).
Billigunterkünfte bietet im Sommer
die Herberge am Paralepa-Strand,
origineller ist zweifellos eine Nacht
im Schlafwaggon am Bahnhof
(Tel. 346 64; 150 Betten).
Ein zeitgemäßes Feriendorf mit
guten Sportmöglichkeiten entstand
bei Tuksi nördlich der Halbinsel
Noarootsi: ›Roosta‹ (Tel. 972 30).
Als Touristenhof bezeichnet sich
›Tooraku‹ bei Taebla (Tel. 297 10;
21 Betten).
Im Matsalu-Naturschutzgebiet
kann man in den Gästehäusern von
Penijõe (Tel. 752 40) und Matsalu
(Tel. 79617) unterkommen.
Auch auf der Insel Vormsi gibt es
eine Pension: ›Elle-Malle‹ in Hullo
(Tel. 320 72; 50 Betten).

 Außer beim Feriendorf
›Roosta‹, ganzjährig, gibt
es Campingplätze in Haapsalu
(Männiku 34, Tel. 557 79), in Virtsu
(Tel. 755 97) und Lihula.

 Im Bereich des Straßenzuges
Posti und Karja gibt es im
Sommer ein wenig Außengastrono-
mie; das Hotel ›Central‹ (Karja 21)
verfügt über Restaurant und Bier-
keller. Stilvoll speist man natürlich
im ›Kuursaal‹ (Promenaadi 1) und
dabei gar nicht teuer. Ganz in der
Nähe wirbt das Restaurant ›Stoori‹
(Suur-Lossi 15) mit Portionen in
XXL. Am Paralepa-Strand kann man
auf der Hotelterrasse Platz nehmen.
Außerhalb von Haapsalu darf man
hingegen nicht viel erwarten: Ein
Ziel inmitten der ›Wildnis‹ könnte
evtl. noch der ›Noarootsi Kõrts‹ in
Pürksi sein; auch das Feriendorf
›Roosta‹ hat Restaurant und Bar.

 Aktuelle Veranstaltungen in
Haapsalu im Tourismusbüro
erfragen: z. B. bedeutendes Blues-
Festival, verschiedene Konzerte,
›Tage der Weißen Frau‹ bei Voll-
mond, Segelregatten.

Saaremaa

Fast wie ein Stück Festland

- ▶ Landkreis in West-Estland
- ▶ Kreishauptstadt Kuressaare
- ▶ Autokennzeichen: erster Buchstabe K
- ▶ Fläche 2917 qkm, davon 2668 qkm Insel Saaremaa selbst
- ▶ Rest wird eingenommen von den kreiszugehörigen Inseln Muhu, Vilsandi, Ruhnu, Abruka und etwa 500 kleineren.
- ▶ Kreis beinhaltet den westlichsten Punkt des estnischen Territoriums.
- ▶ etwa 39 000 Einwohner insgesamt, davon 16 500 in Kuressaare
- ▶ 15 Gemeinden, 1 Stadt

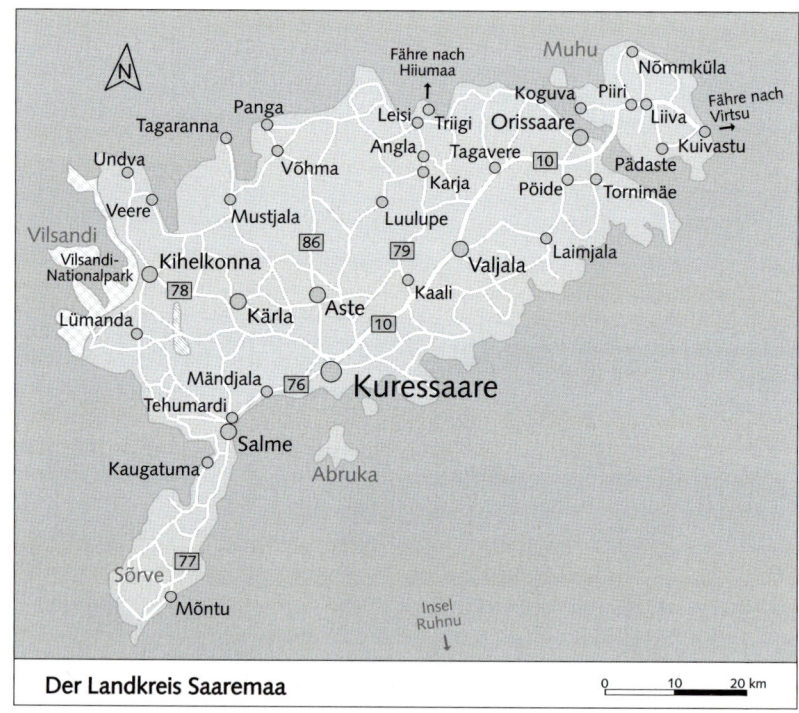

Der Landkreis Saaremaa

Militärisches Sperrgebiet der Sowjetarmee und damit über Jahrzehnte für Ausländer unzugänglich zu sein, das war das Schicksal der meisten estnischen Inseln. Als Industriestandort unbrauchbar und von der Einwohnerzahl bedeutungslos, hatten sie jedoch als westlicher Vorposten der Sowjetunion eine immense strategische Bedeutung und stellten als möglicher Ausgangspunkt für Fluchtversuche stets einen heiklen Grenzabschnitt dar. Durch die völlige Isolation und Überwachung erstarrte das Leben, der stellenweise längst etablierte Fremdenverkehr kam zum Erliegen. Kurioserweise hatte die lange Stagnation sogar einen positiven Nebeneffekt: Es blieb eine fast unberührte Naturlandschaft erhalten, die heute alle estnischen Inseln auszeichnet.

Saaremaa ist die mit Abstand größte unter ihnen; im gesamten Ostseeraum ist lediglich das schwedische Gotland noch ein wenig größer. Zusammen mit Muhu, Vilsandi, Abruka und dem weit abseits liegenden Ruhnu sowie etwa 500 kleineren Eilanden bildet Saaremaa einen eigenen Landkreis, den westlichsten Estlands. Von der ebenfalls ziemlich großen Nachbarinsel Hiiumaa ist Saaremaa durch die Soela-Meerenge (*Soela väin*) getrennt, während nach Muhu ein befestigter Fahrdamm hinüberführt. Auf Grund der sehr starken Gliederung hat die Inselküste eine Länge von fast 1300 Kilometern! Zahlreiche Buchten und Halbinseln wechseln einander ab. Im Südwesten springt die Sõrve-Halbinsel (*Sõrve poolsaar*) jenseits einer Landenge 30 Kilometer weit vor. Schon in der Steinzeit siedelten Menschen auf Saaremaa. Im Mittelalter bildeten Skandinavier, wie auch auf dem nahen Festland, den Großteil der Bewohner. Aus dem Namen ›Eysysla‹, der in der Königssage von Snorri Sturluson vorkommt, soll sich der deutsche Name ›Ösel‹ herleiten. Die estnische Bezeichnung Saaremaa heißt nichts anderes als ›Inselland‹. Bei den kriegerischen Auseinandersetzungen des Festlands konnten sich die Inselbewohner zuweilen etwas abseits halten, häufig wurden sie aber mit zeitlicher Verzögerung dann doch involviert, zumal auf der Ostsee ständig die Schiffe der Händler, der Seeräuber und der rivalisierenden Mächte kreuzten auf der Suche nach Stützpunkten und Einflusssphären. 1227 hatten auch auf Saaremaa die Ordensritter die Macht an sich gerissen, mussten jedoch einen Teil ihres Gebietsgewinns an den Bischof von Ösel-Wiek (estn.: *Saare-Lääne*) abtreten. Die Insel wurde geteilt, was ständige bewaffnete Auseinandersetzungen heraufbeschwor. Im Livländischen Krieg fiel das gesamte Bistum 1563 an Dänemark, 1645 wiederum an die neue Ostseevormacht Schweden. Nach der Niederlage von Poltava besetzten zaristische Truppen unter anderem auch Saaremaa, das schließlich als neu geschaffener Landkreis 1918 mit in die Gründung der ersten estnischen Republik einging. In der Stalin-Ära wurde die Insel für längere Zeit in die zwei administrativen Bezirke Kuressaare und Orissaare aufgeteilt.

Das Landschaftsbild der Insel wird zur Hälfte von Wäldern bestimmt, die im Westen vor allem aus Kiefern, im Osten auch aus Laubbäumen bestehen. Auf dem Kalksteinuntergrund, der nur von einer dünnen Sedimentschicht bedeckt ist, findet man außerdem große Heidegebiete mit Zwergsträuchern und dem fast allgegenwärtigen Wacholder, dazwischen Geröllflächen und trockene Kalktriften (sogenannte Alvare). Nur ein Fünftel des gesamten Bodens ist mit Humus bedeckt und erlaubt Ackerbau, der zudem recht wenig Ertrag bringt. An der Küste gibt es

Strandwiesen, Kiefernhaine, auch Sanddünen; an etlichen Stellen im Norden brandet die Ostsee gegen eine Steilküste an. Dabei bleiben die Höhenlagen im allgemeinen bei nur 15 bis 25 Metern ü.M. und erreichen nur im Westteil bis 54 Meter ü.M. Im Inselinneren gibt es einige Seen, darunter den beliebten Badesee Karujärv und den kreisrunden Meteoritenkrater von Kaali. Westlich der Inselhauptstadt Kuressaare ist eine Reihe ehemaliger Buchten verschilft und teilweise verlandet. Im Nordosten und im Nordwesten trifft man auf Moorgebiete von allerdings geringerem Umfang als auf der Insel Hiiumaa. Saaremaa zeichnet sich durch ein relativ mildes Seeklima mit geringen Niederschlägen aus. Der Osten und die Nachbarinsel Muhu gelten mit gut 500 Millimetern Jahressumme als die regenärmsten Gebiete Estlands. Erst bei genauerem Hinsehen erschließt sich der große Artenreichtum der Pflanzen, während die insulare Tierwelt recht beschränkt ist. Ganz im Westen bestehen zwei Naturschutzgebiete: das Viidumäe-Naturschutzgebiet (*Viidumäe looduskaitseala*) und der einzigartige Vilsandi-Nationalpark (*Vilsandi rahvuspark*), der die Bucht bei Kihelkonna mit der Insel Vilsandi und mehreren Halbinseln umfasst. Das Straßennetz der Insel ist nur im Südteil einigermaßen ausgebaut, insbesondere die Strecke von Muhu über Kuressaare bis zur Halbinsel Sõrve. Einige Stichstraßen, überwiegend Staubpisten, führen bis hinauf an die Nordküste (immerhin 40 Kilometer), an der dann auch keine gute Straße entlang führt. Im Gegensatz zu Hiiumaa gibt es keine akzeptable Ringstraße; eine Fahrt von Osten nach Westen führt praktisch immer über Kuressaare, wo alle nennenswerten Verkehrswege zusammenlaufen.

Die russischen Soldaten wurden vor etlichen Jahren abgezogen, und so hat Saaremaa nun eine nahezu homogene Bevölkerung aus 98 Prozent Esten, die fast ausschließlich von der Landwirtschaft oder Meeresberufen leben. Industrie gibt es so gut wie gar nicht, abgesehen von einer bekannten Brauerei und einem Molkereibetrieb; lediglich bei Kaarma wird in Steinbrüchen Dolomit abgebaut und im nahegelegenen Kuressaare als Baumaterial aufbereitet. Die einstige Bedeutung als beliebtes Ausflugs- und Ferienziel hat die Insel inzwischen wiedergewonnen, und zwar nicht nur im Binnentourismus. Vielerlei kulturelle, historische und Natursehenswürdigkeiten sowie manch schöner Strand sind ideale Voraussetzungen für eine weitere Zunahme des Fremdenverkehrs, freilich in erster Linie für Urlauber, denen Ruhe und Natur wichtig sind.

Die Vor-Insel Muhu

Wer vom Festland nach Saaremaa will, kommt zunächst einmal nach Muhu, auch Muhumaa genannt. Die Autofähre von Virtsu nimmt nämlich die kürzeste Strecke und legt nach etwa halbstündiger Überfahrt im Hafen Kuivastu an, der bereits seit dem 17. Jahrhundert existiert. Von hier aus geht es per Auto oder Linienbus in 18 Kilometern quer über die Insel Muhu, an deren Westseite ein Fahrdamm über den Kleinen Sund (*Väike Väin*) hinüber zur Hauptinsel Saaremaa führt. Im Anschluss daran hat man noch 50 Kilometer gute Straße bis zur Insel- und Kreishauptstadt Kuressaare.

Muhu lohnt bereits einen Zwischenaufenthalt. Estlands drittgrößte Insel misst 198 Quadratkilometer und besitzt keine großen Ortschaften. Wie auch auf Saaremaa fallen die verstreuten Weiler auf sowie zum Teil recht einsam gelegene Hofstellen. Gutshöfe haben hier eine deutlich geringere Rolle gespielt als auf dem Festland. Die Einwohnerzahl von Muhu ist von einst etwa 6000 stark zurückgegangen und liegt heute bei wenig mehr als 2100, was aber im Vergleich zur Insel Saaremaa und auch zum benachbarten Läänemaa immer noch eine erhöhte Siedlungsdichte bedeutet. Der Durchgangsverkehr auf der Hauptstraße (Nr. 10, vormals Nr. 74) hält sich in Grenzen und hängt stark von den An- und Abfahrtszeiten der Fähren ab. Eine erste Sehenswürdigkeit findet man in Liiva, genau im Zentrum der Insel. Die Dorfkirche von 1280 mit ihrem angestuften Dach, jedoch ohne Turm (wie bei vielen anderen in der Region auch) gehört sicher zu den schönsten im Land: außen schlicht und streng wirkend, innen fast ein wenig verspielt und mit bunten Wandmalereien, die allerdings nur noch einen ungefähren Eindruck von ihrer einstigen Pracht vermitteln. Die zweite und wohl bedeutendste Sehenswürdigkeit ist das historische Dorf Koguva, zu dem eine gute Straße hinführt, die zwischen Liiva und dem Saaremaa-Damm abzweigt. Das Haufendorf im äußersten Westen von Muhu ist praktisch ein bewohntes Freilichtmuseum. Wie es heißt, war 1532 ein Bauer namens Hanske aus der Leibeigenschaft entlassen worden und hatte hier ein Lehen erhalten als Anerkennung dafür, dass er den Ordensmeister Wolter von Plettenberg aus der eisigen Ostsee gerettet hatte. Daraus entwickelte sich die Siedlung Koguva, die später lange Zeit als Post- und Fährstation auf dem Weg nach Saaremaa fungierte. 1968 wurde das Dorf unter Denkmalschutz gestellt, architektonisch wie ethnographisch. Im größten Teil der 105 Gebäude, die jeweils zu mehreren einen Hof mit eigenem Namen bilden, geht das Leben weiter seinen althergebrachten Gang. Auf schattigen Wegen kann man wunderbar zwischen den regionaltypischen Langhäusern und ihren zahlreichen Nebengebäuden bis hinunter ans Meer schlendern. Um die einzelnen Gehöfte herum ziehen sich alte moosüberwucherte Mauern aus dicken Natursteinen; darauf entdeckt man hier und da ein ausgedientes Boot, das im Laufe der Zeit fast schon selbst Teil der Einfriedung geworden ist. Man sagt, es werde auf diese Weise als eine Art Freund in Ehren gehalten. Auch eine Sauna, die Schmiede und das Netzhaus der Fischer sind in nahezu unverändertem Zustand zu sehen. Nur selten wird die Ruhe und Beschaulichkeit, in der die etwa 30 verbliebenen Einwohner des Ortes leben, von einer Reisebusbesatzung unterbrochen. Der Tooma-

Hof nahe beim Dorfzugang ist das Geburtshaus des bekannten Schriftstellers Juhan Smuul (1921 – 1971); das hier eingerichtete Museum präsentiert neben Erinnerungsstücken aus dessen Leben auch heimatkundliche Zeugnisse (tägl. 10 bis 19 Uhr im Sommer, April bis Mitte Mai Mi bis So 10 bis 18 Uhr; Tel. 488 85). Wer Lust hat, kann von Koguva aus bis zur zwei Kilometer weiter nördlich gelegenen Landspitze Sääreots wandern: Hier hat man bei Niedrigwasser die seltene Gelegenheit, trockenen Fußes von Inselchen zu Inselchen spazieren zu können bis hinüber zur Insel Kõinastu, wo sogar ein Gehöft steht.

Dichte Wälder gibt es auch auf Saaremaa

Eine weitere Asphaltstraße führt westlich von Liiva bis hinauf nach Nõmmküla am Nordzipfel von Muhu (etwa zehn Kilometer), wo eine Abfolge von größeren und kleineren Kliffs entlang des Küstenweges beginnt. Gleich der erste Abschnitt ist auch der schönste: Die Üügu-Steilküste (*Üügu pank*) ist fast sechs Meter hoch. Auch auf der entgegengesetzten Seite der Insel, an der Verbindungsstelle nach Saaremaa, gibt es noch etwas zu sehen. Die Windmühle von Eemu (*Eemu tuulik*) wurde 1979 restauriert und soll nun zeitweise sogar in Betrieb sein. In der Nähe stößt man auf die kümmerlichen Relikte der einstigen Bauernburg von Muhu, die 1227 durch die Ordensritter beim Vormarsch auf Saaremaa zerstört wurde und für deren Steine sich 668 Jahre später überraschend eine neue Verwendung fand: als Schüttgut für den Fahrdamm hinüber nach Saaremaa!

Orissaare und der Osten

Kaum hat man Saaremaa endlich erreicht, gilt es unter verschiedenen Routen aus-zuwählen. Die gut ausgebaute Hauptstraße Nr. 10 (vormals Nr. 74) nach Kures-saare stellt sicher die zügigste, aber keineswegs die einzige Möglichkeit dar. Doch die meisten Touristen sind am Anfang irgendwie auf die Inselhauptstadt fixiert, was bei kleinen Inseln auch durchaus angebracht sein mag. Saaremaa aber wird man wegen seiner Größe schon nach kurzer Zeit wie ein Stück Festland erleben.

Der erste Ort auf Saaremaa ist Orissaare; direkt beim Ende des Fahrdammes gibt es eine entsprechende Abzweigung (Straße Nr. 75) nach rechts. Früher fuhr man vom örtlichen Hafen aus mit dem Schiff nach Koguva hinüber. Auf dem Meeresgrund wurde sogar ein Schiffswrack aus dem 16. Jahrhundert gefunden. Der für die Inselverhältnisse relativ große Ort mit zahlreichen Gebäuden aus der Stalin-Ära ist aber nicht besonders interessant; wer sich mit Proviant eindecken will, sollte den kurzen Abstecher ruhig machen. Wenn man von der Hauptroute hingegen nach Süden abzweigt, kommt man in eine sehr dörfliche, teilweise fast einsame Ecke der Insel. Man kann auf ordentlicher Straße bis weit in den äußersten Ostzipfel gelangen, der von einer Vielzahl Buchten zergliedert ist. In Tornimäe steht eine orthodoxe Kirche von 1873.

Bleibt man auf der Hauptstrecke, so erreicht man nach etwa sechs Kilometern eine Kreuzung: Rechts geht es noch einmal zurück nach Orissaare, geradeaus wei-ter nach Kuressaare, und links beginnt eine ruhige, weniger gut ausgebaute Alter-nativroute in Richtung Kuressaare jenseits eines größeren Sumpfgebietes, das bis auf weiteres keine Querverbindung zulässt. Der Reiz dieser südlicheren Strecke liegt darin, dass man hier gemächlicher reist und durch urtümliche Weiler kommt, die wegen ihre Lage abseits des Durchgangsverkehrs ein wenig verschlafen wirken. An mehreren Stellen gibt es zudem Stichstraßen an die buchtenreiche Küste. Am Beginn dieser Wegstrecke fährt man an der Wehrkirche von Pöide vorbei. Das weit-hin sichtbare Bauwerk erweckt mit seinen äußerst massiven Mauern eher den Ein-druck einer Festung als eines Gotteshauses. Gegen Ende des 13. Jahrhunderts hatte der livländische Ritterorden hier sein Hauptquartier und kontrollierte den Ostteil der Insel. Bei den Aufständen von 1343 nahm das Gebäude großen Schaden, und im Zweiten Weltkrieg wurde ihre Inneneinrichtung vollständig vernichtet. Seit Jah-ren wird nun renoviert. Beachtenswert sind die steinernen Ornamente der Gewöl-bestützen und des Portals. Man kann versuchen, über dunkle Treppen bis hinauf in den Turm zu steigen: Der Blick schweift über eine fruchtbare und vergleichsweise dicht besiedelte Gegend. Etwa zwei Kilometer weiter nordwestlich, am Rande des Koigi-Sumpfes, sind die Ruinen der ovalen Burganlage von Kahutsi zu sehen.

Etwa in der Mitte der Hauptstrecke von Orissaare nach Kuressaare liegt die etwas größere Ortschaft Valjala, ebenfalls mit Wehrkirche und Resten einer

Festung aus der Zeit vor der Christianisierung. Bei der Kirche handelt es sich wahrscheinlich um die älteste Steinkirche Estlands überhaupt. Um die Mitte des 13. Jahrhunderts begonnen und beim Aufstand 1343 stark in Mitleidenschaft gezogen, wurde sie gegen Ende des 15. Jahrhunderts zur Wehrkirche umgebaut, was die zugemauerten Fensteröffnungen belegen.

Der Kaali-Meteoritenkrater

Eine geheimnisvolle Atmosphäre umgibt den kreisrunden, grünlichen Tümpel, der 18 Kilometer nordöstlich von Kuressaare im Wäldchen von Kaali liegt. Ohne Hintergrundwissen würde man sicher auf allerlei Spekulationen über seine Entstehung verfallen. Im 18. und 19. Jahrhundert gab es so abstruse Theorien wie Vulkanausbruch, Karstdoline, Wasserreservoir aus grauer Vorzeit u.ä. Auch an Erklärungsversuchen aus dem Bereich der Mythologie hat es nicht gefehlt. Der Geologe I. Reinwald konnte 1937 anhand eisenhaltiger Partikel und verkohlter Holzreste nachweisen, dass hier auf Saaremaa um etwa 700 v.Chr. ein rund 1000 Tonnen schwerer Meteorit aus östlicher Richtung eingeschlagen sein muss. Mit einer gewaltigen Explosion hat er insgesamt neun Krater in den Boden gerissen. Der mit Abstand größte unter ihnen hat einen Durchmesser von 110 Metern und ist von einem Erdwall umgeben. Er liegt unweit des Schulhauses von Kaali. Heute ist der Trichter bis zum Durchmesser von etwa 50 Metern mit Wasser aufgefüllt. Der lange gehegte Glaube, der See sei bodenlos, konnte ebenfalls widerlegt werden, doch dazu bedurfte es eines Tauchgangs bis in die erstaunliche Tiefe von sechs Metern. Das ergibt eine Gesamttiefe des Kraters von 16 Metern. Seit 1959 steht das Einschlaggebiet unter Schutz, ein Pavillon informiert über das Phänomen und seine geologischen Details. Wer sich ein wenig in der näheren Umgebung umschaut, wird auch auf einige der wesentlich kleineren Nebenkrater mit Durchmessern von zwölf bis 40 Metern stoßen; auch ein Zwillingskrater ist darunter. Die mysteriöse Entstehungsgeschichte mag faszinieren und die Phantasie beflügeln, dennoch wird man sich beim Besuch der Stätte fragen, ob die hier und heute sichtbaren Zeugnisse des ›kosmischen Unfalls‹ wirklich so sehenswert sind.

Kuressaare

Eine hübsche kleine Stadt am Meer ist Kuressaare (16 500 Einwohner), obwohl man nach der ziemlich langen Anreise über die große Insel zuerst nur die tristen Wohnblocks und Baustoffwerke aus sozialistischen Zeiten wahrnimmt. Die einzige Stadt des Kreises Saaremaa gehört zu den wenigen Orten in Estland, die über eine touristische Tradition verfügen. Bereits um 1840 begann hier der Kurbetrieb, und nur die Abschottung unter der Sowjetregierung hat den Fremdenverkehr einmal für längere Zeit unterbrochen. Bis 1917 war Kuressaare Jahrhunderte lang unter dem Namen Arensburg über die Landesgrenzen hinaus bekannt. Eher auf Landkarten und Druckerzeugnisse beschränkt blieb der ideologisch gefärbte Name Kingissepa (von 1949 bis 1989), mit dem an den einheimischen Kulturförderer Eduard Kingissepp erinnert werden sollte.

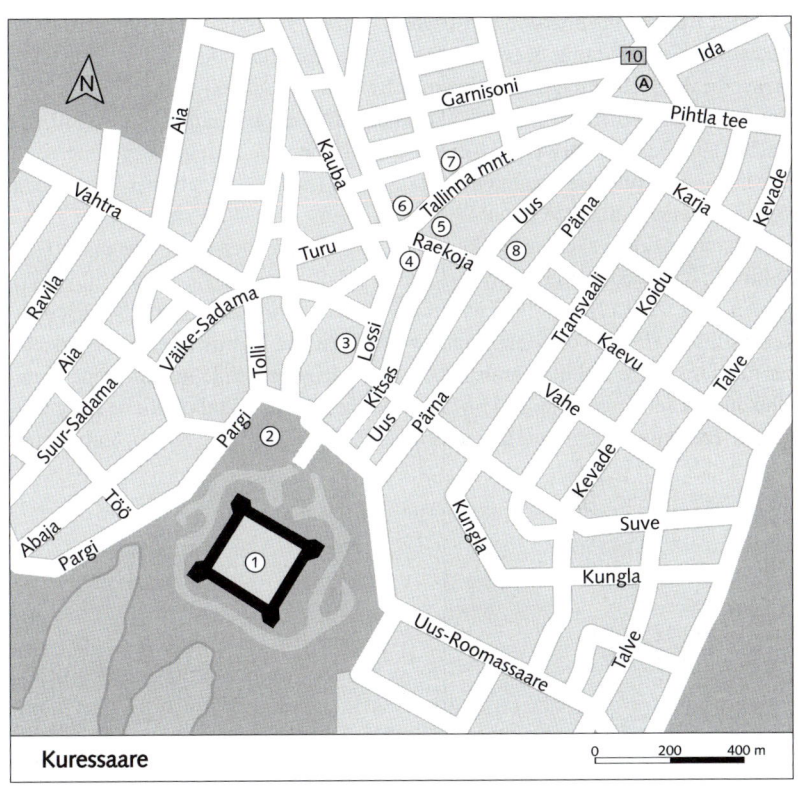

Kuressaare

Legende

1 Bischofsburg
2 Kursaal
3 Nikolajkirche
4 Haus der Ritterschaft
5 Rathaus
6 Waaghaus
7 Laurentiuskirche
8 Windmühle (Restaurant)
A Autobushof

Als Ausgangspunkt der städtischen Entwicklung kann die Errichtung der mächtigen Bischofsburg an der buchtenreichen Südküste der Insel im 13./14. Jahrhundert angesehen werden. Seit 1424 ist ein Marktflecken im Schatten der Residenz urkundlich bezeugt. Unter dänischer Oberhoheit erhielt die Siedlung 1563 ihre Stadtrechte, unter schwedischer etwa hundert Jahre später wurde Arensburg zu einem wichtigen Handelsplatz für Salz, Kalk, Getreide, Leder und Wein. Seit dieser Zeit befindet sich das Ortszentrum an seiner heutigen Stelle etwas abseits der Burganlage. Allmähliche Versandung des örtlichen Hafens und einige Dürrejahre führten zu Rückschlägen im Wirtschaftsleben, und 1710/11 brachte die Pest und der Einmarsch zaristischer Truppen den völligen Niedergang. So bedeutete die Eröffnung der ersten Moorbadeanstalt 1840 durch einen deutschen Arzt eine Art Neuanfang mit anderem Schwerpunkt. Schnell entwickelte sich ein ansehnlicher Kurort, der bereits 1858 so beliebt war, dass eine Dampfschifflinie nach Rīga eingerichtet wurde. Am Ende des Ersten Weltkrieges war Kuressaare sowie die gesamte Insel Saaremaa etwa ein Jahr lang unter deutscher Verwaltung, bevor die erste estnische Republik entstand. Aus Arensburg stammte der Landschaftsmaler Eugen Gustav Dücker (1841 – 1916), der auch Professor an der Düsseldorfer Kunstakademie war.

Ähnlich wie in Haapsalu (Läänemaa) stellt auch in Kuressaare die Bischofsburg (*Piiskopilinnus*) die Hauptsehenswürdigkeit dar. In einem schönen Park, der an die verschilfte Bucht angrenzt, steht der beeindruckende quadratische Komplex mit Seitenlängen von je 43 Metern. Keine andere mittelalterliche Burganlage im Baltikum blieb derartig gut erhalten. Ihre 20 Meter hohen, mit Zinnen

Die Bischofsburg in Kuressaare

bewehrten Außenmauern bestehen aus Dolomitblöcken des nahen Steinbruchs von Kaarma. An der Nordostfassade mit dem einzigen Tor zum Innenhof stehen zwei wuchtige Ecktürme: der kleinere ›Sturvolt‹ und der schlanke sogenannte ›Lange Hermann‹, der nur über eine Zugbrücke in neun Metern Höhe zugänglich ist und auch als Gefängnis diente. Im Erdgeschoss befinden sich die Wirtschafts-räume, Anlagen zur Fußbodenbeheizung mittels Warmluft sowie ein Brunnen. Darüber liegen die Räume für repräsentative Zwecke, außerdem Wohn- und Schlafgemächer. Die Räumlichkeiten des Hauptgeschosses sind durch einen Kreuzgang mit Gewölbe verbunden. Besondere Beachtung verdient der holzgetä-felte Festsaal mit Wappenschmuck und die danebenliegende Kapelle. Die Burg beherbergt das umfangreiche Saaremaa-Museum (Mai bis Sept. tägl. 10 bis 19 Uhr, sonst Mo geschl.; Tel. 544 63) und dient als Ausstellungs- und Konzertstät-te. Die äußeren Bastionen im Stile Vaubans sowie der mit Meerwasser gefüllte Graben stammen aus der Schwedenzeit. In dem Wasser wurde 1971 eine von einst 67 Kanonen wiedergefunden, die beim Abtransport durch die Russen im Jahre 1711 offenbar verlorengegangen war; sie bewacht nun das Burgtor.

Im Stadtpark vor dem Burgtor befindet sich das hölzerne Kurhaus (*Kuur-hoone*) von 1861, dessen Café wie anno dazumal zu angenehmem Nichtstun ein-lädt. Auch die gegenüber an der Pargi (Parkstraße) aufgereihten Holzvillen tragen sehr zu einer authentischen Atmosphäre vergangener Tage bei. Von hier aus geht man auf der Lossi (Schlossstraße) geradewegs ins Zentrum der Altstadt. Zwischen klassizistischen Wohnhäusern entdeckt man auf der linken Seite die orthodoxe Nikolajkirche von 1790 mit ihren grünen Zwiebeltürmen. Etwa 300 Meter weiter steht man am dreieckigen Keskväljak (Hauptplatz). Seine Ostseite wird be-herrscht von zwei repräsentativen Gebäuden: Rechts sieht man das Haus der Rit-terschaft (*Rüütelkonna hoohe*), das am Ende des 18. Jahrhunderts erbaut wurde und bereits seit 1920 Verwaltungssitz des Landkreises Saaremaa ist. Links, durch die Raekoja (Rathausstraße) getrennt, steht das eher schlichte, aber dennoch inter-essante Rathaus (*Raekoda*); es stammt aus den Jahren 1654 bis 1670 und hat ein von vier Löwen bewachtes Portal. Genau gegenüber befindet sich der Eingang zum Markt, markiert durch das sogenannte Waaghaus (*Vaekoda*) von 1666 mit seinem gestuften Giebel, das früher der Aufbewahrung von Maßen und Gewich-ten diente. Neben dem Kaufhaus an der Ecke des Platzes ist ein typischer Han-delshof aus der Zarenzeit erhalten; in dem Gebäude mit Säulengang wurden einst die Waren der Kaufleute gelagert. An der Nordseite des Platzes, wo die Tallinna maantee beginnt, ragt die Laurentiuskirche von 1836 empor. Einen Besuch wert ist schließlich auch noch die Windmühle mit Restaurant in der Pärna tänav hinter dem Rathaus.

Etwas außerhalb des Zentrums, beim Kreisverkehr am Ende der Tallinna maantee, liegt der historische Friedhof von Kudjape mit vielen Grüften, Denkmälern und Kapellen unter großen Bäumen; wohl alle bekannten Persönlichkeiten von Saaremaa haben auf dem 1778 angelegten Gelände ihre letzte Ruhestätte gefunden. Ein Großteil der Monumente ist aus dem Dolomit des nahen Steinbruchs von Kaarma gefertigt. Weit nach Süden hinaus muss man fahren, um den Hafen und Flugplatz Roomassaare auf der gleichnamigen Halbinsel zu erreichen.

Die Halbinsel Sõrve

Der Leuchtturm an der äußersten Spitze der Halbinsel Sõrve ist das Ziel eines Ausflugs, der im 50 Kilometer entfernten Kuressaare beginnt. Von der Bischofsburg aus führt die Straße Nr. 77 bald über den Nasva-Fluss, der eigentlich ein Verbindungskanal zwischen einigen abgeschnürten Buchten und dem offenen Meer ist; an der Mündung liegt ein Yachthafen. Von hier an zieht sich die Straße immer nah an der Küste entlang, auf weite Strecken aber begleitet von Kiefernwald, der den Blick auf das Wasser versperrt. Bei Mändjala gibt es viele Wochenendhäuser und einen hübschen Campingplatz. Der daran anschließende Badestrand dürfte der beste von ganz Saaremaa sein. Bei Tehumardi besteht noch einmal die Möglichkeit, in Westrichtung abzuzweigen; besser und vor allem durchgehend asphaltiert ist jedoch die direkte Straße von Kuressaare nach Lümanda oder Kihelkonna (Nr. 78). Zur Halbinsel Sõrve fährt man indessen weiter geradeaus und erreicht sogleich bei der Ortschaft Salme (mit Meerblick) die schmalste Stelle der Landbrücke, die die Verbindung zum Hauptteil von Saaremaa markiert.

Einen eigenartigen Reiz hat diese Halbinsel, die wie ein überdimensionierter Hebelarm mehr als 30 Kilometer weit ins Meer vorspringt und dabei selbst an der breitesten Stelle nur zehn Kilometer misst. Ein ewiger Wind fegt über die mit Steinen übersäte und von Wacholder und zerzausten Kiefern bestandene Landschaft. Vereinzelte Häuser stehen an der Straße, die von Salme immer an der Ostseite verläuft und bis ziemlich weit hinab sogar noch asphaltiert ist. Der Zugang zum Meer ist nur an wenigen Stellen möglich. Plötzlich, etwa 20 Kilometer hinter Salme, wird die Straße schlechter, und auf einer endlos erscheinenden Staubpiste geht es nun weiter durch die fast menschenleere Gegend. Ebenso unerwartet taucht der Hafen von Mõntu auf, der in solcher Lage mit seiner Größe überrascht. Vieles deutet darauf hin, dass hier ein sowjetischer Marinestützpunkt angesiedelt war. Gleich hinter der desolaten Anlage kommt die Straße ganz dicht ans Meer heran und bietet nun bis zum Endpunkt der Halbinsel schöne Ausblicke.

Aus der Entfernung sieht man den schönen Leuchtturm mit Wärterhaus, der zu einem Spaziergang auf der Landspitze lockt, soweit wie der Kies aus dem Wasser ragt. An klaren Tagen kann man sogar die kurländische Küste (Lettland) erkennen, wenn man den 37 Meter hohen Turm besteigt. Er wurde 1959 erbaut als

Ersatz für den im Zweiten Weltkrieg zerstörten historischen Turm, der bereits seit 1646 an dieser markanten Stelle gestanden hatte. Auch in der näheren Umgebung stolpert man über zahlreiche Kriegshinterlassenschaften, die an die außerordentlich heftigen Kämpfe der Wehrmacht und ihrer estnischen Verbündeten gegen die herannahende Rote Armee erinnern. In diesem Zusammenhang wird auch die Bedeutung des Hafens Mõntu (s. o.) klarer. Vor der Evakuierung durch die Deutschen soll die heute so stille Halbinsel etwa die zehnfache Zahl von Bewohnern gehabt haben. Das einzige nennenswerte Dorf ist Torgu, im Zentrum der Landzunge gelegen und von Wald umgeben. Für die Rückfahrt

In Vergessenheit geraten...

kann man den Weg entlang der Westseite von Sõrve wählen: Bei Jämaja trifft man auf eine wildromantische Steilküste. Auch eine Kirche von 1864 und ein paar Windmühlen liegen in der Nähe. In der Regel hat man hier die Landschaft ganz für sich allein. Vorab ist es allerdings eine Überlegung wert, ob man wirklich 20 Kilometer weit (über Kaugatuma sogar 30) auf Staubstraßen fahren will.

Kihelkonna und der Westen

Das Dreieck der Ortschaften Kärla, Lümanda und Kihelkonna erreicht man von Kuressaare aus auf der Landstraße Nr. 78. Es handelt sich um unspektakuläre Dörfer in waldreicher Umgebung mit zum Teil weit verstreuten Häusern und jeweils einer typischen Kirche.

Die Kirche von Kärla stammt aus dem Jahre 1843 und ersetzte einen 1556 abgebrannten Vorgängerbau. Erhalten geblieben ist das Epitaph des Gutsbesitzers Otto von Buxhoeveden, eine besonders schöne Holzskulptur eines Lübecker Künstlers aus dem Jahre 1591. In Ortsnähe hat der Kärla-Bach ein etwa sechs Meter tiefes Tal in den Dünen hinterlassen. Interessanter ist aber ein Abstecher zum Karujärv (Bärensee) fünf Kilometer weiter nördlich. Mit seinen sechs Inselchen und sieben Buchten stellt der älteste und größte See der Insel ein beliebtes Ausflugsziel dar: Am Ostufer findet man einen sandigen Badestrand, Campingplatz mit Miethütten und Getränkeausschank; gelegentlich gibt es auch Freizeitangebote und Veranstaltungen auf einer großen Wiese. Von einem ›Touristenmekka‹ zu sprechen, wie es eine estnische Broschüre tut, wäre allerdings die falsche Wortwahl. Am Nordrand des idyllischen Sees gerät man unversehens in eine jener aufgelassenen sowjetischen Militärbasen, die überall im Baltikum schöne Landstriche verwüstet haben.

Das Kirchspiel Lümanda verbindet man mit dem seit 1957 bestehenden Viidumäe-Naturreservat (*Viidumäe looduskaitseala*), das als schmaler Streifen von knapp acht Kilometern Länge die Landstraße nach Kuressaare quert. Es gilt als botanisch besonders artenreich, einige der hier entdeckten Pflanzen sind sogar ausgesprochene Raritäten. Man muss sich deshalb strikt an die vorgeschriebenen Wege halten. Das Informationszentrum in Audaku (bei Viidu), einer ehemaligen Lepra-Station, bietet eine Übersicht über die Hochmoorlandschaft und ihre Vegetation (Mi bis So 10 bis 18 Uhr; Tel. 764 62). Fährt man von Lümanda aus auf holpriger Piste ungefähr zehn Kilometer geradewegs nach Süden, so kommt man an der Bucht von Lahetaguse heraus, wo man einen langgestreckten Badestrand vorfindet. Die Fahrt geht durch Heide- und Wacholderflächen mit den für die Westküste so typischen Strandwiesen, wo man vereinzelte Windmühlen sieht. Beim landeinwärts gelegenen Riksu-See erinnert ein Monument an den Weltumsegler Admiral Fabian Gottlieb von Bellingshausen (1778 – 1852), der auf dem nahen Gutshof das Licht der Welt erblickte. Als Teilnehmer der ersten russischen Antarktis-Expedition 1819 bis 1821 machte er eine Fülle wertvoller Aufzeichnungen, die

Fischkutter im Hafen Roomassaare

er 1831 veröffentlichte; darin ist unter anderem von 20 neu entdeckten Inseln in verschiedenen Klimazonen die Rede.

Weiter geht es nach Kihelkonna. Die Kirche des Ortes ist in ihrer Art heutzutage ein Unikat im gesamten Baltikum: Der Glockenturm, ein gedrungener Steinbau mit Holzdach von 1638, steht nämlich ein gutes Stück abseits separat auf einer Anhöhe. In der Vergangenheit soll es auf den westestnischen Inseln mehrere Kirchenbauten dieses ungewöhnlichen Typs gegeben haben. Erst 1899 wurde hier in Kihelkonna ein von Anfang an geplanter Turm unmittelbar an das Kirchenschiff gebaut; er übernahm schließlich die Funktion des Glockenträgers und dient mit seiner Höhe von 60 Metern gleichzeitig auch noch als Leuchtturm! Seine einstige Bedeutung als ›Zentrum‹ von West-Saaremaa hat Kihelkonna weitgehend verloren. Der Fischereihafen spielt keine große Rolle mehr, und touristische Einrichtungen scheinen sich bisher nicht zu rentieren. So lockt eigentlich nur das originelle Bauernhofmuseum von Viki am südöstlichen Ortsrand einige Besucher in die stille, sehr zersiedelte Gemeinde. Seit 1959 wurden allerlei landwirtschaftliche Gerätschaften im regionaltypischen Mihkli-Gehöft zusammengetragen. Der Hof aus der Zeit um 1850 befand sich über sechs Generationen im Familienbesitz und war praktisch autark. Er besteht aus kreisförmig angeordneten Wohn- und Wirtschaftsgebäuden innerhalb einer steinernen Einfriedung. Dazu gehört auch eine etwas abseits gelegene Windmühle. Man kann den Besuch des schönen Museumshofes (Mi bis So 10 bis 18 Uhr; Tel. 766 13) vielleicht mit einem Picknick verbinden; einen SB-Laden findet man nahe der Kirche.

Auf einem Sträßchen von sehr wechselhafter Qualität gelangt man von Kihelkonna aus noch auf die Tagamõisa-Halbinsel im äußersten Nordwesten, an deren Spitze die etwa 2,5 Meter hohen Undva-Kliffs liegen. Ob sich die Fahrt in die Abgeschiedenheit trotz der landschaftlichen Reize wirklich lohnt, ist jedoch fraglich und hängt wohl auch vom Wetter ab. Die schlecht erschlossene Nordküste von Saaremaa erreicht man am bequemsten, indem man von Kuressaare nach Leisi fährt, wobei noch einige Sehenswürdigkeiten am Wege liegen.

Der Vilsandi-Nationalpark

Die Inselwelt in der zerfransten Bucht vor Kihelkonna ist der westlichste Teil Estlands. Durch den allmählichen Landhebungsvorgang seit der Eiszeit sind hier immer wieder neue Klippen aus dem Meer aufgetaucht, und schon vorhandene langsam zusammengewachsen. Auch die größte der Inseln, Vilsandi mit knapp neun Quadratkilometern zusammenhängender Fläche, war noch vor 300 bis 400 Jahren eine Ansammlung beieinander liegender Kleininseln. Die weiter nördlich vorspringende Landzunge Harilaid war ebenfalls noch im späten Mittelalter eine separate Insel; heute kann man trockenen Fußes hinübergehen, auch wenn sich die Oberfläche nirgends mehr als fünf Meter über den Wasserspiegel erhebt. Seit Jahrhunderten gibt es an diesem Küstenabschnitt eine einzigartige Vogelwelt.

Der Leuchtturmwärter von Vilsandi, Artur Toom, ergriff bereits 1906 die Initiative und pachtete kurzerhand einige der Klippen und Inselchen, um die Brutgebiete der Vögel unter seinen persönlichen Schutz zu stellen. Gleichzeitig bemühte er sich um die Unterstützung des Naturforscherverbandes von Rīga. Mit Erfolg, denn schon 1910 konnte ein Naturschutzgebiet eingerichtet werden. Heute umfasst der Vilsandi-Nationalpark (*Vilsandi rahvuspark*) fast die gesamte Inselflur vor der Westküste von Saaremaa einschließlich einiger Halbinseln und eines schmalen Küstensaumes bis hinauf nach Harilaid. Nicht nur das empfindliche Ökosystem ist damit geschützt, sondern auch einige geologische Phänomene und die Landschaft überhaupt. Im vorherrschenden Dolomitgestein (Calcium-/Magnesiumcarbonat) haben Lösungsvorgänge zu interessanten Karsterscheinungen geführt, die man am besten im Nordwesten von Vilsandi beobachten kann. Vor der völligen Verwüstung im Zweiten Weltkrieg bewohnten rund 200 Menschen die 33 Gehöfte auf Vilsandi; heute gibt es hier noch etwa 20 Insulaner. Einige der alten Windmühlen wurden wieder aufgebaut, und auch der Leuchtturm steht noch. Außerdem existiert ein Gästehaus für 15 Personen. Aber ohne eine Genehmigung der Naturparkverwaltung in Kihelkonna (Tel. 230 07) ist der Zugang verboten.

Leisi und der Norden

Eine Handvoll zweit- und drittklassiger Parallelstraßen verbindet die Inselhauptstadt Kuressare mit der dünn besiedelten und mäßig erschlossenen Nordküste. Wer nicht endlose Kilometer auf staubigen Pisten im ›Nirgendwo‹ zurücklegen will, wählt am besten die durchgehend asphaltierte Route (Nr. 79) nach Leisi, der einzigen größeren Ortschaft am anderen Ende der Insel. Der Weg führt von Kuressare bzw. der Hauptstraße Nr. 10 (vormals Nr. 74) zunächst an Kaarma vorbei; hier lohnt ein kleiner Abstecher oder Umweg, um die Wehrkirche von 1270 und die Reste der altestnischen Festung aufzusuchen. Gleich hinter dem Friedhof liegen die wirtschaftlich bedeutenden Dolomit-Steinbrüche, die sogar Fassadenmaterial für Bauten in Rīga, Tallinn und Sankt Petersburg sowie für die Metro-Stationen in Moskau geliefert haben.

Durch Wälder und Wiesen geht es nun gut 20 Kilometer nordwärts, bis man eine besonders fotogene Stelle von Saaremaa erreicht: Bei Angla stehen auf einer kleinen Anhöhe am Straßenrand fünf Windmühlen, vier davon die typischen regionalen Bockwindmühlen und die mittlere eine holländische Konstruktion. Einst bestand das Ensemble sogar aus neun dieser Bauwerke, für die es hier optimale Windverhältnisse gab. Noch vor hundert Jahren sollen auf ganz Saaremaa an die achthundert Windmühlen existiert haben. Ganz in der Nähe zweigt eine Straße nach Pärsama ab; folgt man ihr ein kleines Stück, so sieht man bald auf der linken Seite die hübsche mittelalterliche Kirche von Karja. Ihren kunstvollen Arkaden und Pfeiler mit botanischen Reliefs zeugen von ausgefeilter Steinmetzkunst.

Nach weiteren fünf Kilometern erreicht man schließlich Leisi, einen kleinen und stillen Ort, der sich zunächst an der Straße entlangzieht. An einer Abzweigung im Zentrum fährt man rechts nach Triigi, dem einzigen Hafen weit und breit: Von hier aus verkehrt, zumindest im Sommer, eine regelmäßige Schiffsverbindung zur Nachbarinsel Hiiumaa. Falls man von Leisi aus, egal in welche Richtung, der Nordküste von Saaremaa folgen will, sollte man zumindest etwas Zeit einkalkulieren, da es in der ganzen Region so gut wie keine befestigten Straßen gibt. Entschädigt wird man durch herrliche Ausblicke auf die Ostsee und eine völlige Ruhe und Abgeschiedenheit. Einer der schönsten Plätze ist zweifellos die Steilküste von Panga (*Panga pank*), auf die man je nach Fahrweg 25 bis 30 Kilometer westlich von Leisi trifft: Oberhalb der bis zu 21 Meter aufragenden Geländestufe schaut ein Leuchtturm weit auf das Meer hinaus. Bei Liiva findet man einen guten Badestrand.

Man kann dieselbe Steilküste auch erreichen, indem man über Mustjala und Võhma fährt; diese Anfahrt ist ein wenig kürzer. An der tief ins Land ragenden und sehr geschützten Küdema-Bucht (*Küdema laht*) findet man schöne Badeplätze. Bei Ninase, drei Kilometer nördlich von Mustjala, gibt es ebenfalls eine Steilküste. Am äußersten Ende der Landspitze liegt die altertümliche Siedlung Tagaranna.

An der Nordküste bei Leisi

Die Insel Abruka

Bei ausreichender Nachfrage fährt vom Hafen Roomassaare ein Schiff zur vier Kilometer entfernten Insel Abruka hinüber, deren markanteste Punkte die zwei Leuchttürme sind: einer aus Beton, der andere eine Gerüstkonstruktion. Im 13. Jahrhundert wurden hier Menschen angesiedelt, um für die bischöfliche Verwaltung Pferde zu züchten. Heute soll es etwa 40 permanente Bewohner geben, die mit zur Gemeinde Kaarma (Umgebung von Kuressaare) gehören. Die Bedeutung von Abruka liegt im botanischen Bereich: Ein eher für Mitteleuropa typischer Laubwald bedeckt rund ein Achtel der knapp neun Quadratkilometer großen Insel. Besondere Schutzmaßnahmen und ein günstiges Klima garantieren darüberhinaus den Bestand weiterer Pflanzen, denen man in Estland sonst selten begegnet. Ein großer Artenreichtum von Insekten steht damit im Zusammenhang.

Die Insel Ruhnu

Exotisch wirkt die kleine Ostseeinsel Ruhnu schon auf die Esten selbst, und auf die Touristen allemal, sofern sie überhaupt darauf aufmerksam werden. Weit draußen auf dem Meer, mitten in der Bucht von Rīga (estn.: *Liivi laht*), gibt es nämlich noch ein Fleckchen Land von gut elf Quadratkilometern, auf dem etwa 60 bis 70 Menschen ›ausharren‹. Sie bilden die mit Abstand kleinste Gemeinde Estlands, ohne regelmäßige Verbindung zum Festland, aber begünstigt von einem milden Klima. Nach den heutigen Seegrenzen zu urteilen, könnte Ruhnu eher zu Lettland gehören. Das meinen die Letten übrigens auch, und damit wäre es deren einzige Insel! Während Kuressaare 70 Kilometer und Pärnu gar 96 entfernt ist, beträgt der Seeweg zur lettischen Landspitze Kolkasrags 37 Kilometer.

Der Zugang zur Insel war immer schon durch Sandbänke und Untiefen erschwert. Dokumente des Bischofs von Kurland (heute West-Lettland) aus dem Jahre 1341 belegen, dass damals ungefähr 300 freie Schweden auf ›Runö‹ siedelten, die später unter Zar Peter I. als eigenes Kirchspiel zu Saaremaa gerechnet wurden. Mit 389 Einwohnern war 1842 der Höchststand erreicht, fast schon eine Überbevölkerung angesichts der knapp 30 Häuser im einzigen Dorf in der Mitte der Insel. Nur das Leben als Sippen in den typischen Langhäusern von bis zu 50 Metern Seitenlänge und ein ausgeprägter Gemeinschaftssinn lassen solche Angaben plausibel erscheinen. Hinzu kam eine klare Aufgabenverteilung: Den Frauen oblag die Feldarbeit und die Versorgung der Pferde, während die Männer die Fischerei und Seehundjagd betrieben und die Flotte unterschiedlicher Boote instand hielten. Familiennamen waren unbekannt. Im Jahr 1931 wurde das archaische Leben auf Ruhnu noch in einem interessanten Dokumentarfilm (›Die Insel

Ruhnu‹ von Th. Luts) festgehalten. Damals konnte wohl niemand ahnen, dass es 13 Jahre später ziemlich abrupt enden würde. Wie auch im Falle der anderen estnischen Inseln entschlossen sich die schwedischen Siedler hier 1944 zur kollektiven Flucht vor der heranrückenden Roten Armee, nachdem sie über Jahrhunderte von den Querelen und Kriegen auf dem Festland verschont geblieben waren. Der Motorsegler ›Juhan‹ brachte sie in die Heimat ihrer Vorvorfahren zurück. Nach dem Zweiten Weltkrieg wurden Esten von der ebenfalls recht isolierten Insel Kihnu (Pärnumaa) sowie von Saaremaa zur Übersiedlung nach

Die Holzkirche auf der Insel Ruhnu

Ruhnu bewegt. Der bescheidene Verbindungsweg vom Inselhafen zum Dorf soll in der darauf folgenden Sowjet-Ära allen Ernstes den Namen ›Prospekt Jurij Gagarin‹ (zur Erinnerung an den berühmten Kosmonauten) getragen haben! Als ähnlich deplatziert müssen die Inselbewohner wohl den Namen ›Leuchtturm des Kommunismus‹ für ihre jämmerliche Fischereikolchose empfunden haben. Als dann die Sowjetarmee auch noch daran ging, auf dem Eiland nach Erdöl zu bohren, wurde es scheinbar wirklich ungemütlich, und viele der Zugezogenen gingen wieder fort.

Zu sehen gibt es auf der kleinen Insel naturgemäß nicht allzu viel. Die Holzkirche von 1644, eine der ältesten in Europa, mit ihrem 1755 hinzugebauten Turm sowie die steinerne Kirche von 1912 sind die markantesten Bauwerke. Der Leuchtturm auf dem Hügel wurde 1877 errichtet und stammt aus dem französischen Le Havre. Ferner gibt es immerhin eine Schule, eine Bibliothek, einen Laden und ein Museum (April bis Oktober; Tel. 338 49). Die Landschaft ist ziemlich karg: Kiefernwald, bis zu 20 Meter hohe Dünenwälle, ein als Trinkwasserspeicher genutztes Moorgebiet und der Badestrand von Limo machen das Erscheinungsbild der Insel aus, die man an der Anlegestelle Rinksu von Süden her betritt. Zaghafte Ansätze im touristischen Bereich gibt es erst seit dem Jahr 2000.

 Telefonvorwahl: 045.
PLZ-Bereich: 93-94000 ff.
Internet: www.saaremaa.ee.
Tourismusbüro: Tallinna 2,

93813 Kuressaare, Tel. 331 20.
Hauptpost: Torni 1,
93801 Kuressaare.
Polizei: Lossi 7 in Kuressaare.

Kuressaare 217 km südwestlich von Tallinn (Straße Nr. 4, dann 9, dann 10). Autofähre Virtsu – Kuivastu, Fahrdamm von Insel Muhu nach Saaremaa. Bei Inselrundfahrten sind längere Abschnitte ohne Asphalt kaum zu vermeiden. Detaillierte Straßenkarte anzuraten. Rechtzeitig tanken! Entfernungen nicht unterschätzen! Ab Hafen Kuivastu nach Kuressaare 76 km, Kihelkonna 106 km, Leuchtturm Sõrve 122 km.

 Ab Busstation Kuressaare (Pihtla tee 2, Tel. 316 61) erreicht man die meisten Inselorte. Etwa sieben Direktbusse tägl. nach Tallinn, außerdem in andere größere Festlandsorte.
Taxi in Kuressaare Tel. 300 00, 333 00, 333 33.

 Hafen Roomassaare (Tel. 559 30) und Yachthafen (Tel. 335 88). Autofähre aber von Kuivastu/Muhu nach Virtsu (5 – 23h etwa alle 1 – 2 Std., Überfahrt 30 Min., Tel. 454 32). Außerdem besteht im Sommer fast tägl. eine Direktverbindung zur Insel Hiiumaa ab Anlegestelle Triigi im Norden von Saaremaa (Überfahrt 65 Min., Mobiltel. 051/ 859 49). Informationen zur Überfahrt nach Ruhnu unter Tel. 338 71.

 Vom Flugplatz Roomassaare (Tel. 337 93) werden Tallinn, Pärnu und Ruhnu angeflogen.

 Im Gegensatz zum Rest der Insel hat Kuressaare eine lange Hoteltradition. Relativ teuer sind die Hotels ›Lossi‹ in einer alten Villa (Lossi 27, Tel. 336 33, DZ 95 Euro) und ›Daissy‹ (Tallinna 15, Tel. 336 70, DZ um 80 Euro). Je nach Saison kann man durchaus für 40 – 50 Euro/DZ akzeptabel unterkommen, z. B. im Kurhotel ›Saaremaa Valss‹ (Kastani 20, Tel. 271 00) oder in einer der Pensionen, z.B. ›Laura‹ (Kohtu 2, Tel. 540 81) oder ›Kati‹ (Talve 77, Tel. 362 82). Ganz billig ist die Übernachtung in der Herberge des ›Ühisgümnaasium‹ (Hariduse 13). Auch Ferienhäuser könnten in Frage kommen. Am besten aktuelle Liste im Tourismusbüro erfragen.

 Campingplätze finden sich verteilt über die Insel: ›Saare Kämping‹ am Strand westlich von Kuressaare, (Mändjala, Tel. 751 93) und ›Karujärve Kämping‹ am Badesee im Nordwesten (Tel. 726 81) sind groß und relativ gut ausgestattet. Außerdem ›Tagaranna‹ bei Mustjala (Tel. 547 85) und ›Kadakas‹ bei Orissaare (Tel. 955 56).

 In Kuressaare sind das Restaurant in der Windmühle (Pärna 19) und das traditionsreiche Café ›Kuursaal‹ von 1888 (Lossipargi 1) einen Besuch wert. Im ›Raekelder‹ (Rathauskeller, Tallinna 2) gibt es estnische Gerichte zu vernünftigen Preisen. Ganz in der Nähe bietet noch das Hotel ›Daissy‹ ein Restaurant. Eine Erfrischung erhält man auch andernorts auf der Insel, Speiselokale sind jedoch rar.

Hiiumaa

Die Tagesinsel

▶ Landkreis in West-Estland
▶ Kreishauptstadt Kärdla
▶ Autokennzeichen:
erster Buchstabe H
▶ Fläche 1023 qkm

▶ kleinster Landkreis Estlands
▶ etwa 11500 Einwohner, davon
4300 in Kärdla
▶ äußerst dünne Besiedlung
4 Gemeinden, 1 Stadt

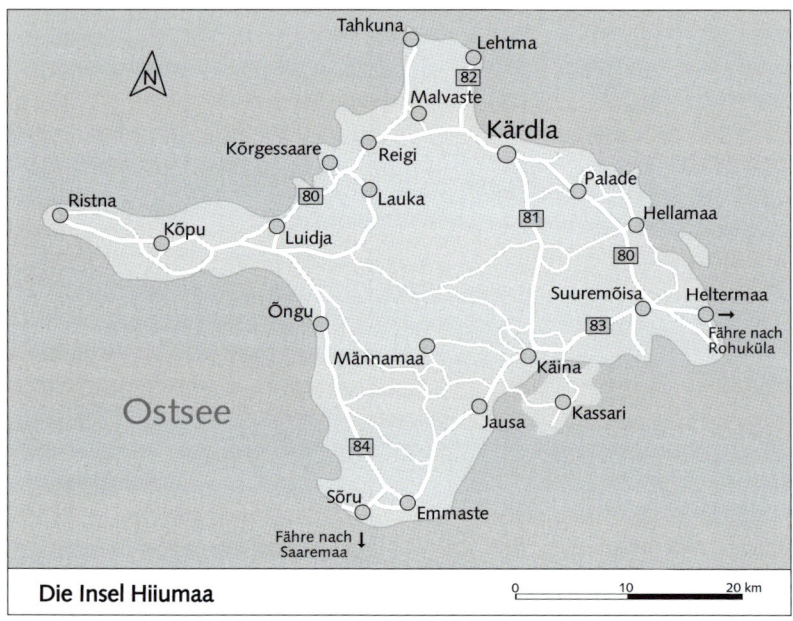

Die Insel Hiiumaa

Die kleinere der ›beiden großen Inseln‹ Estlands wurde vermutlich erst im 13. Jahrhundert besiedelt, als mehrfach Bauern und Seeleute von der schwedischen Insel Gotland herüberkamen in der Hoffnung, hier nach einem Neuanfang ein besseres Auskommen zu finden. Weil die Überfahrt zu der schon lange bekannten Insel ziemlich genau 24 Stunden in Anspruch nahm, wurde sie wohl ›Dagö‹ (die Tagesinsel) genannt, ein Name, der später auch von den Deutschen in Estland benutzt wurde. Heutzutage kann man vielleicht sagen, dass sie im Rahmen eines Tagesausflugs besichtigt werden kann. Der estnische Name Hiiumaa hat möglicherweise mit den Erstbesiedlern zu tun: Die Gotländer mit ihrer hünenhaften Gestalt wurden von den Küstenbewohnern für leibhaftige Riesen (estn.: *hiid*) gehalten. Also: Hiiumaa, einst Land der Riesen? Ein Teil von ihnen war als

Seeräuber gefürchtet, die Jagd auf die Hanse-Schiffe machten, die auf ihrem Weg nach Novgorod hier vorbei mussten. Das führte zwar zu einzelnen Strafaktionen, doch im großen und ganzen bedeutete die Abgeschiedenheit auch Verschonung von den vielen kriegerischen Auseinandersetzungen auf dem Festland. Eine wirkliche Katastrophe brachte die Ausbreitung der Pest um 1750, welche die Insel beinahe entvölkerte. Heute gelten die Bewohner der Insel (estn.: *Hiidlased*) im Lande als ein humorvolles und gleichzeitig etwas verschlagenes Völkchen mit einer nach wie vor reichen Folklore. Es handelt sich fast ausschließlich um Esten. Auf der gesamten Insel leben weniger als 250 Russen, obwohl Hiiumaa, wie auch das benachbarte Saaremaa, als westlicher Vorposten der Sowjetunion über Jahrzehnte militärisches Sperrgebiet war.

Die auf der Karte nahezu sternförmig aussehende Insel ist größer, als man vielleicht denkt: gut dreimal so groß wie der Inselstaat Malta beispielsweise. Sie hat einen Durchmesser von etwa 40 Kilometern plus einem verlängerten Westausläufer und liegt 22 Kilometer beziehungsweise 90 Fährminuten vom Festland entfernt. Neben der kleinen Inselhauptstadt befinden sich hier vier Gemeinden (Pühalepa, Kõrgessaare, Emmaste und Käina). Es gibt eine Art Ringstraße (Landstraße Nr. 80 bis 84), die auf schätzungsweise 80 Prozent asphaltiert ist. Sie verläuft immer in Küstennähe, leider nur selten mit direktem Meerblick, und sie verbindet die meisten Orte und Siedlungen miteinander, die fast alle nahe am Wasser liegen. Nur um den Ort Käina an der gleichnamigen Bucht ist das Wegenetz etwas dichter. Die Mitte der Insel ist kaum erreichbar. Die Verbindung zur ›Außenwelt‹ sichert der kleine Flughafen östlich von Kärdla und der Hafen von Heltermaa, wo die Autofähren vom Festland anlegen.

Hiiumaa ist mit seinen wenigen Bewohnern, seinen dichten Wäldern und den riesigen Moorflächen im siedlungsfeindlichen Inneren geradezu prädestiniert, vollständig zum Naturschutzgebiet erklärt zu werden. Mit einer Bewaldung von 60 Prozent ist die Insel Hiiumaa der waldreichste Landkreis Estlands. Wo Landwirtschaft überhaupt möglich ist, wird überwiegend Tierhaltung betrieben. Für Ackerbau sind die Böden viel zu karg, sie sind wahrscheinlich die schlechtesten von ganz Estland. Von Natur aus gibt es große Wacholderflächen und sehr viel Sand, auch Dünen. Das Gelände ist ziemlich flach und erreicht nur im Westen eine Höhe von etwa 65 Metern ü. M. Die Luft ist besonders rein.

Kärdla

Von Kärdla als Kreis-›Hauptstadt‹ zu sprechen, fällt angesichts der geringen Einwohnerzahl von nur 4300 ein wenig schwer. Immerhin handelt es sich hierbei aber bereits um mehr als ein Drittel aller Hiiumaa-Bewohner. Der Ort erhielt 1938,

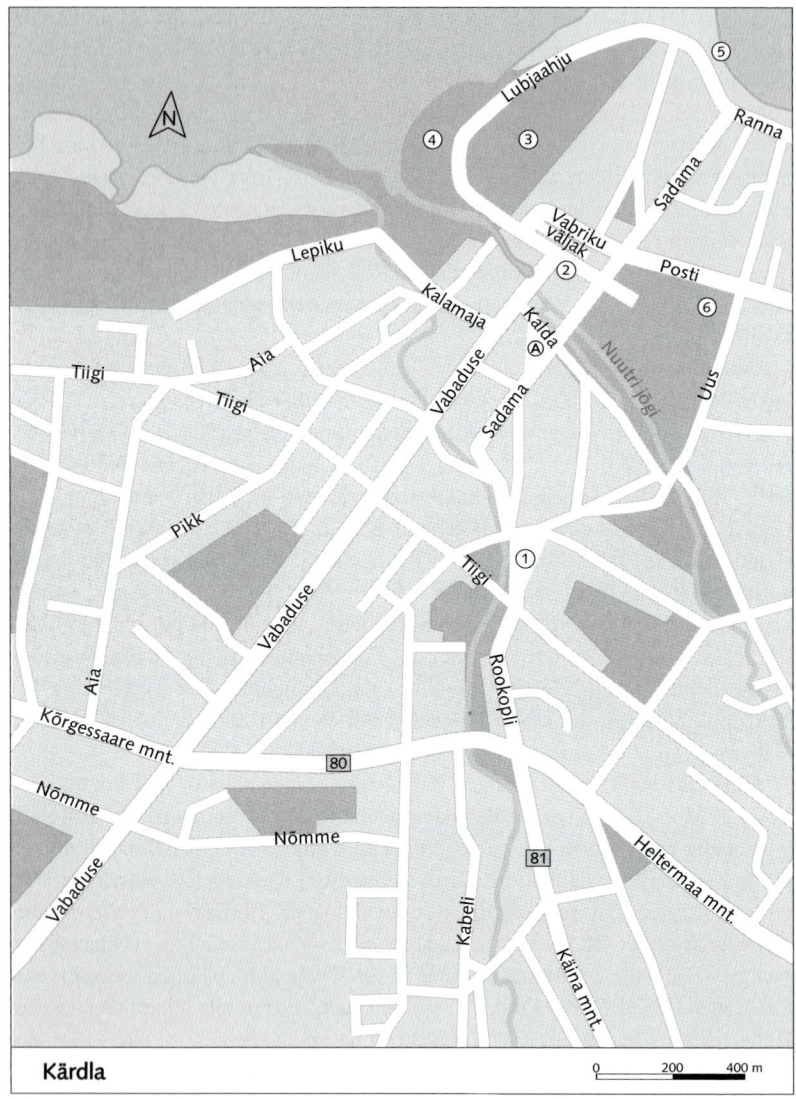

Kärdla

0   200   400 m

Legende

1 Keskväljak
2 ehem. Tuchfabrik
3 Strandpark
4 Badestrand

5 Alter Hafen
6 Kirche
A Autobusstation

zum 20. Jahrestag der Republikgründung, seinen Stadtstatus. Er war Jahrhunderte lang überwiegend von Schweden bewohnt. Als der für seine rigorose Art bekannte Baron von Ungern-Sternberg sich 1810 kurzerhand deren Höfe aneignete, kam es zu einer massiven Abwanderung in Richtung Haapsalu, Noarootsi und Vormsi. Seine Söhne errichteten 1829 im Ort eine Tuchfabrik zur Weiterverarbeitung heimischer Schafwolle, und so begann für Kärdla doch eine Blütezeit. Das Werk wurde 1941 zerstört. Heute erinnern nur noch ein Monument und einige Arbeiterwohnungen an das Unternehmen.

Milchverkauf auf dem Lande

Der selbst für estnische Verhältnisse sehr ruhige Ort ist von zahlreichen Gärten und kleinen Häusern geprägt. Die hohen Bäume ringsum machen ihn zu einer Art Waldsiedlung mit kleinen Sträßchen und Grünflächen. Wer auf der Durchgangsstraße vom Fährhafen Heltermaa in den Ort kommt, biegt am besten rechts in die Rookopli ein und steht nach 300 Metern auf dem Keskväljak (Hauptplatz), einem kleinen dreieckigen Platz mit einigen Geschäften. Von hier aus kann man alles bequem zu Fuß erreichen. Geht man zum Beispiel auf der Rookopli weiter geradeaus an der Busstation vorbei, erreicht man jenseits des Nuutri-Baches links den städtischen Strand mit Parkanlage und Strandcafé, hinter einer Biegung dann den alten Hafen. Über die Sadama gelangt man wieder in die Ortsmitte. Im Nordwesten findet man im Bereich der Tiigi und Aia ein paar artesische Quellen, aus denen unter natürlichem Druck Grundwasser aufsteigt. Wirklich Sehenswertes bietet Kärdla nicht.

Am südöstlichen Ortsrand auf einer Wiese zeugen seltsame Wälle von einem gewaltigen Meteoriteneinschlag vor rund 500 Millionen Jahren. Die Landstraße Nr. 80, eine schöne alte Allee, führt am Inselflughafen vorbei nach Palade mit dem Bauernmuseum Soera (*Talumuuseum*), ganz in der Nähe trifft man auf eine Ansammlung gigantischer Findlinge.

Die Halbinsel Tahkuna

Der Nordzipfel der Insel unweit der Hauptstadt ist vollständig von Wald bedeckt. Am Strand gibt es auch Dünen. Es führen von der Ringstraße aus zwei parallele Straßen auf die Halbinsel, die untereinander keine Verbindung haben: eine asphaltierte östlich (Nr. 82), die am Ankerplatz Lehtma endet, und die nur am Anfang asphaltierte westliche, die nach etwa sechs Kilometern hinter den Überresten einer Befestigungsanlage den Leuchtturm von Tahkuna erreicht. Die 42 Meter hohe gusseiserne Konstruktion aus Fertigteilen wurde 1875 zusammen mit ihrem ›Schwestermodell‹ (Ristna-Turm; s.u.) aus Paris herantransportiert und hier aufgestellt. Ein Monument ganz in der Nähe erinnert an den Untergang der Fähre ›Estonia‹ am 28. September 1994: Die Glocke daran erklingt, wenn Windrichtung und -stärke mit den Werten in jener fatalen Nacht übereinstimmen.

Kõrgessaare

Auf einer kleinen Landzunge an einem besonders gefährlichen Küstenabschnitt mit vielen Riffen liegt das Dorf Kõrgessaare mit einem Seerosenteich, Park und ehemaliger Schnapsbrennerei (heute Restaurant); außerdem Ruinen einer 1909 mit belgischem Kapital erbauten Viskosefabrik im ›Ortsteil‹ Viskoosa. Die größte Fabrik auf Hiiumaa erwies sich jedoch als Fehlinvestition: Über einen Probelauf kam sie nicht hinaus und wurde im Ersten Weltkrieg zerstört. Kaum zu glauben, dass es im 17. Jahrhundert sogar eine regelmäßige Schiffsverbindung zwischen Kõrgessaare und Stockholm gab!

Ein kleines Stück vor Korgessare (also nördlich) stößt man bei Reigi auf eine 200 Jahre alte Dorfkirche und Ruinen einer Schänke, die einst unmittelbar am Meer lag.

Bei Kõrgessaare führt auch eine Asphaltstraße landeinwärts; hinter Lauka liegt Kurisu (›Böser Schlund‹), wo der gleichnamige Bach in einer Karsthöhle von 32 Metern Durchmesser verschwindet und nach starken Regenfällen vorübergehend einen kleinen See entstehen lässt. Weiter südwestlich bei Luidja geht die Ringstraße ausnahmsweise ganz nah an einem schönen Sandstrand vorbei.

Die Halbinsel Kõpu

Ein Besuch der langgestreckten Halbinsel im Westen lohnt sich auf jeden Fall, auch wenn die einzige Straße in erbärmlichem Zustand ist und auf den 20 Kilometern bis hin zum äußersten Ende der Insel nirgendwo das Meer tangiert, sondern durch dichten Wald verläuft. Das Gebiet ist nahezu menschenleer. Inmitten der Halbinsel bei dem winzigen Weiler Kõpu steht an der höchsten Stelle von Hiiumaa (Tornimägi) der älteste Leuchtturm des gesamten Ostseeraumes. Der Magistrat der Stadt Tallinn hatte 1504 mit dem Bau begonnen, damit die Schiffe vor einer nahegelegenen Sandbank gewarnt würden. Um auch nachts Orientierung zu bieten, wurde ab 1649 ein Leuchtfeuer unterhalten. Die jetzige elektrische Beleuchtungskuppel stammt von der Pariser Weltausstellung 1900. In seiner heutigen Gestalt, 37 Meter hoch, leuchtend weiß und wuchtig, ist er so mitten im Wald nicht nur sehr beeindruckend, er bietet auch einen phantastischen Rundblick: Von oben hat man wirklich den Eindruck, ganz Hiiumaa bestehe nur aus Bäumen. Ein weiterer schöner Leuchtturm mit Wärterhaus nebst kleinem Garten steht an der Spitze derselben Halbinsel (Ristna); er stammt von 1874. Daneben liegen Reste einer Festungsanlage am Sandstrand, der wegen der heftigen Winde übrigens bei Surfern sehr beliebt ist. Schöne Strände gibt es auch in der Bucht von Mardihansu im Südosten der Kõpu-Halbinsel.

Der Leuchtturm von Kõpu bietet einen Rundblick über die waldreiche Insel

Käina und die Insel Kassari

Im Süden herrschen Wacholderheiden und auch Weideland vor, insgesamt die fruchtbarste Gegend der Insel. Wenn man von Käina in Richtung Emmaste fährt, kommt man bei Nasva sogar durch einen richtigen Wacholderwald. Das Gewächs wird vielfach genutzt: die Beeren als Aroma für Schnäpse und als Heilmittel, das Holz für Schnitzereien (z.B. Buttermesser) und das Reisig für Besen und Saunaruten. Der Ort Käina als zweitgrößter der Insel macht einen recht verschlafenen Eindruck: Moosdächer auf manchen der Holz- und Natursteinhäuser, eine Kirchenruine mit mächtigen Pfeilern. Das Geburtshaus des Komponisten Rudolf Tobias (1873–1918) kann man besichtigen. Die vorgelagerte Insel Kassari (19 Quadratkilometer) ist durch zwei befahrbare Dämme östlich und westlich von Käina mit dem Festland verbunden, so dass man eine kleine Rundfahrt machen kann: Seit 1971 ist die dazwischen liegende Bucht mit ihrem je nach Jahreszeit stark schwankenden Wasserstand ein Vogelschutzgebiet. Besonders stimmungsvoll ist ein Spaziergang auf die Südspitze von Kassari (Sääretirp), wo man auf einem schmalen, gewundenen Kiespfad etwa zwei Kilometer weit ins offene Meer hinaus gehen kann. Ferner sind eine schilfgedeckte Kapelle an der Ostseite, ein Heimatmuseum (*Koduloomuuseum*) und das Sommerhaus der finnischen Schriftstellerin Aino Kallas (1878–1956) zu besichtigen.

Die Zeit scheint stillzustehen

Suuremõisa

Hier steht das einzige Schloss auf Hiiumaa, fertiggestellt 1772, heute Kinderheim, umgeben von 22 Hektar Park. Der Bau war lange Zeit die Residenz des verhassten Barons von Ungern-Sternberg, dessen Söhne die Tuchfabrik in Kärdla gegründet hatten. Er schikanierte die Bauern und betätigte sich sogar als Seeräuber, indem er durch falsche Leuchtfeuer an der Westküste der Insel Schiffe auf Riffe lotste, um sie dann auszuplündern. Deshalb verurteilte ihn ein russisches Gericht zur Verbannung nach Sibirien, wo er 1811 gestorben sein soll. Bei Suuremõisa ist auch die Hiiumaa-Rundfahrt zu Ende: Hier besitzt die Ringstraße ihren Abzweig zum Fährhafen von Heltermaa. Im Bereich der Ostküste sieht man eine Unzahl von Inselchen, die Holmen (*laid*, Plur. *laiud*), von denen Vohilaid mit vier Quadratkilometern am größten ist. Einige waren noch bis etwa 1970 bewohnt. Der Argwohn der sowjetischen Küstenwache hatte den ansässigen Fischern ihre Bootsfahrten so erschwert, dass sie ihren Lebensunterhalt verloren. Etwa seit dieser Zeit sind die Holmen Landschaftsschutzgebiet mit einer charakteristischen Vegetation und Vogelwelt.

 Telefonvorwahl: 046.
PLZ-Bereich: 92000 ff.
Internet: www.hiiumaa.ee.
Tourismusbüro: Hiiu 1,
92413 Kärdla, Tel. 222 32;
außerdem Hiiu 9, 92101 Käina,
Tel. 361 43.
Hauptpost: Keskväljak 3,
92413 Kärdla.
Polizei: Kõrgessaare mnt. 2 in
Kärdla.

 Kärdla 156 km südwestlich
von Tallinn (Straße Nr. 4,
dann 9, dann 80). Autofähre Rohuküla – Heltermaa. Auf der Insel
rechtzeitig tanken! Sehr wenig Verkehr. Ab Hafen Heltermaa nach
Kärdla 26 km, Kõrgessaare 44 km,
Leuchtturm Kõpu 64 km, Käina
18 km.

 Ab Busstation Kärdla (Sadama 13, Tel. 320 77) fahren
einige Inselbusse; außerdem Direktverbindung über Haapsalu nach
Tallinn.
Taxi in Kärdla Mobiltel. 050/567 43.

 Vom Fährhafen Heltermaa
4 – 6 x tägl. Autofähre nach
Rohuküla, Überfahrt 90 Min.,
Tel. 316 30; sonntags letzte Rückfahrt zum Festland schon ca. 17 h!
Außerdem im Sommer fast tägl. 1 x
Direktverbindung von Hiiumaa
nach Saaremaa zwischen den Anlegestellen Sõru und Triigi.

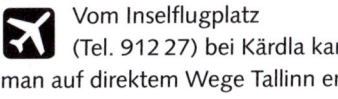 Vom Inselflugplatz
(Tel. 912 27) bei Kärdla kann
man auf direktem Wege Tallinn erreichen.

 Neben einer Handvoll mittelmäßiger Unterkünfte in

Kärdla kommen vorzugsweise zwei Hotels in Käina in Betracht: ›Lõokese‹ (Tel. 361 07, DZ ab 67 Euro, Swimmingpool) und das billigere ›Liilia‹ (Tel. 361 46, DZ um 50 Euro).

 Camping ›Dagö‹ bei Õngu an der Südwestküste (Tel. 955 35) und ›Malvaste‹ zwischen Hafen Heltermaa und Kärdla (Tel. 914 45).

 Am Strand von Kärdla lockt das Restaurant ›Rannapark‹; im Ort kommt das ›Adramadrus‹ (Vabaduse 15) als gutes Speiselokal in Frage. Eine Handvoll Cafés gibt es außerdem. In Käina verfügen die Hotels ›Liilia‹ und ›Lõokese‹ über nette Restaurants. Die alte Schnapsfabrik in Kõrgessaare direkt am Seerosenteich beherbergt einen liebevoll eingerichteten Pub.

Bei Regen macht sich Melancholie breit

Reisetipps von A bis Z

Abkürzungen

Häufig anzutreffende Abkürzungen in Estland sind:

EEK	Estnische Kroon (Krone)
LVL	Lettischer Lats
LTL	Litauischer Litas
RUR	Russischer Rubl' (Rubel)
AS	*aktsiaselts* Aktiengesellschaft
OÜ	*osaühing* GmbH
FIE	*füüsilise isiku eraettevõte* persönlich haftender Privatunternehmer
TÜ	*tarbijate ühistu* Verbrauchergenossenschaft
GSM	(für Mobiltelefon)
mnt.	*maantee* Landstraße
tn.	*tänav* Straße
pst.	*puiestee* Allee
rdtj.	*raudteejaam* Bahnhof
ETKNRLP	Wochentage Mo…So

Alkohol

Bier (*õlu*) ist sehr populär. Die bislang allgegenwärtige einheimische Marke ›Saku‹ hat im Laufe der letzten Jahre starke Konkurrenz aus Finnland, Dänemark und Belgien (teilweise Lizenzmarken) bekommen. Manche Biersorten haben hohe Alkoholgehalte (7,5 Prozent). Leider trifft man gar nicht so selten auf Zeitgenossen, die deutlich mehr als eine Flasche getrunken haben. Am besten geht man ihnen einfach aus dem Weg. Mit etwa deutschem Preisniveau ist Bier für die Esten relativ teuer, für die finnischen Alkoholtouristen hingegen ausgesprochen billig und außerdem überall problemlos erhältlich. Es gibt auch alkoholfreies Bier (*alkoholivaba õlu*). Wein (*vein*) spielt nur eine untergeordnete Rolle und ist meist ziemlich süß. Die russischen Einwohner sind dem Wodka stark zugeneigt. Es gibt auch estnische Sorten. Hüten sollte man sich auf jeden Fall vor dubiosen Fusel-Flaschen: Es hat schon mehrfach Todesfälle gegeben! Im Straßenverkehr gilt absolutes Alkoholverbot (0,0 Promille).

Anreise per Auto

Es kommt auf dem Landwege eigentlich nur die Anreise über Polen – Litauen – Lettland in Frage, wobei man sich noch entscheiden muss, ob man in Ostseenähe durch das Kaliningrader Gebiet (Bestandteil Russlands) fährt oder in etwas größerem Bogen nach Osten einen der beiden Übergänge direkt nach Litauen nimmt. Erstere Variante erfordert Geduld, eventuell starke Nerven,

vor allem aber ein russisches Transit-visum. Letztere Variante ist nach deutlicher Verkürzung der ehemals stundenlangen Wartezeiten sicher vorzuziehen; für den Umweg erhält man immerhin die Möglichkeit, noch die litauische Hauptstadt Vilnius kennen zu lernen.

Anreise per Schiff

Eine reizvolle Anreise nach Estland stellt die Fährverbindung von Deutschland aus dar. Für den Auto-fahrer ist sie sicher weniger strapa-ziös als der Landweg.
Die Schiffe der ›Finnjet‹ bewältigen die Strecke von Rostock nach Tallinn in etwa 22 Stunden. Eine Weiterfahrt nach Helsinki ist auch möglich. Der-zeit werden von Anfang Juni bis Anfang September drei Abfahrten pro Woche angeboten: So, Mi, Fr nach Tallinn und Di, Do, Sa zurück

nach Rostock. In der Hauptsaison kostet die einfache Fahrt pro Person im Schlafsessel 85 Euro. Wegen der Nachtstunden ist jedoch die Buchung einer Kabine ratsam: Bei 4er Bele-gung zahlt man pro Person 140 Euro in der einfachsten Kategorie. Bei Buchung von Hin- und Rückfahrt spart man rund 10 Prozent, in der Nebensaison etwa 25 Prozent. Kinder zahlen ungefähr die Hälfte. PKW bis 5 Meter Länge kosten 100 Euro bei 4 Insassen und 180 Euro, wenn nur der Fahrer mitreist. Wohnmobile bis 6 Meter Länge und über 2,50 m Höhe schlagen mit 410 Euro zu Buche. Nach derzeitigem Stand kann man nach Tallinn keine Anhänger-Gespanne einbuchen. Weitere Infor-mationen bei ›Silja Line GmbH‹ in Lübeck unter Tel. 04 51/589 92 22 oder www.siljaline.de.
Als Alternative kommen auch folgen-

de Fährverbindungen der ›Scand-lines‹ in Betracht: Kiel – Klaipėda (Litauen), Sassnitz – Klaipėda (Litauen) oder Rostock – Liepāja (Lettland). Die Preise unterscheiden sich von denen der ›Finnjet‹ nicht allzu sehr. Bei der Mitnahme eines Wohnmobils sind jedoch genaue Vergleiche dringendst anzuraten, insbesondere bei Fahrzeugen mit höherem Aufbau! Weitere Informationen über Servicecenter in Rostock unter Tel. 03 81/673 12 17 oder www.scandlines.com. Man sollte in Reisebüros zusätzlich nach der Verbindung Kiel – Klaipėda mit der litauischen ›Lisco‹ fragen, die auf ihren Frachtschiffen regelmäßig auch Passagiere und Fahrzeuge befördert. Die Verbindung mit Stockholm wird von der ›Tallink‹ unterhalten: Überfahrten dauern etwa 15 Stunden (www.tallink.ee); als Alternative kommt hier die Strecke Kapellskär – Paldiski mit rund 11 Stunden Dauer in Betracht. Mehrfach täglich gibt es Fährverbindungen zwischen Helsinki und Tallinn (3,5 Stunden), und für Tagestouristen und Passagiere ohne Auto bieten sich die ebenfalls häufigen Katamaran- oder Tragflügelbootfahrten an (etwa 90 Minuten; bei rauer See höchst unkomfortabel!).

Anreise per Eisenbahn

Täglich gibt es eine Zugverbindung von Berlin über Rīga nach Tallinn in gut 40 Stunden (Schlafwagen!). Unerfreulich ist dabei der kurze Streckenabschnitt über weißrussisches Territorium bei Grodno, wofür man eigens ein Transitvisum benötigt, welches häufig nur unter bürokratischen Schikanen ausgestellt wird. Der Vorteil ist, dass man auch die litauische Hauptstadt Vilnius mitbekommt. Als Alternative dazu kann man auch mit zweimaligem Umsteigen in Polen über Šeštokai direkt nach Rīga und weiter nach Estland fahren. Auch von Russland aus bestehen fast täglich Verbindungen nach Tallinn: von St. Petersburg über Narva in 9 Stunden, von Moskau über Narva in etwa 17 Stunden. Von polnischen Bahnhöfen aus ist die Zugfahrt erheblich billiger als von Deutschland aus. Deshalb könnte man Teilstrecken lösen.

Anreise per Bus

Tatsächlich kann man per Bus nach Estland reisen, und zwar von Kiel aus über Berlin – Warschau – Rīga – Pärnu nach Tallinn in gut 30 Stunden, 2 – 4 x pro Woche (Tallinna Autobussikoondis TAK, Kadaka tee 62a, EE-12618 Tallinn, Tel. 003 72/631 44 44, Fax 003 72/650 95 09, www.tak.ee). Oder von Köln, Stuttgart, München und Berlin aus in ähnlicher Frequenz (Mootor Reisid/Eurolines, Lastekodu 46, EE-10144 Tallinn, Tel. 003 72/601 07 00, Fax 003 72/601 07 01). Das Unternehmen unterhält auch Busverbindungen mit Rīga (4 x tägl., gut 6 Std.), Vilnius (2 x pro Woche, 12 Std.), Kaliningrad (1 x tägl., 15 Std.), Sankt

Petersburg (5 x tägl., 8 Std.), Moskau (2 x pro Woche, 17 Std.), Minsk (2 x pro Woche, 19 Std.), Kiev (2 x pro Woche, 26 Std.) und Warschau (2 x pro Woche, 18 Std.). Buchungsmöglichkeit in Deutschland besteht über das Busunternehmen Autokraft GmbH, Von-der-Tann-Str.27, D-24114 Kiel, Tel. 04 31/66 63 66.

Anreise per Flugzeug

Tallinn-Ülemiste ist der einzige internationale Flughafen Estlands (Code: TLL). Er liegt am südöstlichen Rand der Hauptstadt, direkt an der Fernstraße nach Tartu. Er ist wohltuend übersichtlich im Vergleich zu mitteleuropäischen Airports, vergleichbar eher mit Reykjavík/Island. Direkt vor dem Eingang gibt es Parkplätze. Bank, Autoverleih und Geschäfte sind in der Abfertigungshalle. In die Innenstadt fährt die Buslinie 2 (Preis etwa 1 Euro), ein Taxi dorthin kostet etwa 4 Euro. Direkt vor dem Flughafengebäude verläuft die Fernstraße Nr. 2 nach Tartu. Im Internet kann man unter www.tallinn-airport.ee nachsehen.

Die ›Estonian Air‹ (Vabaduse väljak 10, EE-10146 Tallinn, Tel. 003 72/ 631 33 02) verbindet Tallinn u. a. mit Hamburg, Frankfurt und Amsterdam (Direktflüge; ab ca. 280 Euro plus Tax). ›Finnair‹ fliegt ab Berlin, Hamburg, Düsseldorf, Frankfurt und München via Helsinki (ab ca. 360 Euro). ›Austrian Air‹ bedient dieselben Flughäfen via Wien (ab ca. 420 Euro). ›SAS‹ fliegt ab Köln, Hamburg, Hannover, Düsseldorf, Köln und München via Kopenhagen (ab ca. 340 Euro). Die polnische Fluggesellschaft ›LOT‹ hat die Strecke von Düsseldorf über Warschau im Programm (ab ca. 320 Euro). Der Direktflug dauert 2 bis 2,5 Stunden. Vom nahegelegenen Flughafen Helsinki

auf der anderen Meeresseite gibt es mehrmals täglich Kurzflüge nach Tallinn, die eine Alternative zur Schiffspassage sein können. Für die Fahrt zum heimatlichen Abflughafen kann man das ›Rail+Fly‹-Angebot nutzen (Preise ab ca. 35 Euro).

Apotheken

Fast jeder Ort ab 2000 Einwohner hat eine Apotheke (*apteek*), die meist mehr vorrätig hat, als man von außen glauben könnte. Nachtdienste sind angeschrieben. Zahlreiche deutsche Medikamente (auch verschreibungspflichtige) sind problemlos zu bekommen. Bei Sprachproblemen kann der deutsche Beipackzettel mit der Auflistung der Inhaltsstoffe hilfreich sein. Dennoch ist es beruhigend, eine gewisse Grundausstattung mitzunehmen: Oft hat man ja gerade im ungünstigsten Moment banale Mittelchen wie Nasentropfen oder Kopfschmerztabletten nicht zur Hand. Wer auf bestimmte Arzneien angewiesen ist, sollte diese auf jeden Fall in den Koffer packen.

Auto: Dokumente

Nationale Führerscheine (*juhiluba*) aus dem deutschsprachigen Raum werden erfahrungsgemäß anerkannt; es muss auch nicht der EU-Führerschein sein. Die nationale Zulassung reicht ebenfalls. Wer nicht selbst der Fahrzeughalter ist, benötigt eine Verfügungsvollmacht, die beim Automobilclub oder Notar erhältlich ist. Für das Auto ist eine Haftpflichtversicherung (*kindlustus*) nachzuweisen: Die Grüne Versicherungskarte (*roheline kaart*) wurde 1999 auch auf Estland ausgedehnt; falls auf dem Dokument das Kästchen EST durchkreuzt ist, sollte man unbedingt eine neue Karte beantragen. Für Lettland (LV) gilt inzwischen dasselbe. Der Transit durch Litauen erfordert derzeit noch eine Extra-Versicherung an der dortigen Grenze; ab 2004 soll die Grüne Karte ebenfalls gelten. Wer auf Nummer Sicher gehen will, kann zusätzlich über eine (ggf. befristete) Vollkaskoversicherung nachdenken.

Auto: Parkplätze

Im allgemeinen ist in den Orten und selbst bei Veranstaltungen über Land genügend Parkraum zu finden, überwiegend gebührenfrei (*tasuta*). In den Zentren sind die Plätze manchmal gebührenpflichtig (*tasuline*): Hier stehen Parkscheinautomaten (ca. 4 bis 12 EEK pro Stunde). Die dafür nötigen Geldmünzen sind Mangelware, aber meist wird zum Wechseln auf einen Laden in der Nähe hingewiesen. In Tallinn gibt es auch ein Wertkartensystem und festgelegte Zonen: Hier muss man zunächst am Kiosk eine entsprechende Karte (*parkimiskaart*) kaufen und darauf das Datum und den gewünschten Zeitraum kästchenweise freirubbeln (ab 6 EEK pro Stunde). Die weitläufige Altstadt von Tallinn innerhalb der Stadtmauern ist für auswärtige Autofahrer praktisch gesperrt. In größeren Städten gibt es bewachte Parkplätze (*valvega parkla*), die deutlich höhere Gebühren verlangen, aber Fahrern teurer Autos und vollgepackter Wohnmobile ein beruhigendes Gefühl vermitteln.

Auto: Service

Lada, Žiguli und Moskvič als häufigste Automarken werden verdrängt durch zahllose importierte Gebrauchtwagen der Opel-, VW- und Ford-Mittelklasse aus Deutschland, was viele noch vorhandene Aufkleber beweisen. Längst haben sich alle bekannten europäischen und fernöstlichen Automarken etabliert; lediglich Fiat scheint auf wenig Interesse zu stoßen. Kleinwagen sind außerhalb Tallinns wenig gefragt. In der Hauptstadt gibt es andererseits eine erhebliche Zahl Luxuslimousinen. Wohnmobile sind rar, Wohnanhänger sieht man in letzter Zeit vereinzelt. Diese Auflistung soll auch einen Hinweis auf die Werkstattsituation geben. Natürlich kann man in einem dünn besiedelten Land kein dichtes Servicenetz erwarten. Bei spezielleren Autoproblemen unterwegs wird man schon eine der größeren Städte ansteuern müssen, um eine Fachwerkstatt seiner Marke zu finden. In der Provinz gibt es oft nur eine halbwegs ausgerüstete Tankstelle oder irgendeine Hinterhofwerkstatt (*autoteenindus, autoremont*) in einer umgewidmeten Fabrikhalle. Ersatzteilhändler mit einem einigermaßen befriedigenden Angebot existieren auch in etlichen Kleinstädten. Man sollte sich in jedem Falle vor Reiseantritt eine aktuelle Liste der Vertragswerkstätten seiner Marke besorgen und die Mitgliedschaft in einem Autoclub (z. B. ADAC, ACE, ÖAMTC, ACS, TCS) in Erwägung ziehen, eventuell auch einen Auslandsschutzbrief erwerben. Pannenhilfe und Abschleppdienst (*puksiirabi*) leistet der ›Eesti Autoklubi‹ (EAK) unter Telefon 696 91 11 oder Mobiltelefon 18 88 rund um die Uhr (www.autoclub.ee).

Auto: Straßenzustand

Die Landstraßen (*maantee*) sind besser, als man vermuten wird. Zwar gibt es häufig leicht wellige Abschnitte, und unbefestigte Randstreifen ohne Markierung sind immer noch verbreitet. Aber Instandsetzung und Ausbau werden forciert betrieben. Über Land kommt man bequem und zügig voran, zumal die Verkehrsdichte außerhalb des Großraumes Tallinn und der ›Rennbahnen‹ nach Narva und Pärnu ausgesprochen gering ist. Erhöhte Aufmerksamkeit ist generell anzuraten bei Bahnübergängen, die wegen gefährlicher Bodenwellen am besten im Schritttempo überquert werden sollten, sowie in Orten wegen tief liegender Kanaldeckel, Kopfsteinpflaster oder Frostschäden. Ungewohnt für Mitteleuropäer sind die ›Staubstraßen‹ (*kruusatee*), die nur eine Schotterauflage haben, ansonsten aber die übliche Breite und Beschilderung aufweisen. Trotz eines erhöhten Steinschlagrisikos kann man sie normalerweise bedenkenlos benutzen. Sie werden regelmäßig glattgezogen und erlauben fast durchweg Geschwindigkeiten von 50 – 80 km/h. Bei trockenem Wetter zieht man freilich eine gewaltige Staubwolke hinter sich her und schwitzt bei geschlossenen Autofenstern. Wer solche Pisten generell meiden will, muss Umwege von bis zu 30 Kilometer auf sich nehmen. Estnische Straßenkarten geben sehr genau den jeweiligen Oberflächenbelag wieder. Autobahnähnlich ausgebaut sind lediglich die ersten 50 bis 60 Kilometer der Strecke Tallinn – Narva (Via Hansa) sowie kurze Anfangsabschnitte der Strecken Tallinn – Pärnu (Via Baltica) und Tallinn – Tartu. Das Schönste an Estlands Straßen: kein Stau!

Auto: Tankstellen

Die Mehrzahl der Tankstellen (*tankla, bensiinijaam*) ist inzwischen recht modern: Bleifreies Benzin (*pliivaba bensiin*) und Diesel (*diisel*) sind überall erhältlich, es gibt keinerlei Versorgungsengpässe. Die großen Marken ›Neste‹ (finnisch), ›Statoil‹ (norwegisch), ›Lukoil‹ (russisch) und ›Alexela‹ (estnisch) bieten häufig neben einem Shop auch eine Cafeteria, aber nicht immer eine Werkstatt. Außerdem betreibt ›Eesti Kütus‹, ›Olerex‹ und ›Favora‹ eine Anzahl einfacherer Tankstellen. Die Kraftstoffpreise sind trotz starker Erhöhungen in den letzten Jahren immer noch niedriger als in fast allen anderen Ländern Europas: Super 98 Bleifrei etwa 0,67 Euro, Diesel etwa 0,55 Euro. Verdruss bereitet manchmal der Hinweis ›*enne maksa, pärast tangi!*‹ (erst zahlen, dann tanken!): Hier muss man an der Kasse zuerst eine bestimmte Literzahl oder einen bestimmten Kronen-Betrag bezahlen, die dann zur Einfüllung freigeschaltet werden. Hat man versehentlich zu hoch geschätzt, holt man sich das zuviel gezahlte Geld zurück. Auf dem Lande gibt es noch so manche vorsintflutliche Tankstelle: eine Baracke am Waldrand, daneben drei oder vier oberirdische Tanks, der Platz nicht einmal asphaltiert. Die Zapfsäulen dort sind gelegentlich noch vom sowjetischen Typ mit kreisenden Zeigern statt Ziffernlaufwerk. Meist handelt es sich wohl um privatisierte Tankstellen einstiger Kolchosen: Man kann sie getrost ansteuern, sie führen alle gängigen Benzinsorten.

Auto: Verkehrsregeln

Wie in Skandinavien, Ungarn, Slowenien, Lettland u. a. muss auch in Estland rund um die Uhr mit Abblendlicht gefahren werden. Ferner gilt am Steuer absolutes Alkoholverbot, was aber von den Autofahrern etwas großzügig ausgelegt wird. Bei einem Verkehrsunfall (*liiklusõnnetus*) muss grundsätzlich die Polizei benachrichtigt werden. Im Winter (1. Dez. bis 28. Febr.) sind Winterreifen vorgeschrieben. Gurte müssen angelegt werden. Mobiltelefone dürfen während der Fahrt vom Fahrer nur mit Freisprechanlage benutzt werden. Die Höchstgeschwindigkeit beträgt innerorts 50 km/h für alle Fahrzeuge, außerorts für Fahrzeuge bis 3,5 t in der Regel 90 km/h, manchmal je nach Beschilderung bis 110 km/h, Motorräder maximal 90 km/h und Fahrzeuge mit Anhänger 70 km/h bzw. auf der Autobahn 90 km/h. Auf den Provinzstraßen wird einigermaßen vorschriftsmäßig gefahren, Raser sind selten.

Auto: Verkehrsschilder

An estnischen Straßen sind die Verkehrsschilder etwas dünner gesät als in Mitteleuropa, so dass man die vorhandenen umso ernster nehmen sollte. Beispielsweise legt schon der bloße Hinweis auf einen Bahnübergang eine drastische Verringerung der Geschwindigkeit nahe, weil man mit teilweise erheblichen Unebenheiten rechnen muss. Viele Übergänge sind zudem ohne Schranken; hier bedeutet ein rotes Blinklicht ›Stopp/Zug!‹, ein weißes heißt ›Achtung!‹. Auch das aus Skandinavien bekannte Warnschild mit dem Elch verdient in der Dämmerung unbedingt Aufmerksamkeit. Der Ortsanfang und damit Beginn der innerörtlichen Geschwindigkeitsbegrenzung wird durch eine rechteckige weiße Tafel mit schwarzer Häusersilhouette signalisiert (ähnlich wie in Dänemark), das Ortsende durch dieselbe Tafel, aber mit roter Durchstreichung. Bei Umleitungen (*ümbersõit*) wird man mittels gelber oder orangefarbiger Richtungstafeln zuverlässig geführt.

Autokennzeichen

Es kann interessant sein, die Herkunft der Autos auf estnischen Straßen nachzuvollziehen. Das Kennzeichen (*registreerimisnumber*) besteht in der Regel aus einer Abfolge von drei Ziffern plus drei Buchstaben, dazwischen die ARK-Zulassungsplakette. Der erste dieser Buchstaben gibt den Zulassungsbezirk an:

A, B	Stadt Tallinn
D	Viljandi(maa)
F	Pärnu(maa)
G	Valga(maa)
H	Insel Hiiumaa (Kärdla)
I	Ida-Virumaa (Jõhvi)
J	Jõgeva(maa)
K	Insel Saaremaa (Kuressaare)

L   Rapla(maa)
M   Harjumaa (Tallinn)
N   Stadt Narva
O   Põlva(maa)
P   Järvamaa (Paide)
R   Lääne-Virumaa (Rakvere)
S   Läänemaa (Haapsalu)
T   Tartu(maa)
V   Võru(maa)

Z ist vorgesehen für bestimmte Fahrzeugtypen mit schmalen Kennzeichen (nur zwei Ziffern). Anhänger und Motorräder haben drei Ziffern plus zwei Buchstaben, Traktoren haben vier Ziffern plus zwei Buchsta-

menden Kennzeichen mit vier Ziffern und der Buchstabenfolge EA (für ganz Estland) sowie einem weiteren kyrillischen Buchstaben, auf weißem oder gar schwarzem Grund, waren noch viele Jahre gültig, sind aber seit dem Jahr 2000 so gut wie ausgestorben.

Das ovale Landeskennzeichen für Estland trägt die Buchstaben EST. Vereinzelt sieht man Autos mit dem Kürzel EW, das offenbar zunächst geplant war und wohl für ›Eesti/ Wiru‹ (eine historische Bezeichnung) stehen sollte. Man hat sich dann aber

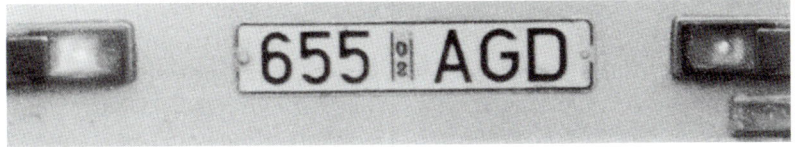

ben (als erster E). Leider ist das ganze System nur bedingt aussagefähig: Einerseits kommen wohl die meisten Fahrzeuge mit einer Erstanmeldung in Tallinn in Umlauf und müssen bei Standortwechsel nicht umgemeldet werden, so dass A-Nummern übermäßig verbreitet sind. Andererseits können auf Wunsch beliebige Buchstabenfolgen und auch Juxnummern (mit maximal sieben Stellen) ausgegeben werden. So haben z. B. die Tallinner Verkehrsbetriebe die Buchstabenfolge TAK (wie das Firmenkürzel) komplett in Beschlag, obwohl T ja eigentlich für Tartu steht.

Die noch aus der Sowjetzeit stam-

wegen der internationalen Verständlichkeit anders entschieden. (Auch Finnland hat ja längst SF in FIN umgeändert!).

Autovermietung

Die bekannten internationalen Autovermieter sind auch in Estland vertreten, zumindest am Flughafen Tallinn und in einigen größeren Städten:

- Avis, Tallinn, Liivalaia 33,
  Tel. 003 72/631 59 30,
  Fax 003 72/631 59 31,
  www.avis.ee, avisres@avis.ee.
- Avis, Tallinn Airport,
  Tel. 003 72/638 82 22,
  Fax 003 72/638 82 20.

- Budget, Tallinn, Vabaduse väljak 10, Tel. 003 72/696 91 59, Fax 003 72/638 85 99, budget@yl.ee.
- Budget, Tallinn Airport, Tel. 003 72/638 86 00, www.budget.ee.
- Europcar, Tallinn, Toompuiestee 27, Tel. 003 72/627 17 77, Fax 003 72/627 17 70.
- Europcar, Tallinn Airport, Tel. 003 72/605 80 31.
- Europcar, Pärnu, Tallinna maantee 89a, Tel. 003 72/443 33 65.
- Europcar, Tartu, Aardla 23a, Tel. 003 72/736 62 21.
- Hertz, Tallinn Airport, Tel. 003 72/638 89 23, Fax 003 72/638 89 53.
- Toyota Rent a Car, Tallinn Airport, Tel. 605 80 59, Fax 605 80 60, www.toyota.fi/rent.

Die Preise kann man schon in einem Reisebüro im Heimatland sondieren: Man wird feststellen, dass sie im Vergleich zu manchen südlichen Urlaubsländern recht hoch sind (ab etwa 65 Euro pro Tag). Deswegen lohnt sich eine Anfrage bei den estnischen Verleihfirmen, deren Preise (vor allem Langzeitangebote) häufig erheblicher günstiger sind:

- Tulika Rent, Tallinn, Tulika 33a, Tel. 003 72/612 00 12, Fax 003 72/612 00 13, tulika@online.ee.
- Ainar Auto, Tartu, Turu 28, Tel. 003 72/736 65 50, Fax 003 72/736 63 44, www.ainarauto.ee.
- Mare Baltikum Reisen (Adresse siehe unter Reiseanbietern) vermittelt günstige Leihwagen von Lumex OÜ. Auch die anderen Reiseanbieter machen Angebote. Zustellung am Flughafen Tallinn lässt sich organisieren.

Generell sollte man abklären, welchen Umfang die Versicherung (*kindlustus*) hat und ob alle gefahrenen Kilometer im Preis enthalten sind. Falls die Absicht besteht, mit dem Leihwagen in die anderen baltischen Staaten zu fahren, ist in der Regel eine notariell bestätigte Erlaubnis (*volikiri*) nötig; das ist eine Routineangelegenheit gegen geringes Aufgeld. Ein Grenzübertritt nach Russland wird vom Vermieter normalerweise nicht gestattet.

Wer mit spitzem Bleistift rechnet und dabei alle Kosten einer Reise mit dem eigenen Auto, also auch Fährkosten für Auto und Personen, Anreise zum Hafen, Zusatzversicherungen und Verschleiß realistisch ansetzt, wird möglicherweise feststellen, dass die Alternative Flug plus Leihwagen durchaus attraktiv sein kann, besonders wenn man ziemlich viele Kilometer fahren wird. Als Faustregel kann gelten, dass man auch im kleinen Estland leicht auf 1000 Kilometer pro Aufenthaltswoche kommt, wenn man sich einigermaßen im Lande umsehen will. Und wer mit örtlichem Leihwagen unterwegs ist, taucht eben überall so schön zwischen den Einheimischen unter, während eine Limousine mit deutscher Nummer außerhalb von Tallinn immer auffällt.

Baden

Estland ist reich an Seen, die zudem meist in herrlicher Umgebung liegen. Vor allem der Südosten des Landes lässt kaum Wünsche offen. Einen Schwimmplatz (*ujumiskoht*) oder Badestrand (*supelrand*) mit Holzsteg, einer kleinen Sandfläche, Sichtwand zum Umkleiden, gelegentlich auch Grillplatz, findet man leicht. Die Benutzung steht jedermann offen, kostenlos ist das Vergnügen ebenfalls. Das gilt sogar für die vereinzelten kommunalen Freibäder an Seeufern, wo Kiosk, Toiletten und Badeaufsicht dazugehören. Waldseen hat man oft stundenlang für sich allein, im allgemeinen kann man selbst an heißen Tagen nicht von Andrang sprechen. FKK ist vollkommen unüblich. Das Wasser ist wegen der vielen Moore gelegentlich eisenhaltig-schwarz, aber biologisch unbedenklich. Im Sommer werden durchaus Temperaturen von 22 – 26 °C erreicht. Die beiden größten Seen des Landes (Peipsi järv und Võrtsjärv) sind stellenweise stark verschilft und nur an bestimmten Stellen zum Baden geeignet. Die Meeresküsten bieten überwiegend seichtes Wasser, so dass man unter Umständen weit hinauswaten muss, um schwimmen zu können. Große Sandstrände, fast menschenleer, oft mit angrenzenden Kiefernwäldern, gibt es an

allen Küsten Estlands. Sie sind schön anzuschauen, aber nicht jeder Strand (*plaaž*) ist eine Garantie für verlockende Wasserqualität; im Nordosten (besonders beim ›Badeort‹ Narva-Jõesuu) ist sogar wegen der Meerwasservergiftung durch Chemikalien ausdrücklich vom Baden abzuraten. Die Ostsee erreicht im nördlichen Baltikum selten mehr als 20 °C.

Behindertenhilfen

Marode Bürgersteige sowie hochflurige Busse und Bahnen machen Behinderten und auch Älteren und Kinderwagenschiebern vielerorts das Leben schwer. Hinzu kommen fehlende Signale für Blinde und Taube. Es wird Jahre dauern, bis in diesem Bereich ein zeitgemäßes Niveau herrschen wird. Umso beachtlicher ist die Entschlossenheit, mit der bei Neubauten und Renovierungen im öffentlichen Raum behindertenfreundliche Details verwirklicht werden: Rampen für Rollstühle, geräumige Toiletten (oft sogar in unscheinbaren Imbissen und Cafés), erste Niederflurbusse in Tallinn. Man nimmt das Thema ernst.

Camping

Manche der auf Landkarten eingetragenen Campingplätze (*kämping*) existieren längst nicht mehr. Und nicht alle der vorhandenen rund 40 Plätze und Möglichkeiten findet man in den gängigen Campingführern verzeichnet. Das liegt sicher

Wer mit dem Wohnmobil reist und weitgehend autark ist, braucht keine Schwierigkeiten befürchten; zur Not kann man auch an freien Plätzen in der Natur oder bei Tankstellen übernachten. Wenn man sich dabei unauffällig hinstellt, wird niemand etwas einwenden; es gibt auch kein generelles Verbot.

Diplomatische Vertretungen

- Deutsche Botschaft, Toom-Kuninga 11, EE-15048 Tallinn, Tel. 003 72/627 53 00, Fax 003 72/627 53 04, www.germany.ee, saksasaa@online.ee.
- Österreichische Botschaft, Vambola 6, EE-10114 Tallinn, Tel. 003 72/627 87 40, Fax 003 72/631 43 65, www.austrianembassy.ee, embassy@austrianembassy.ee.
- Schweizerische Botschaft, Roosikrantsi 11, EE-10119 Tallinn, Tel. 003 72/627 89 00, Fax 003 72/631 37 96.
- Russische Botschaft, Pikk 19, EE-10133 Tallinn, Tel. 003 72/646 41 75.
- Russische Konsularabteilung, Rüütli 8, EE-20307 Narva, Tel. 003 72/356 06 52.
- Russische Visaabteilung, Puiestee 73a, EE-51009 Tartu.
- Estnische Botschaft, Hildebrandstr. 5, D-10785 Berlin, Tel. 030/25 46 06 00, Fax 030/25 46 06 01, embassy.berlin@mfa.ee.

daran, dass der von den Herausgebern geforderte hohe Mindeststandard häufig nicht geboten wird. Viele Plätze sind ausgesprochen spartanisch und erinnern noch sehr an sozialistische Ferienkolonien. Auch Stromanschlüsse für Wohnwagen sind erst vereinzelt installiert worden. An eine Konkurrenz zu Luxusanlagen am Mittelmeer ist wohl auch kaum gedacht. Mit Naturnähe und zahllosen Bademöglichkeiten, kurzen Entfernungen und problemloser Versorgung besitzt Estland auf jeden Fall ein beachtliches Potenzial für Campingtourismus. Bislang wird überwiegend gezeltet, oder man bewohnt einfache Holzhütten, die fast überall zur Verfügung stehen. Die Übernachtungspreise sind sehr niedrig.

- Estnische Honorarkonsulate auch in Hamburg, Tel. 040/450 40 26, in Ludwigsburg, Tel. 071 41/30 82 02, in Düsseldorf, Tel. 02 11/43 22 37, und in Kiel, Tel. 04 31/513 23.
- Estnische Botschaft, Wohllebengasse 9/13, A-1040 Wien, Tel. 01/503 77 61, Fax 01/503 77 61 20, embassy.vienna@mfa.ee.
- Estnisches Honorarkonsulat, Bergstr. 52, CH-8712 Stäfa, Tel. 01/926 88 37, Fax 01/926 88 38, estland@bluewin.ch. Für die Schweiz ist im übrigen die estnische Botschaft in Wien zuständig.
- Estnische Botschaft, Itäinen Puistotie 10, FIN-00140 Helsinki, Tel. 003 58/96 22 02 60, Fax 003 58/962 20 26 10, sekretar@estemb.fi.
- Estnische Botschaft, Bol'šaja Monetnaja 14, RUS- Sankt Peterburg, Tel. 812/238 18 04.

Dokumente

Die Papiere werden sehr genau kontrolliert und gestempelt. Deutsche, Österreicher und Schweizer benötigen seit 1. 4. 1999 kein Visum mehr zur Einreise in die baltischen Staaten (bis 90 Tage). Jedoch ist ein noch mindestens 6 Monate über das Reiseende gültiger Reisepass unbedingt erforderlich; zusätzlich ein Nachweis über Krankenversicherungsschutz (wird gelegentlich kontrolliert). Kinderausweise müssen ab dem 7. Lebensjahr mit Bild versehen sein, und Jugendliche ab 16 Jahre benötigen einen eigenen Pass. Im Falle des EU-Beitritts wird dereinst vielleicht der Personalausweis genügen. Während Grenzübertritte nach Lettland und Litauen jederzeit ohne weitere Formalitäten möglich sind, ist die spontane Einreise nach Russland nicht möglich. Es muss zuvor ein Visum besorgt und eine dort offiziell anerkannte Krankenversicherung abgeschlossen werden.

Einkaufen

Selbstversorger mit Ferienhaus oder Wohnmobil haben keinerlei Engpässe zu befürchten: Die Qualität der Lebensmittel ist durchweg gut, besonders bei den Milchprodukten. Die Preise sind noch etwas niedriger als in Westeuropa. Man findet viele bekannte Markenartikel. Am ehesten hapert es noch an der Gemüse- und Frischfleischauswahl: Nur wenige große Geschäfte haben da ein befriedigendes Angebot, wahrscheinlich ist die Nachfrage zu gering, denn Einheimische haben ihre Gärten, kochen selbst ein und verfügen über wenig Geld. Man kann auf Tiefkühlware zurückgreifen und Märkte (*turg*) nutzen, wo an festen Ständen oder aus dem Kofferraum sehr billig Pilze, Beeren, Kartoffeln, Zwiebeln, Knoblauch, Erbsen u.a. angeboten werden; vereinzelt gibt es auch Markthallen. Zuviel erwarten sollte man von Märkten indes nicht, denn mindestens die Hälfte des Angebotes besteht aus Second-Hand-Kleidung.

Einen Kaufladen (*äri, pood, toidupood, kauplus*) mit allen gängigen Lebensmitteln findet man noch im abgelegensten Dorf. Fast immer sind es Selbstbedienungsläden, entweder Filialgeschäfte (z. B. ›Konsum‹, ›Spar‹, ›Edu‹ oder ›A & O‹) oder Privatläden, die nicht selten bis Mitternacht und auch am Wochenende geöffnet haben! In zentralen Orten existiert mindestens ein Kaufhaus mit diversen, meist selbständigen Abteilungen (*kaubahall, kaubakeskus*). Neubauten typischer Discounter (z. B. ›Säästu-Market‹), Supermärkte (z. B. ›Maksimarket‹) und große Einkaufszentren am Stadtrand schießen wie Pilze aus dem Boden. Was nach Jahrzehnten der Sowjetwirtschaft fast völlig fehlt, sind selbst produzierende Einzelhandelsläden wie z. B. Bäcker,

Fleischer, auch Schuhmacher, die erst in jüngster Zeit wieder entstehen. Brot, Wurst und Schinken kauft man ganz überwiegend als verpackte Fabrikprodukte. Die ›Frischtheke‹ im Laden bietet in der Regel eher allerlei Geräuchertes wie Speck, Geflügel, Kassler, Fisch, dazu Würste und oft auch Salzfisch. Über den alltäglichen Bedarf hinaus erwähnenswert sind die rührigen Spezialgeschäfte, wie beispielsweise Musikalienhandlungen oder Antiquariate. Obwohl Scanner und Computerkassen in estnischen Geschäften, selbst in abgelegenen Dörfern, keine Seltenheit sind, trifft man immer wieder auch noch auf den Abakus: Wie eine vergrößerte Ausgabe eines Rechenrahmens aus der Grundschule sieht das ›Gerät‹ aus, das durch flinkes Hin- und Herschieben hölzerner Scheiben oder Perlen auf Metallstäben einfachere Rechenvorgänge unterstützt.

Elektrizität

Überall 220 V. Eurostecker passen fast immer. Elektrozubehör wie Stecker, Glühbirnen, Batterien etc. ist überall zu bekommen. Wenn Freileitungen auf dem Lande durch Sturm beschädigt werden, können schon einmal Stromausfälle von mehreren Stunden auftreten.

Entfernungen

Estland ist ein Land der kurzen Wege: Wenn man im Nordwesten am Flughafen Tallinn startet und das Land etwa diagonal durchfährt, ist man nach rund 280 Kilometern bzw. gut vier Stunden im südöstlich gelegenen Dreieck Estland/Lettland/Russland. Die Strecke von Tallinn nach Narva

beträgt 210 Kilometer, nach Pärnu 130 Kilometer, und die Verbindung von Tartu nach Pärnu beträgt wegen der Umfahrung des Võrtsjärv 170 Kilometer.

Ermäßigungen

In öffentlichen Verkehrsmitteln und Museen gibt es Kinderermäßigungen von 50 bis 75 Prozent auf die ohnehin niedrigen Tarife. Fluglinien gewähren 33 bis 50 Prozent. Die Vorlage eines Internationalen Studentenausweises (ISIC) bringt Rabatte zwischen 10 und 50 Prozent bei manchen Unterkünften, Restaurants, Buchhandlungen und Verkehrsmitteln, nachzulesen in der ISIC-Broschüre. In Tallinn sollte man sich nach der Tallinn-Card erkundigen, die für einen Festpreis diverse Vergünstigungen in Museen, Restaurants und Verkehrsmitteln bringt. Im späteren

Sommer machen größere Kaufhäuser Reklame mit ihrem Schlussverkauf (*allahindlus*).

Fahrradtouren

Wenn man das flache Relief des Baltikums betrachtet, könnte man auf die Idee kommen, dort per Fahrrad von Ort zu Ort zu ziehen. In der Tat tun das auch schon einige. An manchen Hotels kann man ein Fahrrad (*jalgratas*) leihen. Vereinzelt gibt es in Ortschaften Fahrradwege, über Land kaum. Aber die wenigen Autos auf den Landstraßen, relativ disziplinierte Fahrweise und mancher idyllische Waldweg sind schon große Pluspunkte. Bei trockenem Wetter muss man freilich auf den nicht asphaltierten Straßen denselben Staub schlucken wie die einheimischen Fußgänger, sobald ein Auto vorüberbraust. Und gelegentlich dürfte das Vorwärtskommen auf Schotter sehr mühselig sein. Robuste Fahrräder sind jedenfalls zu bevorzugen. Von Fahrten in der Dunkelheit ist generell abzuraten. Seit 2001 zeigen die Ortswegweiser im ganzen Land zusätzlich spezielle Fahrradstrecken an: kleinere, blaue Zeichen mit Fahrradsymbol und eigenem Nummernsystem. Eine Fahrrad-Tourenkarte (*jalgrattakaart*) 1:500 000 ist seitdem im Handel. Bei Mare-Baltikum-Reisen gibt es einen Radreisen-Katalog mit einer Auswahl organisierter Touren und einem Planungsangebot (siehe Reiseanbieter).

Feiertage und Ferien

Offizielle Feiertage sind:
1. Januar: Neujahr (*Uusaasta*).
24. Februar: Unabhängigkeitstag von 1918.
1. Mai: Maifeiertag (*Töörahvapüha*).
23. Juni: Tag des Sieges von 1919.
24. Juni: Johannistag (*Jaanipäev*).
20. August: Unabhängigkeitstag von 1991.
Karfreitag (*Suur Reede*).
Ostersonntag (*Lihavõttepüha*).
Weihnachtstage (*Jõulud*).
Das Schuljahr ist in Trimester unterteilt und beginnt normalerweise am 1. September. Schulferien gibt es im November, zur Weihnachtszeit, im März und im Sommer.

Ferienhäuser

Die Auswahl an entsprechenden Objekten nimmt zu. Einzelne Ferienhäuser (*puhkemaja*) mit Kücheneinrichtung und Bad bzw. Sauna findet man auf den Inseln Saaremaa und Hiiumaa, an der Westküste und im Südosten, allmählich aber auch in den anderen Landesteilen. Es handelt sich um geräumige Wochenend- oder Sommerhäuser (*suvila*) aus Holz mit einer Möblierung, die zwischen Ikea-nüchtern und sowjetisch-museal variieren kann. Entweder hübsches skandinavisches Blockhaus in sehr einsamer Lage oder verwitterte russische Datscha in einer Art Gartenkolonie. Wegen der meist nur sporadischen Vermietung wird man private Gegenstände des Vermieters in gewissem Umfang tolerieren müssen.

Nicht immer funktioniert alles einwandfrei, aber durchgelegene Bettgestelle, ratternde Kühlschränke u.ä. sind inzwischen zur Ausnahme geworden. Warmwassertank und Kochherd erfordern eventuell ein Anfeuern mit Holz, die meist vorhandene Sauna sowieso. In der Regel ist ein Zertifikat ausgehängt, das offenbar nur bei Erfüllung einiger Standards vergeben wird, wozu offenbar auch Bettlampen, Feuerlöscher, Rauchmelder und gekennzeichnete Fluchtwege (!) gehören. Bei Problemen wird sich der Hausbesitzer um Abhilfe bemühen, soweit es möglich ist. Oder man wird versuchen, die Feriengäste mit allerlei Obst und Gemüse aus dem Garten nebenan zu entschädigen. Wenn man einige Abstriche bei den Komforterwartungen macht und zu kleineren Kompromissen bereit ist, kann man in solchen Ferienhäusern wunderschöne Wochen verbringen und in Tagestouren bequem Gebiete im Radius von etwa einem Fünftel der Landesfläche erkunden. Buchungen sind möglich bei etlichen spezialisierten Reiseanbietern (z. B. Mare-Baltikum-Reisen mit gutem Katalog; außerdem Reichardt, Schnieder) oder den Fremdenverkehrsämtern vor Ort, nicht jedoch über die gängigen Ferienhauskataloge der Reisebüros, die das Baltikum bislang noch weitestgehend ignorieren. Eine empfehlenswerte Adresse ist auch die Latvian Country Tourism Association (Lauku ceļotājs) in Rīga/Lettland mit ihrem Katalog

über Häuser in allen drei baltischen Staaten (Adressen siehe Reiseanbieter). Eine gute Hilfe ist die Internetseite ›www.visitestonia.com‹, wo man unter ›accomodation‹ als Unterkunftstyp ›holiday homes‹ anklicken und die gesuchte Region eingeben kann, woraufhin man zahlreiche Quartiere aufgelistet bekommt (oft mit Farbfotos und E-Mail-Adresse). Direkte Kontaktaufnahme mit dem Hausbesitzer ist dann meist per Fax, Telefon oder Internet (am besten auf Englisch) möglich. Die Preise für Ferienhäuser liegen bei etwa 300 – 350 Euro pro Woche, neuere auch schon bei über 500 Euro. Die Preise sind seit etwa 2000/2001 stark gestiegen, und für die Hauptsaison sollte man inzwischen zeitig buchen.

Fotographieren

Die gängigen Colorfilme sind leicht zu bekommen, aber eventuell teurer als daheim. Nach Diafilmen und Schwarzweißfilmen muss man ein wenig suchen. Eigentlich ist es das Beste, den Filmvorrat mitzubringen. Dieser sollte nicht zu knapp bemessen sein, denn vor allem bei schönem Wetter findet man viele Motive, und im warmen Abendlicht bekommen auch banale Objekte und Szenerien einen ganz besonderen Reiz. Für Naturaufnahmen lohnt es sich, entsprechende Objektive dabei zu haben, zum Beispiel ein gutes Teleobjektiv für die ›Jagd‹ auf Störche, denen man sich stets nur bis auf etwa 20 Meter nähern kann. Oder ein

Makroobjektiv für Kleintiere wie Heuschrecken, kleine Frösche, Schmetterlinge oder Wildblumen. Filmentwicklung ist in jeder Stadt möglich. Fotographierverbote existieren kaum und sind ggf. deutlich kenntlich gemacht. Fast alle Restriktionen aus UdSSR-Zeiten sind aufgehoben.

Geld

Seit dem 20. Juni 1992 gilt die Estnische Krone (*Kroon*; EEK), unterteilt in 100 Senti, als alleiniges Zahlungsmittel. Sie wurde im Verhältnis 8:1 fest an die DM gebunden, so dass jetzt 1 EUR 15,6466 EEK bzw. 100 EEK 6,3912 EUR betragen. Einen Kurs unter 1:15, wie ihn manche Hotels bieten, sollte man nicht akzeptieren. Es sind sehr wenige Münzen im Umlauf, und weil bereits der geringe Betrag von 2 EEK (anfangs sogar 1 EEK) Papiergeld ist, hat man schnell dicke Bündel Scheine in der Tasche. Selbst der größte Schein hat nur einen Wert von 500 EEK. Trotz dieser Skepsis hervorrufenden Papiergeldmenge hat sich die Krone seit ihrer Einführung als sehr stabil erwiesen, die Inflationsrate hielt sich stets in vertretbaren Grenzen. Mit der Landeswährung kann man alles kaufen, Euro oder Dollar werden nirgendwo verlangt. Handeln und Feilschen ist unüblich. Es gibt überall Geldautomaten (*rahaautomaat*), an denen man mit der ec-Karte bequem Beträge zwischen 100 EEK und teilweise 10 000 EEK abheben kann. Kreditkarten sind weit verbreitet, Reiseschecks werden ebenfalls eingelöst. Estnisches Bargeld ist außerhalb des Landes selten erhältlich oder rücktauschbar, am ehesten in Helsinki und vereinzelt in Lettland. Die größten Banken sind: ›Hansapank‹ und ›Eesti Ühispank‹, beide mit dichtem Filialnetz. Außerdem existieren Wechselstuben (*valuutavahetus*).

Gesundheit
Klima und hygienische Verhältnisse in Estland geben keinen Anlass zur Besorgnis. Es mag vielleicht bis Anfang August an manchen Stellen mehr Insekten geben als in Mitteleuropa (vor allem Libellen und Schnaken), von einer Plage kann aber keine Rede sein. Fliegen, Wespen und Motten stören nicht mehr und nicht weniger als sonstwo. Allerdings besteht im Frühjahr und Sommer ein relativ hohes Risiko durch Zecken, und im benachbarten Russland haben die Diphtherie-Fälle merklich zugenommen (Impfung!). Sollte man einmal einen Arzt (*arst*) aufsuchen müssen, wendet man sich am besten direkt an das örtliche Krankenhaus (*haigla, kliinik*). Einen Zahnarzt (*hambaarst*) findet man in größeren Orten. Die Ausbildung der Ärzte ist gut, die medizinische Versorgung hat sich drastisch verbessert, nur der Zustand der Praxisgebäude lässt oft noch zu wünschen übrig. Vor der Reise ist eine Auslandskrankenversicherung abzuschließen bzw. die Gültigkeit der bestehenden Versicherung abzuklären. Wer eine Diät einhalten muss, wird schnell merken, dass auf fast allen verpackten Nahrungsmitteln in Estland in vorbildlicher Weise die Kalorienzahl (*ener-*

giat) angegeben ist und auch die Bestandteile an Fett (*rasva*), Eiweiß (*valku*) und Kohlenhydrate (*süsivesikuid*).

Grenzübergänge
Zur Unterstreichung der Souveränität wurde die Staatsgrenze (*riigipiir*) markiert bzw. eingezäunt und einige Grenzübergänge mit modernen Abfertigungsanlagen (*tolli-kontrollitsoon*) errichtet. Obwohl wenig Grenzverkehr stattfindet und die Formalitäten an der Grenze zu Lettland vereinfacht wurden, sollte man als Autofahrer immer eine halbe Stunde Aufenthalt einkalkulieren: Passkontrolle, Stempel, Überprüfung der Autopapiere (insbesondere Versicherung), Kontrolle der Fahrgestellnummer und ein diskreter Blick in den Kofferraum bilden die übliche Prozedur. Es gibt zur Zeit vier internationale Übergänge nach Lettland: Ikla (auf der Via Baltica/Ostseeküste), Valga (innerorts und am Stadtrand) und Murati (vor allem für Transitverkehr von Rīga nach Pskov und Sankt Petersburg durch den Südzipfel Estlands). Daneben gibt es noch bei Mõisaküla und Vastse-Roosa Nebenübergänge, die nur von Einheimischen benutzt werden können und nachts geschlossen sind. Der Grenzübertritt nach Russland ist erheblich zeitraubender und nur an drei Stellen möglich: Luhamaa (als Fortsetzung der o.g. Transitstraße durch Südestland), Koidula (am Nordrand der heute russischen Stadt

Petseri) und fast 250 Kilometer weiter nördlich der Hauptübergang mitten im Zentrum von Narva. Schließlich liegt noch ein kleiner Nebenübergang im entlegensten Zipfel Estlands an einer nicht asphaltierten Straße hinter Saatse; man sollte sich besser nicht darauf verlassen, dort die Grenze überqueren zu können. – Wichtig zur Orientierung: Rīga heißt estn. Riia, Pskov estn. Pihkva, Ivangorod estn. Jaanilinn; und wer aus Lettland kommt, sollte wissen, dass Estland dort Igaunija heißt (auf der ersten Silbe betont).

Häfen

Tallinn ist zwar der mit Abstand wichtigste unter den Häfen Estlands, aber bei weitem nicht der einzige. Die lange Küstenlinie des Landes wartet mit einer ganzen Reihe kleinerer Anlegepunkte auf. Einer Anreise per Yacht oder einem Segeltörn entlang der Küste steht eigentlich nichts entgegen. Die folgenden Häfen (aufgelistet von Südwesten bis Nordosten) verfügen alle über Pass- und Zollkontrollstellen:

Pärnu	Tiefe 2,0 – 3,5 m; Tel. 044/314 20.
Ruhnu	Insel; Tiefe 2,0 m; Tel. 045/701 56.
Kuivastu	Insel Saaremaa; Tiefe 5,0 m; Tel. 045/454 32.
Nasva	Insel Saaremaa; Tiefe 2,5 – 3,0 m; Tel. 045/751 40.
Roomassaare	Insel Saaremaa; Tiefe 3,0 m; Tel. 045/555 74.
Veere	Insel Saaremaa; Tiefe max. 4 m; Tel. 045/762 23.
Lehtma	Insel Hiiumaa; Tiefe 4,2 m; Tel. 046/992 14.
Haapsalu	Tiefe 2,5 m; Tel. 047/455 82.
Dirhami	Tiefe 4,0 m; Tel. 047/972 40.
Paldiski-Nord	Tiefe 5,5 m; Tel. 067/804 02.
Tallinn-Pirita	Tiefe 3,5 – 5,2 m; Tel. 063/989 86.
Vergi	Lahemaa-Nationalpark; Tiefe 3,0 m; Tel. 032/728 41.
Kunda	Tiefe 1,5 – 3,5 m; Tel. 032/331 82.
Narva-Jõesuu	Tiefe 2,8 – 3,5 m; Tel. 035/372 84.

Außerdem gibt es nette Yachthäfen ohne Zollstation, z. B. Lohusalu oder Kaberneeme. Weitere Informationen sind erhältlich bei: Estonian Yachting Union (EYO), Regati pst. 1, Tallinn (am Hafen Pirita; Tel. 223 72 88) oder Estonian Sailing Agency, Vuorimehenkatu 23A, FIN-00140 Helsinki (Tel. 003 58/962 93 90).

Haustiere

Hunde und Katzen im Alter von mindestens 10 Wochen dürfen mitgenommen werden, wenn eine Tollwut-Impfung zwischen 12 und 30 Tagen vor der Einreise durch Internationalen Impfpass nachgewiesen wird. Außerdem benötigt man ein amtsärztliches Gesundheitszeugnis, das höchstens 8 Tage alt sein darf. Mit einem Hund an der Leine wird man in Estland ziemlich auffallen; die weitaus meisten Hunde leben als Hofhunde bei den Gehöften. Das Schild ›Kuri koer!‹ bedeutet wörtlich ›Böser Hund!‹.

Hotels

In Tallinn ist das Angebot mit Abstand am besten. In Pärnu, Tartu und Haapsalu hat man auch eine größere Auswahl. In Provinzzentren gibt es oft nur ein einziges Hotel. Die Preise sind häufig nach Jahreszeit gestaffelt. Im Sommer muss man in Tallinn für ein Doppelzimmer der einfacheren Art mindestens 50 Euro pro Nacht rechnen. Im 4-Sterne-Bereich können es durchaus 200 bis 250 Euro sein. Als Alternative kann man ›Bed & Breakfast‹ in Privathäusern buchen, wobei die Preise teilweise unter 40 Euro liegen. In Pärnu liegt die Preisspanne zwischen etwa 50 und 110 Euro, wobei die Nebensaison deutlich billiger ist. Die Inseln Saaremaa und Hiiumaa sind ein wenig günstiger. Im Wintersportort Otepää sind Preise um 60 Euro ganzjährig üblich, ebenso in den Gutshöfen des Lahemaa-Parks. Am unteren Ende der Skala liegen Orte wie Põlva, Tõrva, Elva und Rakvere mit etwa 45 Euro. In der Provinz dürfte es auch im Hochsommer kein Problem sein, ohne Vorausbuchung ein Zimmer zu bekommen. Allerdings kann es schon einmal passieren, dass bei einer Veranstaltung mit auswärtigen Teilnehmern (z.B. ausländische Folkloregruppe bei einem örtlichen Festival) die begrenzten Kapazitäten komplett belegt sind.

Im Laufe der Jahre ist auch eine breitere Palette von Pauschalangeboten auf den Markt gekommen: beispielsweise ein verlängertes Wochenende in Tallinn (Flug ab Frankfurt, 3 Übernachtungen mit Frühstück, Doppelzimmer in 3-Sterne-Hotel, Nebensaison) für etwa 330 Euro pro Person. Oder eine Kombination aus Flug, Leihwagen und vorausgebuchten Hotels. Entsprechende Kataloge bekommt man u. a. bei Mare-Baltikum-Reisen, Schnieder-Reisen (Adressen siehe Reiseanbieter!).

Informationsstellen

- Baltische Zentrale für Tourismus, Salzmannstr. 152, D-48159 Münster, Tel. 02 51/215 07 42, Fax 02 51/215 07 43, www.baltic-info.de, info@baltic-info.de (auch: www.gobaltic.de). Ab November 2003: Katharinenstraße 19, 10711 Berlin
- Estnisches Fremdenverkehrsamt, Mündi 2, EE-10146 Tallinn, Tel. 003 72/641 14 20, Fax 003 72/641 14 32, www.visitestonia.com, info@tourism.ee.

Jugendherbergen

Der Estnische Jugendherbergsverband ENHÜ (*Eesti Noortehostelite Ühendus*) gehört zwar nicht zum

Internationalen Jugendherbergsverband IYHF, der bestimmte
Standards für seine Unterkünfte vor-
schreibt, aber es besteht immerhin
eine Kooperation. Über ganz Estland
verteilt findet man etwa 35 Herbergen unterschiedlicher Qualität, Preislage und Größe, die über den ENHÜ
(in englischem Text auch EYHA
abgekürzt) reserviert werden können.
Die Preise pro Nacht liegen etwa bei
5 bis 12 Euro inklusive Bettwäsche,
aber ohne Frühstück. Manche Häuser
stehen nur saisonal zur Verfügung.
Am besten orientiert man sich vorab
im Internet unter http://eyha.jg.ee
oder http://bpm.jg.ee oder nimmt
Kontakt auf mit: ENHÜ,
Tatari 39-310, EE-10134 Tallinn,
Tel. 003 72/646 14 55,
Fax 003 72/646 15 95.

Jugendliche und Kinder

Kinder haben Spaß am Baden im See,
am Rudern, am Feuermachen, an
freier Landschaft ohne Autoverkehr.
Es gibt auch Spielplätze (*mänguväl-
jak*), und in Freilicht- und Heimat-
museen kann man Unbekanntes
entdecken; oft dürfen die Exponate
sogar angefasst oder ausprobiert
werden! Beim Beeren- oder Pilzsammeln in den Wäldern ist jedoch
ein erhöhtes Zecken-Risiko zu bedenken. Je nach Erwartungshaltung oder
Lebensweise werden bestimmte
Altersgruppen aber Disco-Angebote
und Kontakte zu Gleichaltrigen
vermissen, zumal man außerhalb von
Tallinn nur wenigen anderen Touri-

sten begegnet. Wer nicht schüchtern
ist, kann freilich seine Englisch-
Kenntnisse bei so mancher Gelegenheit testen. Ein Pluspunkt ist sicher
die große Kaufkraft des Taschen-
geldes: Ein Eis kostet selbst am
Strandbad oft nur 0,50 Euro.
Begeisterte Pfadfinder, Wandervögel,
Angler, überhaupt Naturfreunde
werden sicher auch ohne Mallorca-
Rummel auf ihre Kosten kommen.

Kleidung

Der baltische Sommer erfordert keine
besondere Kleidung. Zwischen kurzer
Hose und Pullover am kühlen Abend
liegen häufig nur wenige Tage. Ein
Schirm sollte nicht fehlen, Badesa-
chen sind geradezu Pflichtgepäck!
Legeres Outfit ist landesüblich, außer
in manchen gehobeneren Restaurants oder im Theater. Frauen und
Mädchen sollten beim Betreten
orthodoxer Kirchen dezent gekleidet
sein. Für Waldwanderungen sind
feste Schuhe und einigermaßen un-
durchlässige Kleidung, evtl. auch
Kopfbedeckung, wegen der Zecken-
Gefahr anzuraten. Sollte man sich im
Winter nach Estland begeben, ist
eine Mütze unerlässlich.

Kontaktadressen

Deutsch-Estnische Gesellschaft,
Haid-und-Neu-Straße 18,
D-76131 Karlsruhe, Tel. 07 21/
618 31 15, Fax 07 21/618 31 17,
gibt u. a. die Vereinszeitung
›Estnische Notizen‹ heraus,
organisiert lokale Veranstaltungen

und nennt bei Interesse Ansprechpartner in anderen Teilen Deutschlands. Außerdem gibt es ein ›Handbuch Baltikum-Kontakte‹ (108 S.; fibre-Verlag; ISBN 3-929759-64-0).

Kuraufenthalte
Es gibt Sanatorien in Pärnu, Haapsalu, Kuressaare, Toila, Narva-Jõesuu und Värska. Die drei erstgenannten Orte liegen im Bereich der Westküste bzw. auf der Insel Saaremaa und bieten außer Bädern und Anwendungen auch Kulturelles und gewisse Ausflugsmöglichkeiten. Bei Toila und Narva-Jõesuu erinnert noch vieles an sozialistische Einrichtungen, und die Umgebung von Värska mag zwar für eine Tagestour reizvoll sein, aber kaum für einen längeren Aufenthalt. Wer nicht ernsthaft vorhat, sich zwei Wochen auf eine äußerst ruhige und ziemlich spartanische Umgebung einzulassen, sollte lieber einen der drei westlich gelegenen Kurorte wählen. Kurreisen nach Estland sind noch relativ preiswert. Bei Mare Baltikum-Reisen (Adresse siehe Reiseanbieter!) wird beispielsweise 1 Woche Kur einschließlich Flug, Transfer, Vollpension und mehreren Behandlungen für etwa 700 – 750 Euro (pro Person im Doppelzimmer) angeboten.

Landkarten und Stadtpläne
In den estnischen Buchhandlungen und Fremdenverkehrsstellen gibt es eine große Auswahl an detaillierten Karten: z.B. die Straßenkarte ›Eesti Turismikaart 1:500 000‹ (Verlag E.O.Map) mit exakter Wiedergabe der Straßenbeläge und etlichen Stadtplänen auf der Rückseite. Oder die fünf Teilblätter der Straßenkarte

1:200 000 des Regio-Verlages (auch als CD-ROM). Bei längerem Aufenthalt an einem Ort sollte man sich unbedingt die jeweilige Bezirkskarte 1:150 000 (insgesamt 15 Blätter; jeweils mit einigen Ortsplänen und touristischen Hinweisen) zulegen, die ein Höchstmaß an Details bietet. Es sollte stets die neueste Ausgabe sein: Die sowjetischen Landstraßennummern mit einem vorangestellten M, A oder P wurden durch ein estnisches System ersetzt, in dem aber nach 1998 noch etliche Umbenennungen erfolgten. Bei den Straßennummern ab 85 aufwärts scheint es sich um bisher ungekennzeichnete Strecken zu handeln. Dreistellige Nummern sind bislang kaum auf Karten eingetragen. Daneben gibt es spezielle Karten zu vielen Naturschutzgebieten und speziellen Regionen. Eher wissenschaftlichen Zwecken gewidmet ist schließlich das Kartenwerk ›Eesti Põhikaart‹ (Grundkarte) 1:20 000 des Eesti Kaardikeskus mit rund 400 Blättern in hellgrünem Titelblatt. Stadtpläne existieren zu allen größeren Siedlungen, meist im Maßstab 1:10 000 oder 1:15 000, zu Tallinn auch 1:25 000. Sehr brauchbar ist auch das vom Regio-Verlag herausgegebene Stadtplanheft (›Eesti linnad‹) mit Erläuterungen auch in Deutsch.

Maße und Normen
Es gibt keine Besonderheiten. Ausdrücke wie Meter, Gramm, Kilo oder Liter werden überall verstanden.

In historischen Zusammenhängen kommt gelegentlich das alte russische Längenmaß Werst vor: Es entspricht 1,067 Kilometern.

Mentalität
Bei aller gebotenen Vorsicht vor Pauschalurteilen: Die Esten haben im allgemeinen ein zurückhaltendes und sehr ruhiges Naturell. Man wird sie zunächst vielleicht für emotionslos halten, bis man einmal ihre Sangesfreude erlebt. Small talk und Überredungsversuche liegen ihnen nicht. Man sollte daher einsilbige Verkäuferinnen nicht voreilig als unwillig oder unfreundlich einstufen. Sachlichkeit und Pragmatismus bestimmen das Handeln. Trotz all der rasanten Veränderungen im Lande herrscht eine bemerkenswerte Gelassenheit. Imponiergehabe und Arroganz registriert man selbst in der Hauptstadt selten. Niemand ist aufdringlich. Fremde werden wohlwollend und korrekt, ohne besondere Beachtung oder gar Neugier behandelt. Man wird als Ausländer weder bevorzugt noch benachteiligt. Zu opportunistischer Anpasserei und allzu servilem Verhalten wird sich kaum ein Este bereit finden. Längere Gespräche und Kontakte ergeben sich nicht so leicht. Viele Esten sind in ihrer Schweigsamkeit und Naturverbundenheit den Finnen recht ähnlich. Wenn man ein besonderes Anliegen hat, kann man jedoch mit Unterstützung und Hilfe rechnen. Die Maßstäbe und Verhaltensweisen

des Alltags sind mit den unsrigen vergleichbar, wobei gewisse Höflichkeiten nicht als altmodisch abgetan werden. Die russische Bevölkerung in den östlichen Landesteilen scheint von einer lebhafteren, geselligeren und wohl auch fatalistischeren Wesensart zu sein. Bei vielen Esten hat man den Eindruck, dass sie ihre ›russischen Mitbürger‹ zu ignorieren versuchen. Offener Hass tritt kaum zutage.

Museen

Dem kulturellen Erbe wird in Estland ganz besondere Aufmerksamkeit zuteil. Man sollte unbedingt das Estnische Nationalmuseum *(Eesti Rahvamuuseum)* in Tartu besuchen, wo man den besten Überblick über Tradition und Lebensweise der einzelnen Landesteile bekommt. Praktisch jede Provinzstadt hat ein Heimatmuseum, Stadtmuseum, Naturmuseum, Bauernmuseum oder Freilichtmuseum; daneben werden Geburtshäuser und Wirkungsstätten von Schriftstellern, Malern und Komponisten mit bescheidenen Mitteln liebevoll unterhalten. Manche dieser Kleinode liegen ›am Ende der Welt‹, sind teilweise auch unregelmäßig geöffnet, aber den wenigen ausländischen Besuchern widmet man sich in geradezu rührender Weise, sei es mit Zeichensprache, auf fließend Estnisch oder gelegentlich sogar auf Deutsch oder Englisch. Die Eintrittsgelder *(pääse)* sind durchweg niedrig, und man wundert sich, dass noch nicht einmal um eine kleine Spende gebeten wird. Dem mitteleuropäischen Besucher wird sehr positiv in Erinnerung bleiben, mit welcher Selbstverständlichkeit man manche Ausstellungsstücke in die Hände nehmen darf, gelegentlich wird man gar lächelnd ermuntert, irgendein altertümliches Gerät selbst auszuprobieren, oder man bekommt einen Schlüssel für einen abseits gelegenen Gebäudeteil anvertraut. Außerhalb der Hauptsaison muss man generell mit stark eingeschränkten Öffnungszeiten rechnen!

Notfälle

Die Rufnummern für Polizei *(politsei)* und Rettungsdienst *(kiirabi, esmaabi)* kann man sich leicht merken: Es sind dieselben wie in Deutschland, nämlich 110 und 112. Beide Notrufe sind von Telefonzellen gebührenfrei wählbar, sie gelten auch für Mobiltelefone. Ob man allerdings mit seinem Anliegen verstanden wird, ist eine andere Frage. Eventuell kann man eine jüngere Person ansprechen, die vielleicht Englisch-Kenntnisse besitzt und sicher bei der Verständigung helfen wird. Außerhalb von Ortschaften, im Wald oder im Ferienhaus kann ein Mobiltelefon sehr hilfreich sein.

Nützliche Dinge

Es gibt so manche geringgeschätzte Kleinigkeit, deren Wert erst unterwegs deutlich wird. So sollte man u. a. die Mitnahme folgender Dinge erwägen: Insektennetz mit selbstklebendem Klettband für Fensterrahmen (das ist allerdings auch in Estland leicht erhältlich); Klemmlampe zum Lesen im Bett (am geeigneten Licht hapert es in Ferienhäusern oft); Kerze (falls doch einmal der Strom ausfällt); Ohropax (für sehr seltene Fälle); Taschenmesser (für Proviant, Picknick und tausenderlei kleine Nöte); Zeckenzange (kommt hoffentlich nicht zum Einsatz); Trockenhefe (wenn das Ferienhaus wider Erwarten doch einen Backofen für Pizza hat); Parmesan-Tüten (bekommt man in Estland nicht an jeder Ecke)… Der Autor ist immer dankbar für die Meldung weiterer bewährter Artikel.

Öffnungszeiten

Die Geschäftszeiten sind recht kundenfreundlich. Einen geöffneten Lebensmittelladen findet man werktags zwischen 8 und 20 Uhr meistens, oft ist sogar bis 22 oder 24 Uhr geöffnet und auch an Wochenenden (bei verkürzten Zeiten). In Einzelfällen kann man sogar sieben Tage rund um die Uhr einkaufen! Andere Geschäfte, sogar in den Innenstädten, schließen allerdings manchmal schon um 17 oder 18 Uhr. Bank und Post haben werktags zwischen 9 und 16 bis 18 Uhr geöffnet, eventuell mit Mittagspause bis etwa 15 Uhr. Die Post arbeitet auch samstags bis 14 oder 15 Uhr. Museen kann man im allgemeinen zwischen 10 und 17 oder 18 Uhr besuchen (zumindest von Mai bis September), wobei montags oder dienstags meist

geschlossen ist. An den Eingangstüren sind die Öffnungszeiten fast immer mit den Anfangsbuchstaben der Wochentage plus Uhrzeit angegeben, z. B. E – R 8 – 20 (heißt: Mo bis Fr 8 – 20 Uhr). Dabei haben die Tage von Montag bis Sonntag der Reihe nach folgende Abkürzungen: E, T, K, N, R, L, P. Geöffnet heißt *avatud*, geschlossen heißt *suletud*.

Orientierung

Richtungshinweise an den Straßen stehen auf großen blauen Tafeln, fast immer mit Entfernungsangabe, aber bislang oft ohne Nennung der Landstraßennummer. Innerörtliche Hinweise sind weiß. Die Straßennamen sind ebenfalls überall angeschrieben, in manchen Orten immer noch zweisprachig (estnisch/russisch). Das Wort ›Straße‹ (*tänav*) wird dabei meist weggelassen, so dass sehr kurze Bezeichnungen, häufig im Genitiv, die Regel sind: z. B. Lai (Breite Straße), Kooli (Schulstraße), Uus (Neustraße) oder Tallinna (Tallinner Straße). Genau hinsehen muss man bei Adressangaben, wenn die Straße nach einem Ort benannt ist: Dann steht faktisch ein zweiter Ortsname da, z. B. ›Pärnu 6, Paide‹ wäre zu lesen als ›Pärnuer Str. 6 in Paide‹. Lediglich bei Zusammensetzungen mit ›Landstraße‹ (*maantee, tee*) o. a. wird der volle Name geschrieben oder erkennbar abgekürzt. Von Ort zu Ort begegnet man stets derselben Palette von Straßennamen. Auch viele Ortsnamen in Estland sind

deskriptiv und haben einen direkten Bezug zur Lage bzw. Umgebung; das führt dazu, dass Järveküla (Seedorf), Veneküla (Russendorf), Linnamäe (Ortshügel), Mõisamaa (Gutsland) und manche anderen im Lande mehrfach vorkommen.

In abgelegenen Gegenden erlauben die stets mit Namen versehenen Bushaltestellen eine gewisse Orientierung. Auf touristisch relevante Objekte, auch unbedeutende, weisen braune Schilder bzw. ein spezielles Symbol hin. Häufige Aufschriften sind: *jõgi* – Fluss, *järv* – See, *kabel* – Kapelle, *kalmistu* – Friedhof, *kirik* – Kirche, *koobas* – Höhle, *linn* – Stadt, *linnus* – Festung, *looduskaitseala* (*LKA*) – Naturschutzgebiet, *loss* – Schloss, *maantee* (*mnt.*) – Landstraße, *maastikukaitseala* (*MKA*) – Landschaftsschutzgebiet, *matkarada* – Wanderweg, *mõis* – Gutshof, *mägi* – Hügel, *mälestus* – Denkmal, *org* –

Tal, *raba* – Hochmoor, *raudteejaam* (*rdtj.*) – Bahnstation, *sadam* – Hafen, *sild* – Brücke, *soo* – Sumpf, *tuletorn* – Leuchtturm, *varemed* – Ruinen.

Pensionen

Die meisten Angebote gibt es im Bereich Bed&Breakfast auf Bauernhöfen. Hinzu kommen in den letzten Jahren hier und dort nette Pensionen oder Gästehäuser (*külalistemaja*), meist in der Nähe der Landstraßen, aber durchaus auch in Städten. Oft handelt es sich um preisgünstige Alternativen zu Hotels und Motels. Es lohnt sich, bei Fremdenverkehrsämtern nachzufragen oder entsprechenden Schildern zu folgen.

Polizei

Fast könnte man glauben, es sei ein peinlicher Rechtschreibfehler, was da auf den estnischen Polizeiautos steht: In Abkehr von der früheren sowjetischen Milicija hat man sich für ›Politsei‹ entschieden, wie es der estnischen Orthographie entspricht. Die Fahrzeuge sind zwar weiß-blau, lassen aber im Design ihr deutsches Vorbild klar erkennen. Im Gegensatz zu Lettland und Litauen kommt die estnische Polizei moderner, weniger steif, eher bürgernah daher. Verkehrskontrollen kommen kaum vor, mit Radarmessungen muss man gelegentlich rechnen. Auch wenn estnische Autofahrer schon von weitem per Lichthupe warnen: Längst nicht jeder Polizeiwagen am Straßenrand hat etwas zu bedeuten!

Post

Nicht zu übersehen ist das orangefarbene Signet mit der Aufschrift ›Eesti Post‹ und dem Posthorn, das landauf-landab an den vielen Briefkästen (*kirjakast*) und den ebenfalls zahlreichen Postgebäuden (*postimaja, postkontor*) prangt. Obwohl manche dörfliche Poststelle keinen Vertrauen erweckenden Eindruck macht, ist der Service sehr zuverlässig: Eine Postkarte nach Westeuropa ist 4 bis 6 Tage unterwegs. Die Portogebühren in die EU-Staaten betragen zurzeit: 6 EEK für Postkarten und 6,50 EEK für Briefe. Unter den Briefmarken (*kirjamark*) gibt es schöne Sondermarken, die an den Schaltern ausgehängt sind. Durch die Einführung fünfstelliger Postleitzahlen (*postiindeks*) wurden die typischen Kleinstädte geradezu atomisiert und haben keinen ortseinheitlichen Code. Abweichend vom Autokennzeichen EST wird bei Postsendungen das Landeskürzel EE (vgl. Internet: ee) verwendet. In den größeren Postfilialen kann man für geringe Gebühren auch Faxe versenden lassen und Telegramme aufgeben. Das Personal gibt sich große Mühe, einen deutschen Text durchzuleiten. Bei der Post erhält man oft auch Ansichtskarten, Briefpapier, touristische Informationen, Seife und andere Kleinigkeiten.

Preisniveau

Estland ist immer noch ein preiswertes Land. Sobald man Tallinn verlässt, profitiert man auch als Tourist davon. Erfrischungsgetränke in Cafés oder Gartenlokalen kosten oft nur etwa 0,50 Euro, auch Kuchen ist sehr billig. Ein Mittagessen mit Getränken für eine vierköpfige Familie kostet um 20 bis 25 Euro, wobei es große Unterschiede gibt zwischen normalen Cafés oder Restaurants in den Orten und touristischen Hotels in entsprechender Umgebung. Eintrittsgelder, Fahrkarten, Einkäufe auf ländlichen Märkten schlagen meist nur mit einem Drittel unserer Preise zu Buche. Benzin kostet bisher unter 0,70 Euro pro Liter. Bei verpackten Lebensmitteln und Getränken ist das Preisniveau nicht mehr allzu weit vom deutschen entfernt, lediglich die wenigen russischen Produkte sind spottbillig. Brot ist sehr billig, Bier und Wein haben westeuropäische Preise. Bücher und Landkarten sind wegen der geringen Auflagen relativ teuer. Die feste Bindung der estnischen Währung an den Euro, verbunden mit einer etwas höheren Teuerungsrate als in Westeuropa, führt von Jahr zu Jahr zu einer Verringerung des Preisabstandes. Unterkünfte sind hinsichtlich des gebotenen Standards gelegentlich überteuert. Andererseits fallen für Badeseen, Parkplätze und Natursehenswürdigkeiten meist überhaupt keine Kosten an. Zurzeit ist Estland übrigens preiswerter als das benachbarte Lettland, dessen Währung an den US-Dollar gebunden ist!

Rauchen

In Restaurants wird relativ viel geraucht. Zigarettenautomaten gibt es kaum, an Kiosken hat man jedoch eine gewisse Auswahl. Beachten sollte man den Hinweis ›Suitsetamine keelatud‹ (Rauchen verboten!) beziehungsweise das entsprechende Symbol. Aschenbecher heißt *tuhatoosi*.

Reiseanbieter

Die baltischen Länder führen in den Reisebüros noch ein Schattendasein. Wenn etwas angeboten wird, dann am ehesten Städtetouren in die Hauptstädte zu verhältnismäßig hohen Preisen oder Busrundreisen. Kompetente Beratung oder auch nur eine Antwort auf weitergehende Fragen kann man kaum erwarten. Auf individuellere Estland- bzw. Baltikum-Reisen spezialisiert sind folgende Anbieter:

- Kira Reisen, CH-5400 Baden, Mellingerstrasse 6, Tel. 00 41/ 562 00 19 06, Fax 00 41/ 562 22 77 24, Städtereisen, www.kiratravel.ch.
- Mare-Baltikum-Reisen, Eichenstr. 27, D-20259 Hamburg, Tel. 040/49 41 11, Fax 040/490 59 77; Inhaber ist Este; gute Kataloge; umfangreiches Angebot an Pauschalreisen in verschiedene Landesteile sowie für Individualreisende und Interes-

sengruppen; sehr gute Homepage;
www.mare-baltikum-reisen.de.
- K&A Reichardt-Reiseagentur, Op'n
Idenkamp 34, D-22397 Hamburg,
Tel. 040/679 36 67,
Fax 040/67 94 26 01;
Inhaberin ist Estin; www.estlink.de.
- Ebden-Reisen, Frankfurter Str. 54,
D-35440 Linden, Tel. 064 03/
741 17, Fax 064 03/729 53;
Baltikum-Veranstalter mit Schwer-
punkt Lettland; kommt auch für
Estland in Frage; guter Katalog;
www.ebden-reisen.de.
- Schnieder-Reisen, Schillerstr. 43,
D-22767 Hamburg,
Tel. 040/380 20 60,
Fax 040/38 89 65; guter Katalog;
www.schniederreisen.de.
- Olympia-Reisen, Siegburger Str. 49,
D-53229 Bonn,
Tel. 02 28/40 00 30,
Fax 02 28/46 69 32; Spezialist
für Nachfolgestaaten der UdSSR;
bietet vor allem Städtetouren;
www.olympia-reisen.com.
- Ost-Reise-Service, Am Alten Fried-
hof 2, D-33647 Bielefeld,
Tel. 05 21/417 33 33,
Fax 05 21/417 33 44; Katalog
für alle osteuropäischen Länder;
www.ostreisen.de.
- Perestroika-Tours,
D-56291 Hausbay-Pfalzfeld,
Tel. 067 46/802 80,
Fax 067 46/80 28 14; organisiert
Wohnmobilreisen in Gruppen in die
meisten GUS-Staaten; guter Kata-
log; www.mir-tours.de.
- Go East, Behrenfelder Chaussee 53,

D-22761 Hamburg,
Tel. 040/896 90 90,
Fax 040/89 49 40; dünner Katalog
für ganze ehemalige UdSSR und
Osteuropa; www.go-east.de.
- Ventus Reisen, Krefelder Straße 8,
D-10555 Berlin, Tel. 030/
39 10 03 32, Fax 030/399 55 87,
Individualreisen, www.ventus.com.

Reiseanbieter im Baltikum

Über Fax oder Internet kann man
auch die Dienste einiger Agenturen
in Estland bzw. im Baltikum recht gut
nutzen. Empfehlenswerte Adressen
sind:
- Latvian Country Tourism
Association (Lauku ceļotājs), Kuģu
iela 11, LV-1048 Rīga/Lettland,
Tel. 003 71/761 76 00,
Fax 003 71/783 00 41. Jeweils am
Jahresende erscheint der attraktive
Ferienhauskatalog ›Atpūta lau-
kos/Urlaub auf dem Lande‹ mit
zunehmend mehr estnischen
Häusern; Fax- und Mail-Anfragen
in deutscher oder englischer
Sprache werden zuverlässig und
konkret beantwortet, Reservierung
und Buchung problemlos;
www.traveller.lv.
- Estonian Farmers' Central Union
(ETKL), Teaduse 1, EE-75501 Saku,
Tel. 003 72/272 25 77,
Fax 00372/272 17 83. Katalog
›Puhkus Eesti talus/Urlaub auf dem
Bauernhof‹ mit Ferienhäusern und
Übernachtungsangeboten;
www.agronet.ee/etkl.htm,
turism@online.ee.

• Discover Baltics, Emajõe 1a,
EE-51008 Tartu,
Tel. 003 72/739 06 20,
Fax 003 72/739 06 21, breite Pa-
lette touristischer Dienstleistungen;
discover.baltics@mail.ee.

Restaurants und Cafés

Nach Jahrzehnten der Sowjet-Gastro-
nomie ist die Neigung der Esten, in
einem Restaurant zu essen, immer
noch gering. Und so befällt einen
angesichts oft gähnend leerer Speise-
säle (zumal am frühen Abend und in
der Provinz) stets eine gewisse Skepsis, ob das ins Auge gefasste Restaurant überhaupt empfehlenswert ist.
Abgesehen von den meist gut
besuchten Touristenlokalen aller Art
in der Tallinner Altstadt kann man
etwa folgende Einteilung vornehmen: Ein Café (*kohvik*) kann

gediegen oder mit Plastikstühlen
möbliert sein, außer Heiß- und Kalt-
getränken sowie einigen Backwaren
führt es fast immer auch eine
Auswahl warmer Gerichte zu sehr
günstigen Preisen, aber auch höchst
unterschiedlicher Qualität. Kaffee
wird grundsätzlich nur tassenweise
ausgeschenkt, Milch muss in der
Regel extra bezahlt werden. Verbreitet sind kellnerlose Lokale (*söökla,
bistroo*), in denen die Speisekarte
(*menüü*) an der Theke ausliegt und
bei der Bestellung auch vorab bezahlt
werden muss; die fertigen Teller
werden dann an den Tisch gebracht.
Was sich Restaurant (*restoran*)
nennt, hat in der Regel eine größere
Auswahl an Gerichten und immer
auch alkoholische Getränke im Angebot, das Ganze zu höheren Preisen.
Daneben gibt es noch mehr oder

weniger gemütliche Bierstuben (*õlle-baar*) und Gasthäuser (*kõrts*). An etlichen Orten im Lande kann man in historischem Gemäuer speisen oder trinken: z. B. in den Windmühlen-Restaurants von Adavere oder Kuressaare, in den Postkutschenstationen von Pärnu, Viitna, Nõmme oder Vastseliina, in der Burg von Narva oder in Gutshöfen wie Palmse, Kolga oder Sangaste. Fastfood-Lokale gibt es in den größeren Städten, und sie werden rege besucht. Auch Pizzerien kann man finden. Speisekarten haben an touristisch relevanten Plätzen mitunter eine englische oder sogar deutsche Übersetzung, häufig ist man jedoch ohne Wörterbuch ziemlich hilflos. Generell lässt sich sagen: Die Auswahl ist selten sehr umfangreich, einzelne Gerichte sind zeitweise nicht zu haben, typisch estnische Küche ist eher die Ausnah-

me. Meist gibt es internationale Standardgerichte, viel Schweinefleisch (Braten, panierte Schnitzel, Kotelett) und Fisch, Kartoffelvariationen und nordische Gemüsesorten, dazu eine Anzahl Kleinigkeiten wie dunkles Knoblauchbrot mit Dip, eine Suppe (z. B. die russische Soljanka) oder sogar einen sogenannten Griechischen Salat. Weinkarten (*veinikaart*), falls überhaupt vorhanden, sind nicht immer sehr aussagekräftig. Man bevorzugt im Baltikum überwiegend süße Weine. Die unablässige musikalische Berieselung möchte man gelegentlich verwünschen!

Sauna

Ähnlich wie in Finnland lässt sich die Sauna (estnisch: *saun*) auch im Leben der Esten nicht wegdenken. Zwar sind die Saunahäuschen, die oft noch aus der Sowjetzeit stammen, in der

Regel ziemlich rustikal und düster, aber vielleicht auch ›uriger‹ als in Skandinavien. Fast immer wird mit Holz eingeheizt. In Gegenden mit vielen Seen ist es kein Problem, an einem Gästehaus stundenweise eine Sauna am Ufer zu mieten. Als Richtwert gilt etwa 7 Euro pro Stunde (vorgeheizt) oder 35 Euro für einen Tag, unabhängig von der Personenzahl. Manche Wochenenden im Hochsommer können ausgebucht sein. Auch viele Hotels verfügen über eine Sauna, deren Benutzung aber vergleichsweise teuer ist.

Sicherheit
Skepsis ist unbegründet. Estland ist ein sehr sicheres Reiseland, gerade auch für alleinreisende Frauen. Zwar hat es in der Altstadt von Tallinn zu nächtlicher Stunde auch schon Überfälle auf Touristen gegeben, und die vielen bewachten Parkplätze lassen Autoaufbrüche und Diebstähle von Luxuslimousinen vermuten. Wer jedoch die üblichen Vorsichtsmaßnahmen beachtet, hat nichts zu befürchten. Bei der Kriminalität in Osteuropa wird oft übersehen, dass die deutliche Zunahme von einem sehr niedrigen Level in den 1980er Jahren ausgeht und auch heute sicherere Verhältnisse herrschen als in vielen Ländern West- und Südeuropas. All die kleinen Taschendiebstähle, Betrügereien beim Bezahlen, aggressive Betteleien kommen in Estland so gut wie gar nicht vor. In den weniger kritisch betrachteten klassischen Urlaubsländern am Mittelmeer werden weit eher Autos gestohlen als in Estland. Von einer gelegentlich erwähnten baltischen (Russen-)Mafia bleibt man ebenso unbehelligt wie von der gern ignorierten italienischen. Die Bevölkerung nimmt vom Touristen keine besondere Notiz; nie hat man das Gefühl, als potenzielles Opfer beobachtet oder gar verfolgt zu werden. Der Autor kann jedenfalls nur betonen, dass er in über 5 Monaten Estland kein einziges kriminelles Erlebnis hatte, noch nicht einmal Unstimmigkeiten bei der Rückgabe von Wechselgeld!

Souvenirs
Neben qualitativ guten Holzarbeiten (vor allem Besteck, Gefäße u. ä.) und Wollpullovern in Norweger-Manier (grau, flachsfarben, hellblau dominierend) findet man Häkeldecken, Keramikarbeiten, schöne Bildbände, einheimischen Wodka, T-Shirts mit Aufdrucken und mit etwas Glück noch Kleinigkeiten aus der Sowjet-Ära (Anstecker, Schilder, Bücher und Karten, Schulartikel). Die für das Baltikum typischen Schmuckstücke aus Bernstein findet man in Lettland und Litauen häufiger als in Estland. Kunstgewerbeläden tragen die Aufschrift ›käsitöö‹. In Tallinn und Tartu sowie einigen Provinzstädten gibt es Antiquariate.

Sportmöglichkeiten
Wandern, Jogging, Schwimmen oder Saunabesuch sind vielerorts problem-

los möglich. Boote kann man an vielen Seen zu niedrigen Tarifen leihen, zunehmend auch Fahrräder in interessanten Gegenden. Etliche Bauernhöfe bieten Reitstunden oder gar Reiterferien an. Die gehobeneren Hotels verfügen bisweilen über einen Tennisplatz, Fitnessraum o.ä. Otepää im Südosten des Landes fungiert als Wintersportzentrum des gesamten Baltikums: Bei Maximalhöhen von gerade mal 300 Metern existieren immerhin zwei Lifte und eine Sprungschanze! Jährlich Anfang Februar findet hier der ›Tartu Ski-Marathon‹ statt: insgesamt 63 Kilometer Langlauf von Kääriku bis Elva.

Studium

Die Universität Tartu ist weltoffen und die Stadt für einen Studienaufenthalt sehr attraktiv, ein Pendant zu deutschen Orten wie etwa Tübingen oder Marburg. Eine beachtliche Zahl ausländischer Studenten nutzt die Gelegenheit, hier ein Auslandssemester zu absolvieren. Zuletzt berichtete die ›Spiegel‹-Beilage (›Uni-Spiegel‹ 6/2000) darüber. Im Internet kann man sich informieren unter www.ut.ee (Anschrift: Ülikooli 18, EE-50090 Tartu). Auch in Tallinn gibt es eine Hochschule, die sich jetzt Pädagogische Universität nennt, und deren Angebote sich ausdrücklich an internationale Studenten richten: www.tpu.ee (Anschrift: Narva mnt. 25, EE-10120 Tallinn). Deutsche Lesesäle unterhält das Goethe-Institut Rīga an zwei Stellen in Estland: in der Nationalbibliothek Tallinn, Tõnismägi 2, und in Pärnu, Jalaka 8.

Telefon

Die grau-blauen offenen Telefonkabinen von ›Eesti Telefon‹ sind überall leicht zu finden; sie verfügen auch über Bedienungshinweise in Englisch. Man benötigt Telefonkarten, die es im Wert von 30, 50 oder 100 EEK an Kiosken, Tankstellen, bei der Post oder in Läden gibt. Die Gebühren für Orts- und für Inlandsgespräche sind gleich. Notfallnummern sind gebührenfrei. Man wählt 0049 für Deutschland, 0043 für Österreich, 0041 für die Schweiz, 00358 für Finnland und danach die übliche Weiterwahl ohne vorangestellte 0. Vom Ausland hat Estland die Vorwahl 00372, danach die Regionalvorwahl (*kood, suunanumber*) ohne 0, dann den Teilnehmer. Bei Inlandsgesprächen nach Tallinn ist eine 0 direkt vor der siebenstelligen Teilnehmernummer zu wählen! Im allgemeinen funktionieren die Telefone gut. Auskunft auf Englisch erhält man unter 1182. Mobiltelefone (GSM) sind extrem verbreitet, der Empfang ist flächendeckend sichergestellt.

Toiletten

Anfangs steht man unschlüssig da, um sich dann beherzt für eine der beiden Kabinentüren zu entscheiden. Deshalb hier die Kennzeichnung: ein Dreieck mit der Spitze nach oben (Rocksymbol?) oder ein N (*naistele*) für Damen (*daamid*); ein Dreieck mit

Spitze nach unten oder ein M (*meestele*) für Herren (*härrad*). Neue oder renovierte Anlagen sind einwandfrei und oft sogar behindertengerecht. Ältere Örtlichkeiten sind entweder ziemlich rustikal oder sowjetisch-improvisiert, nicht besonders einladend. In Restaurants, Cafés und Museen gibt es im allgemeinen akzeptable bis gute Toiletten mit Seife und Händetrockner. Fast alle öffentlichen WCs erheben eine Gebühr von 2 oder 3 EEK, ungeachtet ihres Zustandes.

Trampen

An den Landstraßen, vor allem am Rande größerer Orte, stehen oft Anhalter der verschiedensten Altersgruppen, die meist nur bis zum nächsten Hof oder Dorf mitgenommen werden möchten, um nicht lange auf ihren Bus warten zu müssen. Besondere Gefahren scheinen vom Autostop tagsüber nicht auszugehen. Wer selbst den Daumen ausstreckt, muss damit rechnen, dass einheimische Autofahrer oft auch nur kurze Strecken fahren; da ist es sicher günstiger, gleich eine Busverbindung bis ins Zielgebiet ins Auge zu fassen – die Tarife sind ohnehin niedrig. Um Tallinn herum gibt es natürlich viele Berufspendler.

Trinkgeld

Service ist stets im Preis inbegriffen, ebenso die Mehrwertsteuer (*käibemaks*) von derzeit 18 Prozent. Trinkgelder werden nicht unbedingt erwartet, manchmal wird man beim Aufrunden sogar ungläubig angeguckt und bekommt sein Wechselgeld genau abgezählt zurück. Freilich kann man angesichts der sehr niedrigen Löhne in Restaurants mit Bedienung und bei Taxifahrten nach der Bezahlung diskret einen kleinen Betrag zurücklassen: 20 EEK werden meist schon als sehr großzügig empfunden.

Trinkwasser

In Tallinn, Narva und überhaupt im Nordosten Estlands sollte man kein Leitungswasser trinken, schon die bräunliche Farbe lässt nichts Gutes vermuten. In anderen Orten kann Vorsicht ebenfalls nicht schaden. In Meeresnähe ist das Wasser ohnehin brackig und riecht teilweise nach Schwefel, was sogar beim Duschen unangenehm sein kann. Einzelgehöfte und Landhäuser haben oft eigene Brunnen, deren Wasserqualität von Fall zu Fall erfragt werden sollte; wo keine Fabriken angesiedelt sind, kann das Wasser durchaus in Ordnung sein. Überall gibt es Plastikflaschen und -kanister mit Trinkwasser (*joogivesi*) und Mineralwasser (*mineraalvesi*).

Veranstaltungen

Auch im stillen Estland ist in den Sommermonaten allerhand los. Konzerte, Liederfeste, Jahrmärkte oder Sportwettbewerbe bringen Abwechslung in den Provinzalltag. Einige Städte sind für ihre regelmäßigen Veranstaltungen landesweit bekannt: In Tallinn ist es das Musikfestival ›Jazzkaar‹, der ›Õllesummer‹ (Biersommer), das Altstadtfest und das alle fünf Jahre stattfindende Liederfest (zuletzt 1999), in Viljandi das Folk Music Festival, in Võru das Folklorefestival, im Raum Otepää ist es das ›Leigo‹-Festival am See sowie der winterliche Ski-Marathon. In Tartu und Pärnu ist immer etwas los. Die Mittsommernacht am 23. Juni feiert man überall im Lande. Als vorläufiger Höhepunkt wird die Austragung des 47. Schlagerwettbewerbes ›Grand Prix‹d'Eurovision‹ in Tallinn im Sommer 2002 gewertet. Es lohnt sich, auf Plakate zu achten und in Touristenbüros nach Veranstaltungskalendern zu fragen. Empfehlenswert sind die Zweimonatshefte ›Tallinn this Week‹ (kostenlos) und ›Tallinn in Your Pocket‹ (2,30 Euro; auch für Pärnu erhältlich).

Verbote

Wie in Skandinavien sind auch in Estland weniger Ge- und Verbote angeschrieben als in Deutschland. Im allgemeinen traut man wohl jedem selbst ein Gespür dafür zu, was man tun oder lassen sollte. Oft werden einigermaßen verständliche Symbole verwendet. Wissen sollte man: *Sissepääs keelatud!* Eintritt verboten!, *Telkimine keelatud!* Zelten verboten!, *Ujumine keelatud!* Baden verboten!

Verhalten

Im estnischen Alltag gibt es eigentlich keine besonderen ›Fettnäpfchen‹, in die man unbewusst treten könnte. Lauthals die untergegangene Sowjetunion zu preisen, wäre sicher der größte Fauxpas! Allerdings erwartet auch niemand überschwängliche Begeisterung und Lobeshymnen auf Estland; solche eher in südlichen Ländern angebrachten Artigkeiten erwecken schnell Skepsis. Am besten verhält man sich freundlich-zurückhaltend, wie es der estnischen Mentalität entspricht. Bei Begrüßung und Verabschiedung ist das Händeschütteln weit weniger üblich als bei uns, und Umarmungen werden dabei schon als mediterraner Überschwang empfunden. Der Bruderkuss ist den Esten geradezu suspekt, erinnert er doch allzu sehr an russische Gepflogenheiten oder Vereinnahmung. Deutsche sind im allgemeinen gern gesehen, während Finnen allzu pauschal zu Alkoholtouristen abgestempelt werden. Falls man eingeladen wird – was recht selten vorkommt -, dürfen Blumen nicht fehlen; für Kinder könnten es dann ein paar Süßigkeiten sein, die vielen Eltern sicher zu teuer sind. Aufschriften wie ›*Eravaldus*‹ (Privat) oder ›*Eramaa*‹ (Privatgelände) sollten respektiert werden, oft unterstreicht der Zusatz ›*Kuri koer!*‹ (Böser Hund!) die Botschaft. Außerdem hat sich bei der Bevölkerung in den letzten Jahren ein merkliches Umweltbewusstsein herausgebildet: Also keine Abfälle in der Landschaft zurücklassen – aber das sollte ja ohnehin selbstverständlich sein!

Verkehrsmittel: Bus

In den größeren Städten gibt es ein Netz von kommunalen Buslinien (*bussiliinid*) mit einer Vielzahl von Haltestellen (*peatus*). In den Provinzorten existiert jeweils ein zentraler Bushof (*bussijaam*), von dem die Linien aller Gesellschaften abfahren. Wegen ihres vergleichsweise engmaschigen Liniennetzes werden im Überlandverkehr Busse gegenüber der Eisenbahn bevorzugt. Im Prinzip kann man so auch kleinste Siedlungen erreichen; die Frage ist nur, wann und wie oft. Per Bus gelangt man ebenfalls auf die beiden großen Inseln, sogar in sämtliche Nachbarländer (siehe Anreise per Bus). Es gibt auch Schnellbusse (*kiirbuss*). Die komfortablen Expressbusse (*ekspressbuss*) steuern ihren Zielort auf direktem Wege ohne Zwischenhalt an. Für die Strecke von Tallinn nach Tartu (185 Kilometer) muss man mit ca. 8 Euro rechnen. Sicherheitshalber sollte man Tickets zwei Stunden vor Abfahrt am Schalter kaufen. Landesweite Fahrpläne stehen im Internet unter www.bussireisid.ee/index.

Verkehrsmittel: Eisenbahn

Außer den Tallinner Vorortzügen, die nach Westen bis Paldiski und nach Osten bis Aegviidu fahren, ist der Bahnverkehr ziemlich unattraktiv (siehe vorn im Buch ›Das Verkehrssystem‹). Die Zugverbindungen ab Tallinn: Vorortzüge nach Keila 28 x tägl. (Fahrzeit 40 Min.), nach Paldiski 10x tägl. (75 Min.), nach Aegviidu 8 x tägl. (70 Min.); Inlandszüge nach Pärnu 2 x tägl. (3 Std.), nach Viljandi 3 x tägl. (3 Std.), nach Tartu 2 x tägl. (3,5 Std.), nach Valga 2 x tägl. (5 – 6 Std.), nach Narva 1 x tägl. (4 Std.); Fernzüge nach Moskau 1 x tägl.

(16 Std., über Narva); nach Sankt Petersburg 3 – 4 x pro Woche (9 Std.); nach Rīga 2 x pro Woche (7 – 8 Std., nur über Tartu!) und weiter nach Vilnius (insg. 13 Std.) und Minsk (insg. 19 Std.). Die eingerechneten Grenzaufenthalte betragen etwa 40 bis 100 Min.

Die Fahrpreise erscheinen sehr niedrig, sind allerdings auch dem Schneckentempo der meisten Züge angemessen: Vorortstrecke max. 0,80 Euro; nach Pärnu 3 Euro; nach Tartu 5 Euro; nach Valga 6,50 Euro; nach Rīga 14 Euro; nach Vilnius 20 Euro; nach Moskau 46 Euro (jeweils Erwachsener, einfache Fahrt). Kinder erhalten 50 bis 65 Prozent Nachlass, Studenten 30 bis 50 Prozent, Gruppen 10 bis 15 Prozent. Fahrkarten werden nur an größeren Bahnhöfen verkauft, ansonsten im vorderen Zugwaggon. Detaillierte Fahrpläne und Preise sind auch im Internet zu finden (siehe Internethinweise am Ende des Buches).

Verkehrsmittel: Inselfähren

Alle Inselfähren Estlands werden von der ›AS Saaremaa Laevakompanii‹ betrieben: Eine Flotte von insgesamt 10 Schiffen befährt 4 Hauptstrecken; die älteste Fähre ist Baujahr 1962, viele sind wesentlich neueren Datums.

- Insel Saaremaa (Strecke Virtsu – Kuivastu): tägl. alle 1 – 2 Stunden, Überfahrt 30 Minuten; Erwachsene ca. 2,30 Euro, PKW ca. 4,50 Euro, Fahrrad ca. 1 Euro je Strecke (Sommertarif).
- Insel Hiiumaa (Strecke Rohuküla – Heltermaa): 4 – 6x tägl., Überfahrt 90 Minuten; Erwachsene ca. 3 Euro, PKW ca. 6 Euro, Fahrrad ca. 1,30 Euro je Strecke (Sommertarif).
- Insel Vormsi (Strecke Rohuküla – Sviby): 1 – 2 x tägl., Überfahrt 45 Minuten; Erwachsene ca. 2,30 Euro je Strecke.
- Verbindung der Inseln Saaremaa und Hiiumaa (Strecke Triigi – Sõru): nur im Sommer! 1 – 2x tägl. außer Mi, Überfahrt 65 Minuten; Preise ähnlich.

Generell ist Vorausbuchung (*broneerimine*) möglich unter Tel. 003 72/ 452 43 53, jedoch ist auch eine spontane Überfahrt in vielen Fällen gewährleistet. Kinder erhalten erhebliche Ermäßigungen. Die Wintertarife sind ebenfalls niedriger. Einen guten Überblick über die genauen Fahrpläne, Preise und auch die Flotte erhält man im Internet unter www.laevakompanii.ee (auch in Englisch).

Halbwegs regelmäßige Schiffsverbindungen gibt es außerdem zu den Inseln Abruka, Kihnu, Manilaid, Piirissaar, Prangli und Vilsandi. Nach Aegna besteht Ausflugsverkehr ab Tallinn-Pirita.

Verkehrsmittel: Inlandsflüge

Auf Grund der kleinen Landesfläche spielen Inlandsflüge in Estland keine nennenswerte Rolle. Lediglich die Inseln Saaremaa und Hiiumaa werden an 2 – 3 Wochentagen von Tallinn aus bedient (Flugdauer ca.

40 Minuten), und zusätzlich existiert eine Verbindung von Pärnu nach Saaremaa mit Zwischenlandung auf der kleinen Insel Ruhnu (Air Livonia, 2 – 3 x pro Woche). Tartu und die Insel Kihnu werden bei Bedarf angeflogen. Die Tarife sind sehr günstig.

Verkehrsmittel: Taxi

Es gibt in den Städten konkurrierende Taxiunternehmen, deren Fahrzeuge an der Aufschrift ›Takso‹ und den auch bei uns üblichen Leuchtschildern auf dem Dach erkennbar sind. Die Preise sind niedrig, sie liegen bei 0,40 bis 0,60 Euro je Kilometer plus Grundgebühr. Auf die Einschaltung des Gebührenzählers sollte geachtet werden. Außerdem verkehren ähnlich wie z. B. in der Türkei sogenannte Linientaxis (*maršruut-takso*), in der Regel Kleinbusse, die zusätzlich zum üblichen Nahverkehr wichtige Strecken bedienen.

Versicherungen

Unbedingt vorab zu klären ist die Frage des Krankenversicherungsschutzes, damit man später nicht auf eventuellen Arztrechnungen sitzenbleibt. Grundsätzlich ist eine befristete Auslandskrankenversicherung mit Krankenrücktransport anzuraten. Letzterer ist in Auto-Schutzbriefen oft bereits enthalten. Weil bei der Einreise nach Estland unter Umständen eine Krankenversicherung nachgewiesen werden muss, tut man gut daran, sich eine formlose Bestätigung ausstellen zu lassen. Reise-gepäck-, Reiserücktritts- und spezielle Autoversicherungen mögen im Einzelfall sinnvoll sein; oft steht der Schutz in keinem vernünftigen Verhältnis zu den Beiträgen.

Verständigung

Das Fremdartigste an Estland ist wahrscheinlich die Sprache. Und so kann, wie übrigens auch in Lettland und Litauen, die Verständigung manchmal zum Problem werden. Viele Einwohner sprechen nur Estnisch (*eesti keel*) oder, besonders im Nordosten, nur Russisch (*vene keel*) oder beides. Unerwartet trifft man manchmal auf Deutschkenntnisse (*saksa keel*). Bei jüngeren Leuten ist Englisch (*inglise keel*) inzwischen recht verbreitet, vor allem in den Städten. In Hotels, guten Restaurants und Fremdenverkehrsämtern kann man fast immer umfangreiche Englischkenntnisse erwarten, ebenso zweisprachige Aufschriften, Prospekte oder Speisekarten. Französisch (*prantsuse keel*) spielt überhaupt keine Rolle! Auch lettische oder litauische Vokabeln, die man auf einer Baltikum-Rundreise eventuell behalten hat, nützen gar nichts. Am besten kauft man in Estland ein kleines Taschenwörterbuch, um sich wenigstens mit Einzelwörtern helfen zu können. Wer die Landessprache nicht nur als lästige Andersartigkeit fürchtet, sondern als interessantes Kulturelement begreift, macht entschieden mehr aus seinem Aufenthalt. Nur Mut: Der umfangreiche Sprachteil am Anfang des Buches ermöglicht durchaus die Formulierung einfacher Äußerungen.

Versuchen Sie im Café ruhig eine Bestellung auf Estnisch: ›*Kaks kohv, üks must, üks koorega!*‹ Falls die Bedienung nicht gerade Russin ist, werden Sie sicher verstanden und Ihre ›zwei Kaffee, einen schwarz, einen mit Milch‹ bekommen und um ein Erfolgserlebnis reicher sein!

Wetter

Der Sommer 2000 war sehr feucht und kühl. Die Sommer 2001 und 2002 waren rekordverdächtig gut: wochenlang 30 °C und mehr, Wassertemperatur der Seen örtlich bis 27 °C, lediglich einige nächtliche Gewitter! Im mehrjährigen Durchschnitt betragen die Sommertemperaturen 17 – 25 °C, die Tage erscheinen endlos lang. Oft weht ein leichter Wind, und am blauen Himmel tauchen immer wieder einmal sehr klar umrissene Wolken auf, die schnell einen Schauer bringen können. Nach kräftigen Gewittern kann es auch schwülwarm werden. Ein farbenprächtiger Regenbogen ist dann keine Seltenheit. Trotz des maritimen Einflusses sind die Jahresniederschläge nicht auffällig hoch. Die Winter sind lang und einigermaßen schneereich, aber mit durchschnittlich minus 5 – 8 °C nicht extrem kalt. Temperaturen im Binnenland bis minus 25 °C kommen gelegentlich vor. Viel unangenehmer ist sicher die langanhaltende winterliche Dunkelheit der nordischen Gefilde. Für die Hauptreisezeit lässt sich sagen, dass der baltische Sommer im allgemeinen nicht besser, aber auch nicht schlechter ist als der deutsche.

Zeit

Generell gilt die Osteuropäische Zeit (OEZ), so dass man bei der Reise in die baltischen Staaten und nach Finnland die Uhr eine Stunde vorstellen muss. Ein Problem ist die Handhabung der Sommerzeit, über die bisher offenbar jährlich neu entschieden wird. Im Jahre 2001 und 2002 galt in Finnland und Lettland (und Deutschland) die Sommerzeit, in Estland jedoch nicht, so dass unsere Sommerzeit und die OEZ in Estland einander kompensierten. In solchen Fällen muss man dann bei Anreise über eines der Nachbarländer die Uhr zunächst 1 Stunde vor- und an der estnischen Grenze wieder zurückstellen! Für 2003 soll in Estland, Lettland und Finnland die Sommerzeit gelten, so dass es dort überall zu einer Stunde Zeitverschiebung kommen wird. Am besten erkundigt man sich vor der Reise noch einmal.

Zeitungen

Außerhalb von Tallinn ist es gar nicht so leicht, eine deutsche Zeitung (*saksa paevaleht*) oder wenigstens eine englische aufzutreiben. In Kiosken der norwegischen Ketten ›Narvesen‹ und ›R-Kiosk‹, die auch in manchen Provinzstädten existieren, ist u.U. der ›Spiegel‹ erhältlich, öfter aber seltsamerweise Auto- oder Modezeitschriften in deutscher Sprache. Eine gute und überschaubare Informationsquelle über Aktuelles aus den drei baltischen Staaten ist das englischsprachige Wochenblatt ›Baltic Times‹, das auch von Buchhandlungen geführt wird. Wer drei Wochen oder mehr am gleichen Ort verbringt, könnte die Nachsendung seiner heimischen Tageszeitung veranlassen (Angabe des nächsten Ortes mit den Zusätzen ›Postimaja/Poste restante‹); mit zwei bis vier Tagen Verspätung ist bei der Abholung zu rechnen. Unter den estnischen Zeitungen sind ›Eesti Päevaleht‹ (Tallinn) und ›Postimees‹ (Tartu) sehr verbreitet. In jedem Falle ist es eine Überlegung wert, einen kleinen Weltempfänger mitzunehmen, um nicht das Gefühl zu haben, ganz von den Weltnachrichten abgeschnitten zu sein.

Zollbestimmungen

Ein diskreter Blick in den Autokofferraum erfolgt an der Grenze fast immer, während am Flughafen höchstens Stichproben vorgenommen werden. Mit Schikanen muss niemand rechnen. Persönliche Ausrüstung (z. B. Fotoausrüstung, Sportgeräte, Musikinstrumente) kann man problemlos für die Dauer der Reise einführen, sollte sie aber bei hohem Wert deklarieren. Die Veräußerung in Estland ist unzulässig. Zollfrei mitbringen darf man ferner 200 Zigaretten oder 250 Gramm Tabak, eine angemessene Menge Kaffee und Tee, Personen über 21 Jahre außerdem 1 Liter Spirituosen und 2 Liter Wein oder 10 Liter Bier. Bei Proviant und Lebensmitteln wird nicht besonders genau hingeschaut. Generell sind Ein- und Ausfuhren bis 5000 EEK (etwa 320 Euro) zollfrei. Gegebenenfalls muss eine Zollerklärung (*tollideklaratsioon*) ausgefüllt werden. Für die dauerhafte Einfuhr von Kraftfahrzeugen und die Ausfuhr von Antiquitäten gelten besondere Bestimmungen. Verboten ist das Mitführen von Waffen und Munition, auch Gaspistolen und Tränengas-Spraydosen.

Zu guter Letzt…

Es gibt in jedem Land gewisse Besonderheiten, die zu unbedeutend für ein eigenes Stichwort sind, aber im Reisealltag doch bekannt sein sollten. Beispielsweise werden im Baltikum Datumsangaben manchmal in der Reihenfolge Jahr-Monat-Tag gemacht. – Die Zählung der Etagen (*korrus*) in Gebäuden erfolgt nach russischem Vorbild mit dem Parterre als *1. korrus*. – Ebenfalls nach russischer Sitte öffnen sich Eingangstüren von Geschäften oft nach außen auf den Bürgersteig, wodurch vorübergehende Fußgänger gefährdet werden können. – Rätsel gibt gelegentlich ein handschriftlicher Hinweis ›…*ei tööta*‹ auf: Das klingt lustiger, als es ist, denn es heißt einfach ›außer Betrieb‹!

Literaturhinweise

Die Literaturauswahl bezüglich Estlands ist immer noch dürftig. Am ehesten stößt man auf Reiseführer, die meist veraltet sind oder nur einige Schwerpunkte oder Reiserouten beschreiben anstatt das Land flächendeckend zu behandeln. Zeitungsartikel entdeckt man nur sporadisch. Literaturübersetzungen ins Deutsche sind äußerst rar. In estnischen Buchhandlungen, besonders in Tartu und Tallinn, findet man durchaus Bücher in deutscher Sprache.

Ludwig, Klemens: Estland. Beck'sche Reihe Länder Bd. 881. München 1999
Die ideale Hintergrundlektüre zu Gesellschaft, Politik, Geschichte, Kultur; knapp und doch umfassend, übersichtlich und gut lesbar; hervorgegangen aus einem Baltikum-Band desselben Autors in derselben Reihe; 158 S.

Garleff, Michael: Die baltischen Länder. Verlag Friedr. Pustet Regensburg 2001
Politik vom Mittelalter bis zur Gegenwart; Hauptströmungen in Literatur, Kunst u. a.; Kurzbiographien; 269 S.

Urdze, Andrejs (Hrsg.): Das Ende des Sowjetkolonialismus. rororo Reinbek 1991
Der baltische Weg beim Zerfall der UdSSR; 155 S.

Tiks, Mikhel: Estland selbst entdecken. Huma-Verlag Tallinn in Kooperation mit Neuthor-Verlag Michelstadt, o. J. (ca. 1992)
Der wahrscheinlich erste vollständige Estland-Führer nach der erneuten Unabhängigkeit; verfasst von einem estnischen Journalisten; viele Fotos und Anekdoten; eventuell in Antiquariaten erhältlich; 260 S.

von Rauch, Georg: Geschichte der baltischen Staaten. dtv München 1990

Ettmayer, Wendelin: Estland – Der Aufbruch nach Europa. Berlin-Verlag 1999, 169 S.

Oplatka, Andreas: Lennart Meri – ein Leben für Estland. Verlag Neue Zürcher Zeitung 1999
Ausführliches Interview mit dem einstigen Staatspräsidenten; 371 S.

Krone-Schmalz, Gabriele: In Wahrheit sind wir stärker. Econ München 1998
Frauenalltag zwischen Estland und Sibirien; 264 S.

von Wistinghausen, Kurt: Estland, ferne Welt. Urachhaus-Verlag Stuttgart 1971
Informationen zur politischen Bildung: Die baltischen Staaten. Bundeszentrale
    für politische Bildung Bonn 1989
Fundierte Kurzdarstellung der historischen und politischen Entwicklung bis zum
Umbruch; 16 S. Heft.

Merian: Estland, Lettland, Litauen. Heft 9/XLV. Hamburg 1992
Eindrücke und Unterhaltsames aus der Zeit unmittelbar nach der Wende im
bekannten Stil; eventuell als eine erste Annäherung; 132 S.

Müller, K.U. u. Hasselblatt, C.: Estland. Bucher Verlag München 1994
Bildband mit Beschreibung der Sehenswürdigkeiten; 95 S.

Hesselink, H.G. u. Tempel, N.: Eisenbahnen im Baltikum. Verlag Lok-Report
1996
Geschichte und Gegenwart baltischer Bahnen; 144 S.

Estnische Märchen. Insel-Verlag Frankfurt/M. 1995, 373 S.

Uther, Hans-Jörg (Hrsg.): Märchen aus dem Baltikum. Diederichs Verlag
    München 1992

Knellwolf, Ulrich: Auftrag in Tartu. Fischer Frankfurt/M. 2002
Spannender Roman mit historischem Hintergrund; 285 S.

Kross, Jaan: Der Verrückte des Zaren. dtv München 1990
Historischer Roman; wohl der bekannteste des großen estnischen Schriftstellers.

Kross, Jaan: Professor Martens' Abreise. dtv München 1995
Historischer Roman.

Luik, Viivi: Der siebente Friedensfrühling. Rowohlt Reinbek 1991
Rückblicke auf die Stalin-Ära aus der Sicht eines Kindes.

Gailit, August: Das rauhe Meer. Maximilian-Dietrich-Verlag 1985.
Spielt auf den estnischen Inseln.

Grönholm, I. u. Hasselblatt, C. (Hrsg.): Trugbilder. dipa-Verlag Frankfurt/M. 1991
Moderne estnische Erzählungen

Pristawkin, Anatolij: Stilles Baltikum. Verlag Volk und Welt Berlin 1991

von Vegesack, Siegfried: Die baltische Tragödie. Salzer-Verlag Heilbronn 1988

Beck, Hanno (Hrsg.): Alexander von Humboldts Reise durchs Baltikum nach
    Russland und Sibirien 1829. Thienemann-Verlag 1996
Rekonstruktion einer geographisch-soziologischen Forschungsreise; 284 S.

du – Die Zeitschrift für Kultur (beim Tagesanzeiger Zürich) Heft 7/1996
›Die Ostsee – neue Nachbarschaft am Mare Balticum‹; sehr lesenswerte Artikel;
104 S.

Der Spiegel: Artikel über Estland u. a. in Heft 38/1991, 48/1991, 40/1994,
    16/1996, 42/1997, 11/1999, 1/2000, 14/2000, 30/2000, 24/2000, 40/2000,
    5/2001

Geographische Rundschau: u. a. Heft 9/1988 (S. 44ff. betr. Landwirtschaft),
    12/1991 (S. 713ff. betr. Kulturlandschaft), 4/1999 (Heft ›Baltische Staaten‹)

Spezialisierte Buchhandlungen mit Schwerpunkt Baltikum sind:
• Antiquariat Mare Baltikum, Rubensstr. 7, D-50676 Köln, Tel. 02 21/21 49 96.
• Harro von Hirschheydt, Neue Wiesen 6, D-30900 Wedemark-Elze,
    Tel. 0 51 30/3 67 58, Fax 3 67 99, www.hirschheydt-online.de.
• Baltica-Vertrieb Neuthor-Verlag, Neuthorstr. 3, D-64720 Michelstadt,
    Tel. 0 60 61/40 79, Fax 26 46, www.edition-baltica.de.

Internethinweise

Computer und Internet spielen im ganzen Baltikum eine große Rolle. Öffentliche
Internet-Zugänge findet man durchaus auch in Provinzstädten, zum Beispiel in den
meisten Gemeindebibliotheken und in entsprechenden Cafés. Zusammen mit Slowenien gehört Estland zu den Spitzenreitern in Osteuropa hinsichtlich der Internet-
Zugänge pro Kopf. Vor allem mit dem Ausland kommuniziert man gern per E-
Mail, weil man der ›Eesti Post‹ anscheinend nicht so ganz vertraut, was dem Autor
übrigens ungerechtfertigt erscheint. In jedem Falle aber dauert Briefpost etliche
Tage, und es macht Mühe, sich Prospekte und Info-Broschüren auf diesem Wege
zu beschaffen. Da ist es wesentlich einfacher, in Sekundenschnelle auf die zahlreichen Internet-Seiten estnischer Institutionen und Estland-Spezialisten im deutschsprachigen Raum zurückzugreifen. In der folgenden Aufstellung werden einerseits

Seiten mit allgemeinen Informationen über das Land und diverse Regionalaspekte vorgestellt, andererseits auch wichtige Homepages aus diversen Kapiteln des Buches wiederholt, sofern sie konkrete Hilfe zur Reisevorbereitung bedeuten.

Im Gegensatz zum internationalen Autokennzeichen ›EST‹ lautet das Landeskürzel für Estland im Internet ›ee‹. Viele der estnischen Seiten bieten ihre Informationen wahlweise auch auf Englisch (zum Teil verkürzt). Hinter den beigefügten Kurzkommentaren bedeuten: eng Englisch, deu Deutsch, rus Russisch, est nur Estnisch. Mit Änderungen, Löschungen und Umbenennungen einzelner Seiten ist jederzeit zu rechnen!

www.visitestonia.com
Sehr gute Übersicht über alle touristischen Bereiche; Informationen nach Regionen oder Landkreisen; sehr hilfreich auch bei der Quartiersuche (eng/rus).

www.baltic-info.de
Ausführliche Reiseinformationen der Baltischen Tourismus-Zentrale (deu).

www.ratgeber-estland.de
Umfangreiche Informationen und hilfreiche Links aus vielen Bereichen (deu).

www.ecotourism.ee
Internetseite über umweltverträglichen Tourismus (eng).

www.tartumaa.ee
Von hier aus kommt man auf die gemeinsame Homepage aller Gemeinden am Westufer des Peipus-Sees von Mustvee bis Meeksi; Informationen über Lage, Geschichte und touristische Einrichtungen (eng).

www.tallinn.ee
Die Hauptstadt-Seite mit zahlreichen Querverbindungen (eng).

www.estmonde.com
Nachrichten, vielfältige Tipps und Links (deu).

www.estland.ee
Viele Informationen über Estland im Zusammenhang mit Reiseangeboten (deu).

www.erdkunde-online.de/0431.htm
Sehr ausführliche Informationen und Zahlen zu Estland (deu).

www.ruralestonia.com
Sehr empfehlenswerte Info-Zusammenstellung, auch Adressen, komplette Bus-
fahrpläne etc. unter ›Places‹ und ›Travelling‹ (eng).

www.saared.ee
Ausführliche Darstellung aller erwähnenswerten estnischen Inseln (eng).

www.baltictimes.com
Artikel und Meldungen aus der jeweils aktuellen Wochenausgabe der
gleichnamigen Zeitung (eng).

www.stat.ee
Ausführliches Datenmaterial des Estnischen Statistikamtes ESA zur Bevölkerung, Wirtschaft, Verwaltung etc., auch auf Basis der Landkreise und Städte (eng).

www.regio.ee
Homepage des bedeutendsten estnischen Kartographie-Verlages (eng).

www.ilm.ee
Aktuelle Wetterdaten und -prognosen aus einzelnen Regionen Estlands;
Webcameras mehrerer Standorte (eng/rus).

www.rmk.ee
Informationen der Forstbehörde: Wandern, Camping, Fischen etc. (eng).

www.bussireisid.ee
Überlandbusse mit detaillierten Fahrplänen (est).

www.evr.ee
Mäßig informative Seite der Estnischen Eisenbahn (eng/rus).

www.evrekspress.ee
Estnische Zugverbindungen nach Russland: Fahrpläne, Tarife etc. (est).

www.edel.ee
Die ›Edelaraudtee‹ mit den innerestnischen Zugverbindungen: Fahrpläne, Tarife
etc. (eng).

www.elektriraudtee.ee
Tallinner Vorortzüge: alle Fahrpläne, Tarife etc. (est).

www.tak.ee
Homepage der Tallinner Verkehrsbetriebe (eng).

www.tttk.ee
Tallinner Straßenbahn- und Trolleybusverkehr; Liniennetz (est).

www.jaam.ee
Homepage des Estnischen Eisenbahnmuseums in Haapsalu (eng).

www.ee/eesti-mr
Homepage der Estnischen Museumseisenbahn in Lavassaare (eng).

www.zone.ee/railway
Detaillierte Darstellung aller einstigen estnischen Schmalspurbahnen (est).

www.laevakompanii.ee
Homepage über sämtliche Inselfähren Estlands mit Fahrplänen, Tarifen und Vorstellung aller Schiffe (eng).

www.jaeger-immo.de/html/estland.html
Trotz des werbeverdächtigen Titels u.a. eine sehr umfangreiche Zusammenstellung von Daten, Fakten, Adressen und Links zum Staat Estland und seiner sämtlichen Landkreise (deu).

www.uni-koblenz.de/ist/ewis/eekurz.html
Landeskundliche Informationen des Ost-West-Institutes der Universität (deu).

www.balticshop.com
Interessanter Waren- und Scherzartikelkatalog eines baltischen Versandhandels mit Sitz in Rīga/Lettland (eng).

www.hirschheydt-online.de
Auf Baltikum spezialisierte Buchhandlung; Antiquariat; Titelsuche (deu).

Viele estnische Städte sind nach dem Muster ›www.Ortsname.ee‹ zu finden, wobei Umlautzeichen wegzulassen sind (z.B. Pärnu unter www.parnu.ee) und õ oft durch y ersetzt ist. Die Verwaltungen der Landkreise verwenden u. U. das Anhängsel ›mv‹ (*maavalitsus*), Städte hingegen ›vv‹ (*vallavalitsus*); Beispiel: www.jogevamv.ee für Kreisverwaltung Jõgeva.

Über den Autor

Klaus Schameitat (Jahrgang 1958) wohnt in Mönchengladbach. Er ist Lehrer für Geographie und Latein; Grundkenntnisse auch in Russisch. Interessengebiete wie Landeskunde, Verkehrswesen, Reisen, Sprachen, Fotodokumentation und Bücher/Literatur verband er schon während seines Studiums in Köln, indem er Reiseführer über Ungarn, Jugoslawien und Tunesien verfasste. Mit Auto und Wohnmobil war er in fast allen Ländern Europas und einigen weiteren des Mittelmeerraumes unterwegs. Eine Vorliebe für die weniger populären Regionen führte ihn zunächst immer wieder auf den Balkan und nach Anatolien, später nach Skandinavien. Von Finnland aus trieb ihn die Neugier  1995 zu einem Sprung über die Ostsee nach Estland, das sich gerade aus der Sowjetunion gelöst hatte und als souveräner Staat zu etablieren begann. Was er zu sehen bekam, reizte zu intensiven Erkundungen. Seither verbringt er fast jedes Jahr einige Wochen im nördlichen Baltikum. So entstand nach über 20 000 Kilometern auf estnischen Straßen das vorliegende Handbuch.

Hinweise und Ergänzungen können zur Aktualisierung beitragen und sind deshalb stets willkommen.

E-Mail: k.schameitat@web.de

Verzeichnis ehemaliger Ortsnamen

Zu sehr vielen Orts- und sonstigen topographischen Namen in Estland gibt es auf Grund der langen historischen Präsenz im Baltikum deutsche Entsprechungen. In einigen Fällen handelt es sich dabei um mehr oder minder unbeholfene Anpassungen estnischer Namen an die deutsche Aussprache und Orthographie (z.b. Odenpäh, Allatzkiwwi, Moiseküll). Oft ist es genau umgekehrt, und der heutige estnische Name beruht auf einem ehemals deutschen (z. B. Kadrina, Treimani). Manchmal wurden gegenständliche Namen einfach wörtlich hin- oder herübersetzt (z. B. Keila, Tammsaare). Einige größere Orte wurden in den beiden Sprachen verschieden benannt (z. B. Tallinn, Kuressaare). Einzelne stimmen überein (z. B. Narva, Elva). Die deutschen Namen tauchen im heutigen unabhängigen Estland praktisch nirgendwo offiziell auf und wurden deshalb auch im vorliegenden Buch nicht verwendet. Andererseits stellen sie aber in älteren Atlanten und Karten oft die alleinige Benennung dar, und sie spielen in manchen baltendeutschen Erinnerungen und in der Romanliteratur eine Rolle. Zur besseren Orientierung wurde deshalb die folgende Liste (deutsch/estnisch) zusammengestellt:

deutsch	estnisch	deutsch	estnisch
Abbia	Abja-Paluoja	Eicheninsel	Tammsaare
Abro	Abruka	Elva	Elva
Allatzkiwwi	Alatskivi	Embach	(Suur) Emajõgi
Alt-Fennern	Vändra	Embecke	Pärnu
Alt-Isenhof	Purtse		
Anzen	Antsla	Falkenhof	Kärkna
Arensburg	Kuressaare	Fall	Keila-Joa
Asserien	Aseri	Fellin	Viljandi
Audern	Audru	Fennern	Vändra
Aya	Ahja	Friedrichshof	Saue
Baltischport	Paldiski	Großer Eierberg	Suur-Muna-mägi
Beckhof	Jõgeveste	Groß-Himmelshalle	Suur-Taevaskoja
Birkas (schwed.)	Pürksi		
Borkholm	Porkuni	Groß-St. Johannis	Suure-Jaani
Catrinenhof	Kadrina	Haakhof	Aa
Charlottenhof	Aegviidu	Hahnhof	Haanja
		Hallinap	Haljala
Dagö (schwed.)	Hiiumaa	Hapsal	Haapsalu
Dorpat	Tartu	Harrien	Harjumaa
Dreimannsdorf	Treimani	Hohenholm	Kõrgessaare

Hungerburg	Narva-Jõesuu	Moon (Mohn)	Muhu
		Mustla	Mustla
Illingen	Misso		
Isaak	Iisaku	Nargö (schwed.)	Naissaar
Isenhof	Püssi	Narwa	Narva
Ismene	Mehikoorma	Neuhausen	Vastseliina
		Neuhof	Uuemõisa
Jeg(e)leht	Jõelähtme	Neu-Isenhof	Kiviõli
Jendel	Jäneda	Neuschloß	Vasknarva
Jerwen	Järvamaa	Nuckö (schwed.)	Noarootsi
Jewe	Jõhvi	Nüggen	Nõo
Jörden-Kirche	Juuru		
Jur'ev (Jurjev) (russ.)	Tartu	Oberpahlen	Põltsamaa
		Odenpäh	Otepää
Kannapäh	Kanepi	Odensholm (schwed.)	Osmussaar
Kannoka	Sillamäe	Ösel (schwed.)	Saaremaa
Karkus	Karksi-Nuia	Ormsö (schwed.)	Vormsi
Kasperwiek	Käsmu		
Kechtel	Kehtna	Peipus-See	Peipsi järv
Kedder	Kehra	Pernau	Pärnu
Kegel	Keila	Petschur (Petschora)	Petseri
Kertel (Kärtli)	Kärdla		(russ.: Pečory)
Kingissepa (russ.)	Kuressaare	Piep	Piibe
Kochtel-Türpsal	Kohtla-Järve	Pölwe	Põlva
Kolk	Kolga	Purro	Ahtme
Kosch	Kose		
Krasnogor	Kallaste	Rappel	Rapla
Kuckers	Kukruse	Rappin	Räpina
Kundahafen	Kunda	Rauge	Rõuge
Kurkund-Nömme	Kilingi-Nõmme	Reval	Tallinn
		Riesenberg	Riisipere
Laisholm	Jõgeva	Ringen	Rõngu
Leal	Lihula	Rogosi	Ruusmäe
Lode (Lohde)	Koluvere	Runö (schwed.)	Ruhnu
Lodensee	Klooga	Rågöarna (schwed.)	Pakri
Löwenhof	Kuigatsi		
Luggenhusen	Lüganuse	Sack	Saku
		Sauck	Sauga
Maart	Maardu	Saggad	Sagadi
Maholm	Viru-Nigula	Sagnitz	Sangaste
Mehntack	Mäetaguse	Saraküll	Häädemeeste
Merjama	Märjamaa	Schwarzsee	Mustjärv
Mexhof	Mäo	Sillamäggi	Sillamäe
Moiseküll	Mõisaküla	St. Jakobi	Pärnu-Jaagupi

Ortsregister

Kartenregister

Trescher Verlag

Der Osteuropaspezialist

Armenien entdecken
3000 Jahre Kultur zwischen West
und Ost, 19.95 €

Flußkreuzfahrten in Rußland
Unterwegs auf Wolga, Don, Jenissej
und Lena, 14.95 €

Kirgistan entdecken
Zu den Gipfeln von Tien-Schan
und Pamir, 14.95 €

Kroatien entdecken
Unterwegs zwischen Istrien,
Slawonien und Dalmatien, 14.95 €

Litauen entdecken
Europas neuer Mittelpunkt
im Baltikum, 14.95 €

Masuren entdecken
Unterwegs im Land der Seen
und Wälder, 13.95 €

Montenegro entdecken
Zwischen Adria und Schwarzen
Bergen, 14.95 €

Moskau und Goldener Ring
Altrussische Städte an Moskva, Oka
und Volga, 19.95 €

Das Riesengebirge entdecken
Rübezahls Land an der tschechisch-
polnischen Grenze, 13.95 €

Transsib-Handbuch
Unterwegs mit der Transsibirischen
Eisenbahn, 19.95 €

Die Ukraine entdecken
Zwischen den Karpaten und dem
Schwarzen Meer, 19.95 €